KB239963

21세기의 한국고고학 vol. V

崔夢龍 編著

주류성출판사

이 조그만 책을 恩師이신

서울대학교 故 三佛 金元龍 敎授

(서기 1922년 8월 24일, 목 - 서기 1993년 11월 14일, 일)

靈前에 바칩니다.

希正 崔夢龍 教授 近影

崔夢龍教授退職紀念

傳道授業平生樂
桃李芬芳自堪慰

喜聞韓國著名考古學家好友崔夢龍先生六十華誕特書此聯致賀
北京大學考古文博學院 李伯謙

北京大學 李伯謙 教授의 崔夢龍教授退職紀念致賀書(傳道授業平生樂 桃李芬芳自堪慰)

21세기의 한국고고학

- 희정 최몽룡 교수 정년퇴임논총(Ⅴ) -

崔夢龍 編著

서문
- 나의 人生과 學問: 21세기의 한국고고학 Vol. V 完結編에 부쳐 -

저의 정년이 며칠 앞으로 다가왔습니다. 서기 2011년 9월 5일부터 12월 5일까지 서울대학교에서 강의하던 마지막 학기의 공식적인 활동은 끝나고 서기 2012년 2월 29일(수) 정년을 맞이합니다. 이제까지 編著者가 벌려놓은 학문적인 정리도 거의 완료를 지었습니다. 그리고 그동안 사용했던 14동 406호의 학교연구실도 서기 2011년 여름에 이미 비워놓고 그 이후 집에서 활동하고 있습니다. 그나마 그 방도 올해 9월 1일(목)자로 5동 416호로 이사를 했으나 책은 미리 다 집으로 옮겼기 때문에 빈 책꽂이와 책상 위에 컴퓨터만 덩그러니 놓여있습니다.

오늘 서기 2012년 2월 11일(토) 여의도 홍우빌딩 3층 說賓 중국식당에서 여러분들께 지난 42년간 몸담던 학교를 공식적으로 그만둔다는 作別의 停年退任辭를 하게 되어 感慨無量합니다. 그리고 停年退任論叢의 마지막 책인『21세기의 한국고학』V권의 獻呈도 대단히 감사합니다.

돌이켜 보건데 이 책의 발간은 지난 서기 2006년 9월 9일(토) 서울 강남구 신사동 릿츠·칼튼(Ritz·Carlton)호텔 옥산 뷔페(Oksan Buffet)에서 저의 回甲宴 겸『최근의 고고학 자료로 본 한국고고학·고대사의 신 연구』(2006 서울: 주류성)의 출판기념회를 끝마치고 弟子들이 모여 停年退任論叢을 만들려고 하는 계획을 발의한데서 비롯되었습니다. 서기 2006년~서기 2012년 매년 한 권씩 모두 다섯 권의 책을 만들려는 계획이 세워지게 되었는데, 그 제목은 다음과 같습니다.

vol. Ⅰ : 고고학의 방법과 이론 및 고고학과 자연과학

vol. Ⅱ : 한국의 선사고고학

vol. Ⅲ : 한국의 역사고고학 및 고고학과 고대사

vol. Ⅳ : 한국의 고고학과 외국의 고고학 및 대외교류사

vol. Ⅴ : 한국고고학사와 앞으로의 전망, 형질인류학 및 미술사

그러나 필자와 전공분야에 따라 한꺼번에 원고의 收拾이 여의치 못해 원고가 들어오는 대로 책을 발간하고, 마지막 책이 나온 후 처음 계획한 바와 같이 vol. Ⅰ~Ⅴ권의 제목에 따라 다시 분류하여 편집하기로 하였습니다. 그 내용은 각각의 필자를 대표할 수 있는 학문적인 성과와 21세기의 한국고고학의 현주소를 보여줄 수 있는 것으로서 과거에 발표했던 것을 수정·보완해서 내도 좋도록 하였습니다. 먼저 나온 책들은 『21세기의 한국고고학』-希正 崔夢龍敎授 停年退任論叢 vol. Ⅰ·Ⅱ·Ⅲ·Ⅳ로 서기 2008년 9월 6일, 서기 2009년 8월 26일, 서기 2010년 5월 15일, 서기 2011년 3월 25일에 각각 출간되었습니다.

서울대학교 문리과대학(현 인문대학)에 고고인류학과가 창설되어 입학생을 받은 것이 서기 1961년 3월 1일로 이 책의 완간이 되는 編著者의 정년 무렵인 서기 2012년 2월 29일, 수요일은 科 創設 이후 반세기가 됩니다. 그동안 축적된 고고학·고대사·인류학을 포함한 여러 인접분야와의 학제적 연구는 『고등학교 국사교과서』(서기 1988년 이후 서기 2009년 현재까지 5·6·7차 간행된 고등학교 교과서는 서기 2012년 2월 29일까지 사용된다)와 『한국사』 1~4권(서기 1997년~2002년 국사편찬위원회 간행)에 반영이 되어왔지만 西歐世界의 고고학 수준과 비교하면 아직도 요원하다 하겠습니다. 그래도 부끄러움을 무릅쓰고 앞으로 한국고고학의 학문 발전을 위해 그 기초를 만들어 내고자 하였습니다. 그래서 발간된 것이 『인류문명발달사-고고학으로 본 세계문화사-』 4판[서기 2011년 10월 5일(수) 출간]입니다. 분량도 948페이지나 됩니다.

인류문명발달사는 佛家에서 이야기하듯 虛空(時·空)을 끈 삼아 모두 이어져 있음을 알게 됩니다. 다시 말해 지구에서 일어난 모든 사건들을 좀 더 시야를 넓혀보면 脈絡으로 이어져 가능하면 서로 연결될 수 있는 고리를 찾아 볼 수 있습니다. 정말 세계는 하나[We are the world/They are the world, Alle Menschen werden Brüder, Wo dein sanfter Flügel weilt(An die Freude, Friedlich von Schiller), * 그리고 Disneyland의 It is a small world, CNN의 선전 문구처럼 'world one', 'beyond the borders', 'connect the world', 'global connections' 또는 四海之內 皆兄弟也, 論語(顏淵편)]임을 實感할 수 있습니다. 이 책에는 부록으로 서기 2011년 6월 29일(수)까지 지정된 세계문화유산 중 자연유산을 제외한 문화유산 및 복합유산 753건과 해설이 포함되어 해외여행에 도움을 줄 것으로 생각됩니다.

정년퇴임논총의 筆者들은 編著者와 學緣(school ties), 地緣(regionalism)과 血緣(kinship)에 관계없이 오로지 學問的으로 맺어지고 있습니다. 다시 말하자면 편저자를 중심으로 하는 하나의 學派(school)인 셈입니다. 編著者도 "동북아시아 적 관점에서 본 한국 청동기·철기시대연구의 신경향(vol. Ⅰ)", "남한강 중원문화와 고구려—탄금대의 철 생산과 삼국의 각축—(vol. Ⅱ)", "湖南考古學 硏究의 새로운 方向—鐵器時代 前·後期와 馬韓—(vol. Ⅲ)", "고등학교 국사교과서 교사용 지도서—Ⅱ. 선사시대의 문화와 국가의 형성(고등학교)—, "扶餘 松菊里 遺蹟의 새로운 編年'(vol. Ⅳ)", "高句麗 積石塚과 百濟의 建國

---

* 작곡가 베토벤(Ludwig van Beethoven, 서기 1770년 12월 17일 세러 를 받음-서기 1827년 3월 26일)이 그의 교향곡 9번 4악장에 인용한 시인 Schiller(Johann Christoph Friedrich von Schiller, 서기 1759년 11월 10일-서기 1805년 5월 9일)의 중심 되는 원문가사(original lyrics)는 "Freude, schöner Götterfunken, Tochter aus Elysium, Wir betreten feuertrunken, Himmlische dein Heiligtum. Deine Zauber binden wieder, Was die Mode streng geteilt, Alle Menschen werden Brüder, Wo dein sanfter Flügel weilt."이다.

(vol. V)"이란 글들로 5권 책들의 序頭를 시작하는데 일조를 하였습니다. 그리고 이제까지 필자가 과거 40여 년간 학문적으로 관심을 두어 벌려놓은 중요한 쟁점인 글들은 『韓國考古學 研究의 諸 問題』(서기 2011년 9월 3일, 토요일 주류성에서 518쪽으로 발간됨)란 책에 포함시켜 두었습니다. 그리고 이 책은 필자의 학문적인 경력이나 나이 탓으로 인한지 여러 학회와 유관단체에서 기조강연과 원고 집필을 부탁해와 그 기회에 최근에 발견된 자료와 견해에 맞추어 새로이 정리해 놓은 것으로 이 방면에 관심이 있는 여러 후학들에게 많은 도움을 줄 것으로 믿습니다.

시작은 무척 어렵고 진행은 더디면서 동시에 여러 가지 말을 많이 듣게 됩니다. 그래도 한국고고학의 올바른 앞길을 제시하는데 도움을 줄 것이라는 素朴한 생각에서 정년퇴임논총의 발간을 서두르게 되었습니다. 5권까지의 發刊에는 75명의 필자들이 玉稿를 내어 주셨습니다. 이들에게 이 자리를 빌려 마음에서 우러나오는 謝意를 전하고자 합니다. 필자들은 다음과 같습니다.

vol. I (서기 2008년 9월 6일, 책임편집인 : 목포대학교 최성락 교수)

1. 이성주(강릉·원주대학교 사학과 교수), 2. 이헌종(목포대학교 역사문화학부 교수), 3. 최성락(목포대학교 역사문화학부 교수), 4. 이청규(영남대 문화인류학과 교수), 5. 강형태(국립중앙박물관 보존과학팀장), 6. 허우형(삼성미술관 리움 보존과학실 연구원), 7. 우종윤(충북대학교 박물관 학예실장), 8. 홍형우(국립문화재연구소 유적조사실 학예연구관), 9. 임미영(이스라엘 바르 일란대 연구원), 10. 김선우(영국 옥스퍼드대학교 박사과정 고고학 전공)

vol. II (서기 2009년 8월 26일, 책임편집인: 영남대학교 이청규 교수)

11. 강봉원(경주대학교 교수), 12. 강인욱(부경대학교 교수), 13. 강창화(제주 고고학연구소 소장), 14. 김권구(계명대학교 교수), 15. 김낙중(전북대학교 고

고·문화인류학과 교수), 16. 문재범(행정중심복합도시 건설청 보존문화센터 실장), 17. 백종오(충주대학교 교양학부 교수), 18. 이동주(동아대학교 고고미술사학과 교수), 19. 이성주(강릉·원주대학교 사학과 교수), 20. 디송래(전 미국 Northwest Christian College 교수), 21. V.I. Molodin(러시다 과학원 정회원), 22. H. Parzinger(독일고고학연구소 소장)

vol. Ⅲ(서기 2010년 5월 15, 책임편집인: 한국전통문화학교 김경택 교수)
23. 김건수(목포대학교 역사문화학부 교수), 24. 이동희(순천대학교 박물관 학예연구실장), 25. 김종만(국립전주박물관 학예실장), 26. 이주엽(한국문화유산연구원 조사팀장), 27. 양시은(서울대학교 박물관 학예사), 28. 이우형(국방문화재연구원 연구원), 29. 유태용(서해문화재연구원 원장), 30. 하문식(세종대학교 역사학과 교수), 31. 이종수(단국대학교 역사학과 교수), 32. 방민규(서해문화재연구원 실장), 33. 최인선(순천대학교 사학과 교수), 34. 차기애(홍익대 강사), 35. 김성희(上海 蘭槙服飾有限公司 社長), 36. 淸水宗昭(日本 大分県 考古學會 會長·別付大學 文學部 非常勤講師)

vol. Ⅳ(서기 2011년 3월 25일, 책임편집인: 국립강릉·원주대학교 사학과 이성주 교수)
37. 최승엽(강원문화재연구소 책임연구원), 38. 고등순(예맥문화재연구소 책임연구원), 39. 홍주희(강원고고문화연구원 책임연구원), 40. 심저연(예맥문화재연구소 책임연구원), 41. 이상엽(충남역사문화연구원 책임연구원), 42. 성정용(충북대학교 고고미술사학과 교수), 43. 김성범(국립중원문화재연구소 소장), 44. 심정보(한밭대학교 교양학부 교수), 45. 정원철(서해문화재연구원 책임연구원), 46. 최형균(한국 토지주택공사 박물관 학예연구사), 47. 황보경(세종대학교 박물관 학예연구사), 48. 박아림(숙명여자대학교 회화과/대학원 미술사학과 교수), 49. 유태용(서해문화재연구원 원장)

vol. V (서기 2012년 1월 20일, 책임편집인: 최성락·박양진·백종오)

50. 백종오(충주대학교 교양학부 교수), 51. 유용욱(충남대학교 고고학과 교수), 52. 노혁진(한림대학교 사학과 교수), 53. 최종모(강원문화재연구소 실장), 54. 최성락(목포대학교 고고학과 교수), 55. 송의정(국립김해박물관 관장), 56. 신희권(문화재청 학예관), 57. 이훈(충청남도 역사문화연구원 실장), 58. 권오영(한신대학교 한국사학과 교수), 59. 강진주(檀國大 大學院 史學科 考古美術史專攻 博士課程), 60. 최병식(운주문화연구원 원장), 61. 양정석(수원대학교 교수), 62. 안승모(원광대학교 고고·미술사학과 교수), 63. 조현종(국립광주박물관 관장), 64. 윤용희(국립중앙박물관 학예사), 65. 김영원(국립문화재연구소 소장), 66. 박양진(충남대학교 고고학과 교수), 67. 오강원(한국학중앙연구원 교수), 68. 이도학(한국전통문화대학교 문화유적학과 교수), 69. 데레비안코(Anatoly P. Derevyanko, 러시아과학원 노보시비르스크 분소 고고·민족학 연구소 소장, 러시아 과학원 정회원), 70. 메드베데프(Vitaly Yegorovich Medvedev, 러시아 과학원 노보시비르스크 분소 고고·민족학 연구소 연구원), 71. 몰로딘(Vyacheslav I. Molodin, 러시아 과학원 노보시비르스크 분소 고고·민족학 연구소 부소장, 러시아 과학원 정회원), 72. 치키쉐바(T.A. Chikisheva, 러시아 과학원 노보시비르스크 분소 고고·민족학 연구소 연구원), 73. 필리펜코(A.C. Pilipenko, 러시아과학원 노보시비르스크 분소 고고·민족학 연구소 연구원), 74. 므이리니코바(L.N. Mylinikova, 러시아과학원 노보시비르스크 분소 고고·민족학 연구소 연구원), 75. 세르게이(Nesterov Sergei Pavlovich, 러시아과학원 노보시비르스크 분소 고고·민족학 연구소 연구원)

그리고 완간 후 내용을 따로 분리하면 編著의 回甲紀念論叢인 『경기도의 고고학』(2007년 2월 28일, 주류성)과 『韓國考古學硏究의 諸 問題』(2011, 주류성)처럼 『강원도의 고고학』, 『고구려의 고고학』, 『중원문화』와 『전라남도의 고고학』이란 독립적인 책들로 묶어낼 수 있을 것입니다.

저는 서기 1972년 전남대학교에서 전임교수가 된 이후 스스로 약속을 해 이제까지 거의 매년 지켜가고 있는 것이 있습니다. 즉 매년 저서·공저·편저·번역 등 책표지에 저의 이름이 들어가는 책 한 권 씩 만들어 내는 것입니다. 이는 원고의 부탁이 올 때마다 흔쾌히 써주고 이들을 모아 연말에 단행본으로 출간하는 것입니다. 그래서 이제까지 거의 약속을 지켜왔다고 생각합니다. 그 중에서도 가장 애착이 가는 것은 서기 1988년 3월 1일 이후 서기 2011년 현재까지 23년째 계속되어온『고등학교 국사교과서』, 서기 1997년~서기 2002년 말 국사편찬위원회에서 나온『한국사 3-청동기와 철기문화-』와『한국사 1-총설』등입니다. 이들은 모두 공저입니다.

이제까지 출판된 편저자의 주요저서(저서, 공저, 편저 및 번역)들은 다음과 같습니다(논문 및 보고서들은 생략함).

1975 전남고고학 지명표, 광주: 전남매일 신문사 출판국

1977 도시의 기원, 서울: 백록출판사

1983 인류문화의 발생과 전개, 서울: 동성사

1984 A Study of the Yŏngsan River Valley Culture, 서울: 동성사

1984 신고고학개요(번역), 서울: 동성사

1987 인류의 선사시대(번역), 서울: 을유문화사

1989 원시국가의 진화(번역), 서울: 민음사

1989 韓國の考古學(공저) 東京: 講談社

1990 고고학에의 접근, 서울: 신서원

1991 백제사의 이해(편저), 서울: 학연문화사

1991 재미있는 고고학 여행, 서울: 학연문화사

1991 한국선사고고학사(공저), 서울: 까치

1993 한국문화의 원류를 찾아서, 서울: 학연문화사

1993 한강유역사(공저), 서울: 민음사

1994 러시아의 고고학(공·편저), 서울: 학연문화사

1995 문명의 발생(번역), 서울: 민음사

1995 오천년 전의 남자(번역), 서울: 청림출판사

1996 고고학과 자연과학(공저), 서울: 서울대학교 출판부

1997 한국의 문화유산(공저), 서울: 한국문화재보호재단

1997 도시·문명·국가, 서울: 서울대학교 출판부

1997 한국고대국가 형성론(공저), 서울: 서울대학교 출판부

1997 인물로 본 고고학사(공·편저), 서울: 한울

1998 백제를 다시 본다(편저), 서울: 주류성(2004년 百濟をもう一度考える 번역판 출판)

1998 고고학 연구방법론(공저), 서울: 서울대학교 출판부

2000 흙과 인류, 서울: 주류성

2000 한국지석묘 연구 이론과 방법(편저), 서울: 주류성

2001 단군(공저), 서울: 서울대학교 출판부

1997~2002 한국사 1, 2, 4(공저), 서울: 국사편찬위원회

2003 시베리아의 선사고고학(공저), 서울 주류성

2004 동북아 청동기시대 문화 연구(공저), 서울: 주류성

2005 한성시대 백제와 마한(공저), 서울: 주류성

2006 최근의 고고학 자료로 본 한국고고학·고대사의 신 연구, 서울: 주류성

2007~2011 인류문명발달사, 서울: 주류성(초판: 2007년 9월 8일, 재판 개정판: 2007년 11월 21일, 삼판 신개정판: 2009년 12월 14일, 4판: 2011년 10월 5일)

2007   경기도의 고고학(편저)-회갑기념논총-, 서울: 주류성

2008   한국 청동기·철기시대와 고대사회의 복원, 서울: 주류성

2008~2012   21세기의 한국 고고학 I·II·III·IV·V(편저)-정년퇴임기념논
        총-, 서울: 주류성

2008   韓國 上古史硏究 餘滴 -希正 崔夢龍敎授 散稿集-, 서울: 주류성

1988~2012   고등학교 국사교과서(국정교과서, 공저, 5·6·7차), 서울: 교육부

2011   韓國 考古學 硏究의 諸 問題, 서울: 주류성

그리고 서기 2011년 3월 25일(목)에 출간된 IV권의 序文(IV권, pp.4~21)을
위해 만든 '나의 人生과 學問'이란 글이 自敍傳的 縮約이 되어 버렸습니다. 이
제까지 40여년 學問을 해오면서 나의 행동의 기본이 되었거나 생각의 틀을 反
芻해 간략히 정리해보면 아래와 같이 되겠습니다. 이는 저의 死後 後世사람들
이 저를 조금이라도 이해하는데 도움이 될 것입니다.

1) 일을 할 때 매사 최선을 다하고, 그 결과에 대해 후회하거나 남을 원망하지 않
   는다. 단지 앞날을 위해 끊임없는 보완이 있을 뿐이다(自知者不怨人 知命者不
   怨天 怨人者窮怨天者無志 荀子 榮辱편).

2) 학문하는데 있어 욕심을 많이 내는 편이나, 학문의 지엽적인 분야보다 본질적
   인 흐름에 집착한다. 그래서 다른 사람들로 하여금 많은 異見을 惹起시킨다.
   그래도 이견에 전혀 對句하거나 反駁하지 않으니 마음이 한가롭고 편하다(惡
   人罵善人 善人摠不對 不對心淸閑, 明心寶鑑).

3) 존경과 권위는 남들이 만들어 주는 것이지 내가 만들려고 노력하지 않는다. 그
   리고 남들이 나를 알아주지 않더라도 화를 내지 않는다(人不知而不慍, 論語
   學而).

4) 매사 늦었다고 생각할 때가 가장 빠른 시기임을 생각해내고 즉시 실천하도록

한다.

5) 그날 할 일은 가급적이면 그날 끝내도록 노력한다.

6) 일을 시작하면 몰두하여 남이 무어라하든 간섭을 받지 않거나 신경을 전혀 쓰지 않는다.

7) 나는 스스로를 평가할 때 머리가 나쁜 편에 속한다고 생각하여 일처리를 할 때, 9할을 노력하는데 나머지 1할을 運에 맡긴다. 대신 부지런함과 성실성을 앞세운다. 설사 일이 잘못되어도 남이나 하늘을 원망하지 않는다. 그래서 가능하면 평소 일을 예견하고 준비하는데 시간을 많이 할당한다(學之廣在於不倦 不倦在於固志, 葛洪 抱朴子).

8) 남들이 可望이 없다고 포기하고 돌아가는 일들에도 꾸준히 기다려 성취를 해나가는 쪽을 택한다. 여기에는 미련할 정도로 무한한 참을성과 시간을 요한다.

9) 남과의 사소한 분쟁이 있을 때 싸우지 않고 해결하는 방법을 택한다. 여기에는 끝없는 自愧感과 屈辱을 참아야 하는 노력이 필요하다. 그리고 뜻대로 되어도 이를 전혀 내색하지 않도록 노력한다. 그리고 無策이 上策이란 생각을 유지한다.

10) 학문하는데 있어 남이 해나간 길을 뒤따라 아무런 마찰도 없이 쉽게 이름을 얻는 賢明함을 택하는 것보다, 오히려 남들이 나의 생각에 同調하도록 시간이 걸리더라도 노력하고 기다리는 愚直함을 택한다. 특히 내 생각이 옳다고 생각하면 더욱 그러하다. 다행히도 요사이 모든 것이 정보화시대가 되어 기다림에 한계가 없이 當代에 좋은 소식을 기대할 수 있다. 그저 꾹 참고 인정받을 때까지 기다리면 된다.

11) 원고부탁은 일단 약속을 하면 약속시간 이전에 마쳐 보내도록 노력한다. 그것이 나의 鐵則이다.

12) 나의 적은 나를 誹謗·陰害하는 자들이 아니라 스스로의 약속을 못 지키는 내 自身의 마음이라고 생각한다. 그래서 스스로 만든 약속은 끝까지 지켜나가도록 노력한다.

13) 師弟之間과 같은 사회생활에서 은혜를 베풀면서 보답을 바라지 말고, 주고 나
서 후회하지 말고, 헤어질 때에도 가급적이면 정을 남겨두어 후일을 기하도록
한다(施恩勿求報 與人勿追悔, 凡事留人情 後來好相見, 明心寶鑑). 그러나
이들은 실천하기가 무척 어렵다. 매사 참을성을 필요로 하는 끈질긴 노력이 거
듭 필요하다.

그러나 이와 같은 저의 素朴한 생각을 弟子나 後輩들이 따르지 않도록 거듭
당부합니다. 왜냐하면 이것들을 실천해나가다 보면 愚直하고 社交와는 담을
쌓은 소위 '왕따'가 되거나 따돌림(social outcast, bullied, beleaguered and
ostracized)을 당하기 쉽기 때문입니다. 오랫동안 당하고 겪어서 느낀 최근의
생각입니다. 쉽고 편하게 善男善女로 사는 방식이 좋다는 것을 정년이 가까운
이제야 좀 이해하고 있기 때문입니다.

그리고 學生과 助敎시절부터 현재에 이르기까지 과거 48년간 저의 학문적
인생은 다음과 같이 5期로 나누어 볼 수 있습니다.

제1기 : 학부, 대학원학생과 조교시절(서기 1964년 3월 1일~서기 1972년
12월 4일)

제2기 : 사학과 교수시절(서기 1972년 12월 20일~서기 1981년 11월 27일)

제3기 : 미국 하바드대학 유학시절(서기 1978년 7월 4일~서기 1983년 2
월 28일)

제4기 : 서울대학교 교수시절(1981년 11월 28일~서기 2012년 2월 29일)
가. 인문대학교 부학장시절(서기 1986년 8월 24일~서기 1988년
8월 23일)
나. 한국상고사학회 회장시절(서기 1987년 11월 14일~서기 1995
년 11월 13일)

다. 서울대학교 박물관장시절(서기 1996년 9월 1일~서기 1999
　　년 8월 31일)

마. 고등학교 국사교과서 집필위원시절(서기 1988년 3월 1일~
　　서기 2012년 2월 28일, 전 기간 통용)

바. 문화재청 문화재위원시절(서기 1999년 4월 26일~서기 2003
　　년 4월 25일)

제5기 : 회갑과 정년퇴임 준비시절(서기 2006년 9월 13일~서기 2012년 2
　　월 29일)

　저의 學問(學文. 학문에서 물을 問 대신 글월 文을 쓰기도 한다. 論語 學而
편 第一의 六章 "弟子入則孝 出則弟 謹而信 泛愛衆而親仁 行有余力 則而學文"
을 비롯한 옛 글에서는 學文으로 표기했으나 지금은 일본의 영향인지 몰라도
學問으로 사용하고 있다)은 인생과 톱니바퀴처럼 맞물려 있습니다. 순수한 學
者로 남기로 스스로 약속하면서 가능하면 학문외적인 행동은 가능하면 삼가도
록 노력해왔습니다. 제4기의 인문대학교 부학장(학생담당 학장보로 金哲埈,
金鐘云, 金完鎭 세 분의 학장을 모셨습니다)시절만 빼면 모두 거기에 부합됩
니다. 그래도 부학장을 하던 그 기간 낮에는 근무하고 밤에는 연구실에서 시
간을 보냈습니다. 그리고 동창회장도 겸하면서 金元龍 교수 정년퇴임논총도
만들어드리고 韓國上古史學會를 창립하기도 하였습니다. 오히려 학문적인 것
을 돕는 활동을 두드러지게 했던 시기였습니다. 제1기에서 제5기까지의 과정
을 보면 論語 爲政 第二 四장 "吾十有五而志于學 三十而立 四十而不惑 五十而
知天命 六十而耳順 七十而從心所欲 不踰矩"에 비유될 수 있겠습니다.

　제1기에서는 學問에 뜻을 세워(立志, 志于學) 공부를 하기 시작하였는데 考
古學과 美術史에 이르기까지 다방면에 걸쳐 관심을 두어 공부하였으나 주로

先史考古學 특히 신석기·청동기시대에 관심을 가지고 있었습니다. 그 결과는 다양한 분야에 걸쳐 글을 만들어 보기 시작하였습니다. 서기 1967년 학부 3학년 때부터 글을 쓰기 시작하여 서기 1972년 전남대학교에 자리 잡을 때까지 계속되었습니다. 그러나 그 내용을 보면 型式分類(typology)와 編年(chronology)에 입각해 전통고고학(traditional archaeology)이라는 학문을 시작하는 初步 水準에 불과하였습니다. 그래도 당시 남다른 學問에의 慾心과 熱情은 숨길 수 없었습니다. 그러나 연구실의 이사를 여러 번 하는 통에 분실된 책들이 많아 정리 중 빠진 文獻이나 페이지(쪽)가 필연적으로 생겨 어쩔 도리가 없었고 또 무척 안타까웠습니다. 후일 기회가 있는 데로 補完해 넣을 생각입니다. 이점 독자들의 양해를 구합니다. 玉瑕錦纇. 여러 여건이 어려운 가운데 마무리 지은 결과들은 다음과 같습니다.

1967　全北 海岸一帶의 先史遺蹟 1·2·3, 考古美術 8권 4–6호, 통권 81~83호, 서울: 고고미술 동인회, pp.291~292(통권 81호), pp.299~300(통권 82호), pp.308~309(통권 83호)

1967　靑鶴里 粉靑沙器 窯址, 서울대 문리대 고고인류학과, 韓國考古 1집, pp.1~10

1967　蘇爺島 所在 新 發見의 貝塚과 其 出土遺物, 서울대 문리대 고고인류학과, 韓國考古 2집, pp.29~38

1967　郭支里 支石墓 踏査報告, 서울대 文理大學報 13권 1·2 합집, pp.253~256

1967　德積群島 所在 貝塚出土 櫛文土器, 서울대, 形成 創刊號, pp.122~125

1968　홍성군 八卦里 출토 마제석기류, 美術史學研究(舊 考古美術) 제9권–제1호(통권 90호), 서울: 고고미술 동인회, pp.369~369

1971 한국 銅戈에 대하여-특히 型式分類를 중심으로 하여-, 美術史學硏
      究(舊 考古美術) 제110호, p.24

1971 韓國 先史·原史遺蹟 出土 漁具例(1), 古文化 9집, pp.17~21

1972 김해 會峴里 패총 출토 硬質 土製品에 대하여, 古文化 10집, pp.16~18

1972 韓國 銅戈에 對하여, 서울대 文理大學報 제18권 합병호, 통권 27호
      서울: 서울대학교 文理科大學 학생회, pp.213~237(문리대 고고인류
      학과 1971년 석사학위논문)

1972 大項里 貝塚, 美術史學硏究(舊 考古美術) 제115호, pp.31~34

1972 江原道 襄陽 甘谷里所在 高麗古墳 및 先史遺物에 對하여, 전남대 歷
      史學硏究 IV, pp.73~82

1972 考古學編, 학술총람 제VI집 사학편 (1901~1970), 학술원, pp.205~
      253

제2기에서는 전남대학교 사학과에 專任敎授로 자리 잡아 전남지방에 산재
한 考古學과 美術史 관계 유적조사를 위주로 하였는데 그 결과가 서기 1975년
도에 나온『全南考古學地名表』였습니다. 당시에는 연구비도 없어 주로 自費로
充當하여 경제적으로 고생이 많았었습니다. 학교에서 고고학, 고대사, 문화인
류학과 미술사까지 강의를 담당하였는데 당시의 힘든 강의 준비가 오늘날의
연구에 상당한 도움을 주었습니다. 그리고 서울대학교 金元龍 교수님의 부탁
에 따라 서울대학교 발굴단 이름으로 慶州 校洞과 驪州 欣岩里 등 다른 지역
의 발굴을 담당한 적도 많았습니다.

1972 靈岩 淸風寺址 石塔 내 발견유물, 美術史學硏究(舊 考古美術) 제116
      호, pp.16~17

1973 韓國 先史·原史遺蹟 出土 漁具例(2), 古文化 11집, pp.23~25

1973   潭陽 齊月里의 석기문화, 호남문화연구 저5집, pp.1~24

1973   欣岩里 住居址(공저), 서울: 서울대학교박물관

1973   영산강유역의 선사 유적·유물, 역사학보 59집, pp.67~87

1973   서남해안의 선사문화, 전주 유네스코 32·33 합병호, pp.28~31

1973   原始 採石문제에 대한 一 小考, 고고미술 119호, pp.18~21

1973   韓國—1973年の動向—, 考古學 ジアナル 94호, 東京: ニユサイエンス社

1974   機能的 復元問題, 嶺大文化 6, pp.177~182

1974   韓國 先史·原史遺蹟 出土 漁具例(3), 古文化 12집, pp.31~36

1974   영산강 Dam 공사로 인한 수몰지구의 선사유적, 전남대학교 호남문
        화연구 6집, pp.41~60

1974   全南史前유적유물 지명표, 전남대학교 호남문화연구 6호, pp.97~120

1974   全南史前유적유물 지명표 追補, 전남대학교 역사학연구 Ⅴ, pp.79~90

1974   昭陽江 水沒地區 遺蹟 發掘調査, 서울: 문화공보부 문화재관리국,
        pp.457~486

1974   광주 松岩洞의 석기문화, 전남대 역사학연구 Ⅴ, pp.25~42

1975   석기시대의 광주, 새전남, 전남공론사

1975   영산강 댐 공사로 인한 수몰지구의 선사유적, 광주: 영산강유역의 종
        합개발, 새전남 87호

1975   전남대 박물관 소장품 3례, 古文化 13집, pp.24~25

1975   慶州 校洞 발굴조사, 경주사적관리사무소 편 경주지구 고분발굴조사
        보고서

1975   高興 玉下里 虹橋, 美術史學研究(舊 考古美術) 제125호, pp.28~29,
        전남고고학 지명표(광주: 전남매일출판사 출판국), p.73 및 전남의
        고적 16(光州商議 4월호, 광주상공회의소)

1975   羅州 會津城 , 전남의 고적 16, 光州商議 4월호

1975 和順 天台里의 선사유적, 전남대 역사학연구 Ⅵ, pp.21~34

1975 전남지방에서 새로이 발견된 선사유물, 호남문화연구 7집, pp.141~162

1975 月出山지구의 선사유적, 한국문화인류학 7집, 서울: 문화인류학회, pp.65~78

1975 韓國 銅戈에 대해서―특히 型式分類お中心として 神谷正弘(かみやまさひろ)譯 朝鮮考古學報 1971年版 vol.2, 東京: 東出版, pp.21~41

1975~1983 고고학―회고와 전망, 국사편찬위원회, 한국사학연구 휘보 9·17·21·37·42호

1975 문화재공해, 새전남 81호, pp.48~51

1976 九品蓮池發掘, 佛國寺復原工事報告書, 서울: 문화공보부 문화재관리국, pp.60~69

1975 전남고고학 지명표, 광주: 전남매일출판사 출판국

1976 潭陽 齊月里 백제고분과 그 출토유물, 문화재 10호, pp.131~140

1976 남도문화의 고고학적 배경, 龍鳳 7집, pp.56~66

1976 康津 琵山里 출토의 마제석기류, 한국고고 3, pp.149~162

1976 영산강유역 수몰지구 유적발굴조사보고서, 광주: 전남대학교 박물관

1976 나주군 다도면 마산리 옹관묘, 영산강유역 수몰지구 발굴 조사보고, 광주: 전라남도 도청

1976 大草·潭陽댐 수몰지구 유적 발굴조사 보고서, 광주: 전라남도 도청

1976 大草 水沒지구 유적조사, 한국고고학 연보 3

1976 영산강 유역에서 새로이 발견된 선사유물―영산강유역의 고고학적 조사연구(8), 호남문화연구 8집, pp.1~23

1976 西南區 패총 발굴조사보고서, 마산 외동 성산패총 발굴조사보고, 서울: 문화공보부 문화재관리국, pp.105~174

1976　李朝墓誌數例(其一), 美術史學研究(舊 考古美術) 제129·130호,
　　　　pp.204~210

1976　73~75년도 한국사학계의 회고와 전망-신석기시대·청동기시대, 역
　　　　사학보 72호, pp.148~158

1977　청동기시대 및 초기철기시대(Ⅲ 및 Ⅳ장), 韓國史論(古代), pp.72~76

1977　나주 보산리 지석묘 발굴조사 보고서, 나주: 나주군청

1977　나주 寶山里 지석묘 발굴조사 보고서, 한국문화인류학 9집, 서울: 문
　　　　화인류학회, pp.93~118

1977　蘆花·甫吉島의 선사유적, 호남문화연구 9집, pp.1~24

1977　莞島 觀音寺 목조여래좌상과 腹藏유물, 美術資料 제20호, 서울: 국립
　　　　중앙박물관, pp.63~70

1977　和順 運舟寺의 塔像 전남의 고적 38, 光州商議 2월호, 광주상공회의소

1977　광주 松岩洞 주거지발굴조사 보고서, 광주: 전남대학교 박물관 및 한
　　　　국고고학보 4집, pp.53~73

1977　高興 鉢浦鎭城 발굴조사보고서, 고흥: 발포충무공유적보존위원회

1977　都市의 起源-청동기시대의 제 문제-, 서울: 白鹿출판사

1977　청동기시대의 묘제, 김원룡 청동기시대와 그 문화, 삼성문화재단:
　　　　삼성문화문고 89, pp.137~186

1977　고고학, 文藝年鑑, 한국문화예술진흥원, pp.83~88

1977　청동기시대, 한국사론 Ⅰ. 고대편, 서울: 국사편찬위원회, pp.52~71

1987　韓國古代史의 諸 問題(유인물), 서울: 관악사, pp.15~26

1977　초기철기시대, 한국사론 Ⅰ. 고대편, 서울: 국사편찬위원회, pp.72~76

1987　韓國古代史의 諸 問題(유인물), 서울: 관악사, pp.15~26

1977　전남지방소재 李朝墓誌(其二), 古文化 15집, pp.19~33

1978　李朝墓誌 數例(其三), 美術史學研究(舊 考古美術) 제136·137호,

pp.163~173

1978 全州市立博物館 소장 朝鮮朝墓誌 數例(其四), 古文化 16집, pp.26~30

1978 광주 忠孝洞 지석묘 발굴조사보고서, 광주: 전남대학교 박물관

1978 전남지방소재 지석묘의 형식과 분류, 歷史學報 78, pp.1~50

1978 光州 十信寺址 梵字碑 및 石佛移轉 始末, 서울: 美術史學研究(舊 考
      古美術) 제138·139합집, pp.128~135

1978 全南地方의 佛像 數例, 美術資料 22호, 서울: 국립중앙박물관, pp.49
      ~56

1978 上古史의 西海交涉史 研究, 한국사논총 3집, pp.1~28

1978 나주 大安里 5호 백제 석실분 발굴조사보고(공저), 나주군청

1978 수중고고학(번역, George F. Bass 저), 한국고고학보 5집, 한국고고
      학회

1979 珍島의 선사유적, 호남문화연구 10·11합집, pp.1~36

1978 광주 松岩洞 주거지 발굴조사보고, 한국고고학보 4호, 한국고고학회

1979 광주 松岩洞 주거지·忠孝洞지석묘, 전남대학교 박물관 고적조사보고
      Ⅰ, 광주: 전남대학교 박물관

1979 나주 潘南面 大安里 5호 백제 석실분 발굴조사보고(공저), 문화재 12
      호, 서울: 문화재관리국, pp.90~104

1979 수중고고학(번역, George F. Bass 저), 한국고고학보 6집, 한국고고
      학회, pp.97~109

1980 전남 선사유적 출토 무문토기의 과학적 분석(요약), 한국고고학보 9
      집, pp.79~80

제3기는 서기 1981년 미국에서 돌아와 공채 1기로 서울대학교에 자리를 옮
기면서 미국의 고고학 현황을 한국에 소개하고 학문의 틀을 갖추기 시작하였

습니다. 서기 1978년 미국 하버드 대학 人類學科 Department of Anthropology 대학원 GSAS: Graduate School of Arts and Sciences 考古學專攻 Archaeology Wing으로 留學가서 關心을 쏟아 부었던 分野는 形質人類學 중 人骨學 human osteology, 自然科學的 分析(토기분석 등), 階級社會의 發生, 都市·文明·國家의 발생과 理論的 背景 그리고 文明의 發生과 滅亡(The Rise and Fall of Civilizations) 등이었습니다. 그중에서도 文明의 發生에 관해 관심을 제일 많이 가지고 책을 읽어 이 분야가 저의 專攻이라고 해도 과언이 아닐 정도였습니다. 다행히도 당시 科에는 이 分野에 世界的 權威를 가지셨던 분이 많았습니다. Gordon R. Willey, C. C. Lamberg-Karlovsky, Geofferey W. Conrad, Peter Wells와 張光直 Chang Kwang-Chih 교수들의 강의를 들으면서 저의 學問的 幅을 넓혀 갈 수 있었음은 學者로서 다시 얻을 수 없는 幸運이었습니다. 이 기간 동안에 不惑(40세)과 知天命(50세)을 따른 듯 학자로서 할 수 있는 일들을 거의 모두 후회 없이 遂行할 수 있었습니다.

1981　도시·문명·국가—미국 고고학계의 일 동향—, 역사학보 92집, pp.175~184

1981　고고학, 한국학연구입문, 서울: 지식산업사, pp.570~576

1981　철기문화, 한국학연구입문, 서울: 지식산업사

1981　Analysis of 'Plain Coarse Pottery' from Chŏlla Province, and Implication for Ceramics Technology and so-called 'Yŏngsan River ValleyCultural Area, 韓國考古學報 제10·11합집, pp.261~276

1981　전남 선사문화의 재조명, 전남대 龍鳳 12호

1981　全南地方 支石墓社會와 階級의 發生, 韓國史研究 35, pp.1~14

1981　長興 巾山里 무문토기유적(공저), 고고미술 153호, 한국미술사학회, pp.20~27

1982 전남지방 지석묘사회의 편년-출토유물을 중심으로 하여-, 진단학보 53·54호, pp.1~10

1982 荏子島의 선사유적-전남 해안일대의 고고학적 조사연구(3)-, 古文化 20집, pp.29~37

1982 고고학적 측면에서 본 전남의 향토문화, 향토문화 7, 광주: 향토문화연구회

1982 先史時代·馬韓時代(공저), 전남도지 Ⅰ, 전라남도지 편찬위원회

1982 남도문화의 고고학적 배경, 광주박물관대학, 광주: 광주박물관회

1982 同福댐 수몰지구 지석묘 발굴조사보고서(공저), 광주: 전남대학교 박물관

1982 白翎·延坪島의 櫛文土器遺蹟-西海五島嶼의 考古學的調查(공저), 韓國文化 3집, pp.125~163

1982 제2편 선사시대(공저), 전라남도지 제1권, 광주: 전남도지편찬위원회, pp.203~310

1982 考古學에 있어서 復元問題-理論的 背景-, 인문논총 8권, 서울대학교: 인문학연구원, pp.105~119

1982 On the Chinese Ko-halberd(戈), 동아문화 20집, pp.193~214

1983 復元, 한국사론 12, 서울: 국사편찬위원회, pp.20~39

1983 주거생활-청동기시대-, 한국사론 13, pp.152~168

1983 그라함 클라크(Grahame Clark), 考古學에 있어서 精神生活의 復元, 고문화 제23집, 서울: 한국대학박물관협회, pp.53~70

1983 The Analysis of Plain and Red-painted Polished Korean Pottery sherds excavated at Yangp'yŏngni, Chewŏn-gun County, Chungch'ŏng Pukto Province -A Study of the Han River valley culture-, 東亞文化 제21호, pp.153~173

1983 Translation of Shizi Chao-xian(史記 朝鮮列傳) into English, 古文
      化 22집, pp.93~103 및 최몽룡 1987 한국고대사의 제 문제(유인물),
      서울: 관악사, pp.199~203

1983 The Trade System of Wiman State, Asian Pacific Quarterly of Cul-
      tural & Social Affairs vol. XV, no.3, pp.30~37 및 최몽룡 1987 한
      국고대사의 제 문제(유인물), 서울: 관악사, pp.205~212

1983 중원 武陵洞 B지구 유적발굴조사보고, '83 충주댐 수몰지구 문화유적
      발굴조사보고서, 청주: 충북대학교박물관, pp.103~108

1983 제원 陽坪里 D지구 유적발굴조사보고(공저), '83 충주댐 수몰지구 문
      화유적 발굴조사보고서, 청주: 충북대학교박물관 충북대학교,
      pp.135~146

1983 제원 桃花里지구 유적발굴 약보고(공저), '83 충주댐 수몰지구 문화유
      적 발굴조사보고서, 청주: 충북대학교박물관 충북대학교, pp.315~
      330

1983 인류문화의 발생과 전개-교양고고학강좌-, 서울: 동성사

1983 원삼국시대-회고와 전망, 문제점- 한국고고학보 10집, pp.98~104

1983 고고미술 개관, -고고분야-, 한국예술지 권16, 대한민국 예술원, pp.
      145~154

1983 한국고대국가의 형성에 대한 일 고찰-위만조선의 예-, 金哲埈박사
      화갑기념 사학논총, 서울: 지식산업사, pp.61~77

1983 A Study of the Yŏngsan River Valley Cluture -The Rise of Chief-
      dom Society and State in Ancient Korea(上篇)-, 진단학보 55호,
      pp.145~208

1983 A Study of the Yŏngsan River Valley Cluture -The Rise of Chief-
      dom Society and State in Ancient Korea(中篇)-, 진1984 A Study

of the Yŏngsan River Valley Cluture -The Rise of Chiefdom So-ciety and State in Ancient Korea(後篇)-, 진단학보 58호, pp.163~212

1984 A Study of the Yŏngsan River Valley Culture 미국 하버드대학 인류학과 고고학전공 박사학위논문, 1984 A Study of the Yŏngsan River Valley Culture, 서울: 동성사(201쪽)

1984 선사시대의 전남사회, 錦湖문화 3·4월호, 광주: 금호문화재단

1984 하스의『원시국가의 진화』대우재단소식, 10호, 겨울, pp.31~34

1984 대학에서 나는 무슨 공부를 하여 어떤 사람이 될까? 김형국 편, 뿌리 깊은 나무, pp.94~96

1984 선사시대-배와 그물: 낚시고고학, 낚시 6월호

1984 영산강유역의 백제문화 연구, 백제연구 15집, 충남대학교 백제문화연구소, pp.21~29

1984 제원군 양평리의 선사주거지(공저), 백산학보 28호, pp.27~56

1984 충북 제원 양평리·도화리 출토 홍도 및 철제풍의 과학적 분석(공저), 尹武炳 박사 회갑기념논총, pp.143~168

1984 고흥 발포진성 발굴조사보고서, 백산학보 29호, pp.117~150

1984 홍성 八卦里 풀무학원 소장 유물 수례, 고문화 24집, pp.1~15

1984 신고고학개요(번역), 서울: 동성사

1984 溟洲 金津里 선사유적 조사보고, 문화재 17호, pp.127~142

1984 농경문화의 기원·전파 그리고 문제점, 계간경향 사상과 정책, 겨울호, pp.30~37

1984 여주 흔암리 토기의 과학적 분석(공저), 고문화 25집, pp.3~8

1984 여주 흔암리 선사취락지(공저), 정신문화연구 21, pp.149~169

1984 溟洲 金津里 선사유적 조사예보(공저), 문화재 17호, 문화재관리국

1985 高麗圖經에 보이는 器皿, 韓國文化 6, pp.63~73

1985 對馬·壹岐島의 先史遺蹟, 日本 對馬島·壹岐島 綜合學術調査報告書, 서울: 서울신문사 및 1987 한국고대사의 제 문제(유인물), 서울: 관악사, pp.189~198

1985 고고분야, 일본 對馬·壹岐島종합학술조사보고서, 서울: 서울신문사, pp.115~124

1985 農耕文化の起源·傳播とその問題點, アジア公論 7月號, 서울: 韓國國際文化協會, pp.104~111

1985 겨레 얼 관련 보도 자료 선집(Ⅰ), 사단법인 한배달, pp.212~222

1985 문화유산의 보존과 대학박물관론, 현대사회 20, 겨울, pp.39~49

1985 한성시대 백제의 도읍지와 영역, 한국 문화 심포지움-백제초기문화의 종합적 검토-서울: 진단학회 및 진단학보 제60호 pp.215~220

1985 고고학 자료를 통해본 백제 초기의 영역고찰-도성 및 영역문제를 중심으로 본 한성시대 백제의 성장과정, 千寬宇 선생 환력기념 한국사학 논총, 서울: 정음문화사, pp.83~120

1985 고대국가의 성장과 무역-위만조선의 예-, 한국고더의 국가와 사회, 서울: 일조각, pp.55~76

1985 전남고고학의 어제와 오늘, 한국대학박물관협회 1985년 추계총회 및 학술강연회, 古文化 27집, pp.133~134

1985 순흥 읍내리 고분출토 인골, 문화재관리국 순흥 벽화고분 학술발표회(11월 25일)

1985 출토인골, 月城垓字시굴조사보고서, 문화재연구소 경주고적발굴조사단, pp.126~129

1985 주암댐 수몰지구 고고분야 조사보고(공저), 광주: 전남대학교 박물관

1985 春川 中島와 義城 塔里 出土 人骨, 閔錫泓 박사화갑기념사학논총, 서

울: 삼영사, pp.697~706

1985 歷史學과 考古學—歷史敍述에 있어서 考古學의 貢獻—, 전국역사학대회(한양대, 5월 31일 ,금) 기조강연 및 최몽룡 1987 韓國古代史의 諸問題(유인물), 서울: 관악사, pp.5~13

1985 여주 흔암리 선사취락지 출토 석기류 Ⅰ(공저), 邊太燮박사 화갑기념 사학논총, 서울: 삼영사, pp.11~39

1985 여주 흔암리 선사취락지 출토 석기류 Ⅱ(공저), 한국대학박물관협회, 고문화 26집, pp.1~29

1986 邪馬臺國の實態と古代のの韓日交流, 東京: 歷史讀本 臨時增刊 86—3, pp.214~220

1986 전남지방의 고인돌과 독무덤, 전남고문화의 성격과 과제(전남고문화 심포지움. 2월 23일)

1986 전남지방의 지석묘와 옹관묘, 自由 154, pp.66~69

1986 한국의 고분, 전통문화 4월호, pp.136~146

1986 한국의 고분, 弘益 28호, 홍익대학교, pp.196~209

1986 문화유적으로 본 한강유역, 한강종합개발사업 준공기념학술세미나(8월 29일)

1986 청동기·초기철기시대, 한국고고학 시대구분의 제 문제, 제10회 한국고고학회 전국대회 발표요지(11월 1일)

1986 영산강유역의 백제문화, 충남대학교 백제연구소 백제연구의 회고와 전망, 제2회 백제연구 국제학술대회(5월 25일~26일)

1986 고고학 측면에서 본 마한, 마한·백제문화 9집, 원광대학교 마한·백제 문화연구소, pp.5~15

1986 고고미술사학과, 진학 1월호, 서울: 교학사, pp.145~148

1986 한국의 고분, 월간 전통문화 4월호, pp.136~145

1986 영암 장천리 선사주거지 출토 무문토기의 과학적 분석(공저), 영암 장천리 주거지(Ⅱ), 목포대학교 박물관, pp.79~80

1986 月出山지구의 문화유적, 靈岩 王仁유적의 현황, 왕인문화연구소

1986 흔암리 선사취락지의 특성, 한일고대문화의 제 문제 심포지움(11월 7일~9일), pp.1~66

1986 驪州 欣岩里 先史聚落址(油印物), 서울: 三和社

1987 驪州 欣岩里 先史聚落址의 性格, 三佛 金元龍 교수 정년퇴임 기념논총 (Ⅰ), pp.85~102

1987 欣岩里 先史聚落址の 特性, 韓國考古學報 제20집, pp.5~21

1987 삼천포시 늑도 토기편의 과학적 분석, 삼불 김원용 교수 정년퇴임 기념논총(Ⅰ), 서울: 일지사, pp.241~242

1987 보성강유역의 주거지를 중심으로 한 원삼국문화, 전남문화의 현황과 과제, 제2회 전남고문화 심포지움, 전라남도

1987 韓國古代史의 諸 問題(油印物), 서울: 冠岳社

1987 한성시대 백제의 돌무지무덤, 제11회 한국고고학 전국대회 발표요지, 한국고고학회

1987 梧峰里 '아'군 고인돌(공저), 광주: 전남대학교 박물관, pp.303~330

1987 보성강유역의 주거지를 중심으로 한 원삼국문화, 전라남도 전남고문화의 현황과 전망―고고학을 중심으로, 제2회 전남고문화 심포지움

1987 蘆花·甫吉島의 선사유적: 고산 윤선도와 관련하여, 고산연구 1, 고산연구회

1987 문화유산으로 본 한강유역―선사시대에서 백제시대까지―, 鄕土서울 44호, pp.117~146

1987 한성시대 백제의 재조명―몽촌토성을 중심으로―, 계간 감사, pp.64~69

1987 승주 대곡리 주거지 발굴약보(공저), 문화재 20호, 서울: 문화재관리

국, pp.80~111

1987 삼국시대 전기의 전남지방문화-보성강유역의 주거지를 중심으로 하여-, 진단학보 63호, pp.1~10

1987 주암댐 수몰지구 문화유적 발굴조사보고서 광주: 전남대학교 박물관

1987 한국고고학의 시대구분에 대한 약간의 제언, 崔永禧 선생 화갑기념 학국사학논총, 서울: 탐구당, pp.783~788

1987 고고학으로 본 한국 식문화-어로와 농업을 통해본 생업경제-, 斗溪 李丙燾 박사 九旬 기념 한국사 논총, 서울: 지식산업사, pp.33~40

1987 考古學上으로 본 古朝鮮에 대하여, 韓國上古史의 諸 問題, 한국정신문화연구원, pp.112~117

1987 고고학 측면에서 본 마한, 제9회 마한·백제문화 국제학술회의, 마한·백제문화의 성과와 과제

1987 한성시대 백제의 도읍지와 영역, 진단학회 백제문화 학술강연회, 백제 도성의 조영에 관한 제 문제(10월 22일)

1987 한성시대 백제의 돌무지무덤, 제11회 한국고고학 전국대회, 백제초기문화의 고고학적 재조명

1987 인류의 선사시대(번역, Brian Fagan 저), 서울: 을유문화사

1988 고고학 자료를 통해본 황해교섭사 연구서설, 진단학보 66집, pp.175~180

1988 몽촌토성과 하남위례성, 백제연구 제19집, 충남대 백제연구소, pp.5~12

1988 고고학 상으로 본 주거변천, 광장 182호, pp.192~207

1988 潘南面 古墳群의 意義, 나주 반남면 고분군, 광주: 국립광주박물관, pp.197~206

1988 고고미술사학과, 대학진학총람, 서울: 대학교수클럽 출판부, pp.45

~46

1988 상고사는 추리소설이 아니다, 월간 歷史春秋 4월호, pp.228~231

1988 홍성 은하일대의 지표조사(공저), 고문화 32, pp.19~48

1988 승주 낙수리 주거지 발굴약보(공저), 孫寶基 박사 정년기념 고고인류
      학논총, 서울: 지식산업사, pp.569~612

1988 승주 대곡리 요지출토 토기의 과학적 분석, 한국고고학에 있어서 과
      학적분석의 검토, 제12회 한국고고학 전국대회 발표요지, 한국고고
      학회, pp.3~14

1988 한국 고고학에 있어서 토기의 과학적 분석의 검토, 한국상고사학보 1
      집, pp.1~35

1988 한국 고고학에 있어서 토기의 과학적 분석, 문화재 2., 문화재관리국

1988 백제시대의 窯址연구(공저, 유인물), 서울: 문화재연구소

1988 한국선사시대의 식문화, 한국음식문화연구원 논총 Ⅰ, 한국식문화연
      구원, pp.3~13

1989 한성시대 백제의 영역과 문화, 한국고고학보 22집, pp.5~21

1989 원시국가의 진화(번역 Jonathan Haas 저), 연구번역후기, 대우재단
      소식, 가을호(제29호), pp.32~33

1989 원시국가의 진화(번역 Jonathan Haas 저), 서울: 민음사

1989 원시국가의 진화(서평 Jonathan Haas 저), 광장 185호, pp.158~165

1989 일본고고학개설 요약(번역 C. Melvin Aikens와 樋口隆康 공저), 광
      장 196호

1989 역사고고학 연구의 방향, 한국상고사학회, 한국상고사-연구현황과
      과제-, 서울: 민음사, pp.97~102

1989 고대유물산지의 연구(공저), 한국상고사학회, 한국상고사-연구현황
      과 과제-, 서울: 민음사, pp.26~88

1989 마한·목지국연구의 제 문제, 한국상고사학회, 한국상고사—연구현황
       과 과제—, 서울: 민음사, pp.129~136

1989 미사리 출토 토기의 과학적 분석 龍巖 車文燮 교수 화갑기념 사학논
       총, pp.805~816

1989 고고학과 수사기법, 수사연구 8—12월호(통권 70~75호, 5회 연재),
       pp.46~49(1회), pp.87~91(2회), pp.74~79(3회), pp.78~83(4회),
       pp.50~55(5회)

1989 靑銅器時代, 韓國の考古學(공저) 東京: 講談社, pp.65~76

1989 인류와 철, 철강문명발달사 연구보고서 포항: 포항제철주식회사,
       pp.1~4

1989 대곡리 도롱 주거지, 주암댐 수몰지구 내 유적발굴조사보고, 광주:
       전남대박물관

1989 삼국시대 전기의 전남지방문화, 省谷論叢 20집, pp.729~769

1989 승주 洛水里·大谷里 집자리, 전남문화재 제2집, pp.219~229

1989 洛水里 낙수 주거지(공저), 주암댐 수몰지구 문화유적 발굴조사보고
       서 Ⅵ, 광주 : 전남대학교 박물관

1989 大谷里 도롱 주거지(공저), 주암댐 수몰지구 문화유적 발굴조사보고
       서 Ⅵ, 광주 : 전남대학교 박물관

1989 역사고고학 연구의 방향, 한국상고사—연구현황과 과제, 서울: 민음
       사, pp.97~102

1989 1980년대의 역사고고학—회고와 전망—, 한국상고사학보 2호

1989 마한·목지국연구의 제 문제, 한국상고사—연구현황과 과제, 서울: 민
       음사, pp.129~136

1989 上古史의 西海交涉史 研究, 국사관논총 제3집, 국사편찬위원회, pp.1
       ~28

1989 수중고고학(번역, George F. Bass 저), 광장 190, pp.98~107

1989 중국고고학개설 요약(張光直 저), 광장 186호, pp.123~131

1990 한국인, 경찰고시 9월호, pp.48~51

1990 호남지방의 지석묘사회, 한국지석묘의 제 문제-호남지방을 중심으로-, 제14회 전국역사학대회 발표요지

1990 호남지방의 지석묘사회, 한국고고학보 25집, pp.175~230

1990 초기철기시대-학설사적검토- 국사관논총 16집, 서울: 국사편찬위원회, pp.67~105 및 최몽룡 외 한국선사고고학사, 서울: 까치, pp.298~359

1990 전남지방 삼국시대 전기의 고고학연구현황, 한국고고학보 24집, pp. 29~47

1990 고고학에의 접근-문명의 성장과 멸망-, 서울: 신서원

1990 全南地方의 馬韓·百濟時代의 住居址硏究(공저), 韓國上古史學報 4호, pp.1~91

1990 Provenance Study of Archaeological Materials by the Analysis of Trace Elements(공저), 昌山 金正基 박사 화갑기념논총, pp.353~376

1990 昇州 大谷里 3차(1989년도)발굴조사 약코(공저), 昌山 金正基 박사 화갑기념논총, pp.484~533

1990 大谷里 도롱 주거지(공저), 주암댐 수몰지구 문화유적 발굴조사보고서 Ⅶ, 광주: 전남대학교 박물관

1990 호남지방의 지석묘사회, 한국지석묘의 제 문제, 제14회 한국고고학 전국대회 발표 요지 및 한국고고학 25집, pp.175~188

1991 고고학 관계논문을 통해본 인류문화사의 연구, 한국상고사학보 6호, pp.7~58

1991 고고학과 토기분석, 요업재료의 과학과 기술 vol.6, no.1, pp.86~89

1991 중원문화권과 중원문화, 제3회 중원문화 학술발표회, 충주문화원·예
      성동우회(10월 19일, 충주문화원 회의실), pp.3~7

1991 한성시대 백제의 도읍지와 영역, 최몽룡·심정보 편저 백제사의 이해,
      서울: 학연문화사, pp.79~97

1991 백제사의 이해(편저), 서울: 학연문화사

1991 재미있는 고고학 여행, 서울: 학연문화사

1991 한국선사고고학사(공저), 서울: 까치

1991 中國東三省 답사 餘滴, 한국상고사학보 제5호, pp.307~317

1991 소련·체코슬로바키아 답사 餘滴, 한국상고사학보 제8호, pp.165~184

1992 泰國지역 답사 餘滴, 한국상고사학보 제9호, pp.175~181

1992 고고학·고대사의 개척자이신 세 어른, 교육월보 3월호, 서울: 교육
      부, pp.92~93

1992 환태평양 선사회의 참관기, 한국상고사학보 제10호(以峰 朴東百 박
      사 화갑기념논총), pp.777~780

1992 중국(3차)·러시아(3차)踏査餘滴, 한국상고사학보 제11호, pp.153~101

1992 미이라의 수수께끼, 과학동아 10월호, pp.80~85

1992 고고학과 羊, 北京猿人, 시멘트 3월호(통권 126호), pp.54~60

1992 폼페이와 헤르큐레니움, 시멘트 6월호(통권 제127호), 한국양회공업
      협회, pp.47~50

1992 한국 철기시대의 시대구분, 한국사시대구분의 제 문제, 국사편찬위
      원회 제18회 한국사학술회의, pp.13~40

1992 한국선사고고학사(공저), 서울: 까치

1992 Emergence of Complex Society in Prehistoric Korea(co-author),
      Journal of World Prehistory, Issn 0892-7537, New York and Lon-

don: Plenum Press, Vol. 6. No.1 pp.51~95

1992 Trade in Wiman State Formation, Pacific Northeast Asia in pre-history, Hunter-Fisher-Gatherers, Farmers and Sociopolitical Elites ed. by Melvin Aikens and Song Nai Rhee, Circum-Pacific Prehistoric Conference, ISBN 0-87422-092-0, Washington Pull-man: Washington State University Press, pp.185~189

1992 미사리 출토 토기의 과학적 분석 Ⅱ(공저), 동아대학 고고역사학지 Ⅷ, 靜山 金東鎬敎授 停年退任紀念特輯, pp.85~111

1993 한국고고학에 있어서 자연과학적 연구−인골과 토기분석의 연구현황과 검토−, 한국상고사학보 13호, pp.7~92

1993 文明의 發生과 滅亡, 한국상고사학보 12호, pp.273~294

1993 전남 승주·여천지역 무문토기의 과학적 분석(공저), 한국상고사학보 14집, pp.169~187

1993 靑銅器時代の住居生活, 申鉉東編著 朝鮮原始古代住居址と日本への影響, 東京: 雄山閣, pp.226~240

1993 호남지방 고대문화의 성격, 호남의 자연환경과 문화적 성격, 제5회 향토문화연구 심포지움(9월 21일), pp.23~32

1993 비무장지대의 고고학조사−파주군과 연천군, DMZ(8월 15일), pp.33~45

1993 새로운 박물관에 거는 기대, 플러스, 11월호, pp.180~181

1993 철기시대: 최근 15년간의 연구 성과, 한국사론 23집, 서울: 국사편찬위원회, pp.113~166

1993 한국 철기시대의 시대구분, 국사관논총 50, 서울: 국사편찬위원회, pp.23~61

1993 한성시대의 백제, 최몽룡 외, 1993 한강유역사, 서울: 민음사, pp.225

~267

1993 한국문화의 원류를 찾아서, 서울: 학연문화사

1993 한강유역사(공저), 서울: 민음사

1993 태국 반창유적과 국립박물관, 시멘트 3(제130호), 한국양회공업협회,
       pp.57~60

1993 중국의 문화, 시멘트 6(제131호), 한국양회공업협회, pp.136~138

1993 미이라, 시멘트 12(제133집), 한국양회공업협회, pp.61~63

1993 중국의 문화, 시멘트 6(제 131호), 한국양회공업협회, pp.136~138

1993 세계 최초의 문명−수메르−, 별과 꿈 1·2월호(통권 1호), 동양그룹,
       pp.4~9

1993 세계 최초의 문명−이집트−, 별과 꿈 3·4월호(통권 2호), 동양그룹,
       pp.4~9

1993 수수께끼의 문명−인더스−, 별과 꿈 5·6월호(통권 3호), 동양그룹,
       pp.4~9

1993 독자적으로 발전해온 중국문명−상−, 별과 꿈 7·8월호(통권 4호), 동
       양그룹, pp.4~9

1993 중미를 대표하는 문명−마야와 아즈텍−, 별과 꿈 9·10월호(통권 5
       호), 동양그룹, pp.4~9

1993 지구상의 마지막 문명−잉카−, 별과 꿈 11·12월호(통권 6호), 동양그
       룹, pp.4~9

1994 피라미드−이집트 문명과 그 유적들−, 전망 2월호, pp.152~158

1994 북한의 단군릉 발굴과 문제점, 한국발전 겨울호, 한국발전연구원,
       pp.168~176

1994 러시아 고고학의 연구현황과 과제, 한국상고사학보 15집, pp.275
       ~336

1994 러시아의 고고학(공·편저), 서울: 학연문화사

1994 미사리출토 토기의 과학적 분석(공저) 미사리 선사유적발굴조사단, 미사리 Ⅰ, pp.559∼611

1994 미사리 유적의 지질과 출토 토기의 분석(공저), 미사리 선사유적발굴조사단, 미사리 Ⅰ, pp. 615∼671

1994 단군릉발굴에 대한 몇 가지 이견, 한국상고사학보 15집, pp.455∼457

1994 최근 발견된 백제향로의 의의, 한국상고사학보 제15집, pp.459∼463

1994 金元龍敎授 哀悼記, 한국상고사학보 제15집(三佛金元龍敎授追慕特輯號)

1994 학문과 문인화로 일세를 풍미한 삼불 김원룡, 삼성문화 여름호, pp. 12∼13 및 삶과 예술, pp.1∼2

1994 李殿福 著 中國內의 高句麗遺蹟(서평), 한국상고사학보 제16집, pp. 461∼462

1994 백제의 建國신화, 한국상고사학보 16호, pp.367∼369

1994 백제의 祭祀유적, 한국상고사학보 17집(崔淑卿 교수 화갑기념특집호), pp.491∼496

1994 고대의 암각화, 한솔 신년호, p.9

1994 재료로 본 화폐의 변천, 한솔 11·12월호, pp.4∼7

1994 학문과 문인화로 일세를 풍미하시고, 삼성문화 여름흐, pp.271∼273

1994 청동기시대의 개념과 한국청동기시대의 시기구분, 등아시아의 청동기문화-유물을 통하여 본 사회상-, 문화재연구소 문화재연구 국제학술대회 발표논문집, pp.3∼23 및 동아시아의 청동기문화, '94 제3회 문화재연구소 국제학술대회 논문집, pp.3∼23

1995 大阪 국제학술회의 참관기-북한 측 발표논문에 대한 해제- 한국상고사학보 제20호, pp.505∼509

1995 한국 고고학에 있어서 자연과학적 연구: 토기편(공저), 국사관논총 제 62집, pp.1~23

1995 新羅·伽倻土器의 생산과 분배에 관한 연구(공저), 한국상고사학보 제 18호(汀峴 白弘基 박사 화갑기념논총), pp.157~207

1995 세계 수중고고학의 현황과 고고학적 측면, 행군사관학교·동아대학교 해양자원연구소, 수중고고학 국제 심포지움(11월 30일~12월 1일), pp.11~25

1995 세계 수중고고학의 발굴동향, 수중문화재의 보호, 유네스코 한국위 원회 문화정책 자료집 제1권, 서울: 유네스코 한국위원회, pp.27~40

1995 順興 읍내리 벽화고분 출토 인골에 대하여, 순흥읍내리벽화고분, 대 구: 대구대박물관, pp.216~226

1995 住岩댐 수몰지구 고고분야 조사보고(공저), 주암댐수몰지구 지표조 사보고서, 전남대학교박물관, pp.5~192

1995 한국문화 관련된 시베리아와 극동지역의 주요 문화에 대한 試考, 亞 細亞古文化: 石溪黃龍渾敎授定年紀念論叢, pp.335~344

1995 考古學から見た韓國と日本, 第4회 日韓シンポジウム 日韓交流の考 古學, 大分県敎育委員會, pp.2~3

1995 시베리아 고고학의 최근성과―우코크 지역의 발굴 참관기―, 광복 50 주년 기념·우리의 뿌리를 찾아서, 알타이문명전, 서울: 국립중앙박물 관, pp.10~13

1995 오천년 전의 남자(번역, Konrad Spindler 저), 서울: 청림출판사

1995 문명의 발생(번역, Charles Redman 저), 서울: 민음사

1995 한국문화기원과 관련된 시베리아와 극동의 주요 유적들, 문화재연구 소 해외소재 우리역사 관련 문화유적의 현황과 보존(5월 24일), 해외 문화유적연구 학술회의 발표논문집, pp.37~45

1996 고고학, 학문의 길라잡이, 서울: 청림출판사, pp.61~70

1996 三佛 金元龍敎授와 大學博物館, 古文化 48집, pp.191~193

1996 잊을 수 없는 나의 스승, 서울대 대학신문 10월 14일자(월)

1996 고고학과 자연과학-토기편-(공저), 서울: 서울대학교 출판부

1996 기록을 남길 줄 아는 국민이 되자, 人山 3월호, 서울: 동방그룹, pp.4
~5

1996 무덤을 통해서 본 스페인 정복 이전의 멕시코 서부문화, 멕시코 서부
고분 예술, 서울: 서울대 박물관, pp.21~23

1996 한국의 철기시대, 문화재관리국 국립문화재연구소 동아시의 철기문
화(10월 5일), pp.11~34

1996 龍仁市의 문화유적, 서울: 서울대학교 박돌관

1996 歷史學 및 考古學의 回顧와 展望, 개교 50주년 기념학술대회-서울대
학교 학문연구 50년-인문과학-, 분야별 회고와 전망(10월 17일,
목), pp.95~99

1996 고고미술사학, 서울대학교 학문연구 50년(Ⅰ), 서울대학교, pp.231
~235

1996 고고미술사학과, 서울대학교 50년사(상), 서울대학교 50년사 편찬위
원회: 서울대출판문화원, pp. 37~40

1996 박물관, 서울대학교 50년사(하), 서울대학교 50년사 편찬위원회: 서
울대출판문화원, pp. 739~743

1997 1. 한국문화사개관, 한국의 문화유산(공저), 서울: 한국문화재보호재
단, pp.17~44

1997 한일문화 교섭사: 선사시대의 한일교류, 문화와 나, 1·2호, pp.34~37

1997 한국고대국가 형성론(공저), 서울: 서울대학교 출판부

1997 인물로 본 고고학사(공·편저), 서울: 한울

1997 북한의 단군릉 발굴과 문제점(1)및 (2), 최몽룡 1997 도시·문명·국가
      −고고학에의 접근−, 서울: 서울대학교출판부, pp.103~116 및 윤이
      흠 외 2001, 단군−그 이해와 자료−, 서울: 서울대학교출판부,
      pp.290~301

1997 馬韓·目支國 研究의 諸 問題, 三韓의 歷史와 文化~馬韓篇~, 서울:
      자유지성사, pp.23~33

1997 堤川 寒水面 松界里 선사유적 조사보고,(공저), 史學研究 제54호,
      pp.233~274

1997 청동기시대 개요, 한국사 3 청동기문화와 철기문화, 서울: 국사편찬
      위원회, pp.1~31

1997 철기시대, 한국사 3 청동기문화와 철기문화, 서울: 국사편찬위원회,
      pp.325~342

1997 고조선의 사회와 문화, 한국사 4−초기국가−고조선·부여−, 서울: 국
      사편찬위원회, pp.115~146

1997 도시·문명·국가−고고학에의 접근−, 서울: 서울대학교 출판부

1997 한국문화사 개관, 한국의 문화유산(공저), 서울: 한국문화재보호재
      단, pp.17~44

1997 문화유산의 해와 문화재의 인식, 환경과 조경 4월호, 통권 108호,
      pp.50~53

1997 南漢江유역의 선사문화, 서울: 서울대박물관

1997 鬱陵島 지표조사 보고서, 서울: 서울대학교 박물관

1997 古代國家の成立と發展−衛滿朝鮮−村川行弘編, 5000年 前の東アジ
      ア, 大阪: 大阪經濟法科大學出版部, pp.106~136

1997 한국상고사학회 창립 10주년을 맞아, 한국상고사학보 26호, pp.7~8

1998 北漢江유역의 선사문화, 서울: 서울대박물관

1998 利川市 문화유적, 서울: 서울대박물관

1998 龍: 고고학과 신화 상으로 본 상징, 한국미술의 자생성, 서울: 한길아트, pp.19~33

1998 A Critical Review of the Cultural Relations between Siberia and Korea from the early Iron Age to the Medieval Age(露 語), Panorama of one thousand years of Siberia, 1998 Novosibirsk International Symposium, Novosibirsk: Institute of Archaeology and Ethnography, pp.644~660

1998 백제를 다시 본다(편저), 서울: 주류성(2004년 百濟ぉもう一度考える 번역판 출판)

1998 고고학 연구방법론-자연과학의 응용-(공저), 1998, 서울: 서울대학교 출판부

1998 남한강유역 홍도의 과학적 분석-청동기시대 붉은간토기의 제작수법에 대하여-(공저), 국사편찬위원회, 국사관논총 82집, pp.1~46

1998 서울대학교 박물관 소장 渤海遺物, 서울: 서울대박물관, pp.7~9

1998 서울대학교 박물관 소장 渤海遺物, 高句麗硏究 6, pp.207~209

1998 나주지역 고대문화의 특성-반남면 고분군과 목지국-, 박물관연보 제7호, 목포대박물관, pp.19~27

1998 鬱陵島-고고학적 조사연구-(공저), 서울: 서울대박굴관

1999 德積群島의 考古學的 調査硏究(공저), 서울: 서울대탁물관

1999 한국 지석묘유적 종합조사·연구-분포, 혈식, 기원, 전파 및 사회복원-, 대전: 문화재청

1999 한국 지석묘사회 연구의 이론적 배경-계급사회의 발생 및 성장을 중심으로-(공저), 사학연구 제 58·59 합집호, 乃雲 崔根泳 박사 정년기념논문집, pp.3~47

1999 慶州 金丈 2里 無文土器遺蹟(공저), 서울: 서울대박물관

1999 Origin and Diffusion of Korean Dolmens, 한국상고사학보 30호, pp.161~171

1999 21세기 문화재연구소의 위상과 역할, 국립문화재연구소 창립 30주년 기념 국제학술 좌담회(11월 16일), pp.17~25

1999 공부하는 문화재 연구소가 되자, 국립문화재연구소 30년사, pp.368~371

1999 이 땅에서 만난 우리불교의 연원들, 예술의 전당 아름다운 친구 vol. 8, pp.30~33

1999 철기문화와 위만조선, 한국정신문화연구원, 고조선문화, pp.1~70

1999 인천의 선사문화, 인천광역시립박물관 박물관 대학, pp.3~11

1999 한국 상고사 연구 현황, 창원문화원, 창원박물대학, pp.54~56

2000 풍납동 토성의 발굴과 문화유적의 보존, 최몽룡, 흙과 인류, 서울: 주류성, pp.271~285

2000 풍납동 토성의 발굴과 문화재 정책, 문화와 나, 3·4월호, pp.10~12

2000 한국고대국가형성-위만조선-, 동아시아 1-3세기의 고고학-고고학 연구의 쟁점-, 문화재연구 국제학술대회 발표논문 제9집, pp.123~127

2000 Dolmens of Korea, Archaeoloy, Ethnology & Anthropology of Eurasia No.2(2), Issn 1563-0110, Novosibirsk: Institute of Archaeology and Ethnography, SB RAS Press, pp.112~120

2000 고대메소포타미아 문명전에 부쳐, 고대메소포타미아 문명전, 서울: Space, p.1

2000 흙과 인류, 서울: 주류성

2000 부여 능산리고분출토 인골, 문화재연구소 부여능산리 고분 및 최몽

룡 흙과 인류(2000 서울: 주류성), pp145~149

2000 한국지석묘 연구 이론과 방법(편·공저), 서울: 주류성

2000 21세기의 한국고고학: 선사시대에서 고대국가의 형성까지, 한국사론 30, 서울: 국사편찬위원회, pp.29~66

2000 21세기의 한국고고학: 선사시대에서 고대국가의 형성까지, 한국사론 30집, 서울: 국사편찬위원회, pp.29~66

2000 죽은 자의 집: 무덤, 들숨날숨 8월호, pp.22~24

2001 고고학이란 무엇인가? 계간 문예교실 제11호, pp.74~93

2001 한국의 고인돌, 동아시아속의 화순고인돌, 화순 고인돌 세계문화유산 지정 1주년 기념 국제학술회의(10월 30일, 화), pp.33~42

2001 Korean Archaeology for the 21st Century from Prehistory to State Formation(co-author with Rhee Song-Nai), Seoul Journal of Korean Studies, Issn 1225-0201, Seoul: Institute of Korean Studies Seoul National University, pp.117~147

2001 고고학과 자연과학, 자연과학 가을 제11호, pp.59~68

2001 단군(공저), 서울: 서울대학교 출판부, pp.290~301 및 pp.800~858

2001 한국의 지석묘, 한국문화재보호재단, 전통문화의 이해, pp.5~13

2001 미래를 위한 문화유산의 보존과 정책방향, 계간 監査, 가을호, 통권, 72호, pp.42~47

2002 제4편 청동기시대의 전개와 발전, 제1장 개념과 시기구분(pp.108~194), 제5장 사회와 문화(pp.289~308), 경기도사 제1권 선사시대, 경기도사 편찬위원회, pp.177~308

2002 고고학으로 본 문화계통－문화계통의 다원론적 입장－, 한국사 1 총설, 국사편찬위원회, pp.89~110

2002 21세기의 한국고고학의 새로운 조류와 전망, 한국상고사학회 27회 학

술발표대회 기조강연(4월 26일)

2002   한국 上古史에 있어서 龍, 서영대·송화섭 엮음, 그 신화와 문화, 한국
        편, 서울: 민속원, pp.15~30

2002   百濟都城의 變遷과 研究上의 問題點, 第3回 文化財研究 學術大會 基
        調講演, 國立扶餘文化財研究所, pp.7~11 및 2003, 백제도성의 변천
        과 연구 상의 문제점, 국립부여문화재연구소: 서경, pp.9~20

2002   풍납토성의 발굴과 문화유적의 보존-잃어버린「王都」를 찾아서-, 서
        울역사박물관: 풍납토성, pp.140~143

2003   백제도성의 변천과 문제점, 서울역사박물관 연구논문집 창간호, pp.
        9~18

2003   考古學으로 본 馬韓, 益山文化圈研究의 成果와 課題, 원광대학교 마
        한·백제문화연구소 창립 30주년 기념학술대회(16회 국제학술회의, 5
        월 23일), 익산: 마한·백제문화연구소

2003   한성시대의 백제와 마한, 문화재 36호, 문화재연구소, pp.5~38

2003   백제도성의 변천과 문제점, 서울역사박물관 연구논문집 창간호, pp.
        9~18

2003   백제도성의 변천과 연구 상의 문제점, 국립부여문화재연구소: 서경,
        pp.9~20

2003   한국 상고사에 있어서 龍, 백제금동향로 발굴 10주년 기념연구논문
        자료집, 부여: 국립부여박물관, pp.153~163

2003   시베리아의 선사고고학(공저), 서울 주류성

2004   考古學으로 본 馬韓, 益山文化圈研究의 成果와 課題, 마한·백제문화
        16집, pp.23~34, 익산: 마한·백제문화연구소

2004   동북아 청동기시대 문화 연구(공저), 서울: 주류성

2004   朝鮮半島の文明化, 千葉: 國立歷史民俗博物館 研究報告, 東アジアに

おける農耕社會の形成と文明への道, 第119集, pp.231~246

2004 통시적으로 본 경기도의 통상권, 한국상고사학회 32회 학술발표대회 기조강연(10월 29일), pp.9~15

2004 역사적 맥락에서 본 경기도 소재 고구려 유적의 중요성, 경기지역 고구려 유적 정비·활용을 위한 학술토론회, 서울 경기고고학회·기전문화재연구원(12월 9일), pp.7~19

2004 富川 古康洞 유적 발굴을 통해 본 청동기시대, 철기시대 전기와 후기의 새로운 연구방향, 선사와 고대의 의례고고학, 한양대 문화재연구소 2004년 제1회 부천 고강동 선사유적 국제학술회의(12월 18일), pp.15~36

2004 철기시대, 기전고고 4호, 수원: 기전문화재연구원. pp.217~228

2004 고고학으로 본 마한, 원광대학교 마한·백제문화연구소, 마한·백제문화 제 16호, pp.23~33

2005 한성시대 백제와 마한(공저), 서울: 주류성

2005 동북아시아 적 관점에서 본 한국청동기시대연구의 신경향—한국학술진흥재단 기초학문지원사업 동북아지역 청동기시대연구를 결산하며 – 제2회 서울경기고고학 회춘계학술대회(6월 3일, 금), 동북아시아의 청동기시대, pp.9~28

2005 한국고고학과 시베리아—교류 15년을 결산하며—, 시베리아 고대문화 특별전, 초원의 지배자, 서울: 서울대학교 박물관, pp.98~99

　제4기에는 한국의 고고학을 世界文化史的 觀點에서 살펴보고 考古學을 古代史·人類學에 접목시켜 學際的으로 綜合化하기 시작하였습니다. 특히 고등학교 국사교과서의 집필은 매년 새로운 자료에 바탕을 두어 보완해 나가는데 중점을 두고 한국고고학의 새로운 견해를 많이 受容·發表하였습니다. 교과서

의 執筆은 "進化論, 通時的인 史觀, 世界史속의 韓國과 日人학자들이 형성한 한국문화의 半島性, 停滯性, 他律性, 事大性에 바탕을 日帝植民史觀의 拂拭"에 초점을 두었습니다. 이 관점은 다른 글에서도 마찬가지로 적용이 됩니다. 그래서 韓國考古學의 現住所를 세계문화사 속에서 座標로 설정할 수 있었습니다. 이러한 작업은 『人類文明發達史-고고학으로 본 세계문화사-』[초판: 2007년 9월 8일(토), 263쪽, 재판 개정판: 2007년 11월 21일(수), 360쪽, 삼판 신개정판: 2009년 12월14일(월), 540쪽, 4판: 2011년 10월 5일(수), 946쪽]란 책의 발간을 준비하는 과정에서 도움을 많이 받았습니다.

1988~2011　고등학교 국사교과서(국정교과서, 공저, 5·6·7차), 서울: 교육부, pp.14~41

2011　고등학교 국사교과서 교사용 지도서 -Ⅱ. 선사시대의 문화와 국가의 형성(고등학교)- 최몽룡 편저, 21세기의 한국고고학 vol. Ⅳ, 서울: 주류성, pp.27~130

　　제5기에는 回甲과 停年退任준비기간에는 정년퇴임논총의 발간을 기회로 권두논문을 발표함으로써 이제까지 40년간 벌려놓은 학문을 마무리를 짓기 시작하였습니다. 회갑을 맞기 3년 전부터 꾸준히 작업을 벌리기 시작해서 이제는 학문적인 마무리를 거의 다 지어가고 있습니다. 그래도 아직은 부족하지만 停年 後에 생길 後悔나 아쉬움은 어느 때보다도 덜할 것입니다. 스스로 생각해도 정말 한눈을 팔지 않고 묵묵히 학자로서 당연히 행해야할 義務를 충실히 하려고 마음을 다시 정해 노력했던 점은 저의 인생에 있어서 마지막 幸運에 속한다고 말 할 수 있습니다. 물론 저에 대한 學問的인 評價는 後世 사람들의 몫입니다. 그리고 耳順(60세)에 접어들면서 一介 考古學徒의 입장에서도 人生을 觀照할 수 있는 기회가 주어져 후세사람들이 저를 평가하는데 약간의 도움을 줄 수 있도록 이 책의 서문인 '나의 人生과 學問' 이란 글을 만들어 보았습니다.

2006 다원론의 입장에서 본 한국문화의 기원과 시베리아, 한·러 공동발굴 특별전, 아무르·연해주의 신비, 대전: 국립문화재연구소, pp.137 ~154

2006 최근 경기도에서 발굴·조사된 고구려유적과 그 역사적 맥락, 경기도 의 고구려문 화유산(1월 19일), 경기도 박물관, pp.1~12

2006 영산강유역의 고대문화, 나주시·동신대학교박물관, 영산강 문화권 발전을 위한 연구와 과제(11월 24일), pp.7~34

2006 위만조선 연구의 신국면을 맞아, 계간 한국의 고고학 창간호, 주류 성, pp.6~13

2006 長沙 馬王堆 前漢 古墳−고구려 고분 벽화와 관련된 몇 가지 단상−, 겨울호, 주류성, pp.68~75

2006 楊平 新院里 宗敎·祭祀遺蹟의 意義, 양평군 양서면 남한강 유역 문화 유적, 수원: 경기대학 박물관, pp.399~430

2006 최근의 고고학 자료로 본 한국고고학·고대사의 신 연구, 서울: 주류성

2006 철기시대의 새로운 연구방향, 강원고고학회 추계학술대회(12월 2일), 강원지역의 철기 문화, pp.9~35

2006 마한연구의 새로운 방향과 과제, 충청남도역사문화원(12월 21일, 목), pp.1~35

2007 마한·백제문화의 성격, 목포대학교박물관·영암군, 마한·백제문화의 성격과 주거생활, pp.7~27

2007 나주 반남면 고분군과 마한, 계간 한국의 고고학, 여름호, 주류성, pp.56~71

2007 中國 靑銅器時代의 文化史的 背景, 동아시아의 청동기문화, 부산박

물관 2007국제학술강연회(7월 5일), pp.20~28

2007　中國 靑銅器時代의 文化史的 背景, 상하이 박물관 소장 중국고대 청동기·옥기, pp.178~183

2007　동북아시아적 관점에서 본 한국청동기·철기시대 연구의 신경향—다원론적 입장에서 본 한국문화의 기원과 편년설정—, 환동해지역 선사시대 사회집단 현성과 문화 교류, 제 35회 한국상고사학회 학술발표대회(11월 17일), pp.1~40

2007　최근 경기도에서 발굴·조사된 고구려 유적과 그 역사적 맥락, 경기도박물관, 경기도의 고구려유적, pp.11~34

2007　인류문명발달사, 토지박물관 대학 제15기 세계문화과정, pp.67~112

2007　고구려와 중원문화, 제1회 중원문화 학술대회(12월 5일, 수), 충주: 충주대학교박물관, pp.69~85

2007　경기도의 고고학(편저)—회갑기념논총—, 서울: 주류성

2007　인류문명발달사—고고학으로 본 세계문화사—, 서울: 주류성[초판: 2007년 9월 8일(토), 재판 개정판: 2007년 11월 21일(수), 삼판 신개정판: 2009년 12월14일(월), 4판: 2011년 10월 5일(수)]

2007　한국의 청동기·철기시대와 지석묘, 경기도 고인돌, 용인: 경기도박물관, pp.586~631

2007　한국 고고학·고대사에서 안성원곡 반제리 종교·제사유적의 의의, 安城 盤諸里 遺蹟, 청주: 중원문화재연구원, pp.663~687

2008　중원문화와 고구려 탄금대의 철 생산과 삼국의 각축, 제2회 중원문화 학술회의(11월 25일), 중원과 한강, 충주: 충주대학교 박물관, pp.13~32

2008　한국 청동기·철기시대와 고대사회의 복원, 서울: 주류성

2008　韓國上古史 硏究餘滴 —希正 崔夢龍敎授 散稿集—, 서울: 주류성

2008~2012 21세기의 한국 고고학 Ⅰ·Ⅱ·Ⅲ·Ⅳ·Ⅴ(편저)−정년퇴임기념논
총−, 서울: 주류성

2009 중국 허무두(浙江省 余姚縣 河姆渡)신석기 유적, Unearth(계간 한국
의 고고학) 가을호, vol.13, pp.14~15

2009 馬韓研究의 새로운 方向과 課題, 전주박물관 마한전시회 도록, pp.4
~19

2009 남한강 중원문화와 고구려−탄금대의 철 생산과 삼국의 각축−, 최몽
룡 편자 21세기의 한국고고학 vol. Ⅱ, 서울: 주류성, pp.13~40

2009 고등학교 국사교과서 지도서, 21세기의 한국 고고학 Ⅱ, 최몽룡 편
저, 서울: 주류성), pp.27~130

2009 호남고고학연구의 새로운 방향−철기시대 전·후기와 마한, 제17회 호
남고고학회학술발표회(5월 8일, 금), 호남고고학에서 바라본 생산과
유통, pp.9~50

2009 마한 연구의 새로운 방향과 과제, 박물관에서 만나는 우리문화, 세계
문화, 전주: 국립전주박물관, pp.30~74

2009 馬韓研究의 새로운 方向과 課題, 전주박듈관 마한전시회 도록, 마한
−숨 쉬는 기록, 서울: 통천문화사, pp.4~19

2010 호남의 고고학−철기시대 전·후기와 마한−, 최몽룡 편저, 21세기의
한국고고학 vol.Ⅲ, 서울: 주류성, pp.19~87

2010 고고학으로 본 중원문화, 중원 문화재 발굴 100년 회고와 전망, 한국
고대학회·충주대학교 박물관, pp.29~46

2010 扶餘 松菊里 遺蹟의 새로운 編年, 38회 한국상고사학회 학술발표대
회(10월 1일, 금), 부여 송국리로 본 한국 청동기사회, pp.7~14

2010 韓國 文化起源의 多元性−구석기시대에서 철기시대까지 동아시아의
諸 文化·文明으로부터 傳播−, 동아시아의 문명 기원과 교류, 단국대

학교 동양학연구소, 제40회 동양학 국제학술대회, pp.1~45

2011 한국에서 토기의 자연과학적 분석과 전망('자연과학에서의 대형옹관 제작법' 국립 나주문화재연구소 제3회 고대옹관연구 학술대회 pp.9 ~25

2011 창원 성산패총 발굴의 회고, 전망과 재평가, "동·철산지인 창원의 역사 적 배경"〈야철제례의 학술세미나〉(7월 1일), 창원시·창원문화원, pp.1~16

2011 부여 송국리 유적의 새로운 편년, 최몽룡 편저, 21세기의 한국고고학 vol.Ⅳ, 서울: 주류성 pp.211~226

2011 韓國 考古學 研究의 諸 問題, 서울: 주류성

2011 江과 文明-인류문명발달사-, 국토해양부 4대강 살리기 추진본부: 강의 인문학(10월 15일, 토), 최몽룡 2011, 韓國 考古學 研究의 諸 問 題, 서울: 주류성, pp.11~55

2011 二聖山城과 百濟, 이성산성에 관한 학술대회, 하남시 문화원 제3회 학술대회(10월 7일, 금), pp.11~37

2011 高句麗 積石塚과 百濟의 建國(공저). 최몽룡 편저, 21세기의 한국고 고학 Ⅴ, pp.1~41

2011 希正 崔夢龍의 自敍傳的 瞑想錄-나의 人生과 學問: 21세기의 한국고 고학 Vol. Ⅴ 完結編에 부쳐-, 최몽룡 편저, 21세기의 한국고고학 Ⅴ

2011 청동기·철기시대와 한국문화, 동아시아 청동기문화의 교류와 국가형 성, 단국대학교동양학연구원, pp.1~28

2011 韓國 文化基源의 多元성-구석기시대에서 철기시대까지 동아시아의 제 문화·문명으로부터 전승, 동북아시아의 문명 기원과 교류, pp.21 ~88

학문을 했던 全 時期를 일관해 볼 때 시작은 미미했지만 그런대로 한눈을 팔지 않고 꾸준히 한걸음씩 노력해온 결과 큰 業績은 못되나 나름대로 만족스런 학문적인 성과를 얻을 수 있었습니다["…故不積蹞步 無以至千里 不積小流 無以成江海"(반걸음이 쌓이지 않으면 천리에 이르지 못하고, 작은 물이 모이지 않으면 강과 바다를 이루지 못한다. 荀子 勸學편]. 이십여 년 전의 假說들이 停年 後나 死後가 아닌 停年 前의 아직 現役일 때 맞아 들어가고 있다는 것은 정말 多幸이고 학자로서 幸運에 속하는 것입니다. 제가 다른 동료들보다 運이 좋은 것만은 틀림이 없나봅니다.

그리고 先學과 先知識들이 늘 그래왔듯이 매사 결과가 기대에 어긋나더라도 또 때를 기다리나 때가 오지 않더라도 눈썹조차 찌푸리지 않을 수 있는["富送人以財君........ 君子貴遇時 不遇亦不嚬 …….鏤肝復書紳", 一枝菴詩稿 권 1 奉呈籜翁(茶山 丁若鏞)先生, 大芚寺 艸衣禪師 意恂(서기 1786년~서기 1866년)의 己巳年 서기 1809년 作] 마음의 修養을 쌓아가도록 노력해왔습니다. 비록 하늘로부터 받은 성품이나 그릇이 작은데 비해 많은 것을 깨우치고 가져보려고 후천적으로 많은 노력을 쌓아보았습니다("天命之謂性 率性之謂道 修道之謂敎", 中庸 제 1장 綱領). 그렇지 않으면 모든 것이 허망(皆是虛妄)하기 때문입니다. 이제는 저도 때를 기다리거나 허망해질 필요가 없는 시점에 다다른 것 같습니다.

서기 1987년 8월 24일(월) 金元龍 교수의 停年退任論叢(一志社) 두 권을 만들어 獻呈한 후 동아일보에 기고한 글 '記念論叢의 虛實'은 아래와 같습니다.

'지난 8월 우리는 정년퇴임 기념식이라는 틀에 박힌 이름하에 은사 중의 한 분이신 三佛 金元龍 교수를 떠나보냈다. 요즈음 선배나 은사의 정년퇴임을 기념하는 논총에 부끄러운 글 한 편으로 정성을 표하기에는 무척 다쉬움만 남는다. 古稀(70),

米壽(80), 望百(91) 등 나이에 따라 이름이 붙여지고 그러한 이름에 곁들여 여러
가지 기념식이 이루어지거나 논총이 발간되기도 한다. 이달 중에도 사학계의 원
로인 斗溪 李丙燾 박사의 구순 기념논총 봉정식이 있을 예정이다. 그런 식으로 정
성을 표한다 해도 아쉬움은 여전히 남는다. 왜냐하면 논총발간이나 봉정식은 후
배나 제자들이 의무적으로 치러야 하는 형식상의 행사가 될 수 있기 때문이다. 물
론 논총을 만들어 내는 자체는 정성을 모아 뜻을 표하는 중요한 행사이다. 그러나
은사들이 지니고 있는 훌륭한 안목과 식견을 전수받는 쪽에 신경을 쓰는 것이 더
욱 중요한 일일 것으로 생각된다. 우리사회가 점점 더 젊어지는 경향을 띠고 있기
때문에 나이든 분으로부터 경험을 전수받는다는 것은 사회활동을 쉽게 해낼 수 있
음을 의미한다. 사회생활이나 학회활동에서 그러한 기회가 많이 있었으면 좋겠지
만 실제 그렇지 못하다. 우리는 아무런 지식이나 경험의 축적이 없이 모든 주역을
담당하게 된다면 우선 두려움부터 느끼게 될 것이다. 특히 요즈음처럼 그들의 경
험이나 식견이 절실히 필요할 때가 없다. 그리고 일에 부닥쳐 감당해 내기에 우리
스스로 무지하고 경험의 미숙을 느끼지 않을 수 없는 경우가 많다. 이런 면에서 기
념논총발간이라는 형식에 얽매이기보다는 내실을 기할 필요가 있지 않을까. 문득
창밖을 내다보니 또 한 해를 재촉하는 듯 누렇게 변해가는 나무 잎사귀들이 더욱
더 이런 느낌을 절실하게 한다.'
(동아일보, 청론 탁설, 1987년, 10월 21일, 수, 및 2008『韓國上古史 硏究餘滴』,
pp.123~125)

그래서 후배들이 저를 위해 만들어준 정년퇴임논총 Ⅰ~Ⅴ란 5권의 편저를
표지에서 보다시피 스승이신 金元龍 선생님의 靈前에 바치고자 합니다.** 그
래야 정년을 맞는 저의 마음이 한결 가벼워지는 것 같습니다. 저도 이제 스승
님과 똑같은 轉轍을 밟는 듯합니다.

論語 爲政 第二 7章에 "子曰 今之孝者 是謂能養 至於犬馬 皆能有養 不敬 何以別乎(요즈음 孝라는 것은 부모님을 물질적으로 잘 奉養하는 것만을 일컫는 것 같은데, 개나 말도 그런 식으로 모두 잘 길러주고 있음으로, 부모님에게 恭敬함이 없는 효도만 한다면 무슨 차이가 있겠는가?)". 그러다보니 "大學之道 在明明德 在新民 在止于至善(大學 經文章)"이란 뜻이 이제야 조금씩 이해되기 시작합니다. 大學의 八條目은 格物, 致知, 誠意, 正心, 修身, 齊家, 治國, 平天下를 말하며 그중 修身과 齊家가 중요합니다. 孟子의 四端之心(惻隱之心, 羞惡之心, 辭讓之心, 是非之心, 公孫丑)은 仁義禮智를 바탕으로 하는 인간의 천성이 태어날 때부터 선하다고 하는 性善說에 바탕을 두고 있습니다. 老子의 道德經 51장 道生之에서 '도는 만물을 생성하고…그러므로 만물은 도를 존중하고 덕을 귀하게 여기지 않을 수 없다'("道生之, 德畜之, 物形之, 勢成之. 是以萬物莫不尊道以貴德…") 이는 無爲로 참 사랑을 실천하고 조건 없이 그저 만물을 위해 베풀어주기만 하면 된다는 老子의 사랑입니다. 그리고 緣起法(因緣)과 空思想이 要諦가되는 불교의 慈悲(大慈大悲)는 종교적 실천의 기본 원리로서 세속의 사랑과는 구별되는 순수화된 사랑을 말합니다. 이제부터 저는 모든 宗派의 要諦를 이해하고 동시에 이들을 스스로 시행해 나감으로써 弟子

** 이 글은 서기 2008년 8월 13일(수)에 出刊된 『韓國 上古史硏究 餘滴 -希正 崔夢龍敎授 散稿集-』(서울: 주류성)의 後篇에 해당하는 『希正 崔夢龍의 自敍傳的 瞑想錄』에 속한 것이었으나 이 책의 분량을 감안해 대폭 줄였다. 제목도 '서문-나의 인생과 학문-'으로 하였다. 그리고 후일 기회가 된다면 앞선 韓國 上古史硏究 餘滴과 함께 묶어 『希正 崔夢龍의 自敍傳的 瞑想錄』이란 별도의 책자를 만들어내고자 한다. 佛家에서 부처님이 되기 위한 方便으로 팔만여 길이 있다고 한다. 인간이 어떤 分野와 職業에 종사하던 간에 內面的 省察과 反省을 통해 얻을 수 있는 頂点은 하나로, 이는 '人格形成의 陶冶를 통한 自我의 完成' 또는 '깨달음(覺, 得道)'에 이르는 것이다. 쉽게 말해 인간답게 살아보자고 노력하는 과정의 歸着點인 것이다. 이 글도 나의 內面的인 생각들을 反芻해서 내 자신이 追究하는 人間像을 具現해 보고 싶었다. 그러나 나는 그러한 깨달음에 이르기에는 아직 '멀었고 遙遠하고 또 遼遠하다'라는 결론에 도달하였다. 이것을 확인한 것만으로도 만족할 따름이다. 大器免成

들로부터 마음으로부터 우러나는 恭敬을 받을 수 있는 큰 어른이 되도록 노력해야겠습니다.

그리고 편저자는 學者로서 잘못도 많았지만 그래도 비교적 행복한 사람이라고 느끼고 있습니다. 여기에 덧붙일 수 있는 것은 無形의 財産인 弟子들입니다. 崔盛洛(木浦大), 李淸圭(嶺南大), 朴洋震(忠南大) 교수 외 50여명이 넘습니다. 그들이 무럭무럭 커 學界에서 활약하는 모습을 보니 마음이 든든하며 내가 제일 富者라는 생각도 듭니다.

서기 1972년부터 약 40년간 교단에 서서 제법 많은 사람들이 나와 因緣을 맺고 학자로서 제 몫을 하고 있습니다. 그 결과로 서기 2007년 2월 28일에 나온 回甲紀念論叢인 『경기도의 고고학』(서울: 주류성, p.750)과 停年退任論叢인 『21세기의 한국고고학』Ⅰ～Ⅳ의 4권이 이미 나왔습니다. 정년도 하기 전의 일이라 다른 동료들에게 충격을 주는 모양입니다.

서기 2012년 2월이면 『21세기의 한국고고학』Ⅴ권이 곧 나오고 분량도 900페이지가 될 것입니다. 이제까지 원고를 낸 筆者도 모두 75명이나 됩니다. 필자 중에는 러시아, 일본, 미국과 중국도 포함됩니다. 최근 중국에서 받은 학위논문의 새로운 소개도 여러 편이나 됩니다. 저는 學緣, 地緣과 血緣을 가리지 않고 제자를 키워왔기 때문에 이러한 복을 받는 모양입니다. 세상만사 因緣 따라 심은 대로 結果를 얻는 모양이다. 최근 저하고 年輩가 비슷한 同僚들의 停年을 멀리서 지켜보면서 느끼는 심정입니다.

中國 北京大學校의 李伯謙교수가 보내온 崔夢龍敎授退職紀念致賀書도 "傳道授業平生樂 桃李芬芳自堪慰"(『21세기의 한국고고학』Ⅴ)이란 글도 자랑할 만합니다. 그는 저에게 마지막 생존해 계시는 스승님입니다.

저에게는 다섯 분의 스승님이 계십니다. 그들은 金元龍(서기 1922년 8월 24일, 목～서기 1993년 11월 14일, 일), 張光直(Chang Kwang-chih, 서기 1931

년 4월 15, 수~서기 2001년 1월 3일, 수), 金哲俊(서기 1923년 4월 5일 목~서기 1989년 1월 17일 화), 賀川光夫(かかわみつお, 서기 1923년 1월 5일, 금~서기 2001년 3월 9일, 금)와 중국 北京대학 李伯謙 교수들이십니다.

일본 別付대학 교수였던 賀川光夫 선생님을 서기 1974년 6월 1일부터 10일까지 大分縣 荻町 龍宮洞窟 발굴 때부터 선생님으로도 모셨는데, 그 선생님은 서기 1962년 발굴하신 聖嶽洞窟遺蹟 출토 구석기시대의 人骨이 東北지방 구석기문화연구소의 藤村新一의 北海道 總進不動坂유적 등의 조작사건의 여파로 일본고고학계에 문제가 되자 서기 2001년 3월 9일 금요일 78세(서기 1923년~서기 2001년)로 割腹自殺을 택하셨습니다. 그 후 제자들이 재판에 이김으로써 명예회복을 하셨습니다(「聖岳」名譽毀損訴訟辯護團 編 2010,『「聖岳」事件, 報道被害と考古學論爭』, 東京: 雄山閣). 그리고 중국 北京대학 李伯謙 교수에게는 서기 1996년 8월 10일(토)~8월 24일(토) 2주간 중국 동북지방을 함께 여행하면서 中國考古學 중 靑銅器時代와 夏·商·周의 文明에 대해 개인적으로 많은 부분을 師事하여 배웠습니다.

이제 저의 恩師로는 北京대학 李伯謙 교수 이외에 모두 他界하셨습니다. 나는『韓國上古史 硏究餘滴』(2008)의 표지에 賀川光夫 선생님이 他界하기 직전 보내주신 遺書와 같은 그림을 실었습니다. 그 내용에는 '三佛命日 祈願瓦礫, 大王樣 早く 元龍兄にあわせてください'고 적혀 있습니다. 그리고 賀川光夫 선생님의 큰 제자인 淸水宗昭(しみずむねあき, 日本 大分県 考古學會 會長·別付大學 文學部 非常勤 講師)는『21세기의 한국고고학』Ⅲ(2010, pp.691~713)에 答禮로 玉稿를 보내주셨습니다. 이만하면 학자로서도 남부럽지 않은 삶을 유지해왔다고 自負할 수 있습니다.

제가 서기 1964년 3월~6월의 1학기 때 교양 국어를 지금 고인이 되신 安秉禧(서기 1933년~서기 2006년 10월 24일) 선생님으로부터 배웠습니다. 그때

수업시간에 師弟관계가 언급되었습니다. 안 선생님의 스승이신 李熙昇(一石, 서기 1896년 6월 9일~서기 1989년 11월 27일)선생님이 글에서 弟子들의 이름을 나열하셨는데 이희승선생님을 스승으로 모셨다하고 그에 대한 글도 쓴 적이 있는 이화여대 田淑禧(서기 1919년 3월 15일~서기 2010년 8월 1일) 교수의 이름은 名單에서 빠져있다고 웃은 적이 있었습니다. 착오인지 모르나 師弟之間의 생각이 서로 달랐던 모양입니다.

그러한 記憶이 되살아나서 나도 이제 누가 저의 弟子라고 언급하기가 어렵게 되었습니다. 그래서 저는 우선『경기도의 고고학』(회갑기념논총)과『21세기의 한국고고학』Ⅰ~Ⅴ(정년퇴임논총)에 玉稿를 내어준 사람의 경우 필자들이 원하면 弟子로 받아들이려고 합니다. 그들은 진실한 '마음'으로 글을 썼기 때문입니다. 그러나 마음이 있어도 能力이 안 되어 못 쓴 경우 어떻게 하겠습니까? 솔로몬의 지혜(Wisdom of Solomon)나 齊나라 재상 管仲의 '老馬之智'를 빌려야 할 때가 왔나 봅니다. 그러나 이러한 타협적인 생각은 현실적으로 받아들기 어렵습니다. 왜냐하면 弟子들의 면면을 살펴보니 현재의 신분에 安住하여 더 이상 학업에 전념하지 않고 보직의 높낮이, 外貨벌이와 社交만 추구해서, 연구하고 글을 쓸 수 없는 廢人에 가까운 사람이 생각보다 많기 때문입니다. 이것은 어느 개인적인 사람을 들어 貶하자고 하는 것은 아닙니다. 앞으로 제자 개개인의 학문적인 발전을 위한 일반적인 助言과 忠告에 불과합니다. 좋게 이야기하면 '眼高手低'요 나쁘게 이야기하면 '愼重을 가장한 無能'이란 표현이 더 적합하겠습니다.

저는 가끔 내 어깨를 용감히 딛고 올라설 수 있는 學者다운 학자가 많이 배출되도록 念頭에 두어왔습니다. 다시 말해 荀子의 勸學편 "學不可以已, 靑取之于藍 而靑于藍 冰水爲之 而寒于水(공부는 중단해서는 안 된다. 푸른빛은 남빛 쪽 풀에서 얻지만 남빛보다 더 푸르고, 얼음은 물이 얼어서 된 것으로 물보다 더 차다.)"의 "靑出於藍 또는 冰寒於水"의 境地에 이른 공부에 전념하는 제자가 많이 만들어지도록 노력해왔습니다.

요즈음 좋은 스승을 만나기가 힘들다고 합니다. 그러나 또 한편 반대로 생각해보면 좋은 제자를 만나기는 더욱 더 힘듭니다. 이것은 이번 『21세기의 한국고고학』Ⅴ권까지 책이 나오는 과정을 지켜봄으로써 얻은 斷想입니다. "業精於勤 荒於嬉(학문은 부지런 하는데서 정통해지고 딴 짓 하는데서 황폐해집니다., 韓愈의 進學解)"라는 글처럼 매일같이 학문적인 데만 신경을 써야 좋은 글도 기대할 수 있는 것입니다. 學問이외의 外道는 가능하면 해서는 않됩니다. 제 경우는 어떠한가요? 부끄럽기 짝이 없습니다. 내세에 타어나서 다시 학자의 길을 밟으면 愚直하게 책을 읽고 깊이 생각하는 것을 要領으로 삼을 작정입니다. 論語 爲政 第二 15장에 "學而不思則罔 思而不學則殆(배우고서 생각하지 않으면 얻음이 없고, 생각하고 배우지 않으면 위태롭다.)"라 하여 학문과 생각은 병행하여야 한다고 언급하고 있습니다.

그리고 제가 만약 不意의 事故死가 아닌 自然死가 된다면 죽기 며칠 전 豫感이 찾아 올 것입니다. 그렇게 되면 우선 가족들과 제자들을 불러 모아 作別人事를 할 것입니다. 그 자리에서 遺言도 언급될 것입니다. 미리 작성해서 변호사의 公證을 받아놓은 것을 낭독하는 형식이 될 것입니다. 죽을 당시 조그만 재산이 남아 있다면 한국상고사학회에 일부를 기증하고 나머지를 내가 평소 신세를 진 사람들에게 골고루 나누어 줄 것입니다. 그리고 사후 내 얼굴표정이 만족스럽다고 느껴지면 石膏로 死面(death mask)를 떠 보관할 것을 부탁할 것입니다. 그리고 汝矣島 聖母病院에 연락을 취해 屍身寄贈의 절차를 상의할 것입니다.

지난 서기 2009년 5월 15일(금) 스승의 날을 기해 서울대학고 병원 장기기증원(국립장기이식관리센터, KONOS, 2009.05.15, 등록번호 512594)에 나의 모든 육신을 기증하기로 서약하였기 때문에 엠블런스(ambulance)를 타고 병원에 가기만 하면 됩니다. 그리고 肉脫된 뼈들은 원한다면 그 대학 解剖學科에 남겨 敎育·實習用으로 기증할 것입니다. 萬事如意치 못하면 火葬하여 散骨하거나 形質人類學 전공의 제자가 가져가도 무방합니다. 그래서 저를 기억하는 사람이나 묘소를 찾아오는 사람이 없으면 더욱 좋습니다. 저는 믿는 특정 宗敎가 없습니다. 佛敎와 天主敎를 좀 좋아하는 편입니다. 그래서 死後 祭祀를 지낼 필요도 없습니다. 가족들에게 기회가 있는 데로 그렇게 이야기해 두었습니다.

저도 모르는 세상으로부터 와서 因緣따라 살다가 훌쩍 저 세상으로 떠나는데 아무런 미련도 없습니다. 온 곳도 모르는데 갈 곳은 더욱 더 모르기 때문입니다. 단지 살아오는 동안 맺어진 因緣과 業障을 하나 하나 消滅시켜 나가고 있고 또 屍身을 필요한 사람들에게 모두 나누어주고 떠나니 세상에 나와 살아가는 도중 나도 몰래 진 빚을 모두 갚았다는 생각으로 마음이 놓입니다. 있는 情도 하나하나 떼고 나면 갈 때는 마음이 한결 편할 것입니다. 覺林菩薩의 法性偈 偈頌 "若人欲了知 三世一體佛 應觀으로 法界性 一切唯心造(大方廣佛華嚴經 제19권 20품. 夜摩宮中偈讚品)"와 같이 人生事 모든 것은 마음먹기 여하에 달려 있습니다. 이는 荀子 榮辱편의 "自知者不怨人 知命者不怨天 怨人者窮 怨天者無志(자신을 아는 자 남을 원망하지 않으며 천명을 아는 자 하늘을 원망하지 않는다.)"라는 글과 통합니다.

이제까지 사랑하는 사람들로부터 멀어져 가야 하는 고통인 愛別離苦에서 벗어난지도 오래됩니다. 모두가 내 탓으로 인해 일어난 것이기에 더욱 그러합니다. 이 글은 死後 遺書의 역할도 할 수 있을 것입니다. 諸行無常.

그러면서도 한편 과거 10여 년 동안 끊임없이 해온 豫行演習대로, 그리고 맥아더 장군(Douglas MacArthur, 서기 1880년 1월 26일 - 서기 1964년 4월 5일)의 서기 1951년 4월 19일 국회의사당(Capitol) 상·하의원합동회의에서 행한 告別演說대로 무대 뒤로 조용히 사라져갈(Old soldiers never die; they just fade away) 준비를 하고 있습니다.

그리고 이제부터는 因緣으로 생긴 自我의 實體를 없애기 위한 諸法無我의 단계와 生死에 輪廻하는 苦痛을 벗어나려는 涅槃寂靜을 생각할 때입니다. 옴마니발메흠/옴마니밧메흠(唵麼抳鉢銘吽/唵麼抳鉢訥銘吽/唵麼呢叭嘛吽/六字大明呪)·極樂往生.

재미없는 저의 이야기를 끝까지 傾聽해 주셔서 감사합니다.

서기 2012년 1월 1일(일)
66세 美壽와 停年을 맞아
希正 崔夢龍 謹書

차 / 례

사진

21세기의
한국고고학
vol. V

高句麗 積石塚과 百濟의 國家形成

崔夢龍[*]·白種伍[**]

〈Abstract〉

The population who had built solely stone-made-cairn(積石塚), which is oval, square and rectangular in shape and a representative of the early Koguryo(高句麗, B.C.37-A.D.668) tomb was the main group of the Baekje (百濟, B.C.18-A.D.660) state formation, whose founder was the king Onjo(溫祚王, reign: B.C.18-A.D.28), allegedly the 3rd son of king Jumong(朱蒙/東明王, reign: B.C.37-B.C.19) of the founder of Koguryo Dynasty according to the historical documents of the Samguksasgi(『三國史記』). King Onjo with his elder brother Biryu(沸流) had moved Habuk Uiryeseong(河北慰禮城, 중랑구 면목동과 광진구 중곡동의 中浪川 一帶 에 比定, 溫祚王 元年, 기원전 18년-온조왕 14년, 기원전 5년까지 거주했 으며, 기원전 5년에 사적 11호 風納土城인 河南慰禮城으로 옮김) from northern part of Koguryo/Buyo(夫餘) area to avoid a struggle for the supremacy against the 2nd king Yuri(瑠璃王, reign: B.C.19-A.D.18) of

* 서울대학교 인문대 고고미술사학과 교수

** 충주대학교 교양학부 교수

Koguryo dynasty. And due to the such archaeological evidence as the excavations of the stone cairns done recently in Korean peninsula and historical documents, we can safely indicate that Baekje dynasty had been not only forming a fraternal friendship with Koguryo, but also forming international interaction sphere among the foreign states such as Mahan(馬韓, B.C. 3/B.C.2 cen. - A.D.5/A.D.6 cen.), Wimanjoseon(衛滿朝鮮, B.C.194-B.C.108), Silla(新羅, B.C.57-A.D.935), Lolang(樂浪, B.C.108-A.D.313), and even chiefdoms like Okjeo(沃沮), 東沃沮(Dongokjeo), Ye(濊)/Dongye(東濊), Byeonjin(弁辰), Kronovsky(北沃沮, 團結) and Poltze(挹婁). Such archaeological material as chinas of Han/Lolang china(漢/樂浪陶器, 1100°C-1200°C), glass-beads and iron artefacts of the early Three Kingdoms period(三國時代) excavated from stone cairn nationwide and even the historical, legendary and mythological documents make it possible for archaeologists and historians establish the mutual interaction sphere, confirm again and revalue that the historical materials of the Samguksagi are reliable in connection with the archaeological data and the history of the Three Kingdoms. We can demonstrate archaeologically a proposition that stone cairns orginated from Koguryo during later part of the Former Iron Age(B.C. 400-B.C.1) had made important role to establish Baekje state formation.

百濟國은 기원전 3세기-기원전 2세기에 성립된 馬韓의 바탕위에 기원전 18년에 성립되었다.[1] 이는 물론『三國史記』초기의 백제 기록을 믿고 또 최근 조사된 적석총의 연대가 기원전 2세기-기원전 1세기로 올라간다는 것을 인정한다는 전제에 따른 것이다.[2] 마한으로부터 臨津江과 漢江유역의 영역을 할양

---

1) 필자가 「전남지방 소재 지석묘의 형식과 분류」(최몽룡 1978, 역사학보 78집, pp.1-50), '고고학 측면에서 본 마한'(최몽룡 1986, 원광대학교 마한·백제연구소, 백제연구 9, pp.5-16)과 「考古學上으로 본 馬韓研究」(최몽룡 1994, 원광대학교 마한·백제문화연구소 주최 학술 심포지엄, pp.71-98)라는 글에서 "한국청동기·철기시대 土着人들의 支石墓社會는 鐵器시대가 해체되면서 점차 馬韓사회로 바뀌어 나갔다."는 요지를 처음 발표할 때만 하더라도 한국고고학계에서 '馬韓'이란 용어는 그리 익숙한 표현이 아니었다. 그러나 최근 경기도, 충청남북도 및 전라남북도 지역에서 확인되고 있는 고고학적 유적 및 문화의 설명에 있어 지난 수십 년간 명확한 개념정의 없이 통용되어 오던 原三國時代란 용어가 '馬韓時代' 또는 '馬韓文化'란 용어로 대체되는 경향이 생겨나고 있는데, 이는 마한을 포함한 三韓社會 및 문화에 대한 학계의 관심이 증폭되고, 또 이를 뒷받침할만한 고고학 자료가 많아졌음에 따른 것이다. 지석묘사회의 해체 시기는 철기시대 전기로 기원전 400년-기원전 1년 사이에 속한다. 최근에 발굴 조사된 철기시대 전기에 속하는 유적으로 전라남도 여수 화양면 화동리 안골과 영암 서호면 엄길리 지석묘를 들 수 있다. 여천 화양면 화동리 안골 지석묘는 기원전 480년-기원전 70년 사이에 축조되었다. 그리고 영암 엄길리의 경우 이중의 개석 구조를 가진 지석묘로 그 아래에서 흑도장경호가 나오고 있어 그 연대는 기원전 3세기-기원전 2세기경으로 추정된다. 그리고 부여 송국리 유적(사적 249호)의 경우도 청동기시대후기에서 철기시대 전기로 넘어오면서 마한사회에로 이행이 되고 있다(최몽룡 2011, 「부여 송국리 유적의 새로운 편년」,『21세기의 한국고고학 Ⅳ』, pp.211-226). 馬韓사회는 고고학 상으로 기원전 3/기원전 2세기에서 서기 5세기 말/서기 6세기 초에 속하는 것으로 보인다. 마한은 한고국고고학 편년 상 철기시대 전기에서 삼국시대 후기(서기 300년-서기 660/668년)까지 걸치며, 百濟보다 앞서 나타나서 백제와 거의 같은 시기에 共存하다가 마지막에 백제에 행정적으로 흡수·통합되었다. 三國志 魏志 東夷傳 弁辰條에 族長격인 渠帥(또는 長帥, 主帥라도 함)가 있으며 이는 격이나 규모에 따라 신지(臣智, 또는 秦支·踧支라고도 함), 검측(險側), 번예(樊濊), 살계(殺奚)와 읍차(邑借)로 불리어 지고 있었음을 알 수 있다. 이는 정치 진화상 같은 시기의 沃沮의 三老, 東濊의 侯, 邑長, 三老, 挹婁의 大人, 肅愼의 君長과 같은 國邑이나 邑落을 다스리던 혈연을 기반으로 하는 계급사회의 行政의 우두머리인 族長(chief)에 해당된다.

2) 백제의 건국연대가『三國史記』의 기록대로 기원전 18년으로 올라간다. 이는 문화재연구소에서 서기 1999년 실시한 서울 풍납동 토성(사적 11호)의 성벽 발굴 최하층에서 확인한 제례용으로 埋納된 硬質無文土器의 연대는『三國史記』溫祚王 41년條(서기 23년) '...發漢水東北諸部落人年十五歲以上 修營慰禮城...'이란 성벽(동벽과 서벽)의 축조연대와 함께 기원전 1세기-서기 1세기경으로 추측할 수 있는 데에서도 알 수 있다. 그리고 春川 中島의 硬質(糟質)無文土器도 기원전 15±90년(1935±90 B.P.)으로 경질무문토기의 하한은 늦어도 기원전 1세기-서기 1세기경이 될 것이다. 여기에 덧붙여 '...十五年春正月 作新宮室 儉而不陋 華而不侈.'라는 궁궐의 신축은 溫祚王 15년(기원전 4년)에 이루어졌음도 믿을 수 있는 연대임을 알 수 있다.

받으면서[3] 점차 정치적 국가체로 발전할 수 있었던 백제는 초기의 문화적 양상이 마한의 것과 거의 다르지 않았을 것으로 생각된다. 이러한 흔적은 백제시대의 무덤과 유구에서 찾을 수 있는데 積石塚, 土壙墓, 甕棺墓, 馬韓 土室의 변형인 福주머니 형태의 지하저장고 등이 해당된다.[4] 이 가운데 積石塚은 高句麗 이주 세력의 분묘로 백제 초기의 지배세력에 의해 축조되었으며, 당시 백제의 성격을 이해하는데 매우 유용한 자료이다.[5] 적석총이 축조되던 시기는 기원전 2세기−기원전 1세기경으로 韓國考古學 編年上 鐵器時代 前期(기원전

---

3) 백제초기의 유적은 충청북도 충주시 금릉동 백제초기 유적, 칠금동 탄금대 백제토성(철 생산 유적), 장미산성(사적 400호), 가금면 탑평리 집자리 1호(서기 355년, 365년, 385년) 와 강원도 홍천 화화게리, 원주 법천리, 춘천 천전리, 화천군 하남 원천리에서 발견되고 있는데, 이들은 『三國史記』 百濟本紀 l 溫祚王 13년條(기원전 6년)의 '...遣使馬韓 告遷都 遂畫疆場 北至浿河 南限熊川 西窮大海 東極走壤... '이란 기록을 뒷받침해주고 있다.

4) 土室의 유적들은 경기도, 충청남북도 그리고 전라남북도 일대에 분포하는데, 이들 유적들은 馬韓의 세 시기 중 천안(l기)−익산(ll기)의 두 시기에 속한다고 볼 수 있겠다. 토실은 단실(單室)과 두 개 이상을 장방형 수혈주거와 묶어 만든 복합형의 두 형식으로 구분되는데, 전자의 예는 남한산성, 용인 죽전, 공주 의당면 수촌리(사적 460호 자리)에서, 후자의 경우는 용인 보정리, 익산 사덕과 공주 장선리(사적 433호) 등지에서 확인된 바 있다. 이는 토실들을 외형을 기준으로 형식 분류할 수 있음을 의미하며, 이외에도 암반을 깎아 판 것과 군산 내흥동의 경우처럼 저습지에 조성된 것도 있어, 토실을 분류할 때에는 지역에 따른 환경에의 적응 및 기능도 고려해야 한다. 용인 보정리와 익산 여산리 유성의 경우에서는 불을 피웠던 흔적이 확인되었고, 가구 시설이 발견되었음을 고려할 때 토실의 주된 기능은 실제 주거였을 것이다. 현재까지 나온 토실의 형식 분류를 해보면 土室의 깊이가 깊은 것(가. 단실형, 나. 두 개 이상의 토실이 합쳐져 연결된 복합형, 다. 원형의 토실과 장방형 수혈주거와의 결합형)−토실의 깊이가 얕은 것− 백제 초기의 福주머니형태의 순으로 발전하는 것으로 추측된다(최몽룡 2011, 「호남의 고고학−철기시대 전·후기와 마한−」, 『21세기의 한국고고학 IV』, 서울: 주류성, p.38).

5) 여기에 대해서는 필자는 서기 1985년 「고고학적 자료를 통해본 백제초기의 영역고찰,−도성 및 영역문제를 중심으로 본 한성시대 백제의 성장과정」(최몽룡·권오영 1985, 『천관우선생 환력기념 한국사학 논총』, pp.83−120 및 최몽룡 1987, 『한국고대사의 제 문제』(유인물), 관악사, pp.151−187)란 글을 통해 '高句麗의 積石塚을 만들던 사람들이 南下해 百濟를 건국하는 主體가 되었다'는 요지의 글을 발표한 바 있었다. 그리고 그 이후 26년간 새로이 발굴·조사된 적석총들과 출토 유물들을 통해 볼 때 필자의 견해가 틀리지 않았음을 확인하고, 적석총 상한연대가 기원전 2세기−기원전 1세기로 올라간다는 생각과 당시의 정치적 상황을 보완하여 이 글을 다시 작성하게 되었다. 이러한 생각은 『三國史記』의 초기기록과 부합된다.

400년-기원전 1년) 末이며 이를 통해 百濟의 建國이 형성되고 三國時代 前期 (서기 1년-서기 300년)에로 進入하게된다.

　백제 적석총은 크게 無基壇式과 基壇式 적석총으로 나뉜다. 무기단식 적석총은 多槨式 무기단식 적석총과 이음식 적석총으로 축조되었으며, 기단식 적석총은 階段(層段)식 적석총으로 발전되어진다. 고구려의 무덤도 石墓(돌무덤)와 土墓(흙무덤)으로 나누어진다. 석묘는 적석묘(돌각담무덤)와 封石墓(돌간돌무덤)으로 세분되며 積石墓(積石塚)는 다시 무기단식적석총(계단상의 축조가 없는 것)과 기단식 적석총(돌기단무덤)6)으로 구분되어 백제 적석총과 유사함을 알 수 있다. 독로강 유역의 심귀리와 로남리 남파동, 고파동, 연상리와 풍청리 하천장, 압록강유역의 조아리, 서해리, 법동리 하구비와 신풍동, 연풍리, 토성리, 장성리 등지에서 발견되는 강돌 돌각담무덤의 연대는 철기시대에 속하는 平北 時中郡 魯南里와 寧邊郡 細竹里 출토의 유물과 같은 것으로 보아 기원전 2세기-기원전 1세기로 추정하였다(정찬영 1973, pp.40-41). 백제 적석총에 대한 발굴·조사는 서기 1970년대 양평 문호리(1974)와 서울 石村洞을 시작으로 춘천 中島, 제원 청풍면 桃花里·陽坪里(1983)가 차례로 이루어졌으며 서기 1980년대까지는 주로 한강을 중심으로 진행되었다. 서기 1990년대 이후에는 임진강유역의 연천 삼곶리 적석총(1994)이 새롭게 조사되면서 최근까지 이 지역에서 조사가 활발히 이루어졌다. 특히 개성 장학리, 연천 中面 三串里와 白鶴面 鶴谷里(2004), 中面 橫山里(2009-2010) 등이 발굴되면서 초기 백제의 적석총에 대해 보다 자세히 알 수 있게 되었다. 현재까지 백제 적석총 연구의 쟁점은 성격과 용어문제, 기원 및 피장자의 출자, 연대 고구려와 초기 백제와의 관련성 등으로 정리된다.7)

---

6) 정찬영, 1973, 「기원 4세기까지의 고구려묘제에 관한 연구」, 『고고민속 논문집』 5, p.2.
7) 이동희, 2008, 「최근 연구 성과로 본 한강·임진강유역 적석총의 성격」, 『한국사학보』 32호, 고려사학회, p.12.

최근에 이루어진 적석총의 發掘 調査現況은 다음과 같다.

1. 개성 장학리 적석총[8]

개성시 장풍군 장학리에 자리한 장학리 적석총은 천광산 줄기 끝 약간 높은 지대에 위치한다. 강돌과 막돌로 축조한 무덤의 규모는 기단길이 17m, 높이 2.7m이다. 평면은 장방형이며 북쪽과 동쪽에 5단의 기단이 잔존하여 階段式 積石塚으로 파악된다. 墓槨은 두 개가 확인되었으며 길이 2.25m, 너비는 각각 1m, 0.95m이다. 묘곽의 바닥에는 자갈층이며 내부에서 승문이 시문된 적회색 토기 편, 관 못, 쇠칼 등 철제유물, 구슬과 식물종자 등이 출토되었다.

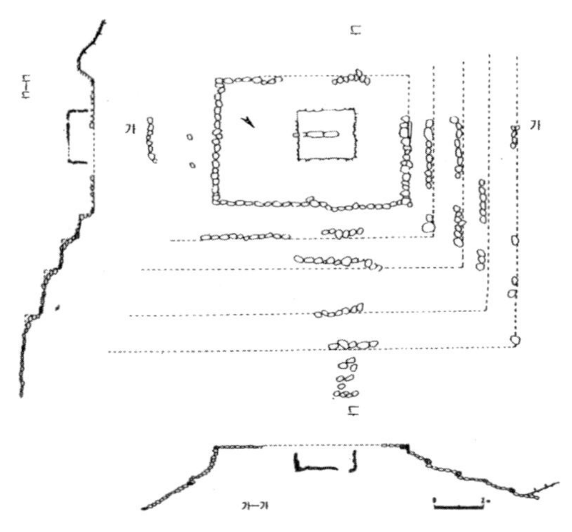

그림 1. 개성 장학리 적석총 평·단면도

---

8) 조선유적유물도감편찬위원회, 1996, 『朝鮮遺蹟遺物圖鑑』 20, 평양: 외국문종합출판사.

2. 연천 삼곶리 적석총[9]

경기도 연천군 중면 삼곶리에 소재한 삼곶리 적석총은 임진강변의 충적대지
상에 돌출된 모래언덕 위에 자리한다. 서기 1992년 국립문화재연구소에 의해
발굴조사 되었는데 모래구릉의 상면을 정지하고 정지면 위에 지름 0.4m-
0.5m의 큰 강돌(川石)을 1벌 깔아 기초를 만들었다. 이 기초면 위에 적석 분
구(墳丘)를 장방형(長方形)에 가깝게 2-3단의 높이로 조성하였고 돌무지 분구
의 북편으로는 자갈돌을 기초 바닥면에 한 번 더 깔아 일종의 제단과 같은 부
석시설(敷石施設)을 마련해 두었다. 분구는 단일하게 조성된 것이 아니라 동
서로 접해 있는 장방형위 적석이 결합되어 하나의 세장(細長)한 적석처럼 보
인다. 후대에 교란이 심하게 진행된 탓에 돌무지 축조방법을 복원해 보기 어
렵고 형태조차 명확히 정의하기 어렵지만 서편이나 동편의 분구 모두 희미하
게나마 2단의 方壇階段式으로 조성하였다. 동편의 제1방단은 길이, 너비가
15m×6.5m 정도이고 서편의 제1방단은 12m×6m 정도이다. 제1방단보다
6m, 혹은 9m 가량이나 들어와 제2의 방단이 축조되는데, 제2방단의 상면에
덧널을 설치하였다. 동편 분구와 서편 분구의 덧널은 서로 맞대어 마주보도록
축조한 것이 특이하다. 양쪽 덧널 모두 길이는 2.5m-2.7m 정도이고 너비는
1.4m 가량 된다. 일종의 구덩식 돌덧널과 같은 구조라고 하겠는데 바닥에는
특별한 시설이 없고, 나무로 뚜껑을 한 듯 덧널은 함몰된 양상으로 나타난다.
출토유물은 유리, 호박, 마노 등의 소옥으로 만들어진 목걸이 2점이 양쪽 덧널
에서 각각 출토되었고, 철촉도 1점씩 나왔다. 나머지 타날문 토기편이 부석시
설, 분구의 보강적석시설 등에서 출토되었다. 삼곶리 적석총은 방단계단식이

---

9) 文化財管理局 文化財硏究所, 1994, 『漣川 三串里 百濟積石塚 發掘調査報告書』.

그림 2. 연천 삼곶리 적석총 평·단면도

라는 점에서 고구려의 적석총과 유사하며 이음식 적석총과 제단이 있는 점은 桓仁県 古力墓子村 M19호와도 연관이 있어 보인다.

3. 연천 학곡리 적석총[10]

경기도 연천군 백학면 학곡리의 임진강변 단구상 충적대지에 입지한 학곡리 적석총은 기전문화재연구원에 의해 서기 2002년에 발굴·조사되었다. 전체규모는 동서 25m, 남북 10m, 북동―남서방향으로 길게 조성하였다. 이 무덤은 무기단식 적석총으로 적석부와 즙석시설로 이루어졌다. 적석부의 평면 형태는 부정형의 장타원형이었을 것으로 추정되며, 중앙 경계면을 중심으로 동반부와 서반부로 구분되는데, 동반부에 서반부를 연접시킨 구조이다. 묘곽은 동

---

10) 기전문화재연구원, 2004, 『연천 학곡리 적석총』 및 경기문화재연구원·경기도박물관, 2009, 『경기 발굴 10년의 발자취』.

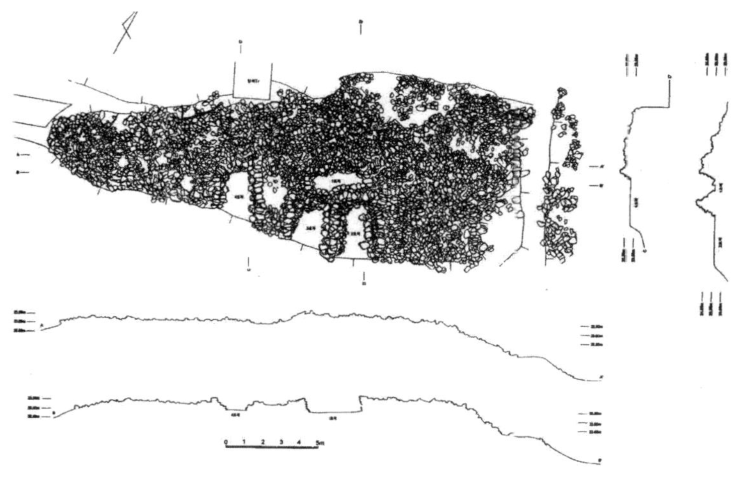

그림 3. 연천 학곡리 적석총 평·단면도

반부에서 3기, 서반부에서 1기 등 모두 4기가 확인되었다. 묘곽은 2호곽→3호곽→1호곽→4호곽 순으로 축조된 것으로 보이며, 이 가운데 1호, 2호 3호곽은 서로 한벽을 격벽삼아 연접된 구조이다. 묘곽을 축조하는데 사용된 석재는 전혀 가공하지 않은 30cm－50cm 크기의 하천석을 사용하였다. 축조방식은 하천석의 길이 방향이 서로 맞대도록 연결하면서 종으로 쌓았다. 묘곽 바닥에는 시상을 위한 시설은 확인되지 않았다. 묘곽의 평면 형태는 대부분 남벽이 유실되었으나 잔존형태로 미루어 장방형이었을 것으로 추정된다. 묘곽 바닥에서는 특별한 시설이 확인되지 않았다. 즙석시설은 자연사구 전면에 걸쳐 깔지 않고, 물의 영향을 직접적으로 받는 사구의 남사면과 동쪽 경사면에만 시설하였던 것으로 여겨진다. 유물은 묘곽과 적석부, 즙석시설 등에서 소량의 타날문토기와 낙랑도기편, 구슬(마노, 유리제), 청동방울, 청동환 등이 출토되었다.

4. 연천 횡산리 적석총[11]

경기도 연천군 중면 횡산리 233번지에 위치한 횡산리 적석총은 서기 2009년
-서기 2010년에 걸쳐 국방문화재연구원에 의해 조사되었다. 유적의 입지는
하천변 자연제방 위 나지막한 구릉(해발 39m-42m)을 이용하여 조성하였다.
규모는 남북방향 기저부 폭 58m, 동서방향 기저부 폭 28m, 높이(동) 5.8m-
(서) 3.5m으로 파악되었으며, 경사는 약 (동) 40°~(서) 52°를 이루고 있다. 매
장 주체부는 훼손되어 규모와 형태를 알기 어려우나 현지 주민의 전언과 삼곶
리와 학곡리 적석총의 규모로 추정해 볼 때 적석부의 높이는 1.5m 내외 가량
되었을 것으로 추정된다. 추정 근거는 1985년경 유적 상부에 군부대 시설이
자리하여 유적이 파괴되었고 계단·쓰레기 구덩이 있었다는 제보가 있었으며,
특히 권영우(78세)의 증언에 따르면 서기 1950년 겨울에는 현재보다 약 1.5m
높았다고 전한 바 있다.

출토유물들은 타날문토기편, 토기 구연부편, 철겸·철촉·철모 등 철기류, 관
옥 등이 확인되었는데 대부분 적석총 가장자리와 사면에서 수습되었으며, 매
장주체부가 위치했을 것으로 추정되는 상면 중앙부에서는 유물이 찾아지지 않
았다.

유경편병철촉(고구려 초기, 평북 용천 신암리 고구려 층, 연천 삼곶리)과 철
겸, 철모(충북 제원 桃花里, 청원 송대리, 완주 갈동, 고창 만동, 평남 강서군
태성리 토광묘 6·8·15호), 碧玉제 관옥(대롱구슬) 등은 鐵器時代 前期 末에 해
당하는 시기에 쓰인 것으로 추정되며 고구려와 낙랑의 영향을 많이 받은 유물
로 생각된다. 따라서 유적의 조성연대는 대략 기원전 2세기-기원전 1세기경

---

11) 국방문화재연구원, 2010.4, 「연천 군남 홍수조절지 내 횡산리 적석총 발굴조사 3차 지도위원회의 자료」.

그림 4. 연천 횡산리 적석총 전경사진
(국방문화재연구원, 서기 2009년 9월 발굴 중 항공촬영)

인 철기시대 전기(기원전 400년-기원전 1년) 말에 해당할 것으로 추정된다. 조사자는 무덤의 축조주체를 고구려에서 남하한 백제건국자(高句麗 出自의 百濟 건국자들의 墓)로 파악하고 있다.

이 유적은 임진강변의 얕은 구릉 위에 위치한 신석기 유적(황해도 봉산 智塔里와 평남 해운면 弓山里와 유사한 유적)을 파괴하고, 정지한 후 모래를 쌓아 올리고 그 위에 積石을 하여 多槨式 無基壇 積石塚을 축조한 특징을 갖고 있다.

적석총 상부에는 돌을 이용하여 원형으로 축조한 신석기시대의 爐址가 확인되었다. 이러한 노지는 신석기시대 말기-청동기시대 조기에 5각형(원주 태장 4지구, 충주 조동리, 회녕 오동, 영월 연당 쌍굴, 파주 문산 당동)을 이루었으며 청동기시대에 이르러 사각형로 변천해 나갔다.

5. 양평 신원리 적석총[12]

경기도 楊平군 양서면 新院里 554번지 일대에 위치한 신원리 적석총은 남한 강 북안의 경사면에 자리한다. 중앙선 복선전철화 공사구간에 해당되어 경기 대학교 박물관에 의해 서기 2003년-서기 2004년에 조사되었으며 조사결과 적 석총 1기가 발굴되었다.

이 적석총의 규모는 남북 16.5m, 동서 15.8m, 높이 20㎝-50㎝이다. 평면 형태는 서남쪽 일부가 파손되었으나 방형에 가깝고, 내부에서 단곽의 묘실이 조사되었다. 상부에는 부정형 판석과 할석 등으로 적석하여 마무리하였으며, 유구 동쪽에는 등고선과 평행하게 부석시설이 노출되었다. 적석총의 중심부 에는 대형 할석을 일정한 간격으로 배치하였고, 이들 할석 사이에는 소형의 부 정형 할석과 판석을 평적하여 270㎝×130㎝×55㎝ 크기의 묘실을 축조하였 다. 그리고 적석총의 동북부에는 등고선과 평행하게 할석을 700㎝ 폭으로 얇 게 깔아 부석시설을 하였다. 유구의 층위를 보면 맨 아래층에 지형에 따라 할 석을 약 20㎝-40㎝ 두께로 적석하였으며, 바로 위에 다시 10㎝ 정도 두께로 점토다짐을 하였고, 맨 위층에는 다시 부정형 판석과 할석이 혼합된 상태의 30 ㎝-40㎝ 두께로 적석하였다.

유물은 적석 사이에서 흑갈색 연질토기편이, 서북쪽에서 타날문토기 호가 출토되었다. 토기편은 단경호로 추정되는데 외부 표면에 격자문이 타날되어 있다. 이와 같은 유형의 토기는 연천 중면 삼곶리와 백학면 학곡리 적석총 등 에서 확인된 바 있다.

신원리 적석총은 안쪽에 점토를 채우고 외면에는 석재로 석축하고 외면에

---

12) 유태용, 2007, 「양평 신원리 백제 적석총의 연구」, 『경기도의 고고학』, 최몽룡 편저, 서울: 주류성, pp.163-
193.

연번	유적명	수계	입지	분구규모 (단위:m)	형식	축조 재료	매장주 체부 형식	매장 주체 부수	출토유물	비고
1	서울 석촌동 1호분(남분)	한강 하류	평지	9.8×9.6×(1.1)	기단식	할석	석곽	4	소형은제품	
2	서울 석촌동 1호분(북분)	"	"	9.9×8.9×(1.0)	"	"	석곽	미상		
3	서울 석촌동 2호분	"	"	17.4×16.2×3.8	"	"	목관	1	단경호, 도자편, 철검편, 무개고배 등	
4	서울 석촌동 3호분	"	"	50.8×48.4×(4.5)	"	"	석곽	1	東晉대자기편, 금제영락	
5	서울 석촌동 4호분	"	"	17.2×17.2×2.1	"	"	미상	미상		
6	춘천 중도	북한 강	강안 충적 대지	15×15×2	무기 단식	천석	석곽	1	철도자, 철촉, 청동환, 타날문토기	
7	양평 문호리	"	"	11×11×2.7	기단 식	천석	석곽	1	꺽쇠, 철도자, 청동방울, 관옥, 타날문토기	
8	제원 청풍 도화리	남한 강	"	30×25×4.5	무기 단식	천석	석곽	1	철겸, 철부, 철도자, 구슬, 청동환, 청동팔찌, 樂浪陶器	
9	제원 청풍 양평리 1호분	"	"	28×24×7.5	무기 단식	천석	?	?	철도자, 청동환, 타날문토기편	
10	제원 청풍 양평리 2호분	"	"	60×57×9	무기 단식	천석	석곽 (?)	?	철부, 철도자, 청동환, 청동방울, 관옥, 타날문토기편	
11	개성 장학리	임진 강	"	17×?×2.7	기단 식	천석 판석	석곽	2	철도자, 관정, 구슬, 타날문토기편	
12	연천 중면 삼곶리	"	"	28×11×1.3	기단 식	천석	석곽	2	단경호, 철촉, 청동환, 구슬	
13	연천 백학 학곡리	"	"	25×11×0.7	무기 단식	천석 할석	석곽	4	철겸, 청동방울, 청동환, 구슬, 타날문토기편, 樂浪陶器	
14	연천 중면 횡산리	"	"	45×24×6	무기 단식				타날문토기편, 樂浪陶器, 철겸·철촉·철모, 관옥	
15	양평 양서 신원리	한강		16.5×5.8×0.2~0.5	기단 식	할석 판석	석곽	1	흑갈색 연질토기편, 타날문토기 호	

그림 5. 양평 양서 신원리 적석총 평·단면도

대형할석으로 기단을 세운 基壇式 方形 積石塚이며, 내부구조에 있어서는 묘실이 하나인 단곽식으로 분류된다. 하지만 적석총의 상층부가 매우 심하게 교란되어 단순히 기단만 있는 형식인지, 방형의 계단형 기단 적석총인지의 여부는 알 수 없다.

백제 초기 주변지역 政治體의 현황은 다음과 같다. 우선 衛滿朝鮮[13](기원전

---

13) 한반도 최초의 고대국가는 衛滿朝鮮(기원전 194년–기원전 108년)이다. 국가는 무력, 경제력과 이념(종교)이 바탕이 되며, 무력을 합법적으로 사용하고 중앙집권적이고 전문화된 정부조직을 갖고 있다. 세계에서 도시·문명·국가는 청동기시대에 나타나는데 우리나라의 경우 중국의 영향 하에 성립되는 이차적인 국가가 되며, 또 세계적인 추세에 비해 훨씬 늦은 철기시대 전기에 나타난다. 고인돌은 기원전 1500년에서부터 시작하여 경상남도, 전라남도와 제주도에서는 철기시대기 말까지 존속한 한국토착사회의 묘제로서 그 사회는 혈연을 기반으로 하는 계급사회인 족장사회로, 교역, 재분배 경제, 직업의 전문화, 조상숭배 등을 바탕으로 하고 있

194년-기원전 108년)이 있다. 그리고 위만조선에 이어 漢四郡이 기원전 108년에 들어선다. 주로 경기도[樂浪 漢 武帝 元封 3년(기원전 108년)-晉 建興 元年/美川王 14년(서기 313년), 帶方 獻帝 建安(서기 196년-서기 220년)-서기 313년]와 강원도[臨屯, 漢 武帝 元封 4년(기원전 108년漢 武帝 元封 3년 기원전 108년 설치-기원전 82년 임둔을 파하여 현도에 합침, 玄菟(기원전 107년-기원전 75년 興京·老城지방으로 옮김)-현도군에 합쳤던 임둔의 고지는 昭帝 5년(기원전 82년) 낙랑에 귀속시킴]의 濊(또는 東濊)지역에 집중해서 낙랑도기가 나오고 있어 그들이 설치된 위치를 파악할 수 있다. 적석층에서 낙랑도기

었다. 그리고 그 다음에 오는 고대국가의 기원은 앞으로 고고학적인 자료의 증가에 따라 단군조선에까지 더욱 더 소급될 수도 있으나, 문헌에 나타나는 사회조직, 직업적인 행정관료, 조직화된 군사력, 신분의 계층화, 행정중심지로서의 왕검성(평양 일대로 추정)의 존재, 왕권의 세습화. 전문적인 직업간의 존재 등의 기록으로 보아서 위만조선이 현재로는 한반도내 최초의 국가체제를 유지하고 있었던 것으로 보인다. 또한 국가형성에 중요한 역할을 차지하는 시장경제와 무역의 경우 위만조선 이전의 고조선에서도 교역이 있었으며, 변진과 마한, 왜, 예 등은 철을 중심으로 교역이 행해졌던 것으로 보인다. 위만조선의 경우 한반도 북쪽의 지리적인 요충지에 자리잡음으로 해서, 그 지리적인 이점을 최대한으로 이용한 '중심지무역'으로 이익을 얻고, 이것이 국가를 성립시키고 성장하는데 중요한 요인이 되었을 것이다. 漢 高祖 12년(기원전 195년) 燕王 盧綰이 漢나라에 叛하여 匈奴로 도망감에 따라 부하였던 衛滿은 입국할 때에 상투를 틀고 조선인의 옷을 입고 있었던 것으로 보아 연나라에서 살던 조선인으로 생각된다. 위만은 나라 이름 그대로 조선이라 하였고, 그의 정권에는 토착민 출신으로 높은 지위에 오른 자가 많았다. 따라서 위만의 고조선은 단군의 고조선을 계승한 것으로 볼 수 있다. 그리고 국가가 되기 위해서는 '무력의 합법적인 사용과 중앙 관료체제의 확립'이나 '전문화나 전문화된 정부 체제를 지닌 사회'라는 조건을 갖추어야 하는데 위만조선의 경우 이에 해당한다고 하겠다. 따라서 위만조선은 중국의 『史記』와 『漢書』 등의 기록에 의하면 우리나라에서 처음으로 확실한 국가의 체제를 갖추었다고 하겠다. 고조선의 발전과 관련하여 7 자조선에 대한 기록이 있다. 중국 사서에는 周의 武王이 箕子를 조선에 봉하였다고 되어 있다. 그리고 그 연대를 기원전 12세기경(기원전 1122년)으로 추정하기도 한다. 그러나 기자조선을 조선의 발전 과정에서 사회 내부에 등장한 새로운 지배 세력을 가리키는 것으로, 또는 동이족의 이동 과정에서 기자로 상징되는 어떤 부족이 고조선의 변방에서 정치 세력을 잡은 것으로 보는 견해가 많다. 위만은 입국할 때에 상투를 틀고 조선인의 옷을 입고 있었던 것으로 보아 연나라에서 살던 조선인으로 생각된다. 위만은 나라 이름 그대로 조선이라 하였고, 그의 정권에는 토착민 출신으로 높은 지위에 오른 자가 많았다.

고조선은 초기에는 랴오닝 지방에 중심을 두었으나, 후에 와서 대동강유역의 왕검성을 중심으로 독자적인

편들이 나오고 있는 점은 고구려계통의 적석총이 남하하면서 낙랑과 임둔의 影響을 잘 받아들이고 있음을 보여 주고 있다 하겠다. 그리고 남쪽에 마한(馬韓, 기원전 3/기원전 2세기-서기 5세기 말/서기 6세기 초), 북쪽에 그로우노프까(기원전 5세기-기원전 2세기, 北沃沮, 團結문화)와 뽈체(기원전 7세기-기원전 4세기, 挹婁)가 상호 通商圈(interaction sphere)을 형성하고 있었다.

衛滿朝鮮이 漢나라 7대 武帝(기원전 140년-기원전 87년 재위)의 원정군에 의해 멸망한 해는 기원전 108년으로 『史記』를 편찬한 사마천(司馬遷, 기원전 145년-기원전 87년)이 37세 때이다. 위만조선의 도읍지였던 평양에 樂浪, 그 아래 지역에 帶方이 설치되었고, 이들을 통해 한나라의 발달된 문물이 한반도로 쏟아져 들어온다. 한나라로부터 유입된 대표적인 문물로 土壙墓와 漢字를 꼽을 수 있으며, 秦나라와 漢나라에서 사용되던 무기, 특히 戈와 漢式陶器의 유입 역시 당시 상황을 고고학적으로 입증해 준다. 가평 달전 2리에서 확인된 토광묘에서는 前漢代(기원전 206년-서기 24년)의 鐵戈[극(戟)으로 이야기할

문화를 이룩하면서 발전하였다. 고조선은 연나라의 침입을 받아 한때 세력이 약해지기도 하였다. 4대 87년 간은 존속했던 위만조선은 衛滿에서 이름이 전해지지 않는 아들을 거쳐 손자인 右渠에 이르는 혈연에 의한 세습왕권이었다. 위만과 우거 이외에 기록에 나타나는 裨王長, 朝鮮相 路人, 相 韓陶(韓陰), 大臣 成己, 尼谿相 參, 將軍 王唊, 歷谿卿, 濊君 南閭 등은 그러한 세습왕권을 유지하는 고위각료들이었던 것으로 생각되며 이들이 곧 전문화된 군사·행정집단인 것으로 보인다. 또한 朝鮮相 路人의 아들 最가 등장하는 것으로 보아 왕위와 마찬가지로 상류층에서도 지위세습이 존재했으며 그러한 상위계층에 대응하는 하나 이상의 하위 신분계층이 더 존재했을 가능성을 시사해주고 있다. 이러한 신분체계와 아울러 기록을 통해서 알 수 있는 위만조선의 사회구조에 관한 것은 내부의 부족 구성과 인구수 등이다. 위만조선의 인구규모는 『漢書』와 『後漢書』의 기록을 종합해 볼 때 약 50만에 이른 것으로 추정된다. 족장단계(chiefdom society)를 넘어서는 이러한 인구규모를 통제하기 위해서는 경제적 배경이나 영토, 이외에 법령과 치안을 담당할 군대도 필요하다. 『漢書』 지리지에는 한의 풍속이 영향을 미친 이후 80여 조에 달하는 法令이 제정되었다는 기록이 있고, 『後漢書』「東夷傳」 濊條에도 역시 그와 유사한 기록이 있다. 위만조선(衛滿朝鮮)의 멸망과 한사군(漢四郡)의 설치는 『史記』의 편찬자인 사마천이 살아있을 때 일어난 사건으로, 위만조선과 낙랑·대방의 존재는 역사적 사실로 인정되어야 하며 위만조선의 왕검성(王儉城)과 낙랑(樂浪)은 오늘날의 평양 일대로 보아야 한다.

수도 있으나 최근 중국 西安博物館에서 戈로 표현한]와 한식도기 그리고 위만조선시대의 화분형토기가 출토되었다. 강원도의 강릉 안인리, 병산동, 동해 송정동과 춘천 율문리를 비롯해 경기도 가평 대성리 '철(凸)'자형 집자리에서는 경질무문토기(700℃-850℃에서 구워짐)와 낙랑도기가 함께 출토되었으며, 양평군 양수리 상석정, 가평 대성리와 상면 덕현리와 연천 청산면 초성리에서 '철(凸)'자형, '여(呂)'자형 및 팔각형 집자리에서 한나라 도기가 여러 점이 보고되었는데, 華城 旗安里(풍성아파트) 製鐵遺蹟에서도 같은 양상이 확인되었다. 또 연천 학곡리 적석총에서 출토된 한나라도기의 연대는 공반유물을 통해 기원전 1세기경으로 추정되었으며, 연천 중면 삼곶리와 군남면 牛井里에서도 적석총이 발굴되어 같은 양상을 보인다.

기원전 108년 위만조선이 漢武帝의 원정군에 망한 후 그 자리에 남아있던 衛滿朝鮮의 원주민과 중국 戰國時代(기원전 475년-기원전 221년)의 亂을 피해온 亡命人들인 漢人(樂浪人)들과의 관계에 대한 고고학 자로의 입증은 土壙墓, 화분형(花盆形)토기, 細形銅劍(韓國式銅劍) 관계 일괄유물들과 漢나라 인들이 가져온 漢式陶器(樂浪陶器[14])들의 분포지 파악 등으로 이루어질 수 있다.

최근 漢式陶器(樂浪陶器)가 나오는 유적은 풍납토성(사적 11호), 경기도 漣川 硝城里와 鶴谷里, 加平 大成里, 達田 2리와 上面 德峴里, 楊州 兩水里 上石亭, 河南市 二聖山城(사적 422호), 華城 旗安里, 廣州市 墻枝洞, 강원도 江陵 安仁里와 柄山洞, 東海 松亭洞, 旌善 禮美里, 春川 牛頭洞과 栗文里, 충청남도 牙山 湯井 鳴岩里와 경상남도 泗川 勒島 등 십여 군데에 이른다. 주로 강원도 (臨屯 기원전 108년-기원전 82년, 濊, 東濊 지역)와 경기도(樂浪 기원전 108

---

14) 500℃-700℃(엄밀한 의미에서는 700℃-850℃)의 화도에서 소성된 무문토기 또는 경질토기로 이를 사용하던 철기시대 전기의 주민들에게는 화도가 1000℃-1100℃에 이르는 樂浪陶器(china)는 상당한 문화적 충격이었을 것이다.

년—서기 313년, 帶方지역)지역에 집중해서 樂浪陶器/漢式陶器[15]가 나오고 있
으며 이 점은 樂浪과 臨屯의 영향을 잘 보여 준다. 현재까지 樂浪陶器/漢式陶
器가 나오는 유적들은 다음과 같다.

가. 서울 송파구 風納土城(사적 11호)

나. 경기도 연천 청산면 哨城里

다. 경기도 연천 백학면 鶴谷里

라. 경기도 가평 達田 2里(漢戟, 衛滿朝鮮土器)

마. 경기도 가평 청평면 大成里 驛舍(기전, 겨레에서 발굴)

바. 경기도 양평 兩水里 上石亭[가장 연대가 올라가는 것은 A10-S1(A-10호 주
　　거지 중앙기둥)으로 2150±60 B.P. 보정연대는 기원전 330년 또는 기원전
　　170년이 된다.]

사. 경기도 하남시 二聖山城(사적 422호)

아. 경기도 화성 발안면 旗安里

자. 강원도 강릉시 安仁里와 柄山洞

차. 강원도 춘천 槿花洞(驛舍), 牛頭洞과 栗文里

카. 강원도 동해 松亭洞

타. 강원도 정선 禮美里

---

15) 토기, 도기류를 통칭하는 쎄라믹(ceramic)이란 말은 어원상 "불에 타버린 물질"을 뜻한다. Prudence M.
　　Rice(1987, p.5)는 Terra—cotta(1000℃ 이하), Earthenware(폭넓게 900℃-1200℃ 사이), China(1100℃-
　　1200℃), Stoneware(약 1200℃-1350℃), Porcelain(1300℃-1450℃)으로 구분해 사용한다. 우리나라에서는
　　土器(500℃-850℃)—陶器(1100℃ 전후)—炻器(stoneware 1200℃ 전후)—磁器(1300℃ 전후)로 분류하며 無
　　文土器, 樂浪陶器, 新羅炻器, 高麗靑瓷, 朝鮮白磁(porcelain) 등으로 부른다. 燒成度는 지붕이 없는 仰天窯
　　(open kiln)에서 지붕이 있는 쯩窯(tunnel kiln, climbing oven)에 이르는 가마(窯)제작의 기술적인 발달과정
　　에 따른다.

파. 충청북도 제원 청풍면 桃花里(사적 2호인 金海貝塚에서 나오는 회청색 樂
　　浪陶器가 출토)

하. 경상남도 사천 勒島[史勿國, 半兩錢: 기원전 221년-기원전 118년, 7대 漢
　　武帝 元狩 5년, 樂浪陶器와 彌生土器가 공존)

　경기도 지역에서 확인된 적석총은 백제의 건국신화와 아울러 백제가 고구려
로부터 남하한 세력인 점과 부합한다. 또 적석총의 분포상은 한성시대 백제 초
기의 영역과 밀접한 관련이 있는 고고학 자료이기도 하다. 이런 점에서 철기
시대 전기(기원전 400년-기원전 1년) 중 단면 삼각형이 나오는 III기(후기) 기
원전 2세기-기원전 1세기의 고고학적 유적과 유물의 검토도 필요하다.[16] 그
리고 경기도 加平 淸平面(옛 外西面) 淸平 4里, 경기도 廣州市 墻枝洞, 강원도
橫城 公根面 鶴潭里와 춘천 擧頭里와 泉田里에서 출토된 해무리굽과 유사한
바닥을 지닌 경질무문토기는 아무르강 중류 리도프카 문화와 끄로우노프카(北
沃沮, 團結문화)에서도 보이므로 한반도의 철기시대에 러시아 문화의 영향을

---

16) 慶州 蘿井(사적 245호)은 발굴 결과 철기시대 전기의 유적으로, 수원 고색동, 파주 탄현, 갈현리 등지의 점
　　토대토기유적에서 나오는 台脚에 굵은 豆形토기도 보이는 점토대토기문화가 바탕 되었음이 들어났다. 따라
　　서 기원전 57년 신라가 건국했던 연대도 이들의 시기와 일치한다. 또 실제 그곳에는 朴赫居世의 신당(神堂),
　　또는 서술성모의 신궁이 팔각(八角) 형태의 건물로 지어져 있었음으로 신라의 개국연대가 기원전 57년이라
　　는 것도 믿을 수 있게 되었다. 그리고 秋史 金正喜의 海東碑玫에 나오는 신라 30대 文武王(서기 661년-서
　　기 681년 재위)의 비문(2009년 9월 4일, 金, 碑의 상부가 다시 발견됨)에 의하면 慶州 金氏는 匈奴의 후예
　　이고 碑文에 보이는 星漢王(15대조, 金閼智, 서기 65년 - ?)은 흉노의 秺侯(투후) 休屠王의 太子 祭天之胤
　　金日磾(김일제, 기원전 135년-기원전 85년)로부터 7대손이 된다. 그리고 13대 味鄒王(서기 262년-284년,
　　金閼智-勢漢-阿道-首留-郁甫-仇道-味鄒王, 『三國史記』 제2, 新羅本紀 제2)은 경주 김씨 김알지의 7대
　　손으로 이야기된다. 따라서 경주 김씨의 出自는 匈奴-東胡-烏桓-鮮卑 등의 유목민족과 같은 복잡한 배경
　　을 가진다. 휴도왕의 나라는 본래 중국 북서부 현 甘肅省 武威市로, 이는 新羅 積石木槨墳의 기원도 중국
　　遼寧省 朝陽에서 보이는 鮮卑족의 무덤·출토유물과 관련하여 생각해 볼 가능성이 열리게 되었다. 결국 초
　　원의 스키타이인(Scythian)들이 쓰던 쿠르간 封土墳과의 관련도 배제할 수 없게 되었다(최몽룡 1993, 『한국
　　문화의 원류를 찾아서』, 서울: 학연문화사, p.134).

고려할 필요가 있다. 그리고 春川 泉田里, 新梅里와 牛頭洞 등지에서 최근 발견되는 따가르의 철도자(鐵刀子)도 이와 관련해 주목을 받아야 한다.

한나라가 현재의 평양으로 추정되는 衛滿朝鮮의 고지(故地)에 설치했던 樂浪과 후일의 帶方郡과의 직접적인 접촉을 통한 무역 또는 通商圈의 관계는『三國志』魏志 東夷傳(晋初 陳壽, 서기 233년－서기 297년)에 자세히 기록되어 있으며, 그 기록은 최근 고고학적 자료를 통해서도 입증되고 있다. 즉, 경남 사천 늑도(史勿國)에서도 진시황이 중국을 통일한 해인 기원전 221년부터 한나라 7대 무제 5년 기원전 118년까지 사용되었던 반량전(半兩錢), 회청색 경질도기를 비롯한 한나라도기, 무문토기와 일본의 야요이[彌生] 토기 등이 함께 출토된 바 있는데, 이러한 共伴관계는 위지 동이전의 기록을 고고학적으로 입증해 주는 고고학 자료임은 물론 기존 학계에서 통용되던 한국 철기시대 전기의 문화상과 편년을 재고할 필요성을 강력하게 제기한다.[17]

그리고 이 시기의 특징 중 한 가지 간과해서는 안 될 것은 사회진화과정상 혈연을 기반으로 하는 계급사회인 족장사회(chiefdom society)에서 혈연을 기반으로 하지 않는 계급사회인 고대국가(ancient state)로 발전하는 가운데 나

---

17) 半兩錢(기원전 221년－기원전 118년)과 五洙錢(기원전 118년, 7대 漢 武帝 5년 鑄造를 시작하여 後漢 光武帝 建武 6년 서기 30년 까지 사용)을 포함한 중국 秦－漢대의 동전은 오늘날의 세계 基軸貨인 달러[美貨]에 해당하는 당시 교역 수단으로 당시 활발했던 국제 무역에 관한 고고학적 증거들이다. 기원전 1세기경으로 편년되는 경상남도 泗川 勒島(史勿國)유적에서는 경질무문토기, 일본 彌生土器, 樂浪陶器, 漢式硬質陶器 등과 함께 半兩錢이 같은 층위에서 출토되었다. 반량전은 기원전 221년 진시황의 중국 통일 이후 주조되어 기원전 118년까지 사용된 동전으로 알려져 있다. 이외에도 중국 동전은 해남 군곡리, 나주 오량동 시랑, 제주 산지항, 금성리, 김해, 고성과 창원 성산패총 등지에서도 출토되었다. 이는『三國志』魏志 東夷傳 弁辰條의 '國出鐵 韓濊倭皆從取之 諸市買皆用鐵如中國用錢又以供給二郡'의 기사와 倭人傳에 보이는 海(水)路萬里의 무역로(trade route, exchange system, interaction spheres, barter, logistics)를 감안해 볼 때 樂浪(帶方)－海南 郡谷里－泗川 勒島(史勿國)－固城(古史浦)－昌原 城山(骨浦國)－金海(狗邪韓國)－제주도 山地港－對馬島(國)－壹岐(一支國)－末廬國－伊都國－奴國－邪馬臺國으로 이어지는 바닷길이 예상될 것이다. 이외에도 국가 발생의 원동력 중의 하나인 무역에 관한 고고학 증거는 계속 증가하고 있다.

타나는 필연적인 원동력(prime mover)의 하나인 종교적인 측면도 강조되어야 하는 점이다. 그런 점에서 최근 조사된 청동기시대 중기를 대표하는 경기도 楊平 楊西 新院里의 종교·제사유적은 철기시대 전기의 蘇塗인 安城 元谷 盤諸里 유적[18]과 함께 한국고고학 고대사에 있어서 정치 문화사적 연구에서 매우 중요하다. 안성 반제리, 부산 기장 일광면 청광리와 같은 환호와 관련된 종교유적은 울산 북구 연암동과 경주 충효동의 경우와 같이 청동기시대부터 그대로 이어져 내려오는 전통으로 볼 수 있겠다. 그리고 환호 안팎에 형성된 집자리들은 전문직의 제사장과 제사에 관련된 사람들이 살던 특수구역인 別邑(asylum)으로 이것이 『三國志』魏志 東夷傳에 나오는 蘇塗일 가능성이 많다. 솟대(大木)를 세운 蘇塗는 邑落의 경계표시이고, 신성지역인 別邑으로 여겨져 왔으며, 天君을 중심으로 다스리던 祭政分離의 사회를 반영한다. 철기시대 전기 말에는 북쪽 평양 근처에 衛滿朝鮮(기원전 194년-기원전 108년)이라는 최초의 국가가 형성되었다. 그리고 남쪽 馬韓의 고지에는 기원전 1500년 이래 한반도의 토착세력을 형성하던 支石墓社會의 정치기반인 族長社會(chiefdom society)가 기원전 3세기-기원전 2세기 마한의 시작 단계에까지 그대로 존속해 와서 점차 복잡해진 사회진화의 발전과 더불어 單純 族長社會(simple chiefdom)와 이보다 좀 더 발달한 複合 族長社會(complex chiefdom)도 공존해 있었다. 『三國志』魏志 東夷傳 弁辰條에는 族長격인 渠帥(또는 長帥, 主帥라도 함)가 있으며 이는 격이나 규모에 따라 臣智(또는 秦支·踧支라고도 함), 險側, 樊濊, 殺奚와 邑借로 불리고 있었음을 알 수 있다. 이는 정치 진화상 같은 시기의 沃沮의 三老, 東濊의 侯, 邑長, 三老, 그리고 挹婁의 大人, 肅愼의

---

18) 최몽룡, 2006, 「한국고고학·고대사에서 양평 양서 신월리와 안성 원곡 반제리의 종교·제사유적의 의의」, 『최근 자료로 본 한국 고고학·고대사의 신 연구』, 서울: 주류성, pp.155-198, 및 이상엽, 2007, 「경기지역 환호의 성격검토」, 최몽룡 편저, 2007, 『경기도의 고고학』, pp.97-124.

君長(唐 房喬 等 撰의 晉書)과 같은 國邑이나 邑落을 다스리던 혈연을 기반으로 하는 계급사회의 행정의 우두머리인 족장(族長, chief)에 해당된다. 여기에는 별읍의 우두머리인 天君과 달리 단순 족장사회(simple chiefdom)의 우두머리는 정치진화론 상 族長으로, 그리고 복합 족장사회(complex chiefdom)의 우두머리는『三國志』魏志 東夷傳의 기록대로 渠帥·侯·三老·大人으로도 불릴 수 있겠다. 여기에는 영토의 규모나 혈연의 서열 또는 순서대로 군장격인 족장의 渠帥 밑에 臣智, 險側, 樊濊, 殺奚와 邑借가 있었다. 또 여러 복합 족장사회들을 대표하는 王이 다스리는 국가단계의 目支國도 있었다. 이는 기원전 18년 백제의 국가형성 당시 溫祚가 영역을 할당받기 위해 사신을 보낸 나라는 馬韓王이[19] 다스리던 목지국이었고 이러한 관계 속에서 마한과 백제와의 역사적 맥락도 형성되었던 것이다. 비록 철기시대 전기에 祭政이 기록상으로는 이미 분리되고 있었지만 이러한 別邑 또는 蘇塗의 전신으로 생각되는 환호를 중심으로 직업적인 祭司長이 다스리던 神政政治(theocracy)도 가능했을 것이다. 그 다음 삼국시대 전기에는 世俗王權政治(secularism)가 당연히 이어졌을 것이다. 즉 고고학 자료로 본 한국의 종교는 신석기시대의 精靈崇拜(animism)-청동기시대의 토테미즘(totemism)-철기시대의 巫敎(shamanism)와 祖上崇拜(ancestor worship)로 이어지면서 별읍의 환호와 같은 전문 종교인인 天君이 이 다스리는 소도의 형태로 발전하는 것으로 보면 무리가 없을 것이다. 따라서 적석총을 축조하던 사회는 血緣을 기반으로 하던 階級社會(hierarchical society)인 족장사회로 우두머리는 族長이었을 것이다. 이 사회가 다음 혈

---

19)『三國史記』권 제1 新羅本紀 始祖 赫居世 居西干 38년(기원전 20년) 및 39년(기원전 19년)조에 보이는 馬韓王 혹은 西韓王의 기록과『三國史記』백제본기 권 제23 시조 溫祚王 13년 조(기원전 6년)의 마한에 사신을 보내 강역을 정했다는 기록 (遣使馬韓告遷都, 遂畫定疆場, 北至浿河, 南限熊川, 西窮大海, 東極走壤) 등은 마한이 늦어도 기원전 1세기경에는 왕을 중심으로 신라와 백제보다 앞서 국가체제를 갖추었음 알려 준다.

연을 기반으로 하지 않는 계급사회인 百濟國으로 발전하게 된다.[20]

　적석총을 통해 본 초기 백제의 성격은 문헌의 기록으로 파악할 수 있다. 백제의 건국자는 朱蒙(高朱蒙/東明聖王, 기원전 37년-기원전 19년 재위)의 셋째 아들인 溫祚(기원전 18년-서기 28년 재위)이다. 그는 아버지인 주몽을 찾아 부여에서 내려온 첫째 아들 琉璃(禮氏子孺留)王子(고구려의 제2대왕, 기원전 19년 서기 18년 재위)의 존재에 신분의 위협을 느껴 漢 成帝 鴻嘉 3년(기원전 18년) 형인 沸流와 함께 남하하여 河北慰禮城(중랑구 면목동과 광진구 중곡동의 中浪川 一帶에 比定, 溫祚王 元年, 기원전 18년-기원전 5년, 그리고

---

20) 族長社會와 國家는 階級社會이면서도 血緣의 기반에 의해 세분된다. Elman Service의 모델인 統合論(Integration theory)에서는 인류사회는 경제나 기술이 아닌 조직이나 구조에 기반을 두어 군집사회(band)-부족사회(tribe)-족장사회(chiefdom)-고대국가(ancient state)로 구분하고 있다. 그리고 기본자원에 대한 불평등한 접근에서 일어나는 갈등에 기반을 둔 Morton Fried의 갈등론(Conflict theory)의 도식인 평등사회(egalitarian society)-서열사회(ranked society)-계층사회(stratified society)-국가(state)라는 발전단계도 만들어진다. 서비스는 국가단계에 앞선 족장사회를 잉여생산에 기반을 둔 어느 정도 전문화된 세습지위들로 조직된 위계사회이며 재분배 체계를 경제의 근간으로 한다고 규정한 바 있다. 족장사회에서는 부족사회 이래 계승된 전통적이며 정기적인 의식행위(calendric ritual, ritual ceremony, ritualism)가 중요한 역할을 하는데, 의식(ritualism)과 상징(symbolism)은 최근 후기/탈과정주의 고고학(post-processual archaeology)의 주요 주제이기도 하다. 국가단계 사회에 이르면 권력(power), 경제(economy)와 함께 종교형태를 띤 이념(ideology)이 발전하게 된다. Timothy Earle은 국가를 '무력을 합법적으로 사용하고 통치권을 행사할 수 있는 지배체제의 존재와 힘/무력(power)·경제(economy)와 이념(ideology, 또는 religion)을 바탕으로 한 중앙집권화 되고 전문화된 정부제도'라 정의하였다. 한편 Kent Flannery는 '법률, 도시, 직업의 분화, 징병제도, 세금징수, 왕권과 사회신분의 계층화를 국가를 특징짓는 요소들로 추가로 하였다. Timothy Earle, Jonathan Haas와 Yale Ferguson과 같은 절충론(eclecticism)자들도 "경제·이념·무력의 중앙화, 그리고 새로운 영역(new territorial bounds)과 정부의 공식적인 제도로 특징지어지는 정치진화 발전상 뚜렷한 단계"가 있는 것으로 정의한다. 도시(city, urban)는 Clyde Kluckhohn이 언급하듯이 약 5,000명 이상 주민, 문자와 기념비적인 종교 중심지 중 두 가지만 있어도 정의할 수 있다고 한다. 또 그들 사이에 있어 노동의 분화, 복잡한 계급제도와 사회계층의 분화, 중앙집권화 된 정부구조, 기념비적인 건물의 존재, 그리고 문자가 없는 경우 부호화된 상징체계나 당시 풍미했던 미술양식과 지역 간의 교역의 존재"를 통해 찾아질 수 있다. 그리고 이를 유지해 나가기 위해 사회신분의 계층화를 비롯해 조세와 징병제도, 법률의 제정과 아울러 혈연을 기반으로 하지 않는 왕의 존재와 왕권, 그의 집무소, 공공건물 등이 상징적으로 부가된다.(최몽룡 2011, 『인류문명발달사』 4판, pp.34-36).

온조왕 14년/기원전 5년에 옮긴 河南慰禮城은 송파구에 위치한 사적 11호 風納土城으로 추정됨, …遂至漢山, 登負兒嶽, 望可居之地…惟此河南之地, 北帶漢水, 東據高岳, 南望沃澤, 西阻大海. 其天險地利, 難得之勢, 作都於斯, 不亦宜乎?….)에 도읍을 정하고, 형인 비류는 미추홀(彌鄒忽, 인천)에 근거를 삼는다. 이들 형제는 三國遺事에 의하면 고구려의 건국자인 朱蒙의 아들로(卞韓百濟….謂溫祚之系, 出自東明故云耳….), 그리고 『三國史記』百濟本紀 別傳(권 23)에는 그의 어머니인 召西奴가 처음 優台의 부인이었다가 나중에 주몽에게 개가하기 때문에 주몽의 셋째 아들로 기록된다. 溫祚는 天孫인 解慕漱, 용왕의 딸인 河伯女인 柳花의 신화적인 요소와, 알에서 태어난 주몽의 탄생과 같은 난생설화가 없이, 처음부터 朱蒙-召西奴-優台라는 구체적이고 실존적인 인물들 사이에서 태어난다. 그래서 백제에는 부여나 고구려다운 건국신화나 시조신화가 없다. 이것이 백제가 어버이의 나라인 고구려에 항상 열등의식을 지녀온 요소가 될 수 있을 것이다. 이 점은 온조왕 원년에 東明王廟를 세운 것이나,[21] 백제 13대 近肖古王(서기 346년-서기 375년 재위)이 서기 371년 평양으로 쳐들어가 고구려 16대 故國原王(서기 331년-서기 371년 재위)을 사살하지만 평양을 백제의 영토로 편입시키는 노력을 기울이지 않고 漢城으로 되돌아오는 점 등에서 이해된다. 그래서 백제의 왕실은 고구려 왕실에 대한 열등감의 극복과 아울러 왕실의 정통성을 부여하려고 애를 써왔던 것으로 보인다. 이와 같이 고구려와 백제는 朱蒙(東明聖王)과 溫祚王의 父子之間의 나라[22]로, 이는 神話와 文獻을 통해 알 수 있다.

---

21) 『三國史記』百濟本紀 1에 溫祚王이 기원전 18년에 나라를 세우고, 그해 5월 여름 아버지인 朱蒙을 위해 東明王廟를(元年夏五月, 立東明王廟), 또 17년(기원전 2년) 어머니 召西奴의 묘를 세워(十七年夏四月, 立廟以祀國母) 제사 지내는 기록이 보인다.

22) 『三國史記』百濟本紀 1 百濟始祖溫祚王. 其父鄒牟, 或云朱蒙. 自北扶餘逃難, 至卒本扶餘. 扶餘王無子, 只有三女子, 見朱蒙, 知非常人, 以第二女妻之. 未幾, 扶餘王薨, 朱蒙嗣位. 生二子, 長曰沸流, 次曰溫祚. 或云

그리고 문헌과 신화 상으로 볼 때 고구려 및 백제와 같은 계통이라는 추정이 가능하며 이는 고고학 자료로도 입증된다. 석촌동에서 제일 거대한 3호분은 방형 기단형식의 돌무덤이다. 계단은 3단까지 확인되었으며, 그 시기는 서기 3세기 중엽에서 서기 4세기에 축조된 것으로 보인다. 4호분은 방형으로 初層 1면에 세 개미만의 호석(護石. 받침돌, 보강제 등의 명칭)으로 받쳐 놓아 장군총(將軍塚)과 같은 고구려의 계단식 적석총 축조수법과 유사하다(新羅의 경우 31대 神文王陵(사적 181호)과 33대 聖德王陵(사적 28호)에서 이와 같은 호석들이 보인다). 석촌동 4호분의 여대는 서기 198년(10대 山上王 2년, 서기 197년-서기 227년 재위)에서 서기 313년(15대 美川王 14년, 서기 300년-서기 331년 재위) 사이에 축조된 것으로 추정된다. 그러나 이 연대는 3호분과 비슷하거나 약간 늦은 것으로 추측된다. 왜냐하면 적석총보다 앞선 시기부터 존재했을 토광묘와 판축기법을 가미하여 축조했기 때문에 순수 고구려 양식에서 약간 벗어난 모습을 보여주기 때문이다. 여기에는 사적 11호 풍납토성의 경당지구에서 출토된 것과 같은 漢-樂浪 계통으로 보이는 기와 편이 많이 수습되었다. 이는 집안(集安, 輯安)의 太王陵, 將軍塚과 千秋塚 등의 석실이 있는 계단식 적석총의 상부에서 발견된 건물터나 건물의 지붕에 얹은 기와 편들로부

朱蒙卒本 娶越郡女, 生二子. 及朱蒙在北扶餘所生子來爲太子, 沸流溫祚恐爲太子所不容, 遂與烏干馬黎等十臣南行, 百姓從之者多. 遂至漢山, 登負兒嶽, 望可居之地, 沸流欲居於海濱. 十臣諫曰 惟此河南之地, 北帶漢水, 東據高岳, 南望沃澤, 西阻大海. 其天險地利, 難得之勢, 作都於斯, 不亦宜乎?......一云始祖沸流王, 其父優台, 北扶餘王解扶妻庶孫, 母召西奴, 卒本人延陁勃之女, 始歸于優台, 生子二人, 長曰沸流, 次曰溫祚. 優台死, 寡居于卒本. 後, 朱蒙不容於扶餘, 以前漢建昭二年(元帝, 기원전 37년)春二月, 南奔至卒本, 立都號高句麗, 娶召西奴爲妃. 其於開基創業, 頗有內助, 故朱蒙寵接之特厚, 待沸流等如己子. 及朱蒙在扶餘所生, 禮氏子孺留來, 立之爲太子, 以至嗣位焉. 於是沸流謂弟溫祚曰 始大王避扶餘之難, 逃歸至此, 我母氏傾家財, 助成邦業, 其勤勞多矣. 及大王厭世, 國家屬於孺留, 吾等徒在此, 鬱鬱如疣贅, 不如奉母氏, 南遊卜地, 別立國都. 遂與弟率黨類, 渡浿·帶二水, 至弥鄒忽以居之. 北史及隋書皆云 東明之後, 仇台 篤於仁信, 初立國于帶方故地, 漢遼東太守公孫度以女妻之, 遂爲東夷强國 未知孰是.

터 구조상 상당한 유사점을 찾을 수 있다.[23] 즉 고구려의 적석총은 무덤(墓)인 동시에 제사를 지낼 수 있는 廟의 기능인 享堂의 구조를 무덤의 상부에 가지고 있었다. 이런 점에서 羡道가 있는 석실/석곽을 가진 석촌동 4호분 적석총도 축조 연대만 문제가 될 뿐 고구려의 적석총과 같은 기능을 가지고 있었던 고구려 계통의 무덤 양식인 것이다. 석촌동 1호분의 경우 왕릉급의 대형 쌍분

---

23) 세계문화유산으로 등재된 고대 고구려 도읍지와 무덤군(Capital Cities and Tombs of the Ancient Goguryo Kingdom : 문화, 2004)에는 옛 고구려시대의(기원전 37년-서기 668년)수도인 吉林省 輯安 3개 도시의 40기의 무덤(14기 왕릉과 26기 貴族陵)군이 있다. 여기에는 대부분 서기 472년(長壽王 15년, 서기 413년-서기 491년 재위) 평양으로 천도하기 이전의 고분군인 요녕성 桓仁 오녀산성, 길림성 集安市 丸都山城과 國內城, 通口고분군, 將軍塚, 太王陵과 好太王碑, 五盔(塊)墳 1-5호, 산성하 고분군(積石塚)·王子墓, 角抵塚·舞踊塚, 장천 1·2호, 牟頭婁塚(冉牟墓)·서대묘·千秋墓 등 모두 43건이 위치한다. 그중에는 將軍塚, 太王陵과 好太王碑, 산성하 고분군(積石塚)들은 적석총이다.

이들 적석총의 기원은 세계문화유산으로 등재된 진시황릉(Mausoleum of the First Qin Emperor : 문화, 1987)에서 찾아볼 수 있다. 秦始皇은 진나라를 기원전 246년-기원전 210년에 통치하였으며 기원전 221년 戰國時代를 통일하였다. 그의 무덤은 섬서성 임동현 여산(陝西省 臨潼県 驪山)에 위치하며 발굴에서는 보병의 1호(11열로 배치, 1열은 230m임), 각렬의 보병, 궁수·전차와 기마부대의 2호, 그리고 지휘통솔부의 3호의 兵馬坑이 확인되었다. 그리고 최근 중앙 왕릉 근처에서 발견된 80여 개의 坑중 이어 만든 갑옷인 石製札甲만 수백 벌을 매장한 坑이 새로이 발굴·조사 중이다. 이는 진시황이 전사자들의 영혼을 위로하기 위해 매장한 것으로 추측된다. 그리고 이 묘는 진시황이 기원전 247년 13세로 등극하자마자 만들기 시작해 50세에 죽을 때까지 완성을 보지 못하였다. 그리고 그의 능도 기원전 207년 楚의 霸王 項羽(또는 項籍: 기원전 232년-기원전 202년)에 의해 도굴당했으며 그 속에서 가져온 보물의 일부는 애첩 虞美人에게로 흘러들어간 것으로 여겨진다. 그리고 秦始皇帝의 兵馬坑은 다음 漢나라에서도 계속 만들어졌는데 陝西省 咸陽市 楊家灣에서 발견된 4·5호묘(이들은 周勃과 周亞夫 父子묘로 기원전 195년 죽은 漢高祖무덤인 長陵의 陪葬墓로 추정된다. 서기 1970년-서기 1976년 발굴)와 江蘇省 蘇州 西樵山에서 서기 1988년-서기 1995년 발굴된 諸侯國 楚나라 3대 왕인 劉禹(기원전 155년에 일어난 吳楚七國의 亂이 실패하여 기원전 154년 35세 나이로 자살, 이때는 西漢 6대 景帝 劉啓 前元 3년임)의 것이 잘 알려져 있다. 기원전 247년부터 만들기 시작해 38년이 걸린 전체 면적 56.25㎢ 내 封土墳만 25만㎡의 범위를 가진 秦始皇陵의 地下高樓(궁전, 무덤)를 찾기 위한 물리적 탐사가 서기 1981년 水銀의 함유량 조사 이후 계속 진행되고 있는데 서기 2002년부터 836물리탐사계획 탐사(단장은 劉士毅, 考古隊長은 段淸波임)에서 진시황릉의 槨室(墓室) 주위에 보안과 봉토를 쉽게 쌓기 위한 동서 145m, 남북 120m, 높이 30m의 담장을 두르고 그 위에 전체 三段의 구획에 각 단 3개의 계단을 갖은 모두 9개의 層段(무덤 하변의 폭 500m, 묘실바닥에서 봉토까지 전체높이 115m, 계단 한 층의 높이 3m, 각 계단 폭 2.5m)을 갖고 각 계단의 끝 에는 개와를 덮은 極數인 9층의 樓閣지붕을 가진 목

임이 확인되었다. 그 쌍분 전통은 압록강 유역의 桓仁県 古力墓子村에 보이는 이음식 돌무지무덤과 연결되고 있어 백제 지배세력이 고구려와 관계가 깊다는 것에 또 하나의 증거를 보태준다. 자강도 시중군 로남리, 집안 양민과 하치 등지의 고구려 초기의 무기단식 적석총과 그 다음에 나타나는 집안 통구 우산하(禹山下), 환도산성하 통구(洞溝)와 자강도 자성군 서해리 등지의 기단식 적석총들은 서울 석촌동뿐만 아니라 남한강 및 북한강의 유역에서 많이 발견되고 있다. 남한강 상류에는 평창군 여만리와 응암리, 堤原郡 淸風面 陽坪里와 桃花里 등지에서 발견된 바 있으며, 북한강 상류에서는 화천군 간척리와, 춘성군 천전리, 춘천 중도에서도 보고되었다. 또한 경기도 漣川郡 中面 三串里(경기도 기념물 146호)와 橫山里를 비롯해, 郡南面 牛井里와 白鶴面 鶴谷里(경기도 기념물 212호)에서는 이보다 앞서는 백제의 초기 무기단식 적석총이 발견되었다. 임진강변인 漣川郡 中面 橫山里에서도 무기단식 적석총이 발견되었다는 것은 백제 적석총이 북에서 남하했다는 설을 재삼 확인시켜주는 것이며, 아울러 백제 적석총에 대한 많은 시사를 한다고 볼 수 있다. 그러나 고구려인

조건물의 피라미드 구조가 확인되고 있다. 그 구조 위에는 6–7cm로 다진 版築의 細夯土(封土下 30–40cm에서 발견됨, 묘실 위에는 40–60cm의 두께의 粗夯土로 덮여있음)로 다진 후 봉토로 덮고 그 위에 享堂(王堂)의 祭祀用 목조 건물을 세운 것으로 밝혀지고 있다. 이는 中國社會科學院 考古研究所 楊鴻勛 研究員의 생각이기도 하다. 이와 같은 형태는 기원전 323년의 河北省 平山県 城北 靈山 下에서 서기 1974년–서기 1978년에 발굴된 戰國말기 中山國 5대 중산왕릉에서 그 기원을 찾아볼 수 있다고 한다. 이 중산왕릉이 만들어진 50년 후 진시황릉이 만들어지게 된다. 그렇다면 高句麗 輯安의 將軍塚(廣開土王陵으로 추정, 서기 391년–서기 413년 재위)의 기원도 밝혀질 수 있을 것이다. 묘실 안에는 司馬遷의 『史記』秦始皇 本紀 第 六에서 언급된 바와 같이 인부 70만 명을 동원해 세 개의 모래층을 판 穿三泉을 한 후 槨(묘실)을 만들고 천장에서 天文(보석으로 별자리를 만든 것으로 추측), 바닥은 水銀(100톤 이상으로 추산)으로 中國의 지형에 따라 강과 바다를 만들고 人魚膏(고래기름)로 長明燈의 불을 밝혀 오래 가도록 하였다. 그리고 弓矢를 장착해 문이 열릴 때 자동적으로 발사하도록 장치를 갖추었다 한다. 수은은 지형 상 바다가 면한 동북쪽과 동쪽에서 많이 含有된 중국의 水界分布를 나타내고 있음이 밝혀졌다. 이는 시체와 부장품들의 腐敗를 防止하기 위한 목적도 있다. 현재 황릉에 대한 다각적인 연구가 진행 중이다.

이 남한강을 따라 남하하면서 만든 것으로 추측되는 丹陽郡 永春面 斜只院里 〈傳 溫達(?−서기 590년 26대 嬰陽王 1년)將軍墓(方壇積石遺構, 충북기념물 135호)〉의 적석총이 발굴되었는데 이것은 山淸에 소재한 가야의 마지막 왕인 仇衡王陵(사적 214호)의 기단식 적석구조와 같이 편년이나 계통에 대한 아직 학계의 정확한 고증을 받지 못하고 있다. 그러나 한강유역의 각지에 퍼져 있는 적석총의 분포상황으로 볼 때 고구려에서 나타나는 무기단식, 기단식과 계단식 적석총이 모두 나오고 있다. 이들은 당시 백제는 『三國史記』溫祚王 13년(기원전 6년)의 기록에서 보이는 바와 같이 동으로는 走壤(춘천), 서로 仁川(西窮大海, 彌鄒忽), 남으로는 熊川(안성천), 북으로는 浿河(예성강)까지 세력을 확보하고 있었음을 확인시켜준다. 이와 같이 한강유역에 분포한 백제 초기의 적석총들은 이러한 백제초기의 영역을 알려주는 고고학적 자료의 하나이며, 이는 오히려 고구려와 백제와의 역사적 백락에 대한 문헌과 신화의 기록을 보충해주고 있다 하겠다.

한성시대 백제의 대표적인 묘제는, 적석총, 토광묘, 옹관묘, 석곽묘와 석실분(방이동 고분 사적 270호) 등으로 나눌 수 있다. 적석총은 고구려 이주세력의 분묘로 보이며, 초기 백제의 지배세력이 사용한 것으로 보인다. 또한 무기단식 적석총과 기단식 적석총으로 대별된다. 한강지역의 적석총에서는 무기단식이 보이지 않는데, 이것은 기단식을 축조할 때 남하해 왔거나, 아니면 하천 근처에 있던 무기단식 적석총이 모두 물에 의해서 없어진 것 때문으로 보인다. 석촌동 고분군(石村洞 古墳群, 사적 243호)이 있는 석촌동에는 백제시대의 대형 적석총 7기와 함께 토광묘, 옹관묘 등이 30여 기 이상 확인되었다. 고구려의 영향인 돌무지무덤이 석촌동에 산재한다는 것은 고구려와 문화적으로 한성백제의 건국세력과 밀접한 관계에 있었음을 보여준다. 또 이 고분군에는 3·4호분(서기 198년, 山上王 2년−서기 313년, 美川王 14년 사이 축조로 추정됨)과 같은 대형분 이외에도 소형의 토광묘와 같은 평민이나 일반 관리들의 것도 섞여 있으며, 서로 시기를 달리하면서 중복되게 형성된 것도 있어서 석촌동 일대에는 오랜 기간 동안 다양한 계급의 사람의 묘지가 써진 것으로 보인다. 이는 백제가 기원전 18년 앞서 살고 있던 마한의 기반 위에 건국하고 있기 때문이다. 다시 말해 여기에는 기원전 18년 건국한 백제에 앞서 마한이 존재했으며 백제인은 그들 토착세력과 공존해 살았기 때문에 여러 가지 묘제가 혼재하고 있는 것으로 보인다. 백제 건국 전부터 있어 왔던 토광묘가 후일 석곽묘로 발전해 나간다든지, 석곽묘·석실묘의 기원과 그들의 선후관계를 밝히는 것은 앞으로 풀어야 할 고고학계의 과제이다. 아마도 이들 묘제의 변화는 한성시대 백제의 성장에 따른 토착세력인 마한의 축소와 관련이 있으며, 그 시작은 13대 근초고왕이 서기 369년 천안 龍院里를 중심으로 하는 목지국(目支國)으로 대표되는 마한세력을 토벌하고, 마한의 중심세력이 公州 儀當面 水村里(사적 460호)나 익산 永登洞 쪽으로 옮겨지는 것과 무관하지 않다. 마지막의 마한의 目支國은 나주 반남면 大安里·德山里·新村里(사적 76·77·78호)와 伏岩里(사적 404호) 일대에 위치하게 되며, 그 멸망 연대는 서기 5세기 말이나 6세기 초가 된다. 이는 羅州 錦川面 新加里 唐加 窯址(서기 2001년 동신대 박물관 발굴)와 나주 五良洞 토기 가마(사적 456호)에서 확인된다. 청동기시대의 세장방형─장방형─방형─원형의 수혈움집을 거쳐 나타나는 철기시대 전기─철기시대 후기(삼국시대 전기)의 凸자─呂자─백제시대의 육각형 수혈움집의 변천과정과 아울러 토광묘─주구토광묘─옹관묘의 발달과정, 그리고 최근 公州 灘川面 長善里(사적 433호), 龍仁市 器興邑 舊葛里와 논산 院北里의 土室과의 상호 문화적 관계를 좀 더 구체적으로 살펴보면 鐵器時代 前期(기원전 400년─기원전 1년)와 後期(삼국시대 전기, 서기 1년─서기 300년)에 걸쳐 나타나는 東濊, 沃沮, 弁韓, 辰韓, 馬韓, 挹婁와 肅愼 그리고 이들을 기반으로 하여 형성된 고구려, 백제, 신라와 伽倻 등 기록에 나타나는 구체적이고 역사적인 국가의 형성과 발전도 고고학적으로 입증해 낼 수 있을 것이다. 최근 抱川 半

月城(사적 403호), 漣川 瓠蘆古壘城호로고루성(사적 467호), 堂浦城(사적 468호), 隱垈里城(사적 469호), 하남 二聖山城(사적 422호), 이천 雪峰山城(사적 423호), 雪城山城(경기도 기념물 76호), 연기 雲舟城과 淸原 芙蓉面 芙江里 남성골 산성(서기 340년-서기 370년, 서기 470년-서기 490년의 두 연대측정치가 나옴)의 발굴은 백제 초축(13대 近肖古王 26년)-고구려 증축(서기 475년: 고구려 20대 長壽王 63년)-新羅 보축(서기 553년: 24대 眞興王 14년)-統一新羅-高麗-朝鮮 등 여러 역사적 사건이 얽혀진 맥락을 보여 준다. 이는 고구려의 國內城과 丸都山城에서 영향을 받아 만들어졌던 사적 422호인 河南市 二城山城에서 찾아볼 수 있다. 이 산성은 백제 13대 近肖古王(서기 346년-서기 375년 재위)이 서기 371년 평양전투에서 고구려 16대 故國原王(서기 331년-서기 371년 재위)을 사살하고[24] 고구려의 보복을 막기 위해 쌓은 백제 최초의 百濟 石城인 '漢山'[서기 371년(13대 近肖古王 26년)에 축조해서 서기 391년(16대 辰斯王 7년, 17대 阿莘王 卽位年)에 하남시 春宮里 일대에 比定되는 '漢城'으로 옮겨감]으로 볼 수 있다. 고구려는 2대 瑠璃王 22년(서기 3년)에 집안의 國內城을 축조하고 10대 山上王 2년(서기 198년)에 丸都山城을 쌓았기 때문에 근초고왕이 석성의 축조를 받아들인 것 같다. 현재까지 발굴 조사된 風納土城

24) 『三國史記』百濟本紀 近肖古王條 ...近肖古王 二十六年 高句麗擧兵來 王聞之 伏兵於浿河上, 俟其至急擊之, 高句麗兵敗北 冬 王與太子帥精兵三萬 侵高句麗 攻平壤城 麗王斯由 力戰拒之 中流矢死, 王引軍退. 移都漢山(서기 371년). 近仇首王(一云諱〈須〉)條, 近肖古王之子 先是, 高句麗國岡王斯由親來侵, 近肖古遣太者拒之 至半乞壤將戰 高句麗人斯紀 本百濟人 誤傷國馬蹄, 懼罪奔於彼 至是環來 告太子曰 彼師雖多 皆備數疑兵而已其驍勇唯赤旗 若先破之 其餘不攻自潰 太子從之 進擊 大敗之, 追奔逐北, 至於水谷城之西北. 將軍莫古解諫曰 嘗聞道家之言 知足不辱, 知止不殆 今所得多矣, 何必求多 太子善之止焉 乃積石爲表, 登其上 顧左右曰 今日之後 疇克再至於此乎 其地有巖石罅若馬蹄者 他人至今呼爲太子馬迹 近肖古在位三十年(서기 375년)薨, 卽位. 여기에서 將軍莫古解諫曰하는 "知足不辱, 知止不殆"란 구절은 老子의 名與身(44장)에 나오는 글로 이미 서기 371년에 도교가 백제에 들어와 있음을 입증한다(최몽룡, 1997, 「백제의 향로, 제사유적 및 신화」, 『도시·문명·국가』, 서울: 서울대학교 출판부, pp.117-130).

(사적 11호)[25]과 夢村土城(사적 297호)은 中國에서 영향을 받아 만든 版築 土城이다. 고고학 유적의 발굴결과가 『三國史記』 초기 기록의 신빙성을 높여주고 있다 하겠다.

　비록 백제 적석총의 기원이 고구려 압록강지역에 있다고 하더라도, 한강유역에서 나타나는 것은 고구려의 영향을 받은 백제시대 초기의 것으로 볼 수 있다. 이들은 석촌동 3호분과 같이 백제 건국자들이 남하했던 역사적 사실을 뒷받침 해준다. 그리고 석촌동 4호분의 경우 3단의 基壇式 積石塚으로 위에 石室과 형식상의 羨道가 남아 있는 것으로 보아, 석실묘 이전의 단계로 적석총으로서는 가장 발전된 모습이다. 이것은 서기 475년(21대 蓋鹵王 21년) 백제의 蓋鹵王이 욱리하(郁里河: 지금의 한강)에서 대석을 캐어 석곽을 만들고 아버지를 묻었다는 『三國史記』의 기록과도 부합될 수 있는 것으로, 축조연대는 서기 3-서기 4세기 정도로 여겨진다. 석촌동 3호와 4호의 경우 고구려 10대 山上王 2년(서기 198년)에서 15대 美川王 14년(서기 313년) 사이에 축조된 것으로 추정된다. 忠北 堤原郡 淸風面 桃花里 적석총의 경우, 3단의 기단은 갖추어져 있으나 석촌동 4호분에서와 같이 羨道와 石室은 만들어지지 않았다. 桃花里의 축조연대는 출토유물 중 樂浪陶器, 철제무기, 경질 무문토기 편들로 보아 기원전 2세기-기원전 1세기로 추측된다. 적석총들은 특히 남·북한강 유역에 주로 분포되어 있다. 시기도 백제가 公州로 천도하기 이전의 기간인 기

---

25) 서기 2011년 6월 20일(월) 문화재연구소가 실시하는 풍납토성 8차 발굴(풍납동 197번지)에서 발견된 施釉陶器는 중국의 六朝중 孫吳(서기 222년-서기 280년)로부터 수입되었을 가능성이 많다. 馬韓의 土室과 竪穴石槨墓가 발굴된 공주 의당면 수촌리(사적 460호)유적은 현재 이곳에서 나온 5점의 중국도자기로 서기 4세기 후반-서기 5세기 중반으로 편년되고 있는 마한 54국 중의 하나로 여겨진다. 그러나 최근 같은 도자가가 나오는 南京 江寧 上坊 孫吳墓(전축분)가 서기 264년-서기 280년으로 편년되고 있어 연대의 상향조정도 필요하리라 생각된다(南京市 博物館, 2006, 『南京 上坊 孫吳墓』, 南京: 南京市 博物館 및 2008, 「南京 江寧 上坊 孫吳墓 發掘簡報」, 北京: 『文物』, 2008년 12호, pp.4-34).

원전 18년-서기 475년의 약 500년 동안으로, 漢城時代 百濟라는 지리적인 위치와도 관련을 맺고 있다. 이 유적들은 백제 초기 한성시대의 연구에 중요한 실마리를 제공해주고 있다. 또한 『三國史記』의 초기 기록을 신뢰하지 않더라도 이미 이 시기에는 북부지역에서 고구려가 고대국가를 형성하면서, 자강도에 적석총을 축조되게 된다. 그 연대는 기원전 3세기 까지도 올라간다고 한다. 이러한 고구려 계통의 적석총이 남하하면서 임진강, 남한강, 북한강유역에 적석총이 축조된다. 그 대표적인 예로 경기도 연천 군남면 우정리, 중면 삼곶리와 횡산리, 백학면 학곡리, 제천 청풍면 도화리의 기원전 2세기-기원전 1세기경의 적석총들을 들 수 있다. 적석총 발굴·조사의 고고학적 성과를 통해 역사적 맥락에서 본 초기 백제의 성격은 고구려의 문화를 계승한 이주민의 문화로 파악된다. 이들은 마한의 영역 내에서 왕국으로 점차 성장하는 과정에서 적석총을 축조하였으며 공주(熊津) 천도 이전까지 漢城時代 百濟(기원전 18년-서기 475년)왕실의 대표 묘제로 자리매김하였다. 다시 한 번 강조하고 싶은 점은 백제 적석총 가운데 無基壇式 積石塚은 『三國史記』에 기록된 백제 초기기역사의 신빙성을 높여주는 가장 유력한 단서이다. 그러나 이는 철기시대 전기(기원전 400년-기원전 1년)말의 衛滿朝鮮(기원전 194년-기원전 108년)부터 기원 전후까지의 백제 주변의 국제정세를 이해해야 풀릴 수 있다고 생각한다.[26]

---

26) 선사시대(prehistory)는 문자로 역사적 사실들을 기록하기 시작한 이전의 시대로 문자를 사용하고 있는 역사시대(history)라는 용어와 대칭되는 개념이다. 그리고 선사시대와 역사시대 사이의 과도기 시대를 원사시대(protohistory)라고 설정한다. 이러한 개념의 용어가 최초로 사용되어 학계에 공인 받게 된 것은 영국의 지질학자 찰스 라이엘(Lyell, Sir Charles)이 1968년 지질학개론(Principles of Geology, 1868년 10판)에서 에브버리 경(Avbury 경, Sir Lord Lubbock)의 《Prehistoric Times》(1865-1913년 7판)의 'Palaeolithic과 Neolithic'란 용어를 채택하는데서 부터 비롯되었다. 그러나 실제 이보다 앞선 1851년 스콧틀랜드-캐나다 계인 윌슨(Daniel Wilson, The Archaeology and Prehistoric Annals of Scotland)이 'Prehistory'를, 프랑스에서는 1831년 투흐날(Paul Tournal)이 처음으로 'Préhistorique'란 단어를 사용했었다. 그리고 선사시대에서 역사시대로 넘어가는 과도기시대인 원사시대(protohistory)도 중요하게 다루어지며, 또 역사시대에 있어서도 일반 문헌

다시 말해 적석총이 사용되던 시기는 기원전 2세기–기원전 1세기경으로 韓國 考古學編年上 鐵器時代 前期 末이며 이를 통해 百濟의 建國이 형성되어 三國 時代로 進入하게 된다. 衛滿朝鮮 때부터 한국고고학에 있어서 先史時代를 벗 어나 世俗王權政治(secularism)를 바탕으로 한 진정한 歷史時代가 시작되며

을 다루는 역사학자들이 다룰 수 없는 물질문화의 분야도 중요한 연구대상이 된다. 원사시대는 기록이나 고 문서가 나오기 이전으로 거슬러 올라가는 인류역사의 일부를 지칭하기 위해 만들어진 것인데 프랑스의 투 흐날의 '선사시대' 개념에서 비롯되었다. 원사시대란 한 문화집단이 자체의 문자를 가지고 있지 못할 때 주 변의 선진 문화집단이 외부의 입장에서 역사기록을 남겨놓는 과도기적인 경우이다. 예를 들어 문자가 없는 집단인 삼한(三韓)에 대해 중국 측에서 『삼국지(三國志)』 위서 동이전을 기술한 것이 이 경우에 해당한다.

선사시대의 종말과 역사시대의 발생은 도시·문명·국가의 발생(도시혁명, Urban revolution)과 아울러 문자 의 출현을 기준으로 할 때, 가장 이른 지역은 중동지역으로서 세계 최초의 수메르 문명이 나타나는 기원전 3000년경이다. 중국은 기원전 1750년대인 상(商), 영국은 로마(시저의 기원전 56년, 클라우디우스의 서기 43년 등)가 침입하는 서력기원 전후시기, 신대륙은 유럽인들이 들어온 서기 14세기 이후(아즈텍은 에르난 코르테즈/Hernan Cortez의 서기 1325년–서기 1521년 8월 13일, 잉카는 프란시스코 피자로/Francisco Piz- zaro가 서기 1438년–서기 1532년 11월 16일에 침입)가 역사시대로 된다.

한반도의 경우, 이런 선사시대의 개념을 적용시킨다면 구석기시대·신석기시대·청동기시대(기원전 2000/1500년–기원전 400년)가 선사시대에 속하며 그 다음에 오는 철기시대 전기(기원전 400년–기원전 1 년)는 선사시대–역사시대에, 철기시대 후기(서기 1년–서기 300년, 삼국시대 전기, 삼한시대)는 원사시대– 역사시대에 해당한다고 할 수 있다. 그러나 철기시대 전기에 우리나라 최초의 고대국가인 위만조선(衛滿朝 鮮, 기원전 194년–기원전 108년)이 들어서서, 실제 역사시대의 시작은 철기시대 전기 말인 기원전 194년부 터라고 할 수 있다.

고고학에 있어서 선사시대를 다루는 연구 분야를 선사학 또는 선사고고학이라 하며 이는 선사고고학자가 담당하고 있다. 이와 대비해 문자기록이 나타난 이후의 시기를 다루는 분야를 역사고고학자라 칭한다. 그러 나 역사시대에 들어와서도 문자로만 사회·문화 변동을 해석할 수 없을 때 당시의 유물을 가지고 연구하는 고고학자들의 도움을 받기도 한다. 선사시대에 대한 연구는 문자가 없으므로 거의 전적으로 지상 또는 물밑 에 남겨진 유적과 유물을 중심으로 진행할 수밖에 없다. 연구방법으로는 유적·유물의 형태적 분석, 분포관 계를 밝히는 지리적 분석, 선사시대와 비슷한 상황에서 도구를 제작해보는 실험적 분석, 현존 미개·원시집 단의 생활 자료로부터 선사시대의 생활을 추정하는 민족지적(民族誌的)인 유추방법 등이 있다. 또한 선사 시대 인간들은 자연환경에 적응해 살아나가기 때문에 당시의 의·식·주가 중심이 되는 문화를 복원하는데 있어 당시의 환경을 다루는 생태학적 연구도 자연히 중요한 자리를 차지하고 있다. 이에는 지질학·고생물 학·물리학과 생화학 등의 자연과학적 뒷받침이 절대적으로 필요하다.

한반도의 선사시대는 각 시대별로 시기가 세분되어 있다. 구석기시대는 전기·중기·후기로, 신석기시대는

백제의 건국은 고구려, 신라와 더불어 三國時代의 開始를 열고 있다. 積石塚
이 갖는 考古學과 古代史的인 意味와 重要性이 바로 여기에 있다.

조기·전기·중기·후기로, 그리고 청동기시대(기원전 2000/1500년–기원전 400년)는 조기·전기·중기·후기
로, 철기시대는 전기(기원전 400년–기원전 1년, 초기 철기시대)와 후기(서기 1년–서기 300년, 삼국시대 전
기)로 각각 구분되고 있다. 현재까지의 전기구석기 유적의 연대는 단양 금굴이 70만년, 충북 청원(강외면)
만수리가 55만 년 전, 경기 연천 전곡리가 35–30만 년 전, 후기 구석기시대 유적인 경기 남양주 호평동이 3
만년–16000년 전(1문화층은 30000년–27000년 전, 2문화층은 24000년–16000년 전)으로 나오고 있다. 그
리고 신석기시대는 1. 기원전 8000년–기원전 6000년: 원시무문/민무늬토기(原始無文土器: 高山里), 2. 기
원전 6000년–기원전 5000년: 돋을무늬토기 (隆起文土器: 牛峰里), 3. 기원전 5000년–기원전 4000년: 누
름무늬토기(押印文土器: 蘊山里), 4. 기원전 4000년–기원전 3000년: 빗살무늬토기(櫛目文土器: 東三洞),
5. 기원전 3000년–기원전 2000년: 부분빗살무늬(部分櫛目文土器: 鳳溪里), 6. 기원전 2000년–기원전
1500년: 부분빗살문토기와 청동기시대의 돌대문토기(突帶文土器: 春城 內坪里)가 공존하는 과도기인 청동
기시대 조기(기원전 2000년–기원전 1500년)로 편년한다.

| 참고문헌 |

겨레문화유산연구원

2009 『경춘선 복선전철 제4공구 대성리 유적 발굴조사 2차 지도위원회자료』.

과학, 백과사전 출판사

1977 『조선고고학개요』.

과학원출판사

1957 『궁산 원시유적 발굴보고』, 유적발굴보고 제2집.

1959 『태성리 고분군 발굴보고』, 유적발굴보고 제5집.

1961 『지탑리 원시유적 발굴보고』, 유적발굴보고 제8집.

경남문화재연구원

2011 부산 기장군 월드컵빌리지 및 에코파크 조성사업구간 내 문화유적 발굴조사 자문위원회자료(3차).

국립전주박물관

2009 『마한-숨쉬는 기록』, 서울: 통천문화사.

국립중앙박물관

2001 『낙랑』, 서울: 삼화인쇄주식회사.

기전문화재연구원

2004 『연천 학곡리 적석총-연천 학곡제 개수공사지역내 발굴조사보고서-』, 학술조사보고 제38책.

2004 『경춘선 복선전철 사업구간(제4공구)내 대성리 유적 발굴조사』.

김용간·리순진

1966 「1965년도 신암리 유적발굴보고」, 『고고민속』 1966년 3월, p.24.

리창언

1991 「최근에 조사 발굴된 압록강유역의 돌각담 무덤들에서 주목되는 몇 가

지 문제」, 『조선고고연구』 3호, pp.41-44.

1993 「압록강유역에서 고구려 돌칸흙무덤의 발생과 연대」, 『조선고고연구』
2호, pp.13-16.

문화재관리국 문화재연구소

1994 『연천 삼곶리 백제적석총』.

박진욱

1964 「3국 시기의 창에 대한 약간의 고찰」, 『고고민속』 1964년 1호, pp.20-
28.

1964 「삼국시기의 활과 화살」, 『고고민속』 1964년 3호, pp.3-18.

1967 「우리나라 활촉의 형태와 그 변천」, 『고고민속』 1967년 1호, pp.29-32.

배기동

1983 『제원 양평리 A지구 유적발굴 약보』, 충북대학교 박물관, 1983, 『충주
댐 수몰지구 문화유적 발굴조사보고서』, pp.299-314.

서울대학교 박물관·고고학과

1975 『석촌동 적석총 발굴조사보고』, 서울대학교 고고인류학총간 제6책.

유태용

2007 「양평 신원리 백제 적석총의 연구」, 최몽룡 편저, 『경기도의 고고학,
주류성』, pp.163-193.

육군사관학교 화랑대연구소·수자원개발공사

2004 『군남 홍수 조절지 사업구역 수몰예정지구 문화재 지표조사보고서』.

이동희

1998 「남한지역의 고구려계 적석총에 대한 재고」, 『한국상고사학보』 28집,
pp.95-146.

2008 「최근 연구성과로 본 한강·임진강유역 적석총의 성격」, 『한국사학보』
32호, 고려사학회, pp.9-60.

이주업

2010 「석촌동 4호분 출토 기와의 용도와 제작시기」, 『21세기의 한국고고학』
Ⅲ(최몽룡 편저), 서울: 주류성, pp.229-274.

이현혜·정인성 외

2008 『일본에 있는 낙랑유물』, 서울: 학연문화사.

전주농

1958 「고구려 시기의 무기와 무장(Ⅰ)-고분 벽화 자료를 주로 하여-」, 조
선민주주의 인민공화국 과학원 출판사, 『둔화유산』 5, pp.25-45.

정찬영

1961 「고구려 적석총에 관하여」, 『문화유산』 5호, pp.25-45.

1962 『자성군 조아리, 서해리, 법동리, 송암리, 고구려 고분발굴보고』, 각지
유적정리보고, 사회과학출판사, pp.102-135.

1973 「기원 4세기까지의 고구려묘제에 관한 연구」, 『고고긴속 논문집』 5,
pp.1-62.

1983 『압록강, 독로강 류역 고구려유적발굴보고』, 유적발굴보고 13집, 평
양: 평양종합인쇄공장.

조선유적유물도감편찬위원회

1996 『朝鮮遺蹟遺物圖鑑』 20, 평양: 외국문종합출판사.

주영헌

1962 「고구려적석무덤에 관한 연구」, 『문화유산』 2호, pp.61-80.

최몽룡

1991 「마한목지국의 제 문제」, 『백제사의 이해』(최몽룡·심정보 편저), 서울:
학연문화사, pp.7-45.

1993 「호남지방 고대문화의 성격」, 『호남의 자연환경과 문화적 성격』, 한국
문화원연합회 전라남도지부, pp.23-32.

1994 「전남지방의 마한의 연구」,『마한·백제문화와 미륵사상』(논총간행위원회 편), 문산 김삼룡 박사 고희 기념논총, 익산: 원광대학교 출판국, pp.71-98.

2000 「전남지방 마한·목지국 연구의 문제점」,『흙과 인류』, 서울: 주류성, pp.117-129.

2003 「한성시대의 백제와 마한」,『문화재』36호, pp.5-38.

2004 「고고학으로 본 마한」,『마한·백제문화』16집, 원광대학교 마한·백제문화연구소, pp.23-34.

2004 「한국문화의 계통」,『동북아 청동기문화연구』, 서울: 주류성, pp.11-46.

2005 『한성시대의 백제와 마한』, 서울: 주류성.

2006 『최근의 고고학 자료로 본 한국고고학·고대사의 신 연구』, 서울: 주류성.

2007 『인류문명발달사』(2009년 3판 개정판), 서울: 주류성.

2008 『한국청동기·철기시대와 고대사회의 복원』, 서울: 주류성.

2009 「남한강 중원문화와 고구려」, 최몽룡 편저,『21세기의 한국고고학』Ⅱ, 서울: 주류성, pp.13-40.

2009 「중국 허무두(浙江省 余姚縣 河姆渡)신석기 유적」,『Unearth(계간 한국의 고고학)』가을호, pp.14-15.

2009 「馬韓硏究의 새로운 方向과 課題」,『전주박물관 마한전시회 도록』, pp.4-19.

2010 「호남의 고고학」,『21세기의 한국고고학』Ⅲ, 서울: 주류성, pp.19-87.

2010 「한국 문화기원의 다양성-구석기시대에서 철기시대가지 동아시아의 제 문화·문명으로부터의 전파-」,『동아시아 문명 기원과 교류』, 단국대학교 동양학연구소, pp.1-45.

2011 「부여 송국리 유적의 새로운 편년」,『21세기의 한국 고고학』Ⅳ, 서울:

주류성, pp.211-226.

2011 「고등학교 국사교과서 교사용 지도서 -Ⅱ. 선사시대의 문화와 국가의
    형성(고등학교)」, 『21세기의 한국고고학』 Ⅳ, 주류성, pp.27-130.

2011 「한국에서 토기의 자연과학적 분석과 전망」, 국립나주문화재연구소의
    학술대회 제1주제 "자연과학에서의 대형옹관과 제작기법", pp.9-25.

2011 『창원 성산 패총 발굴의 회고, 전망과 자평가』, 창원: 창원문화원,
    pp.1-16.

2011 「二聖山城과 百濟」, 이성산성에 관한 학술대회, 하남시 문화원 제3회
    학술대회(10월 7일, 금), pp.11-37.

2011 『韓國考古學研究의 諸 問題』, 서울: 주류성.

최몽룡·이희준·박양진

1983 『제원 도화리지구 유적발굴 약보고』, 충북대학교 박물관, 1983, 『충주
    댐 수몰지구 문화유적 발굴조사보고서』, pp.315-328.

최몽룡·권오영

1985 「고고학적 자료를 통해본 백제초기의 영역고찰-도성 및 영역문제를
    중심으로 본 한성시대 백제의 성장과정-」, 『천관우선생 환력기념 한
    국사학 논총』, pp.83-120.

한국토지공사 토지박물관·서울지방국토관리청

2001 『연천 군남제 개수공사지역 문화재시굴조사 및 삼거리고분 발굴조사
    약보고서』.

한양대학교문화재연구소·농업기반공사

2004 『연천 횡산지구 경지정리사업 구역 내 문화재 현황조사 보고서』.

한양대학교박물관·단양군

2002 『단양 사지원리 태장이묘 제2차 발굴조사보고서』.

황기덕·박진욱·정찬영

1971 「기원전 5세기-기원 3세기 서북조선의 문화」, 『고고민속논문집』 3, 사회과학출판사.

황용훈

1974 「양평군 문호리지구 유적발굴보고」, 『팔당·소양댐 수몰지구 유적발굴 종합조사보고서』, 문화공보부 문화재관리국, pp.327-378.

徐光輝

1993 「高句麗積石墓研究」, 『吉林大學考古專業成立二十年考古論文集』(吉林大學考古學係編), 北京: 知識出版社, pp.349-360.

陣大爲

1960 「桓仁縣考古調査發掘簡報」, 『考古』 1期, pp.5-10.

1981 『試論桓仁高句麗積石墓類型·年代及其演變』, 遼寧省考古博物館學會成立大會會刊.

曹正榕·朱涵康

1962 「吉林楫安榆林河流域高句麗古墓調査」, 『考古』 11期, pp.572-574.

楫安縣文物保管所

1979 「楫安兩座高句麗積石墓的淸理」, 『考古』 1期, pp.27-32.

福岡市立歷 史資料館

1986 『早良王墓とその時代』, 福岡: ダイヤモンド印刷株式會社.

Joussame, R.

1998 *Dolmens for Dead : Megalith-building through the World*. translated by A. Chippindale and C. Chippindale. Ithaca: Cornwell University Press.

Peacock, J. E.

1962 Pasema Megalithic Historical, Functional and Conceptual Interrelationship. *Bulletin of the Institute of Ethnology* No. 19.

Prudence Rice

1987 *Pottery Analysis-A source book-*, Chicago & London: University
of Chicago.

Thirty Years of Research but a Handful of Meaningful Data
: Palaeolithic Research History of the Imjin-Hantan River Area, Korea

Yongwook Yoo*

〈국문 요약〉

1978년 전곡리 유적이 발견된 이후 약 30여년에 걸쳐서 임진-한탄강 유역의 구석기 연구는 다양한 방식의 데이터 축적과 논의를 거치면서 진행되어 왔다. 하지만 30여년이라는 연구사에 비해 그 성과는 아직까지 미약한 바, 여기에는 그동안 한국 구석기 연구의 시행착오 및 상호 간 의사소통에 있어서의 혼동이 작용한 바가 없지 않다. 본고는 이러한 점을 감안해서 이 지역의 지질적 특성을 개관하고 이 지역 구석기 유적의 연대와 관련된 다양한 논지들을 시대순으로 재평가하였다. 그리고 2002년부터 일인학자들을 중심으로 진행된 소

---

* 충남대학교 고고학과 교수

위 '전곡리 유적 중기 홍적세설'에 대한 비판적인 검토를 제시해 보았다. 아직까지 이 지역의 독특한 지질사 및 방법론적 미성숙으로 인해 뚜렷한 연대를 제시할 수 없다는 한계가 있지만, 최근 들어서 등장한 새로운 기법의 연대 측정 및 용암 연대의 방사성 탄소 연대 측정치를 기반으로 한 종합적인 해석이 앞으로 기대된다.

I. Introduction

Contemplating the extent to which fieldwork can retrieve raw data, it is far from reality that the amount of archaeological/geological knowledge formulated by fragmentary ideas has been proportional to the effort and duration of the Imjin Hantan River Area (IHRA) research. From the first discovery of palaeolithic evidence in 1978 (the Chongokni site), considerable effort has been exerted to explain the development of the geomorphological features of the IHRA and numerous chronometric dates have been published. In truth, however, the current status of the knowledge on the chronostratigraphy and on the overall geological processes leaves much to be desired compared to the amount of available data. What is still in progress is that contentious issues are still liable to emerge in the course of vigorous discussions, and that methodological limitations are always imposed upon individual research designs.

In this sense, it is of importance to array some major issues and critical data; and to trace the development of debates among researchers along the

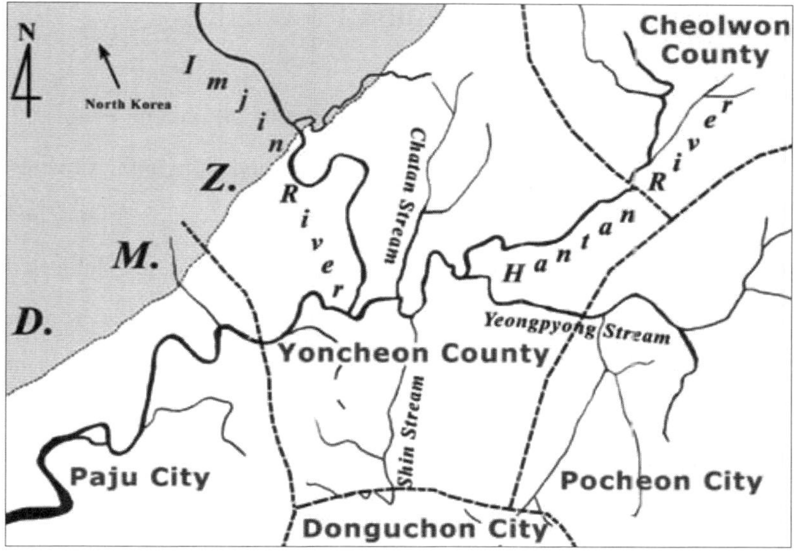

Fig. 1. Distribution of Imjin and Hantan River at the IHRA

archaeological paradigm changes in Korea. This article outlines the geographical and geological background of the IHRA and reviews the research history on the age and formation processes of the archaeological record. The first part of this article will be devoted to understanding the geological processes and the formation of the stratigraphic sequence; the location and landscape of the IHRA will be introduced and the general features of the geological activities will be presented. The later part will overview the results of previous geological and archaeological research during the last three decades and evaluates various issues concerning the formation of the IHRA assemblages with special emphasis on the age determination problem of the artifact horizons.

II. Landscape and terrain of the IHRA

The IHRA is located in the west-central part of the Korean Peninsula, from approximately 37° 35' to 38° 15'latitude, and from approximately 126° 30' to 127° 20'longitude. It is situated in the Gyeongggi Craton Zone which is composed of erosion-dominant facies. This zone was subjected to a process of gradual lowering of the landmass during the Pleistocene. The IHRA straddles the De-Militarized Zone (DMZ) between North and South Korea, and lies largely in the district of Kyunggi Province, with some part of Kangwon Province to the east. The major cities and counties in this area include Dongducheon City, Paju City, Yeoncheon County, Pocheon County, and Cheolwon County.

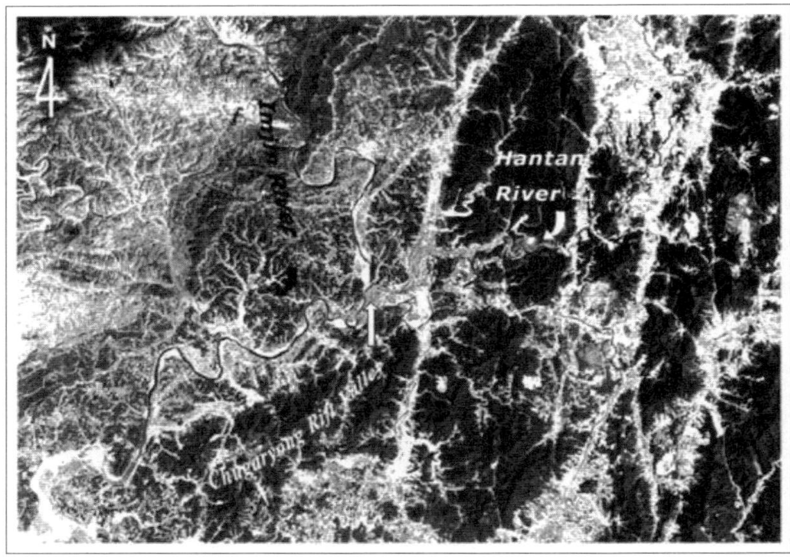

Fig. 2. Aerial Photography of the IHRA (from Google Earth)

The Imjin River, the largest fluvial channel of this area, runs through the IHRA from the southernmost part of North Korea. The Hantan River, one of the largest tributaries of the Imjin River, originates in the northeastern part of the IHRA near Cheolwon County and merges with the Imjin River near its center (Fig. 1). These two river channels form the main fluvial drainage system within the area, and are the principal agents responsible for the current landscape of the IHRA. In addition to these two major channels, several trough streams originating from surrounding hills drain into this main channel. For example, there are the Yeongpyong Stream flowing through the southeastern part at Pocheon City, the Chatan Stream from the northern part of Yeoncheon County, and the Shin Stream following through the southwestern part at Paju City.

Bartz (1972: 22- 4) has divided the Korean Peninsula into 14 physiographic regions based on the landscape and principal geomorphological features. She observed an exceptionally depressed geomorphological feature in the midwestern part of the Korean Peninsula and includes the IHRA in the "Imjin River Basin" region because its general terrain is erosional, and formed between the faulted scarp and the tilted land block. This basin is located in the southwestern part of the Chugaryong Rift Valley which crosses the Korean Peninsula from the northwest of Seoul to Wonsan City on the eastern coast (Fig. 2).

The Chugaryong Rift Valley (the CRV hereafter) is a narrow corridor resulting from tectonic movement. It trends ca 15° northeast (Wee 1996: 171), and measures 5- 6km in width (Kim, K. H. and Song 1995). Since Koto's (1903) preliminary fieldwork in the early 20th century, no comprehensive research on the CRV has been undertaken because of its unique position traversing the border between North and South Korea. However, some observations (e.g. Lee D. S. et al. 1983; Lee K. H. et al. 1987; Wee 1996) suggest the CRV is the result of geotectonic rupturing on the Kyunggi Massif during the post-Jurassic Daebo Orogeny.

Ⅲ. Stratigraphic formation sequence at the Chugaryong Rift Valley

The lower stratigraphic unit of the CRV is composed of Precambrian banded gneiss, partly intruded by gabbros around 1000 Mya (Kim K. H. and H. J. Lee 1994). Above this Precambrian bedrock is a series of gravel and sand layers (Fig. 3), which comprises the Baekeuri Formation. The Baekeuri Formation consists primarily of quartzite, gneiss and granite, all of which originated from the Precambrian bedrock below (Bae 1988). Based on the particle size and the origin of its composition, the Baekeuri Formation is believed to have been formed by erosion of strongly flowing streams, especially in the midstream area of the Hantan River.

The large valley of the CRV was filled with several lava flows that are dated from Late Cretaceous to the later part of Middle Pleistocene (Lee D. S. et al. 1983). These created a thick formation of basalt (the Chongok Basalt, Fig. 3). The Chongok Basalt is usually found overlying the Baekeuri Formation and its thickness is about 10 to 20m. It has a well-developed

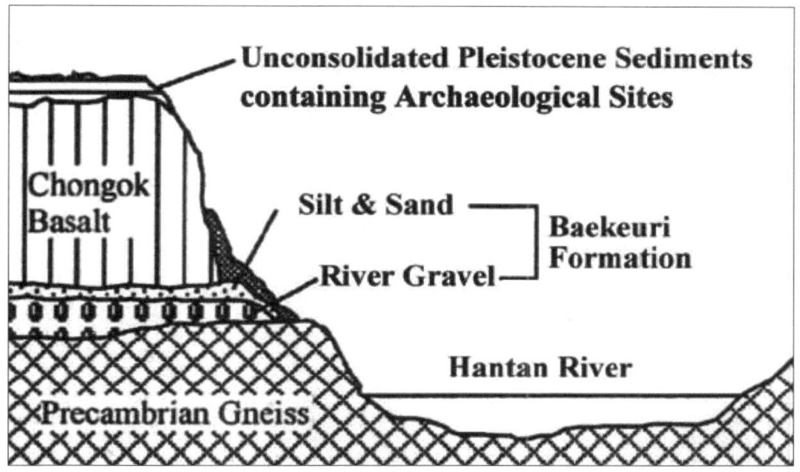

Fig. 3. Cross–section of the CRV near Baekeuri location (from Bae 1988)

structure of columnar joint indicating rapid cooling and evaporation. The horizontal "clinkers" which show a porous structure and a weathered part (Bae 1988) with thin filling of clastic sediments can be used as a demarcating joint for discriminating individual lava flows from each other. The number of lava flows is estimated to be more than three and, possibly, up to as many as eleven (Lee D. S. et al. 1983).

Several volcanic outlets are distributed along the fault line of the CRV. The Ap Mountain, located ca 3km south from Pyonggang County, and another volcanic mountain near the Gumbullang Station of northern Kangwon Province are two candidates for the direct origin of the Chongok Basalt (Lee, D. S. et al. 1983: 30) based on the similarity of alkaline olivine components within the basalt rock formation. It is believed that the configuration of a lava flow is almost identical to that of a hydraulic flow because the lava flows follow the narrow trough gutters distributed in the CRV, in the same way as stream water follows the fluvial channels.

However, even though lava flows covered much of the CRV, their maximum stretch did not reach within the downstream or the far-upstream area of the Imjin River, the two opposite extremities of the total channel system. In these marginal areas, stepwise river terraces formed by uninterrupted fluvial actions survived and the slope-wash deposits from surrounding hillsides were accumulated (Yi 1996). For example, the "Jangsanri Terrace," (Yi 2004a) which is located in the downstream part of the Imjin River, was formed before the volcanic eruption and the outcrops do not contain any signature of direct volcanic activity (Yi 1996, 2004b; Yi, Y. I. Lee, and B. C. Kim et al. 2004).

After the volcanic eruption, the lava flow was abruptly cooled by land drainage water and this produced an uneven lava floor along the original river channel trajectories. When the cooling process was terminated, the basalt bedrock became a "lava dam." The deposits formed behind this dam area are mainly composed of very fine, water-logged clay sediments with the characteristics of lacustrine layers (Lee, M. B. et al. 2001; Yi 1989). This clay sediment made by the "palaeolake" is observed in the small trough channels such as the Chatan (Lee M. B. et al. 2001) and the Yeongpyong Stream (Yi 1989) where discharging energy of suspended water flow is nearly zero.

In contrast, the large main channel of the Imjin and Hantan River has survived in the form of a divergent multi-channel system with reduced discharge capacity that accelerated its flow velocity. As individual channels were enlarged by the cutting of the stream bed, small divergent flows continually converged and the multi-channel system gradually developed into a large stabilized channel, thereby finally recovering the energy level of the original flow before the sequence of the volcanic eruptions.

Most of the archaeological horizons are distributed within the silty clay layers above the lava flow and these post-volcanic deposits were accumulated by the fluvial action of the rejuvenated Imjin and Hantan River. When the river flow was fully recovered, this cut down through the river bed and finally exposed a vertically fluted basalt cliff. During down-cutting of the river bed, the silt-clay deposits were continually accumulated at the channel margins and formed a thick layer of floodplain sediments near the current river channel. Since the volcanic eruptions had entirely terminated, this floodplain area became an ideal place for hominid occupation.

The majority of the archaeological horizons is distributed within the upper part of floodplain sediments, the reddish brown silty clay layer, which forms generally a 4-7m thick stratum on top of the basalt bedrock. The age of the archaeological horizon is usually established by estimating the initial date of the reddish brown silty clay layer; and this age estimation is determined by the calculation of the elapsed time since the terminal lava flow constituted the top of the basalt bedrock, which is roughly synchronous with the duration of channel rejuvenation.

In sum, the chronological framework of the IHRA is largely based on the timeline of the fluvial actions in the CRV. Therefore, as a first step, it is important to ensure that dating of the archaeological assemblages be based upon good geological chronometric data as well as an adequate general reconstruction of the CRV terrain. Due to the lack of direct referent dates, however, the reliability of the dating of the IHRA assemblage is still controversial and any explanation on its formation processes can be regarded as only tentative. It would not be inaccurate to assert that the age determination of the IHRA archaeological horizon is very much contingent upon the proxy data, and that a valid approximate date is extremely hard to establish.

Since the discovery of the Chongokni site, the IHRA has been central in a vigorous debate among local archaeologists as well as with foreign researchers. Sometimes these debates have been emotional; often methodological pitfalls have marred the understanding of the "archaeological facts." Therefore, before discussing the chronology of the IHRA assemblages, it might be useful to briefly review the research history and the development of the relevant discussions.

IV. Research history of the IHRA: issues and debates

The research history of the IHRA can be divided into three periods: the Formative, the Competitive, and the Integrative Periods, based on the major issues, research trends, and technical methods. The initial time set of this research history can be designated as the first excavation of the Chongokni site in 1979.

1. The First Phase: Incipient Research (1979-1989)

The discovery of the Chongokni site boosted public attention and produced a strategy-based archaeological research style among Korean archaeologists. Before Chongokni, the study of the Palaeolithic period in Korea was directed toward the reconstruction of Palaeolithic "culture." The notion of culture used at this time, however, had no archaeological significance. Indeed, the term was originally used merely to associate the archaeological evidence with assumed human activities. Such terms as "Palaeolithic culture" and "cultural originality" gained great currency among researchers without any serious concern for significance in understanding cultures. It was this academic milieu that set Korean archaeology toward simple identification and classification of "impressive" artifacts. Local archaeologists tended to interpret archaeological data in a hyper-romantic style which is often exacerbated "by the idiosyncratic understanding and personalities of individual archaeologists" (Trigger 1995: 266). It is, therefore, not an exaggeration to state that scientific forms of analytical methodology and interdisciplinary research did not emerge in Korean Palaeolithic archaeology until the research at the Chongokni site was initiated in 1979.

Beginning with the discovery of handaxes at the Chongokni site (Bowen 1978), the research of the IHRA made a first step. The Chongokni site was first excavated in 1979 and five additional excavation sessions followed afterward until 1982 (Bae 2002). At the time of first discovery, the Acheulian-like handaxe was a huge issue and somewhat exaggerated as conclusive counter-evidence against the Movius' hypothesis (1944); this led to an unfounded age estimation of 0.3 Mya simply based on its similarity to that of the classic Acheulian industry (Kim, W. Y. and Chung 1979). J. D. Clark (1982), however, remarked that it was "similar to Sangoan of Africa, but less sophisticated" while his short visit at the site.

The first report of six excavation sessions (Kim and Bae 1983) was published in 1983. It includes important background research tasks such as a geological analysis of the site area (Park 1983), pollen analysis (Chang 1983), regional survey and identification of other adjacent sites. The estimated age (younger than 0.27 Mya, Kojima 1983: 587) of Chongokni is based on the K-Ar date of the basalt bedrock (0.108±0.158 Mya, ibid: 587). In addition to this, Yi and Clark (1983) published a seminal work criticizing Movius' opinion of the East Asian Lower Palaeolithic and its implication for hominid "cultural retardation" (Movius 1949: 411).

However, Yi (1986, 1989) later gave up the idea that the Chongokni and other IHRA archaeological assemblages are typical Lower Palaeolithic types. Yi's macro-scaled regional study, based on the strict "actualistic" approach and schematic framework of Asian Pleistocene chronostratigraphy, reconstructed the process of geomorphological development and systematically demonstrated the overall sedimentary environment of IHRA deposits. He hypothesized (1989: 143- 58) that, after a lava dam blocked the entire drainage system, a thick deposit of lacustrine layer accumulated until the suspended river channel was finally breached and the river flow resumed. He also postulated that the time between the suspension and rejuvenation of channel flow was quite long, and that the earliest date of the fluvial deposit can be estimated from the date of the lacustrine layers. A

TL date of 45.4±5 Kya (Yi 1989: 148) was acquired from the thick stratum of grayish lake deposit located near the Yeongpyeong Stream, suggesting that the Chongokni assemblage was formed during the cold phase of Upper Pleistocene (OIS 4). If valid, Yi's hypothesis on the geological processes of the IHRA and his age of fluvial deposit signify that hominid occupation did not occur until the Upper Pleistocene. His argument has generated a debate over the correlation of the technological level of the lithic assemblage with its actual age.

Around this time, Bae (1988) presented another perspective on the formation process of the Chongokni assemblage. Unlike Yi's approach, he took a localized rather than a regionalized perspective and focused on the site area of the Chongokni site relying on the empirical data emerging out of his full-scale excavation work starting in 1979. Bae's (1988) assumption is that there was no serious time-gap between suspension and rejuvenation of the Hantan River, and that the lacustrine sediments around the lava dam were not universally distributed in the main channel stream area. Therefore, he did not accept Yi's hypothesis on the development of a full-scaled lava dam. He added that the fluvial deposit, the reddish brown silty clay layer which contains the archaeological horizons, began its accumulation not long after the volcanic eruption. The approximate date of the archaeological horizon can be established by the direct age of the basalt bedrock, and by the correlation of different-colored sediments and wedge-shaped cracks with the Pleistocene climatic fluctuations. The reddish brown layer was formed during the warm, humid period of the Middle Pleistocene, almost the same date as the earlier warm episode of the Biwa lake core data in central Japan (Bae 1988: 146). In these terms, then, the age estimate of archaeological horizon is about 0.21- 0.30 Mya (Bae 1988: 147) based on the new K-Ar dates of 0.6231±0.18 Mya of basalt, dated by the Berkeley Geochronology Center (Bae 1988: 459).

As a result of their research, there came a full debate on the formation process of the Chongokni site and the IHRA with special concern focused on the age of the archaeological horizons. In a sense, the debate between Yi and Bae was, in the history of Korean Palaeolithic research, a first close-encounter of two positions, both based on the scientific approach combined with their own research styles. Parallel to this, the temporal/cultural significance of the IHRA handaxe came to face a dilemma: was it an extension of the Acheulian or was it an independent and spontaneous emergence in East Asia? It should not be a surprise to note that due to the unreliability of the chronometric dating methods and to the limited range of the field research, the two extreme dates and their related interpretations stimulated re-examination and modification based on the additional field data and new dating methods.

2. The Second Phase: controversial dates (1989–1999)

The IHRA has become a critical area in the fields of archaeology, geology and geography because of its unique cultural and natural features. The lively debate on the age and formation process of the IHRA assemblages resulted in three research trends: 1) vigorous field research at a regional scale, 2) participation of diverse specialists from other related disciplines, and 3) accumulation and distribution of data and findings by active archaeological and geological publication.

In essence, this period can be characterized as endeavoring to better understand the IHRA using various approaches. However, this period was still partially trial-and-error and general agreement on the age and formation process of the archaeological horizons was still yet to be achieved. Two extreme viewpoints on the formation process were independently pursued collecting supporting evidence respectively, and both the fieldwork and the chronological tasks were carried out in a highly competitive basis.

The most notable product of this period is the significant increase of field research results. Official or unofficial survey and excavations were undertaken by various institutions: more than thirty archaeological investigations were published. Additional sites were discovered and excavated across the whole area of the IHRA: the sites of Keumpari (Bae et al. 1999), Namkyeri (Choi 1991, 1994), Juwolri/Kawolri (Yi 1996; Yi and Lee 1993), and Wondangri (Choi 1997). Likewise, the Chongokni site was excavated several more times (Bae 1989, 1994; Bae and Ko 1993; Bae et al. 1996) and the discussion of the age and characteristics of the IHRA assemblages was presented by various sources (Bae 1992a, 1992b, 1995a, 1995b; Chung 1996; Yoo 1997; Yi 1996, 1999).

Since Yi and Bae initiated the issue of the IHRA formation processes, consideration of the stratigraphic units and the various agents that contributed to the production and transformation of the archaeological horizons came to be an important research topic. Bae (1989) first noticed the sequential wedge-shaped cracks within the sediments. Since the cracks usually develop under a cold and dry climate environment, the crack horizon can be a marker of fragipans which were formed under the mild influence of continental periglacial climate. He also pointed out that these two horizons of fragipans were probably formed in a swamp area suggesting that they can be utilized as a chronological index correlated with the record of the Pleistocene climate change (Bae 1988: 184).

Yi and Lee (1993) argued against Bae's opinion, claiming that the mul-

Table 1. OSL dates of various locations in the IHRA (quoted from Yi 1996: 153)

No.	Sampling Location	Age Result	Remark
1	Uppermost of Silt/Sand Layer from an outcrop at Jangpari	73.8 ± 14 Kya	Close vicinity to Keumpari Site.
2	Uppermost of Silt/Sand Layer from an outcrop at Kawolri	No result.	Contaminated sample, possibly exposed to the daylights
3	Bottom of Pit A at Kawolri Site (1993's excavation Campaign, Yi and K. D. Lee 1993)	120 ± 24 Kya	
4	Upper crack of outcrop at Kawolri	235 ±16 Kya	Overestimated date, possibly from unbleached quartz particles.
5	Bottom of Pit A at Juwolri Site (1993's Campaign, Yi and K. D. Lee 1993)	116 ± 7.3 Kya	
6	Bottom of yellowish brown silt/sand layer from an outcrop at Chongokni	No result	Contaminated sample, possibly exposed to the daylights
7	Upper crack from an outcrop at Chongokni	29.4 ± 1.9 Kya	AT (Aira-Tanzawa) tephra retrieved (see Yi, Soda, and Arai 1999)
8	Silt/sand layer from an outcrop at Baekeuri	No result	Contaminated sample, possibly exposed to the daylights
9	Uppermost from the lacustrine layer at Yangmunri	72.5 ± 6.2 Kya	Previously dated ca 45 Kya by TL dating (Yi 1989)

tiple crack horizons cannot be correlated with the climatic deterioration over such a long time scale. Since the cracks are generally formed in a short time span, their development phase cannot be a marker for such a long interval as a glacial/interglacial cycle. Although the general features are highly indicative of a cold and dry environment, the granular texture of the silty clay sediments and the highly water-saturated particles can create enough surface tension to cause major cracks during a very short period of dry conditions. Relevant to this, Yi (1996) warned against an optimistic and simplistic perspective for understanding the general formation processes of the IHRA, arguing that the fluvial sedimentary conditions such as that of the IHRA would rarely make a "sealed-in living floor (Yi 1996:142)." A synchronicity of all the evidence of hominid occupation cannot be ensured and a single chronometric date without an appropriate context will have a limited explicability for the chronological framework. He asserted that the "complex sedimentary condition of the IHRA cannot but allow the data to be capitalized in a very rough scale," which makes any chronostratigraphic correlation extremely difficult (Yi 1996: 142).

Yi's emphasis on the limitation of the data for the chronological framework led to a new perspective: the formation of archaeological horizons should be understood in a long term basis. Regarding this, Bae et al. (1996) identified during the eleventh campaign of excavation at the Chongokni site that the total lithic assemblage of the IHRA can be divided into at least two horizontal strata (the lower and upper). However, the upper stratum was significantly affected by post-depositional deformation through the activity of rodents and earthworms. Therefore the time-gap between the upper and lower horizon is still in question even though their difference in depth is as much as 2m (Bae et al. 1996: 83). Yi (1996) published several new OSL dates from various locations in the IHRA (Table 1.). The OSL dating method utilizes the amount of luminescence emitted from inorganic minerals (mostly quartz) exposed to the flux of nuclear radiation from surrounding sediments (Choi et al. 2004). Samples were extracted either from the bottom of the reddish brown silty clay layer or from the top of the yellowish brown silty sand layer, with the purpose of dating the initial age of archaeological horizons. Although the reliability of the result is vulnerable to the technical limitation of the OSL method (Stokes 1992), Samples Nos. 1, 3, 5, and 9 suggest that the reddish brown silty clay layer was deposited during the earlier half of the Upper Pleistocene.

In addition to the OSL dates, the Aira-Tanzawa tephra (AT) was retrieved from the infilling sediments of the upper crack (Yi, Soda, and Arai 1999). The AT originated from Kyushu Island of Japan, and was originally estimated to be 24 Kya (Yi, Soda and Arai 1999). It is widely used as a temporal marker for the chronostratigraphy of Upper Pleistocene sediments in East Asia. Since most archaeological assemblages are positioned below the upper crack which is filled with grayish silty clay-sized fine particles deposited under a deoxidizing environment of dry and cold climate (possibly OIS 2; Yi 1999), the horizon of AT particles can be regarded as the chronological upper limit of the archaeological horizons.

3. Integrative Period: some endeavors to recognize the multiple factors (1999–2005)

After some new dates were published and the conceptualization on the timescale of the formation process changed, the research of the IHRA entered a new era. The debate on the age of archaeological horizons has now progressed, using a more integrative perspective having various alternative approaches with special reference to the sedimentary mechanism. In particular, following the Fujimura scandal in Japan in 2000, many Japanese archaeologists and other related specialists who are interested in the development of pre-Upper Palaeolithic technology have actively participated in field researches in the IHRA (e.g. Danhara 2001, 2003; Naruse 2003; Nagatomo et al. 2004).

Summarizing the research trend of this period, the "Connaissance de la Longue durée" will be an appropriate label because the seemingly homogeneous assemblages must now be explained in terms of evolutionary change. The most noteworthy aspect of this period is that the temporal range of the IHRA archaeological horizons is significantly expanded. The earliest known archaeological evidence of the Jangsanri site (Yi 2004a, 2004b) was discovered and excavated in the lower region of the Imjin River, while a typical Upper Palaeolithic assemblage of the Janghungri site (Choi, B. K. et al. 2001) was discovered in the far upper region of the Hantan River. These two spatial and chronological extremes suggest that hominids first entered the IHRA before the volcanic eruptions and they continued to occupy the area until after the AT horizon, at which time full-fledged modern sapiens appeared, making and using such typical terminal Palaeolithic tools as microblades and microcores.

Technical developments of dating methods have also occurred. The advanced OSL and IRSL (Infra-Red Stimulated Luminescence, Balescu et al. 2001) methods have been applied directly to measure the age of the sediments while a new calibrated age of the AT tephra has been published (ca 26- 29 Kya, Machida and Arai 2003). When Yi's initial OSL dates were obtained, the reliability of these techniques was still at the initial level and most of his results were provisional. However, several developments in the OSL dating technique have been made since then (e.g. Bailey, Smith and Rhodes 1997; Murray and Wintle 2001; Stokes, Bray, and Blum 2001). For example, such high-resolution methods as SAR (single-aliquot regenerative-dose) have been introduced and widely applied. The SAR method provides with good results and its dating limits can be extended beyond those of the AMS dating method (Murray and Wintle 2000).

The IRSL dating method is a more powerful version of TL dating. It measures the ratio of paleodose to the annual dose of luminescence captured in clastic minerals. Since the IRSL technique can even measure the amount of luminescence emitted either by a thermal or optical stimulation of the infra-red rays, this dating method can be an alternative source for dating the sediments in direct contact with the lava flow. In addition, it also efficiently measures quartz particles exposed to the wave of far infra-red rays included in normal daylight (Balescu et al. 2001).

Until recently, the date of the AT was taken to be 24.720± 290 Kya based on the AMS dating method. However, several earlier chronometric dates

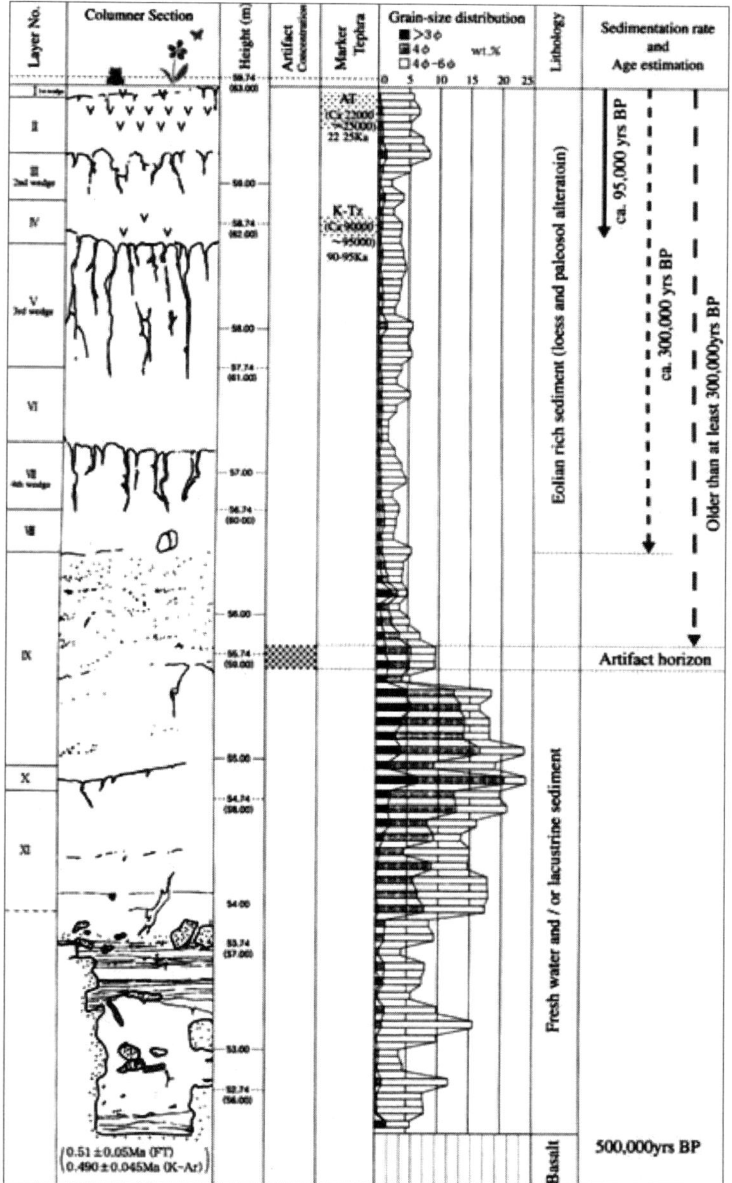

Fig. 4. Chronostratigraphy of E55S20–IV Pit at Chongokni (from Danhara et al. 2002)

have been published and the zone of AT concentration is now estimated to be up to 31 Kya (at the border between OIS 2 and 3 of the GISP2 core data; Machida and Arai 2003). Currently some authors use the fixed age of over 29 Kya, (e.g. Chun, Ikehara, and Han 2004; Okuno 2002) while others use an average age of 28 Kya (e.g. Hyodo 1999; Ikawa-Smith 2004). Although these new dates of the AT must still be examined completely in the future, the provisional age now tends to be set around 26- 29 Kya (Machida and Arai 2003: 67).

Thanks to these advanced methods, more reliable chronometric dates of newly discovered archaeological sites have been ensured: e.g. the Jangsanri site (ca 0.23- 0.22 Mya based on IRSL dating; Yi 2004a, 2004b) and the Janghungri site (ca 24.2 Kya by AMS dating; Choi, B. K. et al. 2001). The final report (Bae et al. 1999) of four excavations at the Keumpari site was published. Also recent discoveries of the Hoengsanri site (Bae et al. 2004) and other neighboring localities have furnished good data to investigate the characteristics of the lithic assemblages in the upper Imjin River area. In addition, as a salvage program for a large portion of the preservation, the Chongokni site was excavated (Bae et al. 2001) with the purpose of delineating the extent of the site area. As a result of this excavation, the artifactual distribution of the Chongokni area has been well-documented. Furthermore, new dating of the basalt bedrock (0.51±0.07 Mya; Danhara 2001: 287) by fission track dating has been accomplished.

In 2002 and 2003, in order to synthesize research results and to direct a new multidisciplinary approach to the study of the IHRA, two international conferences were held on the issue of the chronology and lithic industry of the IHRA. Controversial issues were re-examined and new interpretations of formation processes were presented within a broader perspective (e.g. Bae 2002; Chung 2002; Danhara 2003; Danhara et al. 2002; Naruse et al. 2003; Yi 2002). Among various approaches and achievements, worth mentioning are the new chronometric dates of the Chongok Basalt, the discovery of K-Tz tephras (Kikai Tozurahara, ca 95- 90 Kya; Danhara et al. 2002, Fig. 4), and the correlation of the loess/paleosol sequence with the OIS (Naruse et al. 2003) from the E55S20 pit of the Chongokni site.

Danhara et al. (2002) estimated the age of the archaeological horizon at the Chongokni site to be 0.3 Mya, based on new chronometric dates using fission-track and K-Ar dating. They assumed the sediment accumulated at a steady rate and that the thickness of the deposit was directly propor-tional to the time span between basalt bedrock and the lowest archaeological horizon. Their age estimation is partly supported by the discovery of the K-Tz tephra from the second wedge crack and the correlation of the OIS with the fluctuation of magnetic susceptibility in the sediments.

Relevant to this new age estimation, the analysis of the paleosol/loess sequence observed in the IHRA sediments was presented. Naruse et al. (2003) argued that the reddish brown silty clay layers of Chongokni where the artifact horizon is located were accumulated as a result of altering loess/paleosol sediments. They divided the whole cross-section of reddish brown silty clay layers into 12 subunits of loess and paleosol, and correlated each subunit with OIS from 9 to 3, until reaching just below the upper crack where the AT tephras are usually found (Fig. 4). As supporting data to this, a series of four new OSL dates and the K-Ar and fission track dates of Danhara et al. (2002) were suggested a primary ages, and the estimated age of the archaeological horizon was set at 0.3 Mya of OIS 9, almost the same as that of Danhara et al. (2002). Three years later, a subsequent article (Matsufuji et al. 2005) has combined the results of the research of both Danhara et al. (2002) and Naruse et al. (2003) while appending some new data on the discovery of β-quartz from another column of the E22S50-IV pit at the Chongokni site (Hwang 2003). At a superficial glance, this work seems to resolve a number of old research problems, and to finalize the debate over the age and the formation process of the IHRA. While their multidisciplinary endeavor toward this single issue is praiseworthy, the plausibility of its conclusion needs to be closely evaluated. The significance of its conclusion will be examined based on the relevant geological and archaeological evidence in the next chapter.

V. Discussion and current status of the IHRA research

Accepting the most recent chronometric dates and their multi-dimensional attempts to obtain the reliable age estimate, the comprehensive approach of Matsufuji et al. (2005) has several problems and leaves several questions to be answered. Their assumption that the thickness of the deposit between the basalt bedrock and the archaeological horizon is directly proportional to the time lapsed is not valid considering the sedimentary environment of the Chongokni area. If the dating of the archaeological horizon

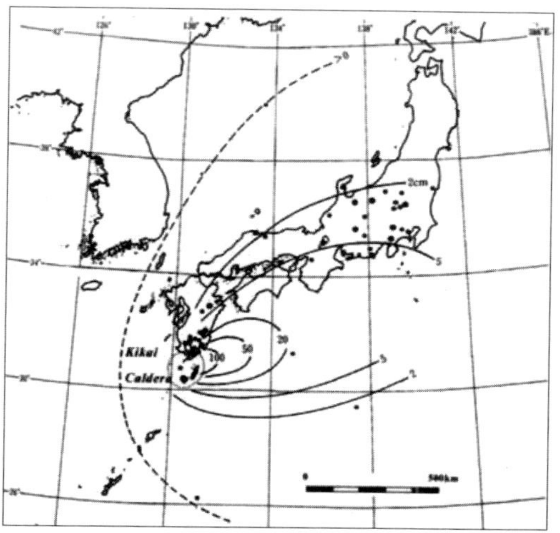

Fig. 5. Distribution range of the K–Tz tephra (from Machida and Arai 2003: 75)

is to be estimated in this way, the rate of sedimentation must be constant, and the structure and soil morphology must be homogeneous across the whole cross-section. Unfortunately, however, this is by no means the case. The stratigraphy of Chongokni is not identical to that of deep-sea core sediments and the alternating loess/paleosol sequence strongly contradicts this assumption.

The discovery of arguable K-Tz tephra particles is also problematic. As Machida and Arai (2003: 74- 75) noted, the chemical compositions of the K-Tz and of the AT are closely similar while the refractive indexes of quartz particles are slightly different. In addition, the Korean Peninsula is definitely far outside the maximum distribution range of the K-Tz (Fig. 5) which is largely limited to only Kyushu, the southern Kanto and the Chubu area of the Japanese Archipelago. The possibility that the K-Tz tephra may be discovered beyond the maximum distribution range cannot be excluded though, and some promising examples have been identified in the Shandong Peninsula of mainland China (Eden et al. 1996). It should be, however, noted that miniscule volcanic glass shards cannot be directly identified with the K-Tz distribution and that the Chinese volcanic glass shards have been presumably originated from other sources, for example, "from Russian Kamchatka or from the Phillipines" (Eden et al. 1996).

Danhara et al. (2002) discovered only two fragments of K-Tz tephra particles from the lower crack of the Chongokni cross-section (Fig. 4). Their refractive index is approximately 1500 which is almost identical to that of the AT particles discovered from the upper crack. Only β-quartz, which is a unique mineral to the K-Tz tephra, has been suggested as a discriminator to tell samples of the K-Tz from the AT tephra. Given that its particles were completely hydrated, the K-Tz discovered at the Chongokni site can arguably be interpreted as the weathered AT particles that moved down from the upper crack; there is currently neither conclusive evidence nor proxy data supporting the possibility that original K-Tz from Japan reached as far west as the IHRA. Although Hwang (2003) discovered additional β-quartz particles from another column of the E55S20 Pit of the Chongokni site, the discovery of β-quartz does not automatically support the argument that the K-Tz has been definitely included in the sediments of Chongokni. The β-quartz is not a pedological but a mineralogical phenocryst element which tends to be pyrogenically produced by natural processes regardless of the K-Tz components.

Another questionable point is the correlation of the loess/paleosol sequence with the OIS dates. According to Naruse et al. (2003), their correlation is largely dependent on the proxy data from the Kyongju-Ulsan area, the southeastern part of the Korean Peninsular where step-wise marine terrace surfaces are clearly visible. The bottom S4 paleosol layer is estimated to be of OIS 9 data because it is distributed directly on the highest marine terrace gravel of OIS 9 (Naruse et al. 2003: 152). As has been mentioned elsewhere discussing the problematics of the marine terrace sequence of Korea, the chronostratigraphy of the base level of the S4 paleosol layer is far from solid and its age of formation is based on nothing but simple assumption.

The location of the site area also needs to be taken into consideration. Naruse et al. (2003) assumed the eolian dusts were continuously blown from mainland China and accumulated in the Chongokni area starting in OIS 9. However, the site is situated adjacent to an overbank area of the Hantan River channel where fluvial sediments were primarily deposited forming a floodplain. In this case, it is rarely expected that a well-stratified, regularly alternating loess/paleosol sequence would develop during such a long period between OIS 2 and 9. Relevant to this, a recent remote sensing analysis using seismic refraction (Choi, K. H. et al. 2005) verified that the sediments over the basalt bedrock represent a former floodplain of the Hantan River. The velocity of the P-wave within the Chongokni sediments is identical to that of the current floodplain deposit near the Hantan River; and its measured velocity (ca 1800m/s) is significantly different from that of the normal loess deposit (300- 600 m/s).

Besides these methodological problems, Naruse et al. (2003) committed another serious mistake. The horizontal position of the artifact layer (i. e. the archaeological horizon of E44S20-IV Pit) needs to be adjusted. According to the original excavation report (Bae et al. 2001), the lowest level of the artifact layer is ca 55.7m amsl, which is the upper part of layer XI (the yellowish brown silt/sand layer). Usually, this level is regarded as the earliest level of archaeological horizon. However, the previous excavations suggested that the archaeological horizon below the border between the reddish brown silty clay and the yellowish brown silt/sand layer is not the primary context as a result of vertical movement of artifacts within the fluvial sediments (Bae et al. 1995:83, 2001: 233). Figure 3.7. demonstrates that the position of the artifact layer designated by Naruse et al. (2003) is far below the original horizon, at least a difference of 1.5m or more. If their artifact horizon is corrected, the estimated age of 0.3 Mya must correspondingly be subjected to re-examination and its real age would become far younger than this.

Taking the methodological problems and the technical error above into consideration, the age of the Chongokni site estimated by Matsufuji et al. (2005) is not a sound explanation; its scientific approach is, in a sense, nothing but an ad hoc pretension to sum up the available data. Although their attempt to establish a solid age must be acknowledged, their result must be discarded if a better understanding of the chronostratigraphy and the formation process of the IHRA archaeological sites is to be achieved.

VI. Conclusion

This article has illustrated the research history of the relevant topics, emphasizing controversial issues on the determination of the chronology of IHRA assemblages and covered the basic knowledge on the geographic aspects of the field area as well. The difficulty in dating the archaeological horizons lies in the nature of the temporal zone. While the age of the basalt bedrock has been estimated to be later Middle Pleistocene (e.g. Bae 1988; Danhara et al. 2002; Kojima 1983; Park, K. H. et al. 1995), the K-Ar dating, in itself, cannot establish high-resolution dates, nor produce statistically significant results. Furthermore, this temporal zone is beyond the coverage of AMS dating and there rarely exists unpolluted organic material suitable for ESR and/or U-series dating due to extremely bad preservation conditions. In sum, it is not an exaggeration to say that the IHRA assemblages are in a "chronometrically compromised" horizon.

Given all these difficulties, the dating of the IHRA archaeological horizons is a most demanding task. In the course of vigorous debate and active field research, what has been attained by past research is the lesson that the age of the archaeological horizon of the IHRA is not to be determined by chronometric dating methods alone, but by the addition of a comprehensive perspective formulated as a result of region-scaled fieldworks. Attempts to establish the new dating of the archaeological horizon and to delineate its geological formation processes based on newly acquired data should be made. Relevant to this issue is that recent new dates of basalt bedrock (Yi 2010) and other advanced methods (e.g. Kim, J. C. et al. 2008) furnishes more reliable source for discussing the geological process and the age determination of the IHRA palaeolithic assemblages.

| Reference |

Bae, Kidong

1988 *The Significance of the Chongokni Stone Industry in the Tradition of the Palaeolithic Culture in East Asia*. Unpublished PhD Dissertation. University of California. Berkeley.

1989 *Excavation Report of Chongokni (Campaign in 1986)*. Museum of Seoul National University, Seoul. (In Korean)

1992a Palaeolithic tradition of East Asia: Chongoknian. In *Proceedings of 1st International Symposium on Cultural Properties*. pp. 193-211, National Institute of Cultural Properties of Korea, Seoul.

1992b Palaeolithic Period. In *Retrospect and Prospect of Korean Prehistoric Archaeology* edited by Mongryong Choi. pp. 9- 75. Kachi Publishing, Co., Seoul. (In Korean)

1994 Excavation report of Locality 5. Chongokni (Campaign in 1991). In *Palaeolithic Excavation of Bosung and Hantan River*. edited by Y. Whang, M. Choi, and K. Bae. pp. 235- 86. Institute of Cultural Properties, Seoul. (In Korean)

1995a Formation process of Chongokni and problems of understanding the cultural traditions. In *Commemorative Bulletin of Dr. Jungki Kim's Sexagenarian*. pp. 400-18, Committee of Monograph Publication, Seoul. (In Korean)

1995b Study of handaxe industry in Hantan-Imjin River Region. In *Ancient Culture of Asia- Commemorative Monograph of Dr. Yonghoon Whang's Retirement*. pp. 25-39. Hakyeon Munhwasa, Seoul. (In Korean)

2002   Chongokni Palaeolithic site: Current Understandings. In *Palaeolithic Archaeology in Northeast Asia*. edited by Kidong Bae, pp. 55-75, Institute of Cultural Properties in Hanyang University, Yeoncheon. (In Korean with English summary)

Bae, Kidong and Jaewon Ko

1993   *Excavation Report of Chongokni (Campaign in 1992)*. Dept. of Anthropology, Hanyang University and Yeonchon County. Yeonchon. (In Korean)

Bae, Kidong *et al.*

1996   *Report of Excavation of the Chongokni Palaeolithic Site 1994-'95*. Dept. of Anthropology, Hanyang University and Yeonchon County. Yeonchon. (In Korean)

1999   *The Keumpari Palaeolithic Site Report of Excavations in 1989~1992*. Korean National Research Institute of Cultural Properties, Seoul. (In Korean)

2001   *The Chongok Palaeolithic Site- report of Test-Pits Excavation, 2000-2001*. The Institute of Cultural Properties of Hanyang University, Yeoncheon. (In Korean)

Bailey, R. M., B. W. Smith, and E. J. Rhodes

1997   Partial bleaching and the decay form characteristics of quartz OSL. *Radiation Measurements* 27: 12-36.

Balescu, S. *et al.*

2001   IRSL dating of Middle Pleistocene interglacial sediments from southern Quebec (Canada) using multiple and single grain aliquots. *Quaternary Science Reviews* 20: 821-4

Bartz, P. M.

1972 *South Korea*. Clarendon Press. Oxford.

Bowen, G.

1978 Report on the stone tools from Chongokni. *Jindan Review of History (Jin Dan Hak Bo)* 46/47: 48- 55.

Choi, Bok Kyu *et al.*

2001 *The Janghung-ri Palaeolithic Site*. Institute of Kangwon Archaeology. Chuncheon (In Korean)

Choi, Moo—Jang

1991 *Excavation Report of Namkyeri Palaeolithic Site*. National Institute of Cultural Properties of Korea, Seoul. (In Korean)

1994 Report on the 2nd Excavation of Namkyeri Palaeolithic Site. In *Palaeolithic Excavation of Bosung and Hantan River*. edited by Y. Whang, M. Choi, and K. Bae. pp. 63- 234, Institute of Cultural Properties, Seoul. (In Korean)

1997 *Report on the Excavation of the Palaeolithic site at Wondangri, Jangnam-mien, Yeoncheon County, Kyonggi Province*. Kon-Kuk University Museum, Seoul. (In Korean)

Choi, Jeong Heon *et al.*

2004 Age estimate of the Chongok Basalt with Luminescence dating: preliminary result. In *Proceedings of Annual Joint Conference*, pp. 7- 9, Petrological Society and Mineralogical Society of Korea, Cheongju.

Chung, Young—Hwa

1996 Problems of studies of North Korean Palaeolithic cave sites. In *Proceedings of International Symposium on the Palaeolithic Cave Sites and Culture in Northeast Asia*. edited by Yung-Jo Lee. pp. 23- 37, Chungbuk National University Museum, Cheongju. (In Korean)

Clark, J. D.

  1982 Report on the visit to Palaeolithic site in Korea. *The Cultural Properties (Munhwajae)* 15: 134- 40.

Danhara *et al.*

  2001 Testing age determination of the Chongok Basalt: approach by FT dating method. In *The Chongok Palaeolithic Site- report of Test-Pits Excavation, 2000- 2001*, edited by Kidong Bae et al. pp. 286- 288, The Institute of Cultural Properties of Hanyang University, Yeoncheon.

  2002 What is the real age of the Chongokni Palaeolithic site? In *Palaeolithic Archaeology in Northeast Asia*. edited by Kidong Bae, pp. 77- 116, Institute of Cultural Properties in Hanyang University, Yeoncheon. (In with English Korean summary)

  2003 Tephrochronology of Quaternary sediments in the Korean Peninsula- Applications, significance, and future possibilities. In *Geological Formation of the Chongokni Palaeolithic Site and Palaeolithic Archaeology in East Asia*. edited by Kidong Bae et al., pp. 125- 34, Yeoncheon County and the Institute of Cultural Properties of Hanyang University, Yeonchon.

Eden, D. N. *et al.*

  1996 Volcanic glass found in late quaternary Chinese loess: a pointer for future studies?. *Quaternary International* 34-36: 107-11.

Hwang, Sohee

  2003 Tephra analysis of EssS20-IV pit at Chongokni, Korea. In *Palaeolithic Archaeology in Northeast Asia*. edited by Kidong Bae, pp. 75- 76, Institute of Cultural Properties in Hanyang University,

Kim, Bok Chul *et al.*

2004 Paleomagnetic and soil chemical studies on the Quaternary paleosol around the Hantan River. *Economic Environmental Geology of Korea* 37(3): 325- 334.

Kim, Jin-cheol *et al.*

2010 Re-evaluation of the chronology of the palaeolithic site at Jeongokri, Korea, using OSL and TT-OSL signals from quartz. *Quaternary Geochronology* 5: 365- 370

Kim, Kwang Ho and Moo-Young Song

1995 Structure and physical properties of the mid-west crust of Korea: Paleo-magnetism of the Cretaceous volcanic rocks in Jeongog (Chonkok)-Yeon-cheon area. *Journal of Korean Earth Science Society* 16(_): 65- 73.

Kim, Kyu Han and Hyun Joo Lee

1994 Geochemistry and K-Ar age of Gabbroic rocks in the Konamsan area of Yeonchon Province, South Korea. *Economic Environmental Geology of Korea* 27(1): 29- 39.

Kim, Wonyong and Kidong Bae

1983 Excavation of the Chongokni site: 1979- 1983. In *Chongokni*, pp. 1- 158, National Institute of Cultural Properties of Korea, Seoul. (In Korean)

Kojima, M.

1983 Dating of the basalt from the Chongokni Palaeolithic site. In *Chongokni*, pp. 586- 588, National Institute of Cultural Properties of Korea, Seoul. (In Japanese)

Koto, B.

1903 An orographic sketch of Korea. *Journal of College of Science in the Impe-rial University of Tokyo*, vol. 19, Art. I. (In Japanese)

Lee, Dai Sung, Ki Ju Ryu, and Gwang Ho Kim

  1983 Geotectonic interpretation of Chugaryong Rift Valley, Korea. *Journal of Geological Society of Korea* 19(1): 19- 38.

Lee, Kiehwa, Byung Doo Kwon, and Tae Woo Chang

  1987 Seismicity of the Korean Peninsula: 3. Seismicity of the Kyeonggi Massif. *Journal of the Geological Society of Korea* 23(3): 257- 76.

Lee, Min—Boo *et al.*

  2001 Analysis of depositional environment of confluent alluvial fan in Yeonchon Fault Area of Chugaryong Rift Valley. *Journal of Geological Society of Korea* 37(3): 345- 64.

Machida H. and F. Arai

  2003 *A New Atlas of Tephras: the Japanese Archipelago and its vicinity.* University of Tokyo Press. Tokyo. (In Japanese)

Matsufuji, K., *et al.*

  2005 New progress of studies at the Chongokni Palaeolithic Site, Korea: Korea-Japan Cooperative Project in 2001- 2004. *Palaeolithic Archaeology (Kyuseki Kogugaku)* 66: 1- 16. (In Japanese)

Movius, H. L, Jr.

  1944 *Early Man and Pleistocene Stratigraphy in Southern and Eastern Asia.* Papers of the Peabody Museum of American Archaeology and Ethnology. vol. 19(5), Harvard University, Cambridge.

Murray, A. S. and A. G. Wintle

  2000 Luminiscence dating of quartz using an improved single-aliquot regenerative-dose protocol. *Radiation Measurements* 32: 57- 73.

Naruse, T.

1998 Eolian dust deposition and the monsoon changes during the Last Glacial age in Japan. *The Quaternary Research (Daiyonki Kenkyu)* 37(3): 189- 97.

Naruse, T. *et al.*

2003 Loess-paleosol sequence in the Chongokni palaeolithic site. In *Geological Formation of the Chongokni Palaeolithic Site and Palaeolithic Archaeology in East Asia*. edited by Kidong Bae et al., pp. 143- 56, Yeoncheon County and the Institute of Cultural Properties of Hanyang University, Yeonchon.

Park, Dong–Won

1983 Palaeoenvironment of the Palaeolithic site at Chongokni: the analysis of the soil properties. In *Chongokni*, pp. 517- 30, National Institute of Cultural Properties of Korea, Seoul. (In Korean)

Park, Kye–Hun *et al.*

1996 *Study on the microcomposition of terrestrial and marine samples and it structural analysis. vol. 1*, Korean Basic Science Institute, Daejeon. (In Korean)

Stokes, S.

1992 Optical dating of young (modern) sediments using quartz: results from a selection of depositional environments. *Quaternary Science Reviews* 11: 153- 9.

Stokes, S., H. E. Bray, and M. D. Blum

2001 Optical resetting in large drainage basins: tests of zeroing assumptions using single-aliquot procedures. *Quaternary Science Reviews* 20: 879- 85.

Trigger, B. G.

1995 Romanticism, Nationalism and Archaeology. In *Nationalism, Politics and the Practice of Archaeology*, edited by P. H. Kohl and C. Fawcett, pp. 263-79, Cambridge University Press, Cambridge.

Wee, Soo—Min

1996 Geochemical characteristics of the Quaternary Jeongok (Chongok) Basalt in Chugaryong Rift Valley, Mid-Korean Peninsula. *Economic Environmental Geology of Korea* 29(2): 171- 82.

Yi, Seonbok

1983 Geoarchaeology of Chongokni, Korea. In *Chongokni*. edited by W. Kim. pp. 577- 85. Institute of Cultural Properties, Seoul.

1986 *Lower and Middle Palaeolithic of Northeast Asia: A Geoarchaeological Review*. Unpublished Ph.D. Dissertation. Arizona State University. Tempe.

1989 *The Study of Northeast Asian Palaeolithic*. Seoul National University Press, Seoul (In Korean)

1996 Chronostratigraphy of Palaeolithic occurrences in the Imjin Basin. *Journal of the Korean Archaeological Society* 34: 135- 60. (In Korean)

1999 The temporal change of Korean Palaeolithic industry. In *Proceedings of Symposium to Commemorate the 80's Birthday Celebrations of Professor Chosuke Serizawa- World Views on the Early and Middle Paleolithic in Japan*, pp. 115- 120, Sendai Fukushi University, Sendai.

2000 For chronology and stratigraphy of Korean Palaeolithic. *Journal of the Korean Archaeological Society* 42: 1-22. (In Korean with English summary)

2002 A Lower Pleistocene- Early Middle Pleistocene Palaeolithic locality in the Imjin River Basin- preliminary report. In *Palaeolithic Archaeology in Northeast Asia*. edited by Kidong Bae, pp. 199- 208, Institute of Cultural Properties in Hanyang University, Yeoncheon. (In English with Korean summary)

2004a *Jangsan-ri: A Lower Palaeolithic Site in Paju, Korea*. Seoul National University Museum, Seoul. (In Korean)

2004b The Jangsan-ri Terrace and lava deposit in the upstream areas of the Imjin River. *Journal of the Geomorphological Association of Korea* 11(1): 1- 14. (In Korean)

2005 New Data on the formation of the basalt plain in the Imjin River Basin. *Journal of the Geomorphological Association of Korea* 12(3): 21- 38. (In Korean)

2010 Radiocarbon Dates from lavas of the Imjin River Area and Problems on the Palaeolithic Research. *Journal of the Korean Palaeolithic Society* 22: 3- 20. (In Korean)

Yi, Seonbok and G. A. Clark

1983 Observation on the Lower Palaeolithic of Northeast Asia. *Current Anthropology* 24(2): 181-202.

Yi, Seonbok and Kyodong Lee

1993 *Excavation Report of Juwolri/Kawolri Palaeolithic Site*. Dept. of Archaeology and Art History, Seoul National University, Seoul (In Korean)

Yi, Seonbok, T. Soda and F. Arai

1999 New discovery of Aira-Tn ash (AT) in Korea, *Journal of the Korean Geographical Society* 33(3): 447- 54.

Yi, Seonbok, Yong-Il Lee, and Hyonsoo Lim

2005 *A Preliminary Study on the Geological Background of the Formation Process of Imjin Basin Palaeolithic Sites*. vol. I., Seoul National University Museum, Seoul.

Yi, Seonbok, Yong-Il Lee, and Jong-Wook Kim

2004 The Jangsanri Terrace and lava deposit in the upstream area of the Imjin River. *Journal of the Geomorphological Association of Korea* 11(1): 1- 14.

강원지역 동굴유적의 고고학적 함의

노혁진*

⟨Abstract⟩

Two major traditions are known to have existed during so-called neolithic time in Kangwon province - 'the Flat-Bottomed Pottery Culture' and 'the Pointed-Bottomed Pottery Culture'. They show evident differences in terms of territory, period, and lifeway. This totalistic difference can be most contrastingly observed in their cave remains.

The Gyo-dong cave in Chuncheon evidences the eventual failure of settling of the Flat-Bottomed Pottery people into the region of western Kangwon province, who had crossed the Paektu Mountains from somewhere in

* 한림대학교 사학과 교수

eastern Kangwon province. Contrastingly, all other caves except the Gyo-dong cave, discovered so far in Kangwon province, support successful expansive adaptation of the Pointed-Bottomed Pottery people throughout various regions in Kangwon province.

This successful expansive progress resulted in their settlement throughout eastern Kangwon province which had been pre-occupied by the Flat-Bottomed Pottery people.

In conclusion, the contrasting differences revealed in the neolithic cave sites as well as in their artifactual remains such as composite-fishhook and various potteries can be understood as a conspicuous archaeological episode that had been resulted by two different interacting cultural traditions in Kangwon province which provided unique geomorphological and ecological adaptative situations.

Key Words : Cave sites, Kangwon province, Flat—Bottomed Pottery Culture, Pointed—Bottomed Pottery Culture, Gyo—dong cave, Paektu Mountains

Ⅰ. 머리말

심산협곡이 발달한 지형지리적인 특색으로 인하여 강원지역에서는 선사시대 동굴유적의 발견이 증가하고 있다. 필자는 본 短文을 통해서 그 중에서 소위 신석기시대에 속하는 사례들에 담겨있는 고고학적 의미를 추적해 보고자 한다. 강원지역에서 가장 먼저 알려진 신석기시대의 동굴유적은 1962년에 발견된 춘천시의 교동동굴이다. 그 후 강원영서 남한강 상류의 여러 지점과 한 탄강 변 절벽에서 신석기시대의 동굴과 바위그늘 유적이 발견되었다.

이 가운데 교동 동굴은 강원영동의 양양 오산리와 고성 문암리 유적과 같은 소위 영동 평저토기문화에 속하는 것으로 밝혀졌으며, 나머지 동굴들은 모두 영서의 첨저빗살문토기문화에 해당하는 것들이다.

아직까지 발견 사례는 매우 적지만, 이러한 강원지역 동굴유적의 양상에는 강원지역의 지형지리적 형세와 깊은 상관관계를 지닌 강원지역 신석기문화의 독특한 특색이 표출되어 있으며, 더 나아가서 그러한 고고학적 특색으로부터 한반도 선사문화 형성과정에 대한 일정한 수준의 고고학적 함의를 추론할 수 있다. 이 점이 본 글을 작성하게 된 배경이다.

Ⅱ. 영동 평저토기문화와 교동동굴[1]

1. 교동동굴의 발견상황에 대한 재해석

교동동굴은 1962년에 발견되어 1963년에 김원용 교수가 처음으로 학계에 소개한 동굴이다.[2] 교동동굴이라는 명칭에 대하여 필자는, 동굴 축조자가 특별히 북한강이 내려다 보이는 봉의산(鳳儀山)의 산자락을 택하여 조성했다는 입

---

1) 교동동굴에 대한 설명은 필자가 최근에 발표한 논문의 내용을 요약 또는 발췌한 것이다(노혁진, 2010, 「환동 해 문화전파망과 봉의산동굴 —동로의 관점에서 본 봉의산동굴—」, 『동북아문화연구』 25집, 동북아시아문화학 회).

2) 김원용, 1963, 「춘천교동혈거유적과 출토유물」, 『역사학보』 20.

김원용, 1992, 「춘천교동혈거유적과 출토유물」, 『한국고고학연구』, 일지사.

지적 상징성을 고려하여 봉의산 동굴로 부르기를 제안한 바 있으나, 본 글에서는 학계에서 많이 사용하고 있는 기존 명칭인 교동동굴로 부르고자 한다.

당시 김원용 교수가 역사학보에 발표한 내용은 다음과 같이 요약된다.

교동동굴은 1962년 10월 6일에 발견되었으며, 이틀 후인 10월 8일에 현장을 실사한 김원용 교수는 동굴을 발견한 인부들의 목격담과 잔존상황을 통하여 동굴내부 상황을 복원하였다.

인부들의 말에 의하면, 공사도중 산사면에 큰 구멍이 드러나서 그 안을 들여다보니까 인골 3구가 각각 발을 중앙으로 모우고 삼각형의 꼭지점에 두개골이 놓인 상태로 누워 있었다고 한다. 인부들의 말에 의하면, 이러한 유골을 들어내고 그 밑의 고운 흙을 30cm 정도 걷어내자 그 밑에서 석기와 토기와 불 피운 자리와 숯가루가 드러났다고 한다. (사진 1·2 ; 도면 1)

인부들을 직접 대면하고 잔존현황을 실사한 김원용 교수는, 이러한 인골과 출토유물과 유구 등의 잔존양상을 정리하여, 불탄 자리를 근거로 이 동굴은 거주용으로 사용된 후 시신을 매장한 무덤으로 사용된 것으로, 그리고 토기와 석기, 대롱옥 등의 유물은 거주 당시에 쓰인 생활용품이 아니라 시신과 함께 안장한 부장품으로 간주하였다.

이러한 해석에 대하여 필자는 다음과 같은 추가적인 추론을 제시한 바 있다.

인골의 경우, 발견당시 신문에는 문제의 두개골의 크기가 현대인의 두 배나 되었다고 보도되었고, 인골을 목격한 인부들의 말로는 인골을 채집할 때 가루가 되어 버렸다고 말한 점 등으로 미루어 볼 때, 과연 3구의 인골이 삼각형 모양으로 누워있었다는 인부들의 목격담을 100% 믿기는 어렵고, 더 나아가서 과연 인골이 3구였는지도 확인된 사

사진 1. 교동동굴 전경사진(2011 현재)

사진 2. 교동동굴 발견 당시 모습
(김원용 1962 인용)

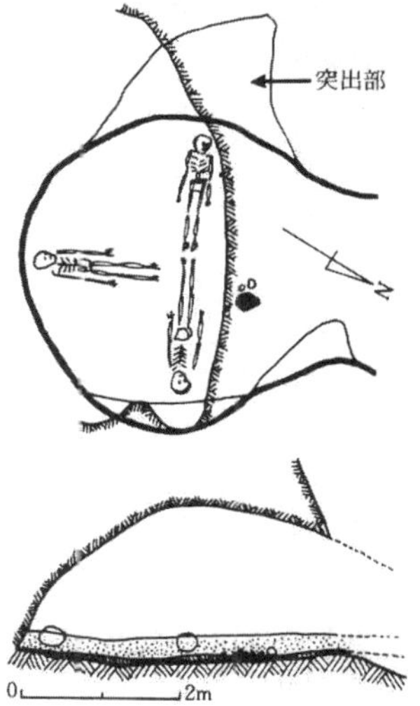

도면 1. 교동동굴유적 발견 당시
인골 및 유물 배치도면
(김원용 1962 인용)

실이라고 단정할 수 없지만, 모든 정황을 고려할 때, 2-3구에 해당하는 인골편들이 잔
존하였다는 점만은 부인할 수 없다.

또한, 주거와 매장을 시차를 지닌 별개의 행위로 본 근거에 대하여는 다음
과 같은 논의가 가능하다.

현장인부의 진술에 의하면, 불피우던 노지는 동굴의 입구 측에 있었고 노지 근방에서
숯가루와 토기가 나왔다고 한다. 석기도 노지에 가까운 곳인 동측인골의 하부에서 나
왔다고 한다. 이러한 진술을 토대로 김원용 교수가 작성한 도면을 보면 인골 3구는 동
굴내부 공간에 안치되었고, 입구부분에 토기와 노지와 석기 등이 배치된 형태이다.
(도면 1)

즉, 평면도상의 배치상태는 입구와 노지와 유물과 인골이 '입구―노지와 유
물―인골'의 순서로 체계적인 공간배치를 보여주고 있다. 뿐만 아니라 층위 퇴
적상태에 대하여도 인부들은 노지와 유물이 동일평면 위에 놓여 있고 그 위에
30㎝ 정도의 토사가 놓이고 그 위에 인골이 안치되었다고 말하고 있는 점과 김
원용 교수의 실사결과 일부 인골 밑부분의 흔적이 노지가 놓인 동굴의 바닥면
과 일치하는 점을 동시에 고려할 때, 원래 인골, 유물, 노지가 모두 동일평면
에 놓여 있었다는 해석이 가능하다.

이와 같이, 동굴내부의 노지와 유물과 인골의 평면적 공간배치와 층위적 동
시기성을 고려할 때, 인골과 유물과 노지가 모두 하나의 사건의 결과 또는 동
일한 주민의 흔적으로 해석할 여지가 열려 있다. 즉, 전적으로 인부들의 전언
에 해당하는 인골 3구의 작위적인 배치상태를 인정하지 않고, 단지 동굴내부
에서 2-3구의 인골의 잔해가 잔존하였다는 수준에서 수용할 경우, 이러한 인
골과 노지와 유물들은 하나의 행위의 결과를 보여주는 고고학적 현상으로 간

주할 수 있기 때문이다. 재언이지만, 주거와 매장을 별개의 사건으로 간주한 해석이 어디까지나 직접관찰과 현장검증을 통하여 도출한 것이므로 우선적으로 인정해야 하지만, 동굴안의 층위와 평면상태만을 고려할 때 인골과 노지와 유물을 하나의 사건의 결과로 볼 수 있는 여지도 있다고 판단된다.

아무튼 圓形에 가까운 공간의 직경이 4m 정도로서 그다지 크지 않은 동굴 안에 그렇게 독특한 양상으로 인골과 유물과 노지를 남긴 구체적인 특정행위에 대하여는 직접조사가 가능한 유사한 사례가 발견되기를 기다리는 수밖에 없다. 이러한 인골과 노지와 유물의 발견상태와 함께, 교동동굴만이 지닌 독특한 특색은, 현재까지 발견된 유일한 인공동굴이라는 사실이다. 지금까지 한반도에서 발견된 선사시대의 동굴들은 모두 자연동굴에 해당한다. 그러나 교동동굴은 화강암 부식토층인 석비레를 굴착하여 만든 인공동굴로서 동굴의 평면직경이 4m, 천정 중앙의 높이가 2.1m에 이르는데, 이 정도의 크기는 3-6인으로 된 한 가족이 주거하기에 적당한 공간이다. 그런데 왜 돌이나 나무로 만든 굴지구로 산중턱을 굴착하여 주거 또는 매장의 장소로 동굴을 만들어 사용했는지는 여전히 수수께끼이다.

2. 교동동굴 출토유물에 대한 재해석

교동동굴에서는 대형석부 1, 석착 5, 석촉 7, 삼각형인기 1, 석도 1, 대롱관옥 1, 결합식 어구 1 등의 석기가 5점의 토기와 함께 출토되었다.(사진 3·4·5)

이러한 유물에 대한 김원용 교수의 설명가운데 주목되는 점은 토기에 대한 것인데, 아가리 부분의 단사선문과 압날문은 서해안식의 빗살문토기전통으로 보았고, 평저와 동체부 무문양 등의 속성은 한반도 동북지방인 함경도 양식에 연결되는 것으로 간주하였다. 나아가서 교동동굴 토기의 평저전통은 연해주와 흑룡강성 지역의 평저토기전통의 영향을 받은 것으로 주장하였다. 다만 그 시기에 대하여는 서해안 즐문토기문화의 후기단계로 추정하였다.[3]

교동동굴이 발견된 후 20년이 지난 후에 동해안의 양양에서 오산리 유적이 발굴되었고, 오산리 유적의 연대가 서해안식 빗살문토기문화보다 소급하는 것으로 밝혀지자 이러한 시기추정은 바뀌게 되었으나,[4] 아직 동해안의 평저토기문화에 대한 고고학적 자료가 전무한 1960년대 당시에 교동동굴 토기의 원류를 흑룡강과 연해주를 거쳐

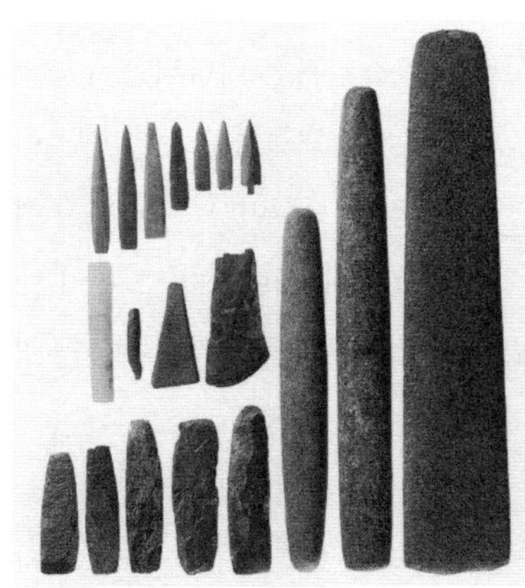

사진 3. 교동동굴 출토 석기 일괄
(국립춘천박물관도록 27쪽, 2002 인용)

사진 4. 교동동굴 출토 결합식 어구

사진 5. 교동동굴 출토 토기 일괄(국립춘천박물관도록 27쪽, 2002, 인용)

웅기서포항 유적 등이 발견된 두만강유역을 통해 유입한 것으로 추정한 것은 1960년대의 고고학적 상황에 비추어 볼 때 선견지명임을 알 수 있다. 이러한 동북지방 전파론이 그 후 양양 오산리 유적과 고성 문암리 유적 등 동일전통 유적의 발견을 통하여 뒷받침을 받게 되었다고 볼 수 있다.

교동동굴에서 출토된 토기가 동해안의 평저토기 전통에 속함을 보여주는 부인할 수 없는 증거는 토기 자체의 특징과 결합식 어구이다.

먼저 결합식 어구를 살펴보면, 영동지방에서는 고성 문암리와 양양 오산리, 동해 망상동 등지에서 발견되었는데,[5] 지금까지 동해안유적에서 총 200여 점에 이르는 수량이 발견되었으며, 문암리 유적 한곳에서만 65점이 출토되었고 문암리 유적에서는 제작과정으로 보여주는 원석과 중간재도 발견되고 있다.[6] 이러한 동해안의 발견상황과 비교할 때, 태백산맥 이동의 영서지역에서는 2011년 현재까지도 교동동굴에서 발견된 한 점이 유일하다는 점이 매우 흥미롭다.

한편, 2006년에 양양 오산리에서 그동안 동해안 평저토기전통 가운데 最古의 토기양식으로 설정된 토기보다 오래된 토기가 先在한 사실이 층위적으로 입증되었는데,[7] 이러한 동해안 최고의 토기와 함께 결합식 어구가 발견되었다. 이러한 최고단계의 토기와 공반된 결합식 어구와 기존의 오산리와 문암리 등지에서 발견된 결합식 어구를 비교하여 동해안의 결합식 어구를 'C'자형과 'J'자형으로 분류하고, 'C'자형이 'J'자형보다 시기적으로 앞선 것으로 정리되

---

3) 김원용, 1963, 「춘천교동혈거유적과 출토유물」, 『역사학보』 20 ; 1992, 『한국고고학연구』, 일지사.

4) 안승모, 1986, 「II. 신석기문화」, 『강원도의 선사문화』, 한림대 아시아문화연구소, 23쪽.

5) 고동순, 2009, 「동해안지역의 신석기문화」, 『동삼동패총전시관 학술총서 제IV권』.

    , 2010, 「제5절: 유적과 유물, 4.동해안지역」, 『강원도사2 :선사시대』, 강원도.

6) 국립문화재연구소, 2004, 『고성 문암리 유적』.

7) 고동순·홍성학, 2007, 「양양 오산리유적 최하층 출토 토기에 대한 예찰」, 『강원고고학보』 제9호.

고 있다.[8] 이러한 분류에 의하면 교동동굴 출토 어구는 'J'자형에 속한다.(사진 6·7 참조)

그런데 교동동굴의 결합식 어구는 전체적인 형태는 동해안의 것들과 동일하지만, 자세히 보면 차이가 있는데, 교동동굴 출토품은 頭部에 낚시줄을 묶는 홈이 결여되어 있다. 즉, 동해안의 것들은 모두 실제 어구로 사용하기 위하여 제작된 실용품인 반면, 교동동굴 출토품은 형태만 지닌 비실용품이고, 따라서 그 제작 의도나 용도가 무엇인지 궁금증을 일으킨다. 이에 더해서, 동해안의 여러 주거지에서 발견되는 양상과 비교할 때, 단지 한 점만 발견된 점도 의문이다.

토기는 총 5점인데 모두 평저토기이다. 한 점은 구연부부터 저부까지

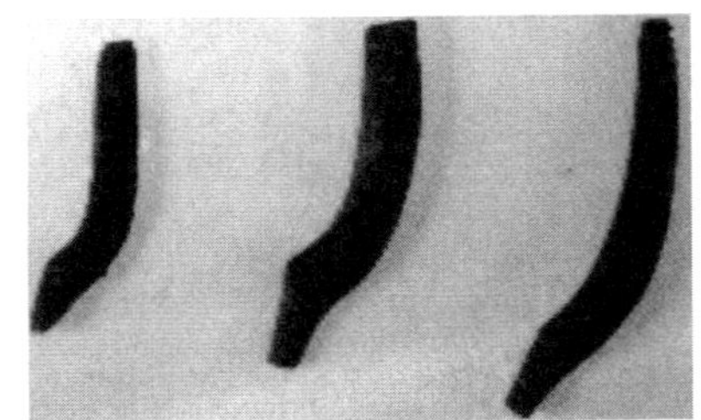

사진 6. 양양 오산리 유적 출토 결합식 어구
(강원도사편찬위, 2010, 인용)

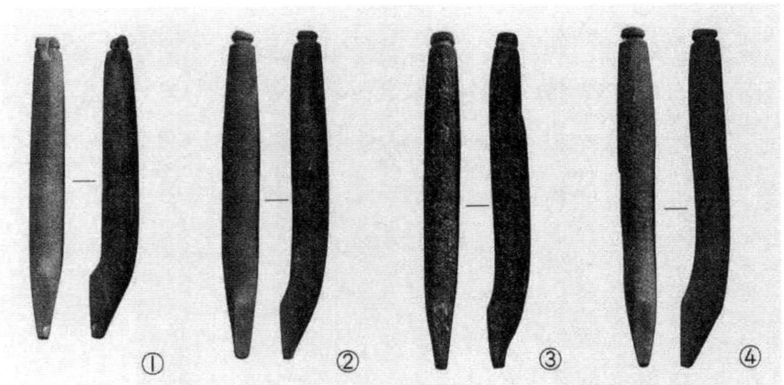

사진 7. 고성 문암리 유적 출토 결합식 어구(국립문화재연구소, '고성 문암리 유적', 2004, 인용)

---

8) 고동순, 2009, 「동해안지역의 신석기문화」, 『동삼동패총전시관 학술총서 제Ⅳ권』.

문양이 없는 순수한 평저무문토기로서 높이가 9㎝, 구경이 5.7㎝, 기벽두께는 0.5㎝이다.(사진 8)

　나머지 4점은 모두 구연부에 국한하여 압날문과 침선문을 시문하였다. 문양을 자세히 살펴보면, 그중 한 점은 구연부에 평행단사선문대를 위아래 두 줄로 돌리고 각 줄의 하단에 한 줄의 점열문을 돌리고 있는데, 높이가 11.5㎝, 구경이 10㎝, 기벽두께는 0.5㎝이다.(사진 9) 한 점은 구연부가 짧게 외반하고 있는데 구연부에 8열의 압날문을 돌리고 있으며, 높이가 13㎝, 구경이 10.7㎝, 기벽두께는 0.5㎝이다.(사진 10)

사진 8. 교동동굴 출토 평저　사진 9. 교동동굴 출토 구연부단　사진 10. 교동동굴 출토 구연부점
　　　　무문토기　　　　　　　　　　사선점열문토기　　　　　　　　열문토기

사진 11. 교동동굴 출토 구연부점열문토기　사진 12. 교동동굴 출토 유공양이파수부토기

또 한 점은 구연부가 내경하는 소형항아리 형태인데 구연부에 3열의 점열문을 돌리고 있으며, 높이가 11㎝, 구경이 8.6㎝, 두께가 0.5㎝이다.(사진 11) 나머지 한 점은 구연하에 12줄의 점열문을 돌리고 있으며 다른 토기와는 달리 유일하게 구연부 아랫부분에 마주보는 유공손잡이가 붙어 있으며, 높이가 9.8㎝, 구경이 10.4㎝, 두께가 0.5㎝이다.(사진 12)

이러한 평저전통의 무문양토기와 구연부 국한시문 토기들이 소위 한반도 신석기토기문화 가운데 동해안식 평저토기문화에 속하는 사실은, 그동안 밝혀진 동해안식 평저토기문화의 내용에 비추어 볼 때 의문의 여지가 없다. 이러한 5점의 토기가운데 특히 주목되는 토기는 양이파수부 소형단지로서, 파수의 한가운데에 좁은 구멍을 돌공하고 점열문을 구연부에 돌린 동일한 모양의 토기는 고성 문암리와 양양 오산리 등지에서 출토되고 있다.[9](사진 13·14)

그런데 앞서 언급한 유일한 한 점의 결합식 어구과 마찬가지로 이러한 평저토기들은 봉의산동굴이 발견된 지 50년이 지난 지금까지도 아직 태백산맥 이서의 서해안지역에서는 더 이상 한 점도 확인되지 않고 있다. 따라서 교동동굴과 그 주인공에 대한 여러가지 의문과 고고학적 과제를 다룸에 있어서, 토기와 결합식 어구가 동해안의 평저토기와 결합식 어구와 동일한 문화전통에 속한다는 사실이 출발점이 되어야 한다.

나머지 석기들은 토기와 결합식 어구처럼 의심의 여지가 없는 동해안 전통의 소산으로 단정할 수 있는 정도의 독자적인 특색을 보이는 유물은 아니라 할 수 있다.

이러한 동해안 전통의 평저토기와 그들의 독자적인 도구인 결합식 어구의 춘천권 출현은 어디까지나 동해안 주민이 춘천지역으로 가지고 온 것으로 보

---

9) 고동순, 전게서.

사진 13. 양양 오산리 유적 출토 양이파수부토기와 평저토기류 일괄(국립춘천박물관도록, 2002, 24쪽 인용)

사진 14. 고성 문암리 유적 출토 토기 일괄(국립문화재연구소, '고성 문암리 유적', 2004, 인용)

아야 한다. 만약 교동동굴 안에서 이러한 평저토기와 결합식 어구 외에 서해 안식의 첨저빗살문토기가 공반되었다면 빗살문토기인들에 의한 제작 가능성 도 허용된다. 그런데, 지금까지 북한강권에서는 첨저빗살문토기유적만 발견 되고 있는데, 교동동굴에서는 빗살문토기편이 전혀 보이지 않는 점과, 그렇다 고 발견당시 동굴내부에서 다른 유물이 사라졌을 가능성도 없는 점, 나아가서 토기의 형태뿐만 아니라 문양속성 등 모든 면에서 완전한 동해안 평저토기전 통을 구비하고 있는 점, 그리고 동해안 주민만이 만들어 썼던 독특한 결합식 어구가 등장하는 점 등을 다시 거론하지 않더라도 교동동굴의 주민은 동해안 에서 건너온 사람들임이 분명하다.

그러나 동해안 주민들이 건너와서 북한강권에 남긴 유적으로는 교동동굴이 유일하기 때문에, 그러한 주민의 규모와 이주 또는 이동의 동기, 그리고 건너 온 후의 행방 등을 추론하기가 어렵다. 다만 분명한 사실로 지목할 수 있는 것 은 토기와 결합식 어구는 동해안의 동일한 평저토기문화전통의 상한과 하한의 사이에 속한다는 점이다.

최근 동해안의 양양 오산리 유적의 발굴결과를 근거로 한 동해안의 신석기 문화의 편년에 따르면, 기존의 최고시기로 간주된 융기문토기를 비롯한 오산 리식 토기와 'J'형 결합식 어구의 시기보다 이른 일련의 평저토기류와 'C'형어 구의 시기가 존재하였으며, 따라서 새로운 편년은 전자를 전기로 후자를 조기 로 설정하고, 기존의 서해안식 첨저빗살문토기를 중기와 후기로 편성하고 있 다.[10] 이러한 편년을 인용하면, 교동동굴의 토기와 'J'형 어구는 동해안의 전 형적인 전기단계에 해당하며, 이 기간의 어느 시점에 교동동굴인들이 북한강 상류권으로 건너온 것으로 보아야 할 것이다.

---

10) 고동순, 전게서.

Ⅲ. 영서 첨저토기문화 전통의 동굴유적

지금까지 강원영서에서는 영월 삼옥리, 영월 연당리, 영월 공귀리, 영월 방절리, 철원 군탄리, 정신 고성리 등지에서 신석기시대의 동굴과 바위그늘유적이 발견되었다.

영월 삼옥리(영월군 영월읍 삼옥리 73번지)에서는 두 곳에서 바위그늘이 확인되었다.[11] 그중 1호는 동강의 단애면에 위치하고, 2호는 1호로부터 약 230m 떨어져 있다. 1호의 내부규모는 너비 15.5m, 높이 4.7m, 깊이 3.6m 정도의 크기인데 신석기시대로 보이는 노지 3기가 확인되었다. 노지는 바위그늘의 앞부분에서 확인되었으며, 그중 한 기는 강자갈을 이용하여 만든 것이고 나머지 2기는 불탄 자리만 확인되었다. 노지주변에서 마제석기와 타제석기 동물뼈와 어패류와 함께 빗살무늬토기편이 발견되었다. 출토된 빗살무늬토기편들은 단사선문과 점열문을 지닌 구연부편, 집선문, 횡주어골문을 지닌 동체부편, 그리고 무문양의 첨저 저부편 등이다.(사진 15·16)

2호에서는 노지와 같은 주거 흔적은 확인되지 않았으며, 자연동굴로 보이는 함몰부 안에서 빗살문토기편 2점과 타제석기 1점이 발견되었는데, 빗살문토기편은 소형 동체부편 1점과 구연부편 1점이다.(사진 17·18)

영월 연당리(영월군 남면 연당2리)에서는 피난굴 또는 쌍굴로 명명된 2개의 석회암 동굴 안에서 신석기시대의 유물이 발견되었다.[12] 1굴어서는 토제 가락바퀴, 뼈로 만든 낚시바늘, 석제 그물추, 간 뼈연모, 조가비 팔찌조각과 사슴,

---

11) 강원문화재연구소, 2009, 『영월 동강리조트내 유적발굴조사 약보고서』.

　　 차재동, 2010, 「제4장 (신석기시대의 강원) 5절(유적과 유물)」, 강원도사 2(선사시대), 282-284쪽.

12) 연세대 박물관, 2005, 『영월 연당 쌍굴유적, 남한강유역의 신석기문화』, 원주시립박물관, 31-55쪽.

　　 차재동, 2010, 「제4장(신석기시대의 강원) 5절(유적과 유물)」, 『강원도사2(선사시대)』, 285-286쪽.

사진 15. 영월 삼옥리 바위그늘 1호 전경(강문연, 2009, 약보고서 인용)

사진 16. 영월 삼옥리 바위그늘 1호 출토유물(강문연, 2009, 약보고서 인용)

사진 17. 영월 삼옥리 바위그늘 2호 전경(강문연, 2009, 약보고서 인용)

노루, 꿩, 자라, 너구리, 오소리 등의 동물뼈와 사람의 손, 발가락 뼈 등 다양하고 풍부한 유물상이 빗살문토기편과 함께 확인되었다. 또한 불을 피운 증거인 숯조각도 확인되었다고 한다.

2굴에서는 활석으로 만든 오각형 모양의 화덕이 남아 있었으며, 화덕 주변에서 간돌도끼, 간돌끌, 간뼈연모, 조가비연모, 굴껍데기, 짐승뼈, 자라뼈

사진 18. 영월 삼옥리 바위그늘 2호 출토유물
(강문연, 2009, 약보고서 인용)

등이 빗살문토기편과 함께 출토되었다. 이 가운데 굴껍질과 투박조개로 만든 팔찌는 해안지역과의 교류의 증거로 보고 있다.

연당리 쌍굴에서 출토된 빗살문토기편들은 횡주어골문이나 평행단사선문을 시문한 구연부편과 함께 무질서한 사선문대를 시문한 동체부편과 가는 찰과문

사진 19. 영월 연당 쌍굴 전경(원주시립박물관, 2005, 도록 인용)

사진 20. 영월 연당 쌍굴 빗살무늬토기편(원주시립박물관, 2005, 도록 인용)

을 시문한 동체부편이 출토되고 있는데, 이러한 동체부 문양은 일반적으로 빗살문토기문화의 후기에 유행한 문양패턴에 해당하는 것들이다.(사진 19·20)

영월 공기리(영월군 북면 공기리 굴앞마을)동굴은 국립춘천박물관이 발굴한 석회암 동굴인데,[13] 톱니날모양의 미늘을 지닌 뼈작살, 송곳, 뼈바늘 등이 골각기, 조개, 다슬기, 조가비 장식, 자라뼈, 각종 동물뼈, 사람의 전두골, 석촉, 소형석착 등과 함께 빗살문토기편이 발견되었다.

공기리동굴에서 출토된 빗살문토기편들은 빗살문토기 첨저 저부편과, 점열문, 단사선문을 지닌 구연부편, 그리고 횡주어골문을 지닌 동체부편 등이다.(사진 21·22)

이밖에도 동일한 영월군에 속하는 방절리(영월군 영월읍 방절1리)의 바위그늘에서도 빗살무늬토기편들이 채집되었는데,[14] 조형문과 평행단사선문, 삼각집선문 등을 시문한 구연부편들과 횡주어골문을 시문한 동체부편들로서 모두 전형적인 빗살문토기의 문양에 해당한다.(사진 23·24)

철원 군탄리(철원군 갈말읍 군탄 1리)에서도 여러 점의 빗살문토기편들이 채집되었다.[15] 한탄강 동쪽 단애상에 형성된 바위그늘 안에서 빗살무늬토기 구연부편 1점과 동체부편 3점이 채집되었다.(사진 25)

구연부편 1점에는 상하가 뒤바뀐 종주어골문이 시문되어 있으며, 동체부편 1점에는 횡주와 종주어골문이, 다른 한 점에는 횡주어골문이 시문되어 있다.(사진 26)

또 다른 동체부편 1점에는 점물결무늬 또는 파도점줄무늬로 기술된 문양이

---

13) 국립춘천박물관·영월군, 2009, 『영월 동굴유적 1차 학술조사 약보고서』.

차재동, 2010, 「제4장 (신석기시대의 강원) 5절(유적과 유물)」, 『강원도사 2(선사시대)』, 289–290쪽.

14) 단국대 박물관, 2005, 「영월 방절리 유적」, 『남한강유역의 신석기문화』, 원주시립박물관, 21–29쪽.

15) 강원대박물관·강원도·철원군, 1995, 『철원군의 역사와 문화유적』, 27–31쪽·59–60쪽.

차재동, 전게서, 304–306쪽.

사진 21. 영월 공기리 동굴(국립춘천박물관, 2009, 약보고서 인용)

사진 22. 영월 공기리 동굴 출토 빗살무늬 토기(국립춘천박물관, 2009, 약보고서 인용)

사진 23. 영월 방절리 바위그늘 전경(원주시립박물관, 2005, 도록 인용)

사진 24. 영월 방절리 바위그늘 출토 빗살무늬토기(원주시립박물관, 2005, 도록 인용)

사진 25. 철원 군탄리 바위그늘 전경(강원대박물관, 1995, 보고서 인용)

사진 26. 철원 군탄리 바위그늘 채집 빗살무늬토기편(강원대박물관, 1995, 보고서 인용)

시문되어 있는데, 파도모양의 선을 그린 아래 위에 끝이 둥글고 굵은 새기개로 점줄을 찍었는데 이 무늬는 연평도, 금탄리 1문화층, 궁산리, 지탑리 등지에서도 확인된 것으로서 보고자는 연평도 유적의 연대인 2860–2450 B.C.을 참고하여 군탄리는 신석기 중기 말에서 후기 초로 편년하고 있다.(사진 26–4)

이밖에 정선 고성리 (정선군 신동읍 고성리 고방정 마을) 바위그늘에서도 빗살무늬토기편의 채집사례가 알려져 있다.[16)

Ⅳ. 강원지역 신석기 동굴유적의 고고학적 특색과 함의

1. 강원지역 신석기 동굴유적의 성격

지금까지 발견된 강원지역의 동굴유적은 모두 태백산맥 이서의 영서지역에 위치한다. 형태상 동굴과 바위그늘로 구분할 수 있으며, 그 특색은 다음과 같다.

1962년에 발견된 교동동굴은 그 후 50년이 지난 현재까지도 영서지역에서 발견된 유일한 영동 평저토기문화인들이 남긴 유적으로서, 동해안의 양양 오산리와 고성 문암리 유적과 같이 평저토기와 결합식 어구를 사용한 동일한 집단이 태백산맥을 넘어와서 북한강권에 남긴 유적이다. 물론 이러한 평저토기와 조합식 어구는 강원영서뿐만 아니라 태백산맥 이서의 어느 지역에서도 발견된 예가 없다.

그러한 태백산맥 횡단의 시기는 'J'자형 어구를 사용한 동해안 평저토기문화의 후기에 속할 개연성이 높다. 왜냐하면, 평저토기집단이 일단 강원도 동해안에 정착한 다음, 일정한 시간이 경과한 후 태백산맥을 넘어서 북한강유역의 상류인 춘천지역에 도래한 후 남긴 동굴이기 때문이다.

교동동굴을 제외한 나머지 동굴 유적의 담당주민과 그 문화전통은 소위 영서 첨저빗살문토기문화에 속하는 것이다. 지형지리적인 입지의 관점에서 볼 때, 한탄강 변에 해당하는 철원 군탄리 유적을 제외하면 모두 남한강 최상류의 심산협곡지대에 위치하고 있다. 이러한 사실은 빗살문토기문화인들의 주된 생계경제인 수렵과 담수어로 행위의 일단을 잘 보여준다.

---

16) 차재동, 전게서, 301–302쪽.

이러한 빗살문토기인들이 남긴 동굴 유적의 상한은 불분명하지만, 하한은 빗살문토기문화의 후기까지 내려온다. 왜냐하면 동굴 안에서 채집된 빗살문토기들의 문양 가운데는 빗살문토기문화의 전성기에 유행한 점열문, 단사선문, 어골문 등의 문양뿐만 아니라 찰과문이나 무질서한 사선문 등과 같이 쇠퇴기에 해당하는 양상도 관찰되기 때문이다.

예를 들면 철원 군탄리 바위그늘에서 채집된 파상점열문 동체부편은 서해안 빗살문토기 분포권의 광역에서 발견되는 문양으로서 빗살문토기의 전성기로 볼 수 있고, 영월 연당리에서 출토된 빗살문토기의 구연부와 동체부에 시문된 무질서한 사선문과 찰과문은 전형적인 후기적 특성에 해당한다.

2. 동굴유적에 나타난 영서 첨저토기문화와 영동 평저토기문화의 특색 비교

교동동굴의 주인공들의 태백산맥 횡단루트에 대하여 필자는 간성에서 진부령 골짜기를 거쳐 원통에 이르는 진부령 고갯길을 유력한 코스로 설정한 바 있으며, 횡단 이후 영동 평저토기인들의 행적, 또는 이들과 영서 첨저토기인들과의 교류관계에 대하여는 결합식 어구와 평저토기를 근거로 다음과 같은 추론을 제시한 바 있다.[17]

"봉의산동굴(교동동굴)의 평저토기와 결합식 어구에 나타난 특징은 고성 문암리 유적의 토기와 결합식 어구에 나타나는 특징과 기본적으로 동일하지만, 약간의 세부적인 차이

---

17) 노혁진, 2010, 「환동해 문화전파망과 봉의산동굴 ―동로의 관점에서 본 봉의산동굴―」, 『동북아문화연구』 25집, 동북아시아문화학회.

가 나타난다.

먼저, 결합식 어구의 경우, 문암리 유적에서는 완제품뿐만 아니라, 제작공정을 보여주는 반제품과 석재까지 발견되었다. 반면 봉의산동굴에서는 유일하게 완제품 1점만이 출토되었다. 또한 후자의 경우는 실제로 고기잡이에 사용하려면 낚시줄을 묶기 위하여 반드시 만들어야 하는 홈이 없다. 이와 같이 비실용적인 형태를 지닌 동시에 유일하게 한 점만 존재하는 것은 그 목적이 실제로 사용하기 위하여 만든 것이 아님을 보여준다.

토기의 경우도, 문암리와 오산리에서 출토된 무문양토기나 압날문이나 압인문토기 그리고 귀달린 단지 등은 크기가 여러 가지이다. 즉 토기의 높이를 기준으로 하면 30㎝부터 10㎝ 내외로 다양하다. 그러나 봉의산동굴 토기 5점은 높이가 9-13㎝로 균등하다. 이러한 사실은 전자가 실용기로 쓰인 결과 쓰임새에 따라 여러 가지 크기로 제작해서 사용한 반면, 봉의산동굴의 토기들은 뭔가 단일하고 일정한 목적에 맞추어 동시에 제작되었음을 보여준다.

이와 같이 봉의산동굴의 토기와 결합식 어구가 문암리로 대표되는 평저토기전통에 속하면서도 나름대로 일정한 특색을 보이는 것은 그 출현의 배경이나 출현 장소와 함께 여러가지 궁금증을 불러일으킨다. 그럼에도 불구하고 한 가지 분명한 것은, 문암리의 토기와 결합식 어구와 비교할 때 나타나는 봉의산동굴 토기와 결합식 어구 한 점의 비실용적 성격과 형태상의 차이는, 봉의산 동굴인들이 진부령을 넘어올 때 문제의 5점의 토기와 한 점의 어구를 지참하고 왔다고 볼 수 있는 가능성이 희박함을 보여주는 증거이다.

앞장에서 서술한 바와 같이 봉의산동굴을 실사한 김원용 교수의 추론처럼, 토기와 어구와 다른 석기들이 유골과 함께 안장되었으며 동굴바닥의 불탄 자리로 미루어 그러한 매장행위 이전에 거주행위가 이루어졌다고 볼 수도 있고, 층위적 동시기성을 근거로 불탄 자리와 유물과 유골이 모두 동일한 사람들의 행위의 결과로 볼 수도 있을 것이다. 전자의 경우가 맞다고 하더라도, 앞선 거주자가 단지 불탄 자리만을 생활의 흔적으로 남기고 떠나간 후, 그들과 전혀 무관한 사람들에 의하여 시신의 매장과 유물의 부장이 이루어졌다고 보기도 어렵다. 왜냐하면 봉의산동굴은 강원영서지방의 소위 신석기시대의 동굴가운데 유일한 인공굴착동굴이기 때문이다. 주지하다시피 북한강유역을 비롯한 강원영서지역에서 그동안 발견된 동굴유적들은 모두 자연동굴이며, 그 안에서는 소위 서해안식의 빗살문토기들이 출토되고 있다.

이러한 지역전통을 고려할 때, 봉의산의 인공굴착동굴을 그러한 서해안의 빗살문토기인들이 굴착해서 불을 피우고 살다가 떠난 자리를 봉의산동굴인들이 그들의 매장유적으로 재사용했다고 보기는 힘들 것이다. 그렇게 추론하기 위하여는 최소한 서해안식의 빗살문토기편이 공반되었거나, 동굴유적의 보편적인 양상처럼 빗살문토기편과 같은 빗살문토기인들의 증거와 불탄 자리가 폐기된 후 그 위에 평저토기와 인골이 매장된 것을 보여주는 일정한 층위적 증거가 남아 있어야 하기 때문이다. 그러나 그러한 증거가 하나도 없는 상황에서 이차에 걸친 상호 분리된 주거와 매장을 상정하는 것은 동굴유적의 일반적인 양상에 비추어 희소한 경우라고 보아야 할 것 같다.

따라서, 설령 거주와 매장이 별도로 이루어졌다 하더라도, 인공동굴을 굴착하여 그 안에서 불을 피우고 거주했던 사람들과 나중에 부장품과 함께 매장된 사람들은 동일한 집단 또는 무리에 속하는 사람들로 보아야 한다고 판단된다. 즉, 동굴을 인공적으로 굴착하고 그 안에서 불을 피우고 살던 사람이 다름 아닌 동굴에 부장품과 함께 매장된 채로 발견된 사람이라고 간주하지 않고, 양자를 다른 사람들로 간주하더라도 그들은 모두 하나의 집단에 속한 사람들이었다고 보는 것이다.

더 나아가서 필자는 불탄 자리마저도 반드시 일상생활용 거주흔적으로 볼 필요는 없고, 이러한 가능성과 함께 매장과정에서 일정한 장례절차상 불을 피운 것으로 볼 수 있는 가능성도 열려 있다고 본다. 경험적으로 볼 때, 하나의 동굴내부에서 거주지로서의 용도가 폐기된 후 새롭게 매장지로 사용되었다고 볼 수 있는 고고학적 증거나 층위적인 단서가 전혀 없기 때문이고, 지금까지 강원영서지역에서 발견된 모든 동굴유적은 자연동굴이나 바위그늘에 해당하는데, 굳이 쉽지 않은 작업과 노동을 요구하는 인공동굴을 굴착한 배경에는 그만큼 특수한 의도나 목적이 있었기 때문이라고 보는 것이다.
즉, 단순히 한 가족 정도의 인원이 거주용으로 살기 위하겨 봉의산의 산중턱의 암반부
식토층을 석기나 목기같은 비효율적인 굴지구를 사용해서 조성했어야만 할 이유가 희
박하다고 보는 것이다. 결론적으로 봉의산에 인공적으로 동굴을 굴착해서 불을 피우
고 토기와 석기와 함께 사람이 매장된 상태로 남게된 일련의 행위는 동일한 무리의 사
람들에 의한 것이라고 보는 것이 필자의 판단이며, 심지어는 동굴을 굴착한 사람들이
다름 아닌 나중에 인골로 발견된 사람일 수도 있다고 본다.

진부령을 넘어온 영동의 평저토기인들이 봉의산동굴에서 어떻게 마지막 생을 마감하
였는지, 아니면 그들을 매장하고 떠나간 동료들의 삶은 어떻게 이어졌는지에 대하여
는 추적하거나 추론할 수 있는 고고학적 증거나 전혀 없다. 봉의산동굴이 발견된 지
50년이 지난 지금까지도 이들과 관련된 흔적은 하나도 별견되지 않고 있다. 그러나 앞
서 살펴본 바와 같이 동해안에서 진부령을 넘어 소양강 물줄기를 따라 북한강유역에
도달하는 과정이 순탄하고 용이한 사실에 비추어 볼 때, 이들은 동료들을 매장하고 고
향으로 돌아갔는지도 모른다. 그렇지 않으면 필요할 때마다 진부령횡단을 통하여 영
서로의 진출을 시도하고 영서의 토착민들과 관계를 유지하였을 가능성도 적지 않다.

그러나, 한가지 분명해 보이는 것은, 바다와 연안의 생태계에 익숙한 영동 평저토기인
들에게 강원영서의 산간과 강으로 이루어진 생태계는 익숙해지기에도 적응하기에도
어려웠던 것 같고, 그 결과 영서로의 진출은 그다지 어렵지 않게 다가왔더라도, 새로
운 영서의 생활환경에 적응하여 정착하기는 매우 어려웠을 것으로 짐작되며, 그러한
영동 평저토기인들의 삶과 행적을 단적으로 보여주는 것이 봉의산동굴이 아닌가 한다.
다분히 소설적인 얘기지만, 봉의산동굴인들은 자신들의 전통을 향수로 간직한 채 쓸
쓸히 객지나 타지에서 생을 마감하였을 수도 있다. 그 결과 영서의 빗살문토기인들과
는 유리되어 봉의산 중턱에 굴을 파고 토착전통의 상징긴 독특한 토기와 결합식 어구
를 의례용으로 만들어서 함께 묻힌 것이 아닌가 하는 생각도 든다."18)

이와 같이, 교동동굴은 영동 평저토기인들의 영서진출의 한계를 드러내 주는 증거인 동시에 영동 평저토기인들과 영서 첨저토기인들의 생활 또는 생계경제의 차이를 극명하게 보여주는 증거로 볼 수 있다.

이러한 공간적인 활동영역의 차원에서 한계를 보이는 영동 평저토기문화의 발전과정은, 시간적 차원에서도 일정한 한계를 보여준다.

주지하다시피 영서지역의 첨저빗살문토기문화는 서해안지역에 확산한 후 점차적으로 영역을 확대하면서 동해안으로 진출하여 평저토기문화의 영역전반에 정착하고 있다. 강원도 동해안 지역에서 발견된 양양 지경리 유적[19]이나 고성 철통리 유적[20]에 나타난 바와 같이 동해안에 진출한 영서 첨저토기문화는 진출이후에도 자체적으로 발전하면서 종말기에 이르기까지 문화전통을 지속하여 갔음을 알 수 있다.

한편, 영동 평저토기인들의 경우, 최근 발견된 오산리 C지구 유적에서 알 수 있듯이, 일정한 수준에서 자체적인 발전과정을 보여주고 있다. 예를 들면, 오산리 C지구에서 발견된 소위 'C'자형어구가 오산리와 문암리 유적 등에서 발견된 'J'자형 결합식 어구보다 시기적으로 앞서고 있기 때문에 영동 평저토기문화의 경우, 'C'자형어구를 사용했던 초기단계에서 'J'자형어구가 유행한 단계로의 발전과정을 인정할 수 있을 것이다.[21]

소위 강원지역 신석기문화의 단계론적 분류에 의하면, 'C'자형 어구 사용단계는 신석기 조기로, 'J'자형어구를 사용한 문암리와 오산리 유적 등의 단계는 신석기 전기로 분류되며, 지경리유적과 같은 영동지역의 영서 첨저토기문화

---

18) 노혁진, 전게서, 183–186쪽 전재.

19) 강릉대박물관·원주지방국토관리청, 2002, 『양양 지경리 주거지』.

20) 예맥문화재연구원, 2009, 『고성 철통리 유적』.

21) 고동순, 전게서, 184–185쪽

유적은 신석기 중기로, 철통리 유적은 후기로 구분이 가능하다.[22]

그런데, 이러한 결합식 어구들은 소위 영동지역 신석기 중기의 대표 유적인 양양 지경리,[23] 강릉초당동[24] 등지에서 관찰되는 바와 같이 영동지역에서 첨저빗살문토기문화가 출현하는 시기부터는 나타나지 않는다. 이와 같이 시간적 차원에서 볼 때도 영동 평저토기문화는 일정한 제한된 기간 동안만 지속되었음을 알 수 있다.

이러한 영동과 영서의 두 문화전통의 시공적 범위의 차이는 물론 양자의 생계경제의 차이와 직접적인 관계를 지니고 있다.

영동 평저토기문화의 경우, 오산리, 문암리 등 유적의 입지와 'C'자형어구와 'J'자형어구의 존재와 사용기간으로 볼 때, 연어와 같은 대형의 회귀성어류를 포함한 대형 물고기포획 위주의 생계경제였음을 알 수 있고, 이런 의미에서 이들은 해양어로인들이었다고 표현해도 될 것이다. 따라서 이들은 이러한 해양성 어류의 포획 환경을 벗어나지 못하고 살아가다가 어떠한 이유인지 알 수 없으나, 영서의 첨저토기인들의 진출이후 이들에게 흡수되거나 아니면 동해안을 따라서 이동한 것으로 보인다. 아직 발견유적이 적어서 단정하기 어렵지만, 양양 지경리 유적의 유물상으로 보면, 영동 평저토기문화인들의 문화요소가 영서 첨저토기문화 안으로 흡수된 단서나 양상은 관찰되지 않는다. 따라서 양자 간의 관계 또는 교체는 점진적이고 연속적인 과정이 아니라 단절적인 사건이었을 개연성이 높은 것 같다.

반면 영서 첨저토기인들의 경우, 서해안 지역의 도서와 해안과 내륙의 강변과 평지뿐만 아니라, 본 글에서 다룬 강원도 심산협곡의 동굴 등의 여러 유적

---

22) 고동순, 전게서.

23) 강릉대박물관·원주지방국토관리청, 2002, 『양양 지경리 주거지』.

24) 강원문화재연구소·강릉시, 2006, 『강릉 초당동 신석기 유적』.

에 나타난 바와 같이, 연안어로, 패류채집, 담수어로, 동물사냥, 식물채집뿐만
아니라 원시농경의 실시 등과 같은 다양하게 다변화된 생계경제 생활을 영위
하였으며, 그 결과 종족번식능력이나 인구증가와 확산의 속도 및 다양한 환경
에의 적응방식 등 모든 면에서 우월한 적응 및 대처 능력을 구사한 결과, 태백
산맥을 넘어가서 동해안에까지 진출하였으며, 동해안에서도 새로운 소위 청
동기시대의 무문토기문화인들이 도래하기까지 지속적으로 존속할 수 있었다.

결국 이러한 영동 평저토기문화와 영서 첨저토기문화의 총체적인 차이는 두
문화전통의 독자성에서 비롯한 것으로서, 그러한 독자성의 일 단면이 다름 아
닌 두 문화인들이 남긴 동굴유적에 그대로 나타나고 있는 것이다. 또한 그러
한 독자성은 종족 수준의 차이에서 비롯한 것으로 보아야 할 것이다.

V. 맺음말

필자가 생각하는 강원지역의 신석기시대 동굴유적에 담긴 고고학적 함의는
다음과 같다.

소위 신석기시대의 강원 영동의 평저토기문화와 영서 첨저토기문화는 상호
시차를 두고 출현한 별개의 독자적인 집단이 남긴 문화이다. 따라서 두 문화
집단의 활동과 확산의 영역과 존속기간 및 생계경제는 일정한 차이를 보여준
다. 이러한 두 문화의 총체적인 차이가 극명하게 표출된 고고학적 증거의 하
나가 다름 아닌 동굴유적이다.

영동 평저토기인들이 남긴 교동동굴은 해양어로 위주 생계경제의 내륙지역
에의 적응의 실패를 보여주는 사례인 반면, 영서 평저토기인들이 남긴 나머지
모든 동굴들은 영서 첨저토기인들의 생계경제의 다변화된 적응능력을 보여주

는 증거이며, 이들은 이러한 다변화된 환경에의 적응능력을 통하여 결국 영동
지역에 확산하여 무문토기인들이 도래하는 소위 청동기시대의 개시기까지 존
속할 수 있었다.

즉, 'C'자형어구와 평저토기가 출토된 오산리 C지구의 연대가 기원전 6000
년 경으로 강원지역뿐만 아니라 제주도 고산리 유적의 연대와 함께 한반도 전
체의 신석기시대 연대 가운데 가장 빠르기 때문에 평저토기와 결합식 어구를
사용한 집단이 동해안 루트를 따라 강원영동지역에 확산한 후 일정기간이 지
난 후 영서진출을 시도하였으나, 교동동굴이라는 일회적 에피소드로 끝나게
되었다.

반면, 영서 첨저토기인들은 영동 평저토기인들보다 늦게 한반도의 서해안으
로 도래하였으나, 한강의 본류와 지류를 따라 강원영서지역의 심산협곡지대에
이르기까지 꾸준히 생활영역을 확장하였다. 이러한 지속적인 확장과정은 영동
지역으로까지 계속되어 소위 강원도 신석기시대의 중기와 후기로 편년되고 있
는 문화단계를 거쳐 무문토기인들의 도래기까지 존속한 것으로 보인다.

이러한 영서 첨저토기인들의 영동진출과정에서 영동 평저토기인들은 사라
지게 되며, 이들이 영서 첨저토기인들에게 흡수되었는지 아니면 동해안을 따
라 이동하였는지는 불분명하다. 그러나 양양 지경리 등지의 유물상에 결합식
어구나 평저토기 등 영동 평저토기의 전통이 유존하지 않는 점으로 미루어 후
자의 가능성이 높아 보인다. 즉 이들은 시종 해안지역에 거주하면서 회귀성어
류나 해양성어류의 포획에 치중한 생계경제를 지속하였으며, 그 결과 내륙으
로 진출하기보다는 동해안을 따라 이동한 것으로 추정된다.

결론적으로, 강원지역의 신석기시대 동굴유적은 종족적으로 출자가 다른 두
문화 집단의 독자적이고 총체적인 생계경제 또는 생활방식의 차이가 강원지역
의 독특한 지형지리적 특색에 부응하여 극명하게 표출한 고고학적 사건 또는
현상의 대표적 사례라 할 수 있다.

| 참고문헌 |

강원대박물관·강원도·철원군

　　1995 『철원군의 역사와 문화유적』.

강원문화재연구소·강릉시

　　2006 『강릉 초당동 신석기유적』.

강원문화재연구소

　　2009 『영월동강리조트내 유적발굴조사약보고서』.

강릉대박물관·원주지방국토관리청

　　2002 『양양 지경리 주거지』.

고동순

　　2009 「동해안지역의 신석기문화」, 『동삼동패총전시관 학술총서 제Ⅳ권』.

　　2010 「제5절: 유적과 유물, 4.동해안지역」, 『강원도사2: 선사시대』, 강원도.

고동순·홍성학

　　2007 「양양 오산리유적 최하층 출토 토기에 대한 예찰」, 『강원고고학보』 제
　　　　9호』.

국립문화재연구소

　　2004 『고성 문암리 유적』.

국립춘천박물관·영월군

　　2009 『영월 동굴유적 1차 학술조사약보고서』.

김원용

　　1963 「춘천교동혈거유적과 출토유물」, 『역사학보 20』, 1992, 『한국고고학연
　　　　구』, 일지사.

노혁진

　　2010 「환동해 문화전파망과 봉의산동굴 −동로의 관점에서 본 봉의산동굴」,

『동북아문화연구 25집』.

단국대박물관

　　2005 「영월 방절리유적」, 『남한강유역의 신석기문화』, 원주시립박물관.

연세대박물관

　　2005 「영월 연당 쌍굴유적」, 『남한강유역의 신석기문화』, 원주시립박물관.

예맥문화재연구원

　　2009 『고성 철통리 유적』, 2009.

차재동

　　2010 「제4장 신석기시대의 강원 5절(유적과 유물)」, 『강원도사2(선사시대)』.

강원 동해안 지역 전기 청동기문화 소고*

-유적의 검토와 이주모델의 대입가능성 검토: 속초 조양동 유적과 강릉 방내리 유적 비교연구-

최종모**

Ⅰ. 머리말
Ⅱ. 강원 동해안 지역의 전기 청동기시대 주거지 검토
Ⅲ. 강원 동해안 지역 전기 청동기시대문화의 성격
Ⅳ. 맺는말

〈Abstract〉

The prime object of this paper rests upon the study on the critical work reflecting upon the identical works done so far on one side and on discovering a new project to pursue on the other side.

It starts with the comparison between the propagative view of the early bronze age culture out of the Eastern coast district, Gang-Won Do province and the descriptive tradition of the plain pottery figures.

The following comparison is illustrated : When compared with each

---

* 이 글은 그동안 고고학계에 수많은 족적을 남기시고 많은 후학들에게 自强不息의 본을 보이시며 늘 勸學하신 希正 崔夢龍 선생님의 정년퇴임을 아쉬워하여 그 뜻을 기리고자 2005년 강원고고학보 4·5합집에 게재하였던 '강원 동해안 지역 전기공열토기문화 소고'를 일부 전제하여 새롭게 정리한 글입니다. 정년퇴임하시는 선생님의 앞길에 長樂萬年하시길 기원합니다.

** 강원문화재연구소 연구실장

other, it must be examined that how and in what style the Joyang-dong site which cab be assumed as the one belonged to the early bronze age culture and the Bangnae-ri site were derived from.

The bronze age culture of Eastern coast district, Gang-Won Do is understood to be based upon the Rim-perforated Pottery foundation, and the cultural contents based upon the Rim-perforated pottery select its settlements over the higher hill-side and formed a small village consisting of 1~2 families into little size or 3~5 families into big size as such.

Such a forming of a village seems to be caused possibly by influencing factor in social and economical factor depending on the migration.

The influencing possibility should be examined more correctly later on by another project to come and to study.

The Joyang-dong site and the Bangnae-ri site which are adopted the object of analysis after a little variation in settlement structure and difference, and the stone tools except the plain pottery offers not outstanding variation enough to sense in the site type variation, but uniquely the plain pottery does a tiny changes.

Such a variation makes it possible to assume that it occurs and only pure Rim-perforated plain pottery show the survival at last in the process of combination and disorganization of double folded mouth, horizontal bands of oblique, rim-perforated pottery, pottery with notched strip on rim when compared with the antecedent Kyo-dong site.

The process as such is understood to show the process of migration from the original place to the new settlement.

The excavated, with double folded mouth, horizontal bands of oblique in the outside factors are understood the bronze age site belonging to the Abrok riverside site, and the propagation of the outside factor is assumed to have flowed down to the South along with Dae-dong riverside and descended down along with the Eastern coast side next.

The Joyang-ding site form and the Bangnae-ri site form are understood to mark different period and dividing period was set up by the first period with B.C. 13C~11C and middle period with B.C.10C~6C.

The evidence for the period setting brought the overlapping relationship and the absolute chronology and the excavated types.

It seems that the appearance of settlement and cultural difference was originated from different groups having same cultural tradition in different time. In addition, they had unclear evidences about agriculture and their society was not an original agrarian society. They had a complex society with variation strategy of hunter-gather.

The research that examined so far on the topic makes it reflect on short of study and suggestion to have view over the Eastern coast village forming factors.

key word : Garak-dong type, Yeoksam·Heunam-ri type, rim-perforated pottery, migration

Ⅰ. 머리말

한반도에서 확인되고 있는 무문토기문화 중에 가장 넓은 지역과 가장 큰 시대폭을 가지고 있는 것이 공열토기문화이다. 공열토기문화는 표식적으로 공열토기를 출토하며 다른 무문토기문화를 구성하는 주거지의 평면플랜이나 공반유물 등의 문화요소도 부분적으로 공유하는 문화이다. 강원도에서 확인되고 있는 공열토기 유적은 청동기시대 전환기부터 후기까지의 큰 시기적 진폭을 가지고 있으며 이들 유적들이 문화적으로 의미를 가지기 위해서는 문화의 개념에 적절하게 부합하여야 하고 일련의 문화적 속성도 공유하여야 한다.

먼저 문화의 개념을 정의하면, 문화라는 개념은 "사회성원으로서의 인간에 의해 획득된 지식·신앙·예술·도덕·법률·관습 외에 어떤 능력과 습관까지도 포함하는 복합적 전체"[1] 또는 "학습된 행동의 형상이며 어느 특정 사회의 성원들에 의해 공유되고 전승되는 구성요소들인 행동의 결과들"[2]로 정의할 수 있다.

고고학에서 말하는 문화는 '특정 사회의 (인간들에 의해 이루어진) 행위를 나타내는 고고학적 자료의 복합체들에서 복원되는 문화'[3]를 말하며 이 문화의 내용은 물질적인 문화뿐만 아니라 추상적인 문화도 유추할 수 있는 개념이다. 이 글에서 필자는 문화의 복원이라는 거창한 접근이 아니라 역사적·공간적 맥락이 고려된 문화의 현상을 설명하려는 입장을 중심에 두고 지역적으로는 강원 동해안 지역의 유적과 시기적으로는 청동기시대 전기공열토기문화를 이해

---

1) Tylor, 1958, *The Origin Of Culture*(전경수, 1994, 『한국문화론』에서 재인용).

2) Linton, 1945, *The Culture Background of Personality*(전경수, 1994, 『한국문화론』에서 재인용), 문화에 대한 이해와 더불어 유형의 개념설정은 기왕에 연구된 박순발의 유형의 개념에 기준하여 이해하고자 한다(박순발, 1999, 「흔암리유형 형성과정 재검토」, 『영남고고학』 창간호).

3) 최성락, 2001, 『한국 고고학의 방법과 이론』.

하려고 한다.

　청동기시대 전반에 걸쳐 넓은 지역에 분포하고 있는 공열토기문화 중 강원 동해안 지역의 공열토기문화는 시간과 공간적으로 그 흐름의 궤강을 일관되게 살필 수 있는 지역성이 강한 문화로 볼 수가 있다.

　지금까지 청동기시대에 사용된 무문토기는 서북지방[4]을 중심으로 전개되는 미송리식토기, 공귀리식토기, 대동강 유역의 각형토기, 묵방리식토기, 동북지방을 중심으로 한반도 전역에 걸쳐 분포하는 공열토기(혹은 역삼동식토기), 한강유역을 중심으로 그 이남에 분포하는 가락동식토기 그리고 남한강 유역의 흔암리에서 확인된 앞선 두 토기문화의 결합으로 보여지는 흔암리식토기 등이다. 또한 한반도 중서부 지방을 중심으로 전개되는 송국리형토기는 흔히들 중기의 무문토기형식으로 알려져 있다.[5]

　무문토기문화의 전기에 해당하는 각형토기문화와 공열토기문화의 양자 간에 놓인 결합 또는 변형된 내용의 문화에 대한 관심으로 각형트기가 한반도 중서부 지역에서 후속하는 무문토기문화인 가락동유형에 영향을 주었다는 설을 부정하고 흔암리유형이 가락동유형과 역삼동유형의 결합이 아니라 이미 압록강 유역에서 형성된 유형이 원산만 일대에서 결합되어진 것이라는 설[6]과 각

---

4) 서북지방을 의미하는 내용은 크게 두 개로 나누어 볼 수 있다. 신석기시대의 지역적 특색이 강조되었을 경우는 서북지역의 첨저형토기전통을 지칭하는 문화적 내용을 일컫고, 동북지방은 평저토기의 전통을 말하는데 이때의 문화적 권역은 한반도 서북지방을 통칭하나, 청동기시대에는 각형토기를 공반하는 청천강 이남의 대동강 유역을 지칭하는 경우와 청천강 이북의 각형토기와 다른 토기전통을 가진 문화권역을 지칭한다. 이 글에서는 서북지방이라는 문화권역을 청천강 이북의 지역에 한정하고, 각형토기로 대표되는 문화권역은 대동강 유역으로 한정하고자 한다.

5) 송만영, 1997, 「중서부지방 무문토기문화의 전개」, 『숭실사학』 10.
이 글에서 저자는 송국리형무문토기를 공반하는 이른바 "송국리유형"이 청동기시대 중기로만 설정할 이유가 없다는 견해를 조심스럽게 피력하고 있다.
유병린, 2001, 「중서부해안지역 무문토기시대에 대한 연구」, 한양대학교 석사학위논문.

형토기의 요소와 공열토기의 요소가 결합되어 나타난 것이 흔암리식유형이라고 보아 그 시대적 편년이 전기의 후반부에 해당한다는 설이 대두되기도 하였다.[7] 그러나 강원 동해안 지역에 한정하여 볼 때 공열토기를 구성하는 다양한 요소들 즉 구순각목, 이중구연, 공열문, 단사선 등의 요소는 토기를 구성하는 독립적인 시문요소로 보이며, 각 지역 혹은 시대에 따라 선택적으로 각 요소를 채택하여 특징적인 형식을 나타내는 것으로 볼 수가 있다.

이 글은 상술한 특징적인 형식과 한반도 무문토기문화 전개에 중요한 위치를 점할 수 있는 강원 동해안 지역 전기 청동기문화에 대한 연구[8]에 대한 검토로 속초 조양동 유적과 강릉 방내리 유적을 비교 검토하여 제한된 지역에서의 공열토기문화가 어떠한 형식변화와 문화변동을 초래하였는지를 살펴보고자 한다. 이를 위해서 주거지의 변화나 유물의 형식분류를 통해 시기와 단계별 특징을 추출하여 이들 유적 간의 차이를 설명하고 이러한 차이가 어디에서 유래했는지 살펴봄과 동시에 이러한 양상이 기존의 고고학적 이론의 틀에 대입하였을 때 어떠한 결과를 나타낼 수 있는지 알아보고자 한다.

---

6) 박순발, 1999, 「흔암리유형 형성과정 재검토」, 『호서고고학』 1.

7) 안재호, 2000, 「한국농경사회의 성립」, 『한국고고학보』 43.

8) 강원 동해안 지역의 청동기시대에 대한 연구는 그 동안 지역연구에 대한 무관심과 자료의 한계로 인하여 원활한 연구가 이루어지지 않았으며, 점차 증가하는 자료에 따라 본격적인 연구가 필요한 부분이다. 지금까지의 성과는 필자의 졸고(최종모, 1998, 「강원지방의 무문토기문화연구」, 한림대학교 석사학위논문)와 박영구(박영구, 2000, 「영동지역 청동기시대 주거지 연구」, 단국대학교 석사학위논문)의 연구가 있으며, 박영구는 이 연구를 진전시켜 2004년 『강원고고학보』 제3집에서 「영동지역 청동기시대 주거지 연구」를 발표하면서, 영동지역의 청동기 유적을 분석하여 각 유적의 편년시도와 더불어 생활공간과 생활상을 규명하려 하였다. 이 연구로 영동지역 청동기문화에 대한 다각적인 접근을 용이하게 하는 기초를 마련하였다.

Ⅱ. 강원 동해안 지역의 전기 청동기시대 주거지 검토

1. 주거지의 입지

강원 동해안 지역의 청동기시대 주거지의 입지는 해안가의 저구릉지대의 해안사면으로 뻗은 구릉 정상부에 위치하며 해안지대 주변으로 호수나 강을 낀 호안 또는 강안의 구릉에 입지하는 특징을 지니고 있다. 이러한 입지의 특성은 청동기시대의 기후요건 및 자연환경과의 관계에서 보아야 할 것인지 아니면 식생과 관련하거나 사회문화적인 맥락에서 살펴야 하는 것인지에 대한 논의가 필요할 것이다.

기왕의 연구결과를 살펴보면 생업경제 및 식생과 관련한 것들로 안재호의 견해는 취락의 입지를 평지형 취락, 산지형 취락, 구릉형 취락 등으로 나누고 이들의 식생패턴을 각각 충적지를 이용한 밭경작 중심, 구릉을 이용한 화전경작 중심, 구릉 하단의 평지와 계곡을 이용한 수전 중심으로 이해하고 있다.[9] 홍주희는 안재호의 연구에서 보다 진전하여 취락의 입지를 크게 산지형과 평지형으로 구분하고, 이를 다시 고지성 산지형과 구릉성 산지로 구분하였다. 평지형은 충적대지형과 곡간대지형 그리고 침식대지형으로 구분하여 각 유형에 따른 취락의 거주양상 및 변화상을 설명하였다. 이러한 견해 외에도 집단 간의 갈등관계에서 이들 취락의 입지를 설명하려는 논의도 있으며, 이러한 갈등관계가 나타나는 물적 증거가 바로 환호취락의 등장 및 다양화[10] 또는 화재 주거지의 증가[11] 등으로 보는 견해도 있다. 그러나 이러한 취락의 입지 또는

---

9) 안재호, 2000, 「한국 농경사회의 성립」, 『한국고고학보』 43.

10) 이성주, 1998, 「한국의 환호취락」,『환호취락과 농경사회의 형성』 영남고고학회·구주고고학회 제3회 합동고고학대회 발표요지.

주거지의 조성과 관련한 구체적인 증거는 확인할 수 없으며 이러한 문제는 청동기시대의 유적뿐만 아니라 다른 선사유적도 마찬가지로 마을 전체의 환경과 문화를 복원할 수 있는 조사가 진행되지 못하였기 때문으로 생각된다.

강원 동해안 지역에서 조사된 청동기시대 주거지 유적은 동 지역의 신석기시대 유적이나 철기시대 유적이 해안의 사구지대에 입지하는 것과 달리 구릉에서 확인된다는 점과 소규모로 취락이 형성되었다는 점에서 미시적인 부분과 거시적인 부분의 선택에 대한 해답을 얻을 수도 있을 것이다. 이러한 주거입지의 선택은 물론 자연환경의 변화와 이에 따른 식생환경의 획득이라는 선택적 입지의 결과로도 볼 수 있으나 이는 미시적인 요인으로 볼 수 있고, 청동기시대의 사회상이 이미 계급이 분화되고 잉여생산물에 의한 재화의 거래가 가능해진 시기라고 본다면 주거입지 선택의 중요한 요인은 사회경제적인 요인 즉 중심지와 배후지, 고차 중심지와 저차 중심지 등의 관계 또는 정치경제적인 요인 즉 지배와 피지배, 도시와 농촌 등의 요인에 의하여 주거공간의 입지가 선택되어졌을 가능성이 크다. 그러나 농경의 증거가 미약하고 농경에 부수되는 주거지의 점유형태가 보이지 않고 있으며 문화의 확산이 동해안 지역에 빠르게 나타나고 규모도 소규모로 이루어지고 있음을 고려하면 최근 논의되고 있는 이주에 의한 문화의 변화로 볼 수도 있을 것이다. 이에 대한 구체적인 증거를 획득하기 위해서는 이주모델에 따른 이론적 틀에 대입이 가능한 유적의 형태가 조사되어야 하며 이를 위한 분석이 필요하다. 최근 시기는 다르지만 인근의 강릉 사천 방동리 과학산업단지 조성부지내 유적 및 동해북부선 철도연결구간내 유적 그리고 국도7호선(남북연결도로) 공사구간내 청동기시대 유적 등 규모가 큰 유적들이 확인되어 문화변동에 대한 다양한 이론적 틀이 제시되

---

11) 송만영, 1996, 「화재주거지를 통해 본 중기 무문토기시대 사회의 변화에 대하여」, 『고문화』 49, 한국대학박물관협회.

거나 유적의 대입을 통해 이론적 가설이 검증되는 다양한 기회를 제공할 많은 가능성을 보여 주고 있어 다소 희망적이다.

2. 주거지 평면형태에 따른 검토

속초 조양동 유적[12]은 1990년 조양동 일대에서 한국토지공사가 택지개발공사를 하면서 노출되어 발굴조사를 시행하게 되었으며 석호 주변의 낮은 구릉지에 위치한다. 공열토기를 공반하는 전기 청동기문화 주거지 유적이다. 연곡면 방내리 유적[13]은 강원도 강릉시 연곡면 해안가의 낮은 구릉지에 위치한 공열토기를 공반하는 주거지 유적으로 1990년 체신부(현 정보통신부) 소관의 건물 신축부지 공사 중에 확인되어 조사가 이루어지게 되었다.

강원 동해안 지역의 전기 청동기시대 주거지가 보여주는 평면형태는 크게 방형계 그리고 장방형계로 구분할 수가 있다.[14] 이 글에서 다루고자 하는 속초 조양동과 강릉 방내리 유적에서는 이 두 가지의 유형이 모두 나타나고 있어 이 두 주거지 유형 사이에 문화적 차이가 공간과 시간에 따라 차이점이 확

---

12) 강릉대학교 박물관, 2000, 『속초 조양동 주거지』.

13) 강릉대학교 박물관, 1996, 『강릉 방내리 주거지』.

14) 방형계와 장방형계의 분류기준은 고대 그리스에서 발견되어 현재 건축, 미술, 음악뿐만 아니라 자연계의 형태학적 설명에서도 안정적인 비율로 알려져 의식적이든 무의식적이든 현재까지 사용되고 있는 황금비 1:1.6(1.618)의 비율을 사용하였으며 황금비율의 근사값을 분수로 표현하면 1/1, 2/1, 3/2, 5/3, 8/5…로 표현된다. 그러나 이는 주거지의 평면형태를 설명하는 구체적인 기준안은 될 수 없으며 주거지 골재의 가구방식이나 주거지 내부의 시설과 관련한 일련의 건축방식에 따라 구분되어야 할 것으로 생각된다. 이미 많은 연구자들이 장단비에 대한 견해를 제시하였는 바, 대체로 1.39~1.5 정도의 장단비를 기준으로 삼고 있으며, 이 중 김권중의 연구에서는 주거지의 축조기법과 주공의 배치 등을 통하여 계량화된 장단비의 구분보다는 주거지의 특성 등을 통하여 주거지 유형을 구분하였다(김권중, 2005, 「북한강유역 청동기시대 주거지 연구」, 단국대학교 석사학위논문).

인될 수 있다. 더구나 일부 주거지들 사이에는 중복관계가 확인되어 주거지의 평면형태의 차이뿐만 아니라 같은 유형 내에서의 변화도 설명될 수 있다.

방형계 주거지는 속초 조양동 1, 3, 4, 5호 주거지와 방내리 2호, 4호, 6호, 7호, 8호, 11호를 들 수 있다.[15] 그리고 훼손이 심하여 주거지의 평면형태를 파악할 수가 없는 방내리 10호를 제외하고 나머지의 주거지는 장방형계의 주거지로 분류하였다.

1) 방형계 주거지

조양동 유적에서 확인된 방형계 주거지는 1호, 3호, 4호, 5호 등 4기이며, 방내리 유적에서 확인된 방형계 주거지는 2호, 4호, 6호, 7호, 8호, 11호 등 6기이다. 조양동 유적에서 확인된 주거지의 장단비는 1.2:1에서 1.5:1에 해당하여 평균 1.325:1이며, 방내리 유적은 1.1:1에서 1.6:1까지 다양하며 평균 1.383:1로 조양동 유적과 큰 편차를 보이지 않는다. 면적에 있어서도 조양동 유적은 29.2㎡에서 54.27㎡까지의 범위 안에 놓이며 평균 면적은 42.19㎡로 표준편차는 10.90㎡이고, 방내리 유적은 18.3㎡에서 42.9㎡까지의 범위 안에 속하며 평균면적은 28.58㎡이며 표준편차는 9.18㎡이다. 통계적인 수치를 보면 두 유적 간의 큰 편차를 보이지는 않으나 조양동 유적이 방내리 유적보다 면적에 있어 약간 큰 편차를 보이고 있다.

주거지 내부의 경우, 조양동 유적의 4호 주거지에서 중심주공이 확인되었으나 나머지 조양동 유적과 방내리 유적의 주거지에서는 벽주만이 확인되어 주거지 조성에 있어 큰 차이를 보이지 않는다. 바닥처리는 두 유적의 주거지 대부분이 점토다짐을 한 것으로 보이나 방내리 유적의 7호와 11호 주거지 유적

---

15) 분류된 주거지 중 방내리 4호, 7호, 11호는 정확한 주거지 규모는 알 수 없으나 현지 지형 상 주거지가 확대될 경우에도 방형계 주거지로 분류할 수 있는 것으로 판단하였다.

에서는 확인되지 않았다. 벽체를 구성하는 요소 중 벽구를 시설한 곳은 조양동 유적에서는 3호, 4호, 5호 주거지 등이며 방내리 유적에서는 4호와 6호 주거지만이 시설되었다. 이들 벽구의 용도는 수혈벽면 아래에 시설된 것들은 자연적으로 생길 수도 있겠으나 기둥 사이에 연결된 것으로 봐서 벽체를 고정시키거나 아니면 이중의 구시설같은 것들은 배수를 위한 목적으로 인위적으로 시설한 것일 가능성이 더 크다고 볼 수 있다. 더구나 벽구시설이 외부돌출구로 발전하지 않은 것들은 주거지가 위치한 곳의 토질과 관련이 있어 자연배수가 용이한 토질에 시설했을 가능성이 큰 것으로 판단된다.[16] 특히 조양동 4호 주거지는 외부돌출구를 갖춘 구시설이 확인되어 배수기능으로서의 구시설일 가능성이 더욱 높아졌다.

주거지의 벽체가 판자벽으로 확인된 주거지는 조양동 유적의 3호와 방내리 유적의 8호이며 지붕이나 벽체를 조성할 때 갈대를 사용한 증거들도 방내리 4호 주거지에서 확인되고 있어 주거지 벽체 및 상부구조의 조성에 판자나 갈대 등을 이용하였던 것으로 생각된다. 노지의 시설은 대부분 확인되지 않았으나 무시설식의 노지(조양동 5호 주거지)나 점토띠식 노지(방내리 4호 주거지) 그리고 위석식 노지(방내리 7호 주거지-추정, 11호 주거지) 등이 확인되어 방형계 주거지 사이에서 차이를 보이는 요소로 이해된다.

조양동 3호 주거지와 방내리 8호 주거지의 내부에서는 비교적 규모가 큰 저장구덩이가 확인되었다고 보고하였으나 필자의 견해로는 작업공일 가능성이 더 큰 것으로 생각된다.

따라서 방형계 주거지는 방형에 가까운 장방형 주거지를 포함하여 주거지 바닥은 점토다짐처리를 하고 벽주를 가진 주거지의 평면형태를 기본으로 중심

---

16) 김정기, 1996, 「청동기 및 초기철기시대의 수혈주거」, 『한국고고학보』 34집, pp.40~41.

주공을 가진 주거지, 노지의 조성(점토띠 및 위석식 노지), 판자벽 시설 등을 문화적 차이 또는 시기적인 차이로 전제하면 적어도 2시기 이상의 주거지 조성시기로 분류가 가능하다.

주거지 등의 변화는 유물 등의 변화보다 변화하는 시간이 긴 장기적인 변화 양상을 지니고 있다고 생각한다. 따라서 문화변동을 야기하는 시간은 오랜 기간을 필요로 하고 주거지 내부의 선택적 시설이라든가, 출토유물의 기술적 변화는 단기적인 변화를 보여준다고 판단하기 때문에[17] 이들 주거지의 내부 변화는 큰 문화적 흐름 속의 단기적이고 미시적인 변화로 간주하여 적어도 조양동 유적이나 방내리 유적에서는 2~3시기로 구분이 가능할 것으로 생각된다.

이상의 방형계 주거지의 검토를 통하여 방내리 유적의 주거지 편년에 기준하여 장방형계 주거지에서 방형계 주거지로 변화한다는 가정 하에 장방형에 가까운 방형계 주거지에서 방형계 주거지로 평면형태가 변화하고, 주거지 내부의 차이는 위석식 노지와 무시설식 노지의 문화적 또는 시기적인 차이를 보이는 것으로 생각되고, 작업공이 새로이 설치되는 점[18] 등의 변화요소를 고려하여 방형계 주거지의 편년을 추론하면 방내리 11호 주거지-방내리 2호 주거지, 방내리 7호 주거지-조양동 1호 주거지, 3호 주거지, 조양동 4호 주거지-조양동 5호 주거지-방내리 4호 주거지, 방내리 6호 주거지, 방내리 8호 주거지의 순으로 변화하는 것으로 생각된다. 따라서 방형계 주거지는 기원전 12세

---

17) 주거지의 크기나 평면형태 및 입지 등의 변화는 단기간에 이루어지는 문화내용이 아니라 한 문화의 전통성과 정형성을 담고 있기 때문에 점진적인 변화를 가지게 되므로 이의 급속한 변화라 하는 것은 정복 또는 이주를 포함한 문화주체의 교체 등에 의한 것으로 보아야 한다. 또한 주거지 내부의 시설이나 유물의 변화는 혁신, 외래문화의 전래, 교역, 통합 등에 의해 빈번하게 이루어질 수 있는 미시적이고 단기지속의 변화이므로 한 문화 내의 패턴의 인지는 이들 주거지 내부의 선택적 시설이나 유물의 패턴을 통하여 변화의 내용을 인지할 수 있다.

18) 김권중, 2005, 위의 논문.
이 글에서 저자는 북한강 유역의 주거지 단계를 설정하면서 II단계(북한강유형 1기-과도기)의 특징 중 하나로 작업공의 새로운 설치를 들고 있다.

【표 1】 방형계 주거지 집성표

구분 \ 내용	장축 방향	면 적	장단비	주 공	바닥처리	벽 체	구(溝)	기 타
조양동 1호	동—서	54.27㎡	1.2:1	벽주	점토와 마사토 혼입다짐			주거지 중복추정, 화재주거지
조양동 3호	동—서	33.7㎡	1.3:1	벽주	점토와 마사토 혼입다짐	판자벽 추정	벽구	숯판재 확인, 화재 주거지
조양동 4호	동—서	51.6㎡	1.5:1	중심주, 벽주	점토다짐 소토바닥		벽구 및 배수구	저장공간과 작업공간의 구분
조양동 5호	남—북	29.2㎡	1.3:1	벽주	점토다짐 소토바닥		벽구	숯 검출, 화재 주거지, 노지 1기
방내리 2호	동—서	18.8㎡	1.1:1	벽주	점토다짐			화재 주거지
방내리 4호	동—서	23.6㎡	1.6:1	벽주	점토다짐	갈대	벽구	화재 주거지 점토띠 노지
방내리 6호	동—서	18.3㎡	1.2:1	벽주	점토다짐		벽구 추정	화재 주거지
방내리 7호	동—서	42.9㎡	1.4:1	벽주				화재 주거지 추정 위석식 노지
방내리 8호	남—북	36.8㎡	1.5:1	벽주	점토다짐 소토확인	판자벽		화재 주거지
방내리 11호	남—북	31.1㎡	1.5:1	벽주				화재 주거지 위석식 노지

기에서 6세기까지의 변화를 가지며 이 기간 중에 조양동 유적에서는 2시기로 미시적인 구분이 가능하며, 방내리 유적에서는 3시기로 구분이 가능하다.

2) 장방형계 주거지

조양동 유적에서 장방형계 주거지로 분류된 주거지는 2호, 6호, 7호 등 3기 이며, 방내리 유적에서 확인된 장방형계 주거지는 1호, 3호, 5호, 9호, 12호 등 5기이다. 조양동 유적에서 확인된 장방형계 주거지들의 장단비는 1.8:1에서 2.1:1 사이에 있고 이들의 편차도 크지 아니하다. 조양동 장방형계 주거지의 평균면적은 54㎡이며 이들의 평균편차는 17.68㎡이다. 방내리 유적의 장방형계 주거지 장단비는 1.7:1과 1.8:1로 각각 1호 주거지와 3호 주거지의 장단비이며 나머지 주거지들은 파괴가 심하여 정확한 제원을 가질 수 없으나, 평면형태의 연속성을 감안하여 장방형계 주거지로 분류하였다. 이들 주거지 2기의 평균면적은 33.1㎡이고 표준편차는 5.1㎡로 조양동 유적의 장방형계 주거지보다는 편차가 적어 안정된 면적의 분포양상을 보인다.

주거지 내부의 시설은 이들 주거지의 방향이 모두 동－서 장축이나 조양동 6호 주거지만 남북장축이다. 조양동 7호 주거지 및 방내리 1호 주거지와 방내리 3호 주거지는 중심주공과 벽주공을 모두 갖추고 있으며, 나머지 장방형계의 주거지에서는 중심주공이 확인되지 않고 벽주공만 확인되고 있다. 그러나 나머지 주거지들의 내부 상태는 교란된 부분이 많아 이들 내부에 중심주공이 설치되었는지는 알 수 없는 실정이다. 바닥의 처리는 주거지 모두에서 점토다짐이 확인되었으며, 바닥의 가장자리 부분에서는 벽구시설이 확인된 주거지는 조양동 7호 주거지와 방내리 1호, 9호 주거지로 조양동 7호 주거지의 경우는, 이중홈을 가진 구시설이며, 이들 모두 배수를 위한 시설로 보인다. 이 외에 저장공으로 보이는 소형의 수혈이 조양동 1호 주거지와 방내리 1호 주거지, 방내리 3호 주거지, 방내리 12호 주거지 등의 주거지 가장자리에서 확인되었고, 노지가 확인된 주거지는 없다. 주거지의 벽체시설이 확인된 것은 조양동 7호 주거지와 방내리 3호 주거지, 방내리 5호 주거지이며 이들 주거지 벽체에서 판자벽이 확인되었고, 방내리 5호 주거지에서는 갈대도 일부 확인되어 지붕 또는 벽체의 마감재로 사용되었을 가능성이 있다.

장방형계 주거지에서 확인된 주거지의 구조는 모두 점토로 바닥을 다진 점은 공통점이었으며 조양동 6호 주거지, 7호 주거지, 방내리 1호 주거지 및 방내리 3호 주거지에서 소토흔적이 확인되었으나, 조양동 6호 주거지는 화재주거지가 아니므로 불다짐한 바닥을 시설했을 가능성이 있다.

장방형계 주거지의 조성 시기는 이미 위에서 언급한 대로 방내리 유적의 중복관계를 기반으로 편년을 시도하였는데, 가장 이른 시기의 유적은 방내리 3호 주거지로 이들과 중복된 방형계 주거지인 방내리 1호 주거지와 2호 주거지의 선후 관계에 근거하여 장축방향과 평면형태 및 출토유물을 참고하여 주거지의 선후관계를 추론하면, 방내리 3호 주거지-방내리 1호 주거지, 방내리 9호 주거지-조양동 2호 주거지, 조양동 7호 주거지, 방내리 12호 주거지-조양동 6호 주거지, 방내리 4호 주거지, 방내리 5호 주거지의 순으로 보여진다. 이들의 조성시기는 앞에서 제시한 바 있는 기원전 13세기에서 12세기를 전후한 시기에 조성되어 기원전 10세기 무렵까지 장방형의 평면형태를 유지하였던 것으로 보인다. 이와 같은 시간적 추이 속에서 원거주지로부터의 부분적인 이주의 결과로 각 주거지 내부나 평면형태의 변화와 문화의 내용도 조금씩 변화하였다고 생각한다.

이들 주거지 간의 선후관계를 살피면 뚜렷한 계기적인 문화내용의 변화를 간파할 수는 없으나 조양동 유적의 경우, 2시기 정도의 미시적인 변화를 간출

【표 2】 장방형계 주거지 집성표

구분 \ 내용	장축방향	면적	장단비	주공	바닥처리	벽체	구(溝)	기타
조양동 2호	동-서	76.8㎡	2.1:1	벽주	점토와 마사토 혼입다짐		벽구	저장공
조양동 6호	동-서	33.7㎡	1.8:1	벽주	점토확인 소토확인		벽구	
조양동 7호	동-서	51.6㎡	1.8:1	중심주 벽주	점토확인 소토확인	판자벽	벽구 (이중흠)	화재 주거지
방내리 1호	동-서	28㎡	1.7:1	중심주 벽주	점토다짐 소토확인		벽구	저장공
방내리 3호	동-서	38.2㎡	1.8:1	중심주 벽주	점토다짐 소토확인	판자벽		화재 주거지 저장공
방내리 5호	동-서			벽주	점토다짐	판자벽 갈대		화재 주거지
방내리 9호	동-서			벽주	점토다짐		벽구	화재 주거지
방내리12호	동-서				점토다짐			저장공

할 수 있었다. 또한 방내리 유적에서는 5기의 장방형계 주거지에서 3시기 정도의 변화를 간출할 수 있었는데 이들의 변화는 미미하여 쉽게 간파할 수 있는 내용은 아니며 이들 주거지 간의 중복관계, 평면형태의 차이, 절대연대의 적용, 출토유물의 형식변화 등을 고려하여 주거지 간의 선후관계만을 보여주는 것으로 전체적인 편년을 설정할 경우에는 유용하지 않으며 다만 거시적인 편년내용 중에 삽입할 소규모 변동내용을 보여주는 것으로 해석되어야 한다.

3) 방형계 주거지와 장방형계 주거지의 편년 검토

위에서 살펴 본 조양동 유적 및 방내리 유적의 평면형태를 고려한 검토에서 대부분의 주거지 내부가 교란된 경우가 많아 정확한 평면플랜을 확인할 수가 없었으나, 기왕에 얻어진 탄소연대와 주거지의 중복으로 선후 관계가 확인된 방내리 유적의 1호, 2호, 3호 주거지에서 세 주거지 간의 서열을 확인하여, 이를 기준으로 제한된 범위에서 파악 가능한 내용을 통하여 두 계통으로 분류한 문화내용을 검토하고자 한다.

방내리 유적에서 확인된 주거지의 중복관계는 3호 주거지를 1호 및 2호 주거지가 각각 남서 및 북동 모서리를 파괴하고 조성되어 있어 3호 주거지보다 1호와 2호 주거지가 후행하고 있다. 1호와 2호 주거지와의 선후 관계는 서로 중복관계를 가지지 않아 명확하게 밝힐 수는 없으나 탄소연대 측정치에 의한 선후관계는 1호 주거지가 2호 주거지보다 선행하는 것으로 볼 수가 있다【표 3】.[19]

주거지의 조성은 탄소연대 측정의 결과로 보면 방내리 3호 주거지→방내리

---

19) 탄소연대 측정의 결과는 1차 및 2차 보정연대를 기준으로 하였으며, 이의 결과로 방내리 1호 주거지가 2호 주거지보다 선행하는 것으로 파악하였다. 그러나 절대연대에 의한 선후관계보다는 문화내용에 의한 구분이 더 의미있는 것으로 생각한다.

【표 3】탄소연대 측정 절대연대 자료
(박영구, 2004, 「영동지역 청동기시대 주거지 연구」, 『강원고고학보』 제3호에서 인용)

유 적	평면형태	측정값(B.P.)	교 정 연 대 (Method A)		비 고
			1편차	2편차	
방내리 1호	장방형	2650±170	B.C. 973~543	B.C. 1258~392	국립문화재연구소 측정
방내리 2호	방형	2710±110	B.C. 973~797	B.C. 1187~549	日本 名古屋大學 측정
방내리 3호	장방형	2930±50	B.C. 1257~1021	B.C. 1365~944	
방내리 4호	방형	2400±50	B.C. 537~400	B.C. 761~388	국립문화재연구소 측정
조양동 5호	방형계	2820±60	B.C. 1042~901	B.C. 1206~830	국립문화재연구소 측정

1호 주거지→방내리 2호 주거지→방내리 4호주거지 순으로 조성된 것으로 파악된다. 이러한 주거지의 선후관계에 따른 평면형태는 방내리 3호 장방형계 주거지→방내리 1호 방형에 가까운 장방형계 주거지→방내리 2호 방형계 주거지→방내리 4호 방형계 주거지의 순으로 조성되었으리라고 추정할 수 있다. 물론 이러한 평면형태의 변화를 청동기시대 주거지 형태의 일반적인 변화로 볼 수는 없으나, 제한된 자료를 통하여 볼 때, 국지적으로 나타난 지역적인 문화의 한 형태로 이해할 수는 있을 것이다.

방내리 유적에서 확인된 주거지의 편년을 검토하면 장방형계 주거지는 기원전 13세기에서 10세기에 걸쳐 조성된 것으로 추정할 수 있고 방형계의 주거지는 기원전 11세기에서 6세기에 걸쳐서 조성된 것으로 볼 수 있으나, 이 중 장방형에 가까운 방형계 주거지는 기원전 11세기를 전후한 시기 이전에 조성되었다고 볼 수도 있어 이 시기가 장방형계 주거지가 방형계 주거지로 변화하는 과도기로 추론할 수 있을 것이다.

조양동 유적의 편년은 주거지 조성의 평면적 유형이 밝혀지거나 유물의 기

술적 유형이 일정한 패턴을 가지고 있음이 확인되면 이에 따른 편년의 근거가
될 수 있으나 현재 확인된 탄소연대 측정자료를 통하여 알 수 있는 주거지 조
성연대는 조양동 유적의 방형계 주거지를 보면 기원전 11세기에서 10세기에
걸쳐 조성된 주거지로 이해될 수 있을 것이다. 또한 주거지 조성의 평면적 형
태나 출토유물의 조합 또는 기술적 유형으로 보면 방내리 3호 장방형계 주거
지 다음 단계에 편년할 수가 있으므로 조양동 유적의 편년은 기원전 12세기를
전후해 조성되었을 것으로 판단된다.

4) 출토유물

(1) 토기류

조양동 유적과 방내리 유적에서 확인되는 토기는 크게 공열문을 기반으로
구순에 '／' 또는 '∧'의 각목문을 시문하고 'X' 또는 '／'의 문양을 구연부 하
단에 부가하는 토기류와 이중구연에 이를 시문한 경우로 나누어 볼 수 있으며,
이들 토기의 조합은 대부분 심발형 토기를 중심으로 호형토기 및 두형토기가
일부 포함되어 있다.

조양동 유적과 방내리 유적의 대부분은 공열문을 중심으로 하는 무문토기에
단순공열토기와 구순각목 공열토기, 이중구연공열토기+'X'형 또는 '／'형의
문양이 부가된 토기류가 대다수를 차지하고 있으며, 조양동 2호, 3호, 4호, 5
호, 7호 주거지와 방내리 1호, 2호 주거지에서 확인되었다. 방내리 유적에서
단순공열만을 공반하는 주거지가 일부 확인되었는데, 방내리 5호, 6호, 8호,
12호 주거지 등이며 이들 단순공열토기를 공반하는 토기류는 구순각목문을 부
가하지 않는 특징이 있다. 따라서 조양동 유적과 방내리 유적에는 대체로 2가
지 유형의 토기류가 분포하고 있는 것으로 확인되었다. 이들 토기 중 절대연
대와 중복관계가 확인된 방내리 1호, 2호, 3호 주거지 출토 토기는 이보다 선

행하는 단계로 알려진 강릉 교동 유적[20]에서 출토된 토기와 이중구연, 단사선, 공열문 등의 요소가 닮아 있으며 교동 단계의 토기의 구성은 이중구연, 이중구연+단사선, 공열문+'W'형선문, 무문토기 등과 공반하고 있으나 구순각목의 요소가 보이지 않는 점에서 작은 차이를 보이고 있다. 또한 기형에 있어서 강릉 교동 유적은 심발형토기, 호형토기, 화분형토기, 외반구연화분형토기 등의 다양한 기종을 공반하고 있으나 조양동이나 방내리 유적에서는 심발형토기, 그리고 외반구연토기, 호형토기, 두형토기 등이 출토되고 있어 교동 단계의 토기조합과는 구분되며, 교동 단계의 1호 주거지에서 출토된 외반구연화분형토기에 시문된 공열문+'W'형선문은 방내리 1호 주거지의 외반구연토기와 모티프는 닮아 있으나 기형은 화분형토기와 호형에 가까운 외반구연심발형 토기라는 차이가 있어 시기와 지역에 따른 문화 내용의 변화라고 보아도 무방하리라 생각된다.

강릉 교동 유적에서 확인된 이중구연토기의 기술적 유형에 대한 출자를 검토하면서 필자는 박순발의 견해[21]에 전적으로 동의하지는 않으나, 평안북도 룡천군 신암리 제3지점 2문화층에서 조심스럽게 출자의 가능성을 타진한 입장에는 동의하고자 한다. 아울러 평안북도 선천군 원봉리 유적과 평안북도 정

---

20) 강릉대학교 박물관, 2002, 『강릉 교동 주거지』.

21) 박순발, 1999, 위의 논문.

위 논문에서 이중구연의 요소를 신암리 2문화층과 세죽리 유적에서 찾고 있으며, 이 기술적 유형이 대동강 유역을 우회하여 임진강 상류지역에서 정착되었을 가능성을 지적하고 있다. 그러나 필자의 견해로는 세죽리 유형은 공귀리유형과 닮아 있으며, 유물조합에 있어서도 이중구연의 가락동식토기와 거리가 있는 것으로 이에 천착한 검토가 있어야 할 것으로 판단되며, 또한 세죽리의 즈거지유형이 둔산식주거지유형과 연결될 수 있다는 점은 수긍할 수 있으나, 남양리 유적을 포함한 각형토기유적에서도 둔산식의 주거지유형을 보이고 있어, 거시적인 변화의 틀에서 이해하면 주거지유형은 각 문화유형의 특징적인 요소가 될 수 없을 것이라는 입장을 견지하고 싶고, 이들 유형의 변화는 토기의 변화라든가 주거지 내부시설의 선택적 시설 등 미시적인 변화로 보고자 한다.

주군 석산리 당터산 유적 등에서 보이는 유물조합에서도 가락동식토기가 갖는 이중구연토기의 특성을 찾을 수 있어 압록강 유역의 유적군에서 이중구연의 기술적 유형에 대한 출자를 검토하는 것이 합리적이라고 생각한다. 이에 따라 이들 기술적 유형의 유입경로 또한 앞으로 검토해야 할 과제이다.

조양동 유적과 방내리 유적에서 출토된 토기류의 기술적 유형의 변화 내용은 이들을 선행하는 교동 유적의 출토 토기류를 참고하여 단계별로 나누어 보면 ① 무문양, 이중구연, 공열문, 단사선문(W, ／), 구순각목문 등의 장식적 요소가 독립적으로 존재하는 단계: 교동 2호, 3호 주거지 ② 이들 장식적 요소가 부분적으로 또는 선택적으로 결합하는 단계: 교동 1호, 5호, 6호 주거지, 조양동 2호, 3호, 4호, 5호, 7호 주거지, 방내리 1호, 2호 주거지, 12호 주거지 ③ 단순공열문만 존재하는 단계: 방내리 5호, 6호, 8호 등의 간략하게 구분할 수 있으며 이들 구분 안에서도 다시 기형이나 유물 조합에 따라 세분할 수도 있겠으나, 이에 대한 분류작업은 추후로 미루고자 한다.

(2) 석기류

조양동 유적과 방내리 유적에서 출토되는 석기류는 석검, 석부, 석촉, 자귀, 반월형석도, 방추차, 이형석도 등으로 이들 유물의 형식적 차이는 크지 않다. 석검은 2단병 석검으로 조양동 3호, 방내리 1호, 방내리 9호 주거지에서 출토되었으며 특히 조양동 3호 주거지 출토 석검의 검신은 혈구식으로 확인되었다. 그러나 석검에 대한 진전된 연구가 없어[22] 이들의 합리적인 편년과 출자

---

22) 한반도 출토 마제석검에 대한 연구는 有光敎一에 의해 4분법에 의한 형식분류가 있었고, 이를 3분법으로 고치고 석검의 출자에 대해 언급한 김양선의 연구도 있다. 이후 김원룡과 윤덕향 등이 1970년대에 석검 연구에 대한 진전을 보였으며, 1980년대에 이르러 김영하, 전영래, 심봉근 등이 석검에 대한 연구를 진행하였으나 그 이후로는 뚜렷한 연구의 진전이 없다.

A식 (無莖式)	I (雙脚鏃)	II (長葉形鏃)	III (三角形彎入鏃)	IV (三角形鏃)
B식 (中間式)	I (柳葉形鏃)	II (菱形鏃)	III (長菱形鏃)	
C식 (有莖式)	I (一段莖鏃)	II (二段莖鏃)	III (細長有莖鏃)	
기타	(三菱鏃) (圓簡鏃) (打製石鏃)	(石針形鏃) (檜頭形鏃) (有溝鏃)		

【도면 1】 석촉분류안 (최성락 1982)

에 대하여 밝힐 수가 없으며, 다만 토기 등의 형식 분류와 함께 공반 유물로서의 시기적 특징들을 찾을 수 있을 뿐이다. 석부의 경우, 석부가 출토된 유적은 조양동 2호, 3호, 7호 주거지, 방내리 1호, 2호, 9호, 11호, 12호 주거지 등이며 이들 석부의 형태는 장타원형 또는 말각장방형으로 단면은 장타원형이며 인부는 합인이다. 이들 석부의 형식 상 차이는 크지 않으며 이를 분류하는 것이 무의미할 정도로 미시적인 변화를 갖지 않는다.

석촉의 경우, 형식과 편년에 대한 기왕의 연구가 있어 이를 기준으로 문화적 특징에 대한 대강을 살필 수가 있다. 조양동 및 방내리 유적에서 확인된 석촉들은 삼각만입석촉과 2단경촉, 창두형촉 등으로 조양동 3흐, 7호 주거지와 방내리 3호, 4호, 5호, 6호, 7호, 8호, 11호 주거지 등에서 출토되고 있으며, 최성락의 형식분류[23]에서 A III, C II 및 창두형촉으로 구분되는 것으로 A III형

---

23) 최성락, 1982, 「한국마제석촉의 고찰」, 『한국고고학보』 제12집.

식과 CⅡ형식의 공반은 강릉 포남동 유적에서도 확인된 바 있다.

CⅡ형식은 동해남부지역과 한강 본류 중·상류 지역 그리고 남한강 일대에서 많이 출토되는 형식으로 북쪽에서는 동해안의 원산 중평리를 비롯하여 대동강 이남 그리고 파주 옥석리, 교하리 등지에서 주로 보고되었으며, AⅢ형식은 동북지역과 서북지역 그리고 압록강 유역 모두에서 출토되어 전국적으로 사용된 가장 많이 쓰인 형식으로 파악된다. 이 두 형식과 방내리 6호 주거지의 창두형촉 중 AⅢ형식과 창두형촉은 즐문토기문화 말기에 이미 나타나고 있으며, CⅡ형식은 교하리, 옥석리 유적 등에서 확인된 바 있어, 역삼동 유형의 문화와 관련이 있을 것으로 판단된다. 따라서 동해안 지역에서 확인되는 이 세 형식의 석촉들은 그 출자와 관련하여 청동기시대의 이른 시기부터 오랜 기간 동안 유행한 석촉으로 볼 수 있다.

목재를 다듬을 때 사용한 2차 가공구인 자귀류는 조양동 4호, 7호 주거지에서만 확인되고 있어 형식분류를 통한 해석은 이 두 유적을 비교하는데 큰 의미가 없다. 특히 이 두 유적 사이에 존재하는 시간적 차이는 크지 않은 것으로 보이며 더구나 지역적 특성을 가지고 있는 경우에는 이러한 형식분류는 전체적인 문화적 양상을 파악하는 것에 유용한 것으로 생각된다. 조양동 유적에서 확인된 자귀류는 편평편인석부류에 해당하며 목재가공을 위한 2차 가공구로서 주거지 조성 및 각종 도구 제작에 필요한 목재를 가공하는데 유용하게 쓰이는 도구로 보아야 할 것이다.

반월형석도는 조양동 2호, 4호, 5호, 7호 주거지 및 방내리 1호, 5호, 6호, 7호, 8호 주거지에서 확인되고 있으며, 확인된 석도는 어형과 장주형의 두 형식이며, 일부 석도는 인부의 끝단이 파손된채 재사용된 경우도 확인되고 있다. 이 두 유적에서 보이는 석도들은 이른 시기부터 늦은 시기까지 큰 차이를 보이지 않는 것으로 생각된다. 다만 방내리 유적의 늦은 시기로 보이는 단순공열토기를 공반하는 방내리 5호, 6호, 8호 주거지에서는 어형의 석도는 보기 힘들고 장주형의 석도들만이 확인되고 있어 이러한 출토 양상이 시기차에 의한 문화유형의 변화 때문인지, 외래계 문화와의 접촉을 통한 영향 때문인지 아니면 석도의 독자적인 변화과정에서 나타난 것인지는 보다 진전된 연구를 통하여 검토해야 할 과제로 생각한다.

이 밖에 방추차와 어망추 그리고 이형석도들이 확인되고 있다. 특히 방추차와 어망추는 이 두 유적 내에서 변별성을 찾기 어렵다. 다만 청동기문화 내용을 형성하는 유물조합의 한 아이템으로서 시대적 변화 또는 문화적 변동에 대응하지만, 소단위의 문화적 변화에는 민감하게 패턴이 바뀌지 않는 것으로 이해된다. 조양동 7호 주거지와 방내리 2호 주거지에서는 이형의 석도가 확인되었는데, 이는 동북지방 두만강 유역의 弧刀계통 석도에서 변화된 것으로 두만강 유역의 나진 초도 등에서 확인된 초기 유형에서 발전한 것이 이형석도일 것으로 보고 있는데,[24] 이는 필자도 동의하는 바다. 또한 방내리 7호 주거지에서 확인된 환형석부는 서북지방과 동북지방 모두에서 확인되는 것으로 시기적 변화 또는 형식분류에 의한 구분은 추후 연구과제로 남겨야 할 부분이다.

Ⅲ. 강원 동해안 지역 전기 청동기시대문화의 성격

1. 주거지

주거지의 변화 양상은 장기지속적이고 시대 및 문화의 변동에 따른 거시적

---

24) 배진성, 2003, 「무문토기의 성립과 계통」, 『영남고고학』 32호.

인 변화를 보여 주고 있기 때문에 한 유적 내에서 비슷한 시기이거나 문화변동이 급격하지 않을 경우, 뚜렷한 변화 양상을 추출한다는 것은 어렵다. 따라서 주거지 내부의 변화는 선택적으로 받아들여진 미시적인 문화요소에 해당하는 것으로 판단되었다. 이러한 맥락에서 지금까지 검토한 조양동 유적과 방내리 유적은 앞서 밝힌 대로 조양동 유적은 2시기 정도의 미시적인 변화가 관찰되고, 방내리 유적은 3시기 정도의 변화가 관찰된다. 그러나 이러한 시기의 구분은 문화적인 변동을 보여주는 것이 아니라 주거지의 내부 형식의 미시적인 변화를 보여주는 것이고 주거지의 편년설정에 필요충분조건으로 작용하는 요소가 아님을 확인하였다.

앞의 가설에서 장방형계 주거지에서 방형계 주거지로의 변화를 설정한 바 있으나 이는 강원 동해안 지역의 전기 공열토기문화에 한정된 두 유적에서 파악된 결과에 불과하며 이들 주거지의 평면형태는 기능적이거나 기술적인 부분에서 이해되어야 하는 것으로 생각한다. 하지만 평면형태에 있어 ① 장방형계 주거지, ② 장방형에 가까운 방형계 주거지, ③ 방형계 주거지 등으로 구분은 가능하며, 이는 주거지 조성의 선후관계만을 추론적으로 밝힐 수 있는 것이고 이들 주거지의 변화가 곧 편년의 근거를 제시할 만큼의 정확한 구분은 될 수 없다고 본다. 내부의 시설에서 보이는 노지의 시설 여부, 중심주공의 설치 여부, 작업공의 시설 등 주거지 평면계획이 보여주는 요소들도 주거지를 통한 본격적인 편년설정에 기능할 수는 없으나 유형의 분류나 주거지 간의 변별을 위한 기능적 요소로는 주요한 역할을 기대할 수 있을 것으로 판단된다. 따라서 주거지 간의 편년설정을 위하여 검토한 절대연대와 주거지 간의 중복관계로 본 주거지의 평면형태는 위에서 확인한 순서대로 조성된 것을 확인할 수 있었으며 이와 공반한 출토유물 형식의 상대적 변화도 주거지의 평면형태와 궤를 같이하고 있음을 알게 되었다.

이상과 같은 결과에 의하여 주거지의 평면형태는 ① 장방형계 주거지, ② 장방형에 가까운 방형계 주거지, ③ 방형계 주거지의 순으로 조성되고 있으며 부분적으로 이들 평면형태가 동시에 조성되는 경우도 확인되는데 이는 과도기적이거나 이행기적인 특징으로 나타난다고 볼 수 있다. 주거지의 평면형태와 절대연대, 중복관계, 출토유물 형식 등을 고려하면, ① 방내리 3호 주거지-② 방내리 1호 주거지, 방내리 9호 주거지, 방내리 11호 주거지, 방내리 12호 주거지-③ 조양동 1호 주거지, 조양동 2호 주거지, 조양동 3호 주거지, 조양동 4호 주거지, 조양동 7호 주거지, 방내리 2호 주거지, 방내리 7호 주거지-④ 조양동 5호 주거지-⑤ 조양동 6호 주거지, 방내리 4호 주거지, 방내리 5호 주거지, 방내리 6호 주거지, 방내리 8호 주거지의 순으로 서열화되고, ① 기원전 13세기~12세기, ②-③ 기원전 12세기~11세기, ④ 기원전 11세기~10세기, ⑤ 기원전 10세기~6세기로 편년할 수 있다. 이러한 편년은 조양동 유적과 방내리 유적의 조성이 동해안 지역의 전기 무문토기에 해당하는 기원전 13세기부터 조성되었으며, 시기차이가 뚜렷한 단순공열토기단계인 중기 무문토기로 설정 가능한 기원전 10~6세기까지 지속되었다.

2. 출토유물

1) 토기류

출토유물에서 관찰된 형식의 분류는 토기류의 경우, 주거지의 분류와 궤를 같이하고 있음을 알 수 있었다. 이러한 유물형식의 변화는 석기류의 경우, 큰 변화를 보이지 않는 것을 알 수 있었다. 토기에서 관찰되는 변화는 기형의 변화와 시문된 문양의 변화이며 이들 변화의 내용은 ① 공열문을 기반으로 구순각목문, 단사선문 또는 'W', 'X' 등의 시문 그리고 구연부의 이중구연 여부 등과 ② 단순공열토기로 대별되며, ①의 변화 중에는 기형의 변화와 시문의 차이가 확인된다. 특히 공열문+이중구연과 단사선문의 결합과는 달리 무문양의 이중구연이 확인되고 있어, 시기에 따라 독립된 문양 요소들이 혼합되거나 다시 분리 시문되는 과정을 보이는 것으로 판단되며, 구연부 하단에 'W'이 시문되는 토기의 기형은 구연이 외반하는 호형에 가까운 심발형 토기로 확인되어 기형변화의 특징적인 면을 보이고 있다. 앞에서 절대연대와 출토유물의 상대편년을 근거로 중기로 설정가능한 단순공열토기만을 공반하는 단계에서는 이중구연이나 단사선 시문 등의 형식이 사라지고 공열문만이 시문되고 있음을 통해서도 이같은 변화를 알 수 있다. 강원 동해안 지역의 청동기시대 중기설정의 문제는 북한강 유역에서 확인된 중기설정과 관련하여 추후 진전된 논의가 필요할 것으로 생각된다. 주거지의 서열에 따른 토기의 변화는,

① Ⅰ단계로 가장 이른 시기의 주거지로 보이는 방내리 3호 주거지에서는 무문토기 저부만 공반되었고,

② 그 다음 단계인 Ⅱ단계에서는 방내리 1호 주거지에서는 외반한 호형에 가까운 심발형토기에 공열문+'W'시문 토기(방내리 1호 주거지), 단순공열토기, 구순각목+공열문+이중구연+단사선 등을 시문한 심발형토기가 보이고,

③ Ⅲ단계에서는 심발형공열토기+'X'시문 토기(방내리 2호 주거지), 단순공열토기, 구순각목+공열문+이중구연+단사선문, 구순각목+공열문, 이중구연+단사선문 등의 심발형토기와 낮은 굽의 배신이 높은 세련된 형식의 두형토기가 공반된다.

④ Ⅳ단계에서는 Ⅲ단계의 토기형식에 구순각목+이중구연의 단순한 심발형토기형식이 확인되어 독립된 시문요소들이 점차 분리되며 퇴화하는 모습이 관찰된다.

⑤ Ⅴ단계에서는 다른 시문요소들은 퇴화하여 사라지고 단순공열토기만

이 관찰된다.

이상과 같은 변화를 통하여 주거지의 5개 단계 서열과 궤를 같이하여 토기류의 형식도 변화하는 것으로 이해하였다.

조양동 유적과 방내리 유적의 토기류의 변화에서 관찰되는 또 하나의 특징은 Ⅱ·Ⅲ단계의 방내리 유적 1호, 2호 주거지에서 보이는 'W' 또는 'X'의 시문 형태가 같은 시기로 보이는 조양동 유적에서는 확인되지 않고 있다. Ⅳ단계에서는 각 독립된 시문양식이 점차 분리되고 퇴화하는 과정이 조양동 유적에서만 관찰되고, 전기 무문토기부터 중기 무문토기까지 관찰되는 방내리 유적에서는 오히려 보이지 않는 등 두 유적 간에 변별을 보이고 있다. 이는 각 문양요소를 수용하는 문화주체의 선택과 관련된 것으로 지역적 특성을 보여주는 증거로 해석하고자 한다.

2) 석기류

출토유물 중 석기류의 변화는 토기류의 변화보다는 완만한 변화양상을 가지는 보수적인 유물로 이해된다. 조양동 유적과 방내리 유적에서 확인된 석기류의 조합은 각 단계별로 다음과 같이 구성되어 있다.

Ⅰ단계 : 삼각만입석촉
Ⅱ단계 : 이단병석검, 합인석부, 어형 및 장주형 반월형석도, 지석
Ⅲ단계 : 혈구식 2단병석검, 환상석부, 합인석부, 편평단인석부, 어형 및
　　　　 장주형 반월형석도, 이형석도, 토제 어망추, 이단경석촉, 삼각만
　　　　 입석촉, 창끝, 지석
Ⅳ단계 : 어형 반월형석도, 창끝, 지석, 토제 어망추, 숫돌
Ⅴ단계 : 장주형 반월형석도, 방추차, 편평단인석부, 삼각단입석촉, 창두

석기류에서 보이는 형식분류는 석촉의 경우, 최성락의 AⅢ, CⅡ, 창두형석촉에 해당하는 것으로 기존의 연구성과에서 보이는 시대성은 앞서 주거지와 토기류에서 편년한 내용과 합치하며, 이형석도의 경우도, 동북지역 두만강유역의 문화내용에서 출자한 것으로 보면 석기류의 이해를 통해 얻을 수 있는 것은 기본적인 문화내용의 기반을 동북지방에 두고 있으며 서북지방인 압록강유역의 문화와 상호접촉하면서 선택적으로 변화하였다는 것이다. 따라서 석기류의 변화는 급격하고 미시적인 변화보다는 계기적이고 문화변동이 강한 문화내용에 대응하는 것으로 보여지며 이러한 급격한 문화변동을 수반하지 않는 경우, 석기류의 형식이 변화하는 기간은 오랜 기간을 거쳐 완만한 변화를 가지는 것으로 이해해야 한다.

석기류의 출토예에서 보여지는 변화는 앞에서 검토한 석촉의 경우에서처럼 신석기시대 말기부터 시작하여 철기시대에 이르는 시기까지 장기간에 걸쳐 출토되는 양상을 보이고 있으며 동북지방 및 서북지방의 영향과 더불어 역삼동유형에 이르기까지의 다양한 문화접촉의 내용을 가지는 것으로 보인다.

이 밖에도 석검이나 석부 그리고 반월형석도 등의 형식분류 또한 이 글에서 다룬 조양동 유적이나 방내리 유적에서 의미있는 분석을 하기에는 변화되는 모습이 뚜렷하지 않아 적절한 형식분류를 가할 수 없다. 따라서 출토유물의 사용시기와 관련하여 주거지 및 토기류 등의 편년에 적용시키는데 합리적이냐 하는 문제에 대한 해답을 얻는데 한정하여야 할 것이다.

3) 강원 동해안지역 전기 청동기시대의 성격

(1) 식생의 변화와 생산

강원 동해안 지역의 전기 청동기시대 유적은 앞서 살펴본 바와 같이 유적의 규모가 작고 취락의 형성도 시기에 따라 다르게 나타나고 있음을 알 수가 있다. 이러한 변화를 초래한 원인을 찾아내기 위해서는 강원 동해안 전기 청동기사회의 식생과 생산에 관한 것들을 우선적으로 살펴보아야 한다.

당시의 식생환경과 생산활동의 문제를 보면 먼저 농경의 흔적은 강릉지역의 경우, 화분분석결과 기원전후한 시기에 식생변화ㅅ 점이 확인되고 있으며, 고성 및 속초 일대는 기원후 600년 이후로 나타난다.[25] 이는 강릉 경포호의 퇴적물을 대상으로 한 화분분석에서 식생변화는 기원전 3000년경부터 기원전후까지 참나무속이 압도적인 식생분포를 보이다가 소나무속과 초본류가 압도적인 식생환경으로 변화되고 있음을 보여주고 있어서 이 시기가 인간활동에 의한 식생변화가 시작되고 있음을 알 수가 있다. 따라서 속초 영랑호의 식생변화를 제외한 영동지역의 벼농사 개시는 기원전후로 보는 것이 타당하다. 반면에 속초 영랑호의 화분분석결과 기원전 4500년경에 참나무속이 우월한 식생환경에서 소나무속이 점차 증가되다가 기원후 600년경에 다른 영동지역의 경우와 마찬가지로 소나무속과 초본류가 압도적인 식생환경으로 변화되는 것이다. 따라서 벼농사와 관련한 화분분석을 통한 식생변화의 시기는 기원전후에서 기원후 600년경으로 이 시기에 벼농사의 증거가 영동지역에서 확인되고 있음을 알 수 있다.

지금까지 알려진 청동기시대 강원 동해안 지역의 벼농사와 관련한 증거는

---

25) 김민구·박정재, 2011, 「강원 영동지역 청동기시대 벼농사와 농경집약화」, 『한국상고사학보』 79.

고성 사천리 유적과 강릉 교동 유적에서 확인된 탄화미이며 강릉 교동의 경우, 탄화미의 절대연대는 1440~1120B.C.로 주거지 내의 목탄의 연대보다 늦지만 청동기 전기를 지시하고 있으며, 고성 사천리 유적의 탄화미의 절대연대는 930~800B.C.이다.[26] 이와 같은 사실로 본다면 강원 동해안 지역에서는 청동기시대 전기부터 벼가 식용으로 이용되었다는 것을 알 수가 있다. 그러나 이것이 벼농사가 이루어졌다는 사실을 적극적으로 증명하지는 않는다. 다만 영산강 유역을 포함한 전남지역 일대에서 벼농사가 이루어진 시점은 화분분석 자료로 볼 때 청동기시대 전기의 공열토기문화기까지 올라갈 수 있어서[27] 공열토기를 출토하는 청동기시대 전기에 벼농사가 이루어졌음을 추측할 뿐이다.

또한 생산활동과 관련하여서 집약적인 농경의 흔적이 확인되지 않고 있기 때문에 화전농의 경우를 생각한다면 기존의 화전농에 대한 선입견에 의한 산지와 구릉이 대부분인 동해안 지역에서 화전농이 이루질 수 있다는 생각이 전적으로 옳지는 않다는 것이 최근의 연구로 설득력을 얻게 되었다.[28] 이 연구를 통해 화전농의 성격을 보면 화전농은 산지성 입지와는 상관이 없다는 것이 민족지 사례에서 확인되고 있고 화전농에 대한 고고학적 증거도 아직 확인된 바가 없으므로 농경에 대한 대안적인 경작방법의 연구가 강구되어야 한다. 다만 화전농은 이동식 경작이 이루어져야 하는 농법임을 고려할 때 휴경에 따라 경작지가 이동되어야 하는 점을 착안하면 이동식 경작이 이루어지는 취락의 형태는 덜 집약적인 농경이 이루어지는 확대가족으로 구성되는 경우가 높고 반대로 집약적인 농경이 이루어질수록 핵가족화하는 경향이 있음이 민족지 사례로 알려져 있으므로,[29] 강원 동해안 지역 전기 청동기시대의 취락 형성이

---

26) 위의 글, pp.69~73.

27) 김민구, 2010, 「영산강 유역초기 벼농사의 전개」, 『한국고고학보』 제75집.

28) 고일홍, 2010, 「청동기시대 전기의 농경방식 재조명」, 『한국상고사학보』 제67호.

이와 관련성이 있는지 면밀히 검토되어야 할 것이다. 그러나 현재까지 농경에 대한 구체적인 증거가 없으므로 이에 대한 연구는 보다 진전된 접근이 있은 후에야 가능할 것이다. 또한 탄화미 이외에는 다른 곡류가 확인된 바가 없으므로 농경이 이루어진 적극적인 근거를 확인하기가 어렵다. 이와 같이 강원 동해안 지역의 전기 청동기사회는 농경이 이루어진 증거가 미약하므로 취락을 형성하게 하는 기본 동인은 농경이 아니라는 입장에 동의하여야 할 것이다.

(2) 취락의 형성과 전개

속초 조양동 유적과 강릉 방내리 유적 등 강원 동해안지역에서 보이는 전기 청동기시대 취락은 그 규모가 작고 각각의 편년과 성격에 따라 5단계로 구분이 가능하다. 또한 각 단계는 ① 기원전 13세기~12세기, ②-③ 기원전 12세기~11세기, ④ 기원전 11세기~10세기, ⑤ 기원전 10세기~6세기로 편년할 수 있어 1단계에서 5단계까지의 각 취락의 점유 시기는 약 1세기로 정확한 시기를 알 수는 없으나 대략 100년 내외의 기간 동안 점유가 이루어진 것으로 보인다. 이러한 점유의 시기 동안 ① 방내리 3호 주거지-② 방내리 1호 주거지, 방내리 9호 주거지, 방내리 11호 주거지, 방내리 12호 주거지-③ 조양동 1호 주거지, 조양동 2호 주거지, 조양동 3호 주거지, 조양동 4호 주거지, 조양동 7호 주거지, 방내리 2호 주거지, 방내리 7호 주거지-④ 조양동 5호 주거지-⑤ 조양동 6호 주거지, 방내리 4호 주거지, 방내리 5호 주거지, 방내리 6호 주거지, 방내리 8호 주거지의 순으로 점유되고 있음을 알 수가 있는데, 지역별로는 각 시기당 적게는 1개의 주거지 많게는 5개의 주거지가 같은 시기에 축조되고 있는 것이 확인되고 있다. 특히 조양동 유적의 경우는 3단계에서 주거지 축조의

---

29) 위의 글.

집중이 이루어지고 있으며 방내리 유적의 경우는 2단계와 5단계에서 주거지 축조의 집중이 일어나고 있다. 토기형식으로 볼 때, 탄화미를 출토한 강릉 교동 유적의 형식이 1단계에 해당하는 방내리 3호 주거지 출토 토기형식과 닮아 있어 이 시기부터 벼의 식용과 관련된 활동이 있었을 것으로 생각된다. 1단계의 경우에는 주거지 축조의 집중이 보이지 않아 농경이 주거지 성립의 중요한 원인이나 압박의 요인으로 작용하지 않았던 것을 보여주고 있다.

특히 방내리 유적에서 2단계와 5단계의 점유가 급증하고 있으나 두 단계 사이에는 형식적 변별이 감지되고 있으며 점유시기도 커서 반복적 재점유가 이루어진 것은 아닐 것으로 판단된다. 또한 조양동 유적의 경우에서도 3단계에서 급증했던 주거지가 4단계와 5단계에서 1개의 주거지만 축조되는 것으로 봐서 재점유가 이루어진 것은 아니라고 판단된다.

반복적인 재점유가 이루어진다는 것은 농경에 있어서 휴경을 비롯한 농법의 적극적인 적용으로 본격적인 농경사회로 진입한다는 것을 보여주는 것이므로 매우 중요한 의미를 갖는 것이다. 하지만 강원 동해안의 두 유적에서 보이는 양상은 각 단계의 시기마다 조금씩 다른 형식의 문화가 같은 지역을 점유하는 양상을 띠는 것으로 보이며 이러한 양상은 농경에 의한 본격적인 농경사회로 접어든 것이 아니라 이주에 의한 확산을 의미하는 것으로 보인다.

이와 같은 가설의 주요한 근거는 조양동 유적은 지리적으로 방내리 유적보다 북쪽에 위치하고 최초 방내리 유적의 점유가 조양동 유적의 점유보다 앞 선 것으로 생각되므로 청동기문화의 출자를 동북지방으로 설정할 경우, 지리적으로 가까운 조양동 유적이 선점되고 이 문화가 다시 남쪽으로 전파 또는 확산되었을 것이라는 생각을 정면으로 반박하는 결론에 도달한다. 따라서 두 유적 간의 관계는 서로 다른 유형의 문화집단이 이주한 것으로 판단되며 선 이주집단이 방내리 유적의 점유 후 조양동 유적의 점유가 이루어지는 것으로 판단되므로 두 유적을 점유한 집단이 서로 다른 입지를 배타적으로 점유한 것으

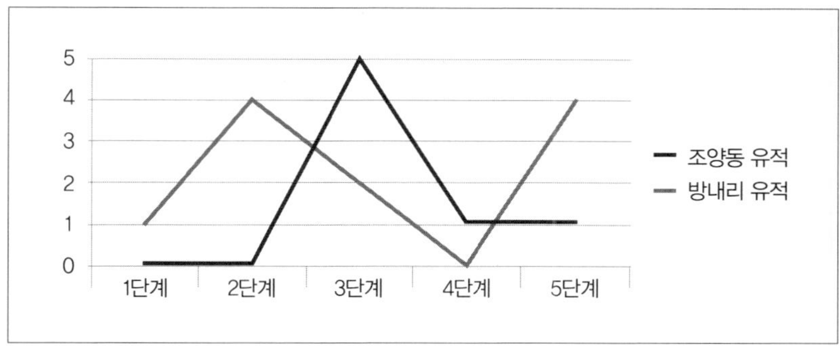

【표 4】 강원 동해안 지역 전기 청동기시대 단계별 점유 현황

로 보인다.

이러한 점유를 가능케하는 압박 요인은 기원전 12세기와 10세기 그리고 11세기경에 발생한 것으로 보인다.

이와 같이 서로 다른 개체의 문화가 배타적으로 입지를 선택해오고 있다는 점과 이들 문화의 성격이 유사성을 보이고 있다는 것은 문화의 성격이 동일한 출자를 가지는 집단이 서로 시기를 달리하여 이주를 통해 강원 동해안의 전기 청동기시대문화를 정착시켰다는 것을 보여주고 있는 것이다. 또한【표 4】에서 보여지듯이 각 유적의 단계에 있어서 주거지 조성의 집중이 일치하지 않고 있으며 각 단계별로 서로 영향을 준 흔적이 확인되지 않고 있다는 점 등은 각 단계별 취락의 성립이 독립적이고 배타적인 공간 점유를 통해 이루어지고 있음을 단적으로 보여 준다. 이러한 양상은 강원 동해안 지역의 전기 청동기문화의 성립이 농경에 의해 성립된 사회가 아니라 출자가 분명한 문화내용이 이주에 의해 확산되는 것으로 이해할 수 있다. 다만 그 출자에서 비롯된 이주요인이 무엇인지는 보다 진전된 연구가 필요하다.

이 글에서 이주의 요인에 대한 논지의 전개에는 한계가 있으므로 이주의 양상에 대해서만 다루고자 한다. 집단의 이주와 문화의 확산에 대한 이론적 틀을 이해하는 데에는 김장석이 제시한 논지가 설득력이 있다. 그의 글[30]에서 제시한 새로운 문화요소의 등장이 전파, 이주, 자체발생에 의한 것이라는 메카니즘 중 이주모델이 강원 동해안 지역 전기 청동기사회의 성립을 이해하는 데 유효한 도구로 작용할 수 있다. 방내리 유적과 조양동 유적의 경우, 원거주지와 이주지 사이의 push factor와 pull factor를 추론할 수는 없으며 두 유적 중 어느 것이 이주지의 토착문화인지 알 수 없을 정도로 유사성이 있다. 만일 두 유적 모두 원거주지의 push factor에 의해 이주가 이루어진 문화라고 가정할 경우, 이들이 반복적으로 정착 또는 점유하였다는 증거가 없으므로 pull factor가 없이 일시적인 필요에 의해 선택되어진 것으로 생각할 수밖에 없다. 따라서 원거주지의 일부 주민만이 소규모로 이주하여 새로운 곳을 찾은 고고학적 증거가 바로 방내리 유적과 조양동 유적인 것으로 생각된다. 아울러 이들 두 유적 간에 보이는 계통성 중 서로 공유하는 대부분의 요소는 원거주지의 문화내용으로 생각되며, 두 유적 사이에서 변별되는 문화내용들은 바로 이들 집단의 차이를 보여 주는 것으로 생각된다. 이러한 양상에 대해 이주 모델을 적용한다면 첫 번째 유형의 선형확산의 이주유형을 대입할 수 있을 것이다. 선형확산 이주모델이 가지는 내용 중 이 두 유적 간에는 ㉮ 유적의 선형분포, ㉯ 원거주지로부터의 거리와 각 유적 점유시작 연대 간의 매우 높은 상관관계, ㉰ 원거주지로부터의 거리와 유물복합체 유사도 간의 매우 높은 상관관계, ㉱ 가장 가까운 거주지 간의 거리를 수량화 하였을 경우, 적은 표준편차 등을 확인할 수 있으므로 원거주지를 파악하는 것은 보다 진전된 연구를 필요로 하지만 이주지를 중심으로 한 모델의 적용에서는 적극적인 고고학적 증거로 제시할 수 있을 것이다.

---

30) 김장석, 2002, 「이주와 전파의 고고학적 구분: 시험적 모델의 제시」, 『한국상고사학보』 제38호.

강원 동해안 지역의 전기 청동기문화의 전개에서 보여지는 이주 모델의 적용은 동 지역에서의 후기 신석기사회와 전기 청동기사회의 전환에서 혹 나타날 수 있는 수렵채집민과 농경민의 상호작용[31]에 더하여 두 집단 간의 상호작용을 증명할 고고학적 증거가 미약하다는 것을 반증해 주고 있다. 즉, 농경민이 기존에 알려진 농경에 의한 push factor에 의해 이주하였다면 선주민이던 수렵채집민인 후기 신석기인들과의 상호작용이 이루어졌을 것으로 생각할 수 있으나 강원 동해안 지역의 전기 청동기인들은 선형확산을 통한 이주로 배타적인 공간점유를 선호한 것으로 보이므로 상호작용이 있었을 확률은 증명할 근거가 거의 없다. 또한 두 문화의 주민이 서로 조우하였을 시간과 공간이 매우 이질적이어서 동해안 지역이라는 지리적 공간에서는 이러한 상호작용을 가정하는 것이 무리일 것이다.

이미 김장석은 기후변화나 인구증가에 따른 자원-인구의 불균형으로 도작농경이 수용되고 이로 인해 농경사회로 전환된다는 논리가 논리 자체에는 문제가 없으나 남한 전체의 전환기의 고고학적 증거도 설명되기에는 한계가 있다[32]고 밝혔듯이 강원 동해안 지역에서 이러한 설명을 가능케 하는 고고학적 증거는 찾을 수가 없다.

강원 동해안 지역의 전기 청동기문화가 성립되는 양상은 농경을 중심으로 다양한 생산활동이 이루어지던 원거주지 사회에서 알려지지 않은 push factor에 의해 소규모 이주가 이루어지면서 그들이 원래 가지고 있던 농경 중심의 생활패턴이 그대로 이주지에 적용되어지고, 그러한 문화가 당대에 소멸되거나 아니면 다른 지역으로 다시 이주가 이루어지는 과정이 반복적으로 나타나는

---

31) 김장석, 2002, 「남한지역 후기신석기-전기청동기 전환: 자료의 재검토를 통한 가설의 제시」, 『한국고고학보』
　　48집.
32) 위의 글.

것으로 이해하여야 한다. 따라서 농경사회에서 생산 불균형 등의 요인이 원거주자 일부를 이주시키는 경우가 발생하였더라도 이주지에서는 전형적인 농경사회의 특성이 나타나는 것이 아니라 배타적으로 점유한 새로운 환경과 적응해 나가는 과정에서 패턴이 다른 형태의 양상(수렵채집전략의 다양성 등)이 나타나고 있는 것으로 이해해야 하고 이러한 과정이 방내리 유적과 조양동 유적의 특성으로 나타난다고 볼 수 있다.

IV. 맺는말

조양동 유적과 방내리 유적은 강원 동해안 지역 청동기문화의 전기에서 중기에 해당하는 유구와 유물을 보여주고 있으며 동해안 지역 청동기문화의 출자 및 전파 그리고 지역성을 살필 수 있는 작은 단서로 이해할 수 있을 것이다.

지금까지 살펴 본 강원 동해안 지역의 전기 청동기문화의 특성은 다음과 같이 추론할 수있다.

조양동 유적은 지금까지 검토한 바로는 기원전 12세기에서 기원전 11세기 사이에 조성된 것으로 방내리 유적의 전기 공열토기문화 내용과는 지역적으로 이격되어 있으나 일부 문화적 계통성을 지니며 입지의 선택 또한 공통점을 보인다. 방내리 유적은 무문토기 편년 상 전기와 중기의 분기가 가능하며 전기는 기원전 13세기에서 기원전 11세기에 해당하며, 중기는 기원전 10세기에서 기원전 6세기로 편년할 수 있다. 이 시기 동안 조성된 주거지는 1~2 가구 또는 3~5 가구가 취락을 형성한 소규모 단위의 취락으로 원거주지에서 이주에 의해 확산된 문화로 보아야 하며, 기존의 필자가 주장했던 고차중심지에서 이격된 저차중심지 또는 지배에 대한 피지배, 도시에 대한 농촌 등의 개념 설정이 가능한 자급자족 단계의 취락구성은 좀 더 고민해야 할 내용으로 유보해야만 할 것이다. 이들 취락 구성에 대해서는 진전된 연구를 통하여 이들의 생활패턴과 식생패턴을 포함한 문화복원에 필요한 당면과제를 해결할 대안을 제시할 수 있을 것이다.

조양동 유적과 방내리 유적은 지역적으로 문화내용의 미시적인 차이를 보이며, 이 같은 차이는 두 유적 간의 이주에 의한 확산의 증거로 채택할 수 있다. 따라서 당시 두 유적 간에는 계통성을 가지는 원거주지 문화가 존재하고 있었으며 이주하는 집단의 특성에 따라 각각 다른 문화적 내용이 채택되었던 것으로 생각한다.

조양동 유적과 방내리 유적에서 확인되는 주공배치 및 평면형태는 가락동 유형의 주거지 유형으로 볼 여지는 크지 않으나, 출토 토기 등의 유물로 볼 때, 다분히 가락동 유형으로 살필 수 있으며, 또한 이들 토기 및 공반유물의 유형은 최근 언급된 바 있는 역삼동·흔암리유형이 함께 출토되고 있어 기존의 연구에 대한 신중한 접근이 필요할 것으로 생각된다. 특히 조양동 5호 주거지 단계에서 확인된 공열문이 결합하지 않는 가락동식토기편은 이들의 출자 및 전개에 따른 대안이 필요할 것으로 생각한다. 더욱이 강릉 교동 유적에서 확인된 1호 주거지의 평면형태는 위석식 노지를 갖춘 가락동식이며 공반유물 또한 가락동식토기를 출토하고 있다. 더욱이 공열문에 'W'형의 선문이 결합된 흔암리식토기가 공반되어서 이러한 형식의 토기와 주거양식을 가진 문화에 대한 해석에 논란의 여지를 두고 있다.

강원 동해안 지역의 전기 청동기문화의 출자는 공열토기를 기반으로 하는 문화내용이다. 따라서 공열토기에 부가되는 시문양식은 그 문화를 구성하는 집단의 독자적인 문화로 그 출자는 특정할 수 없으나 청천강 이북과 압록강 유역에서 동북지방을 거쳐 동해안을 따라 조양동 유적과 방내리 유적까지 이주에 의해 확산된 것으로 추정된다. 따라서 강릉 교동 유적을 포함한 강원 동해안 지역의 전기 청동기문화는 농경을 중심으로 한 원거주지의 문화가 이주를 통해 서로 다른 집단이 다른 시기에 배타적인 공간점유를 통해 문화를 형성한 것으로 이해하여야 할 것이다. 아울러 이들 집단의 이주를 가능케 한 요인은 특정할 수 없지만 이주지역에서의 생활은 농경을 중심으로 다양한 수렵채집전략의 채용으로 새로운 거주환경에 적응해 나가는 과정으로 이해하여야 하며 이러한 양상이 강원 동해안 지역 전기 청동기문화의 특성으로 전개해 나간 것으로 보아야 할 것이다.

| 참고문헌 |

1. 단행본

안승모·이준정 편

　2009 『선사농경연구의 새로운 동향』, (주)사회평론.

전경수

　1994 『한국문화론』.

최성락

　2001 『한국 고고학의 방법과 이론』.

2. 보고서

강릉대학교 박물관

　1996 『강릉 방내리 주거지』.

　2000 『속초 조양동 주거지』.

　2002 『강릉 교동 주거지』.

김동일·서국태·지화산·김종혁

　2003 『마산리, 반궁리, 표대 유적발굴보고』, 백산자료원.

문화재관리국 문화재연구소

　1991 『북한문화유적발굴조사개보』.

서국태·지화산

　2003 『남양리 유적발굴보고』, 백산자료원.

석광준·김종현·김재용

　2003 『강안리 고연리 구룡강 유적발굴보고』, 백산자료원.

3. 논문

고일홍

2010 「청동기시대 전기의 농경방식 재조명」, 『한국상고사학보』 제67호.

김권중

2005 「북한강유역 청동기시대 주거지 연구」, 단국대학교 석사학위 논문.

김민구

2010 「영산강 유역초기 벼농사의 전개」, 『한국고고학보』 제75집.

김민구·박정재

2011 「강원 영동지역 청동기시대 벼농사와 농경집약화」, 『한국상고사학보』
제79호.

김장석

2002 「이주와 전파의 고고학적 구분: 시험적 모델의 제시」, 『한국상고사학
보』 제38호.

2002 「남한지역 후기신석기-전기청동기 전환: 자료의 재검토를 통한 가설
의 제시」, 『한국고고학보』 48집.

김정기

1996 「청동기 및 초기철기시대의 수혈주거」, 『한국고고학보』 34집.

박순발

1999 「흔암리유형 형성과정 재검토」, 『호서고고학』 1.

박영구

2000 「영동지역 청동기시대 주거지 연구」, 단국대학교 석사학위논문.

2004 「영동지역 청동기시대 주거지 연구」, 『강원고고학보』 제3집.

배진성

2003 「무문토기의 성립과 계통」, 『영남고고학』 32호.

송만영

1996 「화재주거지를 통해 본 중기 무문토기시대 사회의 변화에 대하여」, 『고
문화』49, 한국대학박물관협회.

1997 「중서부지방 무문토기문화의 전개」, 『숭실사학』10.

안재호

2000 「한국농경사회의 성립」, 『한국고고학보』43.

유병린

2001 「중서부해안지역 무문토기시대에 대한 연구」, 한양대학교 석사학위논문.

이성주

1998 「한국의 환호취락」, 『환호취락과 농경사회의 형성』, 영남고고학회·구
주고고학회 제3회 합동고고학대회 발표요지.

이형원

2001 「가락동유형 신고찰」, 『호서고고학보』제4 5합집.

2002 『한국 청동기시대 전기 중부지역 무문토기 편년 연구』.

2003 「청동기시대 전기취락의 편년 및 구조 시론-중부지역을 중심으로」,
『국립공주박물관기요』제3집.

천선행

2003 「무문토기시대 전기문화의 지역성연구-중서부지방을 중심으로」, 부
산대학교 대학원 석사학위논문.

최성락

1982 「한국마제석촉의 고찰」, 『한국고고학보』제12집.

최종모

1998 「강원지방의 무문토기문화연구」, 한림대학교 석사학의논문.

한영희

1983 「각형토기고」, 『한국고고학보』, 14·15합집.

홍주희

2004 「한강유역 청동기시대 취락의 입지형과 주거양식과의 관계에 대한 연구」, 한양대학교 대학원 석사학위논문.

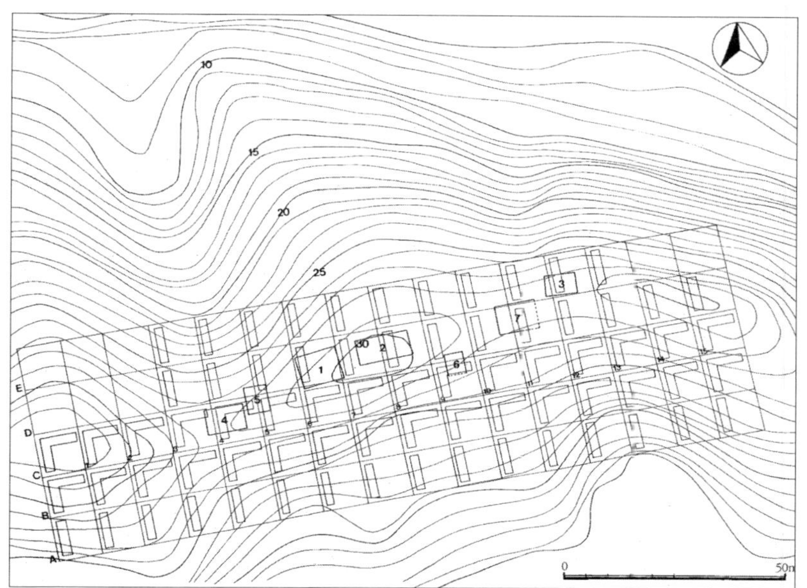

조양동유적 유구배치도

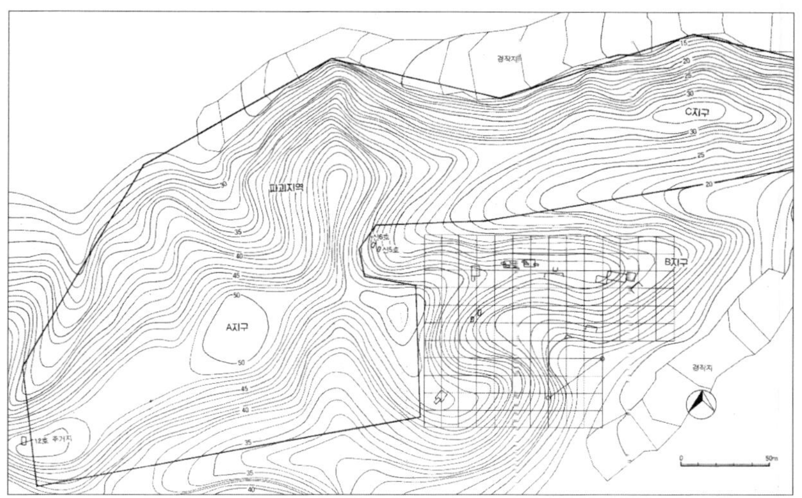

방내리유적 유구배치도

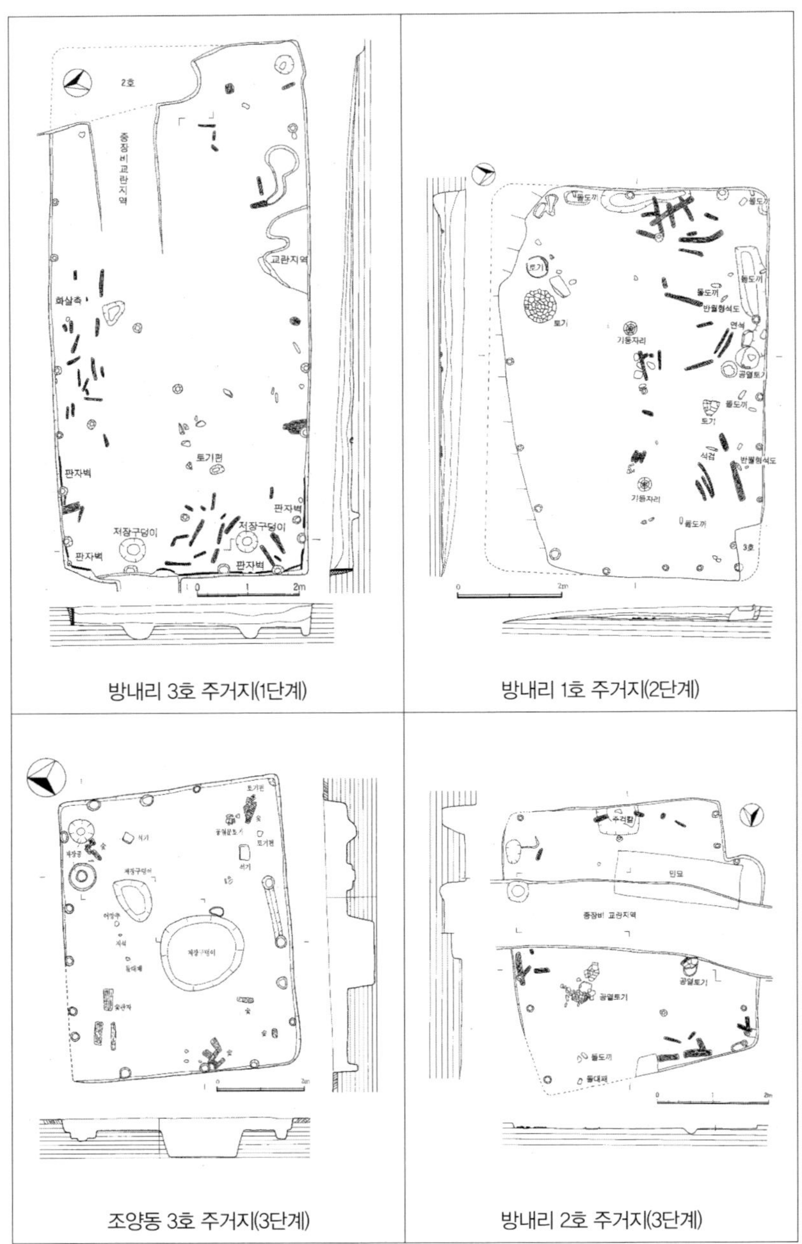

방내리 3호 주거지(1단계)

방내리 1호 주거지(2단계)

조양동 3호 주거지(3단계)

방내리 2호 주거지(3단계)

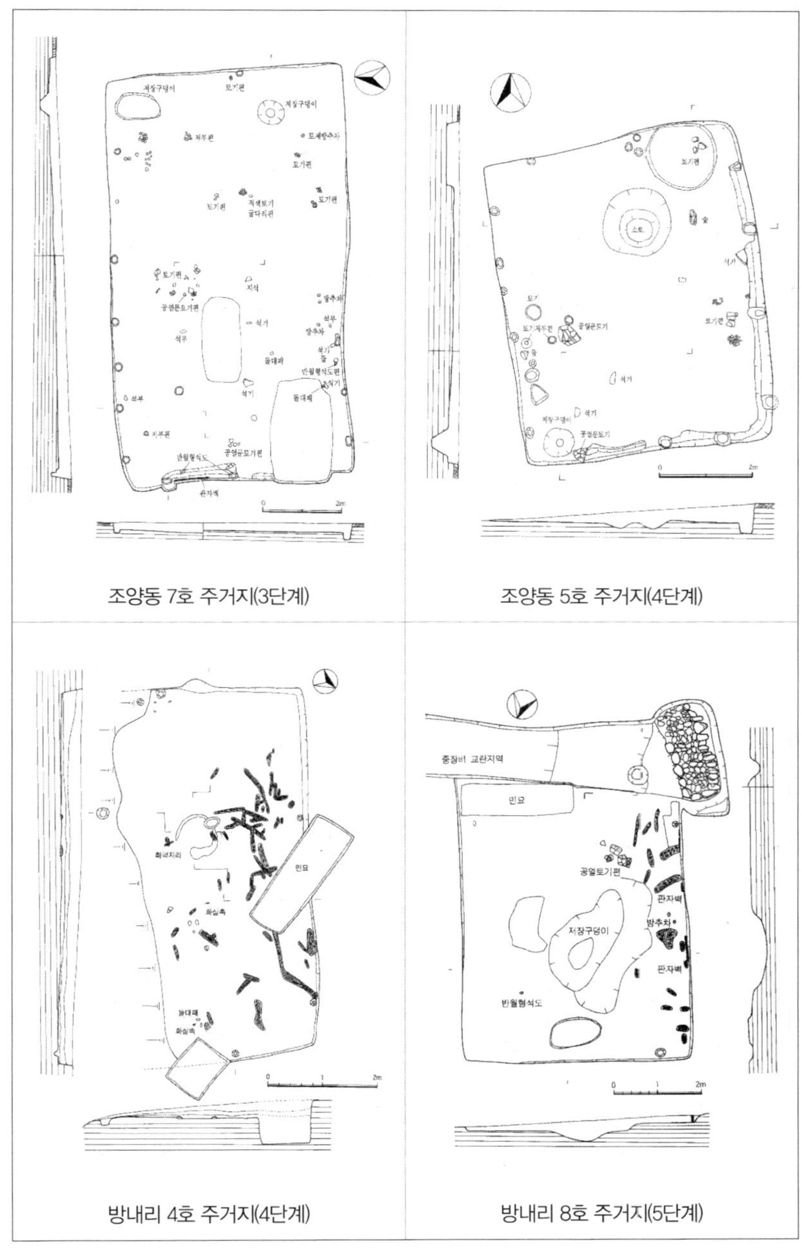

조양동 7호 주거지(3단계)
조양동 5호 주거지(4단계)
방내리 4호 주거지(4단계)
방내리 8호 주거지(5단계)

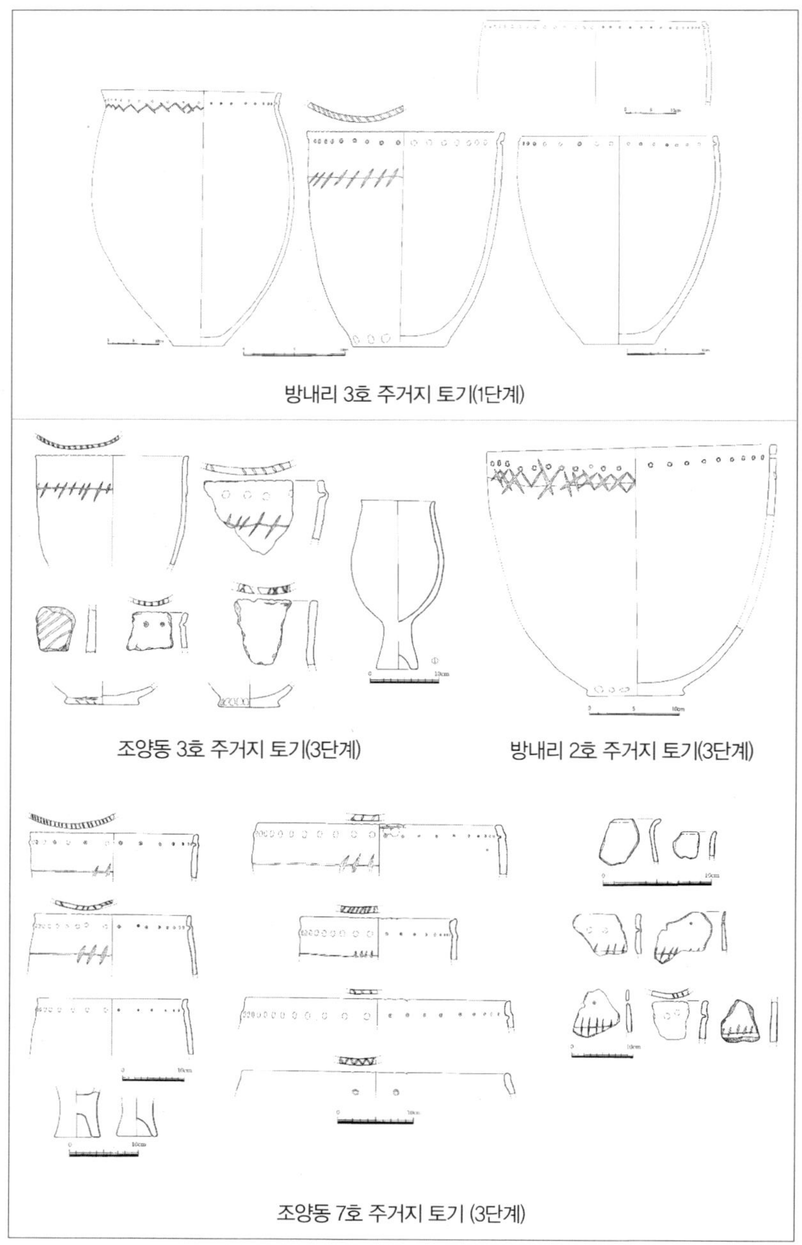

방내리 3호 주거지 토기(1단계)

조양동 3호 주거지 토기(3단계)

방내리 2호 주거지 토기(3단계)

조양동 7호 주거지 토기 (3단계)

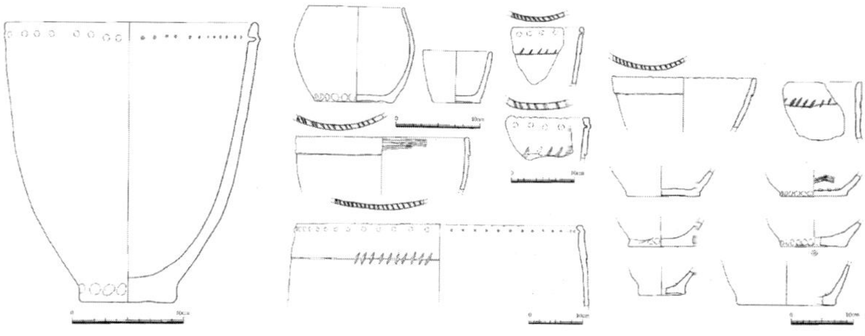

조양동 5호 주거지 토기 (4단계)

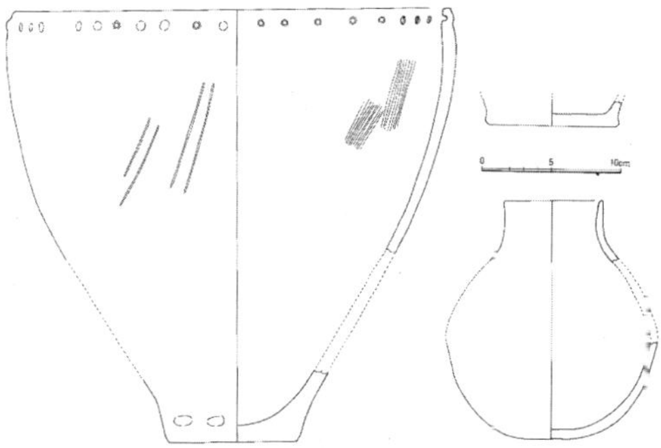

방내리 8호 주거지 토기 (5단계)

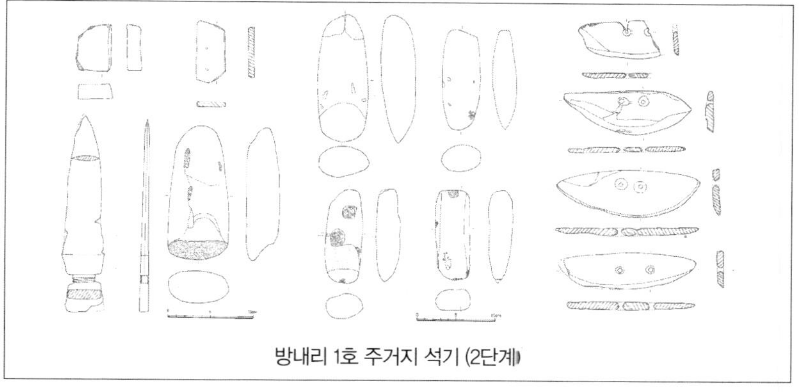

방내리 1호 주거지 석기 (2단계)

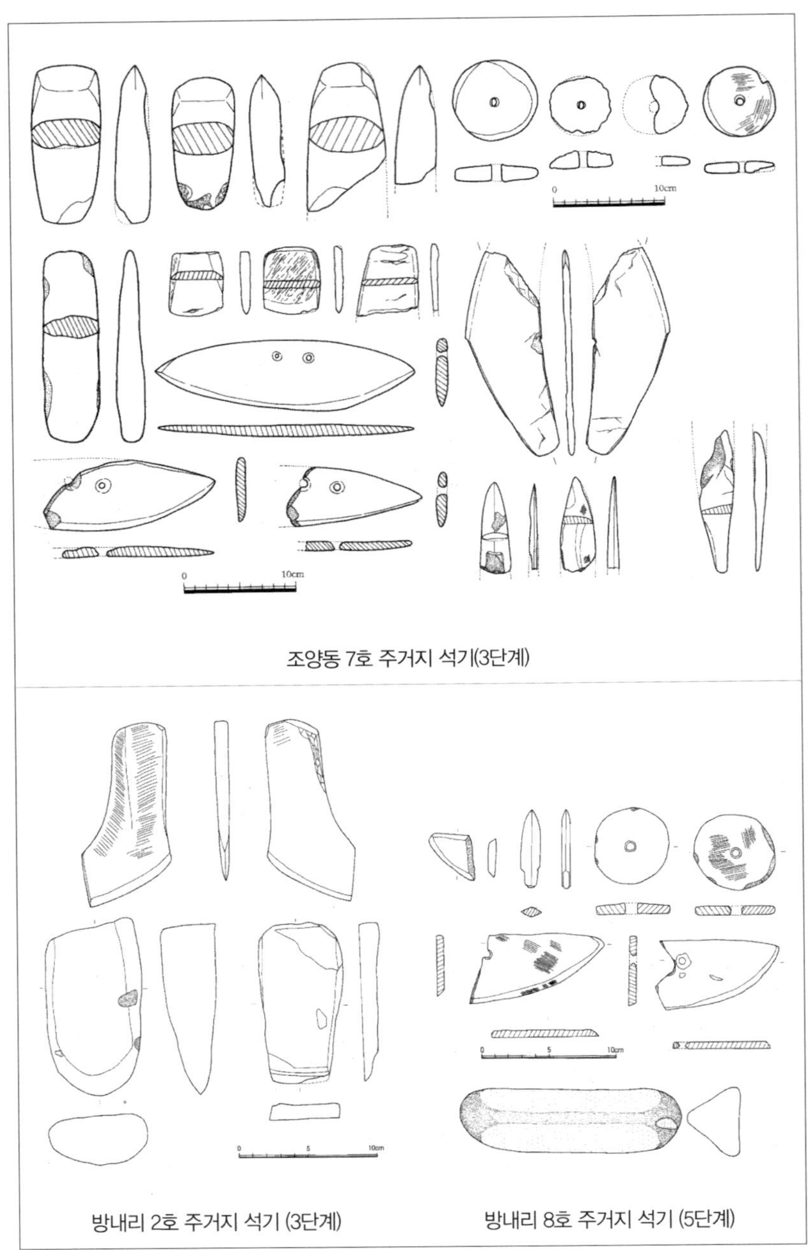

조양동 7호 주거지 석기(3단계)

방내리 2호 주거지 석기 (3단계)

방내리 8호 주거지 석기 (5단계)

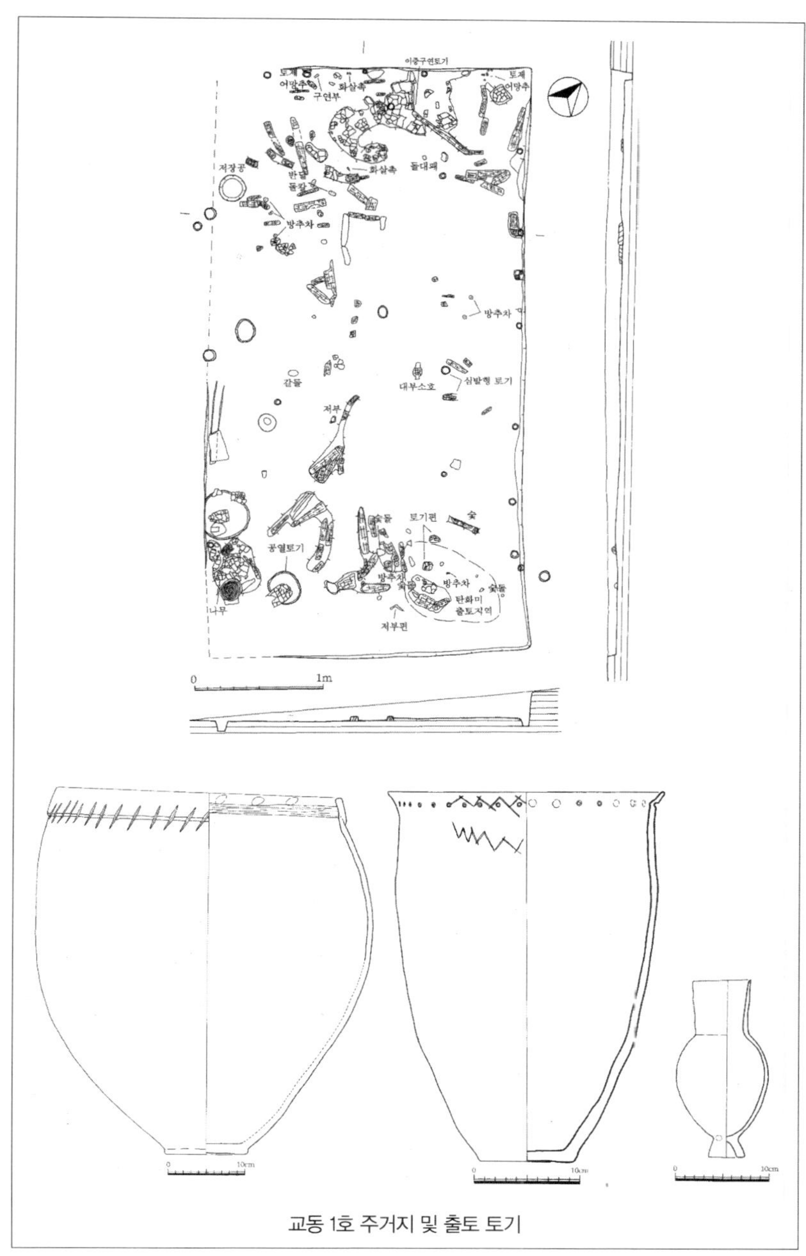

교동 1호 주거지 및 출토 토기

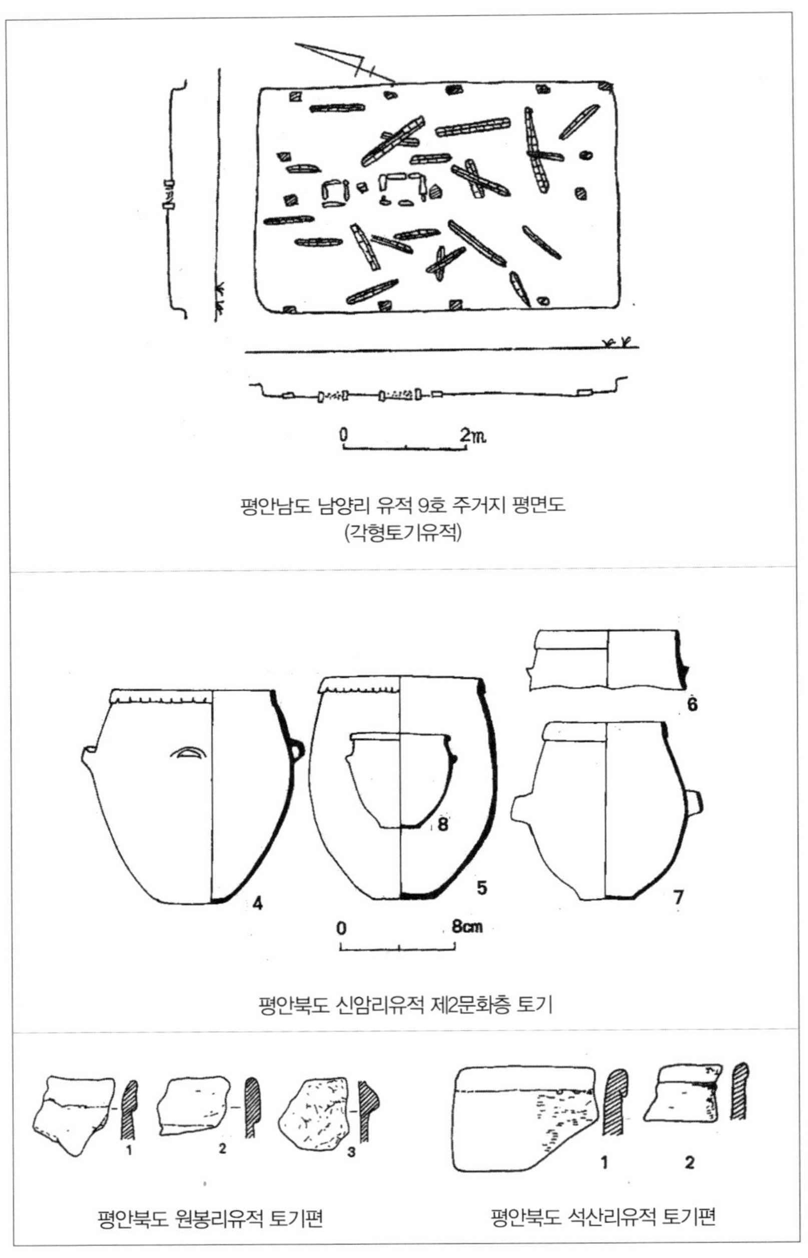

평안남도 남양리 유적 9호 주거지 평면도
(각형토기유적)

평안북도 신암리유적 제2문화층 토기

평안북도 원봉리유적 토기편

평안북도 석산리유적 토기편

초기철기시대론에 대한 비판적 검토

최성락*

Ⅰ. 머리말
Ⅱ. 초기철기시대의 개념
Ⅲ. 초기철기시대론의 검토
Ⅳ. 초기철기시대론의 문제점과 더안
Ⅴ. 맺음말

⟨Abstract⟩

The Age system in Korean archaeology is still based on the Three Age System even though it is very controversial. The Early Iron Age as well as the proto-Three Kingdoms Age has been used in Korean archaeology since the 1960s. However, controversy still surrounds the concept of Early Iron Age, and here I have critically analyzed the problem.

The Early Iron Age was conceptualized as the iron culture before history, and pottery with round ring-rim and slim bronze dagger are typical cultural elements of this Age. However, it is pertinent to consider pottery with round

* 목포대학교 고고학과 교수

ring-rim and slim bronze dagger as cultural elements of the Bronze Age, while the Early Iron Age is defined as iron implements appeared. And the real elements of the Early Iron Age such as pottery with triangle ring-rim and wooden coffin tomb continued to appear until the 1st or 2nd century AD, making it difficult to set the period from the first appearance of iron in 300 BC to beginning of proto-Three Kingdoms Age in 100 BC as a single archaeological period. Moreover, the early Iron Age existed after Gojoseon (ancient Joseon) appeared as the first ancient state, which puts it at the historical period. Therefore, the Early Iron Age is no longer suitable as the Age System for Korean archaeology.

It is time to reconsider using the Early Iron Age and the proto-Three Kingdoms Age in Korean archaeology. It may be convenient to use the Iron Age and the Iron culture within the Archaeological circle, however, historical Age system should be accepted for historians and the general public.

Key Words : Age System, Early Iron Age, proto — Three Kingdoms Age, Iron Age, Gojoseon (ancient Joseon)

Ⅰ. 머리말

한국고고학에서의 시대구분은 많은 논란이 있었음에도 여전히 삼시대법을 기반으로 하여 구석기시대, 신석기시대, 청동기시대, 초기철기시대, 원삼국시대, 삼국시대 등이 사용되고 있다. 다만 초기철기시대와 원삼국시대를 대신하여 일부 연구자들은 철기시대나 삼한시대를 사용하기도 한다. 또한 고고학 시대구분에서 벗어나 역사학과 같이 사용할 수 있는 시대구분이 되어야 한다고 주장도 제기되었다. 실제로 국립중앙박물관은 2009년에 고고학연표와 전시실을 새로 개편하면서 기존의 고고학 시대구분의 틀에서 벗어나 역사학과 함께 쓸 수 있는 시대구분을 제시한 바가 있다.

이러한 과정에서 가장 문제가 되는 것은 초기철기시대와 원삼국시대이다. 지금까지는 원삼국시대를 중심으로 많은 논란이 이루어졌지만 초기철기시대의 문화양상에 대한 연구가 진척되면서 이 시대의 개념을 어떻게 정의할 것이며 그 문화적인 특징을 어떻게 설정할 것인지에 대한 논의가 계속되고 있다. 특히 최근에 발표된 3편의 논고(이창희 2010, 이형원 2011, 서길덕 2011)를 보면 그 혼란이 그대로 지속되고 있음을 알 수 있다. 따라서 본고에서는 비판적인 관점에서 초기철기시대의 개념에 대한 기존의 견해들을 정리해 보고, 당시 문화양상을 검토하면서 그 문제점과 대안을 찾아보고자 한다.

Ⅱ. 초기철기시대의 개념

초기철기시대라는 용어가 처음 등장한 것은 1960년대이다. 당시 김원용은 철기문화를 初期鐵期文化와 金海文化로 구분하였다. 즉 초기철기문화란 중국

戰國時代에 출현하는 철기문화가 長城外로 퍼져 북방계 청동기문화와 혼합하
여 들어오게 되는데 이는 2차 청동기 파급 혹은 1차 철기문화의 파급에 의해
이루어진 문화를 말하고, 김해문화란 북한지역의 樂浪文化를 통해 漢代文化
가 퍼지고, 남한의 지석묘사회에는 북에서 내려오는 철기문화가 침투하여 새
로운 토착문화(즉 철기문화)가 형성되는데 그 대표적인 유적은 김해패총이고,
대표적인 토기를 김해토기라고 하였다(김원용 1964).

그런데 김해문화의 시기를 金海期라고 하는 데에 반하여 김해패총에는 패총
유적과 묘지유적이 있어 서로 연대가 다르며 또한 발굴면적이 적기 때문에 다
량의 유물이 발굴된 웅천패총을 표준유적으로 보아 熊川期로 불러야 한다는
주장도 대두되었다(김정학 1967). 이와 같은 논쟁이 있은 후 김해기와 웅천기
를 대신하여 原三國時代라는 용어가 제시되었다. 즉 원삼국시대라는 것은 서
기 전후부터 서기 300년경까지의 약 3세기를 말하고 原史단계의 삼국시대라
는 의미이다.

이러한 고고학적 연구성과를 바탕으로『한국고고학개설』(초판)에서는 한국
고고학의 시대구분을 구석기시대, 신석기시대, 청동기시대, 초기철기시대, 원
삼국시대, 삼국시대 묘제 등으로 구분되었다. 여기에서는 한반도에서 철기의
유입과 이미 정착되어 있던 발달된 청동기문화가 잘 구분되지 않는다는 전제
하에 초기철기문화에 후기 청동기문화를 포함하여 서기전 300년부터 서력기
원 전후까지를 초기철기시대로 규정하였다(김원용 1973).

그런데 초기철기문화와 원삼국문화 사이에 별다른 문화적인 차이가 없다는
주장(김양옥 1976)이 있자『한국고고학개설』(2판)에서는 초기철기시대를 청동
기시대 후기에 편입하였고 서기 전후로부터 300년까지의 원삼국문화를 초기
철기문화로도 표기하였다(김원용 1977a: 193의 도표). 일부에서는 이를 받아
들여 초기철기시대를 철기가 유입되던 시기로 부터 삼국시대의 고총고분이 발
생하기 이전까지로 보았고(이남규 1982; 한영희 1983), 일부에서는 이를 대신

하여 철기시대라는 용어도 사용되었다(국사편찬위원회 1977).

그 후 청동기 후기(철기 1기)를 초기철기시대로 하는 것이 더 합리적이라는 주장이 있자(최몽룡 1984, 1987) 『한국고고학개설』(3판)에서는 다시 초기철기시대를 서기전의 철기문화로 정의되면서 철기의 생산, 청동기의 급증 등을 특징으로 서기전 300년에서 서기 전후까지로 비정하고 있다. 즉 구석기시대, 신석기시대(BC 5000–1000), 청동기시대(BC 1000–300), 초기철기시대(BC 300–AD 0), 원삼국시대(AD 0–300) 등으로 구분되었다(김원용 1986).

그런데 초기철기시대에 대한 이견도 적지 않게 나타났다. 즉 남부지역에서 점토대토기 단계부터 초기철기시대라 하는 것은 잘못이며 삼각형점토대토기가 출현하는 서기전 2세기경 이후에 접어들어야 초기철기시대로 볼 수 있고, 별도의 철기시대를 설정하지 않으면서 이를 초기철기시대로 명명하는 것이 어색하여 독립적인 시대명칭으로 부적절하다는 것이다(정징원 1989). 또한 오르도스 후기의 금속문화가 한국의 철기문화에 영향을 미쳤다고 보는 이종선도 초기철기시대가 아닌 철기시대를 사용하여야 한다고 주장하였고(이종선 1989), 명칭에서 철기시대의 중기와 후기가 없기 때문에 그냥 철기시대로 부르는 것이 좋겠다는 의견(이건무 1992)도 제기되었다. 그리고 원삼국시대를 삼국시대 전기로 부르자고 제안한 최몽룡(1989, 1990, 1992, 1993, 1996, 1997)은 초기철기시대가 제2차 청동기문화를 포함하고 있어 철기문화의 독자적인 의미가 희석된다는 점이 지적되어 철기시대로 지칭하면서 철기시대 전기가 초기철기시대, 후기가 원삼국시대(삼국시대 전기)에 해당한다는 견해도 제시하였다. 또 철기시대의 문화성격을 새로운 제작기술과 생산체계의 확산과 수용, 광범위한 영역에 걸친 뚜렷한 지역문화의 형성, 정치권력의 성장 등 여러 가지 면에서의 변화로 설명한 바도 있다(이성주 1998).

그런데 필자는 일찍부터 초기철기시대가 아닌 철기시대를 사용하면서 그 개념을 철기가 나타나는 시점부터로 잡아야 한다고 주장하였다(최성락 1998).

하지만 학위논문을 쓰는 과정에서 필자는 남부지역의 세형동검문화 단계에서 거의 철기가 나타나지 않았기 때문에 이를 청동기시대에 포함시키고, 초기철기시대를 철기의 유입 이후로 한정시킨다면 하나의 시대로 설정하기에는 시간의 폭이 너무 짧아 원삼국시대에 포함시켰다(최성락 1993). 이후 이러한 문제점들 때문에 초기철기시대를 원삼국시대와 함께 철기시대로 통합하여야 한다고 재차 주장하였고(최성락 1995, 1998), 나아가 초기철기시대를 청동기시대에서 본격적인 철기시대(혹은 원삼국시대)로 넘어가는 전환기로 보았던 것이다(최성락 2002).

한편으로 원삼국시대를 대신한 삼한시대(최종규 1991)가 제기된 이후 그 개념이 확대되어 초기철기시대까지 포함하는 시기를 삼한시대로 하자는 주장(신경철 1995, 안재호 1994)이 제기되었고, 이것은 일부 연구자들에 의해 통용되었다. 이에 이희준(2004)은 삼한시대론과 철기시대론을 비판하면서 기존의 시대구분이 여전히 타당함을 강조하였다. 또 그는 철기가 처음 유입되지만 완전한 철기시대로 진입되기 전 과도기적인 시기를 초기철기시대로 규정하였다. 다만 그는 고고학적 획기가 서기전후가 아닌 서기전 100년이기에 원삼국시대의 시작연대를 서기전 100년으로 상향조정하여 초기철기시대를 서기전 300~100년으로 설정하고 있다.

이러한 주장에 대하여 필자는 다음과 같이 반론하였다. 즉 초기철기시대와 원삼국시대로 구분하여 사용할 수 있지만 각기 문제점이 있는데 특히 초기철기시대의 경우 만약 원삼국시대의 연대를 서기전 100년으로 올린다면 그 시기의 폭이 200년에 지나지 않기 때문에 이를 시대로 보기보다는 청동기시대에서 원삼국시대(혹은 철기시대)로 넘어가는 과도기로 철기시대(혹은 원삼국시대)에 편입하는 것이 타당하며, 또 원삼국시대는 역사적인 의미를 가진 시대로 그 연대를 임의로 올린다는 것이 잘못이지만 철기시대라는 용어는 고고학 시대구분으로 그 연대를 얼마든지 올릴 수 있기에 오히려 더 유용하다는 것이다(최성락 2005).

한국고고학의 시대구분에 대한 논란이 계속되면서 역사학계뿐 아니라 고고학계에서도 고조선의 실체를 포함시키고자 하는 견해들이 일부 나타났다(송호정 2007, 이청규 2007). 이에 필자는 고고학 시대구분을 고수할 것이 아니라 역사학과 함께 사용할 수 있는 시대구분의 필요성을 강조하였고, 일반인들에

〈표 1〉 원사단계의 시대구분(최성락 2008에서 일부 수정)

제안자 \ 연대	300	B.C.	1	A.D.	300
김원용(1986)	청동기시대	초기철기시대		원삼국시대	삼국시대
최몽룡 (1989·1990)	청동기시대	초기철기시대 철기시대 Ⅰ		삼국시대 전기 철기시대 Ⅱ	삼국시대
최성락(1993)	청동기시대		원삼국시대		삼국시대
최성락(1995)	청동기시대	철기시대			삼국시대
최종규(1991)			삼한시대		
신경철(1995)		삼한시대			삼국시대
이청규(2003)		철기시대			
		전기	중기	후기	
이희준(2004)	청동기시대	초기철기시대	원삼국시대		삼국시대
이성주(2007)	청동기시대	철기시대			삼국시대
	청동기시대		원삼국시대		삼국시대
이청규(2007)	청동기시대	철기시대			삼국시대
	무문토기시대		원삼국시대		삼국시대
	고조선시대			삼국시대 전기	삼국시대 후기
최몽룡(2006)	청동기시대	철기시대 전기		철기시대 후기 (삼국시대 전기)	삼국시대
국립중앙박물관 (2007)	청동기시대	초기철기시대	원삼국시대		삼국시대
최성락(2008)	청동기시대-고조선		삼국시대		
			형성기(전기)		정립기(후기)
국립중앙박물관 고고학연표 및 전시실	청동기――――――철기――――――삼국				
	청동기/고조선---부여/삼한---삼국(고구려, 백제, 신라)				
한국고고학회 (2007, 2010)	청동기시대	초기철기시대	원삼국시대		삼국시대

게도 쉽게 이해할 수 있는 시대구분이 되어야 한다고 주장하면서 초기철기시대-원삼국시대 대신에 고조선-삼국시대의 사용을 주장하였다(최성락 2008). 이후 초기철기시대 혹은 철기시대의 상한연대가 재검토되면서 서기전 400년으로 조정되었다(최몽룡 2006, 국립중앙박물관 2007).

그런데 2008년 당시 국립중앙박물관의 고고학연표에 고조선이 빠져있어 우리 역사를 왜곡하였다는 비판이 사회여론화가 되자, 2009년경 국립중앙박물관은 전시실의 고고학연표에 기존에 사용되던 초기철기시대와 원삼국시대라는 구분을 없애고 청동기문화 다음에는 철기문화로 표기함과 동시에 고조선-여러 국가의 등장-삼국시대 등으로 표기하였고, 전시실을 청동기·고조선실-발해/삼한실-삼국시대실 순으로 개편하였다.[1] 이러한 변화는 국사교과서에 나타나는 시대구분과 거의 일치하는 것으로 일반 국민들이 쉽게 이해할 수 있도록 조치한 것이다.

하지만 이러한 논란 속에 한국고고학계에서는 여전히 초기철기시대와 원삼국시대가 사용(한국고고학회 2007, 2010)되고 있는 반면에 일부 연구자들은 철기시대와 삼한시대가 사용하고 있어 시대구분에 대한 혼란은 계속되고 있으며 문제의 실마리가 풀리지 않고 있다.〈표 1〉

Ⅲ. 초기철기시대론의 검토

초기철기시대는 서기전 3세기부터 청동제품이 급증하고, 청동 기술이 크게

---

1) 국립중앙박물관 홈페이지(www.museum.go.kr) 자료실 고고학연표 참조.

발전하지만 실질적인 문화 단계는 철기 사용 단계를 말하는 것이다(김원용 1973). 다시 말하면 초기철기시대는 원삼국시대가 본격적인 철기시대이기 때문에 그 이전인 초기의 철기시대라는 의미에서 지칭된 것이다. 이러한 초기철기시대의 문화양상을 두 시기로 구분하고 있다. 즉 I식 세형동검, 정문식 세문경으로 대표되는 I기(서기전 300-100년)과 II식 동검의 출현, 차마구의 부장, 세문경의 소멸, 철기생산의 본격화 시기인 II기(서기전 100-0년) 등이다. 결국 초기철기시대는 세형동검의 등장으로 시작되었고, 뒤이어 철기의 유입 및 생산이 이루어졌다고 보고 있다.

이후 이 시기의 양상에 대한 연구가 다수의 연구자들에 의해 이루어졌다. 일찍 윤무병(1972)이 세형동검 사용시기를 크게 1기와 2기로 구분한 바가 있으나 이청규(1982)는 이를 다섯 시기로 세분하였는데 북부지역에서의 제3기(서기전 200-100년), 남부지역에서의 제4기(서기전 100-50년)부터 철기가 공반되고 있다고 한다. 즉 세형동검과 원형점토대토기가 등장한 이후에 철기가 유입되었음을 잘 보여주고 있다.

이건무(1992)는 한국의 청동의기를 연구하면서 크게 세 시기로 구분하였다. 제1기(서기전 4세기 전반)는 한국식동검의 성립기로 한국식동검 1식, 조문경, 청동의기의 출현 등을 특징으로 하고, 제2기(서기전 3세기 전-중반)는 한국식동검의 발전기로 한국식동검 1·2식, 정문경, 유견동부 등이 있고 주조철기가 처음 등장하였으며, 제3기(서기전 2세기 전반-1세기 후반)는 한국식동검의 쇠퇴기로 철기문화의 본격화를 들고 있다. 이 연구에서도 한국식동검(세형동검)이 성립 이후에 철기가 유입되고 있음을 보여주고 있다.

이와는 동시에 초기철기시대에 속하는 세형동검문화를 어떻게 볼 것인지에 대한 논란이 계속되었다. 예를 들면 세형동검문화를 청동기시대 후기로 보는 입장(이백규 1974, 하인수 1988, 윤무병 1990, 이민진 2007)이 있는가 하면 초기철기시대의 개념을 철기가 유입되는 단계부터 보아야 한다는 견해(박순발

1993)도 있었다.

그러나 한국고고학회에서 간행한 『한국고고학강의』(초판)에서는 초기철기시대라는 항목이 설정되고 있다. 여기에서는 초기철기시대의 개념에 대한 논란을 의식하고 있지만 초기철기시대의 개념을 철기의 등장과 더불어 청동기문화의 지속적인 유지 및 지역적으로 발전되고 있음을 규정하면서 일반적인 개념에 따라 세형동검이나 원형점토대토기 등을 함께 다루고 있다. 그리고 이 시대를 두 시기로 구분하고 있는데 1기(서기전 4세기 말−3세기 전반)가 한반도 북부지역에서 청동기유물과 더불어 주조철기들이 일부 출토되는 시기이고, 2기(서기전 3세기 후반−2세기)가 지역적으로 청동기문화가 지속적으로 발전되고 있으나 철기가 좀 더 광범위하게 나타나는 시기로 보았다(한국고고학회편 2007).

이 시대의 대표적인 유물인 점토대토기에 대한 관심이 높아지면서 요동지역과의 관계를 통해서 본 점토대토기의 등장과정(박순발 2004, 中村大介 2008)과 중부지역, 영동지역, 호남지역, 영남지역 등 각 지역별로 점토대토기의 출토양상과 편년에 대한 검토가 이루어졌다. 이 연구들에서 원형점토대토기, 세형동검, 철기 순으로 등장한다는 주장이 다수를 차지하고 있다. 특히 박진일(2007)은 원형점토대토기의 시작을 서기전 500년경으로 보면서 초기철기시대를 세형동검이 등장한 서기전 400년경부터 서기전 100년까지로 설정하여야 한다고 주장하였다.[2]

이러한 주장은 뒤이어 나타난 초기철기시대의 개념에 대한 논란의 불씨를

---

2) 초기철기시대를 새롭게 정의하고 있는 박진일은 그의 논고에서 필자의 논문(최성락 1995, 1998)이 아닌 필자에 의해 작성된 『한국고고학사전』의 초기철기시대라는 항목을 인용하고 있어 초기철기시대의 문제점을 인식하고 있었으나 초기철기시대의 시작을 철기의 출현이 아닌 세형동검의 등장으로 보고 있다. 하지만 이러한 주장은 적절하다고 볼 수 없다. 더구나 기원전 300년경 세형동검의 출현과 마한의 등장을 연결시켜 하나의 획기로 보는 것은 시대구분의 의미를 제대로 파악하지 못한 것이다.

제공하게 된다. 즉 원형점토대토기뿐만 아니라 세형동검의 등장시기를 청동기시대 후기에 포함시키고 철기의 출현 이후를 초기철기시대로 보아야 한다는 주장들이 제기된 것이다. 먼저 이형원(2011)은 중부지역 점토대토기문화의 시간성을 검토하면서 크게 세 시기로 구분하고 있다. 즉 비파형등검단계(서기전 500-400년), 세형동검단계(서기전 400-300년), 초기철기유입단계(서기전 300-100년) 등이다. 그는 원형점토대토기의 등장이 결코 세형동검과 동일 시기가 아닌 훨씬 이전에 시작되었다는 점을 강조하면서 점토대토기의 등장부터 철기가 유입되기 이전의 세형동검문화를 청동기시대 후기로 보아야 한다고 주장하였다.[3] 또한 그는 초기철기시대의 특징은 철기의 유입과 삼각형 점토대토기를 들면서 서기전 300년부터 원삼국시대의 시작 시기인 서기전 100년까지로 설정하여야 한다고 주장하였다.

한편 이창희(2010)는 한국 중남부지역과 일본지역에서 광범위한 지역의 연대자료 분석을 근거로 좀 더 치밀한 편년을 시도하고 있는데 세형동검의 등장과 철기의 유입시기가 다르기 때문에 철기의 유입시기부터 초기철기시대로 설정하여야 한다는 주장을 하고 있다.[4] 즉 점토대토기가 등장하는 서기전 500년부터 세형동검문화가 성립한 후 철기가 유입되는 서기전 4세기 전반[5]까지는

---

3) 이형원은 스스로 자인한 바와 같이 세형동검문화를 청동기시대 후기로 인식하였다가 초기철기시대로 수정한 뒤에 다시 청동기시대 후기로 보는 등 혼란을 일으키고 있다. 고고학계 내부에서도 많은 연구자들은 세형동검문화를 어느 시대로 볼 것인가 하는 문제로 혼란을 일으키고 있는 것이 사실이다.

4) 이 논문에서 한국과 일본의 연대 자료를 함께 사용한 것은 이창희가 일본에서 고고학을 연구하는 입장이기에 이해할 수 있는 일이지만 적절한 것은 아니다. 한국고고학의 시대구분을 다루는 논문에서는 한국의 자료를 중심으로 사용하는 것이 원칙이라고 생각한다. 왜냐 하면 이 논문이 결코 일본고고학의 시대구분을 위한 것이 아니기 때문이다. 그리고 철기의 유입연대를 서기전 4세기 전반까지 올려보고 있는데 그 근거가 AMS연대에 의한 것으로 다른 연구자들의 연대관인 서기전 3세기와는 차이가 있고, 또 세형동검의 출현 이후 철기의 유입 사이에는 적어도 100년에 경과되었다고 보는 국내연구자들의 견해와도 차이가 난다.

5) 이 연대는 갈동유적에서 출토된 목탄에서 얻은 불과 3개의 AMS연대를 기초로 얻은 것으로 마치 일본이 야요

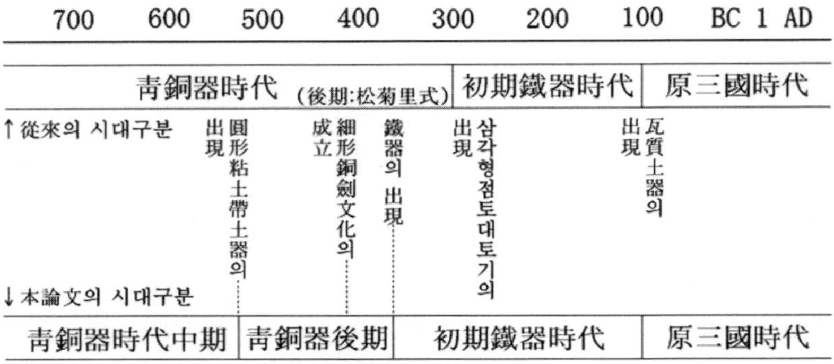

| 700 | 600 | 500 | 400 | 300 | 200 | 100 | BC 1 AD |

| 靑銅器時代 (後期:松菊里式) | | 初期鐵器時代 | 原三國時代 |

↑從來의 시대구분

圓形粘土帶土器의 出現 / 細形銅劍文化의 成立 / 鐵器의 出現 / 삼각형점토대토기의 出現 / 瓦質土器의 出現

↓本論文의 시대구분

| 靑銅器時代中期 | 靑銅器後期 | 初期鐵器時代 | 原三國時代 |

그림 1. 이창희의 시대구분 수정안 (이창희 2010, 그림 24)

청동기시대 후기로 설정하였고, 철기가 출현하는 서기전 4세기 전반부터 서기전 100년까지를 초기철기시대로 보아야 한다는 것이다.(그림 1)

　두 연구자는 공히 초기철기시대를 인정하면서 그 개념과 연대에서 기존의 개념과 다른 입장을 보여주고 있다. 즉 이들은 원형점토대토기와 세형동검의 출현을 철기의 출현보다는 빠르다고 보면서 원형점토대토기가 출현하는 서기전 500년부터 철기가 출현하는 시점까지를 청동기시대 후기로 설정하였고, 철기의 유입과 삼각형점토대토기의 등장을 초기철기시대로 정의하면서 그 연대를 서기전 4세기 전반 혹은 300년에서 서기전 100년경으로 비정하고 있다.[6] 이들 주장은 지금까지 세형동검과 원형점토대토기를 대표적인 특징으로 하는 초기철기시대의 개념을 수정한 것이다.

이시대의 시작연대를 서기전 10세기경으로 보는 것과 같이 논란의 여지가 많다. 또한 한국에서의 철기유입 연대를 빠르게 보는 것은 일본에서 철기의 출현연대(서기전 4세기경)를 의식하고 제시한 것으로 파악된다.

6) 철기의 등장을 초기철기시대의 시작으로 보는 견해에는 전적으로 동의하는 바이다. 하지만 필자는 한국에 철기가 유입되었다고 하더라도 새로운 철기문화의 변화가 나타나는 데에는 다소의 시간이 경과되었을 것으로 추정할 수 있고, 또 AMS연대가 가장 객관적이고 과학적인 연대임에도 불구하고 이 연대를 무조건 따르기보다는 공반유물에 의한 상대연대를 고려한 연대추정이 더 합리적이라고 판단한다.

그러나 이들은 초기철기시대의 하한을 서기전 100년으로 보고 있어 어떠한 검토도 없이 일부 연구자들의 견해, 즉 원삼국시대의 상한을 서기전 100년으로 올려보자는 주장을 그대로 수용하고 있다. 철기문화가 유입 후 발전과정이 연속된다는 입장에서 본다면 서기전 100년은 의미가 없는 획기이다. 역사적인 관점에서도 서기전 100년은 문헌상 漢四郡의 설치를 제외하면 별다른 사건이 없는 연대이다.

한편 서길덕(2011)은 지금까지 이루어진 초기철기시대의 시대개념에 대한 논란과 연구현황을 자세히 정리하였다. 그는 시대개념에서 연구자 사이에 많은 차이가 있음을 보여주었고, 연구현황에서 세형동검문화와 초기철기의 유입과정에 대한 연구들을 총괄적으로 다루어지고 있다. 다만 주목할 점은 앞에서 언급된 이형원, 이창희 등과 다르게 필자가 제기하고 있는 초기철기시대의 문제점을 모두 인식하고 있다는 것이다. 하지만 초기철기시대의 개념을 어떻게 설정하고, 그 문화적 특징을 어떻게 정의할 것인지에 대하여 뚜렷한 견해는 제시되지 못하였다.

이와 같이 최근 연구자들은 초기철기시대의 개념에 문제가 있다고 인식하고 있지만 본질적인 의문을 제기하지 못한 채 기존의 시대구분을 따르면서 자신의 견해를 일부 제시하고 있을 뿐이다. 따라서 이러한 문제점을 해결하기 위해서는 한국고고학의 시대구분에 대한 근본적인 문제와 함께 그 대안을 찾아보아야 할 것이다.

IV. 초기철기시대론의 문제점과 대안

그 동안 사용되어 온 한국고고학의 시대구분은 삼시대법을 기반으로 하고 있지만 근본적으로 몇 가지 문제점을 내포하고 있다. 먼저 삼시대법은 역사시대 이전의 선사시대를 위한 시대구분이므로 역사시대 이후에는 역사학 시대구분을 따르는 것이 당연한 일이다. 과거 한국고고학에서는 서기 300년경 삼국시대의 시작을 역사시대의 시작으로 보았고, 이를 전제로 시대구분을 하였다. 하지만 최근 역사학계에서는 고대국가의 등장을 고조선으로부터 보기 때문에 이때부터 역사학 시대구분을 시도하는 것이 바람직한 것이다. 하지만 한국고고학에서 이러한 인식의 부족으로 역사학 시대구분으로의 전환이 잘 이루어지지 않고 있다.

다음으로 한국고고학의 시대구분은 삼시대법을 따르고 있으나 그 개념을 충분하게 이해하지 않았다고 볼 수 있다. 내용적으로 보면 유럽고고학보다는 오히려 일본고고학과 유사하게 토기중심의 시대구분이 되고 있다는 점을 부정할 수 없다. 신석기시대와 청동기시대가 즐목문토기시대와 무문토기시대로 구분(西谷正 1982)되기도 하였듯이 빗살문토기인가 혹은 무문토기인가에 따라 시대를 구분되는 것이 현실이다. 지금도 일부에서 청동기시대를 무문토기시대로 부르고 있는 것은 역시 같은 맥락에서 이해될 수 있다. 그리고 초기철기시대 혹은 삼한시대의 시작도 원형점토대토기의 등장 시점을 하나의 획기로 인식되고 있다는 것도 그와 같은 연장선상으로 이해된다.

이와 같은 비판적인 입장에서 보면 기존의 초기철기시대는 많은 문제점을 안고 있음을 부인할 수 없다. 첫째, 초기철기시대라는 명칭의 문제이다. 이는 '철기시대 초기'에서 나온 말로서 시대의 명칭으로 시용하기에는 부적당하다. 더구나 중기나 후기의 설정도 없이 초기만을 시대구분으로 하는 것도 어색한 것이다. 이러한 이유로 인하여 초기철기시대를 대신하여 철기시대로 부르자는 주장들이 적지 않았던 것이다.

둘째, 초기철기시대의 개념이 혼란스럽다는 것이다. 필자도 일찍 지적한 바가 있었지만 최근 연구자들도 역시 이를 지적하고 있다. 즉 기존의 초기철기시대에 세형동검과 점토대토기 등을 포함하는 것은 가장 청동기적인 요소를 초기철기시대로 분류하는 잘못을 범하였다는 것이다. 그래서 새롭게 정의된 개념을 적용한다면 남부지방에서는 초기철기시대의 시작은 철기의 출현과 공반되는 문화적인 변화를 기준으로 삼아야 한다. 이 경우에 기존의 초기철기시대의 개념과 새로이 제시된 개념 사이에 차이가 있어 많은 연구자 사이에 많은 혼란을 야기할 수밖에 없다.

셋째, 초기철기시대를 하나의 시대로 설정하기가 어렵다. 일부 연구자들이 제기된 주장과 같이 원삼국시대의 시작연대가 서기 전후가 아닌 서기전 100년 소급된다면 초기철기시대의 문화 양상은 축소될 수밖에 없다. 더구나 최근 연구자들이 제기한 것과 같이 초기철기시대의 개념을 철기의 등장으로 엄격하게 정의하게 되면 그 시기의 폭이 150-200년에 지나지 않아 고고학적으로 하나의 시대로 보기에는 부족한 면이 많다. 또한 이 시기의 문화양상으로 새로운 철기의 등장과 함께 목관묘, 삼각형점토대토기 등을 들 수 있는데 이러한 문화요소는 서기 1-2세기경까지 지속된다고 볼 수 있다. 따라서 초기철기시대의 시작을 철기의 유입으로 하고, 그 하한을 서기전 100년까지로 한정한다면 고고학적으로 특별한 문화양상이 없어 하나의 시대로 설정할 수가 없다.

넷째, 초기철기시대는 결코 선사단계가 아니라는 사실이다. 과거에 이 시대를 원사단계의 원삼국시대와 다르게 선사단계로 보고 시대구분을 한 것이지만 실제로는 원삼국시대와 마찬가지로 원사단계로 볼 수 있어 원삼국시대와 구분하는 것이 무의미하다. 더구나 현재 역사학계에서는 이 시기를 역사시대에 속한다고 보고 있어 초기철기시대의 의미가 더욱 약해질 수밖에 없다.

이상과 같이 초기철기시대의 시작을 철기의 등장 이후로 보고, 세형동검과 원형점토대토기 등을 청동기시대에 포함시키는 것은 삼시대법의 원칙에 충실히 따르는 것이다. 그래서 초기철기시대를 원삼국시대 이전의 철기문화로 한정한다면 하나의 시대로 설정하기가 어렵게 된다. 왜냐하면 초기철기시대의 문화양상은 철기문화의 유입 혹은 등장일 뿐이고 별다른 문화적인 특징이 없기 때문이다.

많은 연구자들이 이 시대의 문화양상을 파악하는데 혼란을 겪고 있는 근본적인 이유는 오히려 초기철기시대라는 시대구분의 틀에서 벗어나지 못하는 데 있다. 초기철기시대의 개념을 염두에 두고 연구하기보다는 청동기문화에서 철기문화의 변화과정을 그대로 연구하면 문제가 될 것이 없다. 따라서 이 시대가 하나의 독립적인 시대가 되기 위해서는 이 시대와 원삼국시대를 합쳐서 철기시대라 하면 될 것이고, 이 시대의 문화를 철기문화로 부른다면 큰 문제가 없을 것이다. 마치 고조선이 존재하였던 시기를 고고학에서 청동기시대 혹은 청동기문화로 부르는 것과 마찬가지이다.

그런데 철기가 유입되는 시기는 원사단계일 뿐만 아니라 역사단계로도 진입하였다고 볼 수 있다. 즉 이 시기에는 이미 고조선이 존재하였고, 위만조선과 부여, 고구려, 동예 및 삼한이 등장하였다. 고조선 이후의 시대구분을 어떻게 할 것인지 고고학계의 내부에서 더 고민하여야 할 문제이지만 고조선 다음에 바로 삼국시대(전기/형성기−후기/정립기)로 하거나 국립박물관의 전시실과 같이 고조선 다음에 부여/삼한, 그리고 삼국시대로 하면 될 것이다. 이와 같이 변화된 상황을 인식하지 못하고 과거와 같이 고고학 시대구분만을 고집하는 것은 삼시대법의 원칙을 벗어나는 것으로 다른 분야 연구자나 일반인들과 소통을 원활하게 할 수 없을 뿐만 아니라 고고학의 대중화에도 역행하는 것이다.

따라서 원삼국시대나 초기철기시대라는 시대구분을 고고학에서 더 이상 고집할 필요가 없는 것이다. 이러한 시대구분을 사용하지 않아도 고고학연구에 별다른 지장이 없다고 본다. 다시 말하는 "초기철기시대−원삼국시대"이라는 시대구분의 틀을 과감하게 떨쳐버릴 때 진정으로 당시 문화양상을 자유롭게 연구하고, 파악할 수 있을 것이다.

V. 맺음말

한국고고학에서의 시대구분은 많은 논란이 있었음에도 여전히 삼시대법을 기반으로 하고 있다. 이 중 초기철기시대는 원삼국시대와 함께 1960년대부터 고고학계에서 꾸준하게 사용되어 왔다. 그러나 초기철기시대의 개념에 대한 논란이 최근까지도 계속되고 있어 이를 비판적으로 검토해 보았다.

초기철기시대란 역사시대 이전의 철기문화로 정의되었으며 이 시대의 특징적인 문화요소로 원형점토대토기와 세형동검 등을 들고 있다. 그러나 원형점토대토기와 세형동검은 청동기시대의 문화요소로 보아야 하고, 철기의 등장 이후를 초기철기시대로 규정하여야 한다는 최근의 주장은 적절하다. 그리고 삼각형점토대토기와 토광묘와 같은 초기철기시대의 실질적인 문화요소들은 서기 1-2세기까지 지속되고 있기 때문에 철기의 출현시기인 서기전 300년부터 원삼국시대의 시작인 서기전 100년까지를 하나의 고고학적 시대로 보기가 어렵다. 더구나 초기철기시대는 최초의 고대국가인 고조선이 출현한 이후에 해당하기 때문에 역사시대로 인식되고 있다. 따라서 초기철기시대는 시대구분으로서의 효용성이 감소되었고 생각한다.

이제는 한국고고학에서 초기철기시대와 원삼국시대의 사용을 재고할 때가 되었다. 단지 고고학계 내부에서는 철기시대 혹은 철기문화를 사용하여도 무리가 없을 것이지만 역사학자나 일반인들을 위해서는 역사학 시대구분을 받아들여야 할 것이다.

| 참고문헌 |

국립중앙박물관

2007 『요시노가리 유적-일본 속의 한국문화-』(기획전 도록).

국사편찬위원회

1977 『한국사』 3(청동기문화와 철기문화).

김양옥

1976 「한반도 철기시대 토기의 연구」, 『백산학보』 20, 백산학회.

김원용

1973 『한국고고학개설』(1판), 일지사.

1977 『한국고고학개설』(2판), 일지사.

1986 『한국고고학개설』(3판), 일지사.

김정학

1967, 「웅천패총연구」, 『아세아연구』 10-4, 고대 아세아연구소.

박순발

1993 「한강유역의 청동기·초기철기문화」, 『한강유역사』, 민음사.

2004 「요령 점토대토기문화의 한반도 정착 과정」, 『금강고고』 창간호, 충청
     문화재연구원.

박진일

2007 「점토대토기, 그리고 청동기시대와 초기철기시대」, 『한국청동기학보』
     1, 한국청동기학회.

서길덕

2011 「초기철기시대의 고고학적 연구성과」, 『조유전박사고희기념논총』.

송호정

2007 「서기전 시기의 사회 성격과 시대구분」, 『한국고대사연구』 46, 한국고

대사학회.

신경철

1995 「삼한·삼국시대의 동래」, 『동래군지』, 동래군지편찬위원회.

안재호

1994 「삼한시대 후기와질토기의 편년」, 『영남고고학』 14, 영남고고학회.

윤무병

1972 「한국 청동유물의 연구」, 『백산학보』 12, 백산학회.

1990 「청동기시대 및 초기철기시대의 한·일관계」, 『고대한일문화교류연구』, 한국정신문화연구원.

이건무

1992 「한국 청동의기의 연구」, 『한국고고학보』 28, 한국고고학회.

이남규

1982 「남한 초기철기문화의 일고찰」, 『한국고고학보』 13, 한국고고학회.

이민진

2007 「남한지역 농경사회의 성립과 전개」, 『요시노가리 유적－일본 속의 한국문화－』(기획전 도록), 국립중앙박물관.

이백규

1974 「경기도 무문토기·마제석기－토기편년을 중심으로－」, 『고고학』 4.

이성주

1998 「한반도 철기시대에 대한 개념화의 시도」, 『동아시아의 철기문화』, 국립문화재연구소.

2007 『청동기·철기시대 사회변동론』, 학연문화사.

이종선

1989 「오르도스 후기 금속문화와 한국의 철기문화」, 『한국상고사학보』 2, 한국상고사학회.

이창희

2010 「점토대토기의 실연대-세형동검문화의 성립과 철기의 출현연대」, 『문화재』 43-3, 국립문화재연구소.

이청규

1982 「세형동검의 형식분류 및 그 변천에 대하여」, 『한국고고학보』 13, 한국고고학회.

2003 「철기시대 전기의 중국 동북과 한반도 지방의 금속기문화-세형동검문화를 중심으로-」, 『동북아시아 선사 및 고대사 연구의 방향』(2003년도 학술대회), 정신문화연구원.

2007 「선사에서 역사로의 전환-원삼국시대 개념의 문제-」, 『한국고대사연구』 46, 한국고대사학회.

이형원

2011 「중부지역 점토대토기문화의 시간성과 공간성」, 『호서고고학』 24, 호서고고학회.

이희준

2004 「초기철기시대·원삼국시대 재론」, 『한국고고학보』 52, 한국고고학회.

정징원

1989 「초기철기시대와 원삼국시대」, 『한국상고사』(한국상고사학회편), 민음사.

최몽룡

1984 "A Study of the Yongsan River Valley Culture − The Rise of Chiefdom State", 동성사.

1987 「고고학 시대구분에 대한 약간의 제언」, 『최영희선생화갑기념한국사학논총』.

1989 「역사고고학연구의 방향」, 『한국상고사』 (한국상고학회편), 민음사.

1990 「전남지방 삼국시대 전기의 고고학 연구현황」, 『한국고고학보』 24, 한

국고고학회.

1992 「한국 철기시대의 시대구분」, 『국사관논총』 50, 국사편찬위원회.

1993 「철기시대-최근 15년간의 연구성과」, 『한국사론』 23, 국사편찬위원회.

1996 「한국의 철기시대」, 『동아시아의 철기문화-도입기의 제양상』, 국립문화재연구소.

1997 「철기시대의 시기구분」, 『한국사』 3, 국사편찬위원회.

2006 「다원론의 입장에서 본 한국 청동기·철기시대의 새로운 연구방향」, 『한국 고고학·고대사의 신연구』, 주류성출판사.

최성락

1989 「한국고고학에 있어서 연대문제」, 『한국고고학보』 23, 한국고고학회.

1993 『한국 원삼국문화의 연구』, 학연문화사.

1995 「한국고고학에 있어서 시대구분론」, 『아세아고문화-석계황용훈교수정년기념논총』, 학연문화사.

1998 「철기시대의 설정과 문제점」, 『박물관연보』 7, 목포대학교 박물관.

2002 「전환기 고고학의 의미와 과제」, 『전환기의 고고학 I』, 학연문화사.

2004 「"초기철기시대·원삼국시대 재론"에 대한 반론」, 『한국고고학보』 54, 한국고고학회.

2008 「한국고고학 선·원사 시대구분 재론」, 『한국고고학보』 67, 한국고고학회.

최종규

1991 「무덤으로 본 삼한사회의 구조 및 특징」, 『한국고대사논총』 2(한국고대사연구소편), 가락국사적개발연구소원.

하인수

1988 「영남지방 단도마연토기의 신고찰」, 부산대석사학위논문.

한국고고학회

2007 『한국고고학강의』, 사회평론.

2010 『한국고고학강의』(개정판), 사회평론.

한영희

1983 「철기시대-주거생활」, 『한국사론』 13, 국사편찬위원회.

西谷正

1982 「韓國考古學の時代區分について」, 『考古學論考』, 小林行雄古稀記念論文集.

中村大介

2008 「청동기시대와 초기철기시대의 편년과 연대」, 『한국고고학보』 68, 한국고고학회.

茶戶里古墳群의 재검토*

송의정**

〈Abstract〉

Since the first discovery in 1988, there have been 9 field campaigns on the Dahori site for over 20 years. A bronze mirror and Wushu coins of the Western Han Period of China lifted the upper limit of the Dahori site as early as the first century B.C., and reexamination of the field investigations and meticulous research on the uncovered artifacts provided a few new outcomes.

While burials of the relatively early period were constructed at the low flatland, burials were gradually located on highland. So-called a Yogaeng (a pit for burial goods) was found from some burials at Daho-ri site. While

---

* 이 글은 2010년 7월 제9회 영남 구주합동고고학대회에서 발표한 것을 정리한 것이다.

** 국립김해박물관 관장

a pit for burial goods installed below the wooden coffin was already reported at Joyang-dong (Burial No. 38), it was not fully appreciated then. The Daho-ri site reconfirmed the existence of the Yogaeng, and it was also recently reported at Yejeon-ri in Seongju and Deokcheon-ri in Gyeongju.

Few burials of this period have an earthen burial mound. In case of Burial No. 70, a heap of pottery sherds that could restore the whole shape of a short-necked pot were unearthed at the shoulder level of the burial pit. Considering depression of soil resulted from decay of the wooden coffin and the provenance of the pot, this pot seemed to have been placed under the mound. In other words, it is quite reasonable to suppose the existence of an earthen mound.

According to trace element analysis of iron ore from Burial No. 64, the number of copper was quite high (0.012 ~ 0.083). In the Korean iron ores, Fe-Cu zone, Cu-Pb-Zn zone, and W-Mo zone appeared in turn from Busan to inland region. While copper was less than 0.001~0.003 in iron ore of Yangyang, Yeoncheon, and Yemi, copper was less than 0.01 (almost 10 times) in iron ore of Ulsan. Accordingly, the iron ore from Daho-ri site seems to have been mined from mines of Gyeongnam region.

Most lacquered wares from Daho-ri site were made by directly applying lacquer to the surfaces of wooden wares without underpainting, and they shared identical technical characteristics with those from Sinchang-dong in Gwangju, Sara-ri in Gyeongju, and Yayoi sites in Japan. Considering that underpainting using powered bone or earth was applied to the lacquered wares of Lolang dated to the similar days, there was its own lacquer tradition different from that of China in the Korean peninsula.

Ⅰ. 遺蹟과 조사의 개관

다호리 유적은 行政區域상 慶南 昌原市(舊 義昌郡) 東邑 茶戶里 232번지 일대에 해당하며, 茶戶里마을 뒤쪽에 자리잡은 海拔 약 50m 정도의 丘陵에서부터 海拔 약 10m인 얕은 계단식 논밭에 이르기까지 여러 시기에 걸쳐 조영된 무덤들이 분포하고 있다.

遺蹟의 동북쪽에는 동판저수지, 북쪽 약 1㎞ 지점에는 철새도래지로 유명한 주남저수지가 있으며, 그 주변은 넓은 평야지대이다. 이 저수지들과 평야는 북쪽으로 약 10㎞에 위치한 낙동강에 제방을 쌓아 개간하여 농경지로 만들기 전에는 대부분 갈대 등이 자라는 강변습지였기 때문에 당시이는 수상교통에 매우 유리한 조건이었을 것으로 추정된다.

이 유적 무덤군의 분포와 구성을 살펴보면 다호리 마을 뒤쪽 구릉상에는 伽耶時代의 古墳들이 분포하고 있어 日帝 强占期에 이미 盜掘의 피해를 입어 純金製 귀걸이를 비롯한 다수의 伽耶土器類가 압수되어 國立博物館에 所藏되어 있다. 발굴 조사된 무덤들은 원삼국기(서력기원 직전-기원후 약 300년까지)에서도 비교적 이른 시기에 해당하는 土壙木棺墓 69기와 옹관묘 4기이며, 전체 遺蹟 중에서도 특히 해발 10-20m 사이의 낮은 지대에 집중적으로 분포하고 있다.

일제강점기에 이미 토기류 46점, 구슬류 2련, 순금제 이식 1쌍 등이 박물관에 수장된 이후 이 遺蹟의 존재는 거의 주목받지 못하였으나,[1] 단지 1970년 문화재관리국이 발간한『文化遺蹟總覽』에는 관리번호 1015-39-011로 등재되어 있었다.

---

1) 國立中央博物館 所藏 遺物로 本 13621~13793 사이에 土器類 46점, 구슬류 2련, 순금제 이식 1쌍 등이 소장되어 있다. 신라식의 대부장경호와 가야계 단경호가 모두 포함되어 있다.

이러한 상황에서 丘陵上의 가야古墳들은 耕作으로 인해 거의 封墳의 흔적을 찾아 볼 수 없을 정도로 削平되었고, 遺蹟의 존재와 전체적인 규모조차 정확히 인식되지 못한 형편이었다.

또한 1980년대에 들어 周邊地域에서 盜掘이 심하게 恣行되어 이 일대의 丘陵地帶뿐만 아니라 주변 平地의 논밭에 이르기까지 盜掘의 피해를 극심하게

<표 1> 창원 다호리 유적 발굴조사경과

	기 간	발굴구역	담당자
1차 발굴 (1호 목관)	1988년 1월 21일~2월 1일	231번지 일대 232번지 밭	정양모, 지건길, 이건무, 故한영희, 故이상수, 이영훈, 윤광진, 김정석
2차 발굴 (2호~14호)	1988년 3월 14일~4월 27일	231전, 232-2구, 232-3답, 233-3답, 234-3답, 237-7구	정양모, 지건길, 이건무, 안승모, 故한영희, 故이상수, 이영훈, 윤광진, 조현종, 안병찬, 김정완, 손명조, 김정석, 신대곤
3차 발굴 (15호~22호)	1988년 11월 1일~ 12월 10일	56답, 58답, 59답, 59답유, 60-2유, 233-3답, 234-1답	정양모, 지건길, 이건무, 이영훈, 서오선, 故이상수, 윤광진, 조현종, 신대곤, 김두철, 권오영, 안병찬
4차 발굴 (23호~29호)	1989년 3월 30일~5월 8일	56답, 60-2유, 233-1답, 234-1답	정양모, 지건길, 이건무, 이영훈, 故이상수, 윤광진, 신대곤, 김두철, 김용민
5차 발굴 (30호~37호)	1990년 3월 28일~5월 7일	51-2답, 55-1답	이건무, 안승모, 서오선, 윤광진, 신대곤, 정성희, 김두철
6차 발굴 (38호~46호)	1992년 4월 15일~5월 15일	55-1답, 237-1답	이건무, 안승모, 서오선, 윤광진, 신대곤, 정성희, 김두철
7차 발굴 (47호~72호)	1992년 10월 28일~ 12월 31일	43유, 45전, 46-1묘, 47답, 52답, 232-1답, 232-2구, 232-3답	이건무, 안승모, 송의정, 정성희, 한봉규
8차 발굴	1997년 7월 1일 ~ 1998년 2월 16일	231번지 외 19필지, 신방리 355-6번지외 16필지	정양모, 故한영희, 송의정, 임학종, 정성희, 김재홍, 은화수, 장상훈, 홍진근, 오세연, 홍정희, 김성주, 안경숙
9차발굴	2009년 9월 16일 ~ 2010년 1월 30일	3, 4, 5, 6차지역 정밀조사	임학종, 송의정, 홍진근, 박진일, 윤온식, 황은순, 배진성, 이정근, 이진민, 최성애, 곽홍인

입어 遺蹟의 존재가 재인식되었다.

이에 따라 國立中央博物館에서는 遺蹟의 保護와 考古學的 성격 구명을 위해 年次的인 發掘과 함께 이 일대 약 30,795평을 史蹟으로 지정·요청하였다(史蹟 第327號).

1988年 初부터 年次的인 發掘調査를 실시하여 1988年度에는 第1~3次調査, 이후 1989年부터 1992年까지 매년 한 차례씩의 조사가 이루어져 모두 7次例의 調査가 실시되었으며, 1997년에는 이 遺蹟을 관통하는 도로의 확장공사 때문에 기존도로의 하부와 다호리의 동쪽에 인접한 해발 약 20m의 구릉지를 救濟發掘하였다. 이 구제발굴에서는 다호리 1호분에 인접한 도로변에서 1기의 원삼국기 土壙木棺墓가 조사되었으며, 구릉지에서는 가야시대의 무덤이 다수 발굴되었다. 또한 2009년에는 사적지정비를 위한 정길발굴조사(사진 1)가 시행되었으며, 이를 정리하면 〈표 1〉과 같다.

II. 유적 및 유구와 관련된 성과

조사 결과 원삼국기(변한 또는 가야 초기)에 해당하는 土壙木棺墓 69기와 옹관묘4기 및 가야시대에 해당하는 대형 수혈식 석곽 봉토분 1기가 조사되었으며, 토광묘가 분포하는 구릉의 정상부 주변에서는 일제 강점기때 이미 가야시대에 해당하는 유물이 신고된 바 있고(사진 2), 구릉의 중복어서는 지표 채집된 토기편 등으로 보아 토광목곽묘가 존재할 가능성이 크다. 이러한 유구들에서 드러난 성과는 대략 다음 네 가지로 정리될 수 있다.

첫째 시기에 따른 분묘 조성의 방향성 인식이다. 이와 같이 낮은 평지에서 비교적 이른 시기의 무덤이 조영되기 시작하여 점차 높은 곳으로 이어지면서 고분군이 조성되는 경향이 밝혀짐으로 인해 이후 김해 양동리, 부산 복천동 등 지에서도 이러한 분포양상에 주목하여 유적 조사의 방향성을 설정하는 데 하나의 지표가 되고 있다. 또한 다호리 1호묘의 경우 비교적 지하 수위가 높아 저습지에 가까운 지대에 무덤이 조영됨으로써 당시에 부장되었던 각종 목기가 대부분 잔존하고 있었다. 이로 인해 변한지역 수장묘의 실상을 파악함과 동시에 저습지 고고학의 단초를 제공하는 성과를 거두게 되었다.

둘째 이른바 요갱의 확인이다. 토광목관묘는 무덤의 방향이 대체로 登高線과 나란한 방향을 이루고 있으며, 토광폭과 유물의 출토위치 등으로 보아 枕向은 대체로 東枕으로 간주 된다. 土壙의 규모는 길이 2-3m, 폭 0.5-1.5m 정도이고, 개답이 이루어지기 이전의 원 지형을 고려할 때 깊이는 1m 내외로 판단된다. 또한 1호를 비롯한 일부 무덤은 토광을 팔 때, 토광 중앙에 부장품을 넣은 바구니를 안치하기 위한 지름 60㎝ 정도의 얕은 구덩이를 마련한 것도 있다.

이와 같이 목관 하부에 부장용 구덩이를 마련한 예는 기존의 경주 조양동 38호가 대표적인 예였지만 당시에는 명확히 인식되지 못하였다. 이는 다호리 유적의 조사결과에 의해 재조명되었으며, 최근에 조사된 성주 백산·예전리와 경주 덕천리에서도 동일한 양상이 확인되었다.

셋째 봉토의 존재를 확인한 점이다. 발굴조사 결과에 封土의 존재가 뚜렷이 나타나지는 않았지만 토광목관묘 중 비교적 원 지형이 남아 있었다고 보이는 제70호 무덤의 경우 토광 중앙부의 어깨선 높이에서 기형의 2/3 정도가 복원되는 타날문 단경호가 출토되었는데, 토광내부 목관의 부식에 의한 土壙陷沒과 토기의 출토위치로 미루어 볼 때, 이 토기는 봉토 내에 매납된 것으로 간주되므로 일정한 규모의 봉토가 있었다고 추정하는 것이 타당하다(도면 1).

선사 및 고대 초기 묘제에 있어서 봉토의 존재는 북한의 강서 태성리 토광묘 발굴에서 처음으로 언급되었으며, 남한에서는 부여 송국리 석관묘 주변의 목개 토광묘 보고에서 토층으로 그 존재를 추론한 바 있었다.[2] 또한 창원 덕천리 1호 고인돌의 경우 상석이 주변보다 높은 섬토지형에 위치하여 분명한 의도로 시설된 봉토로 간주된다. 이외에도 최근 각지의 지석묘 발굴조사에서 봉토의 존재 가능성이 종종 제기되고 있으며, 춘천 천전리와 홍천 철정리 등지에서 확인된 청동기시대 주구석관묘나 마한 지역의 주구묘에서도 주구의 존재만으로도 충분히 봉토의 존재를 인정할 수 있다. 다호리에서는 70호 한 예에 불과하지만, 바로 인접한 시기에 해당하는 경주 조양동 5호묘의 토기 부장 양상과 관련해보면, 봉토와 관련해서 결코 중요성을 간과할 수 없다.

넷째 통나무목관의 실체를 확인한 점이다. 1호분에서 출토된 木棺은 지름 85㎝, 길이 240㎝ 정도의 참나무를 반으로 쪼개 안쪽을 구유모양으로 파내 관으로 사용하였으며, 아래위를 고정시키기 위해 관의 양 끝에 구멍을 뚫어 굵은 나무못으로 고정하였다. 그러나 일부 木棺은 외부 充塡土의 특징으로 보아 板材를 이용한 것도 있었다고 추정된다. 木棺의 규모는 흔적으로 보아 길이 1.5−2.5m, 폭 60−80㎝ 정도에 이른다.

이러한 목관의 존재는 이후 한국고고학에 있어서 부여 송국리, 공주 남산리 및 창원 덕천리의 석개 또는 목개 토광묘에서 목관의 존재를 유추하는 데 하나의 기준으로 작용하였다고 볼 수 있다. 한편 이러한 통나무형 목관의 분포

---

2) 金吉植, 1998, 「扶餘松菊里 無文土器時代墓」, 『考古學誌』 第9輯, pp.5〜49.

는 중국 남서부를 넘어 현재의 베트남 북부의 청동기문화인 동손문화에서도 보이고 있다는 점은 우리가 연구의 지평을 보다 넓게 가질 필요성을 제시하고 있다.

Ⅲ. 遺物과 관련된 성과

1. 청동기

먼저 가장 큰 성과는 한국식동검의 전체적인 조립구조에 대한 명확한 표지가 마련되었다는 점이다. 銅劍은 옻칠을 한 목제 칼집과 손잡이, 盤部, 靑銅劍把頭飾을 갖추고 있어, 한국식銅劍이 원래 어떠한 모습으로 만들어져 사용되었는지를 확실하게 알 수 있었다. 劍把頭飾은 대부분 땅콩껍질을 반으로 나눈 형태이고, 표면에 좁쌀모양의 돌기가 많이 붙어 있으며, 철검에 부착되기도 한다. 69호분에서는 복숭아씨 모양의 특이한 형태도 있으며, 유사한 유물이 일본 대마도에서 출토된 바 있다. 銅矛는 날이 길고 넓은 中廣形과 아주 짧지만 耳環이 붙은 형태로 모두 후기 형식에 해당하며, 중국제 청동기로 星雲紋鏡과 五銖錢, 琴形帶鉤 등이 출토되었다. 특히 성운문경을 통해 유적의 연대를 가늠할 수 있으며, 토기의 편년에도 큰 단서를 제공하였다. 또한 한국의 청동문화를 모두 10기로 나누어 특히 다호리 유적의 연대와 가까운 7기 이후에 대해서는 유물의 조합상 중 전한경의 존재가 편년의 기준이 되는 세분화된 연구가 진전되고 있다.

2. 철기

철검은 한국식銅劍과 비슷한 크기로 날의 단면은 마름모꼴이며, 슴베부분에는 자루에 끼울 때 잘 빠지지 않도록 실을 감았던 흔적이 남아 있다.

철모는 대부분 날의 단면이 마름모꼴이고 길이가 30㎝ 전후이지만, 1호분에서는 길이 40㎝가 넘고 단면이 편육각형이며, 표면에 옻칠을 한 예가 있다.

철제도끼는 형태로 보아 板狀철부, 方柱狀철부, 有銎式 鍛造철부, 有銎式 鑄造철부 등으로 나눌 수 있으며, 특히 주조철부는 두 개씩 끈으로 묶은 예가 있고, 내부에 鑄物砂가 남아 있는 것으로 보아 실제 사용보다는 交易의 媒介手段으로 사용된 것으로 간주되며, 이는 삼국지 변진즈의 기록에 대한 방증자료로 삼을 수 있다.

농공구로는 조각칼의 역할을 하는 鐵鉇, 끌, 낫, 따비, 環頭刀子 등이 있으며, 환두도자 중에 칠기칼집에 들어 있는 것은 중국의 예에 비추어 목간 등에 쓴 글을 깎아내 지운 書刀로 추정된다.

말을 제어하기 위한 'S'자형[3] 또는 고사리 모양 鏡板附彎, 말띠를 연결하던 철환 등을 통해 말이 어떠한 방법으로든 이용되었음을 추정할 수 있다.

철촉은 逆刺式으로 살대에 부착시 감았던 나무껍질이 남아있는 경우도 있으며, 이와 함께 목제품에는 최초 보고에서 길이 170㎝ 정도의 장궁의 예만 보고되었으나 80㎝ 전후의 단궁도 확인되었다.

이와 함께 64호 출토 철광석의 분석결과는 이미 보고된 바 있으나, 그 의미에 대해 언급되거나 후속연구가 이루어지지 않고 있어 정리해 둘 필요가 있다.

철광석의 미량 원소 중 구리의 양이 많은 편인데〈표 2〉, 우리나라의 철광은

---

3) 외몽골에서 출토되는 鑣와 완벽히 동일한 형태이며, 시기 또한 거의 일치한다.

<표 2> 다호리 64호 출토 철광석 분석시험 성적서

시료명	시료 NO	SiO₂	T-Fe	CaO	Zn	MnO	Al₂O₃	Cu	TiO₂	Pb	Ni	MgO	Na₂O	K₂O	비고
철광석	다1	10.60	56.11	0.084	0.011	0.11	4.16	0.017	0.30	0.011	0.0025	0.36	0.043	0.37	
	다2	16.80	54.73	0.087	0.0081	0.0P6	2.4?	0.012	0.32	0.0083	0.0041	0.28	0.051	0.14	
	다대1	6.80	58.66	0.081	0.016	0.18	3.85	0.083	0.73	0.0083	0.0025	0.32	0.023	0.20	

부산에서 내륙방향으로 대체로 동심 대상으로 Fe-Cu대, Cu-Pb-Zn대, W-Mo대가 차례로 나타나는 것으로 알려져 있고 기존의 사용 철광석의 경우에도 양양, 연천, 예미광은 구리가 0.001-0.003 이하인 반면 울산광의 경우 0.01이하로 약 10배로 나타나 경남지역의 광상에서 채광된 것으로 보고 있다 (도면 2).

3. 토기

토기는 打捺文短頸壺, 牛角形把手附長頸壺, 把手附長胴甕, 주머니호 등이 대표적이며, 숫적으로는 많지 않지만 高杯, 長頸壺, 粘土帶土器, 소형완, 소형 直口호, 원통형토기 등도 보고되었다. 이러한 토기들은 대부분 영남지방의 기

존 연구에 의하면 모두 고식 와질토기에 해당하며, 신식 와질토기인 노형토기
나 대부단경호의 예가 없는 점이 특징이다. 이 토기들은 형식분류를 통해 상
대편년 작업이 심화되고 있으며, 여러 단계의 구분에 의해 획기가 설정되고 있
다. 무엇보다도 조양동 38호묘와 다호리 1호묘의 연대가 기원전 1세기 후반에
비정됨에 따라 고식 와질토기의 출발점이 상당히 분명해졌다. 한편 토기 중 타
날문이 가해진 단지들과 구연부의 형태가 정연하고 비교적 단단하며, 회색을
띤 소형완이나 원통형토기 등은 확실히 이 시기에 들어 새로운 제작기술이 도
입되었음을 보여주는 자료들로서 중요한 의미를 지닌다. 또한 검은색을 띤 일
부 토기들은 보존과학적 검증을 통해 방수를 위한 옻칠이 전면에 베풀어졌음
이 드러나고 있다(사진 3).

4. 칠기

　다호리 유적 출토 칠기의 분석 결과는 이후 상세히 보고되겠지만 국내의 광
주 신창동, 경주 사라리 등지의 시료와 비교할 때 대부분 바탕칠 없이 목기 표
면에 바로 옻칠을 한 것으로 동일한 기술적 특징을 나타내고 있다(사진 4). 연
대가 비슷한 낙랑의 칠기가 골분, 토분 등을 이용한 바탕칠이 있는 점과 구별
되므로 한대의 칠 기술과는 다른 전통을 가지고 있음을 알 수 있다(사진 5). 또
한 이는 일본의 야요이 유적 출토 칠기의 분석에서도 동일한 양상을 보이고 있
다. 그러나 삼국시대 이후의 칠기에는 바탕칠이 분명한 경우가 많으므로 낙랑
의 영향을 상정할 수 있다. 이외에도 보존처리과정에서 기존의 죽태칠기 바구
니로 보고된 것이 초본류를 바탕으로 한 칠바구니로 밝혀졌으며, 가죽제품에
칠해진 예도 있는 것으로 드러나고 있어 추후 분석 및 연구의 진행에 따라 보
다 다양한 성과가 나올 것으로 기대된다.

〈표 3〉 바탕칠이 된 낙랑칠기

칠기종류	전체두께 (μm)	바탕칠두께 (μm)	바탕칠 혼합물 (입자크기)	채색칠두께 (μm)	안료 (입자크기)	특징
정백동 127호 원형렴(내)	238	126	목분/토분	28	진사HgS (22μm)	직물층→(칠+목분)→(칠+토분)→칠층→주칠층
정백동 127호 원형렴(외)	179	161	목분/토분 (31μm)	16		직물층 280μm
정백동 19호 칠반(외)	470	367	골분(140μm)/토분		진사HgS	
정백동 19호 칠반(테두리)	245	211	골분(142μm)/토분			
남정리 116호 국자(내)	204	163	토분(65μm)	43		
남정리 116호 국자(외)	363	293	토분(62μm)		진사HgS (11μm)	
낙랑 4호분 칠이배(내)	500	450	골분(225μm)/토분	50	연단(鉛丹) Pb304	바탕칠에 곡물가루 혼합
낙랑 4호분 칠이배(외)	530	480	골분(127μm)/토분		진사HgS (10μm)	

　　이 외에도 자연유물에 대한 연구가 부분적으로 진행되었다. 발굴조사 당시 목관 위에 뿌려진 밤의 존재로 인하여 두형칠기 위에 눌러 붙은 식물 유체도 밤일 것으로 잠정 추정되었으나, 동정 결과 감으로 판정되었다. 이는 일반적으로 감의 원산지가 동아시아 그 중에서도 한반도 남부가 중심지임이 잘 알려지지 않았고, 학제간 공동연구가 미흡함이 원인으로 볼 수 있다. 한편 1차 보고시 씨앗으로 보고된 것은 율무(薏苡)로 확인되었다(사진 6). 율무는 원산지가 동남아로 기록에는 지금의 베트남에서 중국으로 이후 한반도로 전파된 것으로 알려져 왔으나, 중국의 기록보다 전래시기가 상회하므로 당시 문화 교류의 역동성이 현대인의 상상을 넘어서고 있다는 점에 연구의 방향성 확대가 필요하다.[4]

---

4) 『後漢書』 卷24, 馬援列傳, "初,援在交阯常餌薏苡實,……"

Ⅳ. 문헌사와 관련된 성과

최근까지 초기철기문화와 관련하여 삼한의 성립시기를 둘러싼 다양한 주장이 문헌사에서 제기된 바 있다. 그리고 고고학적인 입장에서도 초기철기시대와 삼한을 관련짓는 견해들은 매우 다양하게 나타난다. 그러나 고고학적인 입장에서도 초기철기시대의 문화 복합체(Assemblage)에 대한 정확한 실체를 통일적으로 정의하기 어려우며, 그 시기에 대한 주장도 여러 가지로 나타난다. 그렇지만 다호리 유적 발굴의 결과로 인한 성과는 최소 기원전 1세기경 문화적 실체를 가진 변진한의 성립은 부정할 수 없다는 점이다. 이미 문헌사에서는 거론되고 있었지만 그것이 문화적 실체로 설명되지는 못하였다. 그러나 최소한 한국식동검의 전통은 유지되지만, 청동제 의기와 다뉴조문경 및 점토대토기로 대표되는 재지적 전통사회가 새로운 토기 제작기술을 흡수하고, 다량의 철기와 중국제 동경 및 교역과 관련된 외래적 성격이 유입된 다호리형 유물 복합체를 가진 정치 문화 집단으로 변화하였다는 것은 타당한 해석으로 보아야 할 것이며, 이러한 현상은 한반도 나머지 지역에서도 유사하게 나타난다고 볼 수 있다. 따라서 한반도 중남부에서 소량의 철제품과 한국식 청동기 및 점토대토기를 공통적 표지로 하는 문화상을 가진 사회를 문헌사적 연구 결과와 연계시키는 작업은 보다 심도 있는 연구 과정을 필요로 한다고 볼 수 있다. 이를 테면 삼국지의 한 관련기사에서 한과 삼한의 구분도 필요할 것으로 본다.

Ⅴ. 맺음말

다호리 유적은 한반도 남부의 진국 또는 한 사회와 現在까지 空白期로 남아

있는 三韓, 즉 原三國期 初期의 전이 과정과 주요한 墓制가 木棺墓였음을 밝
혀내는 한편, 거의 원형을 잃지 않은 구유형 木棺과 함께 당시까지 거의 출토
된 바가 없던 각종 칠기류 및 정확히 알려지지 않았던 韓國式銅劍의 옻칠된 손
잡이와 칼집 등의 각종 附屬具가 온전한 상태로 出土되어, 실로 우리 학계에
서 고대하고 있던 물질적 자료들이 확인됨으로써 당시의 文化相을 밝히는데
많은 기여를 하였으며, 80년대의 考古學的 發掘 중 가장 큰 성과를 얻은 遺蹟
의 하나이며, 문헌사적으로도 불분명하였던 기원전후의 역사에 서광을 비쳐
줄 것으로 기대된다.

| 참고문헌 |

『後漢書』卷24.

경상북도문화재연구원

  2005 『星州 栢田 禮山里 土地區劃整理地區內 文化遺蹟發掘調査報告書』.

국립광주박물관

  2009 『光州新昌洞 遺蹟發掘調査』.

국립중앙박물관

  2008 『갈대밭 속의 나라, 茶戶里-그 발굴과 기록-』.

  2008 『茶戶里遺蹟 發掘 成果와 課題』.

金吉植

  1998 「扶餘松菊里 無文土器時代墓」, 『考古學誌』第9輯, pp.5~49.

韓國考古美術研究所

  1989·91·93·95 『考古學誌』第1·3·5·7輯.

사진 1. 창원 다호리 제9차 발굴 상황

사진 2. 다호리 구릉부 출토 토기 류
(신라계의 대부장경호와 가야계 단경호가 모두 포함되어 있다.)

사진 3. 옻칠된 토기

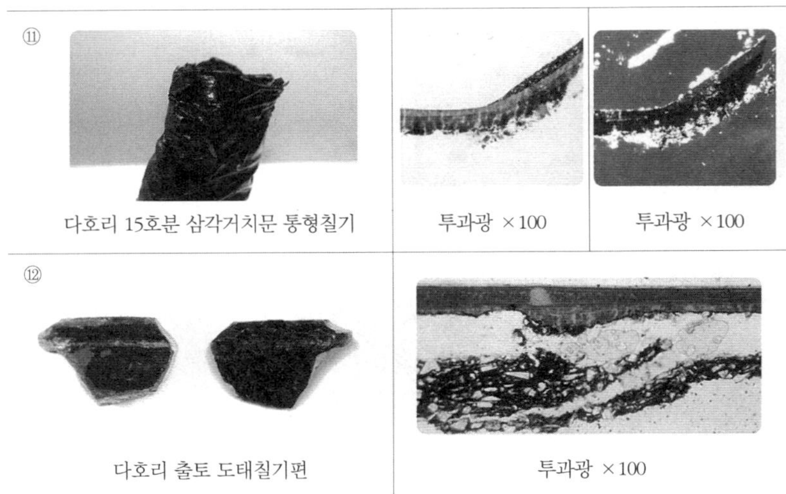

사진 4. 바탕칠 없는 칠기와 단면

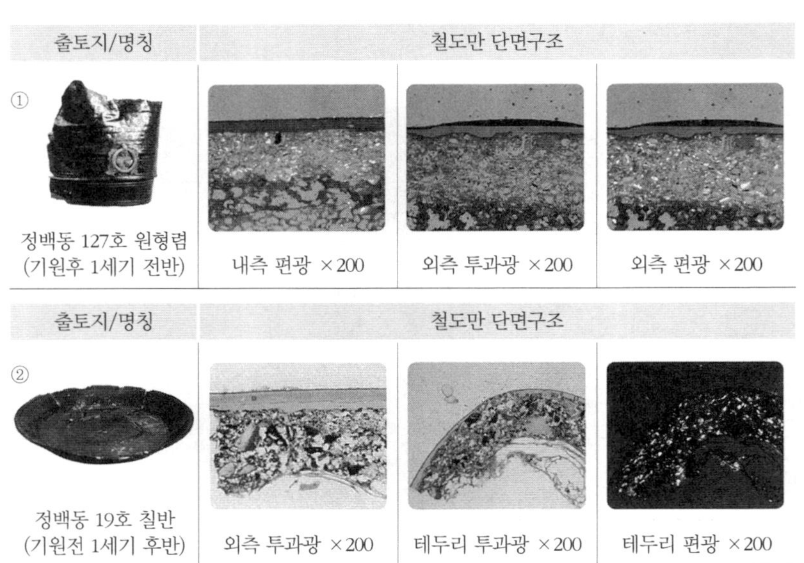

사진 5. 바탕칠이 된 낙랑칠기

사진 6. 율무

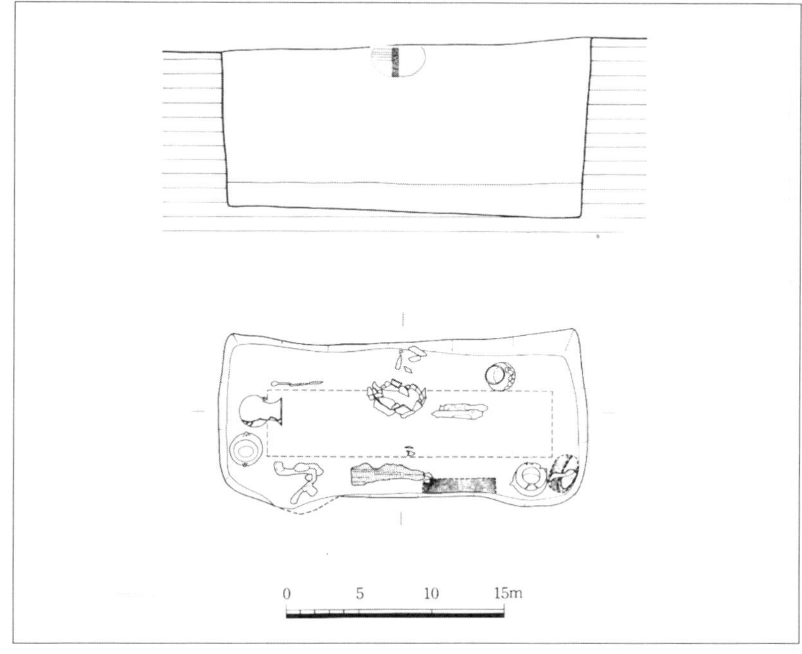

도면 1. 다호리 70호

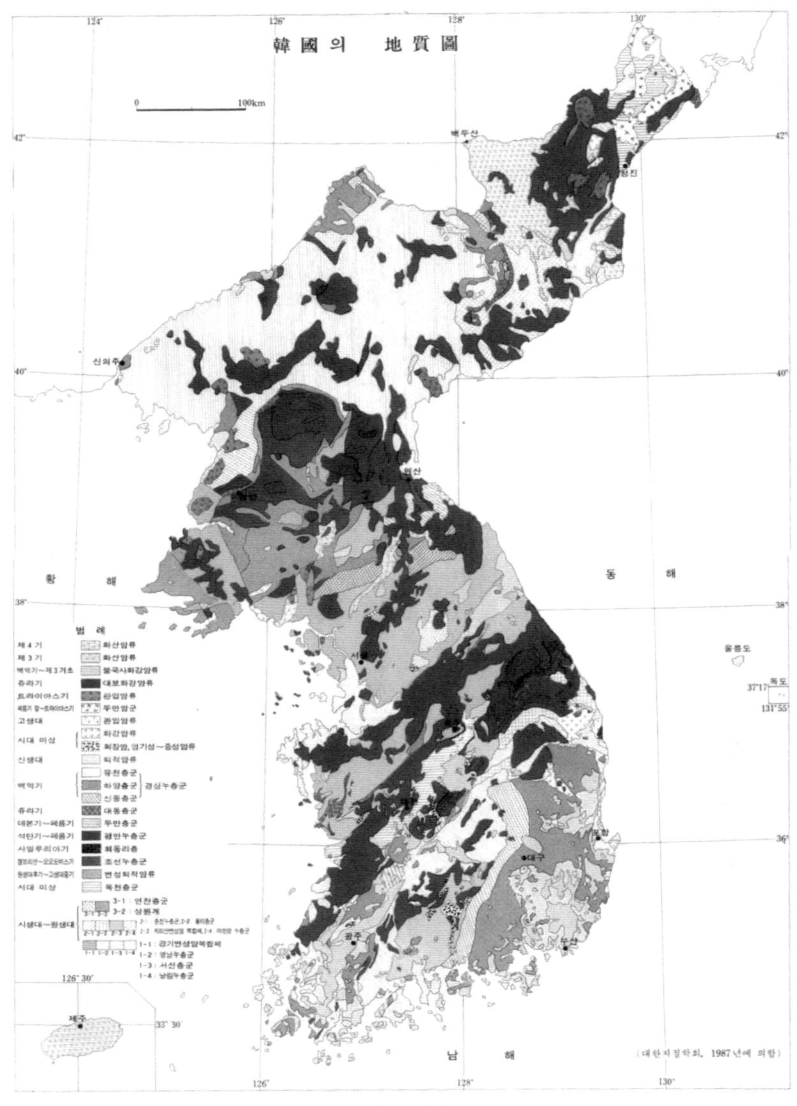

도면 2. 지질도
(부산 일대와 울산 일대에 동일한 불국사 화강암류가 기반암이다.)

풍납토성과 백제[*]

신희권[**]

Ⅰ. 머리말
Ⅱ. 국가와 문명 발생 이론의 검토
Ⅲ. 都城의 출현과 百濟의 형성
Ⅳ. 풍납토성의 축조 분기 및 연대
Ⅴ. 맺음말

〈Abstract〉

The terms, civilization, state, and city are closely connected with each other in the meaning: civilization, as an advanced stage of human historical development, refers an existential way of the human culture; state is defined as a stratified society having political coercion and administration core of

---

* 이 글은 1997년 풍납토성의 발굴 이래 필자가 발표해 온 다음의 논문 중 논지 전개데 필요한 내용들을 발췌, 취합하여 새롭게 정리한 것임을 밝혀둔다.

2001, 「1-3세기 한강유역 주거와 백제의 형성」, 『동아시아 1~3세기의 주거와 고분』, 국립문화재연구소 문화재연구 국제학술대회 발표문 제10집.

2002, 「風納土城 築造年代 試論」, 『韓國上古史學報』 37.

2008, 「都城의 출현과 百濟의 형성」, 『국가 형성의 고고학』, 한국고고학회편, (주)사회평론.

2010, 「百濟 漢城時代 都城制度에 관한 一考察 −兩宮城制度를 中心으로−」, 『향토서울』 76.

** 문화재청 학예관

power, as a certain social organization peculiar to the civilized era; and city, the form of an advanced settlement corresponding to state, is the substantial materialization of state. In this respect, city is a unique denotation for the emergence of state and the advent of civilization.

Baekje set up the first capital city at Pungnab Fortress when ancient state was founded, and built a palace, government office, and a habitation for high-ranking officials. The big Pungnab Fortress earthen wall was constructed using a rather primitive method of adding layers of stamped (compacted) earth at an oblique angle to either side of a central wall. The underground foundation of the earthen walls was usually constructed by digging into the ground and then in-filling this space with layers of stamped earth; possible evidence of this method has also been observed at Pungnab Fortress earthen wall. In addition, traces of fixing posts, boards, the hardening of earth, and wooden frame have been found. It has also been observed that certain sections of both walls were constructed by including layers of mud clay and organic remains such as leaves and twigs in order to strengthen the adhesiveness of the structures. Pungnab Fortress earthen wall has also yielded evidence of a construction technique ; a final layer of paved stones was added to the upper part of the wall. The wall also had three lines of large cobbles, and the fourth line was finished with a stone foundation. Around the lower part of this stone construction were wooden posts or piles which may have been used to reinforce the soft ground. These stone layers and the stone wall were constructed in order to prevent the loss of the earthen wall and to discharge and drain water.

The excavation has shown that Pungnab Fortress earthen wall was completed through twice or three times construction process at least. It is thought that the 1st earthen wall which is located in central part was constructed at Pungnab FortressI period(1st century B.C.~1st century A.D.), after that the 2nd earthen wall including until inner III wall was constructed at Pungnab Fortress II period(middle of the 2nd century). And it is assumed that the last part of the whole earthen wall was constructed before middle of the 3rd century, since there were not yet found potteries such as mounted dish or tripod pottery.

From the literature research on ancient documents such as「Samguksagi」, there was a single capital city named 'Wiryeseong' of Baekje since Onjo Dynasty till another capital city named 'Hanseong' was established. From King Chaekgye to King Biryu, thus, there was found two capital cities, so-called 'North Fortress' and 'South Fortress' until the King Gero. Developing into an ancient country and extending its power beyond its border, Baekje inevitably had to reinforce the defence system of the capital to protect its national territory effectively from the northern ethnic groups or countries such as Nakrang, Malgal and Goguryo. When King Goyi conquered Mahan, the national centralization was firmly established through strengthening the royal authority, arranging the government and regional ruling systems, and gaining control over the military.

Resulted from the literature and archaeological researches, Pungnab Fortress and Mongchon Fortress, both located in Songpa-gu, Seoul, are strongly assumed as twin capital cities in Hanseong Era. The previous excavations have also shown that Pungnab Fortress as a king's residential palace, was a center of religion, politics and economics as well as international trading. On the other hand, Mongchon Fortress is seen as a palace with the emergency and defence purpose, considering its topographical aspects, architectural structures and excavated findings.

In the northern and southern riverside of the Han River, an earthen fortress or embankment was constructed to prevent overflow and to secure the city. The mountain fortress for defense was built in Namhan Mountain surrounding the large flat land, which completed the fortification system of capital city. Massive ancient tombs, such as Seokchon-dong tombs were distributed in the southern area of Pungnab Fortress and Mongchon Fortress, and the common dwelling place such as Misari site was also found around the tombs, in which peasantry seemed to cultivate crops and paid tribute to the capital city. However, because the large scale production site which produced goods for inner city, such as pottery and iron tools, and the religious temple site have not been found yet, further research investigating the structure and system of the capital city fortress in the Hanseong Baekje period should be conducted through the extensive archaeological works including excavations hereafter. And also to study on the formation and development of ancient state of the Korean Peninsula, synthetic research about capital city of Hanseong period and a comparative study with ancient China and Japan are required.

Ⅰ. 머리말

고대 국가의 형성에 관한 논의는 국내외를 막론하고 가장 중요하고 또한 논란이 많은 고고학적 이슈 중 하나이다. 특히 우리나라의 경우는 청동기시대를 배경으로 하는 고조선과 철기를 배경으로 하는 삼한, 그리고 흔히 원삼국시대를 거쳐 진정한 고대 국가로서의 삼국시대가 개시듸기까지 실로 다양한 시대적·이론적 배경 하에서 고대국가의 실체를 구명하고자 하는 노력이 있어 왔다.

일반적으로 청동기시대 후기에는 지역별로 환호취락이 등장하고, 지석묘로 대표되는 사회 지배 계층의 무덤이 출현하며, 무덤 내에는 동검, 동경 등 청동기와 옥기를 부장하기도 한다. 빈번한 전쟁과 원거리 교역을 통한 산물의 유통은 이 시기 이미 초보적인 문명사회로 접어들었음을 암시한다. 그러나 이 단계는 대체로 엘만 서비스의 사회 진화 모식상 군장(Chiefdom) 단계에 해당되어 진정한 고대국가의 단계로 진입하지는 못한 것으로 보는 것이 일반적이다.

서구 학자들을 중심으로 군장사회와의 비교를 통해 국가를 규정하는 여러 이론들이 발표되어 왔는데, 양자간의 가장 핵심적인 차이는 결국 권력독점이라 할 수 있다. 따라서 고고학을 응용해서 상고사를 해명하고자 하는 연구자들에게 주어진 과제는 바로 고대사회의 계층화와 함께 권력 독점화의 과정을 구명하는 것이라 할 수 있겠다.

고고학적으로 이러한 과정을 보여주는 지표는 성곽, 고총, 위신재 등 여러 가지가 있을 수 있는데, 이 글에서는 최근 발굴조사를 통하여 백제 한성기의 첫 왕성으로 인정되고 있는 풍납토성의 모델을 적용하여 고대극가로서의 백제의 형성과 관련된 사회 계층화와 권력 독점화 과정을 구명해 보고자 한다.

Ⅱ. 국가와 문명 발생 이론의 검토

1. 국가의 정의와 형성 요건

國家는 일반적으로 "일정한 영토와 거기에 사는 사람들로 구성되고, 주권에 의한 하나의 통치조직을 가지고 있는 사회집단"으로 정의된다. 그러나 이는 단지 사전적 의미일 뿐 학계에서 요구하는 개념과는 거리가 있기 때문에 제 학자들은 각기 다양한 학설로 국가를 정의하고 있다. 대표적으로 인류학자들은 국가사회의 기본요건으로 크게 '무력의 합법칙적인 사용'과 '중앙집권제의 확립'이라는 두 가지 측면을 특히 강조해 왔다. 사회진화론의 견지에서 볼 때 국가란 인류사회의 발전과정에 있어서의 한 단계로 볼 수 있는 것이다. 따라서 사회진화론에 입각하여 '국가'라는 현상을 연구해 온 학자들은 사회 발전사를 대개 4단계로 나누어서 국가를 그 최종 단계의 사회체제로 보아 왔다. 이러한 견해의 학자로는 서비스가 대표적인데, 그는 band-tribe-chiefdom-state로의 사회발전단계를 가설화하고, 특히 국가를 '강제적이고 억압적인 무력에 의존하여 형식적이면서도 법적인 사회통제를 해나갈 수 있는 기구'라고 정의하면서 억압적인 물리적 제도화를 역설하였다(Service 1975). 이러한 입장 외에 프리드는 권력·권위·지위 등의 개념을 강조하고 있고(Fried 1967), 엥겔스는 무역과 교환에 의한 이득을 지배하기 위한 권력투쟁의 산물이 곧 국가임을 피력하고 있다(Engels 1972). 또한 프리드의 입장을 견지한 하스는 이상의 여러 국가발전 이론을 종합하여 "중앙집권화되고 전문화된 정부체제를 지닌 사회"라고 정의하고 있다(최몽룡 1989). 한편 카네이로는 "자신의 영토 내에 여러 공동체 사회를 포괄하고 있으며, 전쟁이나 노역을 위하여 사람을 징집하고 과세를 징수하며 법률을 공포하고 시행하는 권력이 있는 하나의 집권화된 정부를 가진 자율적인 정치 단위"로 정의한 바 있다(Carneiro 1981). 이와 같이 국가이론에 대한 체계와 정의는 저마다 조금씩은 다르나 대개 기본적으로 계층이나 계급의 분화, 무력의 합법적 사용, 제도화 등의 공통된 생각을 갖고 있다고 하겠다.

이상과 같은 국가의 기원에 관한 논의의 진전 중에 초기의 신진화론적인 차원에서가 아니라 국가라는 정치체계의 형성과정이라는 문제에 촛점을 맞추고 서비스와 프리드가 각각 제시했던 개념들을 종합하여 egalitarian society−chiefdom−stratified society(state)라는 가설적 모형을 확립함과 동시에 chiefdom이라는 개념의 자기계발적 장점을 살린 학자로 켄트 플래너리가 있다. 그는 앞에서 지적된 특징들 외에 혈통관계를 초월한 직업적 지도자들에 의한 행정체제, 수십만 이상의 인구 그리고 복잡한 계층사회를 국가의 특징으로 열거하고 있다(Flannery 1976). 즉 플래너리의 등장으로 논의의 촛점과 문제의 핵심이 국가형성이라는 주제에 정착된 것이다. 기원이라는 개념은 한 가지 현상의 조상을 끊임없이 캐들어가는 것으로서, 그러한 논리는 곧 "무엇이 무엇의 원인이 되고, 그 무엇은 또 다른 무엇의 원인이 되고" 하는 식의 끝없는 인과론을 논리의 구심점으로 삼게 된다. 이에 반해 형성이라는 개념은 어떤 사회현상의 구성요인들과 그 요인들이 어떠한 메커니즘에 의해서 그 현상을 나타내고 있는가 하는 문제를 추구하는 논리이기 때문에 국가의 출현을 보다 합리적으로 설명할 수 있다고 생각된다. 이에 필자 역시 후술할 백제의 성립을 국가의 기원이 아닌 형성이라는 측면에서 접근하고자 한다.

위와 관련지어 고대사 분야에서 주목을 받고 있는 관심사가 바로 한반도 또는 주변지역에서의 국가 출현에 관한 것이다. 국가형성이라는 주제가 그리 심각하게 대두되지 않았던 상황에서 제시되었던 국가발달의 도식이 '씨족국가−부족국가−부족연맹−고대국가'였으며(김철준 1964), 이는 다시 '씨족공동체−성읍국가−제연맹왕국'라는 발전도식에서 '성읍국가−연맹왕국−중앙집권적 귀족국가'라는 개념으로 보완 지속된다(李基白 1976; 李基白·李基東1982).

한편 이러한 전통적인 모형을 거부하고 새로운 방법론에 입각해서 한반도에서의 국가형성에 관한 논의를 시도하기 위해 도입된 것이 바로 엘만 서비스의 4단계 발전 이론이다. 이 가설로부터 최몽룡의 chiefdom 지석묘사회설(Choi 1984), 윤내현(1985)의 고조선 邑制國家說, 김정배(1986)의 chiefdom(군장사회) 三韓社會說 등 다양한 학설들이 발표되어 학계의 반향을 불러 일으켰으나, 전경수(1994)에 의해 chiefdom을 하나의 정형화된 사회가 아닌 국가로 이행하는 과정에서 나타나는 여러 가지의 유동적인 사회변화의 모습으로 이해해야 한다는 반론이 제기되기도 하였다.

이와 같이 chiefdom의 성격에 대해서는 논란이 많은데, 카네이로와 서비스 등은 군장사회와 국가간의 관계가 다분히 상대적인 개념으로 특별한 구분적 요소가 없다고 주장하기도 한다. 즉 최고 수준의 군장사회는 규모와 복합성에 있어서 이미 국가의 문간에 도달한 것으로 군장사회의 최종 단계인 동시에 국가의 최초상태가 되는 것으로 이해하고 있다. 이에 대해 티모시 얼이 통합의 규모, 중앙집권의 정도, 계층 분화의 요소 등을 통해 양자를 규정지었는데 (Earle 1991), 여기서도 역시 어느 수준에서부터 국가로 전환되는가 하는 것이 문제가 된다. 이와 관련지어 이미 우리나라에서는 國, 小國, 聯盟體, 初期國家 등의 개념을 통해서 각각의 단계를 규정하고 있지만, 현재로서는 뚜렷한 결론을 도출하지 못하고 있는 실정이다.

2. 城市의 출현

"성시"의 개념은 명확히 설정하기가 어렵고, 더욱이 초기 성시에 있어서는 그것을 정의하기가 훨씬 어려운 면이 있다. 그러나 우리나라보다 훨씬 일찍 등장하여 동아시아 전반의 성시 출현에 영향을 끼친 것으로 볼 수 있는 중국에서는 대체로 다음과 같은 특징으로 성시를 요약하고 있다(許宏 1997).

(1) 邦國의 권력 중심으로 출현하여 일정 지역 내의 정치, 경제, 문화의 중심지로서 기능한다. 권력의 상징으로서 왕이 탄생하고, 고고학적으로는 대형의 판축 건축 유적(궁전과 종묘, 제단 등 예의성 건축과 성벽, 환호 등)의 존재로 표현된다.

(2) 사회 계층의 분화와 산업의 분공으로 주민 구성이 복잡해지는 특징을 갖는다. 비농업생산 활동이 전개되어 성시가 인류 역사상 최초의 비자급자족 사회가 되고, 정치성 성시의 특징과 상업무역의 손실이 발달하는 한편 성시가 사회 물질 재부의 수탈과 소비의 중심이 된다.

(3) 인구가 상대적으로 집중된다. 城鄕의 분화가 불분명한 초기 단계의 성시는 인구의 밀집 정도가 성시의 여부를 판별하는 절대 지표를 구성한다.

이상과 같은 특징은 상업적 기능이 중시되는 서양의 고대 도시와 비교되는 중국 고대 성시의 특징을 비교적 잘 집약한 것으로 볼 수 있다. 서양 고고학자의 대표격인 영국의 고든 촤일드는 성시를 정의함에 있어 그의 논저인『도시혁명』에서 풍부한 식량 공급에 의한 인구의 증가, 잉여생산물의 중앙 권력기관 지배와 대외 장거리 무역의 발달, 수공업의 전문화와 비식량생산 종사자의 증가 등 사회 계급의 분화를 골자로 하는, 즉 도시 혁명 발생상의 생산 기술의 진보와 상업 발달의 중요 작용을 강조하였다. 한편 그는 이러한 과정에서 필연적으로 요구되는 국가의 관리 체계와 공공 제사 등의 종교의식, 또 이들을 유지하기 위한 수단으로서의 문자의 발명 또한 성시의 필수 요소로 제시하였다(Childe, V. Gordon 1950).

이러한 다양한 요소들로부터 특히 우리나라 고대국가의 형성 과정과 밀접한 관련이 있는 중국의 고대 성시의 주요 구성요소를 꼽는다면 다체로 정착과 인구의 집중, 정치·경제·군사·종교 등 권력을 장악한 지배 계급의 출현 및 사회

계층의 분화, 절대권력(도성일 경우에는 왕권)을 상징하는 성벽과 궁전 등 대형 건축 유구의 등장, 전문 수공업과 시장의 발생 및 잉여생산물을 통한 장거리 대외무역의 발달 등을 들 수 있다. 즉 이상과 같은 조건을 고루 갖춘 유적은 가히 성시라 일컬을 수 있으며, 일반 성시 가운데도 특히 한 왕조와 국가의 중심지가 되는 경우엔 都城이라 명할 수 있다.

3. 城市와 文明·國家의 상관성

문명은 인류 문화의 존재 형식이고, 국가는 문명시대 특유의 사회 조직 형식으로, 양자는 내포하는 의미상 관계가 밀접하다. 현대어에서의 "문명"이란 말은 영어의 Civilization을 번역한 것으로, 이 말은 라틴어 Civis(시민)에 어원을 두고 있으며, 여기서 Civitas(城邦, 國家)와 Civititas(시민자격) 등의 말들도 파생되어 나왔는데, 그 원뜻은 성시 및 국가 등과 관계가 있다. 이후 대부분의 사람들이 문명이란 말을 인류의 진보상태를 가리키는 데 사용하고 있다.

문명의 개념과 표준에 관해서는 국내외 학자들 모두 다양한 해석을 해 왔는데, 성시를 국가 문명 탄생의 주요한 담체로 삼는 데에는 뜻을 같이하고 있다. 그중 엥겔스(1972)는 『가정, 사유제와 국가의 기원』에서 "문명시대는 사회 발전의 한 단계로, 이 단계에서 분공과 분공으로 인한 개인간의 교환 및 이 양 과정이 결합해 낸 상품 생산이 충분한 발전을 거쳐 이전 사회를 완전히 변화시켰다"고 천명하였고, 아울러 "국가는 문명사회의 개괄"임을 인정하였다. 앞서 고든 촤일드 역시 『도시 혁명』에서 "문명"과 "도시 혁명"의 개념을 연결시켜, 10개의 표준 항을 제시한 바 있다.

한편 중국에서도 동양적 특징에 기반한 문명의 특징을 다양하게 진술하고 있다. 중국 고고학의 아버지라고 불리우는 夏鼐 선생은 "문명이 한 사회가 씨

족제도를 해체하고 국가 조직을 갖춘 계급 사회 단계로 진입하는 것"을 가리
킨다고 하였다. 이러한 사회에서는 성시가 정치, 경제, 문화 각 방면의 중심이
되고, 아울러 금속 제련 기술과 문자도 출현한다(夏鼐 1985). 특히 王震中은
국외 학자들이 청동기, 문자, 성시 등을 문명의 표지로 삼는 것에 회의를 품
고, 이러한 "박물관 목록"식의 문명관은 결코 문명의 형성과정을 보여줄 수 없
다고 비판하였다. 그는 취락 유적으로부터 사회 형태를 연구하는 모식을 제시
하며, 문명 기원의 과정을 다음과 같이 (1)대체로 평등한 농업취락 형태 (2)초
보적 분화와 불평등을 포함한 중심취락 형태 (3)도읍국가 형태로 나누었다. 한
편 국가 권력(왕권)의 표현으로는 (1)신성성과 종교성 (2)군사성 (3)등급이 분
화된 족권의 세가지 항목을 열거하였다. 또한 중국 조기 문명의 기원 중 생산
기술, 사회구조와 의식형태 삼위일체의 모식 가운데, 도읍국가 및 그 강제성
의 권력 계통에 초점을 맞추는 한편, 제사와 전쟁의 정치생활의 체현도 강조
하였다(王震中 1994). 역사학자인 李學勤(1997)은『走出疑古時代』에서, 금속의
사용, 문자의 생산, 성시의 출현, 예제의 형성, 빈부의 분화, 인간 희생과 순장
의 발단 등 6개 항목을 문명 기원의 상징으로 논술하였다. 또 그가 주편한『중
국 고대 문명과 국가 형성 연구』상편에서 유관 이론 문제에 대한 생각을 밝혔
다. 그는 왕진중의 관점을 채용하는 입장에서 문자, 청동기, 성시가 문명 기원
의 표지로서는 부족하고, 반면 국가 형성의 표지는 계급과 계층의 존재와 강
제성 권력 계통의 설립이라고 주장하였다. 이 책에서는 평등 농업취락, 불평
등 중심취락, 도읍을 문명과 국가 기원의 3단계로 삼고 있다(李學勤 主編
1997). 저명한 고고학자인 蘇秉琦(1999)는『중국 문명 기원 신탐』에서 오랜 기
간 학술계를 속박해 왔던 中華大一統觀과 마르크스의 사회 발전 규율을 역사
자체의 착오로 간주하였다. 즉 중화대일통관은 둔헌상의 한족사를 중화민족
의 정사로 간주하여 주변 지역의 민족 문화를 홀시한 것이라 규정하였다. 그
는 6개 區系 文化 類型으로 이전 중원문명 기원의 모식을 대신하여, 그것들을

중화문명의 多元의 기원 중심으로 보고, 중화문명의 기원을 "滿天星斗" 및 일종의 핵분열 내지는 충격과 융합의 과정으로 묘사하였다.

이처럼 문명, 국가와 성시는 함의상 밀접한 관련이 있는 개념이다. 성시, 국가, 문명의 기원을 토론할 때에도 이 세 개를 혼동하여 말하는 현상이 발생하기도 한다. 그러나 이 세 개는 결코 같은 개념이 아니다. 결론적으로 문명은 인류 역사 발전의 한 고급 단계로서, 계층의 분화 및 국가 탄생 이후의 인류 문화의 존재 방식이다. 그러나 국가는 문명시대 특유의 사회조직 형식으로 강제성을 띤 통치와 관리 기구(권력 중심)가 존재하는 분층 사회이다. 성시는 문명시대 특유의, 국가와 상응하는 고급 취락 형태로서 국가의 物化 형식이다. 따라서 성시는 국가 출현, 문명시대 도래의 유일한 표지라 할 수 있다. 성시의 이러한 국가와 문명과의 강한 대응성에 비추어 볼 때, 고대 성시에 대한 탐색은 곧 국가의 기원 연구 중 가장 중요한 조성 부분이다. 이로 인해, 고고 분석 시에는 마땅히 성지와 건축 유적 및 유적에 반영된 사회 등급 차이와 기능 관계에 유의하여, 사회 정치 구조와 경제 발전 수준을 이해하여야 할 것이다.

Ⅲ. 都城의 출현과 百濟의 형성

이상 살펴본 바를 종합하여 국가의 형성 요건을 한마디로 요약하면 곧 '무력의 합법적인 사용으로 복잡한 계층사회를 통합할 만한 중앙집권제의 확립'으로 축약할 수 있겠다. 즉 국가 이전 사회로부터 국가를 구분시켜 주는 가장 분명한 요소는 바로 권력의 독점이라 할 수 있다. 즉 발전된 복합적 군장사회체제를 갖춘 지역에 장기적으로 통치권을 소유하고 그 지역의 모든 주민을 통치하는 중앙집권적 정치체제가 존재한다면 그 지역에 국가가 존재하고 있다고 간주할 수 있을 것이다. 따라서 고고학에서의 국가 형성 과정 연구는 고대사회의 계층화와 함께 권력 독점화의 과정을 규명하는 것이라 할 수 있겠다.

그렇다면 고대사회의 계층화와 권력 독점화의 고고학적 증거로는 어떤 것이 있을까? 이에 대해서는 현상적으로 여러 가지 측면에서 설명 가능한데, 특히 고고학적으로는 기존에 박순발(1998)에 의해 국가단계 정치체의 출현 증거로 제시되어 온 특정 토기양식 및 그에 의한 공간적 통일성의 출현, 대형봉분을 가진 분묘의 등장 및 특정지역에의 집중화, 그리고 성곽의 출현 등의 요인을 직접적인 권력 독점화의 증거로 대체할 수 있다고 생각한다.[1] 따라서 이하에서는 풍납토성과 직결시킬 수 있는 성벽의 축조와 궁궐 건축을 중심으로 '백제' 국가 형성에 대해 논하고자 한다.

1. 궁성의 축조

풍납토성은 서쪽으로 한강을 끼고 약간 동쪽으로 치우친 남북 장타원형의 평면형태를 띠고 있는데, 현재 북벽과 동벽, 남벽 등 약 2.1㎞ 정도가 남아 있으며, 유실된 서벽을 포함한다면 전체 길이 3.5㎞에 달했을 것으로 추정되는 거대한 규모의 평지 토성이다. 풍납토성은 1964년 포함층 시굴조사 이래 1997년 토성 내부 주거지 발굴과 1999년 성벽 발굴조사로부터 그동안 막연히 백제 초기의 토성으로 알려져 왔던 실체가 상당 부분 규명되었다고 볼 수 있다. 즉

---

1) 위 세 가지 요인 가운데 특정 토기양식의 형성 및 그에 의한 공간적 통일성의 출현이라는 요소는 반드시 고대국가의 형성과 직결되는 요인이라고는 할 수 없다. 그러나 1~3세기 한강유역의 제반 상황에서는 종래의 무문토기 전통과 구별되는 새로운 제도기술의 도입과 신기종의 출현 과정 등은 당시 국가 형성과 더불어 중앙화된 토기양식으로 성립되어 영역권 내의 각 지방으로 보급되는 과정과 맥을 같이 한다고 생각되는 바 국가 형성의 한 요인으로 다루고자 한다.

토성 내부에서 발견된 초기 백제시대의 주거지와 출토유물은 기원을 전후한 시기에 이미 풍납토성에 상당한 규모의 집단이 존재하고 있었음을 명확히 보여주고 있으며, 풍납토성 주거지는 지금까지 확인된 한강유역의 주거지 가운데 가장 발달된 형태와 큰 규모여서 토성 내부 거주인이 상당히 높은 계급이었음을 입증하고 있다. 더욱이 여기서 출토된 새로운 양식의 토기와 기와편, 전돌, 초석 등은 당시 일반 주거지에는 사용할 수 없는 특수한 용도의 유물들이기 때문에 그러한 사실을 방증할 수 있는 결정적인 자료로 평가된다(국립문화재연구소 2001).

국립문화재연구소에서는 1999년 6월부터 10월까지 풍납토성의 동벽 2개 지점에 대한 절개조사를 실시하여 다음과 같은 사실을 밝혀내었다. 성벽은 우선 생토층을 정지한 후 약 50㎝ 두께의 뻘을 깔아 기초를 다지고 하부 폭 7m, 높이 5m 정도의 사다리꼴 모양으로 중심부를 쌓은 것으로 확인되었다. 기저부의 정지작업과 중심토루의 축조가 완료된 후에는 안쪽으로 사질토(Ⅱ토루)와 모래(Ⅲ토루), 점토다짐흙(Ⅳ토루)과 뻘흙(Ⅴ토루)을 위주로 한 판축토루를 비스듬하게 덧붙여 내벽을 축조하였다. 내벽 마지막 토루(Ⅵ) 상면에는 강돌을 한 겹씩 깔아 3단으로 만들고, 그 안쪽으로는 할석을 1.5m 이상 쌓아 마무리하였다. 이러한 석렬 및 석축은 토사의 흘러내림과 밀림을 방지하는 한편 배수의 기능도 겸했던 것으로 추정된다. 이러한 사실은 3단의 천석렬 사이에 의도적으로 돌을 깔지 않고 배수홈을 낸 것에서도 입증된다.

구조적으로 성벽은 크게 중심토루와 내벽, 외벽의 3개 구간으로 나눌 수 있으며, 내벽은 다시 Ⅳ토루 하단 천석렬의 존재로부터 Ⅲ토루까지를 경계로 축조의 분기 구분이 가능하다. 각각에서 출토된 토기편의 기술유형을 분석한 결과 중심토루인 Ⅰ토루에서는 풍납동식무문토기의 비중이 다른 토루에 비해 월등히 높아 가장 이른 시기에 축조되기 시작한 것으로 보이는데, 이를 토성 내부 유구와 비교하면 유물상으로 3중 환호와 밀접한 연관이 있다고 할 수 있다.

즉, 3중 환호가 사용될 당시에 토성의 중심부가 축조되기 시작하여 어느 정도 토성으로서의 위용을 갖추게 되면서는 환호가 폐기되고 토성이 그 기능을 대체한 것으로 이해할 수 있다. 따라서 환호의 폐기시점을 고려할 때 적어도 Ⅲ토루까지는 중심토루와 함께 기원후 2세기대 이전에 축조되었을 가능성이 매우 크다고 추정된다. 성벽의 성토 혹은 판축 방법이나 판축토의 성질을 면밀히 비교해보면 중심토루만을 따로 떼어 축조한 것으로도 볼 수 있어 1차 성벽 내에서도 축조 분기의 세분이 가능한데, 이에 대해서는 다음 장에서 연대 제시와 함께 구체적인 견해를 피력하고자 한다.

한편 증축된 내벽의 나머지 토루와 외벽 역시 출토유물상에서 연질 타날문토기가 주를 이루고 있으며, 특히 기존의 3세기 중반 이후의 출현 토기들이 거의 확인되지 않은 것으로 보아 그보다는 이른 시기인 3세기 전후에 축조가 완료된 것으로 보인다. 이러한 연대는 성벽 내에서 출토된 목재와 토기편 등의 절대연대 측정 결과와도 크게 다르지 않은데, 내벽 Ⅴ토루의 목재 구조물에서 수습한 목재와 Ⅵ토루 석축 하단에서 수습한 보강용 목재에 대한 방사성탄소연대측정 결과 기원전 1세기~기원후 2세기를 전후한 시기의 보정 연대가 검출되었고, 내벽 Ⅲ토루의 목탄과 토기편의 방사성탄소연대와 열발광연대 역시 각각 중심연대가 3세기 초와 2세기 초로 나와 토기편의 상대연대를 뒷받침하고 있다.

특이하게도 내벽 일부 구간에서는 식물유기체를 얇게 깐 것이 10여 겹 이상 확인되는데, 뻘흙을 10㎝ 정도 두께로 가져다 부은 후 나뭇잎이나 나무껍질 등을 1㎝ 정도 깔고, 다시 뻘흙을 까는 과정을 10여 차례 이상 반복하여 토루를 축조한 것이다. 이렇게 성벽의 축조에 식물유기체를 이용한 방법은 지금까지 확인된 예 중 가장 이른 시기의 것으로서 백제 故地인 김제 벽골제와 부여 나성 등에서 확인될 뿐 아니라 일본 九州의 水城, 大阪의 狹山池 등 제방 관련 유적에서도 발견된 바 있다. 또한 식물유기체 4~5겹에 한 번씩 3단에 걸쳐 성벽의 횡방향으로 각재목을 놓고 수직목을 결구시켜 지탱한 구조물도 출토되었는데, 종간격 110㎝ 정도로 8열이 확인되었다. 현재의 상태로 볼 때 이러한 목재는 보강재로서의 목심 역할 정도로 보는 것이 타당할 것 같다. Ⅴ토루 하단부 4단째의 석축이 시작되는 지점에서는 성벽의 종방향을 따라 85㎝ 간격의 수직목이 확인되기도 하여 성벽 축조의 구획선 역할을 하였음을 추정할 수 있다.

중심토루 외벽으로는 경사지게 떨어지는 자연층 위에 정지작업을 거쳐 판축법으로 토루를 쌓고, 내벽과 마찬가지로 상부에 할석 또는 강돌을 깔아 마무리하였다. 내벽과 외벽의 석렬은 중심토루로부터 거의 동일한 거리에 축조되어 있어 계획된 축성 의도를 볼 수 있다. 이상 확인된 규모만 보더라도 성벽의 폭이 43m, 높이 11m가 넘는 대규모이고, 조사 구간이 협소하여 내외부로 확장 조사하지 못한 것을 감안하면 하부로 내려가면서 그 규모가 더 증대될 것으로 생각된다.

이처럼 풍납토성의 성벽 조사 결과 기저부의 폭 43m, 외벽 하단에서 중심부까지의 높이 11m에 이르는 초대형 판축토성으로 밝혀짐에 따라, 공고히 정비된 정부 조직을 갖춘 국가의 왕 이외에는 감당할 수 없는 大役事임을 미루어 짐작케 한다. 실제로 풍납토성의 축조에는 어림잡아 연인원 1백만명 이상이 동원되었을 것으로 추정되며,[2] 당시의 인구와 사회조직을 감안한다면 실로 엄청난 권력의 독점이 이루어졌음을 알 수 있다.[3]

---

2) 唐代까지의 각종 제도를 기록하고 있는 중국 『通典』의 拒守法에 근거한 공역기준으로 풍납토성을 총길이 약 3,500m, 기부 폭 약 30m, 높이 8m, 상부 폭 15m로 가정한 상태에서 산출된 작업량이 약 1,050,000명의 공역임을 추산한 글이 발표된 바 있다(朴淳發 1998).

3) 『三國志』東夷傳 韓傳의 기록을 근거로 마한과 변진의 인구 규모가 일국당 평균 2,000호 내외에 약 1만명 정도임을 추정한 연구 결과(金貞培 1986)를 비교하면 풍납토성의 역사가 얼마나 대단한 것임을 짐작할 수 있다.

2. 궁궐 건축과 도시 구획

궁전과 종묘 등은 도성 내에서도 가장 핵심적인 건축물로서 이들의 존재를 통해 궁성 또는 도성의 여부를 판가름할 수 있는 결정적인 지표이다. 즉, 이들은 국가 및 왕조의 상징물로서 도성 내에서도 가장 중요한 지점에 최상의 기술과 공력을 동원하여 축조된다. 백제 역시 한강유역에 도읍을 정하며 가장 먼저 건설한 것이 궁성 내 궁전 및 종묘 등 특수한 성격의 건물이었을 것이다. 이러한 정황은 『삼국사기』 기록을 통해서도 여실히 드러나는데, 온조왕대에 처음 도성을 건설하면서 궁궐과 궁실을 세운 이후 여러 차례 중수했던 과정을 엿볼 수 있다.

풍납토성에 대한 연차적인 발굴조사 결과 궁전 또는 제사 건물로 추정되는 특수한 건물지의 발견이 잇따르고 있다. 토성 내부 중앙에서 약간 북쪽으로 치우친 '경당연립' 재건축부지에서는 동-서 너비 16m, 남-북 길이 18m 이상의 평면 방형에 남측으로 한 변 3m 정도의 입구부가 연결된 呂자형의 대형 건물지(44호)가 발견되었다. 북쪽 건물의 외곽은 口형의 溝가 감싸고 있는데 폭 1.5~1.8m, 깊이 1.2m 정도로 일정하며 바닥에 2~3중의 대형 판석이 깔려 있다. 발굴조사단은 이 유구가 치밀한 설계와 공력이 투입된 대형 구조물이란 점에서 특수 공공시설로 보고 있으며, 출입을 극도로 통제한 점. 건물의 내부와 외부를 溝로 차단한 점, 溝의 바닥에 판석과 정선된 숯을 깐 점, 화재로 폐기된 점, 유물이 거의 전무한 점 등을 들어 제의와 관련된 것으로 보았다(권오영 2001).

한편 이 대형 건물지와 인접한 남쪽에서는 9호, 101호 등의 구덩이가 발견되었다. 길이 13.25m, 폭 5.5㎝, 깊이 2.4m에 달하는 9호 구덩이는 수차례의 퇴적이 이루어지면서 인위적으로 파손시킨 고배, 삼족기, 뚜껑 등의 제기류가 집중적으로 출토되었고, 제사와 관련이 있을 것으르 추정되는 "大夫"와 "井"자명 직구단경호와 12마리 분의 말 머리뼈 등도 확인되었다. 조사단은 이 유구가 모종의 제사와 관련되었을 가능성이 지극히 높으며, 주체는 국가나 왕실, 그 목적은 祈雨였을 가능성이 있다고 보고 있다(권오영 2001).

의례적 성격과 관련하여 44호 건물지 남쪽의 우물이 주목된다. 우물은 약 10m 가량의 방형 구덩이를 깊이 3m 정도로 파낸 후 바닥은 방형으로 판재를 결구하고, 그 위에 할석을 원형으로 정연하게 쌓아올린 형태이고, 그 주위를 점토와 사질토를 섞어 되메운 상태였다. 우물 내부는 흙을 채운 후 할석과 천석을 채워 폐기하였는데, 그것들을 제거하자 바닥에서 4단으로 결구한 판재 내에 280여 점의 토기를 층층이 가지런하게 매납한 것이 발견되었다. 토기는 호와 병이 압도적으로 많은데 대부분 의도적으로 구연부를 깨트린 상태였고, 개중에는 충청도와 전라도 지방의 것들도 섞여 있다. 아직까지 이 유구에 대한 성격을 단정짓기는 성급하다는 생각이 들지만, 유구의 구조와 위치로 보아 궁성 내 왕이 사용하였던 御井을 의도적으로 폐기한 것으로 판단된다.

도성을 구성하는 가장 핵심 요소로는 궁전종묘구 외에 국가 행정을 담당하기 위한 관청 건물지와 관료 집단의 주거구역 등도 빼놓을 수 없다. 이와 관련하여 국립문화재연구소에서 연차 발굴조사를 실시하고 있는 풍납동 197번지(미래마을 재건축부지) 일대에서는 2010년에 그간의 발굴에서 확인되지 않았던 초석과 적심을 갖춘 건물지 4동이 발굴되었다. 라−1호와 2호 건물지에서 확인된 적심시설은 너비 1.8m, 깊이 0.5~0.6m 내외로 땅을 파낸 후 흙과 강자갈들을 섞어 채워 넣고 그 위를 황색 점토로 단단하게 다진 양상을 띠고 있다. 마−2호 건물지의 초석은 지하에 위치하고 있는데, 성토층을 되파기한 후 초석을 놓았으며, 되파기한 공간을 되메우기하여 기둥을 고정하였던 것으로 추정된다. 마−1호 건물지는 동벽에 할석으로 3단 이상 쌓은 기단석이 정연하게 남아있어 완전한 지상 건물지임을 증명해주고 있다. 한편 라−1호 건물지를 사이에 두고 길이 약 20m, 너비 약 8m, 깊이 약 2.5m 가량의 장방형수혈

2기가 대칭으로 발견되었다. 이 수혈들은 인위적으로 땅을 파고 되메운 양상을 보이는데, 바닥에서 기둥을 받치기 위한 구멍같은 것들도 확인되는 것으로 보아 중앙의 라-1호 건물지와 관련된 부속 건물일 가능성이 높아 보인다. 이러한 건물지가 집중 발견된 지점이 이 일대의 동남편에 치우친 지점임을 감안하면 풍납토성의 중앙부로 가면서 왕궁의 전각이나 관아 건둘이 밀집된 구역이 존재할 가능성이 한층 높아졌다고 할 수 있다.

197번지 발굴조사에서는 이전에도 직경 16m, 깊이 1.2m으 원형 구덩이가 발견된 바 있다. 여기서는 와당 30여 점을 비롯한 기와류가 5천점 이상 출토된 것을 비롯하여 십각형 초석 장식, 토관, 중국제 도기편 등이 함께 출토되었다. 이처럼 와당과 다량의 건축 부재들이 일괄 출토된 점으로 보아 기와를 얹은 건물이 붕괴되었거나 주변의 궁전과 관청 건물 등에서 나온 건축 폐자재를 버린 폐기장이었을 것으로 추정된다. 이 수혈 동편에서는 길이 21m, 너비 16.4m, 잔존 면적 약 344.4㎡(105평)이 넘는 현재까지 알려진 한성백제기 수혈 건물지 중 가장 큰 규모의 건물지가 발견되기도 하였는데, 그 규모로 미루어 공공 건물지일 가능성이 높다고 판단된다.

이 밖에 풍납토성 발굴조사에서 가장 특징적이고 중요한 유구를 들자면 바로 성벽을 따라 그 안쪽에서 집중적으로 발견된 대형의 주거지를 꼽을 수 있다. 소위 평면 6각형의 '풍납동식 주거지'로 이름붙일 수 있는 이들 주거지는 풍납토성에서 집중적으로 발견된 이후 최근 한강유역 전역과 임진·한탄강유역에서 계속적으로 발견됨으로 해서 소위 한성백제기 고위 지배 계층이 영유하였던 전형적인 주거지로 평가되고 있다. 따라서 풍납토성에서 발견된 주거지들 또한 당시 도성 내에 거주하던 고급 관리들의 거주지로 볼 수 있다. 이러한 주거지의 존재는 사회 계층의 분화를 입증하는 동시에 상당히 체계화된 도성의 구조를 보여주는 중요한 자료이다.

최근에는 풍납토성에서 처음으로 남-북 방향과 동-서 방향으로 교차되는 도로가 발견되었다. 남-북 도로의 경우 현재까지 확인된 길이는 110m 남짓되는데, 조사구역 밖으로도 계속 연장되고 있어 규모는 더 커질 것으로 보인다. 도로의 너비는 7.5~8m, 깊이 20~30㎝ 정도로 도로면의 기초를 굴착한 후 가운데 부분에 너비 4.5~5m 가량의 잔자갈을 렌즈상(중심부 두께 약 20㎝ 내외)으로 깔아서 노면을 조성하였다. 동-서 도로는 남-북 도로의 중간 지점에서 동편으로 연결되는 양상으로 발견되었고, 도로의 조성 방법은 기본적으로 남-북 도로와 크게 다르지 않다. 다만, 동-서 도로의 잔존 상태는 남-북 도로보다 좋지 않으나 일부 구간에서 윗면이 편평한 박석(薄石)을 깐 것이 특징적이다. 동-서 도로의 확인된 길이는 약 22m이다. 이번에 발견된 도로는 궁성 내 중요 공간을 분할하거나 관청과 같은 중요 시설을 감싸던 핵심 도로이거나 한강변에 인접해 있는 서쪽 성벽을 따라 조성된 물자의 운송로였을 것으로 추정된다. 2008년도 조사에서는 기존의 동-서 도로에 연결되는 구상유구가 2중 3중으로 확인되었는데, 이들은 도로의 측구로 생각되고, 노면이 깎여나가고 도랑만 남은 것으로 보인다. 이것들은 이웃한 경당지구까지 260m 가량 계속 연장되는 것으로 판단됨에 따라 당시 풍납토성의 남북을 가르는 중요한 동-서 도로였을 것으로 추정된다. 특히 중간에 남북 방향으로 교차하는 구상유구도 발견되어 당시의 초보적인 조방 구획을 암시할 가능성도 배제할 수 없다. 또한 구상유구 안쪽으로 열을 맞춰 조성된 장방형 수혈군이 발견되었는데, 수혈 중에는 대옹 3개체가 완형으로 안치되어 있고 그 안에서 중국제 청자 완이 출토되어 이들이 술이나 물 등의 액체류를 보관하던 것으로 생각된다. 결과적으로 이 일대는 궁전으로 물품을 조달하기 위해 궁전 외곽에 조성한 창고 구역으로 추정된다.

이처럼 궁궐 또는 관청 시설로 추정되는 대형의 건물지와 고위 계층의 집단 거주지, 그리고 궁성 내 주요 공간과 시설을 분할한 것으로 보이는 도로망 등의 존재는 풍납토성이 당시 상당히 체계화된 도시 구획을 갖추고 있었음을 보여주는 증거이며, 나아가 이러한 기반 시설을 바탕으로 효율적인 행정 치소로 서의 역할을 수행할 수 있었음을 입증해 주는 중요한 자료라고 판단된다.

Ⅳ. 풍납토성의 축조 분기 및 연대

풍납토성 축조 연대와 분기에 대해서는 이미 여러 차례 논의된 바 있으며(신 희권 2002a 외), 앞으로도 계속 연구가 진행되어야 할 중요한 과제라 생각한 다. 그럼에도 불구하고 풍납토성의 연대를 논함에 있어 가장 문제가 되는 쟁 점들이 있어 다시 한번 짚어보고자 한다. 대표적으로 박순발은 풍납토성 내 3 중 환호 출토유물 및 성벽 축토층 내 유물 가운데 가장 늦은 것들의 제작·사용 시점보다 축조 연대가 올라갈 수 없음을 지적한 바 있다. 이는 일면 적절한 지 적이나 문제가 되는 출토유물의 연대를 비정함에 있어서는 반론의 여지가 충 분하다. 예를 들어 한강유역 심발형토기 출현 문제만 놓고 보더라도 한반도 중 서부지역과의 교차연대를 적용하기에 무리가 있다는 비판(신희권 2002a)은 이 미 여러 경로를 통해 제시하였다. 비단 심발형토기 외에 다른 유물에 대해서 도 이러한 논쟁은 피할 수 없을 것인데, 이는 기본적으로 한성백제지역 토기 에 대한 편년작업이 제대로 확립되지 못한 점에서 그 원인을 찾을 수 있다. 물 론 전반적인 인식 공유가 부족한 한성백제지역의 문화상을 이해하는 데 있어 교차연대를 적용하여 한성백제토기에 대한 편년을 보완하고자 하는 작업은 한 방편이 될 수 되겠지만, 한성백제의 중앙과 지방간에도 유물상의 현격한 양식 차이가 존재하는 실정을 감안할 때, 타지역과의 교차연대를 통해 한성백제토 기의 연대를 재단하는 방식이 과연 얼마나 실효성이 있을까 하는 의문을 가지 지 않을 수 없다.

따라서 풍납토성의 축조 시점을 추정하기 위해서는 타지역과의 무리한 교차 연대를 적용하기보다는 자체적인 유물의 분석이 선행되어야 할 것으로 생각된 다. 필자가 보는 견해로서는 전체 성벽을 이루는 구간별 축토층 내의 유물 사 이에는 토기의 기술유형에서 차별성이 감지되고, 그러한 차이는 성벽을 축조 한 시기와 직결될 수 있음이 분명하다고 판단된다. 그럼에도 불구하도 박순발 의 지적은 토루별 출토유물에 대한 개별적인 분석에 의해서라기보다는 성벽 전체를 놓고 가장 시기가 떨어지는 유물 한 두 점에 착목하여 전체의 축조 시 기를 동일시하거나 혹은 비록 차이는 인정한다고는 하나 초축이나 증축 시점 보다는 최종적인 완성 시점에만 비중을 두고 있다. 이에 필자는 성벽 축토층 내에서 출토된 토기 전체를 대상으로 기술유형의 분석을 통해 구간별 차이가 명백히 존재함을 제시한 바 있다.

<표 1> 풍납토성 출토 토기 빈도표[4)]

구 분		풍납동식 무문토기(%)	연질 타날문 토기(%)	연질 무문 토기(%)	회색 경질 토기(%)	회청색 도질토기(%)	합 계(%)
중심	I	8(40)	9(45)	3(15)	0(0)	0(0)	20(11.4)
내벽	II	0(0)	6(85.7)	0(0)	1(14.3)	0(0)	7(4)
	III	0(0)	2(50)	1(25)	1(25)	0(0)	4(2.3)
	IV	0(0)	0(0)	1(100)	0(0)	0(0)	1(0.6)
	V	1(4.5)	17(77.3)	3(13.6)	1(4.5)	0(0)	22(12.6)
	VI	1(2.1)	30(63.8)	9(19.1)	3(6.4)	4(8.5)	47(26.9)
외벽	II '	1(4.3)	15(65.2)	2(8.7)	2(8.7)	3(13)	23(13.1)
	III '	3(11.1)	13(48.1)	4(14.8)	4(14.8)	3(11.1)	27(15.4)
	IV '	1(6.7)	10(66.7)	3(20)	0(0)	1(6.7)	15(8.6)
	피복토	0(0)	5(55.6)	1(11.1)	2(22.2)	1(11.1)	9(5.1)
합 계		15(8.6)	107(61.1)	27(15.4)	14(8)	12(6.9)	175(100)

---

4) 申熙權, 2002, 「風納土城 築造年代 試論」, 『韓國上古史學報』 37, 36쪽.

　이상의 분석 결과를 보면 중심토루에서는 풍납동식 무문토기, 소위 경질무
문토기의 비중이 다른 구간에 비해 압도적으로 높으며, 회색 경질토기와 회청
색 도질토기는 단 한 점도 출토되지 않아 중심토루의 축조 연대가 후술할 내
벽의 일부 토루 및 외벽의 토루보다는 앞서 축조되었을 가능성이 높음을 보여
주고 있다. 중심토루로부터 내벽쪽으로는 크게 5차례에 걸친 축토가 이루어졌
는데, Ⅳ토루 하단에서 Ⅵ토루 상면에 깔린 것과 동일한 성격의 강돌렬 일부
가 확인됨으로 해서 구조상으로 볼 때 우선 Ⅲ토루까지를 1차적으로 축조한
후에 Ⅳ·Ⅴ토루와 Ⅵ토루의 석렬 및 석축 부분을 증축한 것으로 판단하였고,
유물에 대한 분석 결과도 이를 뒷받침하고 있다. 이와 같은 성벽의 구조와 축
조 과정을 면밀히 검토하여 2차에 걸쳐 수축하였음을 밝힌 글(최종규 2007)도
주목된다.

　토성 내벽의 끝자락에 해당하는 Ⅵ토루에서는 풍납동식 무문토기에서 회청
색 도질토기에 이르기까지 풍납토성에서 확인되는 모든 기술유형의 토기가 전
부 출토되고 있으며, 내벽의 다른 토루에 비해 회색 경질토기와 회청색 도질
토기의 비율이 높아지고 있어 상대적으로 성벽 사용기의 유물이 혼입되어 들
어갔을 가능성도 보여주고 있다. 토성 외벽에 대한 유물의 분석 결과도 시간
적인 축조 순서에서 크게 벗어나지 않는 것으로 보여 당초 중심토루에서 내벽
Ⅲ토루까지를 1차적으로 축조한 후에 나머지 구간을 축조하여 전체적인 성벽
을 완성하였다고 본 추론은 크게 문제가 없다고 볼 수 있다. 그러나 Ⅱ·Ⅲ토루
와 Ⅳ·Ⅴ토루에서는 유물에 대한 차별성이 거의 인지되지 않는 것으로 보아
축조의 분기가 있었다 하더라도 그것이 큰 시간차를 두고 이루어진 것은 아니
라고 판단된다.

　한편, 최근 풍납토성의 축조 분기와 관련하여 초축 성벽을 중심토루만으로
따로 떼어 놓고 보아야 한다는 지적이 제기되었다. 성벽의 구조상 B지점 중심
토루의 양 끝자락 하단에서 대칭적으로 'U자형' 溝가 발견되는데, 이러한 溝는

초축 성벽이 마련될 때 형성된 것으로 보아야 한다는 것이다(심정보 2003). 이와 관련 B지점 중심토루 양단에 확인되는 위와 같은 양상의 유구를 선대의 수혈이나 자연적으로 형성된 함몰구덩이가 아닌 초축 성벽과 관련된 溝나 壕로 보는 것이 훨씬 타당할 것으로 생각된다. 그리고 이러한 사실은 풍납토성의 축조 분기를 이해하는 데 중요한 실마리가 될 것임에 틀림없는데, 즉 중심토루 외곽에 인위적인 溝를 시설하였다면 당연히 중심토루만으로 독자적인 성벽을 이루었다는 것이 되고, 그렇게 중심토루 부분만을 따로 떼어 축조한 것으로 본다면 그간 풀지 못했던 중심토루와 내벽 Ⅱ·Ⅲ토루 간의 출토유물에 대한 차이도 자연스럽게 인정될 수 있을 것으로 생각한다.

결론적으로 풍납토성의 축조 분기는 당초 중심토루에서 내벽 Ⅲ토루까지를 동일한 축조 분기로 설정하였던 것을 보다 세분하여 중심토루 구간을 1차 성벽으로, 그리고 내벽 Ⅱ·Ⅲ토루까지를 2차 성벽으로, 나머지 구간 전체를 3차 성벽으로 구분해서 각기 시간적 차이를 두고 축조한 것으로 해석하는 것이 보다 타당할 것으로 생각한다. 이에 필자는 이러한 축조 분기와 풍납토성 내부의 유구를 연결시켜 한 단계 세분한 편년안을 제시함으로써 향후 보다 진전된 논의의 발판을 삼고자 한다.

풍납토성의 1차 성벽은 풍납동식 무문토기의 사용 비중이 높은 풍납 Ⅰ기 (기원전 1세기대~기원후 100년을 전후한 시기)의 어느 시점에 축조된 것으로 이 시기는 풍납동식 무문토기 사용인이 조성한 것으로 추정되는 3중환호가 토성벽으로 대체되는 과도기로 볼 수 있다. 구체적으로 풍납토성의 초축 연대에 대해서『삼국사기』기록에 의거 온조왕 23년인 기원후 5년으로 상정한 견해도 제시된 바 있다(최몽룡 2000). 이후 중심토루의 규모를 보다 확대하여 내벽 Ⅲ토루까지를 포함하는 2차 성벽이 축조된 것으로 생각되는데, 대체로 풍납 Ⅱ기의 전반부에 해당될 것으로 추정되며, 그 연대는 풍납동식 무문토기가 소멸하고 연질 무문토기가 보편화되기 시작하는 2세기 중후반 무렵으로 추정된다.

그리고 나머지 구간도 회색 경질토기와 회청색 도질토기가 등장하기는 하나 3세기 중엽 이후 출현하는 것으로 알려진 고배나 삼족기, 광구장경호 등이 한 점도 확인되지 않는 것으로 보아 늦어도 풍납 Ⅱ기 후반부인 3세기 중반 이전에 완성된 것으로 추정된다.

V. 맺음말

국가의 정의 및 문명, 성시와의 관계 등을 종합해 보면 국가의 형성요건은 '무력의 합법적인 사용으로 복잡한 계층사회를 통합할 만한 중앙집권제의 확립'으로 축약할 수 있다. 즉 국가 이전 사회로부터 국가를 구분시켜 주는 가장 분명한 요소는 바로 권력의 독점이라 할 수 있다. 이러한 사회 계층화와 권력 독점화의 고고학적 증거 중 하나인 성곽의 출현 요인을 고대국가로서의 '백제'의 형성 과정에 접목시켜 보면 이는 풍납토성의 축조와 궁궐의 건축으로 대별된다.

풍납토성은 연인원 1백만명 이상의 인력이 투입되어야만 가능한 거대한 성벽을 축조하고, 내부에 궁전과 종묘 등 도성의 핵심이 되는 중요한 건축물을 건립하였다. 궁궐 또는 관청 시설로 추정되는 대형의 건물지와 고위 계층의 집단 거주지, 그리고 궁성 내 주요 공간과 시설을 분할한 것으로 보이는 도로망 등의 존재는 풍납토성이 당시 상당히 체계화된 도시 구획을 갖추고 있었음을 보여주는 증거이며, 나아가 이러한 기반 시설을 바탕으로 효율적인 행정 치소로서의 역할을 수행할 수 있었음을 입증해 주는 중요한 자료이다.

풍납토성은 적어도 두 차례 내지는 세 차례의 축조 과정을 거쳐 완성된 것으로 생각된다. 성벽의 중심부에 해당하는 1차 성벽을 따로 떼어놓고 보면 이는 풍납동식 무문토기의 사용 비중이 높은 풍납 Ⅰ기(기원전 1세기대~기원후 100년을 전후한 시기)의 어느 시점에 축조된 것으로 보이는데, 풍납동식 무문토기 사용인이 조성한 것으로 추정되는 3중환호가 토성벽으로 대체된 것으로 추정된다. 이후 중심토루의 규모를 보다 확대하여 내벽 Ⅲ토루까지를 포함하는 2차 성벽이 축조된 것으로 생각되는데, 그 연대는 풍납동식 무문토기가 소멸하고 연질 무문토기가 보편화되기 시작하는 2세기대 중후반 무렵으로 추정된다. 그리고 나머지 구간도 흔히 3세기 중엽 이후 출현하는 것으로 알려진 고배나 삼족기, 광구장경호 등이 한 점도 확인되지 않는 것으로 보아 늦어도 3세기 중반 이전에 완성된 것으로 추정된다.

풍납토성이 한성 백제기 도성임을 뒷받침하는 고고학적 증거는 풍납토성의 주변 유적에서도 관찰된다. 한강의 범람을 막고 외적으로부터 도성을 방어하기 위해 三成洞~岩寺洞에 이르는 긴 구간에 걸쳐 쌓은 토성과 제방, 풍납토성 서남쪽에 조성된 石村洞·可樂洞 등의 왕릉급 고분군 등도 풍납토성이 왕성임을 입증하는 중요한 고고학적 증거이다. 이 밖에 도성의 동쪽과 남쪽에 전략적 요새로서의 二聖山城과 南漢山城 등을 축조하였을 가능성도 배제할 수 없다. 풍납토성을 축조하여 명실상부한 중앙집권화를 이루며 꾸준한 왕권 강화와 체제 정비를 도모한 백제는 고구려 등 외부로부터의 위협에 대비하기 위하여 3세기 중후반 이후 별궁으로서의 몽촌토성을 축조한 것으로 추정된다. 이러한 구조가 개로왕대까지 이어져 '北城'과 '南城'의 구조로 묘사된 '漢城'으로 판단된다(신희권 2002c, 2007).

이상과 같이 풍납토성 혹은 몽촌토성과 같은 성지 유적이 출현하고, 내부에서 궁전과 종묘 등의 핵심 도성 건축물이 발견됨으로써 해서 백제가 진정한 고대 국가로 발돋움하였음을 알 수 있다. 향후 풍납토성을 위시한 백제 한성시대의 도성 연구가 보다 넓고 깊게 전개되어 한반도 고대 국가의 형성과 발전에 대한 의미있는 성과를 이룩할 수 있기를 기대한다.

| 참고문헌 |

1. 국내 문헌

국립문화재연구소

2001 『風納土城 I −현대연합주택 및 1지구 재건축 부지−』.

2002 『風納土城 II −동벽 발굴조사 보고서−』.

권오영

2001 「풍납토성 경당지구 발굴조사 성과」, 『風納土城의 發掘과 그 成果』, 한밭大學校 開校 第74週年記念 學術發表大會 論文集.

2007 「유물을 통해 본 풍납토성의 위상」, 『風納土城, 500년 백제왕도의 비전과 과제』, 국립문화재연구소 국제학술대회.

김정배

1986 『韓國古代의 國家起源과 形成』, 高麗大學校 出版部.

박순발

1992 「百濟土器의 形成過程 −한강유역을 중심으로−」, 『百濟研究』 23.

1996 「漢城百濟 基層文化의 性格−中島類型文化의 歷史的性格을 中心으로−」, 『百濟研究』 26.

2001 『漢城 百濟의 誕生』, 서경문화사.

신희권

2001a 「한강유역 1~3세기 주거지 연구−'풍납동식 주거지'의 형성과정을 중심으로」, 서울대학교 대학원 석사학위논문.

2001b 「1−3세기 한강유역 주거와 백제의 형성」, 『동아시아 1~3세기의 주거와 고분』, 국립문화재연구소 문화재연구 국제학술대회 발표문 제10집.

2002a 「風納土城 築造年代 試論」, 『한국상고사학보』 37.

2002b 「百濟 漢城期 都城制에 대한 考古學的 考察」,『백제도성의 변천과 연
　　　 구상의 문제점』, 국립부여문화재연구소 제3회문화재연구학술대회
　　　 논문집.

2002c 「風納土城 발굴조사를 통한 河南慰禮城 고찰」,『鄕土서울』62.

2004 「風納土城の構造と築造技法に對する小考」,『大阪府立狹山池博物館研
　　 究報告1』, 大阪府立狹山池博物館.

2007 『韓國 漢城百濟 都城의 形成과 發展 過程 研究』, 中國社會科學院 博士
　　 學位論文.

2008a 「中韓 古代 築城方法 比較 研究」,『호서고고학』18, 호서고고학회.

2008b 「都城의 출현과 百濟의 형성」,『국가 형성의 고고학』, 한국고고학회
　　　 편, (주)사회평론.

2010 「百濟 漢城時代 都城制度에 관한 一考察－兩宮城制度를 中心으로－」,
　　 향토서울 76.

沈正輔

2003 「風納洞 百濟王城의 築造技法에 대한 考察」,『서울 風納洞 百濟王城研
　　 究 國際學術세미나』, 東洋考古學研究所.

李基白

1976 『韓國史新論』(改訂版), 一潮閣.

李基白·李基東

1982 『韓國史講座』I〔古代篇〕, 一潮閣.

이송래

1988 「국가의 정의와 고고학적 판단기준」, 제2회 한국상고사학회 학술발표
　　 회 요지문.

李鍾旭

1976 「百濟의 國家形成」,『大邱史學』11.

전경수

1994 「新進化論과 국가형성론 - 인류학이론의 올바른 적용을 위하여」, 『한
국문화론-상고편』, 一志社.

최몽룡

1989 『원시국가의 진화』(번역), 민음사.

2000 『흙과 인류』, 주류성.

2008 『한국 청동기 철기시대와 고대사회의 복원』, 주류성.

崔鍾圭

2007 「風納土城의 築造技法」, 『風納土城, 500년 백제왕도의 비젼과 과제』,
국립문화재연구소 국제학술대회.

한신대학교박물관

2004 『風納土城 Ⅳ -경당지구 9호 유구에 대한 발굴보고-』.

2005 『風納土城 Ⅴ -경당지구 중층 101호 유구에 대한 보고-』.

2006 『風納土城 Ⅶ -경당지구 상층 폐기장 유구에 대한 발굴보고-』.

2. 국외 문헌

Carneiro, Robert L.

1981 「The chiefdom : precursor of the state」, 『In The Transition to State-
hood in the New World』, Cambridge University Press, Cambridge.

Choi, M.L.

1984 『A study of the Yongsan River Valley Culture — The Rise of Chief-
dom Society and State in Ancient Korea』, Dong Song Sa.

Engels, Friedrich

1972 『The origin of the family, private property and the state』, New
York : International Publishers.

Earle, Timothy K.

1991 『Chiefdoms : power, economy, and ideology』, Cambridge University Press, Cambridge.

Flannery, Kent V.

1972 『The Cultural Evolution of Civilization』, Annual Review of ecology and Systematics 3.

1976 『The Early Mesoamerican Village』, Academic Press, New York.

Fried, Morton H.

1967 『The evolution of political society : An essay in political anthropology』, Random House, New York.

Childe,V.Gordon

1950 The Urban Revolution, Town Planning Review, vol.21.

Sanders, William T., and Barbara J. Price

1968 『Mesoamerica : The evolution of a Civilization』, Random House, New York.

Sahlins, Marshall D., and Elman Service

1960 『Evolution and Culture』, University of Michigan Press, Ann Arbor.

Service, Elman R.

1975 『Origins of the State and Civilization』, University of California, Santa Barbara.

許 宏

2000 『先秦城市考古研究』, 北京燕山出版社.

夏 鼐

1985 『中國文明的起源』, 『文物』1985-8.

1997 『談談探討夏文化的幾個問題』, 『河南文博通訊』1997-1.

王震中

　1994 『中國文明起源的比較研究』, 陝西人民出版社.

李學勤

　1997 『走出疑古時代』, 遼寧大學出版社.

李學勤 主編

　1997 『中國古代文明與國家形成研究』, 云南人民出版社.

蘇秉琦

　1999 『中國文明起源新探』, 三聯書店.

百濟 金銅冠의 제작 방식과 지방 통치

이 훈*

〈Abstract〉

This article shows the interrelationship between Baekjae's central government and the regions through the archaeological examination about Baekjae's gilt bronze crowns. To do this, above all, I drew the features of Baekjae's gilt bronze crowns through the multilateral analysis about it. And then, I figured out the way of Baekjae's dominating the regions by studying the meaning of the crowns' excavation and the historical meaning in that fact.

Baekjae's gilt bronze crowns are being intensively excavated in Baekjae's major lodgement area during 4th~ 5th century. The crowns excavated in

* 충청남도 역사문화연구원 실장

Gongju Suchon-ri, Seosan Bujang-ri, Iksan Ipjeom-ri, Naju Shinchon-ri, Goheung Gildu-ri including Cheon-ahn Yongwon-ri, were the most prestige goods in Baekjae society at that time. Considering the features of the ruins the crowns were usually excavated, they are close to the coast or include rivers. Especially they are spread throughout the West Coast and they are the major lodgement areas including the mouths of the Guem River and the Yeong-san River. This means that these areas played as a bridge-head of Baekjae's expanding to the regions and moving from the regions to the kingdom's capital city, Hanseong.

The gilt bronze crowns excavated in these areas appear in various forms depending on the periods, but the fact was found that the production format, the form of construction, and the patterns were succeeded. Meanwhile, the gilding technology using the amalgamation process in producing the gilt bronze crowns appears in all periods without little change. This technology is applicable to the best technology only Baekjae's central government could have.

Like this, as time went by, the gilt bronze crowns experienced the changes in the form of construction, and the patterns or so. In each changing stage, they succeeded the standard format, weakening or degrading some forms or patterns and adding new features to them. However, considering they have one single system from early crowns excavated in Suchon-ri to the ones in Shinchon-ri, we can understand that they were produced in one area, that is, Baekjae's central.

Baekjae's gilt bronze crowns were given as the purpose of the central government's effective rule over the regions. Therefore, it can be inferred

that the crowns were the most prestige goods given to the regions' heads
with the powerful backgrounds and the geographical lodgement areas and,
at the same time, the important medium between Baekjae's central and the
regions.

Ⅰ. 머리말

백제지역에서 금동관은 1917년 4명의 일본인 연구자에 의해 전남 나주의 新
村里 9호분과 德山里 4호분이 조사되면서 처음 발견되었다. 이 조사는 연말에
눈이 많이 내려 중지되었다가 그 이듬해에 다시 진행되었는데, 이때 大安里 8·
9호분과 덕산리 1호분이 추가로 조사되었다. 이 과정에서 신촌리 9호분에서
금동관이 처음으로 출토되었다.[1]

신촌리에서 금동관이 출토된 이후 한 동안 뜸하다가 1986년에 전북 익산의
입점리 고분군에서 또 다른 금동관이 출토되었다.[2] 지역 주민의 신고로 알려
진 것인데, 최초 발견자에 의해 석실 내부가 일정부분 교란된 뒤에 조사가 이
루어져 아쉬움이 남지만 금동관이 확인되었다.

---

1) 朝鮮總督府, 1920, 『大正六年度古蹟調査報告』.

　梅原末治, 1959, 「羅州 潘南面の寶冠」, 『朝鮮學報』 14, 朝鮮學會.

　穴澤和光·馬目順一, 1973, 「羅州 潘南面古墳群」, 『古代學硏究』 70, 고대학연구회; 1976, 「龍鳳文環頭大刀試
　論」, 『百濟硏究』 7, 충남대백제연구소.

　有光敎一, 1980, 「나주 반남면 신촌리 제9호분 발굴조사기록」, 『朝鮮學報』 94, 조선학회.

2) 문화재연구소, 1989, 『익산 입점리고분 발굴조사보고서』.

그 후 1998년에 천안 용원리 고분군에서도 금동관이 출토되었다.[3] 용원리 금동관은 지금까지 확인된 금동관과는 달리 이미 상당부분 부식이 진행되어 형체를 전혀 알 수 없을 정도였다. 금동관(모관)의 양쪽 측판을 고정하는 覆輪部의 일부와 受鉢이라고 하는 반구형 장식이 발견되었을 뿐이다.

한편 2000년대 들어서는 4점의 금동관이 한꺼번에 확인되었다. 먼저, 2002년에 공주 수촌리 Ⅱ-1호와 Ⅱ-4호분에서 각각 1점씩 출토되었고, 뒤이어 2006년에는 서산 부장리 5호분과 고흥 길두리 안동고분에서도 각각 1점씩 출토되었다. 이로써 백제 금동관은 현재까지 모두 7점이 출토·조사되었다.[4]

그런데 이와 같이 백제의 고지에서 당시 지방 유력자의 무덤이라고 생각되는 곳에서 금동관이 출토되고 있음에도 불구하고 금동관에 관한 문헌기록은 찾아보기 어렵다. 『삼국사기』나 『구당서』의 백제의 의관제 규정에도 금동관에 대한 설명이 보이지 않는다. 이렇듯 금동관 자체 연구뿐만 아니라 백제사 연구의 한계를 극복하기 위해서도 최근 자료의 축적이 현저히 높아진 고고학 성과를 적극적으로 수용할 필요가 있다.

금동관 연구는 유물의 제작기법이나 양식에 대한 연구에서 한 걸음 더 나아가 유물의 소유관계를 분석하여 고대 정치사회체제를 밝힐 수 있다. 국내에서는 금동관을 포함한 위세품의 범위를 보다 폭넓게 보면서 위세품 수수관계의 주체를 백제와 신라 중앙으로 보고 이러한 물품 사여를 통하여 지방세력을 통제해 나간 것으로 이해하였다.[5] 이와 같은 연구는 대상으로 삼은 지역 공반유물의 종류에 따라 다양한 결론에 도달하고 있지만, 고고학 자료를 역사적으로 해석하는데 있어 금동관 연구가 무엇보다 중요하다는 것을 잘 보여준다.

---

3) 이남석, 2000, 『龍院里古墳群』, 공주대학교박물관.

4) 이남석, 2006, 「백제 금동관모 출토 무덤의 검토」, 『先史와 古代』26, 한국고대학회.

5) 이한상, 2009, 『장신구 사여체제로 본 백제의 지방지배』, 서경문화사.

이렇듯 백제 금동관에 대한 연구는 그동안 별다른 진전을 보이지 못했던 백제 지방세력의 존재양태 및 백제의 중앙과 지방과의 관계를 살펴보는데 중요한 척도가 된다고 할 수 있다. 최근 백제 금동관의 출토례가 급증하였기 때문에 좀 더 특화시켜 설명할 필요가 있는데[6] 양식적으로 보아 백제적인 특색이 현저하며 지배층 사이에서 공유하는 모습이 뚜렷하게 보이기 때문이다. 그러나 아직까지 금동관의 제작지 문제, 제작시기와 부장시기의 문제, 주인공의 성격 문제 등 앞으로 해결해야 하는 요소들이 많이 남아 있음은 주지하는 바이다.

따라서 본고에서는 백제 금동관에 대한 고고학적 검토를 통해 백제의 중앙과 지방과의 관계를 밝혀보고자 한다. 이를 위해 먼저 백제 금동관에 대한 다각적인 분석을 통해서 각각의 고고학적 특징을 도출하고자 한다. 다음으로 금동관이 출토되는 의미나 거기에 담겨 있는 역사적 의미를 파악하여 백제의 지방통치방식을 이해해보고자 한다.

Ⅱ. 金銅冠의 제작방식과 변화양상

1. 금동관의 제작기법

한성시대 백제의 금동관은 천안 용원리 9호석곽묘, 공주 수촌리 1호분과 4

---

6) 백제 금동관의 역사적 의미에 대한 문헌학적(담로나 왕후제) 접근이나 금동관 이외의 기타 공반유물에 대한 자세한 분석은 졸고(2010, 「金銅冠을 통해 본 4~5世紀 百濟의 地方統治」, 공주대학고 박사학위논문)를 참조하기 바란다. 본고에서는 금동관 자체의 고고학적 분석에 한정하여 연구를 진행하고자 한다.

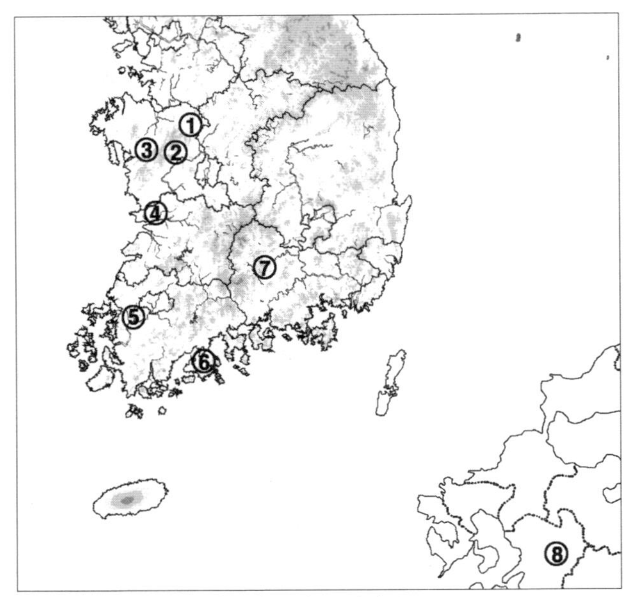

<《圖-1》 백제금동관의 분포>
(①천안 용원리, ②공주 수촌리, ③서산 부장리, ④익산 입점리, ⑤나주 신촌리, ⑥고흥 길두리,
⑦합천 옥전, ⑧江田船山古墳)

호분, 서산 부장리 5호분구묘, 익산 입점리 86–1호분, 고흥 길두리 안동고분
등 6기의 무덤에서 출토되었다. 웅진시기의 금동관은 나주 신촌리 9호분 을관
에서 출토되었다. 이상 7점의 백제지역 금동관과 가야의 합천 옥전고분, 왜의
江田船山고분의 금동관 출토 지점을 지도에 표시하면 다음의 〈圖-1〉과 같다.

1) 용원리 9호 석곽묘 출토 금동관 (圖-2)

출토 당시 이미 대부분 부식되고, 모관의 전면 모서리를 장식한 것으로 추
정되는 금동 복륜부와 뒷면에 장식으로 달려 있던 수발부분만 남아 있었다. 유
기물질인 금동관의 잔존품도 있는데, 표면에 금박의 흔적이 적지 않게 남아 있
는 것으로 보아 관은 금, 혹은 금동으로 제작되었을 것으로 추정된다.

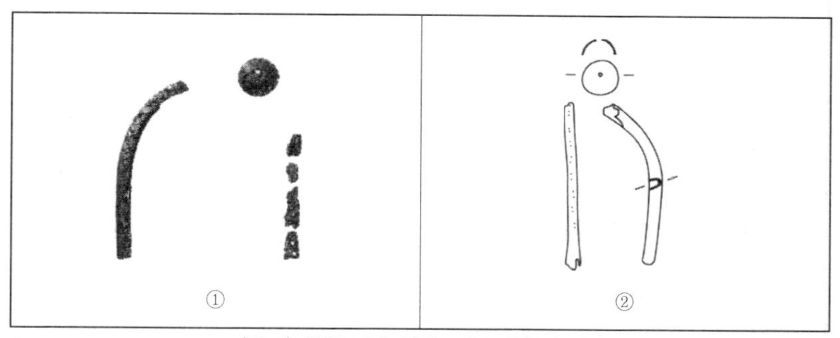

<〈圖-2〉 용원리 9호 석곽묘 출토 금동관 장식
(①모관, ②도면)(이남석, 2000, 『용원리고분군』, 공주대학교 박물관 보고서 참조)

복륜은 길이 12cm, 너비 0.7cm로 둥그렇게 휘어진 상태인데, 금동판을 반으로 접어 U자형의 단면이 되도록 만들었다. 단면의 모서리에는 유기질의 모관에 부착하기 위해 투공한 구멍이 남아 있다. 이 구멍은 직경 0.1cm의 크기로 나 있는데, 0.3cm의 간격을 두고 2개가 하나의 세트가 되어 0.6cm의 간격으로 8세트가 남아 있다.

모관의 뒷면에 장식으로 달려 있는 반원형의 수발은 대롱처럼 속이 빈 관의 끝에 달려 있던 것으로 추정되는데, 직경 2.5cm에 깊이 1.2cm의 크기로 되어 있다. 두께 0.15cm의 금판을 반원형으로 만들고, 그 가운데에 0.3cm 직경으로 구멍이 뚫려 있는데, 이것은 대롱처럼 생긴 관과 연결시키기 우한 구멍으로 보인다. 표면에 도금이 약간 남아 있다.

2) 수촌리고분 출토 금동관

(1) Ⅱ-1호분 출토 금동관 (圖-3~6)

기본적인 모관의 형태는 Ⅱ-4호 석실분 출토품과 유사하나 수발이 두 개 있는 것으로 관찰된다.

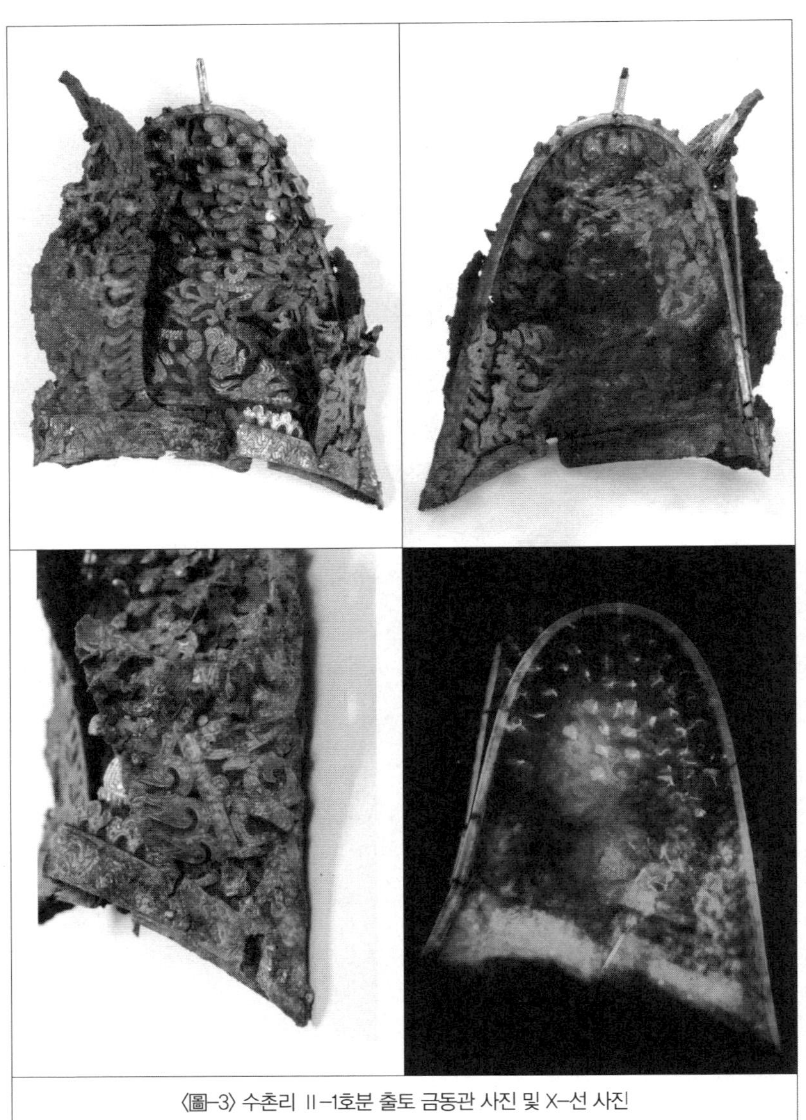

〈圖-3〉 수촌리 Ⅱ-1호분 출토 금동관 사진 및 X-선 사진

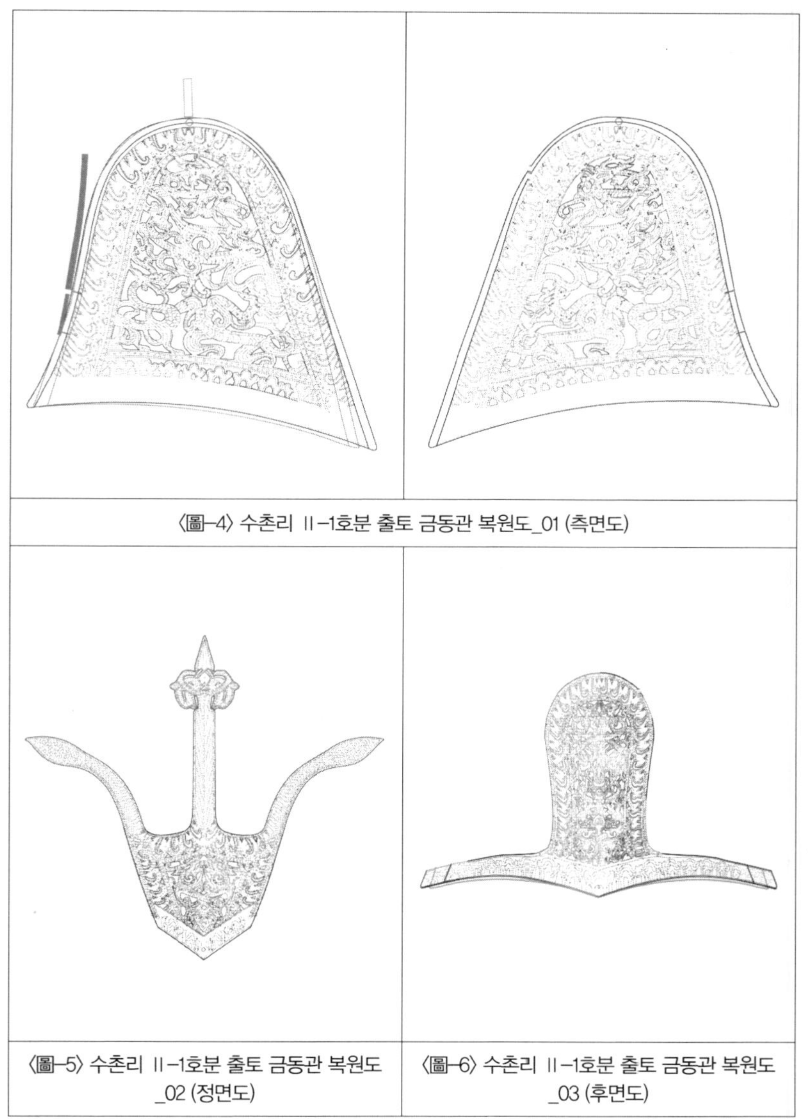

〈圖—4〉 수촌리 II-1호분 출토 금동관 복원도_01 (측면도)

〈圖—5〉 수촌리 II-1호분 출토 금동관 복원도
_02 (정면도)

〈圖—6〉 수촌리 II-1호분 출토 금동관 복원도
_03 (후면도)

표면에 드러나 있는 측면 일부를 관찰한 바로는 모관의 윤곽선을 따라 외곽으로 테가 돌려졌는데 하단까지 길게 이어져 있다. 후면에는 테두리 하단에 수발을 받쳤던 것으로 보이는 긴 대롱이 부착되어 있다. 대롱의 폭은 모관의 외연부에 돌린 '∩'자형 테두리와 유사하며 상단부 일부와 수발이 결실된 상태다. '∩'자형 테두리의 최상단 중앙에도 수발을 세웠던 흔적이 남아 있다.

모관의 중심이 되는 내관과 전·후면 입식의 형태를 살펴보면 후면 입식과 하단에 돌려진 관테는 동일한 판을 잘라 만든 것으로 하부의 연결선이 매우 유려한 곡선형으로 이어진다. 내관과 전·후면 입식에 모두 원형의 金銅瓔珞을 매달아 장식했는데 주로 상단부분에 조밀하게 매단 영락이 남아 있다. 제작 순서는 內冠→後面立飾(帶輪)→前面立飾 순으로 이루어져 있다. 내관과 후면 입식은 작은 리벳을 박아 고정하였는데, 리벳의 머리 지름이 0.2㎝ 정도이고 전면 측부와 측면 중앙에 한 개씩 박은 것이 확인된다. 다음 순서로 전면입식을 대고 크기가 같은 리벳을 사용하여 전면 측부의 리벳 위쪽에 나란히 박아 고정했다.

내관의 문양은 龍文과 火焰文, 반원형으로 관찰되는 透彫文과 주로 테두리에 돌려진 打出 點列文, 세부 선들을 표현한 彫金文 등을 확인할 수 있다. 내관의 양측 중앙 부분에는 용문을 투조하였으며, 테두리 부분에는 점열타출문과 화염문 등으로 장식이 되어 있다. 용문양은 몸통에 비늘을 표현할 정도로 세밀하며 몸통을 감싸고 있는 운문과 조화되어 날아오르는 모습을 역동적이고 뛰어난 조각수법으로 나타냈다.

조금기법에 의해 표현된 세부 선들은 끌의 단면흔적을 거의 느낄 수 없을 정도로 정교하게 쪼아 가늘게 표현되었다. 대륜부 직상부인 내관의 하단부에서는 반원형으로 투각된 문양이 보인다. 전면과 후면 입식에도 내관에 사용된 기법과 거의 동일한 기법으로 시문되었다. 외곽선에는 주로 원형 점열문을 타출하여 구획하였는데, 전면과 후면 입식의 경우 외측에서 내측으로 가면서 밖에서 안으로 타출한 점열문→화염문→안에서 밖으로 타출한 점열문→주문양인 투조문 순으로 베풀어져 있다. 전면과 후면입식의 하단부는 유려한 곡선형으로 잘라 부드럽게 이어지도록 했다. 특히 후면입식과 하단에 돌려진 대륜이 같은 금동판을 잘라 만든 것으로 모관 테의 역할을 하는 대륜에도 돌아가며 조금기법으로 새겨 넣은 당초문이 있다. Ⅱ-4호분 출토 금동관과 비교할 때 전체적으로 좀 더 정교하고 화려하며 세련된 맛을 느낄 수 있다. 영락은 주로 상부 쪽에 많이 남아 있는데, 지름 0.7㎝ 정도 되는 원판형으로 가장자리에 주연을 돌린 것처럼 짧게 접어 올렸다. 영락의 측부쪽에 치우쳐서 구멍을 뚫고 금동사를 꿰어 모관에 매달아 장식했다.

(2) Ⅱ-4호분 출토 금동관 (圖-7~12)

전·후면의 입식 상단부 일부가 파손·결실된 상태이나 어느 정도 모관의 형태를 갖추고 있다. 기본적인 형태는 상단부가 둥근 고깔모양의 관모를 중심으로 전·후면에 입식을 갖추고 후면에 수발을 세웠으며, 전체어 원판모양의 영락을 매달아 꾸민 형태이다. 이 형상은 봉황이 머리를 높이 서우고 양 날개를 넓게 벌린 뒤, 꼬리는 부채처럼 활짝 피고 있는 모습이다.

모관의 중심이 되는 내관은 용무늬와 당초무늬가 투조된 2매의 금동판으로 되어 있으며, 금동판이 마주 닿는 주연부의 둥근 선을 따라 너비가 1.3㎝ 정도 되는 얇은 판을 '∩'자형으로 구부려 테두리를 돌렸다.

모관의 전면과 후면에는 각각 다른 형태의 장식이 부착되어 있다. 전식은 六角을 이루는 본체 상단부에 세 갈래로 길게 봉황의 머리와 양 날개를 연상케 하는 입식을 세운 형상이다. 후면장식은 한쪽 부분이 대부분 결실된 상태인데 꼬리를 부채처럼 활짝 편 형태로 하단부가 대륜부와 연결 되어 있다.

제작 순서는 모관→전·후면 입식 순으로, 대륜의 측면쪽에 1개씩 리벳으로 고정하고 전면의 대륜 외측에는 다시 전면입식을 덧대어 붙인 뒤 하단부를 각

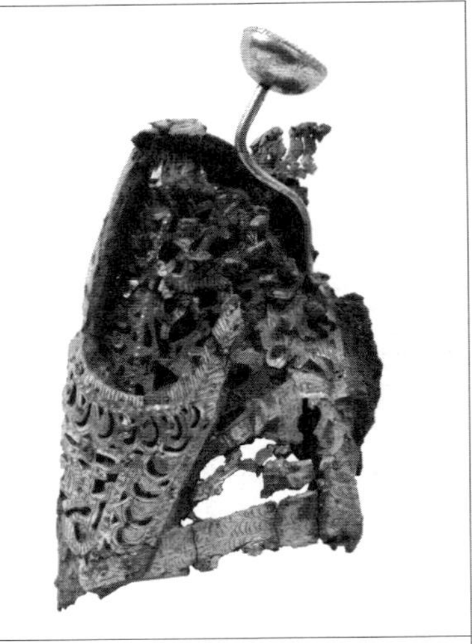

〈圖-7〉 수촌리 II-4호분 출토 금동관 사진 (좌: 정면, 우: 측면)

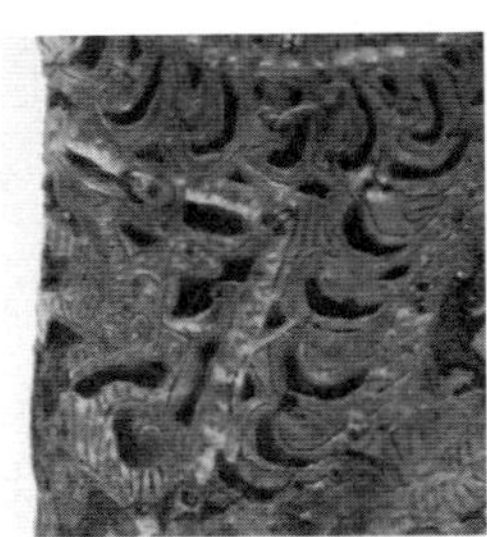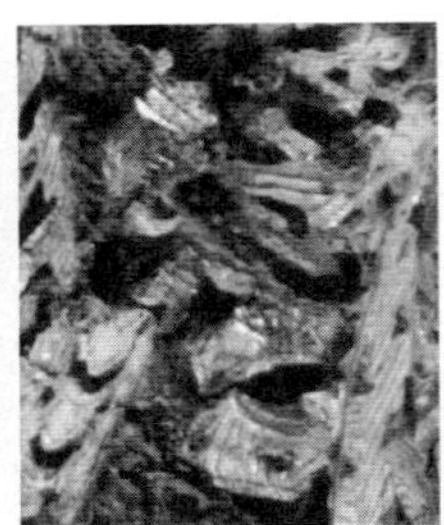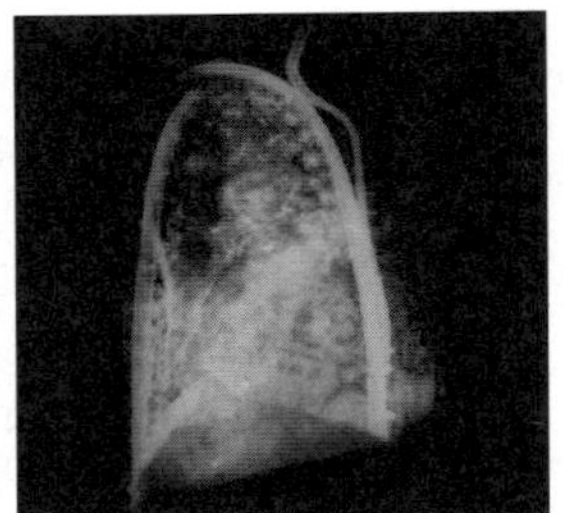

〈圖-8〉 수촌리 II-4호분 출토 금동관 세부 사진 및 X-선 사진

각 리벳으로 고정시켰다.

금동관의 전체적인 무늬는 투조와 조금, 타출 등의 기법으로 시문되었다. 모관과 전면입식의 본체를 이루는 용봉무늬와 화염무늬 등의 윤곽선은 투조기법으로, 세부적인 선은 축조기법으로 표현되었다.

수발은 단면 원형의 가늘고 긴 대롱 끝에 반원형의 둥근 발이 달려 있는 것으로, 꽃의 줄기와 봉오리를 연상시키는 형상인데, 내관과 後飾 사이에 끼워

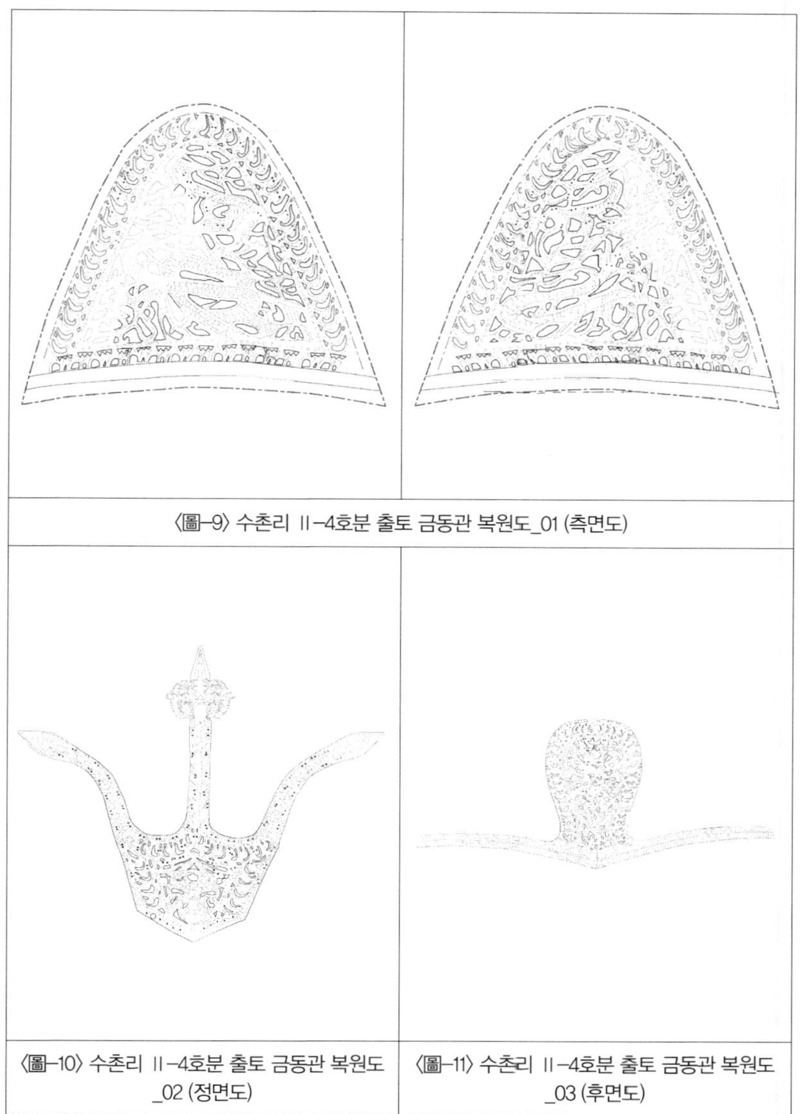

〈圖-9〉 수촌리 Ⅱ-4호분 출토 금동관 복원도_01 (측면도)

〈圖-10〉 수촌리 Ⅱ-4호분 출토 금동관 복원도_02 (정면도)

〈圖-11〉 수촌리 Ⅱ-4호분 출토 금동관 복원도_03 (후면도)

져 있다. 모관의 하단에 돌린 모관테 부분에도 조금기법으로 점열선문을 베풀었는데, 중앙에 돌아가는 직선을 중심으로 상하로 용 비늘무늬와 유사한 무늬를 새겨 넣었다.

모관과 전·후식에 지름 0.6㎝ 정도의 영락이 매달려 있거나 매달았던 흔적들이 있는데, 간격이 일정하지는 않고 대개 1.3~2.0㎝ 간격으로 달려 있다.

수촌리 고분군에서 출토된 금동관의 특징을 정리하면 〈표-1〉과 같다.

〈표-1〉 수촌리고분 출토 금동관의 특징

유구명	형태	구조 및 구성	결합 순서	문양 종류	시문기법	비고
수촌리 1호분	고깔 모양	내관(금동판 2장+∩자형 테)+전면입식+후면입식연결대륜+수발 2+영락장식	내관→영락→∩자형 테→후면입식+대륜(같은 판임)+리벳→전면입식+리벳	용문, 화염문, 운문, 당초문, 파상문, 사선집선문, 원형점열문 등	①투조-용문, 화염문, 운문 등의 윤곽선 ②조금-용문, 운문 등의 세부선, 당초문, 파상문, 사선집선문 등 ③타출-주문양의 외곽부에 돌린 원형점열문	
수촌리 4호분	〃	내관(금동판 2장+∩자형 테)+전면입식+후면입식연결대륜+수발 1+영락장식	내관→영락→∩자형 테→후면입식+대륜(같은 판임)+리벳→전면입식+리벳	용문, 화염문, 반원문, 당초문, 파상문, 魚鱗紋, 깃털 능각선, 각목문, 원형점열문	①투조-용문, 화염문, 반원문 등의 윤곽선②조금-용문의 세부선, 당초문, 파상문, 사선집선문, 어린문 등 점열선문③타출-전면입식 상단부의 능각선과 주문양의 외곽부에 돌린 원형점열문④음각(새김)-수발 외연부의 각목문	

3) 부장리 5호분 출토 금동관 (圖-12~14)

우측면의 잔존 상태는 대체로 양호하나 좌측면은 중앙부분이 결실되고 하단부도 일부 결실되었다. 기본적인 형태는 내관이 되는 반원형의 모관을 중심으로 전면과 후면에 입식을 갖추고 입식과 모관 전체에 원판모양의 영락을 매달아 꾸민 형태이다. 수촌리나 입점리 출토품에서 보이는 수발을 세운 흔적은 확인되지 않는다.

모관의 중심이 되는 내관은 여러 개의 육각형 구획 안에 용봉문을 투조한 두 장의 금동판으로 되어 있으며, 마주 닿는 주연부는 '∩'형으로 접은 좁은 금동판으로 테두리를 돌려 결합하였다.

모관의 전면과 후면에는 각각 다른 형태의 장식을 덧대어 붙였다. 전면의 장식은 전체 형태가 육각형에 가깝고 상단부가 '山' 자형으로 정면과 양 측면에 짧게 올려진 돌출부를 두었다. 내관과 전면 장식과의 결합은 원두정을 박아 고정시키는 방법을 사용하였는데, '山' 자형으로 돌출된 입식의 말단부 가까이에서 한두 개씩의 원두정이 관찰된다(현존 상태로는 우측면 말단부에서 두 개, 전면 말단부에서 한두 개의 원두정이 확인된다). 후면장식은 방패모양으로 상단부가 약간 둥글고 측면 모서리도 말각되어 둥글게 처리되었으며, 하단의 모관 테에 접하기까지 부드럽게 곡선을 그리며 이어진다. 상단은 안쪽으로 완만하게 만입되어 있으나 하단으로 내려올수록 모관의 후단과 맞물리면서 급하게 접혀져 뾰족하게 처리되었다. 모관 테는 내관의 주연부와 마찬가지로 무늬가 새겨지지 않은 민판으로 되어 있는데, 'V'상으로 접은 긴 금동판을 아래에서 위를 향해 모관의 하단에 끼워 결합하였다.

모관의 제작순서는 내관→입식장식→'V'상 모관테 순으로 결합하였다. 모관의 문양은 전체적으로 투조문과 조금문이 주를 이루고 있으며, 여러 개의 육각형으로 구획되어 있다. 각각의 육각형 안에는 봉황을 하나씩 투조하였는데, 날개를 펼치고 날아오르는 매우 역동적인 모습으로 표현되었다. 전·후면의 장식 역시 외곽 테두리 안에 모관의 문양과 같은 육각형으로 구획된 봉황문양으로 표현되어 있다. 내관과 전·후식에 모두 영락이 매달려 있거나 매달았던 흔적들이 있다.

한편, 한 가지 주목을 끄는 사실은 부장리의 금동관이 피장자의 가슴 언저리에서 발견되었다는 사실이다. 수촌리의 금동관이 모두 피장자의 머리에 착장되어 있었던 반면 부장리의 것은 가슴 언저리에서 출토되어 약간의 차이를 보인다.

이러한 사실은 금동신발에서도 확인된다. 수촌리 1·3·4호분에서 출토된 금동 신발들이 모두 피장자의 발에 착용되어 있었던데 비해 부장리 6호분에서 발견된 금동신발은 피장자의 발치에서 발견되었다. 금동관과 마찬가지로 신발에 있어서도 수촌리의 피장자와 부장리의 피장자는 착장법에서 차이가 있었음을 알 수 있다. 높이는 15㎝, 너비 16~17㎝로 계측된다.

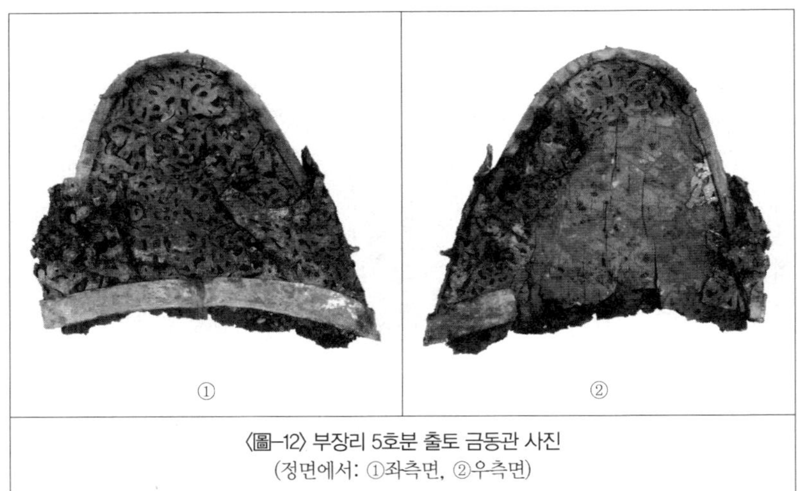

〈圖-12〉 부장리 5호분 출토 금동관 사진
(정면에서: ①좌측면, ②우측면)

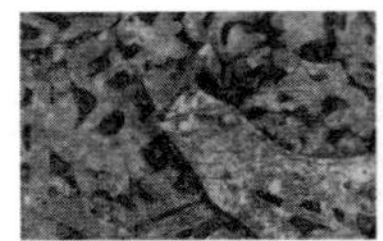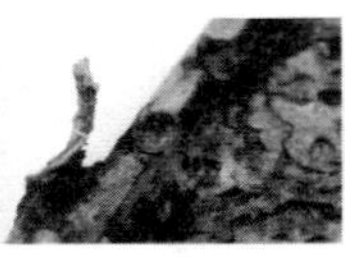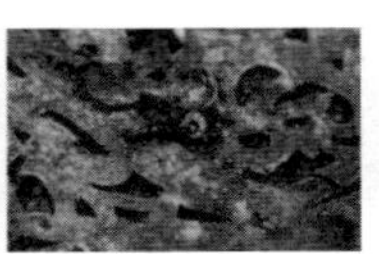

〈圖-13〉 부장리 5호분 출토 금동관 세부 사진

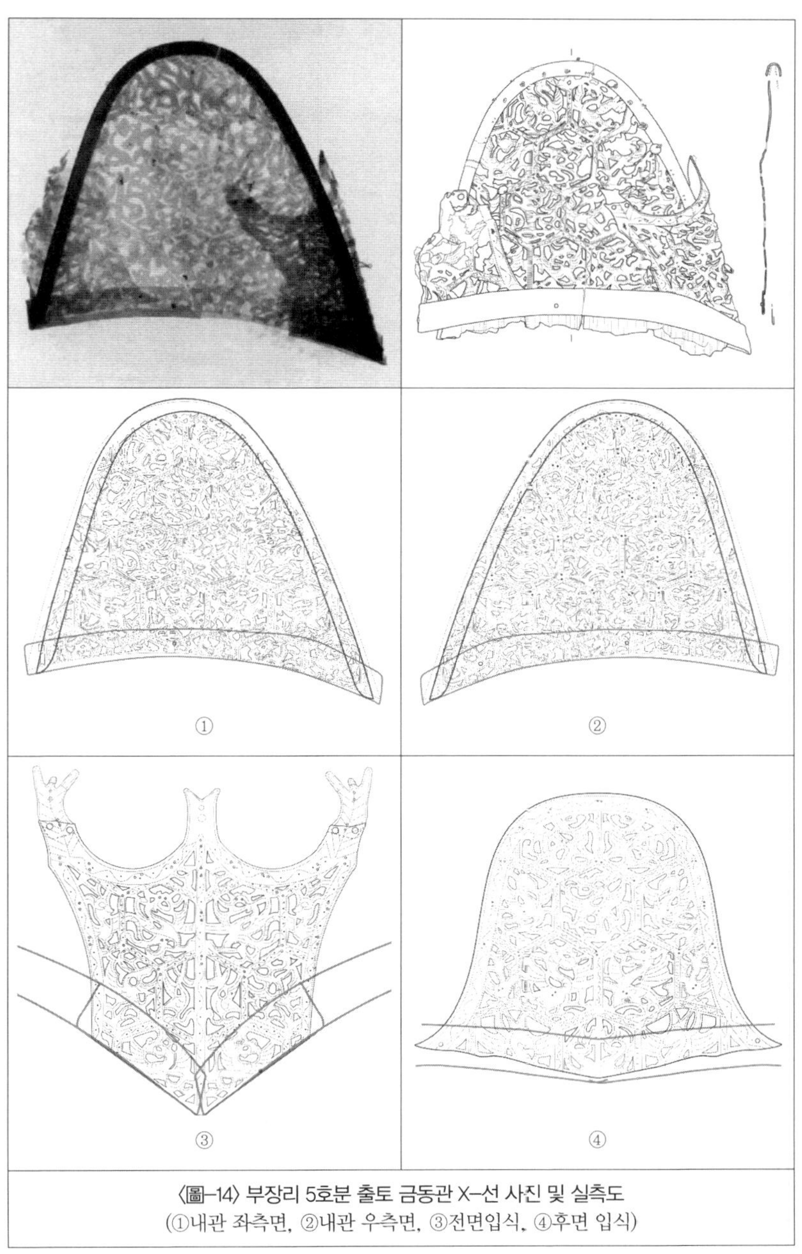

〈圖-14〉 부장리 5호분 출토 금동관 X-선 사진 및 실측도
(①내관 좌측면, ②내관 우측면, ③전면입식, ④후면 입식)

〈표-2〉 부장리 5호분 출토 금동관의 특징

유구명	형태	구조 및 구성	결합 순서	문양 종류	시문기법	비고
부장리 5호분		내관(금동판 2장+∩자형 테)+전·후면 입식+모관테(V자상으로 접은 테)+영락장식	내관→영락→∩자형 테→전·후면입식→모관테(V자상대륜+양측면 중앙 리벳 고정)	육각문, 용문, 봉황문, 화염문, 원형점열문	①투조-육각문, 용문, 봉황문 등의 윤곽선 ②조금-용문, 봉황문 등의 세부선, 파상문 등의점열선문 등 ③타출-주문양의 외곽부와 파상문 사이에 돌린 원형점열문	

4) 입점리 1호분 출토 금동관 (圖-15~16)

금동관은 모관과 금동제의 臺輪, 立飾 등으로 구성되어 있는데, 모관은 2매의 반원형 금동판을 좌우에서 맞붙인 부분을 대륜으로 돌려 마무리한 것으로 머리에 쓰는 고깔모양의 형태를 하고 있다. 지금까지 출토된 다른 백제 금동관과 형태가 비슷한 것임을 알 수 있다. 대륜에는 상하 주연을 따라 파상문이 시문되어 있으며, 모관 외부는 물고기 비늘모양의 문양이 타날되어 있다. 아울러 모관의 후면에는 좁고 긴 대롱을 휘어서 장식하였고, 그 끝단에는 반원형의 수발이 올려져 있다.

한편 입식은 3점으로 얇은 금동판인데, 타출 점선문에 의한 외연의 장식이 있고, 초화형 입식으로 추정되는 것도 있다.

입점리 1호분 출토 금동관의 특징을 정리하면 아래의 〈표-3〉과 같다.

〈표-3〉 입점리 1호분 출토 금동관의 특징

유구명	형태	구조 및 구성	결합 순서	문양 종류	시문기법	비고
입점리 1호분	고깔 모양	내관(금동판 2장+∩자형 테+수발)+전·후면입식	내관→∩자형 테→전·후면입식→	어린문, 점열문	①타출-어린문, 점열문	

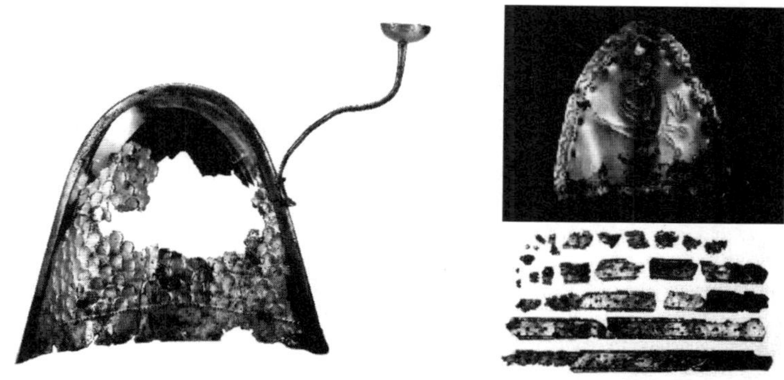

〈圖-15〉 입점리 1호분 출토 금동관 사진
(1989, 입점리고분 보고서 참조)

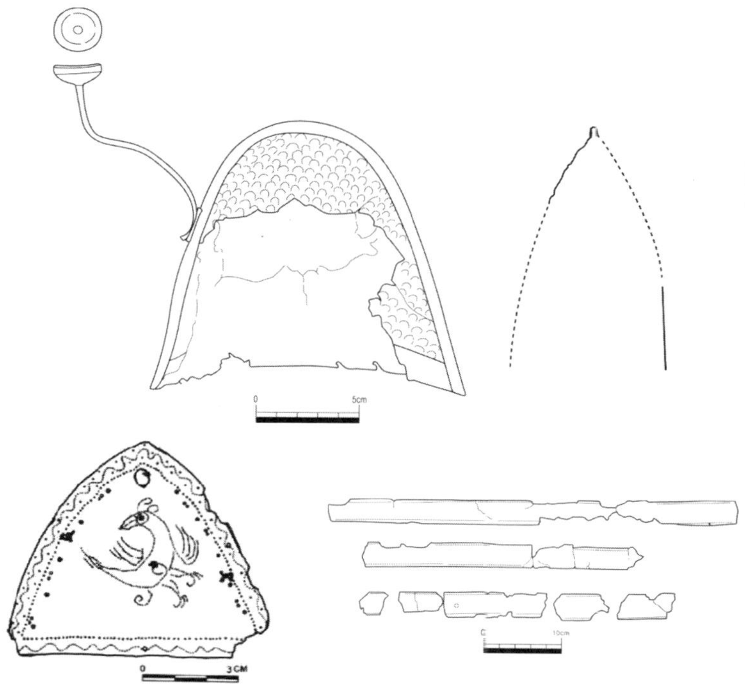

〈圖-16〉 입점리 1호분 출토 금동관 드면
(1989, 입점리고분 보고서 참조)

5) 신촌리 9호분 을관 출토 금동관 (圖-17~20)

금동관은 을관에서 발견되었는데, 대관과 모관으로 구성되었다.

대관은 폭 3.1~3.3㎝, 두께 0.75~0.95㎝, 길이 49.4㎝ 정도의 금동판을 이용하여 대륜으로 만들고, 정면과 좌우에 높이 17.7㎝, 최대폭 12.3㎝의 초화형 입식 3개를 각각 두개의 못으로 고정시켰는데, 좌우의 입식이 붙는 대륜에는 각각 중앙의 입식 쪽으로 2개 한 쌍의 폐기된 결합공이 남아 있으며, 중앙 입식이 붙는 대륜에는 이러한 폐공이 보이지 않는다.

좌우 대칭의 초화형입식은 중앙의 세장방형 줄기 위에 커다란 보주형을 만들고, 그 좌우에 두 개의 보주형 꽃봉우리를 비스듬하게 배치하였다. 그리고 그 아래에 3단의 가지를 좌우 대칭으로 뻗게 하였는데, 아래에서 세 번째의 가지는 매우 작게 표현되었다.

모관은 2판의 금동판을 합쳐 리베팅 한 다음 겹친 부분에 복륜을 씌운 모자형이다. 하변의 길이 21.1㎝, 폭 9.7㎝, 고 17㎝ 측판은 주연대와 내구로 구성되어 있는데 주연대는 상하 양변을 따라 타출점선문을 돌리고 그 내부에 파상문이 타출되어 있다. 그 사이의 내구에는 삼엽문, 봉오리모양의 화문으로 구성되어 있고, 이를 둘러싸듯 당초문을 주위에 돌렸다. 좌우 측판의 문양은 대동소이하나 완전히 같지는 않다. 복륜은 긴 판을 단면 'U'자형으로 구부려 양 측판의 주연부를 고정한 것인데, 하부는 상부와 달리 넓게 퍼졌다. 아랫부분에서 금동원두소정 4개를 이용해 측판과 결합하였다.

신촌리 9호분 출토 금동관의 특징을 정리하면 아래의 〈표-4〉와 같다.

〈圖-17〉 신촌리 9호분 을관 출토 금동관_01
(2001, 신촌리 9호분 보고서 참조)

〈圖-18〉 신촌리 9호분 을관 출토 금동관_02
(①대관과 모관, ②모관, ③대관 후면, ④유리제소옥)

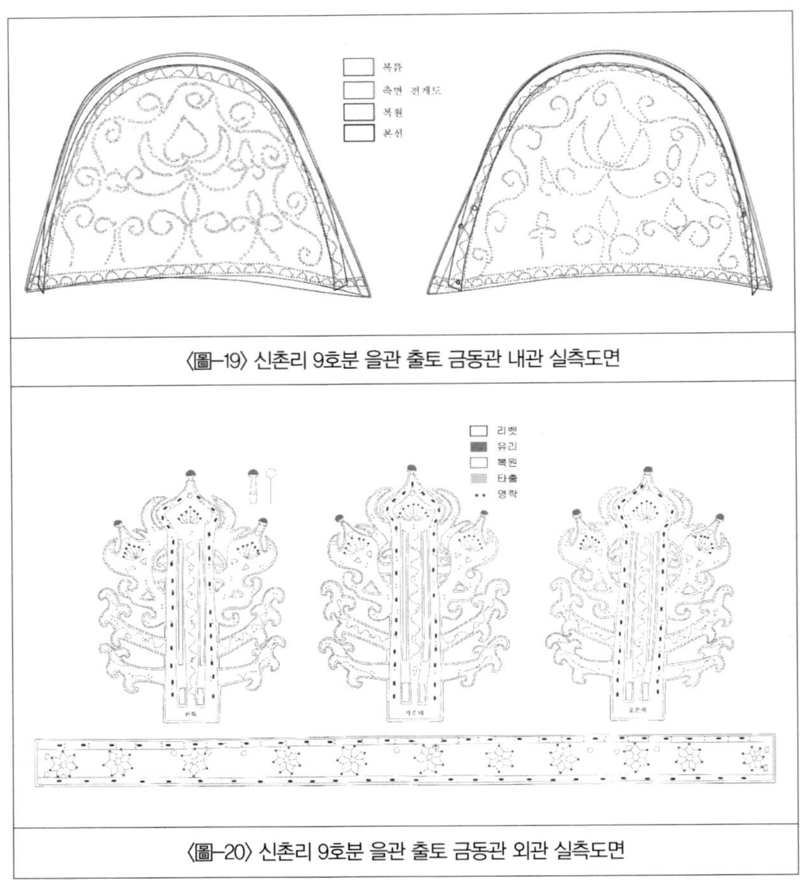

〈圖-19〉 신촌리 9호분 을관 출토 금동관 내관 실측도면

〈圖-20〉 신촌리 9호분 을관 출토 금동관 외관 실측도면

〈표-4〉 신촌리 9호분 을관 출토 금동관의 특징

유구명	형태	구조 및 구성	결합 순서	문양 종류	시문기법	비고
신촌리 9호분	고깔 모양	모관(금동판 2장+∩자형 테)	내 관 →∩자형 테	인동문, 파상문	①타출-인동문, 파상문	
	초화형	대관(전·측면 입식3+영락+대륜)	전·측면 입식 →대륜	초화문, 점열문, 연화문, 능형문, 파상문	①투조-초화문 등의 윤곽선 ②타출-연화문, 능형문, 파상문, 주문양의 외곽부와 파상문 사이에 돌린 원형점열문	

6) 길두리 안동고분 출토 금동관 (圖-21~23)

금동관은 서벽 중심부에서 비스듬히 누운 채 출토되었다. 전식과 후식 일부가 유실되었으나 비교적 유물은 잘 남아 있었다.

복륜을 중심으로 상단에 1개의 수발이 뒤로 약간 젖혀진 상태로 달려 있고 양측판과 전후식이 결합되어 있으며 양측판에 하나씩 입식을 덧대어 마치 새의 형상과 같은 구조를 하고 있다. 측판과 측식, 후식에는 이엽문양을 전식에는 삼엽문양을 투조로 표현하였다. 조금과 타출문양은 보이지 않는다. 금동관 상단과 수발외연부에는 영락을 달아 장식성을 가미하였다. 지판의 두께가 다른 지역의 금동관에 비해 두 배 가량 두껍다.

길두리 안동고분 출토 금동관의 특징은 다음의 〈표-5〉와 같다.

〈표-5〉 길두리 안동고분 출토 금동관의 특징

유구명	형태	구조 및 구성	결합 순서	문양 종류	시문기법	비고
길두리 안동고분	고깔 모양	내관(금동판 2장+∩자형 테+수발)+ 측면입식2매	내 관→∩자형 테→측면 입식	이엽문	①투조-이엽문 ②조금-삼각평행집선문	

〈圖-21〉 길두리 안동고분 금동관 출토모습

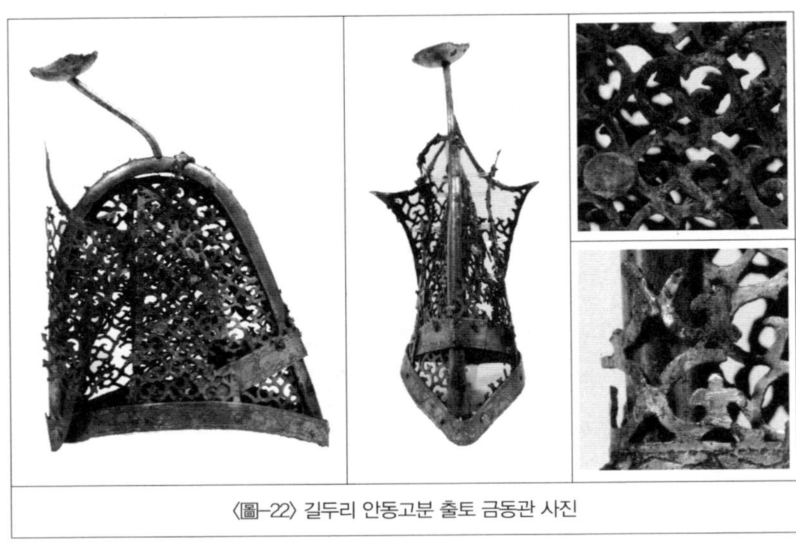

〈圖-22〉 길두리 안동고분 출토 금동관 사진

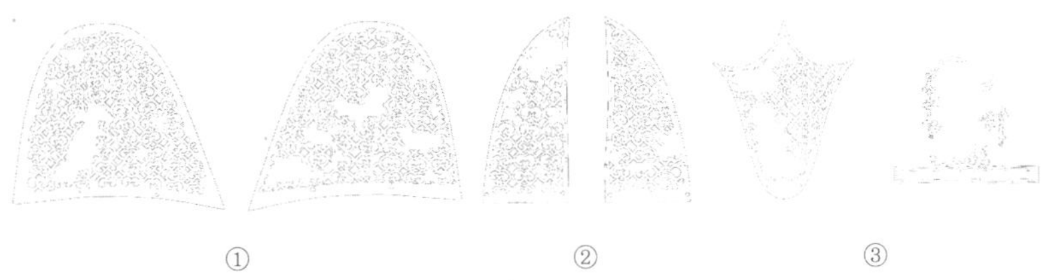

① ② ③

〈圖-23〉 길두리 안동고분 출토 금동관 도면
(①측면, ②측면입식, ③전후식)

2. 金銅冠의 변화양상

1) 金銅冠의 형식

지금까지 출토된 백제 금동관 중 가장 이른 시기의 것으로 추정되는 것은 공
주 수촌리 1호 토광묘 출토품으로 내관을 중심으로 전·후식을 결합하여 전체

적인 형상이 새(봉황)의 이미지를 연상시킨다. 이 금동관은 내부 문양을 살펴보면 용문양을 정교하게 표현하고 외곽에 화염문을 돌려 장식하였으며, 문양의 도안 또한 매우 빼어나다.

이후 수촌리 Ⅱ-4호 출토품과 일본 江田船山古墳 출토 금동관과 같이 봉황형상의 외형적 구조는 그대로 이어지지만 금동관 내부 문양이 다소 간략화 되고 용문양 등이 퇴화되는 단계를 거친다. 江田船山古墳 출토 금동관의 경우 전·후식이 유실되어 정확한 형상을 알 수 없다. 그러나 대륜부 앞·뒤로 전·후식편이 잔존하고 있는 것을 통해 수촌리 Ⅱ-4호 출토 금동관과 내부문양의 동일성이나 구조 등으로 보아 전·후식 또한 Ⅱ-4호 출토 금동관과 동일함을 알 수 있다.

공주 수촌리 출토 금동관 이후 서산 부장리 5호분 출토 금동관은 외형적 구조가 간략화되어 퇴화된 느낌을 받는다. 전식은 3개의 가지가 짧게 표현되고 수발은 사라진 형태이다. 내부 문양 역시 조금을 통한 세밀한 용봉 문양의 표현보다는 단순한 형태의 귀갑문으로 구성한 뒤 그 내부에 용과 봉황문양을 각각 표현하고 있어 백제의 섬세한 기술이 계속 이어지고 있는 것을 알 수 있다.

백제 한성과 웅진 가까운 주변 지역에서는 용봉문으로 장식한 금동관이 출토되고 있는데 비해 고흥 길두리 안동 고분 출토품과 옥전 28호 출토 금동관의 경우 이엽과 삼엽문이 투조로 장식되어 있다. 또한 수촌리와 부장리 5호분 출토 금동관과는 달리 전식에서 표현된 양 날개가 별도로 양 측면에 따로 붙여진 측식으로 변화하고 있다.

그러나 익산 입점리 금동관은 발굴 당시 유존상태가 좋지 않아 금동관의 전체형상을 이해하는데 다소 어려움이 있다. 다만 출토된 편을 보았을 때 길두리 출토품과 같이 모관 측판의 양옆으로도 날개장식을 더하고 대관이 있었을 가능성이 있다.

나주 신촌리 금동관은 대관과 모관이 분리형으로 이루어져 기존의 봉황 형상의 금동관에서 형식을 탈피하여 내관은 고깔 모양을 유지하고 외관은 초화형 입식 3매를 부착하여 한성시기 금동관의 형식에서 탈피하는 양상을 볼 수 있다.

이상에서 백제금동관은 크게 두 가지 형식으로 분류되며, 다시 세부적으로 2~3가지의 다양한 양식으로 표현되었다.(표-6)

첫째, 투조기법을 이용한 제작기술로 내관과 전·후식을 일체로 제작한 금동관은 수촌리 Ⅱ-1호·4호분, 江田船山古墳, 부장리 5호분 출토품을 들 수 있다. 수촌리 Ⅱ-1호 금동관은 수발이 2개에서 수촌리 Ⅱ-4호 및 江田船山古墳 금동관은 수발이 1개로 간략화 되며, 부장리 5호 금동관은 수발이 부착되지 않았다. 투조기법을 이용하였지만 내관과 측면 입식, 후식으로 구성된 길두리 안동고분, 내관과 측식으로 구성된 옥전 28호분 출토 금동관은 기존의 금동관

<표-6> 금동관 형식구분

구분		Ⅰ형				Ⅱ형	
		A			B	C	
		a	b	c	길두리	a	b
		수촌리1호	수촌리4호	부장리		입점리	신촌리
형태							
구성		모관, 전후 입식, 수발2	모관, 전후 입식, 수발1	내관, 전후 입식	내관, 측입식, 전후 입식, 수발1	내관+외관	대관(전, 좌우입식), 모관
문양	주문양	용, 화염, 사선집선	용, 화염, 사선 집선	육각, 용, 봉황	이엽, 삼엽	어린, 봉황	연화
	보조	점열, 당초	점열, 파상	파상, 점열		파상, 점열	파상, 점열
판금기법		투조				타출	

과는 형식과 제작기법이 간략화된 것으로서 타출 및 조금기법이 없어지고 전·후입식이 좌·우 입식으로 변화된 차별성을 보인다.

둘째, 타출기법만을 이용한 기술로 제작된 입점리 1호분과 신촌리 9호 을관 출토 금동관이 있는데, 입점리 금동관의 경우 복륜 뒷부분에 수발이 부착되어 이전 시기 투조와 조금기법에 의해 제작되어진 수촌리 금동관과 같은 외형상의 형식을 그대로 유지해 나가고 있음에 반해 신촌리 금동관에서는 수발 및 전·후식 또는 측면 입식 또한 사라진 채 모관의 최소한의 형태만을 표현하여 금동관문화가 쇠퇴하였음을 입증하는 단계로 보아야 할 것이다.

2) 金銅冠의 文樣變化 (圖24~25)

백제금동관은 동판을 판금가공한 후 아말감도금기법으로 금을 입혀 제작하였다. 한성시기 금동관 제작기법의 특징 중 하나이다. 백제에서 순금을 사용하여 관을 제작한 예는 무령왕릉에서만 관찰된다.

백제 한성시기 가장 이른 시기에 해당하는 공주 수촌리 Ⅱ−1호분 출토품은 외면과 내면을 끌과 같은 도구를 이용하여 투조하고 감탕에 부착하여 이등변 삼각형의 구조를 가지는 조금정으로 한 점 한 점 이어가는 축조기법으로써 정교한 문양을 새겨 넣었다. 이렇게 제작된 각각의 부속은 금가루를 수은에 녹여 소지금속인 동판 표면과 부착하여 수은을 증발시킴으로써 금을 도금하는 아말감 도금법으로 장식하고 표면을 광쇠질하여 결합력을 증가시킴과 동시에 특유의 광택을 표현하여 최고의 위세품임을 강조하였다.

수촌리 Ⅱ−4호분과 江田船山古墳 출토 금동관의 경우 수촌리 Ⅱ−1호분 금동관과 동일한 제작기법을 보이지만 세부적인 관찰을 통해 알 수 있듯이 수촌리 Ⅱ−1호분 출토 금동관과 비교해보면 문양을 투조 및 조금하는 기술이 상대적으로 많이 뒤떨어짐을 알 수 있다. 이는 수촌리Ⅱ−1호분 금동관과 Ⅱ−4호 금동관의 제작자가 다른 인물이었음을 알 수 있고, 이러한 금동관은 백제적인

판금기법 ＼ 문양	금 동 관	
투 조	수촌리Ⅱ－1호분 용문	수촌리Ⅱ－4호분 용문
	부장리 5호분 귀갑·용봉문	江田船山 古墳
	길두리 안동고분 이엽문	합천 옥전고분
타 출	입점리 1호분 어린문	신촌리 9호분 을관 초화문

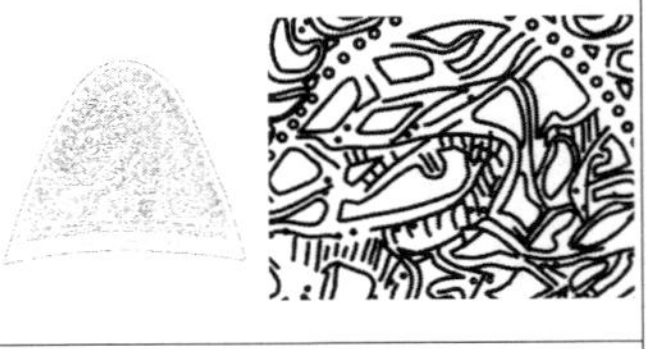

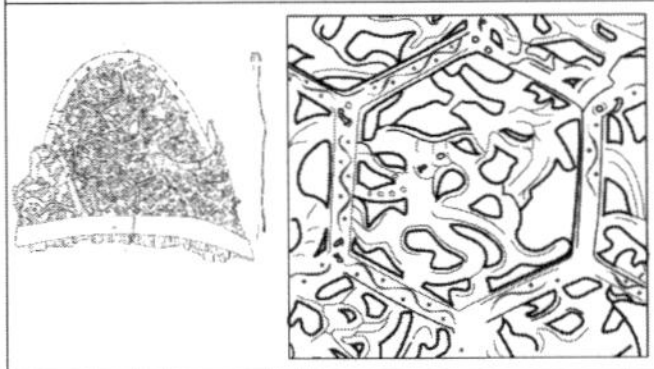

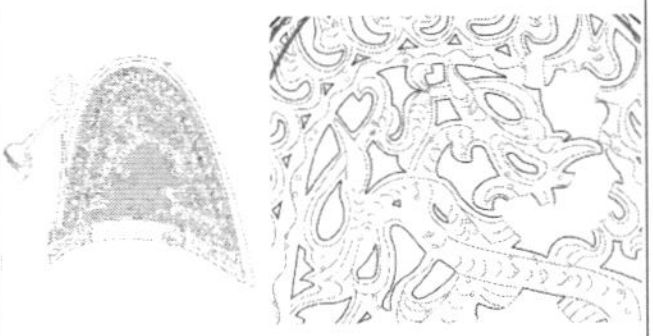

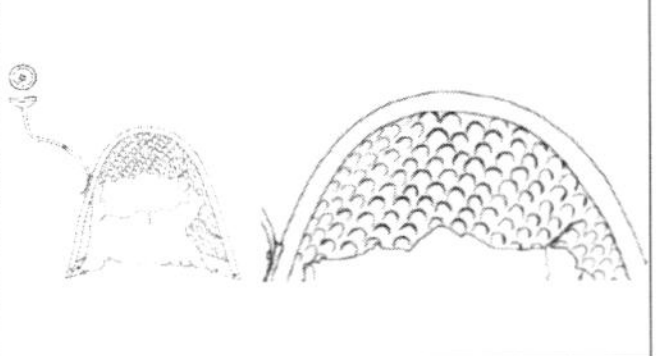

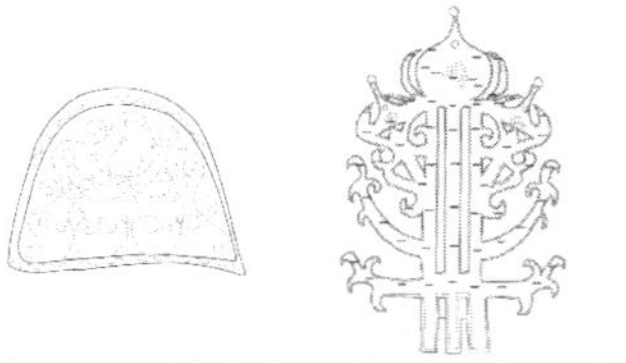

〈圖－24〉 백제 금동관의 문양 및 판금 기법

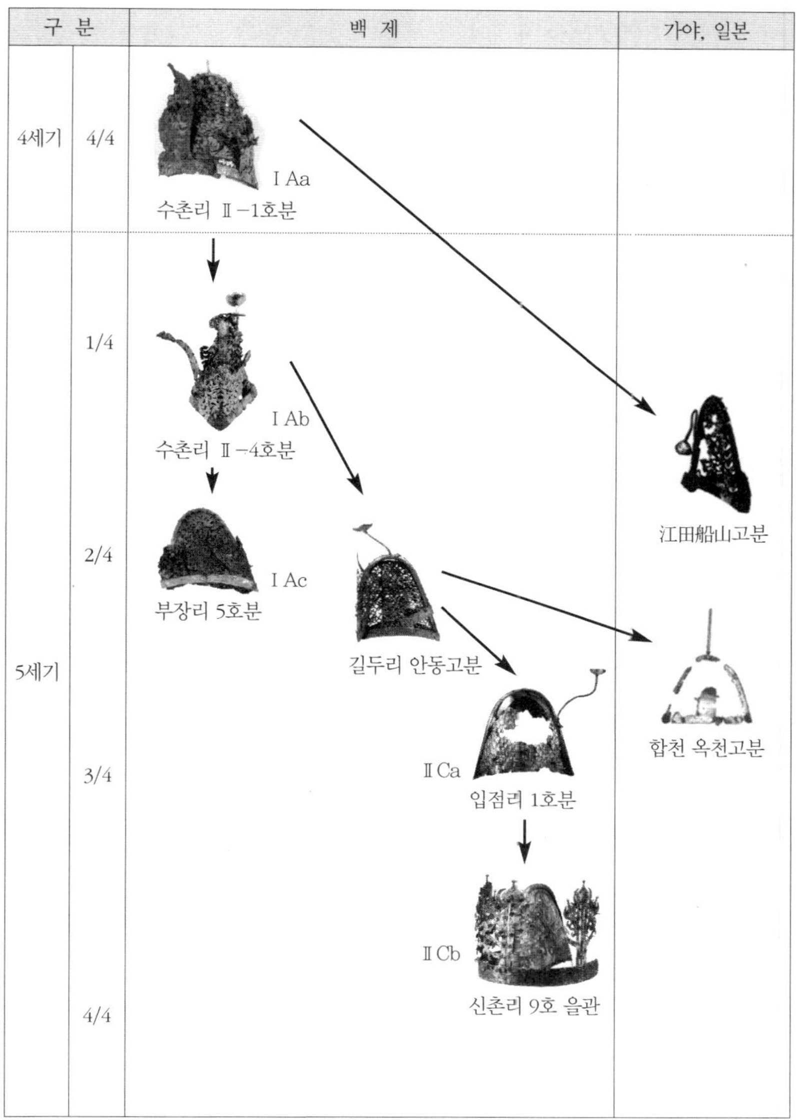

〈圖-25〉 금동관 형식 변화 모식도

형식으로 보아 왕실 내 공방에서 제작되었음을 시사한다.

길두리 안동고분 출토 금동관과 옥전 28호분 출토품은 내관을 투조하여 문양을 표현하였지만 세부적인 조금기법은 사용하지 않아 장식성이 비교적 떨어지는 특징이 있다. 이후 입점리 단계에 오면 투조와 같이 금동관을 화려하면서도 가볍게 제작하는 기술은 없어지고 이면에서 타출하여 문양을 돋보이게 하는 돋을새김기법이 사용되었다.

신촌리 금동관의 경우도 입점리 출토품과 같이 돋을새김기법만 가지고 문양을 장식하였다. 외관은 초화형 장식 3매와 대륜을 연결하여 제작하였는데, 이는 북방계문화에서 전래되어 신라에서 유행한 이른바 '出'자형 금관과도 유사한 형식이다. 그러나 신라 '出'자형 금관과는 문양이나 구조적으로 보아 동일계로 보기는 어려운 것으로 판단된다.

한편으로 금동관의 아말감기법을 활용한 도금기술은 큰 변화 없이 전 시기에 걸쳐 나타나고 있다. 이러한 기술은 백제 중앙만이 가질 수 있는 최고의 제작술에 해당한다.

이처럼 금동관은 구조형태와 문양 등이 시기적으로 변화하고 있는데 단계마다 기본형을 계승하면서 형태나 문양이 약화, 또는 퇴화되기도 하고 새로운 특징이 부가되기도 한다. 그러나 초기의 수촌리 금동관부터 신촌리 금동관까지 일관된 계통성을 가지고 있어서 한 지역 즉, 백제의 중앙에서 만들어진 것을 알 수 있다.

3. 金銅冠의 제작시기

백제의 冠制에 대해서는 『삼국사기』 권24 「백제본기」 2 고이왕 27년(260)조에 보면 "2월에 명령을 내려 6품 이상은 자주색 옷을 입고 銀花로 冠을 장식하게 하였으며…."라는 기사가 보인다. 그런가 하면 『구당서』 권199 上「열전」 149上 東夷 백제조에는 "그 나라의 왕은 소매가 큰 자주색 도포에 푸른 비단바지를 입고, 烏羅冠에 金花로 장식하며…."라고 하여 6품 이상의 귀족뿐 아니라 왕의 冠制에 대해서도 설명하고 있다. 고구려나 신라와 달리 백제의 冠制에 대해 자세히 설명하고 있지만 금동관에 대한 설명은 보이지 않는다. 그렇다면 백제의 금동관은 金花와 銀花로 대표되는 이러한 冠制가 정비되기 이전에 만들어진 것이라고 보는 것이 자연스럽다.[7]

그런데 백제의 冠制는 앞에서 살펴보았듯이 고이왕대부터 나타나고 있으나 이는 어디까지나 사비시대의 사실이 소급된 것이어서 그대로 取信할 수 없다.[8] 지금까지 발견된 백제의 銀花 冠飾이 사비시대에 축조된 무덤에서만 출토된다는 사실은 고이왕대 관제에 대한 기록을 의심케 하는 결정적인 요소다.[9] 즉 백제의 관제는 사비시대에 이르러 정립되었을 가능성이 크다.

한편 현재까지 알려진 백제 금동관은 사비시대 이전에 제작되었다는 데에 이론의 여지가 없다. 예컨대 수촌리고분군은 대체로 4세기 후반에서 5세기 전반에 해당되는 유적이고,[10] 서산 부장리유적은 이보다 약간 늦은 5세기 중엽경에 조영된 것이며,[11] 익산 입점리유적 역시 5세기 중엽,[12] 그리고 고흥 길두리의 안동고분은 5세기 후반으로 편년된다.[13] 나주 신촌리 9호분에서 출토된

---

7) 이남석, 1990, 「百濟의 冠制와 冠飾」, 『百濟文化』 20, 공주대 백제문화연구소, pp.16~17.

8) 노중국, 1978, 「백제 王室의 南遷과 지배세력의 變遷」, 『韓國史論』 4, pp.78~83.

9) 이남석, 1990, 앞의 글, p.15.

10) 이훈, 2004, 「묘제를 통해 본 수촌리유적의 연대와 성격」, 『百濟文化』 33, 공주대 백제문화연구소, p.99.

11) 이훈, 2006, 「瑞山 富長里古墳과 墳丘墓」, 『역사에서의 中央과 地方』(제49회 전국역사학 대회발표요지), pp.312~321.

12) 문화재연구소, 1989, 『익산 입점리고분 발굴조사보고서』, p.93.

13) 임영진, 2006, 「고흥 길두리 안동고분 출토 금동관의 의의」, 『충청학과 충청문화』 5권 2호, 충남역사문화연구원, p.33.

금동관은 외형적인 특징만큼이나 편년에 있어서도 큰 시각차가 보이는데, 늦어도 6세기 초[14]에 해당된다는 사실에 대해서는 의견이 일치한다.

이렇게 보면 지금까지 확인된 금동관은 분명히 백제의 冠制가 성립되기 이전에 제작된 것만은 틀림없어 보인다. 아마도 백제의 冠制에 대한 자세한 설명에도 불구하고 금동관에 대한 설명이 한 마디도 남아 있지 않는 것도 이러한 이유 때문일 것이다.

III. 金銅冠 출토지의 특징과 지방사여

1. 금동관 분포의 지역적 특징

국내에서 금동관을 포함한 위세품에 대한 연구는 장거리 교역을 통한 수입품이든 국내에서 만든 고급 물품이든 그것의 유통을 통제할 수 있는 중심지가 곧 국가였던 것으로 보는 점에서는 일치하고 있다. 위세품의 광역적인 분포현상이 보이는 4~5세기는 백제·신라 모두 강력한 군사력을 보유하고 외국과 전쟁을 벌였으며 나름의 관료체제와 수취체제가 수립된 시기였다. 이러한 상황에서 백제 중앙에서 지방으로 사여된 금동관은 체제의 안정과 지방 지배를 효과적으로 수행하는데 도움이 되었을 것이다.

그렇다면 백제가 금동관을 지방에 사여한 이유는 무엇이며, 금동관 출토 무덤의 피장자의 성격을 어떻게 보아야 할까. 이를 살펴보기 위해서는 먼저 출

---

14) 朴普鉉, 1998, 「金銅冠으로 본 羅州 新村里 9號墳 乙棺의 年代」, 『百濟硏究』 28, 충남대 백제연구소, p.185.

토 지역의 역사·지리적 요인을 알아보고, 이를 통하여 당시 정치적 상황을 이해할 필요가 있다.

1) 천안 용원리

천안 용원리 유적은 천안시의 중심부에서 남동쪽으로 떨어진 성남면 용원리 산직마을의 뒤편에 있다. 북쪽에는 표고 200~500m의 비교적 높은 산지가 형성되었는데 용원리 유적은 그 남사면에 위치한다. 크게 조망해보면 북서 방향으로 차령산맥이 지나고 있다. 차령산맥은 자연적인 구분이면서 동시에 정치적 세력의 구분점이 되기도 하였다. 용원리 유적의 자연·지리적 특성으로는 사방으로 하천이 연결된다는 점이다. 남쪽은 승천천이 동남으로 흐르고, 그 주위로 저평한 구릉과 경작지대가 펼쳐져 있다. 북동쪽에서는 산방천이 북서에서 남동으로 흘러 화성리를 통과하여 장산리에서 병천천과 합류한다. 병천천과 합류된 수계는 잠시 남서로 흐르다가 공주 장암리에서 남으로 흘러 용두천이 지류로 합류하여 충북 청원군 강내면 석화리 일대에서 ㅁ 호천과 합쳐진다. 서쪽으로는 차령산맥의 지맥이 약해진 곳으로 곡교천변의 저평한 지대와 직접 연결된다.

천안 용원리 유적에서 서북으로 약 6㎞ 떨어진 지점에 원삼국에 해당하는 청당동 고분이 위치하고 있으며, 유적이 위치한 성남면 일대에는 화성리, 신풍리 고분군이 있다. 또한 최근 인접한 아산만을 중심으로 하는 곡교천 일대에서 명암리 유적 등 원삼국 최대 유적이 조사되었다. 이로 인해 아산만 일대가 마한의 맹주국인 目支國의 유력한 지역으로 비정되고 있듯이 일찍부터 천안 일대에도 마한의 유력세력이 존재하였다고 여겨진다. 이에 백제는 곡교천을 따라 서쪽의 아산만 일대나 병천천을 따라 동남의 미호천 방면의 나륙으로도 진출할 수 있으며, 차령산맥을 넘어 남쪽으로 진출을 할 수 있는 거점지역인 용원리 세력과 긴밀한 관계를 형성함으로써 영향력 확대를 꾀하였다고 생각된다.

2) 공주 수촌리

공주 수촌리 유적은 충남 공주시 의당면 수촌리 산 201번지 일원에 위치하고 있다. 크게 차령산맥의 남동쪽에 위치한 공주분지를 남북으로 가르는 금강 본류에서 북쪽으로 5.5㎞ 떨어진 곳에 위치하고 있다. 청대산(360m)이 남으로 뻗어 내린 가지능선의 서쪽 지선으로 율정산성이 위치하고 있는 해발 194m의 비교적 가파른 산의 정상부로부터 남쪽으로 뻗은 능선의 서사면 끝부분에 해당한다. 수촌리 유적 역시 주변으로 하천이 발달하여 있으며, 금강의 지류인 정안천이 남으로 흘러 금강에 합류한다. 또한 정안천 주위로 넓은 경작지가 길게 형성되어 있다. 동쪽에도 정안천으로 합류하는 작은 하천 주변으로 경작지가 형성되어 있으며, 북으로는 정안천이 장원리를 거쳐 유적에서 약 12㎞ 떨어진 인풍리 일대까지 미친다. 이는 북동쪽으로 고개를 하나 넘어 약 2㎞ 떨어진 지점에 천안시 광덕면 원덕리·대동리와 맞닿으며, 곡교천의 최상류에 해당한다.

수촌리 유적 주변에는 원삼국기의 고분유적인 장원리 유적과 하봉리 유적이 위치하고 있는데 특히 수촌리 유적과 인접한 장원리 고분군의 경우 토광묘의 매장주체부 위쪽으로 주구가 돌려진 주구묘가 확인되었다. 공주 지역은 마한의 소국인 莫盧國·監奚卑離國·不雲國 등으로 비정되고 있어 백제 이전 시기에도 유력한 세력이 존재하였음을 엿볼 수 있다. 이에 백제는 용원리 세력과 마찬가지로 정안천과 금강을 따라 다른 지역으로의 진출이 용이하며, 동시에 차령산맥 이남에 교두보를 확보하면서 금강 이남지역 및 금강 하류지역으로의 진출을 시도하려는 의도로 수촌리 세력을 우대하지 않았나 생각된다.

3) 서산 부장리

서산 부장리 유적은 충남 서산시 음암면 부장리 219-2번지 일대에 위치하고 있다. 서산시는 전체적으로 東高西低의 형세를 띠고 있다. 유적의 동쪽은 아미산·서원산·덕산도립공원의 산지가 남북으로 길게 형성되어 있으며, 이를 넘으면 당진 합덕·삽교읍 일대가 나온다. 북쪽으로도 곳곳에 산지가 분포하고 있지만 동쪽과는 달리 가로리만을 통해 남쪽으로 길게 만입된 하천이 산지 사이로 깊숙이 형성되어 있다는 점이 주목된다. 서쪽은 태안반도와 접하면서 부분적으로 산지와 평야가 적절히 형성되어 있다. 남쪽으로는 서산을 서남으로 흐르는 대교천을 따라 넓은 평야가 형성되어 있으며 대교천은 안면도와 홍성·보령 사이의 천수만으로 빠져나가 서해와 연결된다. 또한 동쪽의 고풍저수지에서 시작된 용장천은 북으로 흐르면서 고산천과 합류하여 석문방조제를 통해 아산만으로 흘러든다. 이는 부장리 지역이 서해를 남북으로 잇는 중요한 교통의 요지였음을 잘 보여준다.

부장리 유적의 주변에서는 기지리 유적 등이 조사되었으며, 원삼국시기부터 백제 한성기에 이르는 분구묘가 발견되었다. 분구묘는 주로 충남 서해안 혹은 금강 이남에 주로 분포하고 있으며 토착적인 성격이 강한 것으로 알려져 있다. 아울러 서산 지역에는 마한의 소국인 咨離牟盧國·致利鞠國 등이 있었을 것으로 추정되고 있고 일찍부터 정치세력이 존재하였을 것으로 여겨진다.

한강 유역에 위치한 백제가 점차 남쪽으로 영역을 확장해 나가기 위해서는 내륙교통로와 해안교통로를 이용한 두 가지 방법이 있었다고 생각된다. 그 중에서도 해안지역의 거점 확보는 한반도 남해안과 일본열도와의 교류에 필수적인 요건이다. 고대의 항해가 많은 기착지를 필요로 한다는 점을 감안할 때 백제 중앙으로부터 남해 지역으로 움직이기 위해서는 충남 서해안에 일정한 거점이 있었을 것이다. 특히, 항해술이 더욱 발전한 고려시대에도 태안 앞바다를 거쳐 서해안을 경유하는 과정에서 많은 선박이 침몰하였던 점을 고려하면 백제 당시에는 서산 북부의 대호만이나 석문방조제를 통해 길게 만입된 하천을 따라 서산 내륙지역에 기착하였다가 천수만을 통해 빠져나가는 항로를 택했을 가능성도 배제할 수 없다. 따라서 백제는 서해안 거점을 확보함과 동시에 내륙으로 진출하려는 의도에서 서산 부장리 세력을 포용하였다고 생각된다.

4) 익산 입점리

익산 입점리 유적은 전북 익산시 웅포면 입점리 산 174번지 일원에 위치하며, 익산시로부터 북서에 해당하는 금강변에 가까이 자리하고 있다. 유적의 남북으로는 어래산성과 도청산성이 가까운 거리에 위치하고 있다. 유적의 북서방향으로 금강이 흐르고 이를 건너면 서천군 한산면 일대에 이르게 된다. 동으로는 함라산의 남쪽 줄기가 펼쳐져 있는데 이를 넘으면 함라면 함열리 일대에 이르고 멀리 함열읍과 만난다. 유적의 주위로 하천과 평야가 발달해 있으며, 남으로 약 15㎞ 정도 내려가면 만경강과 만경평야가 있다. 특히 웅포는 금강 하구의 교통 요지로 부여지역에서 익산지역으로 건너기 위한 나루터에 해당한다.

입점리 고분군이 위치한 익산 지역은 청동기 문화의 중심지였으며, 마한의 乾馬國이 위치하였다고 추정된다.[15] 건마국은 마한의 맹주국인 목지국이 백제에 통합된 후 새로운 마한 맹주로 부상하였다는 견해도 제기되는 등 마한의 중심세력이었다. 아울러 마한에 앞서 고조선 준왕의 남래지역으로 비정되기도 한다.[16] 이와 같이 익산 지역에는 유력한 정치 세력이 존재하였음을 알 수 있다. 특히 금강 하류의 요충지이면서 완산주-남원을 통해 소백산맥을 넘어 가야 방면으로 진출하는 집결지라는 점에서 그 중요성이 입증된다. 이에 백제는 익산 지역의 정치적 중요성과 더불어 금강이남 지역으로의 진출을 용이하게 하기 위해 입점리 세력과 일정한 관계를 맺었다고 생각된다. 무엇보다도 백제 중앙 묘제인 횡혈식 석실분이 축조되었다는 점에서 백제 중앙과 정치적으로 긴밀하게 연관되었음을 확인할 수 있다.

---

15) 金貞培, 1976, 「準王 및 辰國과 三韓正統論의 諸問題」, 『韓國史研究』 13, 한국사연구회, pp.10~17.

16) 王宮坪에는 碑가 남아 있는데 마을 사람들은 이를 '箕準碑臺'라고 부르고 있다(黃壽永, 1973, 「百濟帝釋寺址의 研究」, 『百濟研究』 4, 충남대백제연구소, pp.2~3).

5) 나주 신촌리

나주 신촌리 유적은 전남 나주시 반남면 신촌리 산41번지 일원에 위치하고 있다. 나주시내에서 남서쪽으로 떨어져 있는 덕산리 고분군과 가깝다. 유적의 동쪽으로는 영암군의 높은 산지가 형성되어 있으며, 북쪽으로는 삼포강·영산강을 건너 금성산 산지가 남북으로 길게 뻗은 가운데 동쪽의 나주·광주 방면과 서쪽의 함평 방면으로 통한다. 서쪽으로는 영산강의 지류인 삼포강이 이 유적의 동남쪽에서 시작하여 신촌리 북쪽을 경유하여 영산강과 합류한다. 신촌리 일대는 영산강 본류 유역과 마찬가지로 삼포강을 따라 평야지대가 넓게 펼쳐져 있으며, 곳곳에 낮은 구릉성 산지도 보이고 있다는 점이 특징이다. 남쪽으로는 영암천이 동에서 서로 흘러 영산강에 접하는데, 곳곳에 작은 하천이 발달하여 과거에도 수계를 이용한 교통이 매우 발달한 지역이었음을 유추해볼 수 있다.

신촌리 고분군이 위치한 나주 지역은 마한의 유력한 세력이었던 臣雲新國으로 비정되기도 한다. 아울러 『晉書』에 등장하는 新彌國과 관련짓기도 한다. 이 지역에는 대형옹관고분이 존재하고 있어 마한의 토착세력가가 존재하였음을 엿볼 수 있다. 백제는 서남해안을 경유하기 위한 중요한 거점인 동시에 거꾸로 전남 내륙으로 진출하기 위한 거점으로 이 지역 세력을 활용하였던 것으로 추정된다.

6) 고흥 길두리

고흥 길두리 유적은 전남 고흥군 포두면 길두리 안동마을 일원에 위치하고 있다. 고흥군 시가지에서 약 7㎞ 떨어진 동남지역에 해당된다. 길두리 유적은 백제 금동관 출토지역 가운데 가장 남쪽에 해당되는데 남해에 접한 고흥반도 동쪽의 해창만이 반도의 중심부로 길게 만입된 포두면 일대에 해당한다. 다른 금동관 출토지역과 마찬가지로 주위에 하천이 발달해 있어 고흥반도 내에서 교통이 매우 편리한 지역이다. 서쪽으로 현 고흥군 중심지를 넘어 고흥반도 서쪽으로 나아가가면 강진 일대에 다다르며, 동쪽 해상을 통해서는 다도해상을 거쳐 여수·광양 일대를 지나 경남지역으로 나아갈 수 있는 해상 교통의 중심지역이다. 또한 고흥반도의 특성상 육지와 연결된 폭이 약 4㎞ 정도에 불과하고 현재의 경작지가 바다였을 가능성이 있으므로 고대에는 하나의 섬이었을 수도 있다. 따라서 육지의 영향을 적게 받는 유력한 세력의 근거지가 되었을 가능성이 크다고 생각된다.

고흥 길두리 역시 서산 부장리와 마찬가지로 백제의 해상을 통한 교역거점의 확보와 내륙 진출의 전초기지적 성격을 띠고 있다고 여겨진다. 고흥과 이웃한 강진 지역이 마한의 소국인 狗奚國으로 비정되고 있으므로 연안에 인접한 고흥지역도 유력한 세력이 존재하였을 가능성이 크다. 백제중앙에서는 이들 세력을 이용하여 해로를 장악하고 여타 세력의 교섭을 통제하면서 전남 남해안 일대에서의 영향력을 강화해나갈 수 있었다고 생각된다.

2. 금동관의 지방사여와 지방통치

일찍이 백제지역보다 금동관이 먼저 보고된 신라의 경우, 각 지방에서 발견되는 금동관을 경주에서 제작하여 分與한 것으로 파악하는 견해가 있었다.[17] 금공품 제작을 위해서는 원료산지의 확보와 전문화된 공인집단이 필요하다고 보았기 때문이다. 금동관의 도안과 제작기법이 유사하다는 사실이 이러한 추론을 뒷받침해 주는 것은 물론이다.

---

17) 최종규, 1983, 「中古期 고분의 성격에 대한 약간의 고찰」, 『釜大史學』 7, pp.33~36.

그러나 이에 대해 각 지역에서 경주의 관을 모방 제작했다고 주장하는 반론
도 만만치 않다.[18] 出자형 관의 제작기법과 외형이 다양한 만큼 한 곳에서 제
작하여 분여하였다고 보기 어렵기 때문이다. 오히려 각 지역마다 자체적인 제
작기술을 바탕으로 경주형의 금동관을 모방하여 제작하였을 가능성이 높다고
보았던 것이다.

어느 쪽이 사실에 좀 더 가까운지 지금으로서는 단언할 수 없다. 신라와 달
리 백제의 중앙에서는 금동관이 출토되지 않고 있기 때문에 어느 쪽이든 완전
한 설명이 될 수 없다. 다만 종래에 백제의 지방에서 출토되는 중국제 자기를
주목한 연구를 참고할 필요는 있을 것이다.

지금까지 백제 故地에서는 적지 않은 양의 중국제 자기가 발견되었다.[19] 이
러한 중국제 자기는 백제의 중앙세력이 새로 편입된 지방세력을 통제하려는
수단에서 사여한 것[20]이라는 주장이 제기된 이후 별다른 이론이 없는 실정이
다. 실제로 중국제 자기가 출토된 유적의 경우, 함께 출토된 백제토기를 비롯
한 공반유물을 감안해 볼 때 그 피장자들이 중국과 직접 교류하여 수입한 것
이라고 보기에는 여러 가지 문제가 있다. 오히려 공반된 백제토기의 존재에서
도 알 수 있듯이 이미 백제로 편입된 다음에 부장된 것이기 때문에 백제 중앙

---

18) 박보현, 1987, 「樹枝形立華冠飾의 系統」, 『嶺南考古學』 4.

19) 三上次男, 1976, 「漢江流域發見の四世紀越州窯靑磁と初期百濟文化」, 『朝鮮學報』 81, 조선학회.

　　小田富士雄, 1982, 「越州窯靑磁를 伴出한 忠南의 百濟土器」, 『百濟硏究』 특집호, 충남대 백제연구소.

　　尹龍二, 1988, 「百濟遺蹟 發見의 中國陶磁를 통해 본 南朝와의 교섭」, 『震檀學報』 66, 진단학회.

　　門田誠一, 1993, 「百濟の地方支配と中國陶磁器」, 『貿易陶磁硏究』 13, 일본무역도자연구회.

　　李鍾玟, 1997, 「百濟時代 輸入陶磁의 影響과 陶磁史的 意義」, 『百濟硏究』 27, 충남대 백제연구소.

　　김영원, 1998, 「百濟時代 중국도자의 輸入과 倣製」, 『百濟文化』 27, 공주대 백제문화연구소.

　　李蘭英, 1998, 「百濟地域 출토 中國陶磁 硏究」, 『百濟硏究』 28, 충남대 백제연구소.

　　成正鏞, 2003, 「百濟와 中國의 貿易陶磁」, 『百濟硏究』 38, 충남대 백제연구소.

20) 權五榮, 1988, 「4세기 百濟의 地方 統制方式의 一例」, 『韓國史論』 18, 서울대국사학과, pp.23~27.

세력과의 관계를 고려하지 않을 수 없다.[21]

이러한 사정을 감안해 볼 때 일단 백제 故地에서 발견되는 금동관 역시 같은 의미로 해석해도 큰 무리는 없지 않을까 한다. 다시 말해서 백제 故地에서 발견되는 금동관은 백제의 중앙세력이 지방세력을 통제할 목적으로 각 지역에 사여한 것이라고 판단된다.

백제는 금동관을 출토한 유적들이 조영되기 이전부터 주변으로 팽창해 나가는데 중요한 거점 지역들을 위신재를 통해 장악해 나갔음이 확인된 바 있다.[22] 원주 법천리나 천안 화성리 등과 같이 전략적으로 중요한 요충지에 중국제 자기와 같은 위신재를 사여함으로써 중앙과 지방의 관계를 좀 더 공고히 하고자 했던 것이다.[23]

이러한 사실은 이번에 발견된 금동관을 통해서도 입증된다. 서산 부장리고분군의 경우 백제가 일찍부터 추진해오던 거점 확보 방식으로 영역확대 과정을 추진하였음을 입증할 수 있는 좋은 자료이다. 인접한 홍성 신금성의 예에서 알 수 있듯이 백제는 이미 3세기 말 혹은 4세기 초부터 이러한 거점 확보를 통한 팽창을 시도하고 있었다.[24] 즉 백제 중앙에게 서산 부장리의 중요성이 새롭게 인식된 결과 금동관의 사여로 표출되었을 것이다.

수촌리고분군 역시 마찬가지 양상으로 이해된다. 수촌리고분군은 백제의 중앙세력이 천안 화성리를 거쳐 청주 신봉동으로 팽창해 가던 시기[25]에 조영되었다. 새롭게 백제로 편제된 지역이었던 만큼 기존에 이미 편입된 천안지역보다 청주지역이 더 큰 관심이 되었을 것은 너무나도 분명하다.

---

21) 이훈, 2010, 앞의 논문.

22) 박순발, 2001, 『漢城百濟의 誕生』, 서경, p.227.

23) 박순발, 1997, 「漢城百濟의 中央과 地方」, 『百濟의 中央과 地方』, 충남대 백제연구소, pp.134~151.

24) 李康承 외, 1994, 『神衿城』, 충남대학교 박물관, p.273.

25) 박순발, 1997, 앞의 글, p.144.

수촌리지역이 백제로 편입된 것은 이보다 얼마간 이른 시기가 되겠지만 그
중요성이 새삼 부각된 것은 수촌리고분이 조영되던 무렵이 아닐까 한다. 그리
고 그러한 중앙세력의 관심이 표출된 것이 바로 금동관이라고 이해하고 싶다.

IV. 맺음말

4~5세기대 백제 지방의 중요 거점지역에서 금동관이 집중적으로 출토되고
있다. 천안 용원리를 비롯하여 공주 수촌리, 서산 부장리, 익산 입점리, 나주
신촌리, 고흥 길두리 등에서 출토된 금동관은 당시 백제사회에서 최고 위세품
이었다. 금동관이 출토되는 유적의 입지적 특성을 보면 천안을 제외하면 주로
해안과 가깝거나 큰 강을 끼고 있는데, 특히 서해안을 따라 분포하고 있으며,
금강과 영산강의 진입부와 강을 낀 주요 거점지역에 해당하는 것을 알 수 있
다. 이것은 백제가 지방으로 진출하거나 각 지역에서 왕도인 한성으로 이동하
는 거점지역이며, 교두보였다.

이러한 지역에서 출토된 금동관은 시대적으로 다양한 형태를 보이고 있으나
제작기법이나 구조형태, 문양 등을 계승하고 있는 것을 알 수 있다. 한편으로
금동관의 아말감기법을 활용한 도금기술은 큰 변화 없이 전 시기에 걸쳐 나타
나고 있다. 이러한 기술은 백제 중앙만이 가질 수 있는 최고의 제작술에 해당
한다.

가장 이른 시기로 편년되는 공주 수촌리 유적의 경우 II-1흐 토광묘와 II-
4호 석실분에서 연속적으로 출토되고 있어서 백제 금동관의 변화양상을 증명
하는데 중요한 단서를 제공하고 있다. 1호 토광묘 출토 금동관과 4호 횡혈식
석실분의 고분구조의 변화는 금동관과 공반유물을 통해서 볼 때도 그 시기적

변화가 분명하다. 멀리 일본 江田船山古墳 출토품도 수촌리 4호 금동관과 같은 양상이다. 즉 수촌리 1호 금동관의 경우 각 평판의 가장자리를 구획하여 외면에는 화염문을 내면에는 용문을 매우 정교하게 표현하였고, 수촌리 4호와 江田船山古墳 출토품은 외면가장자리를 구획하여 장식하는 구성은 같으나 내면의 용봉문 등이 다소 퇴화되는 양상을 알 수 있다.

부장리와 길두리 출토 금동관은 수촌리 유형의 기본형을 유지하고 있지만 구조형태가 간략화 되었고, 역시 내면을 용이나 봉황을 구획 안에 시문한 귀갑문이나 이엽문 등으로 일괄 도안하고 있으며 부재의 결합도 다양해지는 등 변화를 보이고 있다. 입점리 금동관의 경우는 이전의 금동관이 각종 판금기법을 활용하여 장식성과 실용성을 강조하였던 것과는 달리 평판 위에 魚鱗文을 裏面 타출하는 단순한 도안으로 구성되었다. 또한 외형적으로는 전후식이 생략되는 단계를 거친다. 이후 신촌리 금동관과 같이 수발이나 전후식의 장식등이 완전히 배제되는 금동관을 제작하게 되는데, 문양 표현 또한 釘을 이용한 이면 타출기법으로써 단순한 기법의 점열초화문으로 장식하고 있다.

이와 같이 금동관은 구조형태와 문양 등이 시기적으로 변화하고 있는데 단계마다 기본형을 계승하면서 형태나 문양이 약화, 또는 퇴화되기도 하고 새로운 특징이 부가되기도 한다. 그러나 초기의 수촌리 금동관부터 신촌리 금동관까지 일관된 계통성을 가지고 있어서 한 지역 즉, 백제의 중앙에서 만들어진 것을 알 수 있다.

이러한 백제 금동관은 중앙에서 지방을 효과적으로 통제하기 위한 목적에서 사여한 것이다. 금동관은 지리적 거점이며 강력한 재지기반을 가진 지방 수장에게 사여했던 최고의 위세품임과 동시에 중앙과 지방을 연결하는 중요한 매개체였던 것을 알 수 있다.

| 참고문헌 |

1. 著 書

박순발

2001 『漢城百濟의 誕生』, 서경문화사.

이한상

2009 『장신구 사여체제로 본 백제의 지방지배』, 서경문화사.

2. 發掘調査 報告書

국립문화재연구소

1989 『익산 입점리고분 발굴조사보고서』.

李康承 외

1994 『神衿城』, 충남대학교 박물관.

이남석

2000 『龍院里古墳群』, 공주대학교박물관.

朝鮮總督府

1920 『大正六年度古蹟調査報告』.

3. 論文

權五榮

1988 「4세기 百濟의 地方 統制方式의 一例」, 『韓國史論』18, 서울대국사학과.

김영원

1998 「百濟時代 중국도자의 輸入과 倣製」, 『百濟文化』27, 공주대 백제문화
연구소.

金貞培

1976 「準王 및 辰國과 三韓正統論의 諸問題」,『韓國史研究』13, 한국사연구회.

노중국

1978 「백제 王室의 南遷과 지배세력의 變遷」,『韓國史論』4.

朴普鉉

1998 「金銅冠으로 본 羅州 新村里 9號墳 乙棺의 年代」,『百濟研究』28, 충남
　　　대백제연구소.

1987 「樹枝形立華冠飾의 系統」,『嶺南考古學』4.

박순발

1997 「漢城百濟의 中央과 地方」,『百濟의 中央과 地方』, 충남대 백제연구소.

成正鏞

2003 「百濟와 中國의 貿易陶磁」,『百濟研究』38, 충남대 백제연구소.

尹龍二

1988 「百濟遺蹟 發見의 中國陶磁를 통해 본 南朝와의 교섭」,『震檀學報』66,
　　　진단학회.

李蘭英

1998 「百濟地域 출토 中國陶磁 研究」,『百濟研究』28, 충남대 백제연구소.

이남석

1990 「百濟의 冠制와 冠飾」,『百濟文化』20, 공주대 백제문화연구소.

2006 「백제 금동관모 출토 무덤의 검토」,『先史와 古代』26, 한국고대학회.

李鍾玟

1997 「百濟時代 輸入陶磁의 影響과 陶磁史的 意義」,『百濟研究』27, 충남대
　　　백제연구소.

이훈

2004 「묘제를 통해 본 수촌리유적의 연대와 성격」,『百濟文化』33, 공주대
　　　백제문화연구소.

2006 「瑞山 富長里古墳과 墳丘墓」, 『역사에서의 中央과 地方』(제49회전국역
　　　 사학대회발표요지).

임영진

2006 「고흥 길두리 안동고분 출토 금동관의 의의」, 『충청학과 충청문화』5권
　　　 2호, 충남역사문화연구원.

최종규

1983 「中古期 고분의 성격에 대한 약간의 고찰」, 『釜大史學』7.

黃壽永

1973 「百濟帝釋寺址의 研究」, 『百濟研究』4, 충남대백제연구소.

梅原末治

1959 「羅州 潘南面の寶冠」, 『朝鮮學報』14, 朝鮮學會.

門田誠一

1993 「百濟の地方支配と中國陶磁器」, 『貿易陶磁研究』13, 일본무역도자연
　　　 구회.

三上次男

1976 「漢江流域發見の四世紀越州窯靑磁と初期百濟文化」, 『朝鮮學報』81,
　　　 조선학회.

小田富士雄

1982 「越州窯靑磁를 伴出한 忠南의 百濟土器」, 『百濟研究』특집호, 충남대
　　　 백제연구소.

有光敎一

1980 「나주 반남면 신촌리 제9호분 발굴조사기록」, 『朝鮮學報』94, 조선학회.

穴澤和光·馬目順一

1973 「羅州 潘南面古墳群」, 『古代學研究』70, 고대학연구회; 1976, 「龍鳳文
　　　 環頭大刀試論」, 『百濟研究』7, 충남대백제연구소.

백제의 말 사육에 대한 새로운 자료

권오영*

⟨Abstract⟩

The research on Horse culture during the Three Kingdoms Period has been focused on typological study of the horse equipment, and yet there hardly was attention to horse breeding, which is socially important. The recently excavated agricultural site in Songsan-dong, Hwaseong city shows evidences of transportation of goods by horse and horse breeding. Sito-miyakita site in Osaka, which is presumed to be left by Baekje resident, also proves several evidences of horse breeding. These residents are thought to be immigrants from Yeongsan River Valley.

It is necessary to be concerned on not only horse equipment but also pas-

* 한신대학교 한국사학과 교수

ture. Moreover, the effort to identify archaeological evidences of horse breeding is essential.

Ⅰ. 머리말

고대사회에서 말은 군사, 물류, 제의, 의전 등 다양한 방면에서 유용하게 사용되었다. 한반도 이남에서 말이 사육된 시점은 아직 분명치 않은데『삼국지』한조에 "牛馬를 탈줄 모르고 장례에 모두 사용한다"는 표현이[1] 있음을 볼 때, 늦어도 3세기 후반경에는 말이 존재하였음을 알 수 있다. 반면 일본열도에서는 야요이시대까지 말은 존재하지 않았으며 고분시대 이후 한반도를 통해 말이 들어간 것으로 보고 있다.『일본서기』에 의하면 應神 15년에 백제왕이 阿直岐를 통하여 좋은 말 2필을 주었다고 하는데[2] 사실 여부를 규명하기는 쉽지 않았다.『일본서기』의 기사 자체에 대한 신빙성 문제, 연대문제 등이 가로놓여 있을 뿐만 아니라 일본 고분시대 각종 유적에서 출토되는 마구가 가야의 마구에서 기원한다는 인식으로 인해 일본의 말 전래와 백제를 연결시키는 견해는 보이지 않았다.

1999-2000년도에 진행된 서울 풍납토성 경당지구 발굴조사에서 많은 양의 말뼈가 발견되면서 한성백제기 말의 사육과 활용에 대한 단서를 잡을 수 있었

---

1)『三國志』魏書 烏丸鮮卑東夷傳 韓條.

　不知乘牛馬 牛馬盡於送死.

2)『日本書紀』권10 應神天皇15년.

　秋八月壬戌朔丁卯 百濟王遣阿直岐 貢良馬二匹 卽養於輕坂上廐 因以以阿直岐令掌飼 故號其養馬之處曰廐坂也.

다. 3세기 말 내지 4세기 초로 편년되는 101호 유구에서 다양한 동물유체와 함께 말의 뼈가 출토되어[3] 백제사회에서 이미 이 시점에 말이 존재하였음은 분명해졌다. 이보다 올라가는 말의 흔적은 광주 신창동유적에서 찾을 수 있다. 기원을 전후한 시기로 추정되는 목제 車輿具가 발견됨으로써[4] 마차를 끌던 말의 모습을 추정해 볼 수 있게 되었다. 하지만 말의 유체가 발견되지 않아 추론에 그치고 말았다. 실물의 출토는 가평 대성리유적 원49호 수혈에서 말의 치아가 화분형토기와 함께 출토된 것이[5] 현재까지의 자료로 보는 한 한반도 중부 이남에서는 가장 오래된 자료이다.

새로운 자료의 발견에 힘입어 한반도 남부에서 말의 존재는 원삼국 전기단계까지 올라가게 되었다. 말의 존재만으로 당시에 말의 사육과 가축화가 진행되었다고 쉽게 단정 짓기는 어렵겠지만 그 가능성은 점점 높아지고 있다. 반면 마구에 대한 관심에 비해 목마와 말의 활용에 대한 관심이 극히 저조한 것은 기이한 현상이다. 연구자들의 관심이 저조한 현재의 분위기에서는 설령 목마와 관련된 좋은 자료가 발견되더라도 무관심 속에서 사장될 가능성이 높다.

이러한 사정을 고려하여 최근 발견된 백제의 목마와 관련된 두 유적을 소개하면서 목마의 형태에 대한 편린이나마 그려보는 것이 이 글의 목적이다. 목마와 말의 활용에 대한 고심 없이 진행되는 마구에 대한 형태 연구만으로는 진정한 마문화의 복원이 불가능하다고 판단하기 때문이다.

---

3) 權五榮·韓志仙, 2005, 『風納土城 Ⅵ』, 한신대학교박물관.

4) 趙現鐘·申相孝·宣在明·申敬淑, 2002, 『光州 新昌洞 低濕地遺蹟 Ⅳ』 國立光州博物館.

5) 京畿文化財硏究院, 2009, 『加平 大成里遺蹟』.

Ⅱ. 화성 송산동 농경유적

1. 송산동 농경유적의 개관[6]

　화성 송산동유적은 백제와 조선시대 두 시기의 논으로 구성된 농경유적이다. 백제 논의 상층에 조선시대 논이 위치하는데 양자 사이에는 다른 유적이

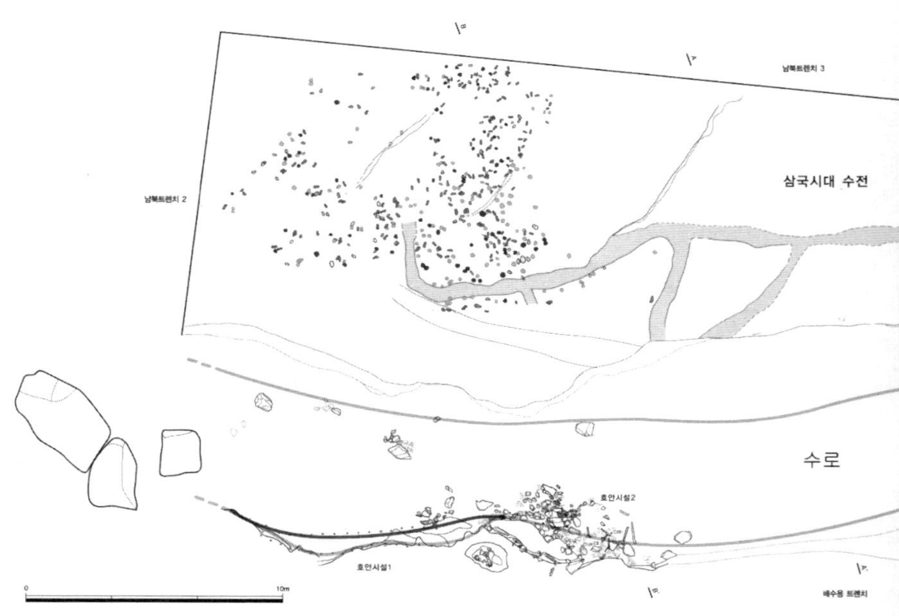

〈그림 1〉 화성 송산동 백제 논과 수로

보이지 않기 때문에 시간적인 공백이 있었던 것 같다.

백제의 논은 곡간의 경사면을 이용하여 계단식으로 조성하였으며 흐르는 물을 관리하기 위한 인공수로가 유적의 동쪽을 북에서 남쪽 방향으로 흐르고 있다. 논에서는 소량의 유물이 출토된 반면 수로에서는 비교적 많은 양의 유물이 출토되었다. 대부분은 토기류로서 그 기종은 단순한 편이다. 소호나 단경호 등의 기종도 있지만 압도적 다수는 호와 대옹이고 여기에 약간의 심발형토기와 장란형토기, 동이와 시루 등이 포함되는 정도이다. 대부분의 토기가 제자리가 아니라 유로의 흐름에 의해 쓸려 들어왔음을 고려한다면 유적에서 계곡을 거슬러 올라간 그리 멀지 않은 지점에 취락이 존재함을 보여준다. 유물의 기종구성과 형태를 고려할 때 그 시기는 한성백제 1기에 해당된다. 구체적으로는 3세기 후엽에서 4세기 초 정

6) 權五榮·李亨源·韓志仙·崔煐珉·申誠惠·宋潤貞, 2009, 『華城 松山洞 農耕遺蹟』, 한신대학교박물관.

도에 해당되는 것으로 볼 수 있다.

2. 목마의 흔적

송산동유적에서 확인된 백제 논에서는 인간과 소, 그리고 말의 발자국이 확인되었다. 발자국 중 계측이 가능한 것은 사람 93개, 말 103개, 소는 78개 정도였다. 사람의 발자국은 길이가 14㎝에서 24㎝까지 분포하지만 18-20㎝ 부근에 집중되어 있으며 평균은 18.36㎝ 이다. 하지만 20㎝ 以上群과 18㎝ 以下群으로 양분되는 현상을 볼 때 성인과 어린이가 공존한 결과로 볼 수 있다.

소 발자국은 평균 길이 12.7㎝, 폭 11.2㎝이다. 길이는 최소치가 8㎝, 최대치가 16㎝, 폭은 최소치 8㎝, 최대치 14㎝이다. 말굽자국에 비해 분산도가 낮은데 이는 소와 말의 보행방식을 반영한 것으로 추정된다.

말 발자국은 평균 길이 12.7㎝, 폭 11.2㎝인데 사람과는 달리 길이와 폭의 비율이 일정하다.

길이는 최소 8㎝에서 최대 16㎝, 폭은 최소 8㎝에서 최대 14㎝의 분포를 보인다. 말발자국에서 길이는 말의 보행방식과 관련되며[7] 종자를 구분하는 데에는 폭이 더 유효한 것으로 인지되고 있다.

평균 폭 11.2㎝의 말이 어느 정도의 體高를 가지고 있을지에 대해서는 다른 유적에서 검출된 발굽에 대한 연구가 참고된다. 일본 군마(群馬)현의 고분시

---

7) 실험 결과(井上昌美·坂口一, 2004, 「古墳時代馬の體高推定 -群馬縣子持村·白井遺跡群出土のウマのからの」, 『群馬縣埋藏文化財調査事業團 研究紀要』 22, p.470) 말이 직선적으로 보행할 경우에는 말발굽의 형태가 충실히 남게 되고 방향을 바꿀 때, 速步, 驅步하여 힘차게 땅을 찰 때에는 말굽의 형태가 많이 일그러진다고 한다.

〈그림 2〉 화성 송산동 백제 논의 발자국

대 시라이(白井)유적군에서 검출된 총 4만개의 발굽 가운데 형태가 양호한 앞
발굽 1,220개와 뒷발굽 1,068개를 계측하고 분석한 결과 앞발은 평균 10.29㎝,
뒷발은 9.6㎝이었다. 이 수치를 현생마인 가고시마(鹿兒島) 토카라말, 키소(木
曾)말, 서러브레드 등과 비교하면 토카라말보다는 크고 서러브레드보다는 작
아서 키소말에 대응되었다. 송산동의 발굽은 시라이, 키소말보다 약간 큰 정
도이다. 키소말은 체고가 125~140㎝ 정도에 해당되므로 송산동 말의 크기를
상상할 수 있다.

　일본의 경우 1991년까지 475개소의 유적에서 말의 유체가 출토되었는데 체
고는 109~139㎝의 범위에 들며 평균은 126.39㎝이었다. 반면 진시황릉 병마
용의 도마는 체고 133㎝로서 좀 더 크다. 오사카(大阪)부 시조나와테(四條畷)
시 시토미야키타(蔀屋北)유적 토갱 A940에서 발견된 말의 전신골은 체고가

<표 1> 8지점 C구역 삼국시대 수전 말발자국

No.	크기 (cm)			No.	크기 (cm)			No.	크기 (cm)		
	길이	폭	깊이		길이	폭	깊이		길이	폭	깊이
1	13	12		36	13	12		71	14	14	7
2	16	14		37	16	14		72	20	16	
3	14	11		38	12	11		73	18	14	
4	16	15		39	12	11		74	12	10	
5	14	12		40	13	12		75	17	16	
6	12	12		41	16	10		76	16	12	
7	14	10		42	12	11		77	19	16	
8	13	10		43	12	12		78	15	14	
9	16	14		44	10	10		79	18	12	
10	12	10		45	12	8		80	18	16	
11	6	6		46	12	12		81	12	11	
12	12	12		47	10	10		82	17	14	
13	12	10		48	14	12		83	16	14	
14	16	14		49	16	14		84	14	14	
15	12	10		50	11	10		85	14	12	
16	14	14		51	15	14		86	16	12	
17	12	12		52	14	12		87	16	13	
18	12	11		53	16	13		88	16	12	
19	11	11		54	12	8		89	12	9	
20	13	12		55	13	13		90	11	10	
21	16	15		56	13	11		91	12	11	
22	11	11		57	16	14		92	16	13	3
23	14	10	7	58	12	12		93	11	10	
24	8	7		59	12	12	4	94	8	8	
25	10	10		60	14	13		95	12	11	
26	12	11		61	12	10		96	14	12	
27	12	10		62	18	18	6	97	12	11	
28	12	10		63	16	13		98	10	10	
29	11	10		64	18	17		99	10	8	
30	12	11		65	13	12		100	12	10	
31	14	13		66	12	11		101	11	11	
32	16	15		67	12	11		102	14	12	
33	14	14		68	12	12	2	103	10	10	
34	18	14	5	69	16	14					
35	14	12		70	12	12					

127㎝ 정도 되며 나머지 말은 120-135㎝에 분포하여 소형마에서 중형마가 모두 포함된다는 연구결과도[8] 참고된다. 결국 송산등의 말은 중형말에 속할 것으로 추정된다.

송산동 백제 논유구에서 발견된 소와 말의 발자국은 3세기경 경기 남부지역에 소와 말이 존재하였음을 입증한다. 논에서 발견된 말의 발자국은 3가지 경우의 수를 가능하게 한다.

첫째 가능성은 馬耕의 존재이다. 신라의 경우 6세기 이후 우경이 실시되었다고 기록에 나와 있으며[9] 통일신라 이후에는 우경에 사용된 것으로 보이는 철제 보습의 출토사례가 증가한다.[10] 백제와 가야의 경우에는 아직 분명한 문헌자료나 고고학적 자료가 확인되고 있지 않고 고구려의 경우는 신라보다 이른 시기부터 철제 보습이 발견되기 때문에 우경의 실시가 6세기 이전으로 소급될 가능성이 매우 높다.

반면 삼국시대에 말을 농경에 이용하여 마경을 실시하였는지의 여부는 분명치 않다. 통일신라의 촌락문서에도 소와 말이 나타나지만 이를 근거로 마경의 가능성을 상정하는 것은 어렵다.[11] 그리고 마경이 이루어졌다면 말의 발자국은 남기 힘들 것으로 판단된다. 말의 바로 뒤에서 보습이 나아가면서 족적을 지울 것이기 때문이다.

두 번째는 말을 이용한 荷物 운반의 가능성이다. 이 경우 말의 등에 하물을 올려놓는 경우와 수레를 끌게 하는 경우로 나누어 볼 수 있다. 고구려 고분벽

---

8) 安部みき子, 2009, 「蔀屋北遺跡出土の動物遺體」, 『蔀屋北遺跡 I －總括 · 分析編－』, pp.265-266.

9) 『三國史記』 新羅本紀 제4 智證麻立干.

　　三年 三月 分命州郡主 勸農 始用牛耕.

10) 송윤정, 2007, 「통일신라 철제 우경구의 고찰」, 『용인 언남리 －통일신라 생활유적－』, 한신대학교박물관.

11) 李泰鎭, 1979, 「新羅 統一期의 村落支配와 孔烟 －正倉院 所藏의 村落文書 재검토－」, 『韓國史研究』 25, 韓國史研究會, p.42.

화에 자주 등장하는 수레는 대개 말이 아니라 소가 끄는 것이고 소나 말의 등에 짐을 올려놓은 모습은 보이지 않는다. 하지만 수레바퀴의 진입이 용이하지 않은 지형조건에서 소나 말의 등에 짐을 올려놓고 운송하였을 개연성은 높다.

마지막으로 목마의 가능성을 들 수 있다. 일본에서는 고분시대 이후 나라(奈良), 헤이안(平安)시대에 걸친 牧의 흔적이 곳곳에서 발견되었는데 군마(群馬)현 쿠로이미네(黑井峰)유적이 대표적이다.[12] 경작유구에서 말의 족적이 다수 확인된 대표적인 유적은 군마현 시로이(白井)유적군에 속해 있는 키타나카미치(北中道)유적이다.[13] 이 곳에서는 1994년까지 약 4만 개에 달하는 말의 발자국이 발견되었는데 발굽의 방향은 다양하여서 연속하여 보행한 상황을 보여주는 것은 2예에 불과하다고 한다.[14] 이는 말을 방목한 상태에서 나타난 현상으로 보인다. 송산동유적의 경우에도 말의 보행 방향이 규칙성을 가진 것은 아니다.

방목장은 넓은 범위에 걸쳐 본격적인 목마가 이루어진 경우가 있을 것이고 반면 소규모로 이루어질 수도 있을 것이다. 송산동의 경우는 일본 키타나카미치유적과 함께 후자의 예로 들 수 있다. 경작유구에 말을 풀어 놓는 행위는 경작이 이루어지지 않던 동계에 이루어졌을 가능성이 높고 이는 곧 경작과 방목이라는 사이클로 계절적 토지 이용이 이루어졌을 가능성을 보여준다.

이상 세 가지의 가능성 중에서 두 번째와 세 번째의 가능성에 주목하고자 한다. 송산동유적은 전문적으로 말을 사육하는 지역은 아니었지만 말의 방목과 활용이 이루어졌을 가능성이 매우 높은 곳인 셈이다.

---

12) 山口英男, 1992, 「農耕生活と馬の飼育」, 『關東』 新版 古代の日本8, 角川書店.

13) 建設省·郡馬縣教育委員會·群馬縣埋藏文化財調査事業團, 1997, 『白井遺跡群 －古墳時代編－』.

14) 井上昌美·坂口一, 2004, 「古墳時代馬の體高推定 －群馬縣子持村·白井遺跡群出土のウマのからの」, 『群馬縣埋藏文化財調査事業團 研究紀要』 22, p.469.

Ⅲ. 일본 오사카의 목마관련 유적

1. 河內馬飼部

야요이시대까지 일본열도에 말은 존재하지 않았다. 고분시대 중기 이후 한반도에서 말이 들어오고 말을 사육하던 전문 집단이 생기게 되는데『日本書紀』에는 河內馬飼, 川內馬飼, 婆羅羅馬飼, 兎野馬飼, 倭馬飼部 등의 명칭이 보인다. 이 중 河內馬飼와 川內馬飼는 동일한 실체로서 카와치(河內=川內), 즉 오사카지역에 자리 잡은 목마집단이다. 6세기 초 케이타이(繼體)가 야마토(大和)의 대왕으로 등극하는 과정에서 결정적 역할을 한 인물이 河內馬飼部의 우두머리인 아라코(荒籠)였다.[15] 河內馬飼部는 한반도계 주민들로 구성된 목마집단으로 추정되었지만 구체적인 물증은 없는 상태였다.

그런데 오사카(大阪)府와 나라(奈良)현 경계를 남북으로 가르는 이코마(生駒)산의 서록에 위치한 네야가와(寝屋川)시, 시조나와테(四條畷)시 일대에 대한 발굴조사가 진척되면서 이곳에 자리잡은 목마집단의 존재가 선명히 부각되었다.[16] 이곳은 고대 키타카와치(北河內)에 해당되는데 현재는 내륙이지만 고분시대에는 서편으로 오사카만이 깊숙이 들어와 있어서 배가 바로 코 앞까지 닿을 수 있는 곳이고 동편으로는 이코마산의 완만히 경사진 산록으로 이어진다. 이런 지형적 조건이 말의 사육과 관리와 훈련에 적합하기 때문에 목마장으로는 최적의 장소인 셈이다.[17]

---

15) 『日本書紀』 卷十七 継体天皇 元年條.

16) 四條畷市立歴史民俗資料館, 2004, 『馬と生きる』 開館20周年記念特別展.

　　田中淸美, 2005, 「河內湖周邊の韓式系土器と渡來人」, 『ヤマト王權と渡來人』, サンライズ出版.

17) 桃崎右輔, 2011, 「牧の考古學」, 『韓日 聚落 硏究의 展開』, 한일취락연구회.

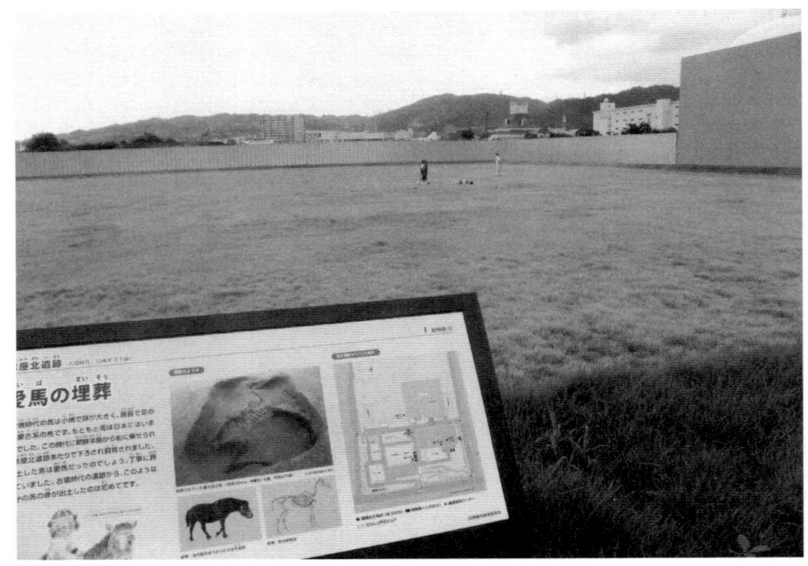

〈그림 3〉 시토미야키타유적에서 바라본 이코마산

　마사 집단은 군마의 양성으로 군사력을 장악할 뿐만 아니라 말이라는 교통 수단을 통해 활발한 경제활동을 벌일 수 있다. 케이타이가 등극하는 데에는 그 자신과 인척들의 힘만이 아니라 이들 마사집단의 군사력, 경제력이 큰 힘이 되었을 것이다.

　이들이 한반도계 이주민일 것으로 추정되었지만 구체적으로 어느 지역 출신인지 알 수 없었는데 이를 규명할 결정적인 자료가 나오기 시작하였다. 대표적인 유적이 최근 발굴조사의 성과 일부가 출간된 시조나와테시의 시토미야키타(蔀屋北) 유적이다.[18] 이 유적에서는 韓式系 토기라고 불리는 시루, 동이, 심발, 장란형토기 등 조리용기가 다량 출토되었는데 그 형태와 제작기법이 백

---

18) 大阪府教育委員會, 2009, 『蔀屋北遺跡Ⅰ』.

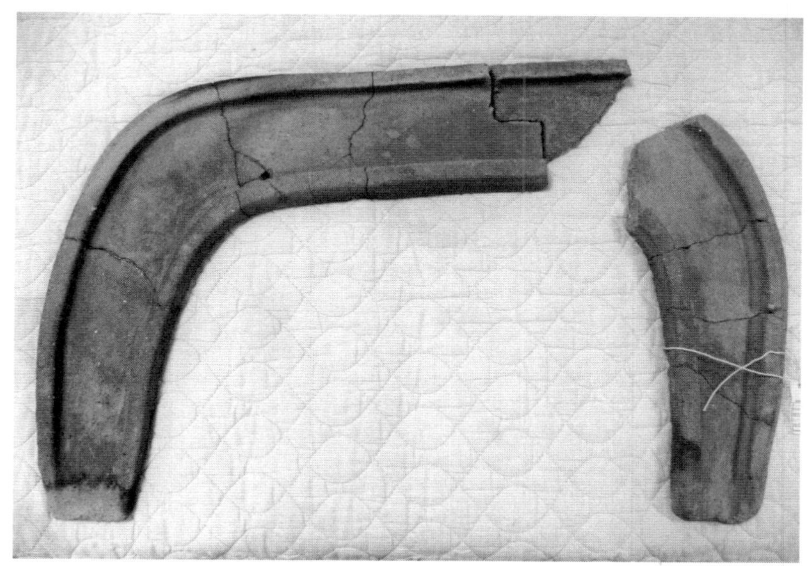

〈그림 4〉 시토미야키타유적 출토 아궁이테

제토기와 무척 닮았다. 그중에서도 영산강유역의 연질토기와 가장 많이 닮아 있음을 알 수 있다. 연질의 조리용기들은 고지의 것과 구분하기 어려울 정도로 흡사한 것, 재지의 하지키(土師器) 영향을 많이 받아 변화한 것, 그 중간에 위치하는 것 등 다양한 변이를 보이면서 백제에서 유래한 토기, 취사문화가 점차 일본에 정착해가는 모습을 여실히 보여주고 있다.

이 유적에서는 300점이 넘는 토제 U자형 아궁이테가 출토되었다. 한식계 토기는 서일본 곳곳에서 발견되고 있으며 형태적인 변이도 다양하여서 그 고향을 한반도의 어느 한 지역만으로 특정할 수 없는 복잡한 양상을 띠고 있다. 반면 U자형 아궁이테는 한반도에서는 백제영토 내에서만 나오고 있으며[19] 제작

---

19) 마한–백제권역을 벗어난 유일한 예는 사천 늑도 출토품이다.
　慶南考古學硏究所, 2006, 『勒島 貝塚Ⅱ』.

기술과 형태면에서 약간의 지역차가 있다. 그런데 시토미야키타 및 주변 유적에서 출토되는 아궁이테는 영산강유역의 것과 가장 닮아 있다.[20] 이런 점에서 이코마 산록에 정착한 마사집단은 영산강유역에서 이주해 온 집단을 중심으로 형성되었을 개연성이 매우 크다. 이들이 바로 사서에 나오는 河內馬飼部의 실체인 것이다.

2. 목마의 흔적들

시토미야키타(蔀屋北)유적은 수혈주거지, 굴립주건물, 토광, 溝 등으로 구성되어 있다. 수혈식 주거지 중에는 방형 평면에 사주식 구조, 부뚜막이 딸린 예들이 여럿 있는데 이러한 구조가 한반도 서해안-서남부지역에서 크게 발전한 사주식 주거지와 흡사함은 매우 주목된다. 準構造船의 부재를 재활용하여 만든 우물,[21] 말을 통째로 구덩이에 매납한 흔적(제사유구?) 등도 주목된다. 다량의 한식계 토기와 조족문타날 토기, 말을 사육하고 조련하던 흔적(재갈, 목제 輪燈, 안장, 브러쉬, 채찍)이 발견되었다. 토갱 A1135호에서는[22] 須惠器, 土師器, 이동식 부뚜막, 한반도산 도질토기, 한식계 토기, 말의 치아와 함께 중량 82kg, 추정 개체수 1641점에 달하는 제염토기가 출토되었다. 이렇듯 막대한 양의 제염토기는 일반적인 취락의 소금 소비량을 훨씬 넘어서는 양으로서 말의 사육에 소금이 불가결하다는 점을 고려할 때 말 사육의 적극적인 증

---

20) 徐賢珠, 2003, 「三國時代 아궁이틀에 대한 고찰」, 『韓國考古學報』 50, 한국고고학회.

　　권오영, 2007, 「住居構造와 炊事文化를 통해 본 백제계 이주민의 일본 畿內地域 정착과 그 의미」, 『韓國上古史學報』, 한국상고사학회.

21) 四條畷市立歴史民俗資料館, 2009, 『馬は船にのって』.

22) 大阪府教育委員會, 2009, 『蔀屋北遺跡Ⅰ』 本文編, p.133.

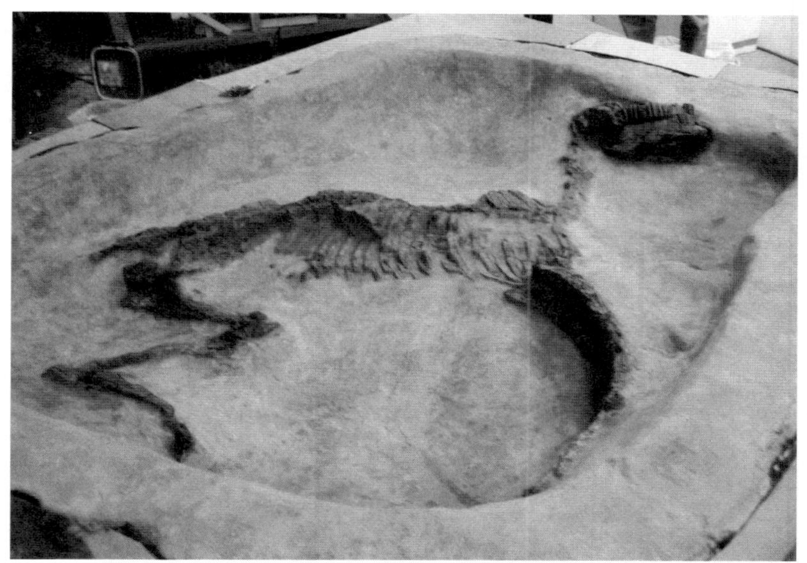

〈그림 5〉 시토미야키타유적에서 발견된 말 매납 수혈

거가 된다. 8세기의 자료이지만 『養老律令』廐牧令에는 말의 등급에 따라 먹이는 소금의 양이 차등있게 기록되어 있다.[23]

시조나와테시에는 시토미야키타유적 이외에도 유사한 성격의 유적이 광범위하게 분포한다. 대개 소규모 발굴조사로 시종되었기 때문에 종합적인 성격은 아직 알 수 없으나 나라이(奈良井)유적은[24] 한 변 40m의 방형주구 모양의 유구에서 7마리 이상의 말 유체가 발견되어 주목되는 유적이다. 출토상황을 볼 때, 제의과정에서 머리를 자른 후 매장한 것으로 이해되고 있으며 이 유구의 성격을 제사를 위한 주구로 보았다. 하지만 최근 한반도 서남부지역의 발

---

23) 宮崎泰史, 2010, 「키나이(畿内)에 정착한 백제계 馬飼集團 −오사카 시토미야키타유적을 중심으로−」, 『마한·백제 사람들의 일본열도 이주와 교류』, 중앙문화재연구원·국립공주박물관·백제학회.

24) 田中清美, 2005, 「河内湖周邊の韓式系土器と渡來人」, 『ヤマト王權と渡來人』, サンライズ出版, p.74.

<그림 6> 미나미노코메사키유적 출토 유물

굴 성과를 감안할 때 방형의 주구를 갖춘 분구묘의 주구 내에 말의 매납이 이루어진 후 분구가 삭평된 결과일 가능성이 높다.

나카노(中野)유적은[25] 고분시대 중기-후기에 속하는 굴립주건물, 우물, 구 등으로 구성되었는데 폭 3.8m, 깊이 1.4m의 큰 구덩이에서 5세기 중반경의 하지키, 한식계토기, 스에키, 제염토기, 소형 미니어처유물들과 함께 말머리가 출토되어 말과 관련된 제사유구로 추정된다. 시토미야키타유적과 마찬가지로 다량의 제염토기가 나온 점이 목마의 증거로서 주목된다.

미나미노코메사키(南野米崎)유적은 나카노유적의 남쪽 300m 정도 되는 지점에 위치하는데[26] 길이 40m 이상, 폭 5.5m, 깊이 1.7m의 큰 도랑에서 하지

---

25) 四條畷市敎育委員會, 2006, 『一般國道163号擴幅工事に伴う發掘調査槪要報告書』.

26) 大阪府敎育委員會, 2009, 『蔀屋北遺跡Ⅰ』總括·分析編, p.152.

키, 스에키, 한식계토기, 제염토기, 手捏토기, 각종 미니어쳐유물, 복숭아 등과 함께 말의 치아가 출토되었다. 역시 말과 관련된 제사유구로 보인다.

나카노유적의 서방에 위치하는 카마다(鎌田)유적에서는 한 변 14m의 방형 주구 모양의 유구 내부에서 말뼈와 함께 다량의 스에키, 한식계토기, 하지키, 제염토기, 미니어쳐유물 등이 출토되었다. 나라이유적과 마찬가지로 분구묘의 주구일 가능성이 있다.

나카노유적의 동편에 위치하는 죠(城)유적·오오가미(大上)고분군·코마이께홋뽀(木間池北方)유적은[27] 서로 명칭은 다르지만 연접하는 동일 유적이다. 횡혈식석실분과 전방후원분으로 구성된 고분군인데 내부에 말이 매장되어 있어서 말 사육 집단의 우두머리가 묻힌 것으로 추정된다. 주변의 길이 260m 이상의 河道에서 다량의 한식계토기가 출토되었다.

이상 열거한 시조나와테 시내의 유적은 바로 인접한 네야가와시로 연결된다. 네야가와시 죠호지(長保寺)유적에서도 한식계 토기와 초기 스에키가 다량 출토되었으며 U자형 아궁이테 역시 상당량이 출토되었다.[28] 그 형태는 시토미야키타의 것과 동일하다.[29] 이밖에 쿠스노키(楠)유적도 동일한 양상이다.

이상 오사카의 이코마산(生駒山) 서록의 네야가와(寢屋川), 시조나와테(四條畷)시 일원에서 광범위하게 발견된 유적들은 주거지, 우물, 구, 폐기장, 제의공간, 무덤 등으로 구성되어 있는데 발견된 말의 유체, 제염토기의 양, 유적의 범위 등을 고려할 때 넓은 공간을 이용한 목마의 존재를 추정할 수 있다.

---

27) 四條畷市教育委員會, 2006, 『一般國道163号擴幅工事に伴う發掘調査概要報告書』.

28) 濱田延充, 2001, 「用度不明板狀土製品について」, 『韓式系土器研究』 Ⅶ, pp.31-36.

29) 권오영, 2007, 「住居構造와 炊事文化를 통해 본 백제계 이주민의 일본 畿內地域 정착과 그 의미」, 『韓國上古史學報』 56, 韓國上古史學會.

Ⅳ. 맺음말

이상 백제와 일본 오사카의 목마와 관련된 새로운 유적 두 군데를 검토해보 았다. 화성 송산동유적은 논을 무대로 경작과 방목이 계절적으로 반복된 유적 일 가능성이 높으며 전업적인 목마집단으로 보기는 어렵다. 발굽의 크기를 볼 때 중형마로 추정된다.

일본의 말은 대개 소형마와 중형마로 구성되어 있는데 최근 오사카의 시조 나와테시의 시토미야키타유적에서 전신골격이 발견되었다. 시조나와테시와 네 야가와시 일대에 넓게 분포하는 목마 관련 유적의 존재는 이 지역을 무대로 전 문적으로 말의 사육에 종사한 집단이 존재하였음을 보여주는데 이들은 백제, 그중에서도 영산강유역을 고지로 한 집단이 중추를 이룬 것으로 판단된다.

문제는 영산강유역에서 이와 유사한 형태의 목마 흔적을 찾을 수 있는가 하 는 점이다. 신라, 가야지역의 마구에 비해 연구자들의 관심이 소홀한 상태에 서도 영산강유역에서는 이미 적지 않은 수의 말의 유체가 발견된 바 있다. 목 마의 분명한 흔적은 아직 발견되지 않았지만 앞으로 그 가능성은 높다고 본다. 다만 자료가 나와 주기를 기다리는 소극적인 자세로는 목마의 흔적을 찾는 것 은 요원할 것이다. 이미 알려진 일본의 예를 참고하여 목마와 관련된 고고학 적 증거들을 추출하고 이 증거를 유적에서 찾아내려는 목적의식적인 자세가 필요하다. 일본열도에 말이 전래된 것이 백제를 통해서이고, 河內馬飼部의 고 지가 영산강유역을 포함한 백제지역일 가능성이 커진 만큼 백제고지에서 본격 적인 목마의 흔적을 찾는 작업은 이제부터 시작일 것이다. 아울러 말의 사육 에 필수적인 제염, 말의 가죽과 뼈를 가공하던 공방 등 다양한 종류의 생산 유 구에 대한 고려가 함께 이루어져야 할 것이다.

선생님을 처음 뵌 것은 학부 2학년 무렵이었다. 전남대를 떠나 서울대로 옮기신 후 첫 수업부터 선생님의 열정적인 강의는 놀라움 그 자체였다. 젬데트 나스르, 좌탈 휘익 등 발음조차 어려운 근동지역의 유적을 소재로 도시와 문명, 국가의 발생에 대해 종횡무진 강의하시던 모습이 지금도 머릿속에 뚜렷이 남아 있다. 평소 공부하고 싶었지만 겁두를 내지 못하던 체질인류학 수업도 선생님을 통해 갈증을 채울 수 있었다. 매 시간 인체골격의 뼈 이름을 외워야 하였지만 즐거운 마음으로 지식을 늘려나갈 수 있었다. 학교를 떠난 후 선생님을 자주 뵙지는 못하였지만 필자의 박사논문 심사를 기꺼이 맡아주시면서 또 한번 학은을 입게 되었다. 선생님의 가르침을 통하여 넓은 시각, 풍부한 방법론의 필요성을 절감하게 되었으며, 필자의 평생 과제가 되었다. 선생님, 퇴임 후에도 더욱 건강하십시오.

| 참고문헌 |

京畿文化財研究院

2009 『加平 大成里遺蹟』.

慶南考古學研究所

2006 『勒島 貝塚 Ⅱ』.

권오영

2007 「住居構造와 炊事文化를 통해 본 백제계 이주민의 일본 畿內地域 정
착과 그 의미」, 『韓國上古史學報』, 한국상고사학회.

權五榮·李亨源·韓志仙·崔焕珉·申誠惠·宋潤貞

2009 『華城 松山洞 農耕遺蹟』, 한신대학교박물관.

權五榮·韓志仙

2005 『風納土城 Ⅵ』, 한신대학교박물관.

徐賢珠

2003 「三國時代 아궁이틀에 대한 고찰」, 『韓國考古學報』 50, 한국고고학회.

송윤정

2007 「통일신라 철제 우경구의 고찰」, 『용인 언남리 −통일신라 생활유적−』,
한신대학교박물관.

李泰鎭

1979 「新羅 統一期의 村落支配와 孔烟 −正倉院 所藏의 村落文書 재검토−」,
『韓國史研究』 25, 韓國史研究會.

趙現鐘·申相孝·宣在明·申敬淑

2002 『光州 新昌洞 低濕地遺蹟 Ⅳ』, 國立光州博物館.

建設省·郡馬縣教育委員會·群馬縣埋藏文化財調査事業團

1997 『白井遺跡群 −古墳時代編−』.

宮崎泰史

2010 「키나이(畿內)에 정착한 백제계 馬飼集團 −오사카 ㅅ토미야키타유적
   을 중심으로−」, 『마한·백제 사람들의 일본열도 이주와 교류』, 중앙문
   화재연구원·국립공주박물관·백제학회.

大阪府教育委員會

2009 『蔀屋北遺跡Ⅰ』.

桃崎右輔

2011 「牧の考古學」, 『韓日 聚落 研究의 展開』, 한일취락연구회.

濱田延充

2001 「用度不明板狀土製品について」, 『韓式系土器研究』Ⅶ.

四條畷市教育委員會

2006 『一般國道163号擴幅工事に伴う發掘調査概要報告書』.

四條畷市立歷史民俗資料館

2004 『馬と生きる』開館20周年記念特別展.

2009 『馬は船にのって』.

山口英男

1992 「農耕生活と馬の飼育」, 『關東』新版 古代の日本8, 角川書店.

田中淸美

2005 「河內湖周邊の韓式系土器と渡來人」, 『ヤマト王權と渡來人』, サンライ
   ズ出版.

井上昌美·坂口一

2004 「古墳時代馬の體高推定 −群馬縣子持村·白井遺跡群出土のウマのか
   らの」, 『群馬縣埋藏文化財調査事業團 研究紀要』22.

6~7世紀 新羅土器를 통해 본 漢江流域의 新羅化 過程

강진주*

Ⅰ. 머리말
Ⅱ. 遺蹟現況
Ⅲ. 形態分類
Ⅳ. 變化樣相과 新羅化 過程
Ⅴ. 맺는말

〈Abstract〉

Beginning in the 6th year of King Jinheung (Year 553) Shilla ruled over the regions around the Han River and dominated the areas full scale. At the same time of its landing, Shilla's way of life was also introduced. The relics and artifacts currently scattered around the Han River show this fact. Most of the relics that were found were fortresses and tombs and there were a few life artifacts and production artifacts. There were earthenware, roof tiles, iron items, etc., among the relics found in the historic sites and earthenware was the largest part. It specially attracts our attentionbecause earth-

* 檀國大 大學院 史學科 考古美術史專攻 博士課程

enware is well evaluated as the best archeological material that indicates the spatial scope of a political entity.

The culture of earthenware in the regions around the Han River experienced a turning point two times. The first one was the influx of Shilla's earthenware in the middle of the 6th century due to their advance into the regions of the Han River. Shilla's earthenware in that period bore the latter style of earthenware. The distinctive relics were goblets, semi-circle type (△ ware with three legs and lid (Gae), jars with feet and long necks (Buga-Guyeon-Daebu-Janggyeong-Ho), etc. Another turning point was the time when Shilla achieved unification of three kingdoms. The stamp-pattern (Inhwamun) ware began to spread nationwide then. Around that time, the main type of Shilla's earthenware changed to plates with feet (Daebuwan), convex-type (凸) ware with three legs and lid (Gae), and flat bottles (Pyonbyung), etc.

Most of Shilla's relics in the regions around the Han River in the 6th - 7th centuries were fortresses and tombs and these two types of relics carried the characteristics of being distributed closely to each other. The fact that the fortresses and tombs built in a similar period were found nearby may be the evidence that shows cultural assimilation progressed in a short period of time. From this fact, we also suspect that Shilla's advance to the regions of the Han River was conducted under a strict plan. Shilla was able to persuade manpower who could build fortresses and tombs and to move to these areas in a short time, through which the culture of Shilla spread out more rapidly.

I. 머리말

최근 한강유역을 중심으로 한 서울·경기지역에서 신라유적이 확인되는 사례가 급속도로 증가하고 있다. 이는 불과 10년 전만 해도 잘 알려지지 않았던 한강유역에서의 신라가 주목받는 계기를 만들어 주고 있다.

신라가 한강유역을 장악하고 본격적인 지배를 시작한 것은 진흥왕 16년(553년)[1] 이후로 진출과 동시에 신라의 생활양식이 유입되었다. 이는 현재 한강유역에 산재한 신라의 유적과 유물이 잘 대변해 준다.[2] 유적은 대부분 성곽유적과 고분유적이 차지하며, 그 외 생활유적과 생산유적이 비교적 적게 확인되고 있다. 유적에서 출토되는 유물 중에서는 토기, 기와, 철제류 등이 있는데, 그 중 가장 많은 분량을 차지하는 토기가 주목된다. 트기는 한 정치체의 공간적 범위를 가장 잘 알려주는 고고학적 자료로 평가되고 있기 때문이다. 따라서 신라의 한강유역의 진출과 경영에서도 토기의 분포에 따라 그 시기와 성격이 가장 잘 드러날 것으로 여겨진다.

한강유역의 토기문화는 신라에 의해 두 번의 획기를 겪게된다. 한 번은 6세기 중엽으로 신라의 한강유역과 진출을 통한 신라토기의 유입이다. 이 시기의 신라토기는 후기양식으로 표지적인 유물로는 고배, '◠(반구형)'개, 부가구연대부장경호 등이 있다. 또 한번의 획기는 신라가 삼국통일의 우업을 달성한 때로 인화문토기가 전국적으로 확산되기 시작한다. 이 시기를 전후로 하여 신라토기의 중심기종은 대부완과 '凸(철)'자형 개, 편병 등으로 바뀌게 된다.

---

1) 『三國史記』 卷 4, 眞興王 14年條,

　"秋七月 取百濟東北鄙 置新州 以阿湌武力爲軍主".

2) 한강유역은 한강본류와 남한강 그리고 북한강 유역을 포함하지만, 본그에서는 서울과 경기지역에서 신라토기가 출토된 유적을 대상으로 하였다.

본고에서는 한강유역 진출 상황에 초점을 맞추었기 때문에, 후기양식토기와 이 양식의 토기가 출토되는 유적을 대상으로 논의를 전개해 나가도록 하겠다. 이를 통해 영세한 사료가 전해주지 못하는 신라의 한강유역 진출과 성장과정을 보다 구체적으로 살필 수 있을 것으로 보인다.

Ⅱ. 遺蹟現況

현재까지 조사에 따르면, 신라유적은 한강을 중심으로 이남과 이북에 분포하며 성곽유적과 고분유적이 가장 많은 수를 차지하고 있다. 통일기까지 합하면 사지, 주거지, 토기가마 등의 유적까지 상당수 확인[3]되지만, 본고의 시간적 범위가 6-7세기이므로 이 시기에 해당되는 유적을 중심으로 살펴보고자 한다.

먼저 한강이남의 위치한 성곽유적부터 보면, 남한강인근의 여주지역에는 신라와 관련된 유적으로 파사성과 북성산성이 있다. 파사성은 1999~2000년까지 기전문화재연구소에 의해 발굴조사가 실시되었다.[4] 북성산성은 지표조사만이 이루어졌으나 여주의 중앙부에 위치해 있고 주변에 신라고분군이 밀집분포하고 있어 신라 骨乃斤停의 초기 설치지역으로 비정되고 있다.[5] 이천에

---

3) 조사성과에 따르면, 신라유적은 성곽이 10곳, 고분이 30곳 276기, 주거지 151기 등이 시굴 혹은 발굴조사된 것으로 알려졌다(황보경, 2008, 「경기지역 신라유적의 조사 및 연구성과 과제」, 『경기지역 발굴조사 10년』, 기전문화재연구원). 신라유적발견의 양적 증가는 개발에 따른 경기·서울지역의 구제발굴조사가 늘어났기 때문으로 여겨진다.

4) 畿甸文化財硏究院, 「여주 파사성지 1차발굴조사 현장설명회자료」, 2000.

5) 백종오·오강석, 2004, 「驪州地域 城郭의 特徵과 時代別 變遷」, 『年報』 8, 京畿道博物館.

는 설성산성,[6] 설봉산성[7] 등이 신라가 북진했을 때부터 사용된 유적으로 보고 있다. 이 유적들에서는 백제유물과 함께 신라유물이 확인되고 있어 신라가 기존에 축조된 산성을 재사용한 것을 알 수 있다.

한강의 지류천이 흐르는 안성 죽산지역에는 죽주산성이 있다. 죽주산성은 단국대학교 매장문화재연구소에 의해 지표조사 함께 일부구간의 발굴조사가 이루어진 상태이다.[8] 최근에 조사된 3호집수시설의 최하층에서 이중투창고배가 확인되어 비교적 이른 시기에 신라가 진출했던 것을 보여주고 있다.[9]

용인에는 마성 IC와 인접한 곳에 할미산성이 위치해 있다. 이 지역은 탄천과 경안, 신갈천 등 한강 이남의 주요 하천로와 인접해 있어 오래 전부터 주목되던 요충지이다. 최근 경기도박물관에 의해 조사되었는데, 출토된 유물은 6세기 중반~7세기 초의 신라토기가 주류를 이루며 백제나 고구려에 의해 사용된 흔적은 보이지 않는다.[10] 한강 본류에 인접한 하남에는 신라가 한강유역을 장악한 뒤 설치한 新州로 비정[11]되는 곳으로 이성산성이 자리잡고 있다. 이성산성은 한양대학교박물관에 의해 1988년부터 지금까지 11차에 걸쳐 발굴조사가 진행되었다.[12] 조사결과, 저수지와 8·9·12각 건물지가 확인되었으며 유물

---

6) 단국대학교 매장문화재연구소, 2002, 『이천 설성산성 1차 발굴조사 보고서』.
　　　　　　　　　　　　　　, 2004, 『이천 설성산성 2·3차 발굴조사 보고서』.
7) 단국대학교 중앙박물관, 1999, 『이천 설봉산성 1차 발굴조사 보고서』.
　　　　　　　　　　　, 2001, 『이천 설봉산성 2차 발굴조사 보고서』.
　단국대학교 매장문화재연구소, 2002, 『이천 설봉산성 3차 발굴조사 보고서』.
8) 단국대학교 매장문화재연구소, 2002, 『안성 죽주산성 지표 및 발굴조사 보고서』.
　　　　　　　　　　　　　　, 2006, 『안성 죽주산성 남벽 정비구간 발굴조사 보고서』.
　한백문화재연구원, 2008, 『안성 죽주산성 동벽 정비구간 문화재 발굴조사 보고서』.
9) 한백문화재연구원, 2009, 「안성 죽주산성 3차발굴조사 지도위원회자료」.
10) 京畿道博物館, 2005, 『龍仁 할미산성』.
11) 皇甫慶, 1999, 「新州 位置에 대한 研究」, 『白山學報』 53, 白山學會.
12) 漢陽大學校博物館, 1987, 『二聖山城 -發掘中間報告書-』.

은 신라계가 대부분을 차지하고 있다. 많은 유구와 유물로 볼 때, 이성산성은 신라의 한강유역 경영에 중추적인 역할을 했던 것으로 여겨진다.

서울의 남서쪽에 위치한 호암산성은 금천구 시흥동과 안양시 석수동의 경계를 이루는 관악산 줄기에 자리한다. 이 유적은 서울대학교 박물관에 의해 80년대 후반에 한우물이라는 제1우물지를 중심으로 발굴조사가 이루어졌다.[13]

이밖에도 서해안과 인접한 지역에서 신라토기가 수습되고 있다. 대표적인 유적으로는 화성 당성,[14] 평택 자미산성,[15] 인천 계양산성[16] 등이 있다. 특히, 자미산성에서는 2단투창 고배를 비롯한 '上', '下', '十' 등이 새겨진 명문토기편이 출토되어 주목된다.[17]

한강 이남의 고분유적으로는 여주의 상리·매룡리고분군, 하거리방미기골고분군(이하 하거리고분군)과 용인 보정리 고분군, 안성 반제리 고분, 화성 택지개발지구내 고분 등이 있다.

여주의 상리·매룡리고분군에 대한 첫 조사는 일제 강점기 때 今西龍에 의해 이루어졌다.[18] 1929년에는 野守健이「復命書」[19]에 상리와 매룡리 고분의 간략한 설명과 함께 고분분포도를 작성하였다. 1980년대에 들어서야 매룡리일대의 고분군이 한림대학교박물관에 의해 본격적인 발굴조사가 시작되었다.[20]

漢陽大學校博物館, 1988~1999,「二聖山城 -2~6次發掘中間報告書-」.

　　　　　　　　　　, 2000~2003,「二聖山城 -7~10次 發掘調査報告書-」.

13) 서울대학교, 1990,「한우물-호암산성 및 연지발굴조사보고서-」.

14) 한양대학교박물관, 1998·2001,「唐城 -1·2次 發掘報告書-」.

15) 단국대학교 매장문화재연구소, 2004,「평택 서부 관방산성 시·발굴조사 보고서」.

16) 선문대학교 동양 고고학연구소, 2008,「桂楊山城」.

17) 한백문화재연구원, 2008,「자미산성 2차발굴조사 지도위원회자료」.

18) 今西龍, 1916,「大正五年度 古蹟調査報告書」,「古蹟調査報告」, 朝鮮總督府.

19) 野守健, 1996,「復命書」,「국립중앙박물관 보관 고문서 목록」(문서번호 133-6).

20) 翰林大學校博物館, 1988,「驪州 梅龍里 용강골 古墳郡 發掘調査 報告書」.

이후 다시 상리의 고분군이 한림대학교에 발굴조사되었으며,[21] 1999년에는 기전문화재연구원에 의해 상리·매룡리일대의 고분군에 대한 종합적인 지표조사와 함께 8기가 발굴되었다.[22] 하거리고분군은 1999년 경희대학교 박물관이 조사하였는데, 고분의 구조는 신라고분과 같으나 그 안에 부장된 토기류가 고배나 개 보다는 호와 병이 주류를 이루고 있다.[23] 때문에 상리·매룡리고분군과 같이 축조세력에 대한 대립된 의견이 논의되기도 하였다.[24]

용인 할미산성의 서쪽으로 7㎞ 정도 떨어진 곳에 용인 보정리 고분군이 위치한다. 이 고분군이 자리한 소실봉에는 지표조사 당시 최대 100여 기 이상의 고분이 잔존할 것으로 판단되었다. 소실봉의 남사면일대에서는 2기의 횡구식석곽이 발굴조사[25]되었으며 동사면일대는 22기의 석곽 및 석실묘가 조사[26]되었다. 이 조사를 통해 여주지역과 유사한 시기의 고분이 대규모로 밀집된 신라유적이 밝혀져 용인이 재조명되는 계기가 되었다.

---

21) 翰林大學校博物館, 2001, 『여주 상리고분』.

22) 畿甸文化財硏究所, 2000, 『驪州 上里·梅龍里 古墳郡 精密地表調査 報告書』.

23) 경희대학교박물관, 1999, 『여주 하거리 방미기골 고분』.

24) 그동안, 여주의 고분군은 축조세력을 신라 혹은 백제로 보는 견해가 대립되었다. 대체로 신라로 보는 경향이 많은데 이에 대해 말한 논고로는 '金元龍, 1974, 「百濟初期古墳에 대한 再考」, 『歷史學報』 62, 歷史學會'와 '강현숙, 1996, 「백제 횡혈식석실분의 전개과정에 대하여」, 『한국고고학보』 34'가 있다. 그리고 상리·매룡리고분군의 조사자인 기전문화재연구원의 김성태는 고분의 축조세력을 신라에 새로 편입된 재지세력인 '新民'으로 보았다(畿甸文化財硏究所, 2000, 앞의 책), 이에 반해 하거리고분군의 발굴을 주도한 강봉원은 출토된 토기를 백제계로 보아 백제고분군으로 보았다(姜奉遠, 2000, 「한강 유역 횡혈식 석실분의 성격–여주지역을 중심으로」, 『先史와 古代』 15, 韓國古代學會). 한강유역 신라 석실묘를 연구한 김진영은 횡구식석실을 주묘제로 하는 상주일대의 지배집단을 주축으로 횡혈식석실을 주묘제로 하는 왕경의 지배집단이 일부 포함된다고 보았다(김진영, 2007, 「한강유역 신라 석실묘의 구조와 성격」, 『선사와 고대』 27, 한국고대학회). 홍보식은 매룡리 2·8호분 형식이 서악리석침총 유형이고 매룡리 및 상리고분군의 석실에서 출토한 두침으로 보아 왕경과 관련된 인물일 가능성 높다고 보았다(홍보식, 2009, 「고고자료로 본 신라의 한강유역지배방식」, 『백제연구』 50, 충남대학교 백제연구소).

25) 한국토지공사 토지박물관, 2003, 「용인보정리고분군 발굴조사 지도위원회의 자료」.

26) 기전문화재연구원, 2005, 『용인 보정리 소실유적』.

안성 반제리 유적은 서해안의 아산만으로 가는 길에 위치해 있으며 횡혈석
실분 3기와 횡구식석곽묘 10기가 발굴조사되었다.[27] 부가구연대부장경호와
고배, 단경호 등이 출토되었다.

오산천의 동쪽에 위치한 화성 청계리에서는 신라 고분과 주거지, 가마 등이
확인되었으며 통일 이전시기에 해당되는 것은 고분이다.[28] 석실분과 석곽묘
가 있는데 내부에서 부가구연대부장경호, 합, 고배 등이 출토되었다. 또한, 오
산천의 서쪽에서는 6세기 중반~7세기에 해당되는 대규모 마을 유적이 확인되
었다. 조사결과 25기의 주거지를 비롯하여, 우물지, 밭경작유구 등이 확인되
었다.[29]

다음으로는 한강 이북에 위치한 신라토기 출토 유적에 대해 살펴보도록 하
겠다. 우선, 한강과 가장 인접한 유적으로 아차산성을 들 수 있다. 아차산성은
서울대학교 박물관에 의해 조사되었는데, '北漢'銘 기와가 다수 확인되어 신라
의 北漢山城으로 추정되고 있다.[30]

한강의 지류천인 중랑천을 따라 양주분지로 가면 대모산성이 위치해 있다.
대모산성은 지금까지 동문지와 서문지에 대한 조사가 진행되었으며, 많은 량
의 신라토기편이 출토되었다. 산성의 규모와 확인되는 유구와 유물로 미루어
보아 오랜 기간동안 한강이북에서 신라에 의해 중요하게 사용되었음을 알 수
있다.[31]

한강하류에 이르면 한강과 임진강이 나누어지는 지점에 오두산성이 자리잡

---

27) 중원문화재연구원, 2007, 『안성 반제리유적』.

28) 한백문화재연구원, 2008~2009, 「화성 청계 택지개발지구내 문화재 발굴조사 1~6차 지도위원 회의자료」.

29) 기전문화재연구원, 2003~2005, 「오산 가수동 아파트 신축부지내 유적 발굴조사 지도위원 회의자료」.

30) 서울대학교인문학연구소·서울대학교박물관, 2000, 『아차산성 -시굴조사보고서-』.

31) 文化財研究所·翰林大學校 博物館, 1990, 『楊州 大母山城發掘調查報告書』.

　　翰林大學校 博物館, 2002, 『양주 대모산성-동문지·서문지』.

고 있다. 오두산성은 한강으로 진입하는 곳에 위치해 있어 하천을 이용해 진입하려는 적을 막는데 중요한 역할을 한 것으로 여겨진다.[32] 또한 이 유적은 백제와 고구려의 전투에서 성왕이 전사한 관미성으로 비정되는 견해가 있다.[33]

한강유역의 최북단인 임진강과 인접한 곳에는 칠중성과 반월산성이 있다. 칠중성은 지표조사만 이루어졌는데, 신라토기편이 다수 수습되고 있다.[34] 반월산성은 이제까지 총 6차에 걸쳐 발굴조사가 진행되었으며, 백제·고구려·신라 유물이 모두 확인되고 있다.[35]

고분유적으로는 오두산성과 인접해 있는 성동리고분군과 법흥리고분군이 있다. 성동리고분군은 금동관, 요패 등과 함께 많은 토기류가 발견되어 피장자의 신분이 높았음을 알 수 있다.[36] 법흥리고분군에서는 당식 과대가 출토되고 인화문토기가 주류를 이루고 있어 통일이후에 해당되는 유적임을 알 수 있다.[37]

이외 남양주 별내택지개발 사업지구내에서 7세기 전반경으로 추정되는 토기 가마 1기와 이와 관련된 것으로 보이는 주거지 1기가 확인되어 주목된다. 소성실과 연소실 일부가 잔존하며 고배, 개, 완류 등이 수습되었다.[38] 그동안

---

32) 경희대학교 고고미술사연구소, 1992, 『烏頭山城』Ⅰ.

　　한백문화재연구원, 2008, 『파주 오두산성 정밀지표조사 보고서』.

33) 윤일영, 1986, 「關彌城 位置考」, 국민대학교 석사학위논문.

34) 단국대학교 매장문화재연구소, 2001, 『칠중성 지표조사보고서』.

35) 단국대학교 사학과, 1996·1997, 『포천 반월산성 1〜2차 발굴조사보고서』.

　　단국대학교 중앙박물관, 1998·1999, 『포천 반월산성 3〜4차 발굴조사 보고서』.

　　단국대학교 매장문화재연구소, 2001, 『포천 반월산성 5〜6차 발굴조사 보고서』.

　　_________________________, 2004, 『포천 반월산성 종합보고서』.

36) 경희대학교부설 고고미술사연구소 외, 1992, 『통일동산 및 자유로 개발지구 발굴조사 보고서』.

37) 한양대학교 문화인류학과·호암미술관, 1993, 『자유로 2단계 개설지역 문화유적 발굴조사보고서』.

38) 한백문화재연구원, 2008, 「남양주 별내 택지개발 사업지구내 문화재 시·발굴조사조사 3차지도위원회의 자료집」.

한강유역에서는 통일기 이전의 생산유적의 발견사례가 없었다. 때문에 1기이
지만 이 가마를 통해 통일 이전에도 재지에서 생산하여 수급했을 가능성을 시
사하고 있다.

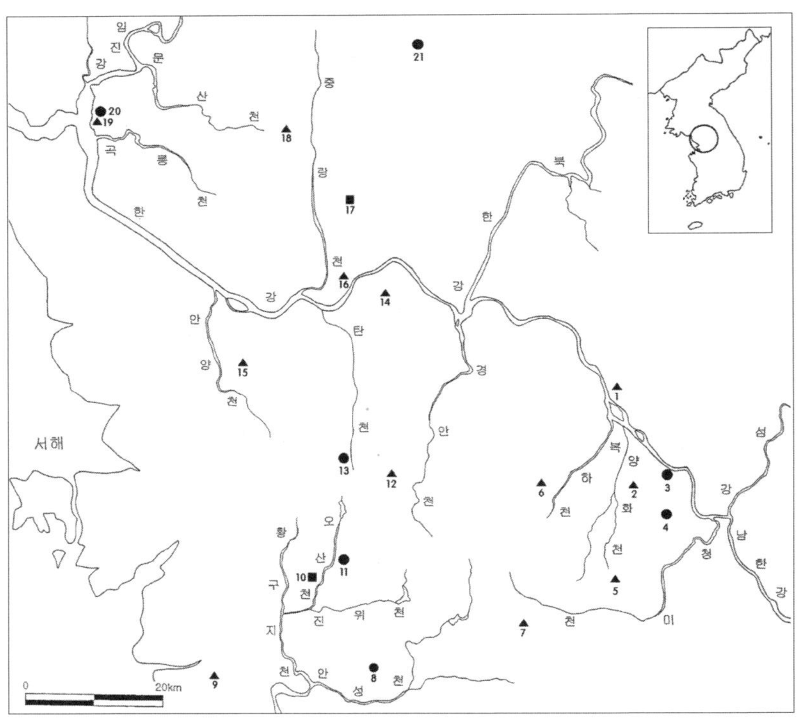

1	여주 파사산성	8	안성 반제리 유적	15	서울 호암산성
2	여주 북성산성	9	평택 자미산성	16	서울 아차산성
3	여주 상리·매룡리 고분군	10	오산 가수동 유적	17	남양주 별내 유적
4	여주 하거리 방미기골 고분군	11	화성 청계리 유적	18	양주 대모산성
5	이천 설성산성	12	용인 할미산성	19	파주 오두산성
6	이천 설봉산성	13	용인 보정리 고분군	20	파주 성동리 고분군
7	안성 죽주산성	14	하남 이성산성	21	포천 반월산성

【지도1】 한강유역 신라유적 분포도

Ⅲ. 形態分類

　한강유역에서 신라토기가 유입되는 시기는 6세기 중반으로 후기양식에 해당된다. 이 양식은 인화문토기로 대표되는 통일양식토기가 등장하면서 서서히 소멸하는데, 이때는 대략 7세기 중반경으로 추정된다. 이 시기로 보는 이유는 하남 이성산성 1차 저수지에서 출토된 戊辰年(608)銘 목간 윗층에서 인화문토기가 나타나고, 당식과대와 함께 인화문토기가 부장된 그분이 발견되는 점, 통일을 전후로 하여 비로소 전국적인 확산이 가능했다는 것을 감안하면 대략 7세기 중반을 전후한 시기로 추정된다. 따라서 본고에서는 신라의 한강유역 진출과정을 살펴보는 것임으로 통일양식 이전까지만을 대상으로 한다.

　한강유역에서 6-7세기대에 신라토기가 출토되는 유적은 앞서 본 바와 같이 성곽유적과 고분유적이 주류를 이룬다. 여기서 출토된 신라토기의 기종을 확인해본 결과 대체로 고배, 개, 부가구연대부장경호, 완, 호·옹, 병, 동이, 접시 등이 출토되었다. 유적성격에 상관없이 출토되는 기종은 고배, 개, 부가구연대부장경호, 호·옹, 완 등이다.[39] 이 중에서 신라후기양식의 표지적이면서도 시기적인 변화가 민감한 기종을 중심으로 형태 분류를 시도하였는데, 고배·개·부가구연대부장경호가 여기에 해당된다. 각 기종의 형태 분류를 통해 이 시기 한강유역에서 가장 많이 출토되는 유형을 파악하고 변화양상을 살펴보도록 하겠다.[40]

---

[39] 각 유적의 성격별로 출토된 토기 기종은 '강진주, 2006, 「한강유역 신라토기에 대한 고찰」, 단국대학교 석사학위논문, 91~105쪽'에서 보다 자세히 고찰하였다.

[40] 분석의 객관성을 얻기 위해 1. 발굴조사가 이루어지고, 2. 보고서가 발간되어 유물의 세부 속성을 알 수 있으며, 3. 파편이 아닌 완형 혹은 완형으로 추정될 수 있는 것을 대상으로 하였음을 밝혀둔다.

1. 高杯類

高杯는 접시보다 깊은 배신에 대각이 다린 그릇을 말한다. 이러한 형태는 백제토기에도 나타나지만 신라토기는 긴 대각에 투창[41]이 뚫려 있는 것이 특징이다.

구연의 형태에 따라 유개고배와 무개고배로 나뉘며 전자는 뚜껑받이턱이 돌출된 것이고 후자는 직립한 것을 말한다. 고배에서 시기적 변화를 민감하게 반영하는 것은 구연부과 대각부의 형태이다. 구연부는 유개고배의 경우 시간이 흐르면서 구연이 짧고 뚜껑받이 턱이 길어지는 경향이 나타난다. 대각은 일반적으로 점차 짧아지고 투창이 작아져 투공화되며 이조차 점차 소멸해간다. 이러한 변화는 배신이 점차 커지고 대각이 짧아지는 경향으로 나타나기 때문에 배신과 대각의 비율도 함께 고려해야 한다.

이에 따라 고배의 형태분류를 위해 먼저 투공이 있는 것과 없는 것으로 나누었다. 일반적으로 고배에서는 투공이 점차 소멸해 하는 경향으로 보기 때문에 투공의 유무는 고배에서 중요한 분류기준으로 작용하고 있다.

다음으로 고려한 것은 대각과 배신의 비율이다. 이 비율과 투공의 유무는 서로 관계가 있을 것으로 보기 때문이다. Ⅰ형은 대각이 배신보다 높거나 적어도 1:1의 비율을 보이는 것이다. Ⅱ형는 배신이 대각보다 큰 형태로 배신과 대각의 비율이 3:1 정도이다. Ⅲ형은 대각이 굽과 같고 배신이 깊어진 모습이다. 비율로 보면 4:1~5:1 정도까지이다. 다음으로는 구연과 각단 모양으로 분석

---

41) 본고에서 투창과 투공을 구분해서 사용하고자 하다. 투창은 전기양식토기의 고배나 혹은 후기양식토기 초에 나타나는 것으로 배신 보다 긴 대각에 장방형 혹은 사다리꼴 모양의 구멍을 낸 것을 말한다. 투공은 형태는 같지만 한 변의 크기가 1㎝ 내외로 투창에 비해서 매우 작아진 것을 말한다. 후기에 들어서 투공은 현저히 낮아진 대각에 형식상으로만 남게 되는 것으로 여겨지며 점차 무투공화 되어 간다.

해보았다. 구연은 각각 4가지로 나누었으며, 각단의 모양은 분석결과 유개고배와 무개고배에 관계없이 비슷한 형태로 나타나 같은 형태를 적용하였다.

1) 有蓋高杯

有蓋高杯는 뚜껑받이턱이 있는 형태로 주로 드림부 형태가 'ㅏ'자인 蓋와 짝을 이룬다. 분석대상은 총 106점으로 전체형태를 그려한 형태분류를 하였기 때문에 완형만을 대상으로 하였다. 출토 유적은 고분유적과 성곽유적으로 유적명과 개체수를 나타내면 다음과 같다.

【표 1】 유개고배 출토 유적 및 개체수

유적명		성곽 유적					고분 유적					계
		설봉산성	이성산성	아차산성	대모산성	반월산성	하거리고분군	설봉산성부성석실분	성동리고분군	반제리고분군	보정리고분군	
투공고배	일단	1	·	1		·		·	7		4	2
	이단	·	1	·		·		·	5			1
무투공		1	3	3	5	3	2	4	33	8	25	17
계		2	4	4	5	3	2	4	45	8	25	106
비율(%)		1.9	3.8	3.8	4.7	2.8	1.9	3.8	42.4	7.5	27.4	100

【표 1】을 보면, 성동리고분군과 보정리고분이 다수를 차지하며 이외의 유적에서는 5점 미만으로 나타나고 있다. 이는 고분유적의 성격상 토기가 대부분 완형으로 출토되기 때문이다. 이성산성은 지금까지 11차에 걸쳐 발굴조사가 이루어졌지만 대부분 파편 상태로 완형으로 수습된 것이 드물다. 설봉산성은 두 개의 부성이 존재하는데 그중 부성 2에서 석실분이 확인되었다.

대각에 투공이 있는 고배가 출토된 유적으로는 이성산성, 아차산성, 설봉산성, 파주 성동리고분군, 용인 보정리고분군 등이 있다. 특히 이단투공유개고배는 성동리고분군과 이성산성에서 확인되었다.[42] 무투공고배는 유개고배가 출토된 모든 유적에서 확인되었으며 가장 많은 수를 차지하고 있다.

형태분류는 앞서 언급한 바와 같이 우선 대각과 배신의 비율을 통해 Ⅰ～Ⅲ형으로 분류한 다음, 구연부를 A～D의 형태로 나누었다. A는 구연이 직립하고 드림턱이 평행하거나 올라온 형태이다. B는 구연이 내경하고 뚜껑받이턱이 짧게 올라온 형태이며, C는 구연이 내경하고 받침턱이 B보다 길다. D는 구연과 뚜껑받이턱의 길이가 같고 받침턱이 구연과 같은 위치까지 올라와 단면 형태가 'V'자를 이룬다. 이를 그림으로 나타내면 【표 2】와 같다.

【표 2】 유개고배 구연부 형태분류

A	B	C	D

대각단부의 형태는 총 7가지로 나누어 a～e로 구분하였다(【표 3】). a는 끝이 둥근형태로 사선인 것과 외반하는 것으로 포함한다. b는 단부가 편평한 형태로 a는 마찬가지로 사선으로 내려오는 것과 외반하는 것을 함께 한다. c는 단부의 단면이 삼각형을 띠며 d는 둥글게 나온 형태이다. e·f는 밖으로 말린 형태로 끝이 둥글거나 뾰족한 것으로 나누었다. g는 단부가 밖으로 말려 뾰족한

---

42) 최근 조사에 따르면, 평택 자미산성과 죽주산성에서 이중투공고배가 출토되었다(한백문화재연구소, 2008, 「평택 자미산성 2차발굴조사 지도위원회의자료」 ; 2009, 「안성 죽주산성3차발굴조사 지도위원회의자료」). 이 중 평택자미산성은 구연까지 남아있어 유개고배로 확인되었으나 죽주산성 출토 고배는 대각만 남아 유개인지 무개고배인지 알 수 없다. 아직 보고서 발간되지 않아 형태분류에서는 제외하였다.

【표 3】고배 대각단부 형태분류

형태이다.

위와 같은 분류기준을 통해 각 유적에서 출토된 이단투공고배, 일단투공고배, 무투공고배에 차례로 적용해 보았더니, 이단투공은 Ⅰ형만 있고 나머지는 Ⅰ·Ⅱ·Ⅲ형이 모두 존재한다. 또한, 투공이 있는 고배보다 없는 것에 많은 유적이 분포하며 특히나 Ⅱ형에 집중되었다. 이는 투공이 없는 고배가 더 많은 유적에서 보편적으로 사용된 것으로 판단할 수 있다.

(1) 透孔高杯

이단으로 투공이 뚫린 유개고배는 성동리고분군 경희대 석실 2·8·9호분과 이성산성 1차 저수지 등에서 총 6점이 출토되었다. 각 형태를 적용해본 결과 형태상으로는 모두 배신과 대각의 비율이 1:1인 Ⅰ형이며 구연부는 B형만이 존재한다. 대각단부의 형태는 c·d·e·f가 나타났다. c·d·e·f는 대각이 밖으로 두툼하게 나오거나 말린 형태이다. 즉, 전체적인 비율과 구연부는 같은 형태를 띠나 대각단부는 여러 형태를 보여준다.

일단 투공 유개고배는 총 13점이 분석대상이 되었다. 성동리 고분군, 보정리 고분군, 설봉산성, 아차산성 등에서 출토되었다. Ⅰ·Ⅱ·Ⅲ형이 모두 나타나며 구연은 B와 D식이 있는데, 그중 B형이 많다. 대각단부형태는 a식을 제외하고 다양하게 나타난다. 【표 4】를 보면, Ⅱ-B-d 유형이 가장 많은 빈도를 보이고 있다. 이 유형은 일단투공고배는 대각이 배신의 1/2내지 1/3 정도 되는 크기에 구연이 길고 내경하며 드림턱이 짧게 나오고 단부가 둥글게 나온 형태이다. 이는 보정리·성동리·반월산성 등에서 출토되었다.

유개고배는 대각이 길수록 이단 혹은 큰 투공이 뚫리게 된다. 시간이 지나면서 이단투공이 사라지고 투공이 남아있더라고 크기가 점차 작아져 투공화된다. 때문에 이단투공고배이면서 대각과 배신의 비율이 1:1정도인 Ⅰ형에 해당되는 것이 이른 시기의 유형으로 판단된다. 일단투공고배의 경우 Ⅰ～Ⅲ까지 나타나며 구연은 B형에 각단의 형태는 이단투공고배와 비슷하다. 시기는 이러한 유형들이 성동리고분군과 보정리고분군에서 출토되는 점을 감안할 때, 적어도 7세기 중반을 넘지 않는 것으로 보인다.

【표 4】 일단투공고배 유형별 개체수

(2) 無透孔高杯

이는 유개고배 중 가장 많은 수를 차지하는 만큼 다양한 유형이 나타난다. 형태를 대입해본 결과 Ⅱ형에 많은 유적이 분포하며 구연부는 B식에, 대각단부는 a식이 비교적 많은 편이다. 특히, 보정리고분군은 Ⅱ형에서만 확인되고 있다. 단부형태는 a～g식까지 모두 나타났는데, 그중에서도 a식에서 안쪽이 들리거나 바깥쪽이 들린 것 혹은 수평으로 바닥에 모두 닿는 것 등 아류가 많이 확인되었다. 그리고 일단투공에서와 마찬가지로 f형이 여기서만 존재한다. 이는 보정리고분군에 부장되는 고배의 단부형태가 정형화되지 못했음을 보여주는 것이라 생각된다. 다른 한편으로는, 구연과 각단이 다양하게 나타나는 것은 어느 정도의 시간 폭을 가지고 추가장이 활발하게 이루어졌던 것으로도 판단할 수 있다.

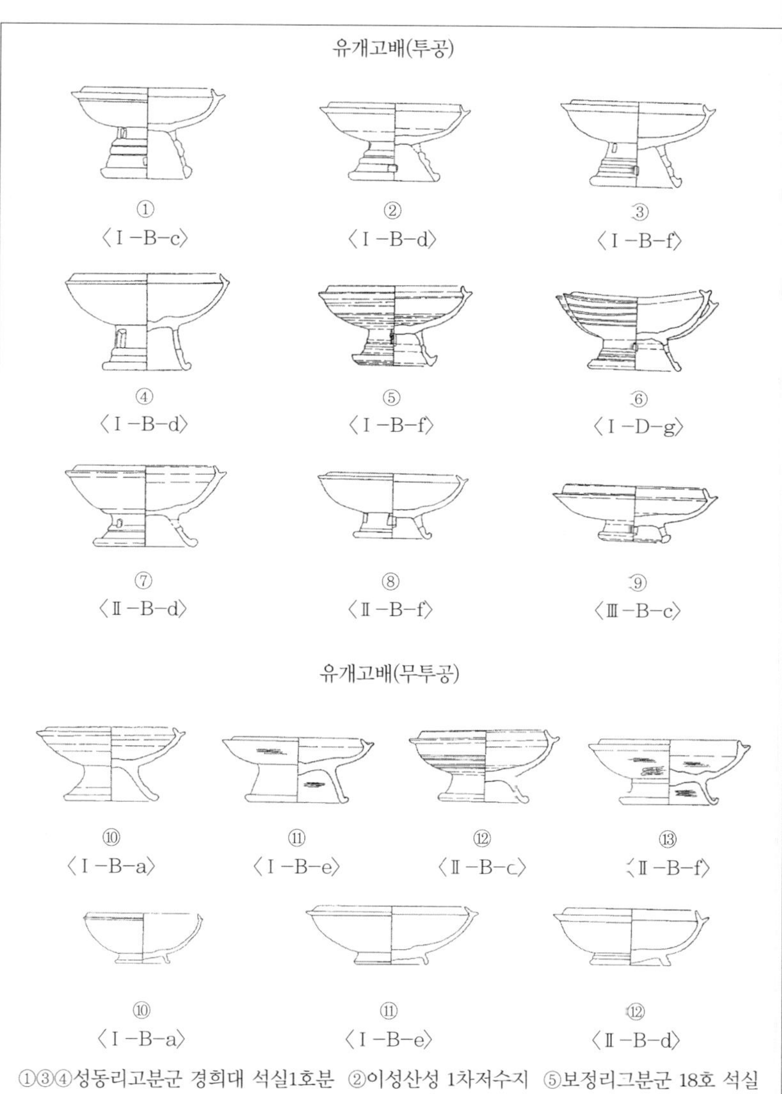

①③④성동리고분군 경희대 석실1호분 ②이성산성 1차저수지 ⑤보정리그분군 18호 석실묘 ⑥보정리고분군 6호석실묘 ⑦설봉산성 2차발굴조사 Ⅰ 그간 4층 ⑧성동리고분군 경희대 석실 3호분 ⑨보정리고분군 2-1호 석실묘 ⑩설봉산성 쿠성2 석실분 ⑪⑬아차산성 A지구 성벽트렌치 ⑫보정리고분군 8호 석실묘 ⑭⑮성동리고분군 경희대 쓰실2호분 ⑯하거리고분군 29호석실분

【그림 1】 유개고배 유형

성동리고분군은 Ⅰ~Ⅲ형까지 모두 분포되고 있다. 구연부는 D형을 제외한 나머지 형태가 모두 있으며, 특히 A형은 성동리고분군에서만 관찰된다. 대각 단부형태는 이단·일단 투공고배와 같은 현상이다. 투공고배에서는 B형에만 집중되었던 것과 비교하면 다양한 구연이 나타나는 편이다. Ⅰ과 Ⅲ에는 보정 리고분군의 유물이 없고, 성동리고분군과 함께 반월산성과 설봉부성파괴석실 분 등의 유물이 해당된다. 같은 형태가 다른 유적에 존재하는 것은 비슷한 시기에 유적이 형성된 것으로 볼 수 있다.

빈도수로 보면, 무투창고배는 Ⅱ-B-a와 Ⅱ-B-d가 가장 많다. 이로 볼 때, 투공이 없는 유개고배는 대각이 배신보다 비교적 짧고 구연은 길면서 내경하며 각단이 사선으로 내려오거나 밖으로 외반된 형태가 주로 사용된 것을 알 수 있다.

2) 無蓋高杯

무개고배는 뚜껑받이턱이 없는 형태를 말한다. 무개고배라고 해서 개가 없었던 것은 아니며 주로 드림턱이 '入'자인 개와 짝을 이룬다. 이러한 형태의 고배는 5세기 초부터 등장하며 배신이 깊고 대각은 높은 형태에 종방향의 대상 파수편이 붙착되었다. 시간이 지나면서 파수가 떨어져나가는데, 6~7세기까지 왕경과 그 주변 고분에서 파수가 부착된 고배가 출토되는 것으로 보아 파수는 7세기를 전후로 사라진 것으로 추정된다. 하지만 모두 다 파수가 있었던 것은 아니고 파수가 있는 것과 없는 것이 공존하고 있다. 다만, 파수가 있는 것이 없는 것보다 대형인 것으로 보아 용도에 차이가 있었을 것으로 파악된다.[43]

---

43) 尹相悳, 2001, 「6-7世紀 新羅土器 相對編年 試論」, 서울大學校 碩士學位論文, 215쪽.

유개고배에 비해 수량이 적은 편이며 대부분 직립된 구연에 파수가 없는 형태로 여기에서 분석대상으로 다루는 것은 완형 36점이다.

【표 5】무개고배 출토 유적 및 개체수

유적명	성곽유적					고분유적				합계
	할미산성	이성산성	아차산성	대모산성	반월산성	하거리고분군	보정리고분군	성동리고분군	칸제리고분군	
유투공	2		·	1	·	1	3	1	1	9
무투공	1	5	1	5	1	1	3	11		28
계	2	5	1	6	1	2	6	12	1	36
비율	5.5	13.9	2.8	16.7	2.8	5.5	16.7	33.3	2.8	100

【표 5】에서 보듯, 무개고배 또한 유개고배와 같이 고분군에서 비교적 많은 수가 확인되고 있다. 투공이 있는 것은 성동리고분군·보정리고분군·하거리고분군, 대모산성, 할미산성 등에서 적은 양이 출토되었다.

분류기준은 유개고배와 마찬가지로 투창의 유무로 구분되어지는데 이를 대각과 배신의 비율로 대분류하고 구연과 대각단부 단면형태에 따라 다시 소분류를 하였다. 구연은 다음과 같이 4가지로 구분하였다.

【표 6】무개고배 구연부 형태분류

A	B	C	D

【표 6】의 A·B형은 직립한 형태로 A형은 단부를 비교적 뾰족하게, B형은 단부를 둥글게 조성한 것이다. C형은 뾰족하게 외반되었으며 C형은 둥글게 외

반된 것이다.

형태를 조합해본 결과, 일단투공은 배신과 대각의 비율이 2:1~3:1인 Ⅱ형
와 B형 구연이 많은 유적에서 확인된다. 그리고 대각단부는 a·d·g식으로 나
타나고 있다. 그리고 무투공은 비교적 여러 가지의 구연과 대각단부 형태가 조
합된다.

(1) 透孔高杯

투공이 있는 고배는 이단은 없고 일단만 확인된다. Ⅱ형과 B형에 많은 유적
이 분포하는데, 개체수는 많지 않으나 대각과 배신의 비율이 1:1보다는 낮고
구연이 둥글게 직립하는 것이 일반적인 유형으로 해석된다. 보정리고분에서
매우 짧은 형태의 대각에 투공이 뚫린 것이 있어 특징적인데 이는 무투공화되
어 가는 과도기적 성격을 갖는 것으로 추정된다.

개체수가 적어 보편적인 성격을 말할 순 없지만, 적은 수량에 비해 Ⅱ-B-
a식의 비율이 높으며 보정리고분군과 설봉산성에서 확인된다. Ⅱ-A-d식은
성동리고분군 전북대 6호묘과 할미산성에서 나왔으며 구연이 얇고 대각이 둥
글게 말린 형태이다. Ⅱ-B-g식은 하거리 방미기골고분군 29호묘에서 출토되
었다. Ⅲ-C-c식은 보정리고분군 6호묘에서 보주형 꼭지에 '入'자형 드림부를
가진 개와 함께 확인되었다.

(2) 無透孔高杯

무투공고배는 무개고배가 출토된 유적에서는 모두 나타나고 있다. 고배와
배신의 비율이 1:1인 것은 성동리고분군과 보정리고분군에서만 확인되고 있
다. 구연은 끝이 뾰족하게 직립하는 A형만 있고 대각단부는 두툼하게 표현된
c·d·f식에 분포되었다. Ⅱ형은 성동리고분군과 설봉산성이 출토품이 있으며
구연 C형과 대각단부 g식을 제외한 곳에 모두 위치해 있다. Ⅲ형은 보정리고

분군을 제외한 모든 유적에서 나타난다. 구연은 B형에 집중되며 d·e·f식의 대각단부와 조합된다.

【표 7】을 보면 Ⅲ-B-f식의 빈도봉이 가장 높은 것을 볼 수 있다. 이는 굽이 낮고 구연이 둥글며 대각단부는 말려 끝이 뾰족한 형태이다. 나머지 형태는 개체수가 1~4점 등 비교적 적게 분포하고 있다. 구연은 A형과 B형이 주로 나타나는 것에 비해 단부형태는 a~f식까지 다양하게

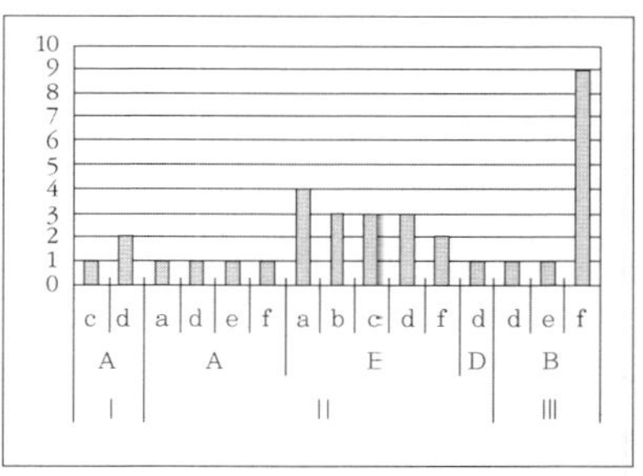

【표 7】 무투공 고배의 유형별 개체수

나타나고 있다. 이러한 양상은 구연의 형태는 정형화 되었으나 대각단부의 형태가 정형화되지 못한 결과로 추정된다. 무투공고배에서 보면 성동리고분군이 각 형태에 비교적 넓게 나타나고 있다. 이는 대부분의 무개고배가 성동리고분군이 축조되었던 6세기 후반에서 7세기 초반에 위치하는 것을 알 수 있다.

무개고배는 대부분 Ⅱ·Ⅲ형에 나타나고 있는데, Ⅲ형은 Ⅱ형보다 배신이 깊은 형태로 관찰된다. 이는 유개고배와 달리 대각과 구경의 비율만 차이가 있는 것이 아니라 배신크기에도 차이가 존재하는 것으로 보여졌다. 이를 구체적으로 살펴보기 위해, Ⅱ형과 Ⅲ형에 해당되는 무개고배의 구경과 높이를 다음의 【표 8·9】로 나타내었다.

【표 8·9】를 보면 Ⅱ형의 구경은 대부분 15㎝ 이하, 높이는 3㎝를 중심으로 6~10㎝ 범위 내에서 나타난다. 이는 높이와 구경이 작은데 반해 대각은 비교적 높은 편에 해당되는 것이다.

Ⅲ형은 구경이 15 이상이고 높이는 10㎝ 전후이다. 대각이 낮은데 반해 Ⅱ형보다도 높다는 것에서 배신이 깊다는 것을 알 수 있다. 다시 말해, 여기에 해당되는 무개고배는 깊은 배신에 구경이 넓은 발과 같은 모양을 하고 있다.

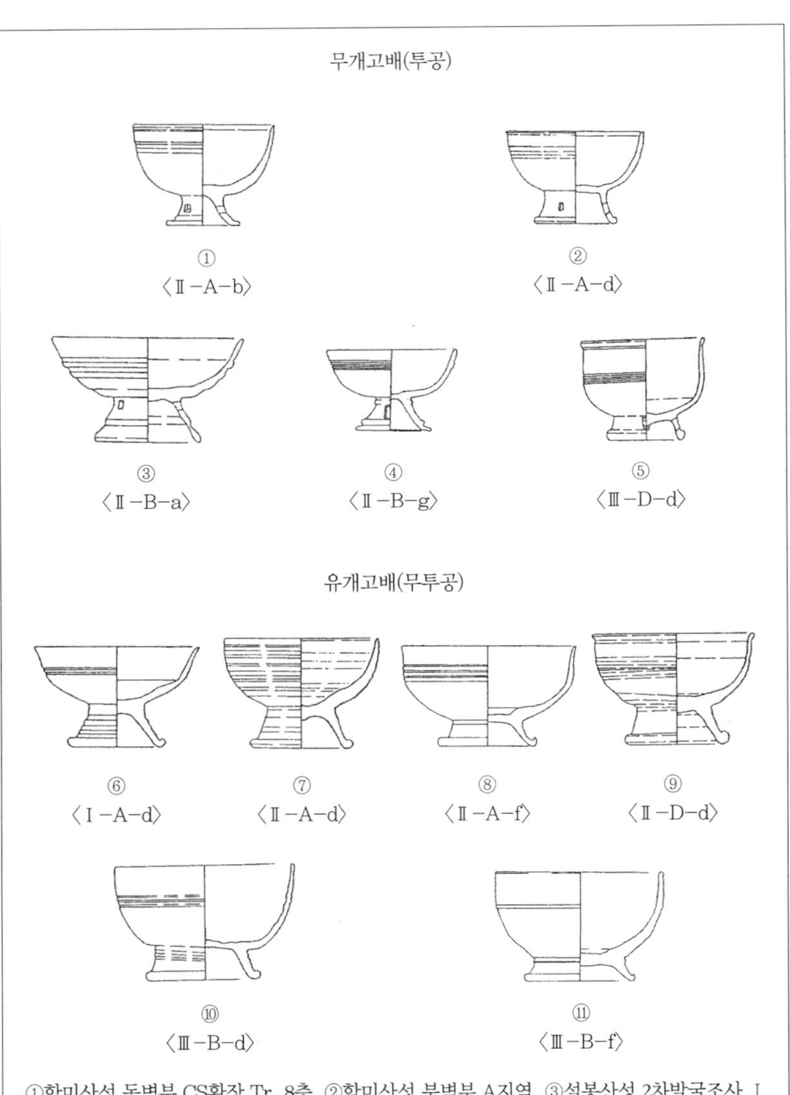

①할미산성 동벽부 CS확장 Tr. 8층 ②할미산성 북벽부 A지역 ③설봉산성 2차발굴조사 Ⅰ구간 4층 ④하거리고분군 29호 석실분 ⑤보정리고분군 6호 석실묘 ⑥성동리고분군 전북대 6호 석곽묘 ⑦할미산성 동벽부 CS Tr. 외벽 ⑧성동리고분군 전북대 6호 석곽묘 ⑨보정리고분군 14호 석실분 ⑩하거리고분군 29호 석실분 ⑪대모산성 6차발굴조사 동문지

【그림 2】 무개고배 유형

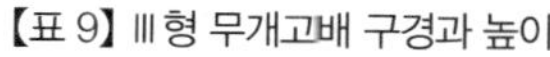

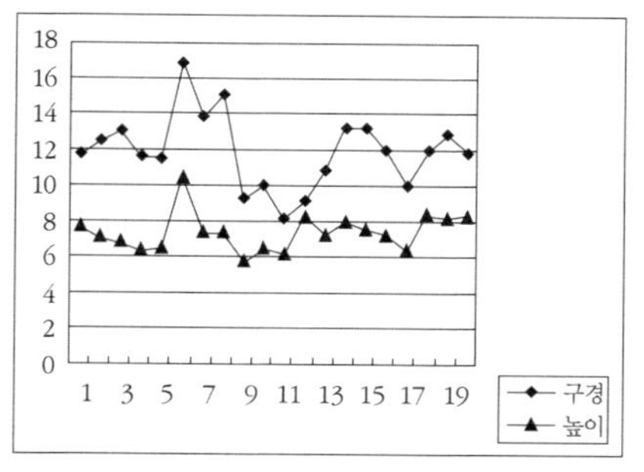

【표 8】Ⅱ형 무개고배의 구경과 높이

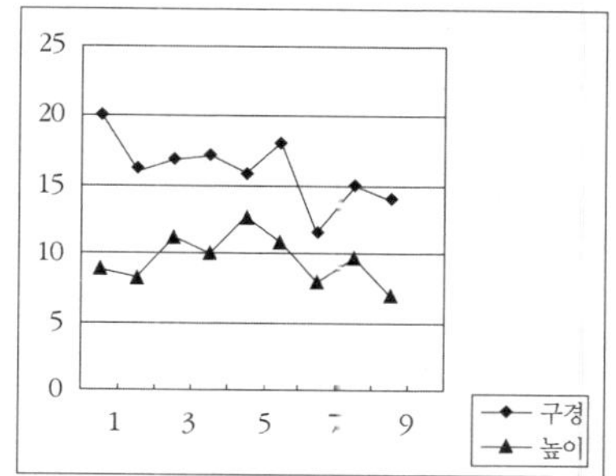

【표 9】Ⅲ형 무개고배 구경과 높이

이 형태는 고배라고 하기에는 배신이 깊고 대각은 낮은 편이고, 대부완보다는 대각이 높고 구경과 배신이 큰 편이다. 따라서 Ⅲ형 고배는 구개고배와 대부완의 중간적인 성격을 지닌다고 할 수 있다.

대부완은 통일기를 전후하여 유행하는 기종으로 동체에는 화려한 인화문이 새겨지기도 한다. 대부완이 대표기종으로 나타나는 시기에는 고배가 나타나지 않는다. 실제로 통일이후에 축조된 법흥리고분군과 군포 산본동고분군에는 인화문이 시문된 대부완이 'ㅅ'자형 드림부를 가진 개와 함께 부장되고 있다. 따라서 통일기에 들어서면서 대부완이 고배의 대체기종으로서 사용된 것으로 추정된다.

2. 蓋類

蓋는 그릇의 내용물에 잡물이 들어가는 것과 상하는 것을 닥기 위해 그릇의 아가리를 덮는 諸具이다. 신라토기에서 개는 주로 고배와 대부완에 씌워졌다. 구연의 형태에 따라 구연형태가 다른 개가 쓰였는데, 일반적으로 뚜껑받이턱이 있는 그릇에는 'ㅏ'자형 구연이, 직립구연에는 'ㅅ'자형 구연의 개가 사용된 것으로 보고 있다. 통일기를 전후로 해서 고배가 사라지고 대부완이 유행하는데, 개 또한 'ᄉ'자형이 주로 짝을 이룬다.

개는 단면형태에 따라 '반구(◠)'형과 '철(凸)'형으로 나뉜다. 반구형은 주로 굽형 혹은 단추형의 꼭지가 달리며 드림부는 'ㅏ'형태를 띠고 유개고배와 짝을 이뤄 출토된다. 凸형은 주로 기면에 인화문이 시문되며 드림턱이 길어지고 안턱이 짧아져 대부완과 세트로 확인된다. 반구형 개는 인화문이 시문되는 凸형 개가 나타나면서 점차 사라지므로 본고에서는 반구형 개만을 다루었다.

개의 꼭지와 드림부의 상관관계를 살펴보기 위해 꼭지를 단면형태에 따라 굽형, 단추형, 보주형으로 나누었다(【표 10】). 굽형은 꼭지경이 넓은 것으로 꼭지의 길이가 1㎝ 이상인 것과, 미만인 것으로 나누고 1㎝ 이상인 꼭지는 길게 외반된 것과 짧게 외반된 것으로 다시 세분하였다. 단추형은 꼭지의 가운데 부분이 거의 붙어 단추형태를 띠는 것이다. 이 유형 또한 굽형과 동일한 분류기준으로 꼭지 높이 1㎝ 이상과 미만으로 나누고 다시 외반된 것과 그렇지 않은 것으로 구분하였다. 보주형은 마름모꼴인 것을 A형, 윗부분이 돌출된 것을 B형으로 하였다.

【표 10】 꼭지 형태분류

A	B	C	D	A	B	C	D	A	B
I (굽형)				II (단추형)				III (보주형)	

드림부는 4개 유형으로 나누었다(【표 11】). a는 'ㅏ'자형, b는 구연과 드림부의 길이가 같은 형태, c는 안턱이 짧아지는 형태이며, 안턱이 사라지는 것은 d로 구분하였다. 이러한 구분은 단면형태에 따른 분류로서 a·b·c·d는 개의 변화양상과 동일하게까지 시간의 흐름을 반영한 것이다. c·d형은 반구형개에서

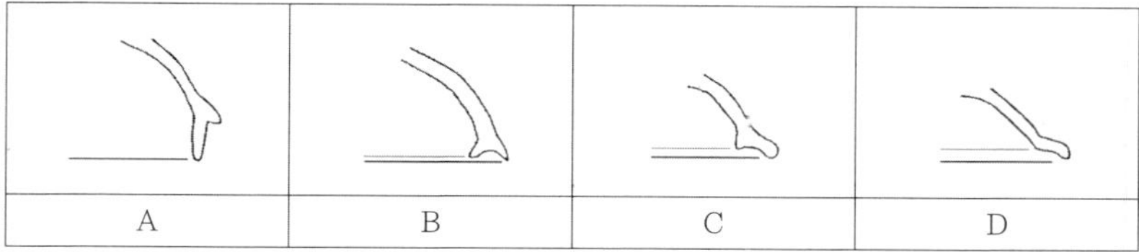

거의 나타나지 않고 주로 凸자형 개에서 확인된다.

이러한 분류기준에 따라 형태를 분석할 유적과 개의 개체수는 다음과 같다. 대체로 완형을 중심으로 개체수를 파악하였는데, 단면형태가 파악되지 않는 것은 제외하였다.

유적	성 곽 유 적							고 분 유 적				계
	설성 산성	설봉 산성	이성 산성	아차 산성	호암 산성	대모 산성	반월 산성	설봉 부성 석실분	브정리 고분군	성동리 고분군	반제리 고분군	
개체수	1	11	19	15	3	20	18	4	27	50	6	118
비율 (%)	0.6	6.3	10.9	8.6	1.7	11.5	10.4	2.3	15.5	28.7	3.5	67.8

위 표에서 보면, 고분에서는 성동리고분군에서 가장 많은 수가 확인되었으며 다음으로 보정리고분군이 있다. 이 두 유적은 6세기 중반경 혹은 후반경부터 조성된 것으로 추정되므로 편년설정에 도움되는 유적이다.

【표13】을 보면 반구형 개신에는 보주형 개 B형을 제외하고 모두 존재하고 드림부는 a·b·c식에서 나타난다. 특히 드림부 a식에 집중된 것을 볼 수 있으며, 다음으로 b식에 많은 수의 유적이 분포한다. d식에는 어떠한 유적도 해당되지 않는데, 이는 드림부가 꺾인 형태이므로 반구형과 결합될 수 없다. c식

또한 꺾인 형태가 많이 나타나지만, 여기서는 안쪽구연이 짧고 바깥구연이 긴 것으로 단면상으로는 반구형을 띤다.

각 형태 조합으로 나타난 유형별 개체수를 보면 Ⅰ-A-a, Ⅰ-B-a, Ⅰ-C-a, Ⅰ-D-a, Ⅲ-A-

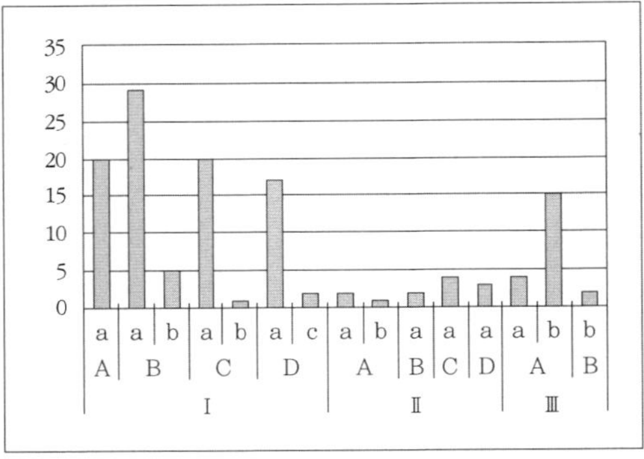

【표 13】반구형개 유형별 개체수

b의 조합식이 비교적 높은 수치를 보여준다. Ⅱ형은 전반적으로 1~4점 등 수량이 적은 것으로 보아, 단추형 꼭지와 부합되는 형태는 많지 않았던 것으로 보인다. Ⅰ형에는 꼭지의 각 형태가 다 나타나고 있고, 드림부는 a식에 집중되는 것이 확인된다. Ⅲ형에는 b식이 14점으로 가장 많이 조합되는 것을 알 수 있다.

【표 14】빈도수가 많은 유형

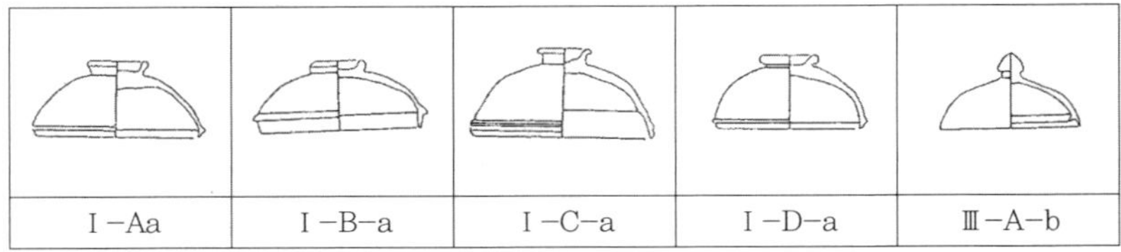

Ⅰ-Aa	Ⅰ-B-a	Ⅰ-C-a	Ⅰ-D-a	Ⅲ-A-b

Ⅰ-A-a식은 꼭지가 높은 편이며 성동리 고분군, 보정리 고분군, 반제리 고분, 설봉산성 부성석실묘, 설봉산성, 대모산성 등에서 출토되었다. 특히 성동리고분군 경희대2호석실묘에서는 이중투창고배와 세트로 확인되었다. 따라서 Ⅰ-A-a식은 이중투창고배와 동일시기부터 사용된 것으로 보인다.

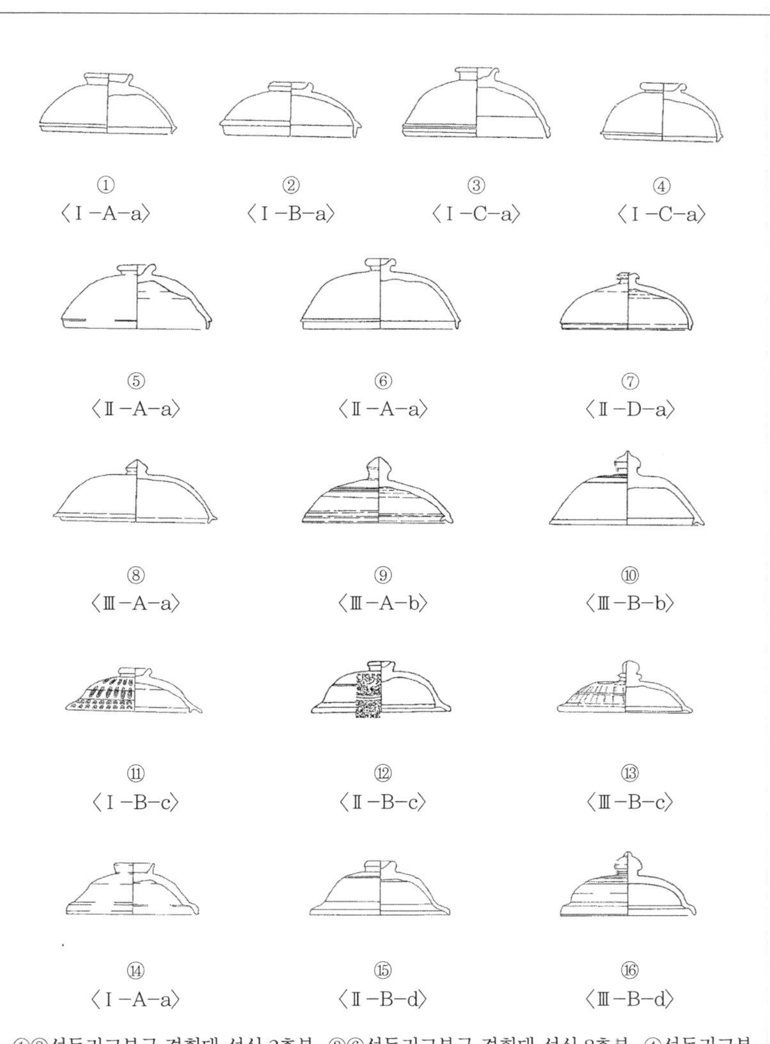

①②성동리고분군 경희대 석실 2호분 ③⑥성동리고분군 경희대 석실 8호분 ④성동리고분군 전북대 석실분 ⑤대모산성 6차 발굴조사 동문지 ⑦보정리고분군 20호 석실묘 ⑧설성산성 2·3차발굴조사 나-C확-3트렌치 ⑨보정리 고분군 16호 석실묘 ⑩성동리고분군 경희대 석실 9호분 ⑪반월산성 5차 발굴조사 1확-2Tr 8번초석 ⑫⑬이성산성 3차발굴조사 ⑭대모산성 6차발굴조사 동지 ⑮이성산성 3차발굴조사 ⑯상리·매룡리고분군 94-1호분

【그림 3】반구형 개 유형

Ⅰ-B-a식은 성동리고분군, 보정리고분군, 설봉산성 부성석실묘, 이성산성, 대모산성 등에서 확인되었다. 이 유형은 Ⅰ-A-a식보다 꼭지높이가 낮다. 확인된 유적이 Ⅰ-A-a식과 유사한 것으로 보아 비슷한 시기에 주로 사용된 것으로 보인다. Ⅰ-C-a식은 는 꼭지가 길게 외반된 형태로 출토된 유적으로 보아 Ⅰ-A-a식과 Ⅰ-B-a식은 큰 시기적 차이는 없어 보인다.

Ⅰ-D-a식은 꼭지가 짧게 외반된 형태이다. 성동리고분군, 보정리고분군, 대모산성 등에서만 확인되었다. 성동리고분군에서는 전북대 석실묘과 석곽 5호묘에서 주로 확인되었는데, 석곽 5호묘 출토품은 개신에 삼각집선문+반원점문이 시문되었다.

Ⅲ-A-b식은 보주형꼭지에 '入'자형 드림부를 가진 유형이다. 성동리고분군, 보정리고분군, 반제리고분, 반월산성, 이성산성에서 출토되었다. 반구형에서 Ⅲ형은 Ⅰ형과 Ⅱ형에 비해 개체수가 많지 않은 편이다.

3. 附加口緣臺付長頸壺

부가구연대부장경호는 그 명칭에 맞게 구연이 한 번 꺾인 후 조성되었으며 저부에는 대각이 달려 있다. 세부적으로 보면, 구연은 사선으로 외반하거나 직립하였으며 부가구연은 수평하거나 사선으로 올라간 형태 등이 있다. 대각에는 방형 혹은 사다리꼴 모양의 투창이 이단 혹은 일단으로 뚫려 있고 각단은 돌출되거나 외반된 형태가 주류를 이룬다. 경부가 발달되었으며 최대경이 동체에 있어 동체지름이 구경이나 저경보다 크다. 이 기종은 6세기 이후부터 등장하여 고분에 부장되는 기종으로 알려져있다

통일기를 전후로 하여 크기가 작아지고 동체가 편구형화되면서 경부나 견부에 인화문이 시문된다. 고분에서 8세기 전까지 발견되는 것으로 보이며, 통일

이후가 되면 화장의 유행으로 인해 횡구·횡혈식 고분이 소형화 되거나 소멸되는데, 이때 부가구연대부장경호도 사라지는 것으로 추정된다.[44] 하지만 통일을 전후로 해서 부가구연이 있는 대부병이 새로 등장하며, 부가구연형태는 고려시대 이후까지 병에 남아 지속된다.

부가구연대부장경호는 왕경과 그 인근지역에서는 고분에서만 확인되나 6세기 중엽 이후 신라가 진출한 한강유역에서는 산성에도 발견된다. 거의 완전한 개체로 출토된 곳으로는 용인 할미산성이 있다. 이 기종이 주로 고분에 부장된다는 점, 출토된 곳이 산성에서 가장 높은 지대의 평탄지라는 점, 고분에서 보이는 구연부 훼기습속이 있는 점 등으로 보아 제의와 관련된 것으로 판단된다.

지금까지 한강유역에서 보고된 것은 총 18점으로,[45] 이 중에서 성동리고분군에서 출토된 것이 10점에 이른다. 나머지는 용인의 보정리고분군·할미산성, 안성의 반제리고분, 여주의 상리·매룡리고분군과 하거리 방미기골고분군 등에서 확인되었다.

부가구연대부장경호는 대각에 투창이 이단이냐 일단이냐에 따라 Ⅰ형과 Ⅱ형으로 나뉜다. 이단 투창은 전북대에서 발굴한 성동리 석곽 1호묘에서 발견된 것이 유일하다. 돌대를 경계로 상단에는 4개의 투창이 아래에는 상단보다 작은 2개의 투창이 배치되어 있다. 시간이 흐르면서 대각이 짧아지면서 이단 교호투창에서 일단투창으로 변화하는 양상을 보인다. 이에 따라 전북대 석곽 1호묘에서 출토된 부가구연대부장경호가 이른 시기의 것으로 추정될 수 있다. 하지만 짧은 대각을 2단으로 구획하고 하단 투창이 상단 투창에 비해 1/2도 안

---

44) 홍보식, 2003, 『新羅 後期 古墳文化 硏究』, 춘추각, 67~71쪽.

45) 토지박물관에 의해 발굴된 용인 보정리 소실봉 석실분 내에서 부가구연대부장경호 2점이 출토되었으나 보고서가 발간되지 않아 분석대상에서 제외하였다. 하지만 토지박물관 특별전에 전시되어 실견하였는데 크기가 작고 회청색 경질에 동체가운데 부분에 최대경이 있는 편구형으로 추정된다.

되는 크기로 뚫린 것으로 보아 일단 투창으로 가는 과도기적인 성격으로 판단
된다.

【표 15】부가구연대부장경호 속성표 (1)

	I 形	II 形									
		A형	B형				C형		D형	
	1	2	3	4	5	6	7	8	9	10
높이	26.4	25.7	27.8	24.8	23.5	20.3	18.6	17.8	21.2	26.4
구경	17	19.7	16.6	17.1	15.8	15.1	14.4	13.3	13.5	15.3
최대경	20.6	20.3	20.3	20.2	19.1	17.1	17.4	15.1	15.8	16.8

이단 투창이 있는 1점을 제외한 Ⅱ형 17점 중 완형이거나 완형으로 추정될
수 있는 것은 8점이다. 완형을 중심으로 【표 15·16】을 작성하였는데, 1~5·7번
은 성동리고분군, 6번은 반제리, 8번은 보정리 소실, 9번은 매룡리, 10번은 방
미기골 고분군에서 출토된 것이다.

【표 16】을 보면 대체로 최대경이 구경보다 크게 나타나고 있는데, 최대경과
구경이 만나는 2번과 3번
은 최대경이 동체의 상방
에 위치하고 있다. 3~6번
은 높이가 20㎝ 이상이고
구경과 최대경의 차이가
5㎝ 이하인 것으로 최대
경이 동체 가운데 위치하
며 완만한 곡선을 보이고
있다. 7·8번은 높이가 20
㎝ 이하로 다른 것은 구

【표 16】부가구연대부장경호 속성표 (2)

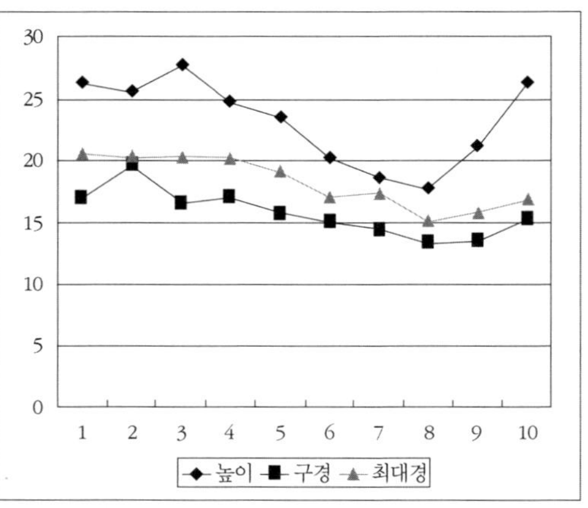

경과 높이의 차가 6㎝ 이상인데 반해 4.5㎝ 이하이다. 따라서 동체가 주판알과 같이 불룩한 형태를 보이고 있다. 9·10번은 높이가 20㎝ 이상이면서도 구경과 최대경의 차이가 2㎝ 안쪽인 형태이다. 이러한 특징으로 각각 2번은 A형, 3·4·5·6번은 B형, 7·8번은 C형, 9·10번은 D형으로 분류할 수 있다.

A형은 성동리고분군의 전북대 석실묘와 구연이 결실된 경희대 석실 2호묘가 있다. 대각은 사방향으로 뻗었고 각단은 밖으로 살짝 돌출되어 있다. 투창은 4개내지 5개로 사다리꼴형태이며 크기도 큰 편이다. 구연은 한 번 꺾여 사선으로 짧게 외반되었다. B형은 성동리고분군 경희대 석실2·3호묘과 석곽 6호묘, 전북대 석실분과 석곽 6호묘, 용인 할미산성 출토품, 안성 반제리 1호 석실분 등이 있다. 대각은 사선으로 내려와 각단이 밖으로 둥글게 돌출된 형태이며 구연은 한 번 꺾여 직립된 형태를 띠고 있다. 대각에는 돌대가 있으며 돌대 위에 방형의 투창이 뚫려있다. 동체의 가운데 부분이 도드라지게 나온 C형은 성동리고분군 석곽 1호묘와 보정리 고분군 5호묘 등에서 확인된다. 구연은 한 번 꺾여 사방향으로 외반되었는데, 꺾인 부분이 아래로 약간 내려와 있다. D형은 일반적으로 관찰되는 부가구연대부장경호와는 다른 형태를 하고 있는 것들이다. 이 형의 부가구연대부장경호는 주로 남한강유역에 입지하는 고분군에서 확인되고 있다. 그래프에서 관찰되듯이 높이가 20㎝ 이상이나 구경과 최대경의 차이가 나지 않아 동체가 홀쭉하게 표현되거나 최대경이 아래로 쳐져있다. 이외에 구연이나 대각이 결실된 편에는 각단이 밖으로 완전히 말아올려 있는 것, 안쪽으로 돌출된 것, 꺾여 사선으로 내려오는 것 등이 있다. 이 유형에 속하는 것으로는 하거리 방미기골과 매룡리 출토품이 있다. 이 중에서 매룡리 출토품은 연질로 소성된 특징을 보인다.

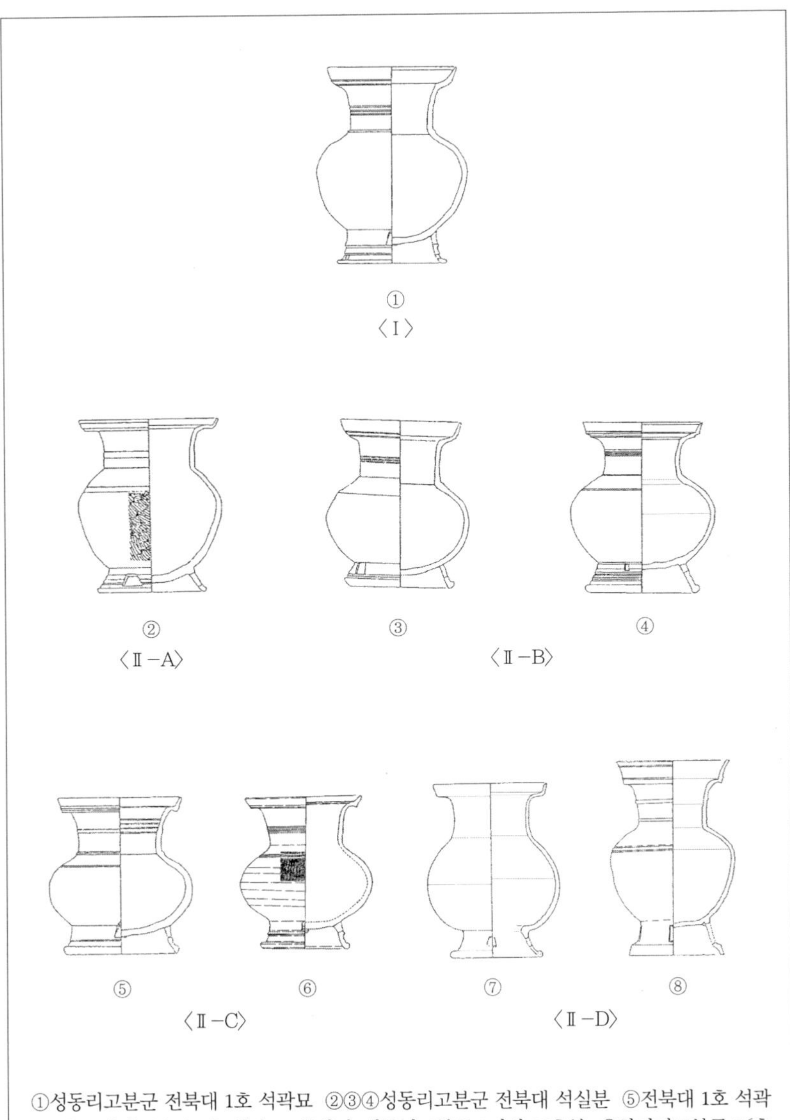

【그림 4】 부가구연대부장경호 유형

IV. 變化樣相과 新羅化 過程

1. 變化樣相

한강유역의 토기문화는 신라에 의해 두 번의 획기를 겪게 된다. 첫 번째는 신라의 한강유역 진출로 인한 신라토기의 유입이며, 두 번째는 인화문토기로의 변화이다. 첫 번째 시기는 신라의 한강유역 진출과 함께 이루어졌을 것으로 보이므로 명확한 연대가 설정되지만 이후의 변화는 좀처럼 알기가 힘들다. 그 이유는 한강유역에 위치한 신라유적이 대부분 성곽유적이라는 점이다. 신라는 성곽을 새로 수축하기보다는 백제나 고구려가 사용한 성을 보축하여 재사용하였다. 또 이 성곽들은 통일기를 지나 고려·조선까지도 지속되기 때문에 유구나 유물의 손상도 매우 높다. 고분유적이 다수를 차지하지만, 이미 薄葬이 이루어지는 시기의 고분이 유입되어 유물의 양이 그다지 많지 않다. 또한, 통일이후에 고분의 축조는 더욱 적어지고 그 안에 부장되는 유물은 그전보다 더욱 소략해진다.

하지만 이러한 열악한 상황에서도 7세기 중반을 전후로 하여 크게 두 시기로 분기를 나눌 수 있는데 여기에 큰 역할을 하는 유적이 성동리고분군·보정리고분군이다. 이 두 고분군에서 출토되는 토기가 후기양식토기에 집중되기 때문이다. 또한, 고분유적의 성격상 성곽유적보다는 온전한 상태의 유물이 출토되어 분석대상으로 활용하기에 좋은 조건을 갖고 있다. 본고에서 형태분류의 대상으로 한 토기들이 고분유적에 집중되어 있는 이유가 바로 여기에 있다. 이 두 유적을 중심으로 하여 세분된 형태변화를 정하기는 어렵겠지만, 공반되는 상황에 따라 약간의 변화가 감지되므로 한강유역 신라토기의 후기양식 변화를 살펴보도록 하겠다.

고배는 유개고배가 무개고배보다 많은 양이 확인되었다. 유개고배에서 이

중투공고배는 Ⅰ형태에 B형만이 있으나 대각단부의 형태는 c·d·e·f 등 다양하게 나타났다. 이같은 고배가 출토된 곳은 성동리고분군과 이성산성이 있으며 최근에는 죽주산성과 자미산성에서도 보고되었다. 이중투공고배는 한강유역에서는 비교적 이른 시기의 유물로 판단되는데, 대략 7세기 이전으로 보여진다.

유개고배는 주로 Ⅱ-B형에 집중되며 무투공이 대다수를 점하며 많은 유적에 분포하는 현상을 보인다. 따라서 한강유역에서는 무투공에 Ⅱ-B형이 보편적으로 사용된 유형임을 알 수 있다. 대각의 단부 형태는 다양하게 나타나는데, 구연의 형태에 비해 각단의 형태는 정형화되지 못한 것을 알 수 있다. 이는 토기의 수급처가 여러 군데일 가능성이 있거나 어느 정도 시간상의 변화를 보여주는 것일 수도 있다.[46] 하지만, 단부만의 변화를 가지고 세부적인 편년을 나누기에는 현재로서는 불가능하다.

앞에서 언급하였듯이 무개고배는 유개고배에 비해 그 출토량이 많지 않으며 투공이 없는 형태가 많은 수를 차지한다. 대부분 Ⅱ·Ⅲ형에 나타나고 있는데, 구경과 높이를 분석한 결과 Ⅲ형은 Ⅱ형보다 배신이 깊었으며 대각이 짧았다. 형태상 통일양식의 대부완과 유사하여 무개고배와 대부완의 중간적인 성격을 지닌 것으로 보인다. 따라서 Ⅲ형이 Ⅱ형보다 늦은 시기에 사용한 것으로 추정된다.

개는 같은 시기 고분에서 고배와 함께 단면이 반구형인 형태가 확인된다. 분석한 결과 Ⅰ-A-a, Ⅰ-B-a, Ⅰ-C-a, Ⅰ-D-a, Ⅲ-A-b 유형이 많은 빈

---

46) 홍보식은 보정리 소실 고분군의 출토품을 형태·성형·소성 등을 통해 분석한 결과 6세기 후반에서 7세기 초에는 외부에서 토기가 이입되며, 7세기 중엽 이후부터는 재지에서 생산된 제품으로 대체되는 것으로 보았다(홍보식, 2005, 「신라토기의 한강유역 정착과정에 대한 시론」, 『기전고고』 5, 기전문화재연구원). 이러한 부장된 토기의 시기와 생산지의 차이는 형태에도 영향을 주었던 것으로 추정되는데, 대각단부의 다양성도 이 때문에 나타났을 가능성이 있다.

도를 보였다. 이로 보아 꼭지는 반구형의 개에는 굽형의 꼭지가 주로 달렸음을 알 수 있다. I형에 해당되는 뚜껑은 각 유형 간에 큰 시기적 차이는 없을 것으로 판단된다. 반구형 개는 한강유역 신라유적 중에서 이른 시기에 해당된다고 알려진 성동리고분군과 보정리고분군 등에서 주로 확인된다는 점과 인화문이 없다는 점 등으로 미루어 보아 늦어도 7세기 초에 사용돈 유형으로 보여진다. 이 두 유적과 유사한 개가 출토된 반제리고분, 설봉산성 부성석실묘, 설봉산성, 이성산성, 아차산성, 대모산성, 설성산성 등은 초축시기가 앞의 두 고분군 조성시기와 큰 차이가 없을 것으로 보인다.

마지막으로 부가구연대부장경호를 대각, 높이, 구경, 최대경으로 분석한 결과 A~D형으로 형태를 분류하였다. A에서 C형을 갈수록 크기가 작아지고 최대경이 동체 중간으로 오면서 편구화되는 현상이 나타난다. D형은 높지만 동체가 홀쭉한 모습으로 일반적인 기종의 형태에서 벗어난 것이다. A형이 출토된 성동리고분군 석실분은 규모가 크다는 점, 배신과 대각의 비율이 1:1인 이단교호투창고배가 출토되어 가장 이른 시기의 유형으로 추정돈다. 또한, 이 기종이 시기가 지날수록 동체가 편구형화되고 크기가 작아지는 특징을 갖고 있다고 할 때 높이가 20㎝ 이하이고 동체가 불룩한 형태인 C형은 A형보다 늦은 시기에 부장된 것으로 보여진다. 또한, 동체부가 편구화가 되려면 동체 상부에 있던 최대경이 동체 중앙으로 내려와야 한다. B형이 최대경이 동체 중앙으로 내려오고 편구화되지 않았다는 것에서 A형보다는 느리고 C형보다 빠른 것으로 상정할 수 있다. 따라서 부가구연대부장경호는 A→B→C형으로 변화된다는 것을 알 수 있다. D형은 신라 중심지역에서 발견되는 형태와 차이가 있다는 점에서 그 시기를 가늠하기 어렵다. 다만, 이러한 형태가 남한강유역에 위치하는 고분군에서만 확인되는 것으로 보아 지역적인 특징으로 판단된다.

이처럼 토기는 한강유역의 유적 특성상 형태분류에 비해 세분화되고 명확한 편년안을 세우는데 한계가 인정된다. 현재로서는 가장 많이 나타나는 유형과 대체적인 흐름을 파악할 수 있었다는데 의의를 두며, 앞으로 보다 많은 자료 축적을 통해 정치한 편년적 근거와 특징이 밝혀질 것으로 기대한다.

2. 新羅化 過程

한강유역의 신라 유적과 유물에 대한 관심과 연구는 근래들어 계속해서 늘어나는 추세이다. 이는 많은 발굴조사 통해 한강유역을 점령했던 신라의 실체가 점점 드러나고 있기 때문일 것이다. 가장 주된 논제들은 신라가 어떻게 한강 유역에 진출했으며, 진출 후의 경영을 어떠한 방식을 했는가, 또 인적구성을 어떻게 했는가 등이다. 이런 문제 해결을 대부분 유적이나 유물을 통해 얻고자하며 유적은 대부분 성곽과 고분에, 유물은 토기에 집중되어있다. 가장 오랫동안 끊이지 않고 논쟁거리가 되고 있는 것은 신라가 한강유역에 진출했을 때 축조한 성곽, 고분 등의 축조 주체가 누구냐는 것이다. 이는 고분의 계통, 문헌의 사례를 들어 왕경인 혹은 가야계 유민들이 이주된 것으로 보거나 지역의 토착 세력을 영입했을 가능성들이 논해지고 있다. 하지만 대부분의 연구자들이 축조 주체에 대한 결론에는 조심스러운 입장이다.[47]

여기에서는 다른 논의들을 차치하고, 앞서 살펴보았던 토기와 유적의 분포를 통한 한강유역의 신라화과정을 간단히 살펴보고자 한다. 『三國史記』 기록에서 보면, 신라는 한강유역에 진출하면서 바로 영역화 작업에 서둘렀던 것으

---

47) 한강유역의 신라유적 축조 세력이 논의된 논문으로는 '김성태·허미형, 2005, 「임진강 유역의 新羅遺蹟」, 『畿甸考古』 5, 기전문화재연구원', '서영일, 2005, 「5~6세기 신라의 한강유역 진출과 경영」, 『博物館紀要』 20, 檀國大學校 石宙善紀念博物館', '김진영, 2007, 「한강유역 신라고분의 전개과정」, 『白山學報』 79, 白山學會', '홍보식, 2009, 「고고자료로 본 신라의 한강유역지배 방식」, 『백제연구』 50, 충남대학교 백제연구소' 등이 있다.

로 보인다. 기록에 나타난 진출과정을 살펴보면, 신라는 法興王대 내정을 확립하여 안정을 꾀한 후, 동왕 19년(536)에는 金官伽倻를 복속하여 낙동강 하류의 경제적 기반을 흡수함으로써 북방진출의 기틀을 마련한다. 진흥왕 12년(551)에는 고구려의 남진거점인 충주를 점령하고 한강유역 진출의 거점을 구축하게 된다. 이후 고구려의 10군을 공취[48]한데 이어 백제의 5군까지 빼앗아 동왕 14년(553) 한강유역을 장악하였다. 곧바로 新州를 설치하고 김무력을 군주로 임명한다.[49] 한강유역을 장악한 신라는 정치·군사적 거점인 신주와 대중국항로의 관문인 黨項城을 기반으로 독자적 외교권을 구축하였다. 또한 北漢山 新羅眞興王巡狩碑(국보 3)를 세우고(555)[50] 동북방으로 진출하여 比列忽州를 장악하였으며(556)[51] 中原小京을 설치하고 신주를 대신하는 北漢山州를 두는[52] 등 일련의 조치를 통해 급속히 한강유역의 지배권을 공고히 하였다.

다시 말해, 문헌을 통해 본 이 시기의 신라는 한강유역에 진출함과 동시에 영역화하였다는 것이다. 과연 삼국 중 가장 열세에 있던 신라가 이처럼 짧은 시간에 한강유역을 신라화할 수 있었을까?

앞선 형태를 분류한 신라 토기가 출토되는 유적은 【지도 1】에서 보는 바와 같이 성곽과 고분유적이다. 이 시기의 유적은 성격상 신라의 한강유역 진출 루트와 관련되어 있으며 군사적 목적이 강했던 것으로 보인다. 매문에 성곽유적이 다수를 차지하는 것으로 판단된다. 이 시기에 형성된 고분군은 성곽 인근에 배치되는 특징이 보이는데, 여주·용인·파주가 여기에 해당된다.

여주에는 상리·매룡리고분군, 하거리고분군, 북성산성, 파사성이 있으며 용

---

48) 『三國史記』卷 4, 眞興王 14年條, "王命居柒夫等侵高句麗 乘勝取十郡".

49) 『三國史記』卷 4, 眞興王 14年條, "秋七月 取百濟東北鄙 置新州 以阿湌武力爲軍主".

50) 『三國史記』卷 4, 眞興王 16年條, "冬十月 王巡幸北漢山 拓定封疆".

51) 『三國史記』卷 4, 眞興王 17年條, "十七年秋七月 置比列忽州 以沙湌戎宗爲軍主".

52) 『三國史記』卷 4, 眞興王 18年條, "……廢新州 置北漢山州".

인에는 보정리고분군과 할미산성이 위치해 있다. 파주에는 성동리고분군과 함께 인근에 오두산성이 자리해있다. 여주나 용인은 일찍부터 육로과 수로가 발달된 곳이며, 임진강과 한강이 합류되는 곳에 위치한 파주 성동리는 수로를 통해 한강유역으로 진입하는 적을 막는 중요한 지역에 해당된다. 때문에 한강유역으로 진출한 신라에게 남한강유역의 여주와 한강하류인 파주는 두말할 나위 없이 중요한 곳이었다. 여주의 북성산성은 지표조사만이 실시되고 파사성을 정식 보고가 이루어지지 않아 토기의 형태 분류가 어렵다. 하지만, 두 유적에서 이미 신라유물이 수습되는 것으로 보고되었으며 특히나 파사성에서는 단각고배가 출토[53]되었다는 것으로 보아 사용된 시기가 여주지역의 고분과 유사할 것으로 보인다.

　용인의 보정리고분군은 서해안으로 유입되는 안성천의 지류천인 오산천과 한강의 지류천인 탄천을 사이한 곳에 위치해 있다. 이는 한강의 남쪽 안성천과 한강 본류를 이어주는 중요한 내륙 교통로에 해당됨을 알 수 있다. 오산천 인근에서 대규모 마을유적인 가수동유적과, 신라 고분이 확인된 화성 청계리유적 등이 위치해 있어 6-7세기대에 신라에 의해 중요시 되었던 지역임을 알 수 있다. 또한, 보정리고분군에서 동쪽으로 얼마 떨어지지 않은 곳에 할미산성이 위치해 있다. 광주산맥 남쪽에 자리한 할미산성은 남천주의 외곽 방어를 담당했을 것으로 추정된다. 용인의 동쪽에서 남천주가 위치해 있던 이천까지는 별다른 자연 방어선이 확인되지 않아 광주산맥이 제공하는 천혜의 방어선을 지키기 위해 사용된 것으로 여겨진다. 할미산성에서는 Ⅱ-B형에 해당되는 무개고배가 3점이 확인되고, 높이가 20㎝ 이상에 동체 상부에 최대경이 있어 Ⅱ-A형에 속하는 부가구연 대부장경호가 출토되는 것으로 보아 적어도 6세

<hr>

53) 기전문화재연구원, 2000~2003, 「여주 파사성 발굴조사 지도위원회의 자료」 1~3.

기 후반에는 유적이 축조된 것으로 보여진다. 특히나 할미산성은 신라 이전에 성을 사용했던 흔적이 드러나지 않고 인화문 토기가 출토되지 않아 보정리고분군과 축조시기가 같았던 것으로 보고 있다.

이처럼, 비슷한 시기에 축조된 성곽과 고분이 인근에서 확인된다는 것은 빠른 시간 내에 영역화가 진행되었다는 것을 보여주는 증거라 여겨진다. 또한 이는 신라의 한강유역이 진출이 철저한 계획하에 이루어졌다는 것을 알 수 있다. 때문에 성곽과 고분을 축조할 수 있는 인력을 빠른 시간내에 포섭 혹은 이주시킬 수 있었으며, 이들을 통해 신라문화가 더욱 빠르게 파급될 수 있었던 것으로 보인다.

V. 맺는말

지금까지 신라가 한강유역에 진출한 동시에 유입된 신라토기와 이 토기가 출토되는 유적을 살펴보았다. 이를 통해 신라는 진출한 이후 빠른 시간내에 영역화를 진행하였으며 이는 철저한 계획하에 이루진 것으로 보인다. 이러한 한강유역의 신라화는 신라양식을 갖고 있는 집단을 통해 직접 이입되었기에 가능했던 것으로 추정된다.

6-7세기경의 한강은 삼국이 치열한 접전을 벌였던 때로 대부분의 유적이 군사적인 목적이 강했을 것이다. 때문에 이 시기의 신라를 이해하려면 성곽에서 출토되는 유물에 더욱 주의를 기울여야 할 것으로 보인다. 현재는 고분에 부장된 토기를 통해 일반화하는 경향이 짙은데, 고분과 성곽은 유적의 성격이 다르므로 그 안에서 쓰였던 용기들에도 많은 차이가 존재할 것이다. 특히나 성곽에서 생활용기 즉 완, 호·옹, 동이, 병 등이 주로 출토되고 있어 이들의 형

태분석과 특징이 연구되어져야 한다.

그리고 통일기의 한강유역도 재조명되어야 한다. 현재 한강유역에서는 통일기에 해당되는 유적의 발견 사례가 급속히 늘어나고 있다. 특히나 이전 시기에는 없었던 주거지, 가마, 사지 등의 유적이 다양하게 보고되고 있어 통일기의 한강유역에 대한 연구 또한 좀 더 활발히 진행되어야 할 것으로 보인다.

| 참고문헌 |

『三國史記』

京畿道博物館

2005 『龍仁 할미山城』.

경희대학교 고고미술사연구소 외

1992 『통일동산 및 자유로 개발지구 발굴조사 보고서』.

경희대학교 고고미술사연구소

1992 『烏頭山城』 I .

경희대학교박물관

1999 『여주 하거리 방미기골 고분』.

畿甸文化財研究院

2000 『여주 상리·매룡리 고분군 정밀지표조사 보고서』.

2000 「여주 파사성지 1차발굴조사 현장설명회자료」.

2003~2005 「오산 가수동 아파트 신축부지내 우적 발굴조사 지도위원 회의자료」.

2005 『용인 보정리 소실유적 -시·발굴조사 보고서-』.

단국대학교 매장문화재연구소

2001 『칠중성 지표조사보고서』.

2002 『이천 설봉산성 3차 발굴조사 보고서』.

2002 『이천 설성산성 1차 발굴조사 보고서』.

2004 『이천 설성산성 2·3차 발굴조사 보고서』.

2004 『포천 반월산성 종합보고서』.

2002 『안성 죽주산성 지표 및 발굴조사 보고서』.

2004 『평택 서부 관방산성 시·발굴조사 보고서』.

2006 『안성 죽주산성 남벽 정비구간 발굴조사 보고서.

단국대학교 사학과

1996·1997 『포천 반월산성 1~2차 발굴조사보고서』.

단국대학교 중앙박물관

1998·1999 『포천 반월산성 3~4차 발굴조사 보고서』.

1999 『이천 설봉산성 1차 발굴조사 보고서』.

2001 『이천 설봉산성 2차 발굴조사 보고서』.

文化財研究所·翰林大學校 博物館

1990 『楊州 大母山城發掘調査報告書』.

서울대학교

1990 『한우물-호암산성 및 연지발굴조사보고서-』.

서울대학교인문학연구소·서울대학교박물관

2000 『아차산성 -시굴조사보고서-』.

선문대학교 동양 고고학연구소

2008 『桂楊山城』.

세종대학교박물관

2002 『용인 수지빌라트 신축공사부지 문화유적 지표조사 보고서』.

2004, 『여주지역의 역사와 문화유적』.

중원문화재연구원

2007 『안성 반제리유적』.

忠北大學校 中原文化研究所

1999a 『處仁城, 老姑城, 寶蓋山城』.

1999b 『용인의 옛성터』.

한국토지공사 토지박물관

2003 「용인보정리고분군 발굴조사 지도위원회 자료」.

한백문화재연구원

2008 『안성 죽주산성 동벽 정비구간 문화재 발굴조사 보고서』.

2008 「남양주 별내 택지개발 사업지구내 문화재 시·발굴조사조사 3차지도
위원회의 자료집」.

2008 「자미산성 2차발굴조사 지도위원회자료」.

2008 『파주 오두산성 정밀지표조사 보고서』.

2009 「안성 죽주산성 3차발굴조사 지도위원회자료」.

2008~2009 「화성 청계 택지개발지구내 문화재 발굴조사 1~6차 지도위원
회의자료」.

翰林大學校博物館

1988 『여주 매룡리 용강골 고분군 발굴조사 보고서』.

2001 『여주 상리고분』.

2002 『양주 대모산성－동문지·서문지』.

한신大學校博物館

2002 『용인 보정리 고분군 지표조사 보고서』.

한양대학교박물관

1987 『二聖山城 －發掘中間報告書－』.

1988~1999 『二聖山城 －2~6次發掘中間報告書－』.

1998·2001 『唐城 －1·2次 發掘報告書－』.

2000~2003 『二聖山城 －7~10次 發掘調査報告書－』.

경기도사편찬위원회

2003 『경기도사』 2, 고대편.

국사편찬위원회

1994 『한국사』8, 삼국의 문화.

金元龍

1994 『新羅土器』, 열화당.

徐榮一

1999 『新羅 陸上 交通路 研究』, 학연문화사.

신형식

2004 『新羅通史』, 주류성.

이한상

2004 『황금의 나라 신라』, 김영사.

崔夢龍 外

1993 『한강유역사』, 민음사.

최몽룡·김경택

2005 『한성시대 백제와 마한』, 주류성.

崔秉鉉

1992 『新羅古墳研究』, 一志社.

洪潽植

2003 『新羅 後期 古墳文化 研究』, 春秋閣.

강진주

2007 「부가구연대부장경호를 통해 본 신라의 한강유역 진출」, 『경기도의 고고학』, 주류성.

姜奉遠

2000 「한강 유역 횡혈식 석실분의 성격-여주지역을 중심으로」, 『先史와 古代』15, 韓國古代學會.

강현숙

1996 「백제 횡혈식석실분의 전개과정에 대하여」,『한국고고학보』34, 한국
고고학회.

權純珍
2007 「경기지역 新羅 '北進期城郭'에 관한 일고찰」,『新羅史學報』9, 新羅史
學會.

김성태·허미형
2005 「임진강 유역의 新羅遺蹟」,『畿甸考古』5, 기전문화재연구원.

金元龍
1974 「百濟初期古墳에 대한 再考」,『歷史學報』62, 歷史學會.

김진영
2007 「한강유역 신라 석실묘의 구조와 성격」,『선사와 고대』27, 한국고대학
회.

白種伍
2006 「신라 북진기 할미산성의 고고학적 검토」,『新羅史學報』6, 新羅史學會.

백종오·오강석
2004 「驪州地域 城郭의 特徵과 時代別 變遷」,『年報』8, 京畿道博物館.

徐榮一
2003 「漢城 百濟의 南漢江水路 開拓과 經營」,『文化史學』20, 韓國文化史學會.
1998 「漢江以北의 城址와 新羅의 防禦體系－坡州 地域을 中心으로－」,『文
化史學』10, 韓國文化史學會.
1999 「利川 雪城山城에 대한 考察」,『史學志』32, 檀國史學會.
2005 「5~6世紀 新羅의 漢江流域 進出과 經營」,『博物館紀要』20, 檀國大學
校 石宙善紀念博物館.

성재현
2002 「淸州地域 出土 新羅土器의 編年研究」, 高麗大學校 碩士學位論文.

申瀅植

1992 「新羅의 發展과 漢江」,『韓國史研究』77, 韓國史研究會.

辛裕梨

2011 「中部地方 新羅 竪穴住居址 研究」, 檀國大學校 碩士學位論文.

윤명철

2001 「한강 고대 강변방어체제 연구(1)-한강하류지역을 중심으로-」,『鄕土서울』61, 서울特別市史編纂委員會.

2004 「고대 한강 강변방어체제 연구 2 -서울지역을 중심으로-」,『鄕土서울』61, 서울特別市史編纂委員會.

尹相悳

2001 「6~7世紀 新羅土器 相對編年 試論」, 서울大學校 碩士學位論文.

윤일영

1986 「關彌城 位置考」, 국민대학교 석사학위논문.

윤형원

2002 「서울·한강유역의 신라 분묘와 출토유물」,『고고학』1-1, 서울경기고고학회.

李道學

1987 「新羅의 北進經略에 관한 新考察」,『慶州史學』6, 동국대학교 국사학회.

李昊榮

1984 「高句麗·新羅의 漢江流域 進出 問題」,『史學志』18, 檀國史學會.

林相先

2001 「新羅時代 서울지역 經營」,『鄕土서울』61, 서울特別市史編纂委員會.

崔秉鉉

1987 「新羅後期樣式土器의 成立 試論」,『三佛金元龍敎授停年退任紀念論叢 -考古學篇 1』, 일지사.

1997 「서울 江南地域 石室墳의 性格 -新羅 地方石室墳 硏究(1)-」, 『崇實史學』 10, 崇實大學校 史學會.

皇甫慶

1998 「新羅의 新州와 河南 校山洞一帶 遺蹟址」, 世宗大學校 碩士學位論文.

1999 「新州 位置에 대한 硏究」, 『白山學報』 53, 白山學會.

2000 「河南地域 佛敎遺蹟에 대한 硏究」, 『古文化』 56, 韓國大學博物館協會.

2007 「漢江流域 新羅 古墳의 現況과 特徵 硏究」, 『文化史學』 27, 韓國文化史學會.

2008 「한강유역 신라 고분의 제의유구에 대한 성격」, 『先史와 古代』 29, 韓國古代學會.

2008 「경기지역 신라유적의 조사 및 연구성과 과제」, 『경기지역 발굴조사 10년』, 기전문화재연구원.

홍보식

2005 「신라토기의 한강유역 정착과정에 대한 試論」, 『畿甸考古』 5, 기전문화재연구원.

2005 「한강유역 신라 石室墳의 受容과 展開」, 『畿甸考古』 5, 기전문화재연구원.

2009 「고고자료로 본 신라의 한강유역지배 방식」, 『백제연구』 50, 충남대학교 백제연구소.

全義地域 古代山城 研究*

최병식**

I. 머리말
II. 山城遺蹟의 調査現況
III. 全義地域 古代山城의 性格
IV. 맺는말

〈Abstract〉

Packje is a country which was found in 18 B.C. at Han River and destroyed by Silla and T′ang army in 660. In 475 it moved its capital to Kongju city after its capital was occupied by Koguryo in 475. At that time, Yongi-kun Chonui-up of Ch′ungnam Province became a frontmost line. This area became a most important territory strategically between Silla and Koguryo.

This is why many new mountain fortress walls were established at this area.

The old fortresses which are dealt with in this paper are eight in number

* 이 글은 필자의 기 발표 논문을 수정·정리한 것임.

** 운주문화연구원 원장

such as Koryo, Chungsan, Upnaeri, Unju, Isong, Chak, Kumi, and Song. These fortresses are not sufficiently investigated because their sizes or times to construct were so different. The object of this paper is to investigate their structures, the time to first construct, and how long they were used, on the basis of written materials and relics found in these areas.

We found in this paper as follows :i) these fortresses were first constructed mostly in Packje period : ii) the locations of them show how Packje fought against Koguryo and Silla : iii) the real location of Chungsan fortress was highly probably not Piryong-ri as argued before, but a summit of Mt. Shiru.

This study will be basic materials for the further study of Chonui area in a narrow sense as well as the concrete study of Three Kingdom Period in a broad sense. I expect some limitations and insufficient aspects found in this paper to be overcome in a future study.

Ⅰ. 머리말

百濟(B.C.18~A.D.660)는 建國부터 滅亡에 이르기까지 약 700年이라는 장구한 세월을 지속한 王朝國家이다. 해방이후 百濟史에 대한 研究는 활발히 진행되어 괄목한 성장을 하였다고 평가받고 있지만, 아직까지는 그 역사적 장구함에 비하여 研究成果는 상대적으로 미흡한 편이다.

일례로 百濟 復興運動의 거점으로 알려진 周留城에 대한 位置 比定 問題[1]도 여러가지 설들이 제기되고 있지만, 아직까지는 견해의 일치를 보지 못하고 있

는 형편이다. 百濟史 研究가 미흡한 가장 근본적인 원인은 文獻資料와 考古學
的 資料의 부족에 기인한다고 생각된다.

忠南 燕岐郡 全義地域은 百濟가 高句麗 長壽王의 침략으로 王都 漢城이 함
락된 후, 南下하여 熊津으로 遷都하면서, 車嶺山脈을 國境으로 하여 高句麗의
南進을 막아야 하는 국방상 중요한 地域이 되었다고 여겨지고 있다. 특히 오늘
날의 全義地域은 서울과 京畿道 地域에서 公州로 가는 길목이어서, 百濟로서
는 全義地域에서 高句麗를 저지하지 못하면 首都인 熊津이 직접적으로 위협을
받게 되었을 것이다. 또한 동남쪽에 있으면서 점차 세력을 확장한 新羅에 대한
방어의 경우도 마찬가지여서, 西進하는 新羅勢力을 全義地域에서 막아내야만
했기 때문에 全義는 수도 방위에 있어 중요한 위치에 있었다고 판단된다.

全義地域에는 古代山城이 8개가 있으나 이들에 대한 調査研究는 초보단계
이다. 그러므로 全義地域의 古代山城研究는 이 地域의 古代史를 밝히는데 필
연적인 과제라 할 수 있다. 특히 본 논고에서는 百濟와 後百濟 및 高麗와 관련
된 자료들을 중점적으로 다루어 百濟라는 古代國家에서 시작하여, 韓半島 中
部地域에 위치한 全義地域의 역사적 위치와 의미를 고찰해 보고자 하였다. 또
한 기존에 알려진 자료들을 토대로 古代山城의 位置比定을 새로이 시도하여
이 지역의 百濟史 研究에 관한 기초자료를 제공하고자 한다. 그리고 기존에 調
査된 文獻들을 중심으로 현재까지의 研究成果를 검토하는 것으로부터 출발하
고자 한다.

본 논고에서는 全義地域의 山城 중 高麗山城, 甑山城, 邑內里山城, 雲住山

---

1) 金在鵬, 1995, 『百濟周留城의 研究』, 燕岐郡.
　朴性興, 1994, 『洪州周留城考』, 洪州鄕土文化研究會.
　전영래, 1996, 『白村江에서 大野城까지』, 新亞出版社.
　황수영, 1986, 「燕岐周留城考證」, 『燕岐石佛碑像의 研究』, 燕岐郡.
　상명여자대학교박물관·홍성군청, 1995, 『洪城郡 長谷面 一帶 山城 地表調査 報告書』.

城, 李城, 鵲城, 金伊城, 松城 8개 山城에 중점을 두어 살펴보고자 한다. 이들은 全義地域에 분포하는 古代山城들로 몇 차례의 제한적인 調査가 이루어졌던 곳들이며, 특히 雲住山城은 百濟復興軍의 거점인 周留城과 관련되어서 관심을 끌고 있는 곳이다. 李城은『三國史記』에 記錄된 東城王代의 築城記錄과 관련되어서 새로운 자료로 제시할 수 있는 곳이 아닐까 생각하며, 甑山城은 현재까지 比定된 지점과는 다른 곳과 비교 검토하려고 한다.

또한, 이 지역의 동부지역과 남부지역인 충청남도의 연기군 지역과 平原으로 이어지는 충북의 청원군 및 청주시 일부지역과도 연결되는 지역적 성격을 아울러 고찰할 필요가 있다. 즉 전의지역은 水系에 있어 錦江의 最大支流인 米湖川(美湖川)의 鳥川水系와 관련하여 차령산맥과 水系를 감안하지 않을 수 없기 때문이다.

全義地域 山城들에 대한 중요성이 비교적 일찍부터 인식되어, 全義地域의 山城들에 대한 몇 차례의 地表調査가 이루어졌다. 특히 百濟復興軍의 활동거점이었던 周留城의 位置比定과 관련하여, 全義地域의 山城들에 대한 研究도 활발히 이루어졌다고 할 수 있다. 그러나 地表調査 이후에 본격적인 발굴조사로는 이어지지 않아 고고학적 자료로서 한계가 있음을 먼저 밝혀둔다.

Ⅱ. 山城遺蹟의 調査現況

全義 地域은 百濟의 수도였던 熊津(公州)地域과 인접해 있어 首都방위를 위한 前哨基地로서 戰略的으로 매우 중요한 위치를 차지하고 있었다고 여겨진다. 이런 이유로 인해 이 地域에는 일찍부터 防禦施設로서의 山城의 築造가 활발하였고 현재 8개의 산성이 확인된다. 이들은 全義面의 중심지인 읍내리를

중심으로 남북 일직선상에 분포되어 있다.

현재까지 調査된 山城은 地名에 따라 雲住山의 雲住山城, 全義 邑內里 山城, 李城山의 李城, 高麗山의 高麗山城, 甑山의 甑山山城, 그리고 鵲城과 松城이 있다.

한편 山城은 대체로 山頂上에 築造되어 있는데 山名은 時代에 따라 변화가 보인다. 우선 全義地域의 현황을 記錄한 史書 중「山川條」가 있는 가장 이른 시기의『新增東國輿地勝覽』에 확인된 全義地域 山名은 아래 〈표 1〉과 같다.

표 1. 전의지역 산명 현황

구분	新增東國輿地勝覽	忠淸道邑誌	비고
甑山	在縣西北五里鎭山	一名甑城俗稱雙與峰在北五里鎭山其頂平廣可遊	
栗縣	在縣東十四里		
高山	在縣東八里		
龍子山	在縣東十六里		
雲住山	在縣南七里與甑山高山鼎置	在縣東八里上有古城貴址登臨可通望境內有祈雨祭壇	
金城山	在縣南八里有古山城		
月監山		在縣北十里卽本邑諸山之祖	
高麗山		在縣東十三里上有祈雨祭壇	
李城山		在縣南八里見城池	
雲霱山		一名鵲城在縣南八里邑治對案上有祈雨祭壇	
鐵城山		一名金城山縣南八里	

위 〈표 1〉의 記錄 중에서 高山이란 地名이 보이고 雲住山이 縣의 남쪽7리에 있다 하여 현재 지명과 다르다.『新增東國輿地勝覽』의 記錄은『大東地志』城池條의 記錄과 동일하며 가장 늦게 편찬된 충청도읍지에는 이와 다른 記錄이 보인다.

『충청도읍지』에서는 高麗山이 동쪽13리에 있고 雲住山이 동8리에 있다고 하

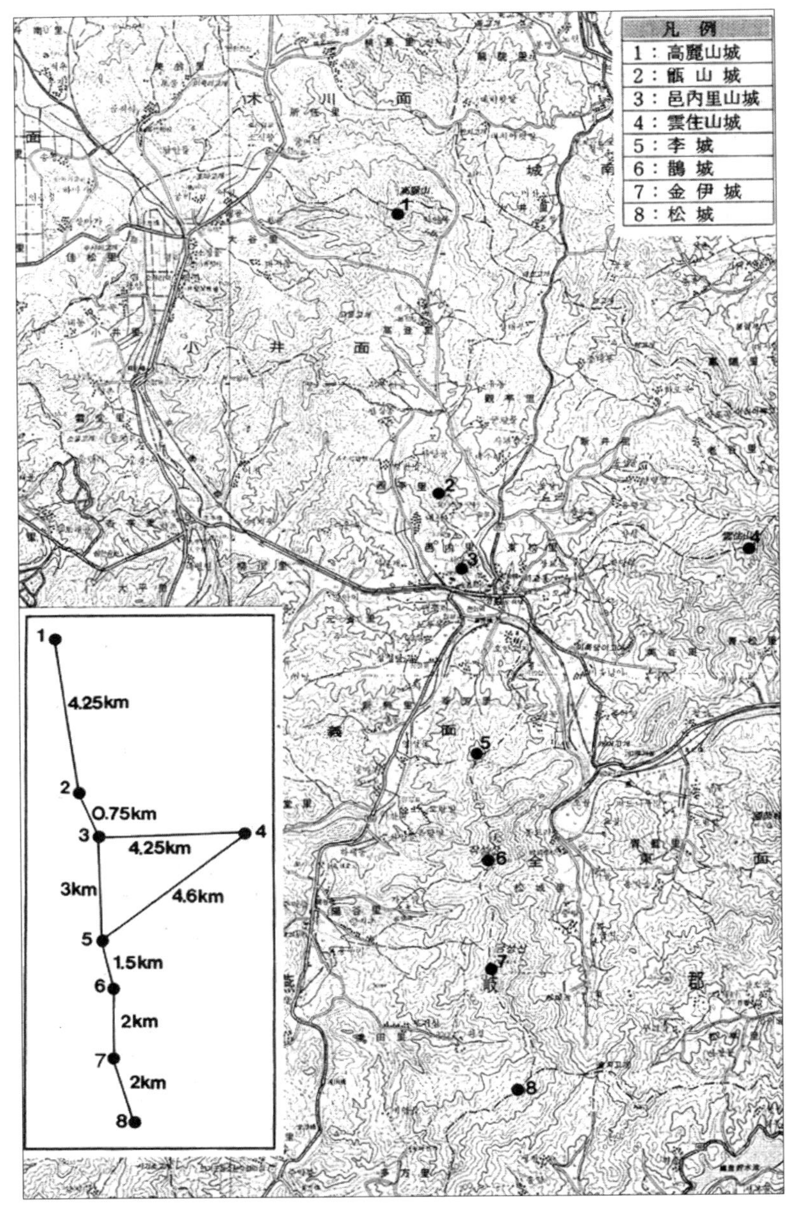

지도 1. 전의지역 고대산성 배치도

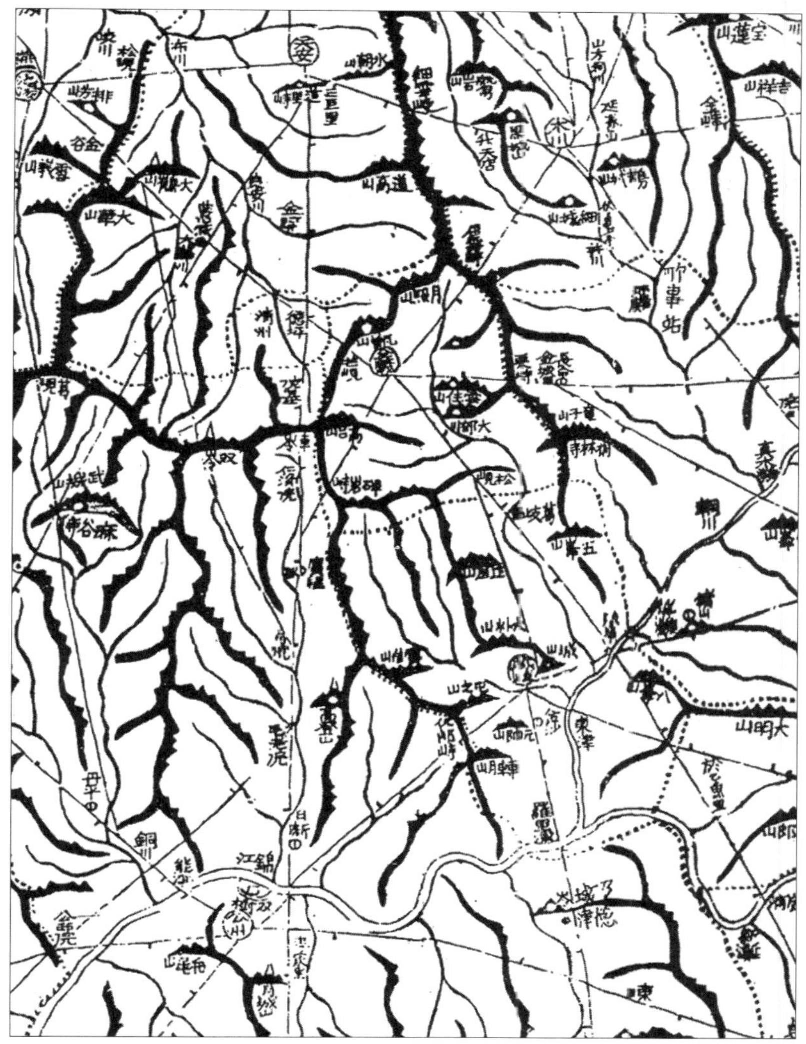

지도 2. 대동여지도에 나타난 전의 지역

며 雲露山이 鵲城으로도 불린다고 했다.『新增東國輿地勝覽』과 記錄이 다른 점이 많아 혼란을 주고 있다.

全義地域에는 文獻記錄과 현재까지의 考古學的 調査結果를 토대로 볼 때 全義 북쪽에서 남쪽으로 1. 高麗山城, 2. 甑山城, 3. 邑內里山城, 4. 雲住山城, 5. 李城, 6. 鵲城, 7. 金伊城, 8. 松城 등 모두 8개의 山城遺蹟이 존재한다. 각각의 山城들에 대해 살펴보면 다음과 같다.

1. 高麗山城

高麗山城은 조선 후기 지지류에 보이지 않고 다만『忠淸道邑志』에 "在縣北 十三里 上有祈雨祭壇"이라고 記錄되어 있어 高麗山위에 祈雨祭壇이 존재했던 것을 알 수 있다. 記錄에 의하면 高麗山城은 山城으로서의 의미가 축소되나 山城에서 바라보이는 眺望은 상당히 좋은 편이어서 山城으로서의 가치도 높다고 본다. 이 산은 天安, 木川에서 1번 國道로 公州에 이르는 길의 동쪽에 위치하고, 全義에서는 木川으로 통하는 直路가 되는 아야목고개 위에 있다. 아야목은 丁酉再亂時 피신한 주민들이 물이 없어 '목이 아팠다'고 하는 전설에 기인한 지명이다.

산은 木川과 全義의 경계를 이루며, 산줄기는 東으로 아야목뿐만 아니라 태호고개, 능고개, 탑고개, 어리미째고개 등을 지나 雲住山과 이어지는 西北-東南 방향의 능선을 가지며, 南向으로 여러 물줄기를 발원시키고 있다.

高麗山은 全義面 북쪽에 위치하는 小井面 大谷里, 高登里에 걸쳐서 있으며 全義 邑內里로부터 북으로 물줄기를 따라가다 아야목 마을에서 올라가며, 읍에서 6㎞ 정도 떨어져 있다. 高麗山은 海拔 307m이며, 山城은 山頂上에 石築으로 築造되어 있다.

山城은 자연지형을 그대로 이용하여 급경사 지역은 築城을 하지 않았으며, 일부 築城한 지점은 현재 2~3m 정도의 城壁이 남아있다. 남쪽면과 서쪽면은 지형이 급경사를 이루고 있어 약간만 削土 또는 築城하여도 城을 쉽게 형성할 수 있는 구조로 全義 시루성과 비슷하다. 시루성과 비교할 때 規模가 작을 뿐이고, 城의 築造方法과 周圍 環境條件이 거의 비슷하다. 현재 남아있는 성의 둘레는 약 250m이며 테뫼식이다. 육안관찰상 城壁은 土石混築으로 보이나 東壁 일부에서는 지표면을 제거할 경우 石築 성벽이 나올 가능성도 있다.

門址는 일명 '아야목'에서 성으로 오르는 길목인 남서쪽에 조성되었을 것으로 추정되나 확실한 形態는 보이지 않는다. 城 內部는 중앙부가 약간 높으며 그 주위는 타원형으로 지면이 평평하며 전체적인 形態는 둥그런 모자와 비슷하다.

頂上部에는 돌무더기가 보이는데 忠淸道邑志에 祈雨祭를 지내는 祭壇이 있었다는 記錄으로 보아 祭祀遺蹟으로 추측된다.[2] 현재 훼손이 심하여 형태파악이 어렵다.

성내에서는 高麗時代로 편년되는 瓦片과 土器片이 소량 수습되었으며 頂上部에서는 炭火米도 발견되었는데 時代는 오래 되지 않은 것으로 추정된다.

高麗山城은 수습遺物을 볼 때 高麗時代에 주로 사용되었고 朝鮮時代에는 丁酉再亂을 겪는 동안 一時的으로 사용된 것으로 추정된다. 城의 初築年代는 統一新羅時代까지 올라갈 가능성도 있지만 正確한 시기비정은 어렵다.

高麗山城은 文獻에 祈雨祭壇이 있었다고 기록되어 있다. 그럼에도 이곳에 존재하는 石築遺構를 山城이라고 보는 이유는 이 山城의 立地條件 때문이다. 高麗山城은 眺望이 대단히 좋아 서쪽으로는 曲橋川 유역전체와 小井面의 중심

---

2) 金秉模·沈光注, 1987 , 『二聖山城-발굴중간보고서』, 한양대학교 박물관, pp.116.

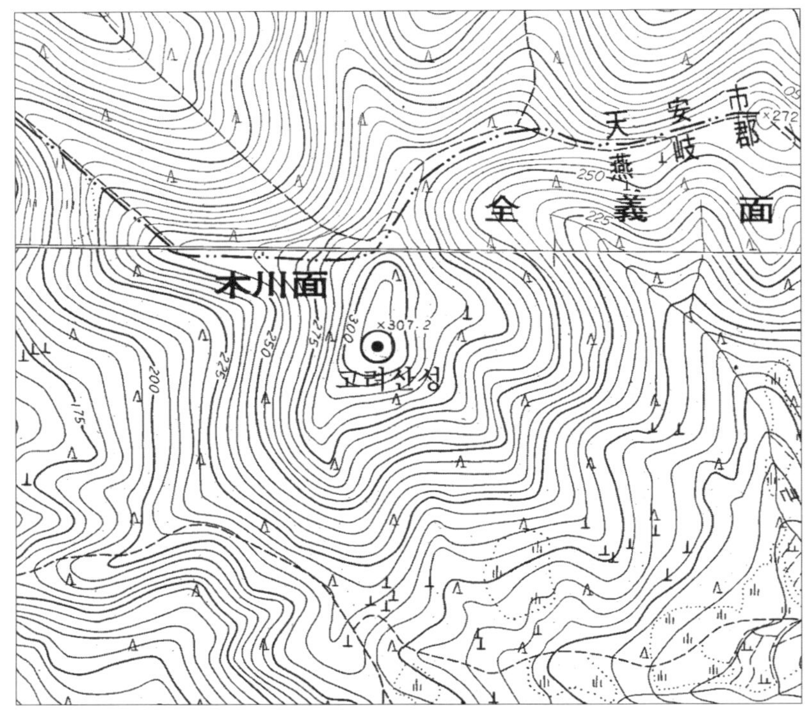

지도 3. 고려산성 지형도 (1/5,000)

사진 1. 고려산성 성벽

사진 2. 고려산성 수습유물

부가 내려다보이고, 북쪽으로는 天安의 남단부인 풍세면, 목천면, 성남면도 한 눈에 眺望된다. 또한 동남방향으로는 雲住山城이 마주 보인다. 이러한 성의 視界로 미루어 볼 때 이 城은 天安방면에서 남쪽으로 내려오는 세력을 차단하기 위해 築城한 것으로 판단된다.

고려산성은 전의지역 최북단에 위치하여 鳥川의 최상류로서 錦江水系 방어의 최전방 기지이며, 한편으로는 남쪽의 甑山城을 거처 연계되는 산성들의 연락을 위한 통신용 중요 거점일 가능성도 있다. 城內에 우물지가 보이지 않아 城을 장기간 사용하기에는 불가능하였을 것으로 생각되지만, 비상시에 이곳을 거점으로 교란작전을 수행하고 방어전을 펼치기에는 유리한 조건을 갖추었다고 판단된다.

2. 甑山城과 시루성

甑山城은『新增東國輿地勝覽』古蹟篇에 '縣의 서북쪽 2km 위치에 있으며 둘레는 932척으로 석축이고 우물이 하나 있다'[3]고 記錄되어 있고, 山川條에는 "在縣西北5里 鎭山"으로 나타난다. 그리고『大東地志』城址篇에는 甑山山城을 甑山古城이라고 호칭한 것만 다를 뿐『新增東國輿地勝覽』과 동일한 내용과 "운주산성 금이성과 솥다리처럼 삼각형을 이루고 있다"라고 했다.

甑山城은 최근까지 西亭里에 있는 海拔 248m의 飛龍臺에 소재하고 있다고 추정되었으나, 군부대가 주둔하여 오랫동안 확인이 불가능한 지역이었다. 이후 군부대가 철수하면서 現地調査가 가능하게 되었다. 산 정상에서는 동쪽으

---

3)『新增東國輿地勝覽』全義縣 古蹟篇. 甑山山城 在縣西北五里 石築 周九三二尺 內有一井 今廢.

로 觀亭里, 북쪽으로는 高麗山城이 마주 보이며 서쪽으로는 柳川里가 보이는 등 眺望은 좋은 편이다.

그러나 山頂上에 民間研修施設이 들어서면서 地形이 많이 훼손되어 城의 痕迹과 遺物을 확인할 수 없었다. 民間研修施設의 건설 때문에 유적이 파괴되었을 가능성도 높다. 비룡대는 최근까지도 군부대가 주둔할 만큼 전략적 요충지이다. 북쪽 高麗山城과 남쪽의 雲住山城과 연계되는 중요한 지역에 해당하고 전의를 중심으로 남쪽의 작성 및 金伊山城과 함께 3개 산성이 합동으로 군사작전을 실시할 수 있는 위치이므로 산성이 존재했을 가능성은 많다.

한편 전의지역 1/5,000 지도에는 全義 中心部에서 북쪽으로 약 1.5km 지점에는 海拔 185.3m의 시루성이 표기되어 있으며, 시루성의 북쪽 계곡은 시루성골짜기로 표기되어 있다. 특히, 이곳을 調査한 결과 城을 築造한 痕迹이 보이고, 瓦片과 土器片이 다수 발견되어 山城으로 推定된다.

시루성의 전체적인 모양은 솥을 뒤집어 놓은 형태의 蒜峯形이다. 북동쪽은 採石을 하여 많이 변형되었으나 城의 모양은 크게 변했다고 보이지 않는다. 城의 형태는 남북으로 길게 늘어진 楕圓形이며, 동쪽 부분이 약간 높은 상태로 2등분되어 서쪽은 낮고 城의 內部는 비교적 고른 편이다. 시루성은 直壁을 이루는 하나의 돌출된 巖石으로 되어 있어 城으로서 天惠의 조건을 가졌다. 기도원 북쪽으로 올라가는 南門址가 主門으로 여겨진다.

시루성의 동쪽 일부 구간에서 2~3단의 석축이 나타나며, 建物址로 추정되는 평탄지에서는 瓦片과 土器片이 收拾되는 등 山城이 있었던 것으로 판단된다.

『新增東國輿地勝覽』과『大東地志』에 의하면 "甑山山城은 石築으로 되어 있고 둘레가 932尺이며 우물이 하나 있다"라고 하였던 바, 이곳 山城이 石築이며, 城의 둘레가 약 412m로 記錄의 用尺이 布綿尺일 경우 일치한다. 다만 우물은 발견할 수 없었다. 또한『조선환여승람』에는 "山頂上部가 넓어 많은 이가 쉬며 놀 수 있다"라고 하였는데 시루성의 정상 부분이 똑같이 일치하고 있다.

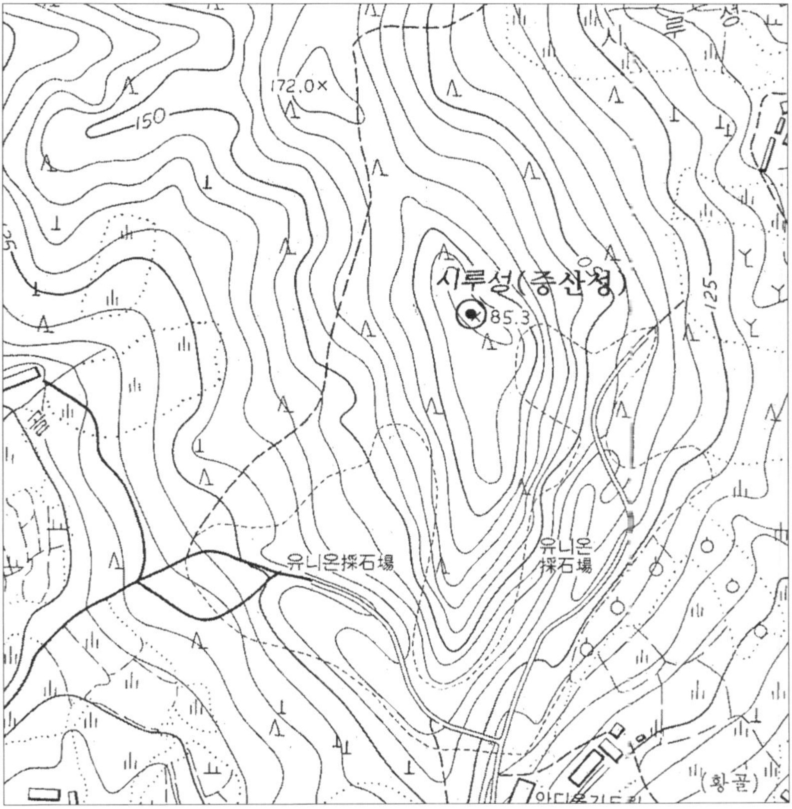

지도 4. 시루성 지형도 (1/5,000)

사진 3. 시루성 원경

사진 4. 시루성 성벽

그동안 증산성으로 불리던 西亭里 飛龍臺에 위치한 全義 甑山城은 오랫동안 군사통신시설이 들어서 있었고, 이후 민간연수원이 들어서면서 원래 지형의 훼손이 심하게 이루어졌기 때문에 아무런 遺構와 遺物을 발견할 수 없었다. 그러므로 山城 遺蹟으로 단정하기 쉽지 않은 상황이다.

이와 달리 시루성은 山頂上部의 石築列을 확인하였고, 瓦片과 打捺文土器片 등이 발견되어 산성의 가능성이 높다. 文獻에는 현의 서북쪽 5리에 甑山이 위치하고 있다고 記錄되어 있는데, 이는 현재 시루성의 방향 및 거리와 거의 일치하는 것이다. 현재 발간되어 있는 1/5,000 지도에는 이 봉우리를 시루성이라는 명칭으로 記錄하고 있는데, 시루성의 '시루'가 "甑"자와 같은 뜻이어서 증산성이라고 불리던 서정리 비룡대보다 읍내리 북쪽 시루성을 증산성으로 보는 것이 합리적이다. 시루성에서 收拾된 百濟時代의 것으로 보이는 打捺文土器片들은 크기가 너무 작고 수량도 한정되어, 정확한 時代 糾明을 위해서는 자세한 검토가 필요하다.[4]

3. 邑內里山城

全義地域은 三國時代에는 '仇知縣'으로 불렸으며, 統一新羅時代에는 金池縣으로, 高麗時代부터는 全義縣으로 불려왔다.[5] 『新增東國輿地勝覽』과 『大東地志』에 邑內里山城이라는 구체적인 記錄은 보이지 않지만 縣治所로 추정된다.[6]

---

4) 서정리 비룡대와 전의 시루봉의 지표조사는 연기향토사학자 정해영선생과 연기향토박물관 임영수관장의 도움이 있었음을 밝혀둔다.

5) 『東國輿地勝覽』 全義縣 建置沿革條에 "本百濟仇知縣 新羅改名金池 爲大麓郡領縣 高麗改名 屬淸州"로 記錄되어 있다. 『輿地圖書』, 『大東地志』 등의 記錄도 동일하다.

邑內里山城은 海拔 101m의 丘陵 頂上部에 위치하며 全義 邑內里와 接하고, 북쪽은 車嶺山脈으로 연결되고 있다. 全義面 所在地의 서북쪽 즉, 全義鄕校 뒷편 구릉에 築造되어 있는 土築山城으로 작은 구릉 2개를 이어 축조하였다.

城壁의 높이는 지형에 따라 일정하지 않다. 北壁의 경우 자연지형을 이용하여 土城을 만들어 外壁 높이가 8m 정도이며, 鄕校가 있는 서쪽도 급경사여서 많은 築城이 필요하지 않았던 것으로 보인다. 城의 전체 둘레는 약 800m 정도이나 서북단과 남동쪽의 城郭形態가 뚜렷하지 않아 정확한 수치는 아니다.

城內部는 북쪽 일부가 약간 높은 편이고, 남동쪽은 경사를 이루고 있으나 평평한 편이다. 평탄지는 建物址로 볼 수 있으나 현재는 農地로 활용되고 있다. 그리고 북쪽 頂上部에는 6×7m 정도의 방형 高地가 있어 祭祀遺蹟 또는 望樓址로 추정된다. 築城技法은 版築法이 사용되었다. 파괴된 南壁은 5∼10㎝ 두께로 赤葛色粘土와 黑褐色沙質土가 교대로 層位를 이루고 있어 이를 증명한다. 북쪽은 狹築으로 築造된 城壁이 약 110m 가량 남아 있는데, 높이는 1.8∼2.3m, 밑바닥은 약 5m, 윗면은 약 1.8m가 된다. 底邊部는 農地로 사용되어 깎여 나가 일부 變形이 되었으나, 人爲的으로 狹築한 것이 뚜렷하게 확인된다. 城 內部에서 關聯施設은 보이지 않으나 경사진 남동쪽으로 水口址와 門址가 있었다고 추정된다.

성내에서는 다양한 遺物이 收拾되었다. 그중에는 百濟系로 보이는 素文瓦片과 灰靑色繩蓆文土器片이 있으며 統一新羅時代의 大甕片과 線條文瓦片도 있다. 아울러 高麗時代의 魚骨文 瓦片과 土器片도 많이 수습된다. 이러한 정황으로 볼 때 邑內里山城은 百濟時代에서 高麗時代까지 지속적으로 사용한 것으로 보인다.[7] 城의 構造가 土築이며 版築法을 사용하고 있고, 百濟 遺物이 收

---

6) 안승주·이남석, 1992, 「全義地域 古代山城 考察」, 『百濟문화』 18·19합집, 百濟文化硏究所, pp.27∼30.

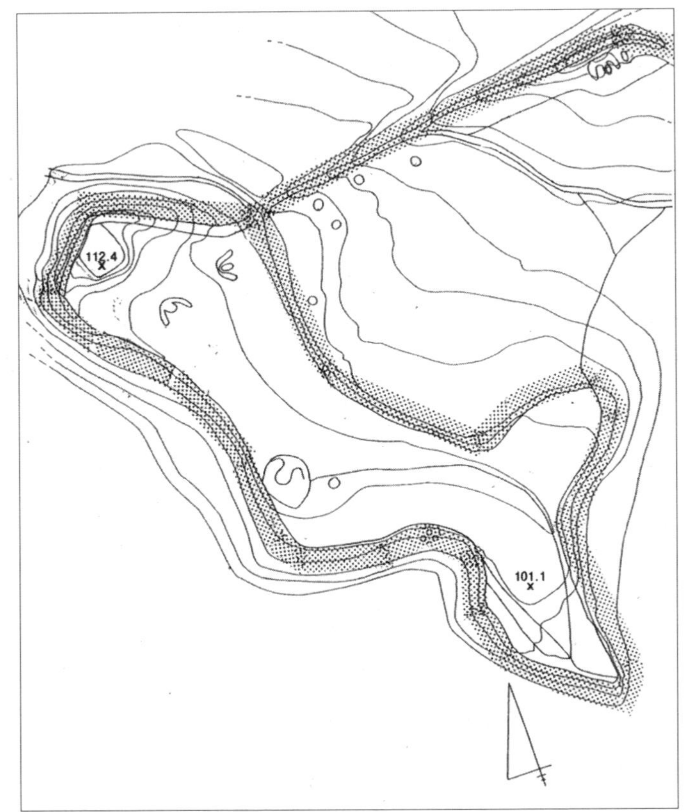

도면 1. 읍내리산성 실측도 (1/600)

사진 5. 읍내리산성 전경

사진 6. 읍내리산성 전경

438 | 리세기의 한국고고학 V

拾되기 때문에 百濟가 築城하였다고 판단되지만, 그 築造방식 중에서 主門址의 방향은 고려해야 할 부분이 있다. 읍내리山城은 방어주체를 고려해 볼 때 남동쪽에 主로 사용한 門址가 있는 점이 주목된다. 百濟가 築造한 山城이라면 방어적 측면에서 主門址는 新羅의 반대편인 서쪽에 조영하는 것이 타당하나 主門址는 남동쪽을 향하고 있다. 이러한 예가 新羅가 築城한 三年山城에서도 확인되는데, 삼년산성은 主門址가 百濟쪽인 서쪽에 위치한다. 이렇듯 主門址의 방향은 防禦主體와의 관계가 적은 듯하다. 邑內里山城의 경우 主門址는 방어보다는 동쪽이 낮고 서쪽이 높은 자연지형을 더 考慮하여 방향을 정한 것으로 생각된다. 이와 같이 山城을 볼 때 主門址의 방향만을 고려하여 山城의 築城目的과 築城主體, 그리고 時期를 추정하는 것은 한계가 있다.

한편 北壁의 일부가 狹築의 形態로 殘存하고 있으며 일부 增築된 痕迹도 관찰되고 있어 百濟 이후 增築하였을 가능성도 있다. 한편 邑內里山城과 시루성은 모두 鳥川으로 흘러드는 냇물들에 의해 둘러싸인 낮은 丘陵上에 存在하고 있다. 이는 주변에 많은 自然部落을 거느린 中心的 位置에 있는 것으로서 다른 山城들과는 다른 立地條件을 가지고 있다는 점에서 注目된다. 이 점은 다른 山城과 다른 性格의 一面을 地形的條件에서 보여주는 것이다.

4. 雲住山城

雲住山城은 全義面 所在地에서 동으로 4km의 거리를 두고 북쪽은 全義面 老谷里, 남쪽은 全東面 美谷里, 靑松里에 걸쳐 위치한다. 海拔 459m의 雲住山을

---

7) 안승주·이남석, 1992, 윗글.

중심으로 築城된 古代山城으로, 둘레가 무려 3,098m의 大規模 外城과 함께, 543m의 內城이 있는 이중구조의 城이다. 雲住山城은 古代山城으로는 그 位置와 規模에 대해 全義地域 古代山城들 중 비교적 많은 文獻 記錄이 남아 있다.

史書에 나타난 雲住山城의 내용을 발췌하면 다음과 같다.

○ 高山山城 : 石築周五千一百三十二尺 內有三井今 廢

　　　　　　　　　(新增東國輿地勝覽 卷十八 全義縣, 古蹟條)

○ 縣東十里許古有雲住山城 今廢久 今只有形址

　　(輿地圖書 卷六 忠淸道 全義 城地條)

○ 高山山城 東八里 周五千一百三十二尺井三 (大東地志 卷五 全義 城池條)

○ 雲住山城 在雲住山上 會置全城府使時設邑治於此云 今廢只有形址

　　(忠淸道邑誌 二十四 全義縣 城池條)

위의 記錄을 검토하여 보면 "雲住山城은 城의 둘레가 5,132척이고 우물이 3개 있으며 지금은 廢城이다"라고 記錄되어, 城의 規模와 狀態를 잘 알 수 있다. 그러나 城이 築造되어 있는 雲住山에 관한 호칭이 서로 다르게 기록되어 있다. 『新增東國輿地勝覽』 全義縣 山川條에 "雲住山 在縣南七里 與甑山高山鼎峙…"라 하고 있으며, 『大東地志』에도 같은 내용이 남아 있다. 그러나 후대에 발간된 『輿地圖書』나 『忠淸道邑誌』에서는 雲住山이 縣東八里에 있는 것으로 記錄되어 오늘날 雲住山으로 불리고 있다. 따라서 『東國輿地勝覽』과 『大東地志』의 雲住山城은 오늘날의 鵲城山城이나 쇠성산을 지칭하는 것으로 보인다. 또한 현 위치의 雲住山城은 『輿地圖書』와 『忠淸道邑誌』가 발간되기 전에는 高山으로 表記되고 있었다는 것을 알 수 있다.

따라서 雲住山城의 옛 명칭은 高山山城이며 『東國輿地勝覽』에서 처음으로 記錄에 등장하지만, 이미 오래 전에 廢城되었다고 전하고 있어, 城의 廢城時

期는『東國與地勝覽』이 편찬된 16세기 이전임을 알 수 있다. 또한『忠淸道邑誌』에는 雲住山城내 全城府使時邑治所를 두었다는 기록도 확인된다.

雲住山城은 全義面 老谷里와 全東面 美谷里, 靑松里에 걸쳐 있는 海拔 459m의 雲住山 정상에 위치한다. 雲住山은 車嶺山脈의 支脈이며 老谷里에서 서남쪽으로 이어지는 산 능선 중 가장 높은 산이다. 雲住山城의 形態는 산의 지세를 이용하여 축조되어 북동쪽의 정상에서 서남쪽으로 이어진 삼각형이다. 그리고 성 내부는 북동쪽이 높고 서남쪽 모서리는 낮은 狀態이다.

山城의 둘레는 3,098m로 全義地域 古代山城 중에서 가장 크거, 全國的으로도 大規模에 속한다. 雲住山城은 세 개의 봉우리 사이의 분지를 감싸는 形局의 包谷式의 形態를 취하고 있다. 포곡식산성은 城 내부의 可用面積이 넓다는 특징이 있어 이 山城이 全義 地域의 중요한 전략적 거점으로 경영되었을 것으로 추정할 수 있다.

雲住山城의 또 다른 形態狀의 특징은 外城과 內城으로 이루어진 二重構造이다. 外城은 土石混築도 보이나 대부분 石築으로 축즈되었다. 築造方式은 內托式으로, 외면을 築造한 후 흙과 돌로 뒤채움 하였다. 현재는 거의 모두 허물어졌지만, 일부 완형에 가까운 城壁이 남아있다. 外城의 北壁과 南壁에서는 폭 1m 가량의 內濠痕迹이 관찰된다.

城壁의 築造方式은 먼저 하단부에 大形의 돌을 1단 내지 2단으로 쌓은 후 그 위에 30㎝ 정도의 외면이 고르게 손질된 山石을 쌓는 형식이다. 하단에 쓰인 기단석은 남서쪽에서는 폭 50㎝ 정도의 비교적 소형의 석재를 사용하였으나, 東門址에서는 1m에 가까운 대형기단석을 사용하였다. 山城은 능선을 따라 築造되어 지형에 따라 城壁의 높이가 차이가 있지만 대략 3~4m 정도이다.

內城은 城내부의 남쪽으로 위치하며 石築으로 築造되었고 築造方式은 狹築式을 사용하였다. 內城의 둘레는 543m이며, 성돌은 외면을 다듬지 않은 山石을 사용하였다. 특히 內城의 北壁쪽에는 15m 정도의 간격으로 5군데의 汝牆

이 있다. 內城과 외성의 築造時期는 收拾되는 遺物들이 時代별로 고루 분포하고 있어 판단하기가 어렵다.

　內城이 위치한 곳은 山城내에서 상대적으로 高地이기 때문에 山城內部가 잘 관찰된다. 이러한 지형적 여건을 考慮해 볼 때 內城은 아마도 山城의 지휘부가 위치한 곳으로 생각된다. 이곳에는 건물지로 보이는 곳도 여러 곳 있으나 민묘가 造成되어 상당 부분 원래 지형이 훼손되었다. 민묘 주위에서는 다량의 瓦片과 土器片이 收拾되고 있어 이곳에 건물지가 있었을 가능성이 높다.

　雲住山城에는 여러 곳에 建物址가 있는 것으로 추정된다. 우선 북문으로 올라가는 길목에 대단위의 건물지가 있다.(도면 2의 1-8번) 북쪽 頂上部로 올라가는 小路 우측과 頂上部 좌측에도 建物址로 판단되는 평지가 있는데 특히 頂上部 좌측의 建物址는 축대가 무너져 있다.(도면 2의 1-12번)

　頂上部에는 최근에 새로운 祭壇을 설치하여 遺蹟이 훼손되었으나, 남측 계단쪽에 초석으로 보이는 돌이 좌우로 2개가 보이며, 이곳 주위에서도 瓦片이 수습되고 있어 건물지로 추측된다. 정상지점에서 서쪽 城壁을 따라가면 건물지에 헬기장이 조성되어 遺蹟이 훼손됐다. 이곳에서는 여러 종류의 瓦片이 노출되어 있어 이곳 또한 건물지로 추정된다. 한편 능선부(도면 2의 1-6, 1-7)에서도 瓦片이 出土되고 있고, 도면 2의 1-2, 1-3에도 建物址가 있었다고 생각된다. 이와 같이 雲住山城 내부에는 많은 건물들이 존재하고 있었음이 단적으로 확인된다. 이밖에도 山城내에는 건물지가 다수 있었을 것으로 생각된다.

　도면 2의 1-5 지점에는 최근까지 사찰이 있었으며, 이곳에서 小型土製佛像이 收拾되었다고 한다.[8] 사찰이 있던 바로 옆(도면 2의 3-1)에는 오래된 우물이 하나 있었는데, 개발로 인해 파괴되었다. 東門址(도면 2의 4-3)는 公州大

---

8) 안승주와 이남석, 윗글.

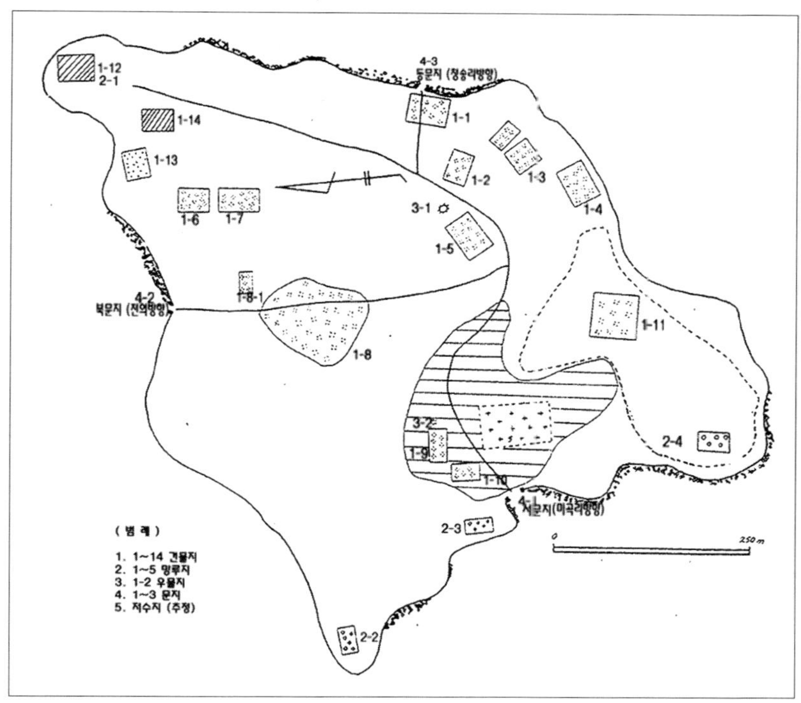

도면 2. 운주산성 실측도

學校博物館에서 發掘調査를 실시하였으며, 山城내의 산 頂上部와 도면 2의 2-1, 2-2, 2-3, 2-4 등은 眺望이 좋아 망루지로 추정된다. 雲住山城내에는 도면 2의 3-1과 3-2의 우물지가 남아있는데, 특히 3-2의 우물지는 水源이 풍부하였었다. 고속철도공사 후 단수되었는데『新增東國輿地勝覽』에 의하면 우물지가 3개 있다고 記錄되어 있다. 고속철도 공사를 한후 서문지 옆 우물이 단수되어 한 곳만 남았다. 海拔 300m의 高地임에도 水源이 풍부한 우물이 2곳에 있어 최근까지 5가구가 城內에서 耕作을 하며 살아왔다. 城內에는 110m × 150m 크기의 耕作地가 있으나 지금은 폐기된 狀態이다. 耕作地 중에 畓이 2/3가 되는 것은 山城내의 수원이 풍부하다는 증거가 될 것이다. 특히 畓의 하층

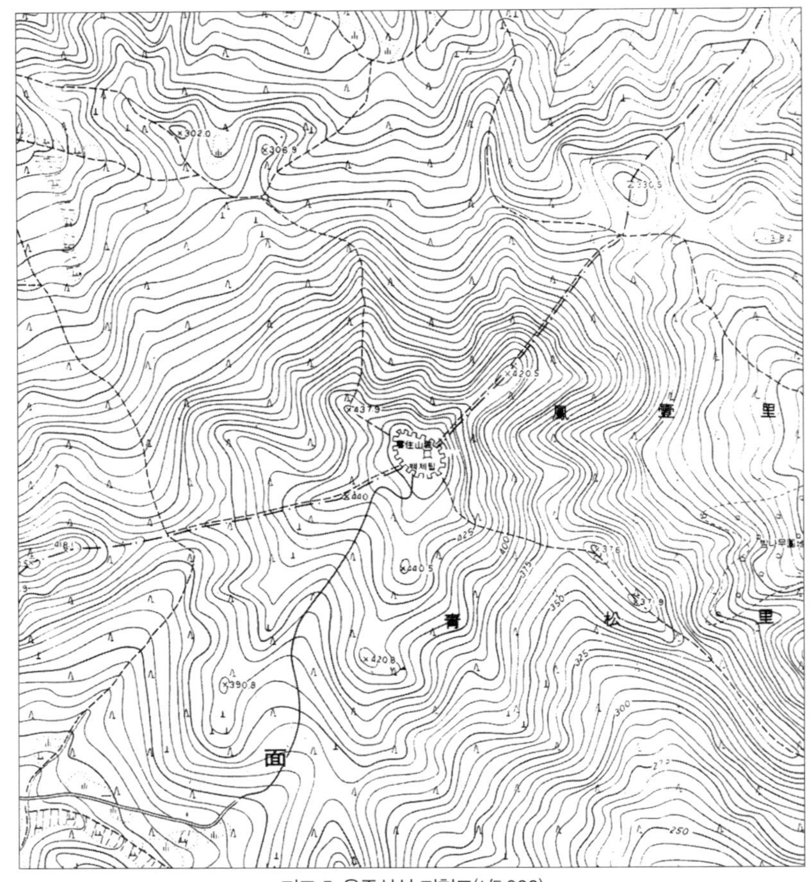

지도 5. 운주산성 지형도(1/5,000)

에는 도면 2의 5처럼 저수지가 매몰되어 있을 가능성도 있다.

山城내의 門址는 북, 동, 서에 3개가 있었다고 생각되는데 西門址는 길을 내면서 파괴되었다. 山城내에 거주하던 주민들의 傳言에 의하면 커다란 바위가 양쪽으로 있어 牛馬車가 겨우 다닐 수 있었을 정도였다고 한다.

雲住山城은 規模가 커서 古代山城 중 최대급에 속한다. 山城의 내부는 가용면적이 넓은 盆地形態를 하고 있고, 우물이 3개 있어 수원이 풍부하다. 全義地

사진 7. 운주산성 원경

域의 山城을 한눈에 眺望할 수 있는 지형적 조건도 갖추고 있어, 全義地域을 포함한 주위의 山城을 총지휘할 수 있는 조건을 갖춘 山城이라고 판단된다.

사진 8. 운주산성 성벽

특히 동쪽으로는 충북 청원군의 東林山城, 동남쪽의 鳥川下流에 위치한 兵馬山城과도 군사적으로 연계할 수 있는 위치에 있다. 山城內에서 出土되는 瓦片은 統一新羅시대 이후의 유물들이 대부분이지만, 莘芳里의 李城과 全義 邑內里山城에서 같이 收拾되는 素文瓦片도 收拾되고 있는 점과, 雲住山 서쪽 하단부인 美谷里 산기슭에서 민묘이장시 4~5세기경의 百濟系로 보이는 灰色軟質廣口壺가 발견된 바 있어 雲住山城 주위에 百濟古墳이 분포하고 있을 가능성이 높다. 따라서 雲住山城은 三國時代에 初築되어 계속 사용되었을 가능성이 있다. 雲住山城의 전략적 위치를 감안할 때 百濟滅亡 이후 統一新羅 時代에도 雲住山城은 중요한 군사적 거점으로 계속 사용된 것으로 판단된다. 또한 城內에서 高麗時代 遺物이 다량 收拾되는 것을 볼 때 雲住山城은 高麗 때까지 계속 사용되면서 異民族의 侵入시 주위에 살던 주민들이 대거 入保하였던 것으로 여겨진다.

5. 李城

李城은『新增東國輿地勝覽』古蹟條에 "在雲住山北峯 石築 世傳李棹故居其中 寬敞 周一千一百八十四尺 內有一井今廢"라 記錄되어 있으며,『大東地誌』城池條에는 "雲住山北城 在山之北峯 周一千一百八十四尺 井一 其中寬敞 高麗太師李棹所居 故稱李城"이라 하였다.

위 내용을 살펴보면 李城은 雲住山, 즉 지금의 鵲城山 북쪽에 石築城으로 高麗 初期 인물인 李棹가 거주하였으며 둘레가 1,184척이고 城內에 우물이 하나 있었으나, 15세기에 이미 廢城되었다고 한다. 그런데『忠淸道邑誌』24 全義縣 城池條에는 "高麗時代 李棹가 여름에는 城내의 북쪽에서 겨울에는 남쪽에서 거주하였다고 記錄되어 있으나, 지금은 아무것도 보이지 않고, 단지 城의 정상에 李太師의 遺墟碑만 남아있을 뿐이다"[9]라 기록하고 있다.

이외에 '百濟 東城王12년 북부에 15세 이상 사람들을 동원하여 沙峴城과 耳山城을 쌓았다'[10]고 한『삼국사기』기록이 주목된다. 여기에 기록된 熊津 북부의 沙峴城은 현재 公州郡 正安面 沙峴里의 廣亭里土城으로 比定하고 있다.[11] 沙峴城은 天安에서 公州로 가는 길목에서 웅진을 방어할 수 있는 중요한 전략적 거점으로 百濟가 고구려를 방어하기 위해 축성한 것으로 추정된다.

---

9)『忠淸道邑誌』24 全義縣 城池條. 在李城山 山頂平廣 中有平壇 麗朝太師李棹所居有基 嘗增之南北各置一亭 冬則居南 夏則居北亭云.

10)『三國史記』卷 第二六 百濟本紀 第四 "東城王 十二年 秋七月 徵北部人年十五歲已上 築沙峴耳山二城 …".

11) 충청남도, 1991,『문화遺蹟 총람－城郭 官衙篇』.

그렇다면 같은 時期에 築造된 것으로 記錄되어 있는 耳山城의 위치는 全義에서 達田里를 지나 公州로 가는 도로를 통제할 수 있는 全義面 莘芳里의 李城으로 比定할 수 있다. 그 근거로 우선 지리적 위치상 廣亭里土城과 李城이 熊津 북부에 같은 緯度上에 위치하고 있다는 점을 들 수 있다. 이러한 지리적 위치는『삼국사기』에 기록된 두 城의 同時 築城記錄을 감안할 때 考慮되어야 할 사항이다. 특히 성터 모두가 天安과 全義 방면에서 公州로 가는 길목에 있다는 점은 이 地域을 방어하기 위해 두 城을 동시에 築城하였을 가능성을 높여준다. 더욱이 李城은 形態가 귀(耳)모양을 하고 있어, 東城王이 築造한 耳山城으로 比定할 수 있다고 생각된다.

李城은 全義面 所在地에서 南으로 2㎞의 거리를 두고 莘芳里에 위치하고 있으며, 百濟時代의 山城으로 알려져 있다.[12] 城이 築造된 산은 金城山의 한 줄기로 높이는 海拔 242m이다. 城은 山頂上部를 감싸는 形局의 테뫼형으로 築城된 石築 및 土石混築山城이다.

城의 둘레는 약 510m 정도이며 일부 구간에서는 붕괴된 石築이 노출되어 있고, 北壁과 東壁 일부에서는 土石混築이 그대로 잘 보존되어 있다. 石築과 土石混築으로 築城된 점은 최근에 城內로 진입하는 小路 신설시 확인할 수 있었다.

현재 城壁 위에는 잡목이 울창하게 우거져 있어 구체적인 실태의 파악이 어려운 실정이다. 그러나 남아있는 狀態로 보아서는 城壁은 內托式으로 築城된 것으로 보인다. 현재 남아있는 狀態를 감안할 때 築石 및 盛土의 범위는 대략 6~8m 정도이다. 城은 北高南低형으로 築造되어 있는데, 이는 城의 北壁쪽과 東壁쪽이 급경사이기 때문에 자연지형을 그대로 이용하여 築城한 결과이다.

---

12) 안승주와 이남석, 윗글, pp.30-31.

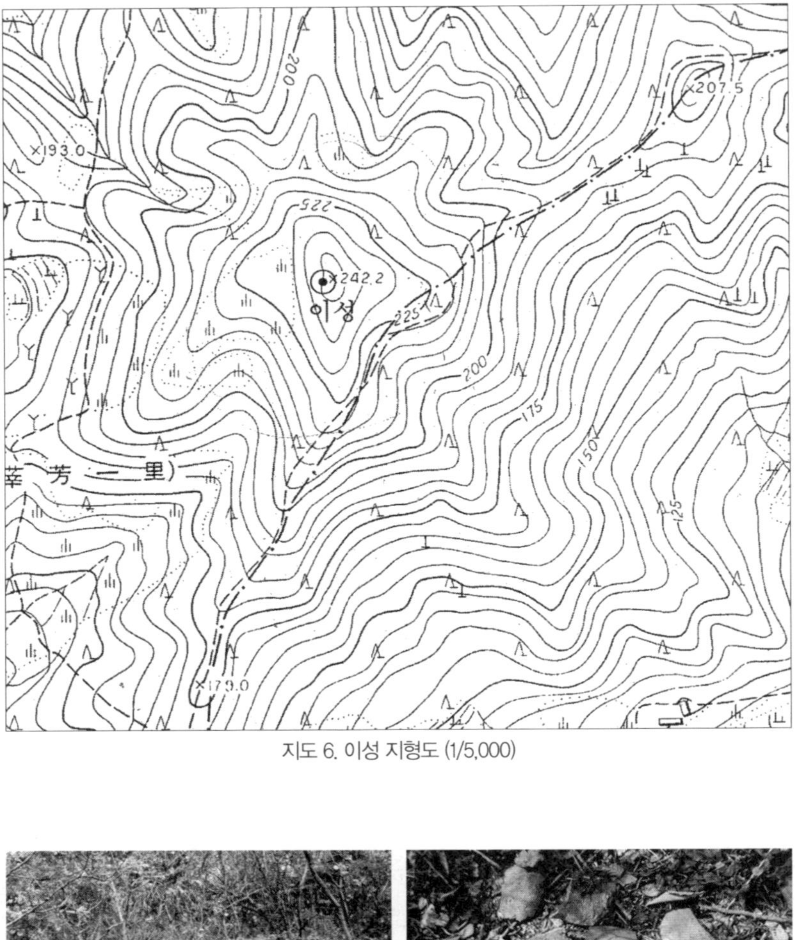

지도 6. 이성 지형도 (1/5,000)

사진 9. 이성 성벽

사진 10. 이성 수습유물

북쪽과 동쪽에는 城內部에 너비 4~5m, 깊이 약1m의 內濠의 形態가 남아 있다.

城 내부에는 北壁부근의 낮은 地域에 건물지로 추정되는 평탄지가 보이며, 남쪽에도 건물지로 여겨지는 곳이 다수 있으나 대부분 耕作되면서 훼손되었다. 한편 산 정상에서도 百濟時代의 瓦片이 수습되어 정상부에도 건물지가 있었다고 생각된다.

門址는 남서쪽을 주로 사용한 것으로 보이며, 城의 남쪽은 鵲城, 金伊城과 자연스럽게 하나의 산줄기로 이어진다. 李城의 眺望은 매우 뚜어나 북쪽의 全義 邑內里와 全義에서 莘芳里를 지나 公州로 가는 도로를 眺望할 수 있는데, 이는 이 地域을 방어하는 데 중요한 지형적 조건으로 생각된다. 특히 동북쪽으로는 雲住山城이 바로 건너다 보여, 두 山城의 상호 군사작전이 필요했을 경우 매우 용이했을 것이다.

城內에서는 많은 유물이 收拾되었다. 收拾된 瓦片은 胎土가 거칠고 모래가 다량 섞여 있지만 文樣이 굵은 線條文과 이를 연마하여 문양을 지운 것, 그리고 無文이 중심을 이루고 있으며, 특히 비교적 古式의 토수기와가 발견되는 것 등으로 보아 百濟時代에 初築된 것으로 추정할 수 있다. 그러나 統一新羅時代로 추정되는 瓦片은 收拾되지 않으며, 高麗時代로 보이는 魚骨文 瓦片과 土器片들이 많이 收拾되는 것으로 보아, 百濟 때 사용되다 이후 高麗時代에 다시 사용한 것으로 판단된다.

6. 鵲城

鵲城은 『忠淸道邑誌』에 "一名鵲城 在縣南八里 邑治對案 上有祈雨祭壇"으로 記錄하면서 鵲城이 縣 남8리에 있으며 頂上部에 祈雨祭壇이 있다고 전하고 있

다. 위 文獻記錄을 토대로 검토해 볼 때 雲霑山이 鵲城을 지칭하는 것임을 알 수 있고 또한 산의 頂上部에 祈雨祭壇이 있다는 것도 알 수 있다.

鵲城은 全東面 松城里에 위치하며 築造年代는 미상이다. 城이 위치한 鵲城山은 全義面에서 남으로 3.5㎞ 떨어진 松城里의 뒷산을 말하며, 松城里는 본디 솔티고개에서 연유한 솔티와 성곡마을을 합친 이름이다. 솔티고개에서 발원한 松城川이 金城山, 鵲城山, 오얏고지를 잇는 산줄기의 동측에서 북으로 흘러 물도리마을에서 鳥川에 合流한다. 海拔 330m에 이르는 이 산맥의 中央 頂上部에 山城이 築造되어 있다.

鵲城은 全義地域 주변의 다른 山城과는 비교할 수 없을 정도로 작은 規模로서 이 山城은 城이라기 보다는 城堡라고 보는 것이 옳을 듯하다. 또한 鵲城부근에서는 遺物을 收拾할 수 없어 城의 性格을 규명하는 데 어려움이 있다. 이곳은 북쪽과 동쪽 雲住山(高山)이 잘 보여 인근 山城들과 공동으로 작전을 수행하기에 유리한 조건을 갖추고 있다. 山城의 북쪽 일부분은 최근에 군사시설로 이용되어 파괴되었다. 산정상부 祭壇의 방향이 북쪽을 향하고 있으나 正北은 아니며 서쪽으로 15° 가량 틀어져 있는 것이 특이하다.(도면 3) 이와 비슷한 形態의 遺構가 全東의 靑藍里 國師峰에서도 발견된다. 遺構의 정북향에서 약간 서쪽으로 기울어진 것이 똑같이 일치하고 있어서 비슷한 規模의 城堡가 시설되어 있었다고 추측된다.(도면 4)

현재 鵲城山의 정상에는 7.8m×6.2m의 불규칙한 長方形의 形態로 5단 내외의 석축이 남아있다. 山頂의 方形石築臺이외에는 城으로 판단할 만한 구조물은 발견되지 않는다. 山頂에 남아있는 석축구조물은 현재 狀態를 감안할 때 독립된 山城

사진 11. 작성 성벽

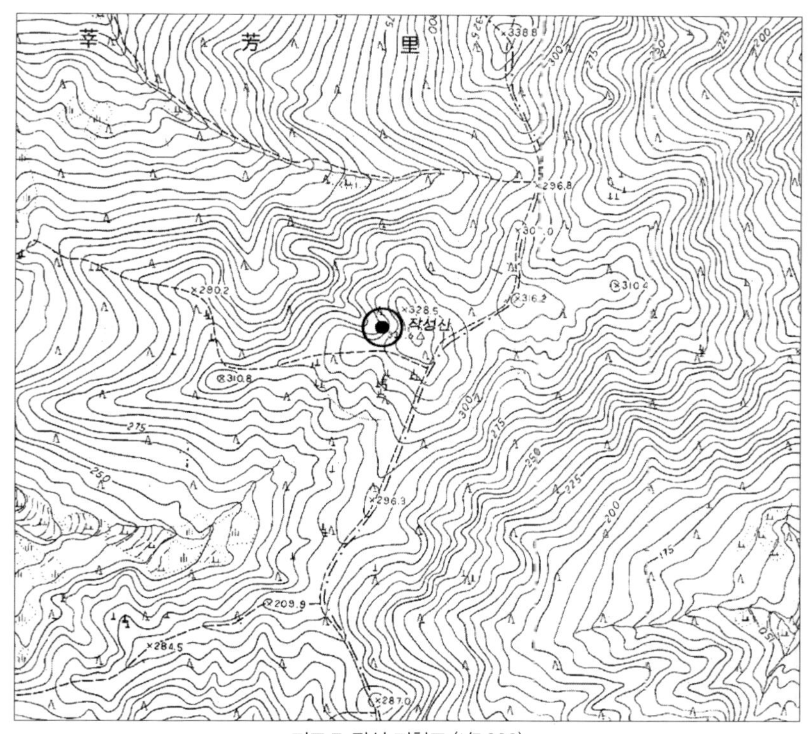

지도 7. 작성 지형도 (1/5,000)

으로 보기는 어렵다. 따라서 이 시설은 남쪽 2.5km 지점에 있는 金伊城과 관련된 관련시설로 생각하는 것이 타당하다.[13] 결국 이 鵲城山은 현재 남겨진 遺構상황으로 미루어 보아 小規模의 城堡가 있었다고 여겨지며, 우리말 "까치城", "까치재"를 한자로 鵲城으로 호칭했는데, 여기서 "까치"는 작은 것을 의미하므로 작은 城, 보루가 있는 城으로 해석될 수 있다. 이후 이것이 祈雨祭壇과 같은 특수시설로 이용되었을 것이다. 따라서 鵲城은 독립된 山城이라기보

---

13) 안승주와 이남석, 윗글, pp.34.

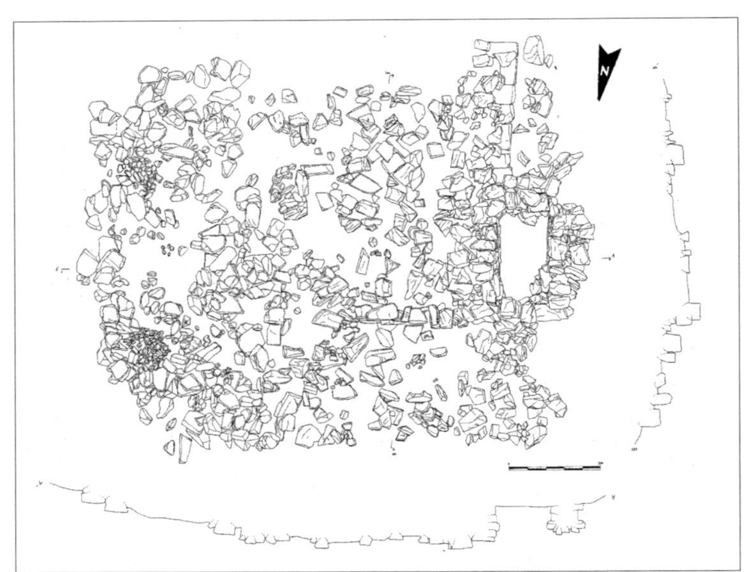

도면 3. 작성 평단면도

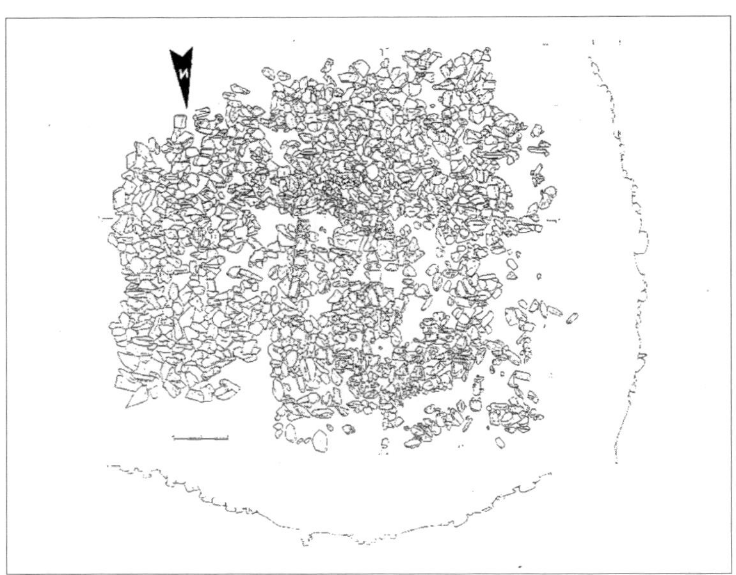

도면 4. 국사봉 평단면도

다는 주변 山城에 딸린 부속시설, 혹은 山城 사이를 연락하는 봉수대와 같은 통신시설일 가능성이 높다.

아울러 鵲城의 구조물과 유사한 석축구조가 全東面 靑藍里와 石谷里 사이의 國師峰(해발 266.1m) 정상에서 확인된다. 이 遺構의 크기는 鵲城과 비슷하다. 朝鮮時代 瓦片이 出土되고 있으며 많은 土器, 磁器片을 收拾하였으나 時代는 비교적 떨어지는 것들이다. 收拾遺物 가운데 특이한 것은 반쪽으로 잘라진 土馬 1점이 있다.[14] 土馬는 耳目口鼻가 뚜렷한 形態와 材質, 燒成度 등을 고려해 볼 때 高麗時代 이전의 遺物로 보기는 어렵다. 土馬를 훼기하는 祭天儀式이 상당기간 이어진 것을 알 수 있다. 한 가지 흥미있는 사실은 암달을 선호하였다는 것이다. 國師峰의 遺構와 비교하였을 때 鵲城은 祈雨祭壇과 같은 祭天儀式도 병행한 것으로 볼 수 있다. 다만 부근 마을 이름이 松城里라는 점을 감안하여 앞으로 金伊城과 더불어 精密調査가 요망된다.

7. 金伊城

金伊城은 全義面 達田里 쇠성부락과 全東面 松城里 중말부락 사이에 걸쳐 있는 金城山 頂上에 위치하고 있다. 金城山은 海拔 424m로서 비교적 이 地域에서는 높은 편에 속한다.

『新增東國輿地勝覽』山川條에 "金城山 在縣南八里 有古石城" 즉, "全義縣 남쪽 8리 거리에 있다"고 전하고 있다. 그리고 古蹟條에는 "金伊城은 雲住山에 있으며, 石築의 둘레는 1,528척이고, 山城 내부에는 우물이 하나 있으나 이미

---

14) 김병모·심광주, 1987, 한양대학교.

폐지된 山城"이라고 記錄하고 있다.[15] 한편『大東地志』城池條에는 "雲住山南城 東南八里 周一千五百二十八尺 井一 俗稱金城山城"이라고 하여 雲住山南城을 金城山城이라 부르며 全義 동쪽의 海拔 459m 산을 가리키고 있어, 현재의 雲住山과 地名에 혼란을 주고 있다.

『新增東國輿地勝覽』古蹟條에는 金城山을 雲住山이라고 표현하고 있으나 山川條에서는 金城山이라고 쓰고 있다. 또한『大東地志』에서는 다른 명칭인 雲住山 南城이라고 부르고 있어 時代에 따라 호칭이 달랐음을 알려준다.『忠淸道邑誌』全義縣 山川條 중에 縣南十里에 있는 金城山을 鐵城山이라고 부르고 있다.

이와 같은 記錄을 종합해 볼 때 金城山에 있는 金伊城은『新增東國輿地勝覽』이 編纂될 당시 雲住山(현재는 鵲城)의 남쪽에 위치하며 구조는 石築이고, 城의 둘레는 1,528尺이며, 城안에 우물이 하나 있으며 이미 廢城 되었음을 알 수 있다. 성의 이름은 쇠성부락이 있는 것으로 보아 본디 쇠재 또는 쇠성으로 부르던 것을 漢字化한 것이라 여겨진다.

城의 築造방식은 石築이며 狹築式이다. 둘레는 약 660m이며 성벽의 폭은 약 4.5~5m, 높이는 3m가 되지만 初築 당시는 더 높았으리라 여겨진다. 성벽은 가공한 痕迹이 없는 석재를 사용하였으나, 결에 맞추어 쌓았기 때문에 비교적 정교하다. 城의 전체적인 모양은 南北으로 둥근 모양을 하고 있다. 城의 南壁은 비교적 잘 남아있어 외벽과 내벽이 원형을 유지하고 있다. 이에 비해 西壁과 北壁은 殘存狀態가 좋지 못하여 北壁일부에서만 내벽이 1~1.5m 정도가 보인다. 城內에는 동, 서, 북 3개의 門址가 있다. 門址는 懸門式으로 全義 地域에서 볼 수 없는 특이한 形態이다. 西門은 門口部의 너비가 5.2m로 가장

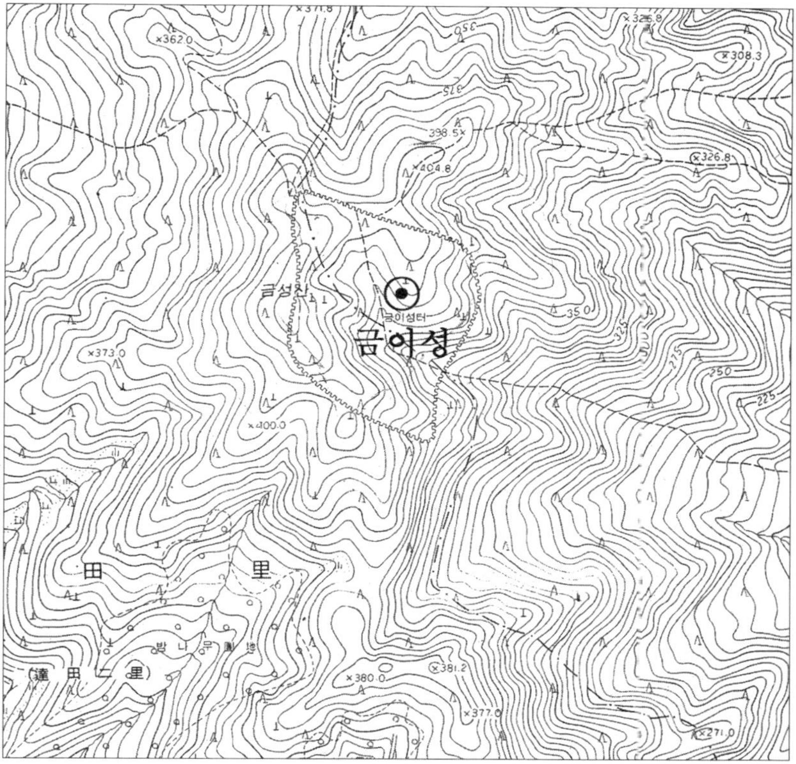

지도 8. 금이성 지형도(1/5,000)

사진 12. 금이성 외벽 전경

사진 13. 금이성 내벽

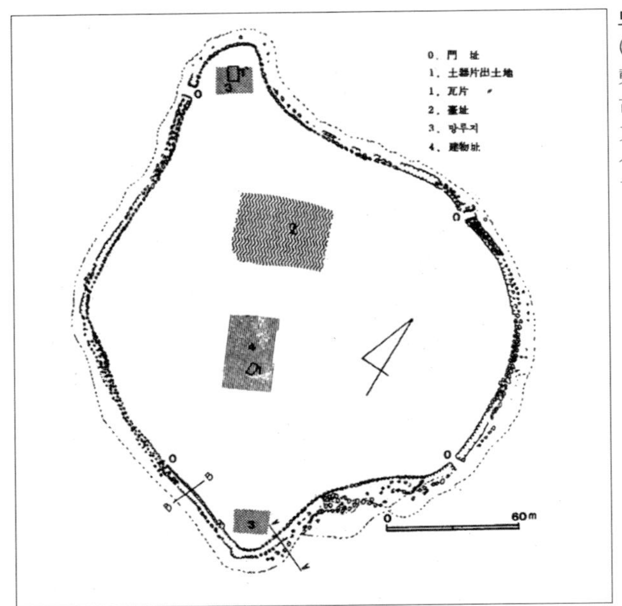

도면 5. 금이성 평면도
(出典：安承周와 李南奭, 1992, 「全義地域 古代山城 考察」, 『百濟文化』 第十七〜十九輯 合綝, 公州大學校附設 百濟文化研究所)

도면 6. 금이성 성벽도
(出典：安承周와 李南奭, 1992, 「全義地域 古代山城 考察」, 『百濟文化』 第十七〜十九輯 合綝, 公州大學校附設 百濟文化研究所)

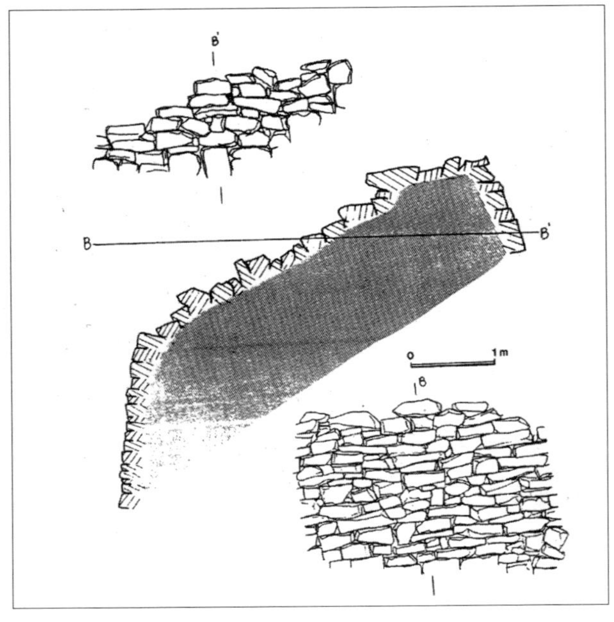

크며 측벽이 깨끗하게 남아있다. 유물은 城內 頂上部쪽에서만 瓦片이 발견되고 남쪽 민묘 부근에서는 土器片이 收拾된다.

城內의 북서쪽과 남쪽은 弧形으로 城이 築造되었고 眺望이 좋아 망루지로서 좋은 조건을 갖추고 있다고 판단된다.

金伊城은 築造技法이 협축식으로 全義地域에서는 볼 수 없는 특이한 形態인 점이 주목된다. 이곳에서는 "大平"이라 쓰인 명문기와와 灰色軟質土器片이 收拾되었다. 大平 年號는 元나라(A.D.1200년경)가 사용하던 것이다. 수습된 土器도 高麗時代를 넘어서지 못하다고 보고되어 있지만, 북쪽의 李城과 동쪽의 고산산성(운주산성)과 지리적인 위치를 고려하여 사용시기는 고려시대보다 더 이를 것으로 생각된다.

8. 松城

松城과 관련된 記錄은 全義地域의 다른 古代山城들과 달리 文獻에서 찾을 수 없다. 다만 1963년에 발간된 「忠淸南道誌」에 송성이 있는 산봉우리가 嫺致摩峰이라고 기록되어 있고, 일설에는 최치원 친딸의 石塚이 위치해 있다고 알려지고 있으나, 현재 남아있는 遺構의 상태로 보아 古墳이라기보다는 군사시설일 가능성이 높다.

松城은 全義面事務所에서 南으로 7㎞ 떨어져 있으며, 金伊城과는 남쪽으로 2.5㎞ 거리를 두고 있다. 산정상부는 원형대지로 남아 있고 중앙부에는 民墓가 조성되어 있다. 李城—鵲城—金伊城을 正南으로 잇는 산맥의 끝자락에 위치하는데, 성의 築造方式은 石築이며, 성벽의 높이는 약 2m, 성의 둘레는 약 66m이다. 성벽은 다듬지 않은 자연할석을 이용하여 內托方式으로 築城하였으며 성의 평면형태는 원형이다. 성의 잔존형태로 보아 북서, 남동쪽은 상대

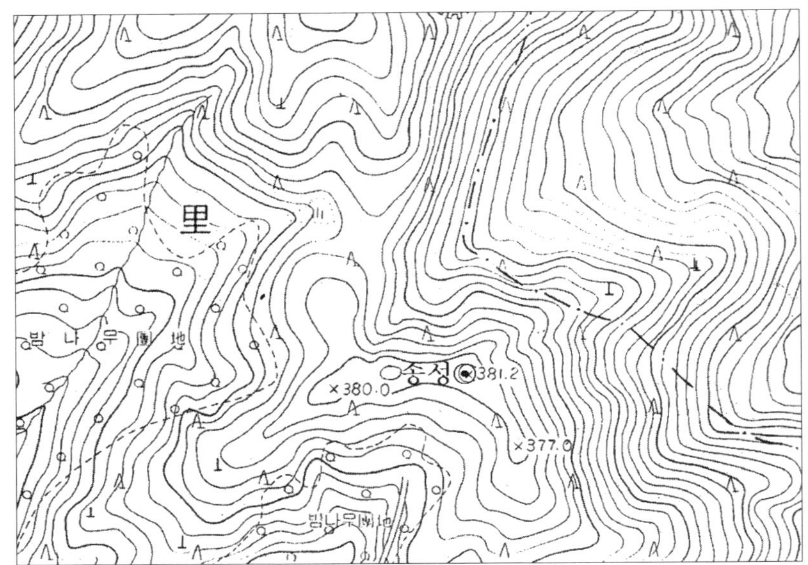

지도 9. 송성 지형도 (1/5,000)

사진 14. 송성북문지

사진 15. 송성 성벽

적으로 높게 축성되었고, 북쪽의 문지쪽으로는 약 1m 정도의 높이로 성벽을
비교적 낮게 축성하였다. 한편 남서쪽 방향은 급경사지로 별도의 축성하지 않
은 것으로 판단된다.

門址는 세 군데 정도가 보이는데 金伊城 방향으로 가는 北門址가 主門址로

보이며, 南門址, 東門址가 산 능선을 따라 위치해 있었을 것으르 추정된다.

松城과 관련하여 鳥致院부근의 石塚에서 無文土器가 收拾되었고 주변지역에서 靑銅馬形帶鉤가 발견되었다는 기록이 있는데[16] 조치원 부근의 石塚이 바로 이곳 松城이라는 견해도 있다.[17]

城의 規模와 形態가 小規模여서 城郭으로 부르는 데 무리가 있지만, 時期가 앞서는 小規模 初期 山城이거나 주변의 金伊城에 달린 군사시설일 가능성이 있다.

Ⅲ. 全義地域 古代山城의 性格

1. 規模와 時期에 대한 考察

우리나라의 古代山城들은 시기별로 규모에서 차이가 있었고 同時期의 경우에도 도성과 지방의 행정단위에 대한 등급의 차이에 따라 서로 규모가 달랐다. 全義地域은 百濟의 仇知縣에서 시작하여 신라시대에 金池縣, 高麗시대에 全義縣이었다. 따라서 일반적인 경우에 따른다면 이른바 縣級 규모의 성이 축조되어야 한다.

그러나 雲住山城은 縣級에 어울리지 않게 규모가 크다. 충청도 지역의 경우 熊津都城과 泗沘都城 등 백제의 都城 관련유적을 제외하면 대형의 산성들이 많지 않다. 더욱이 5,000尺 이상의 규모는 통일신라시대에도 큰 규모에 속한

---

16) 김원룡, 1963, 〈韓國史前遺蹟遺物地名表〉, 국립박물관.

17) 燕岐郡 鄕土史學者 정해영의 견해.

다. 운주산성과 같이 대규모의 산성은 특히 錦江 水系에서는 흔치 않다. 다만 다음과 같은 예는 있다.

첫째, 삼국시대와 통일신라시대에 금강의 상류지역 縣 가운데 5,000尺 이상의 산성을 가진 곳은 충북 보은군 회북면(百濟 未谷縣, 新羅 味谷縣 高麗 懷仁縣)의 虎占山城, 영동군 양산면(百濟 助比川, 新羅 助川, 高麗 陽山縣)의 摩叱山城, 全北茂州(百濟 朱溪縣)의 赤常山城 등의 예가 있으나 이들은 모두 고려시대 산성이다.

둘째, 美湖川 流域에는 淸州의 牛岩山城과 上党山城이 있다. 이곳은 백제의 上党縣이었지만 훗날 新羅의 西原小京이었고, 高麗이후는 淸州牧이었다.

셋째, 삼국시대와 통일신라시대 郡 단위의 등급이었던 곳(文義――牟山郡, 大田-雨述郡, 報恩-三年山城)들의 경우 郡治所와도 관련된 대규모의 산성들이 있다. 그러나 모두 둘레가 2km 미만의 것들(壤地山城, 鷄足山城, 三年山城)이다.

이러한 점으로 보아 雲住山城이 삼국시대 초축되었다면 특수한 목적으로 축조되었다고 보아야 하며 통일신라기에 축조되었다고 볼 때에도 예외적인 경우이다.

다음으로 주목되는 것은 아주 작은 규모의 城堡들이다. 鵲城과 松城 및 國師峰에 있는 城堡 등과 같이 작은 규모의 城堡는 산성과 산성 사이의 연락과 통신을 위한 보조적인 시설로 추측할 수 있다. 이들은 고려시대 이후의 烽燧와는 구조가 다르며, 특히 조선 세종 이후의 烽燧와는 뚜렷하게 구별된다. 따라서 삼국시대나 통일신라시대의 연락용 시설일 가능성에 주목할 필요가 있다.

規模와 時期라는 점을 생각하면 비교적 낮은 위치에 작은 규모로 축조된 邑內里山城과 甑山城이 古代國家의 地方統治와 관련되어 주목된다. 하나는 구릉상에 위치하며 하나는 이른바 鎭山에 축조되었다. 이 두 개의 城은 전의지역의 治所와 관련된 중심적 위치에 있다. 전의지역은 錦江水系의 鳥川 최상류에 위치하면서, 고려산에서 국사봉으로 이어지는 남북의 산줄기가 공주시와 경계를 이루고, 고려산에서 운주산으로 이어지는 북서-남동방향의 산맥이 천안시와 경계를 이루고 있는 분지의 중심에 邑과 함께 읍내리산성과 증산성이 자리하고 있다. 이들 성의 규모는 400~800m의 규모로서 삼국시대 縣治所로 비정되는 성들과 규모면에서 비슷하다. 특히 邑內里山城은 통일신라와 고려시대까지 읍성으로서의 기능을 한 것으로 추정된다.

전의 지역의 산성들은 時期的으로는 두 시기로 고찰이 가능하다. 한 시기는 역사상 통일을 위해 서로 쟁패하던 시기이고, 다른 한 시기는 통일된 국가에서 이민족의 침입에 항쟁하던 시기이다. 첫 번째는 다시 삼국시대와 후삼국시대 두 시기로 나뉜다. 삼국시대의 경우 全義는 百濟의 仇知縣으로 동쪽에는 백제의 上党縣(現 淸州)이 있었고, 다시 그 동쪽에는 신라와 고구려가 자리하고 있었다. 이런 점에서 全義는 동북쪽의 鎭川방면과 동쪽의 淸州방면에서 서진하려는 고구려 및 신라에 대응하는 변경지역에 가까웠고, 그 통로는 錦江의 水系였다. 결국 현존하는 전의 지역의 성지들 가운데 백제시대 축조 및 사용된 것들은 이러한 상황속에 존재하였다고 추측된다. 그러나 이 시기까지 소급되는 성터는 2-3곳 혹은 3-4곳뿐이다. 다음으로는 後三國時代이다. 이 시기에는 天安지방까지 세력을 가지고 鎭川에서 淸州를 거쳐 남하하는 高麗와 錦江의 중류에서 막으려던 後百濟가 대치한 곳이 이 지역이었다. 고려는 천안의 王字城이나 太祖峰에서 木川을 거쳐 남하하였고, 淸州의 豪族들이 高麗와 後百濟로 갈라져 있었으며 그 交爭地點이 現 天安, 文義, 燕山鎭, 昧谷城 등이었다. 이러한 勢力版圖는 三國時代의 百濟 對 高句麗 혹은 百濟 對 新羅의 그것을 방불케 하며, 그 勢力의 교착지점이 오늘날의 美湖川 流域이었음을 알 수 있다. 따라서 美湖川의 鳥川上流에 위치한 全義地域의 古代山城들은 三國期에 이어 後三國時代에도 유용한 전략적 요충으로서 기능하였을 것이다.

두 번째 시기는 외부 이민족의 침입이 있었던 시기이다. 대체로 三國時代나

後三國期 이후 대규모의 異民族의 침입에 대항하는 入保用의 山城은 高麗末까지 규모가 커지고, 성내에 충분한 물과 공간이 있었던 것으로 알려져 있다. 이런 점에서 전의지역에서는 가장 규모가 큰 雲住山城이 이민족의 침입에 대비한 入保籠城處로서 기능하였을 가능성이 높다. 그리고 이런 전쟁 상황에서는 낮은 지역에 입지한 邑內里山城에서 일시적으로 邑의 治所가 入保籠城處로 이전하였을 가능성도 있다.

2. 位置와 配置關係에 대한 考察

全義地域이 가지는 역사성에 비추어 山城이 위치한 것과, 山城들이 어떻게 배치되었는가는 매우 많은 示唆를 던져준다.

우선 산성들은 산의 능선 줄기를 따라 배치되어 있다. 즉 高麗山에서 雲住山에 이르는 동북쪽의 경우는 산줄기가 북으로 並川川 남으로 鳥川을 가르는 分水嶺이 되어 있는데, 이 分水嶺에 축조된 산성들은 鳥川 유역과 並川川 유역(天安市의 동남부, 靑原郡을 거쳐 美湖川에 합류)을 남북으로 잇는 고개길을 控制할 수 있다. 高麗山에서 동으로는 아야목, 태호고개, 능고개, 탑고개, 어리미째고개가 있고 雲住山의 동으로는 밤실고개, 고소재고개가 望京山, 東林山城과의 사이에 있다. 따라서 高麗山-雲住山-東林山-牽林山으로 이어지는 東西의 산맥은 모두 남북교통로를 상호견제하면서 차단할 수 있는 위치에 있다. 따라서 이곳은 금강 중류지방의 방어선을 이룬다고 볼 수 있다.

全義에서 公州방면으로의 길은 현재의 691번 지방도와 松城川을 따라 남향하여 儀堂面과 長岐面을 거치는 길이 직로이다. 이 두 길의 중앙에 李城, 鵲城, 金伊城, 松城이 산맥의 봉우리마다 축조되어 있다. 이들 산성들은 甑山城-邑內里山城-李城-鵲城-金伊城 등이 남북으로 열을 지어 마치 사슬처럼 늘어서 있는 형국이다. 그렇지만 동서로 통하는 길은 조천을 따라 가는 국도 1호선을 제외하고는 큰 길이 없다. 따라서 이 城들은 남북으로 열을 이루어 동서로 이어지는 주요 교통로를 차단하는 동시에 高麗山城-甑山城-邑內里山城-李城-鵲城-金伊城으로 이어지는 길은 곧 북쪽에서 아야목고개를 넘어 곧바로 公州쪽으로 직행하는 길을 따라 배치되어 있다. 따라서 北에서 南으로 이동하는 敵은 이 山城들을 차례로 통과해야만 公州境界인 儀堂面 德鶴里 덕재로 접어들게 된다. 이 경우에도 고개의 서쪽에 있는 국사봉을 거쳐야 된다. 덕재는 곧 덕고개로 德은 "크다"는 뜻이므로 큰 고개라 할 수 있다. 이 길은 차령고개를 넘지 않고 물길을 따라 조성되어 있어 현재의 23번 국도인 광정고개로 넘는 길보다 훨씬 빠르고 편한 길이다.

다음으로는 東西方向을 고려하여 보다 廣域의 배치관계를 고찰할 필요가 있다. 앞서 全義 지역은 百濟나 後百濟로서는 東北地方을 경계로 하여 거의 접경지역에 해당한다고 하였는데, 錦江의 本流와 美湖川 流域이 남북으로 이어지면서 東西勢力의 경계가 이루어진 양상을 엿볼 수 있다. 전의보다 상류인 茂州에서부터 永同, 沃川, 大田, 淸州와 靑原으로 이어지는 남북의 백제와 신라및 고구려, 후백제와 고려사이의 交爭地點에 대한 대략의 행정구역상 경계는 다음과 같았다.(〈표 2〉 참조) 이 중 특히 오늘날의 全義는 北으로 木川地域, 남으로 燕岐, 大田지역과 함께 백제의 영역으로 되어 있고, 보다 東北의

표 2. 三國時代 交爭地域 行政區域表

西쪽 - 百濟		東쪽 - 新羅	
朱溪縣	(현 무주)	茂豊郡	(현 무주, 무풍)
助川城	(현 영동 양산)	吉同郡	(현 영동)
珍惡縣	(현 금산)	管城郡	(현 옥천)
雨述郡	(현 대전)	三年山城	(현 보은)
未谷縣	(현 보은, 회북)	北쪽 - 고구려	
一牟山郡	(현 청원, 문의)	道西縣	(현 증평)
上党縣	(현 청주)	今勿奴郡	(현 진천)
大木岳郡	(현 목천)		
仇知縣	(현 전의)		

鎭川과 槐山郡 增平지역(美湖川의 上流)이 高句麗의 勢力에 들어갔었으며 후일 신라가 이 지역을 차지하였다. 전의지역보다 동쪽으로는 거의 같은 위도상에 淸州가 있었다. 淸州에서 전의와 조치원 방면에 이르는 산성의 配置關係를 보면 다음과 같다.(〈표 3〉 참조)

이러한 配置關係는 現存하는 古代山城들을 망라한 것이서 일정한 시기에 사용되던 산성만을 대상으로 하면 훨씬 간단해질 것이다.

우선 삼국이 熊津期에 이르러 角逐할 당시 오늘날의 鎭川, 槐山은 고구려의 세력하에 들고 신라는 오늘날의 옥천, 보은을 영유하였으나, 최근의 조사결과 文義지역까지도 新羅의 존재가 알려져 있다. 결국 百濟로서는 美湖川의 최상류인 鎭川의 草坪川 유역과 증평에서 고구려와 대치하였고 이때 天安은 高句麗와 百濟의 國境이었다. 따라서 이곳들과 마주한 木川지역은 바로 뒤에 전의지역이 价在되어 있었다.

다음으로 新羅가 한강유역을 모두 차지한 6세기 중엽 이후에는 오늘날의 괴산, 진천, 직산 등지가 모두 신라의 영역이 되어 치열한 싸움이 전개되었다. 특히 삼국이 가장 날카롭게 대치한 金峴城과 道薩城에서 百濟와 高句麗가 싸우자 新羅가 이 두 城을 빼앗아 차지하였는데, 이 두 城을 天安 부근에 比定하는 견해가 있으나, 최근에는 道薩城을 증평 도안(高句麗 道西城)으로 보고 이곳에 있는 3개의 山城(二城山城 혹은 二聖山城 또는 尼城山城)으로 보거나, 진천군 초평면 영구리의 두타산성 등으로 비정하는 것이다. 天安 혹은 增坪이 분쟁지역일 경우 전의로서는 公州나 扶餘에서 본다면 최전방의 요새에 해당하게 된다. 全義에서 天安은 18㎞로 木川을 지나면 곧바로 전의이며, 또한 增坪-淸州-木川은 美湖川流域으로서 같은 생활권에 해당된다. 따라서 全義地域은 百濟圈域으로 보아서는 바로 앞쪽의 한 고을이 점령당하는 경우 곧바로 침입을 받는 위치이고, 이곳을 통과하면 都城境內로 곧바로 진입하는 지정학적 위치에 있었던 것이다. 이러한 관계로 이 지역에 百濟系의 遺物이 출토되는 山城

表 3. 全義, 鳥致院, 淸州地域 三國抗爭期 山城配置圖

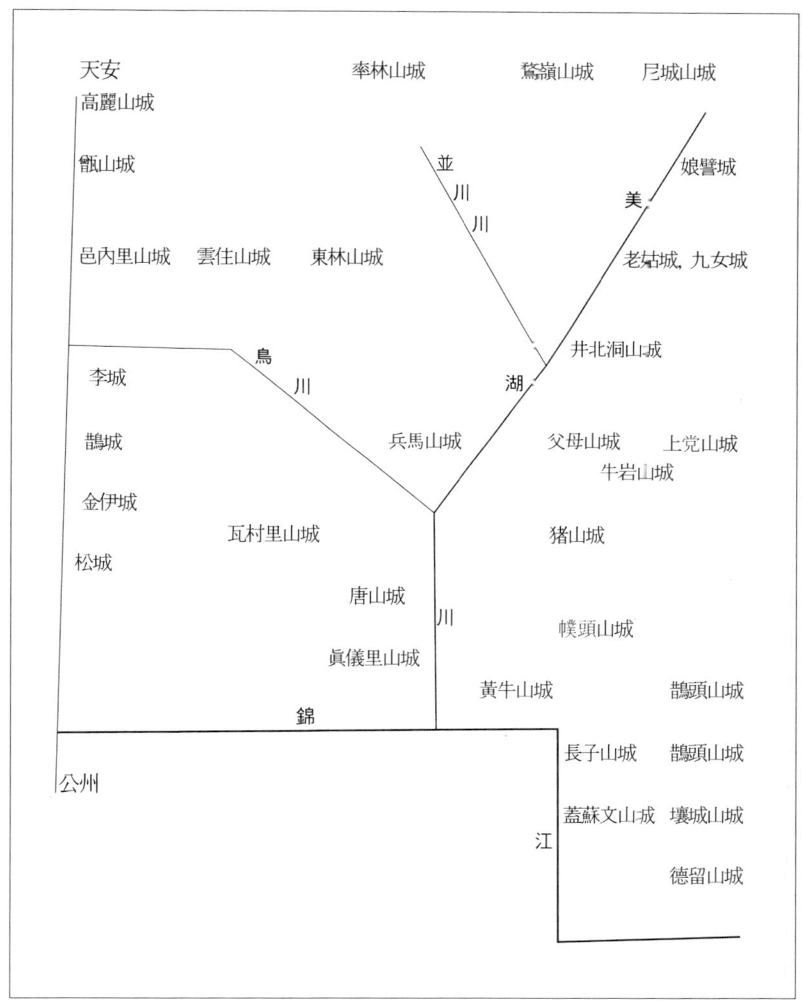

이 존재하는 것은 당연하다.

다음으로는 고려산성과 같이 특정한 왕조의 이름이 붙은 산명과 지명이 있다는 사실이다. 고려는 고구려 또는 고려이다. 고구려의 남하와 관계되는 것으로는 음성의 望夷산성이 알려져 있다. 또한 淸州 동쪽의 謳羅山城(九女城, 句麗城)도 고구려와 관련된 기록을 갖고 있으며, 더욱 남쪽으로는 청원군 부용면에 있는 蓋蘇文산성과 거기서 錦江을 남쪽으로 건넌 곳에 있는 蘇文城이 있다. 이와 같은 맥락에서 高麗山城이 고구려와 관련될 가능성이 있다. 그러나 高麗와의 관계도 고려되어야 한다. 특히 李城과 같이 李棹라는 고려 때의 인물과 관계되어 오얏고지와 함께 특정 性氏와의 연관관계는 이 지역 산성의 배치관계도 後三國時代의 역사적 실체와 관련시켜 해석할 여지를 남겨준다.

三國 및 統一新羅와 관련하여서는 靑原郡 文義지역의 산성배치관계와 비교할 수 있다. 즉 文義의 경우 壤城山城이 있으면서 그 서쪽에 북에서 남으로 열을 이루어 4개의 산성이 배치되어 있다. 이러한 관계는 全義地域이 雲住山城이 동쪽에 있으면서 서쪽으로 북에서 남으로 列을 이루어 산성이 배치된 사실과도 부합한다. 또한 淸州의 牛岩山과 上党山城이 대규모이며 높은데 있으면서 그 서쪽으로는 北에서 南으로 山城들이 열을 이루고 배치되어 있다. 이는 統一新羅時代에 王都 방면에 대규모의 산성을 두고 반대지역에 작은 규모의 山城을 여러 개 배치시킨 지역적 특수성으로 볼 수도 있게 한다. 三國 가운데서도 특히 百濟의 경우 大小의 山城들이 산줄기를 따라 열을 지어 위치하는 양상과도 서로 일치하는 점이 있다.

全義地域 山城의 配置는 앞에서 살펴본 바와 같이 時期別로 구분지어 여러 가지로 추측이 가능하다.

3. 構造的인 面에 대한 考察

1) 築造方式

全義地域의 古代山城들은 그 築造方式에 있어서 石築, 土石混築, 土築 등

다양한 형태를 보이고 있다. 이런 축조방식의 차이는 각 산성의 일지조건과 축조시기의 차이에 의한 결과라고 생각된다. 산성의 성벽은 축조방식에 의해 축조연대를 추정하는데 중요한 準據가 되는데, 특히 삼국시대에는 築造年代뿐만 아니라 築造主體에 관한 자료도 제공해 준다. 山城의 築造方式을 구분하는 방식은 몇 가지가 있지만 기본적으로 築城의 주재료가 무엇인가에 따라 土築과 石築으로 크게 구분된다.

全義地域의 古代山城들의 경우 邑內里山城을 제외하고는 대부분이 石築을 기본으로 하였다. 石築山城들의 경우에도 일부 구간에서는 구조를 보완하기 위해 土石混築 및 土築이 이루어졌다. 이러한 築城方式의 차이는 山城의 입지조건에서 기인한다. 전의지역의 고대산성들은 대개 산정상부에 입지하고 있는데 반해 邑內里土城만은 거의 평지에 가까운 구릉위에 입지한다. 이러한 입지의 차이가 축성방식의 차이를 가져왔으며, 平地城일 경우 성벽의 견고함을 유지하기 위해 토축을 기본으로 축성하는 것이 보다 효율적이었을 것이라 판단된다.

石築山城의 경우 주재료인 성돌에 따라 축조방식은 여러가지 차이를 보인다. 雲住山城은 기초석을 다른 석재보다 2배 정도 큰 것을 사용하고 그 위에 가로세로의 비율을 3:2 혹은 2:1로 다듬어서 사용하였다. 이는 성벽의 붕괴를 방지하기 위해 큰 돌로 기초를 하고 그 위에 성돌을 마치 벽돌을 쌓듯이 정연하게 쌓아올리는 백제계 산성의 일반적인 축조방식과 동일하다. 그러나 발굴자는 출토유물로 보아 통일신라시대에 축조된 것으로 보고 있다.[18] 발굴자들은 이러한 차이점을 통일신라시대 백제지역에서 상당기간 백제양식의 불상, 토성들이 존재하고 있었다는 것과 같은 맥락으로 설명하고 있다.

---

18) 공주대학교박물관, 1998, 『燕岐 雲住山城』, pp.132.

金伊城은 정교하게 다듬지 않은 판석들을 쌓아올려 축조한 것으로 高麗時代의 전통적인 성벽축조방식을 보여주고 있다.

雲住山城과 金伊城외에 다른 산성들은 그 규모가 작고 성벽축조방식을 파악할 수 있을 만한 조사자료가 부족한 상태이지만, 기본적으로 일부 다듬은 성돌들을 이용한 석축렬이 확인되고 있다.

2) 形態

山城의 형태는 산봉우리를 감싸는 형식의 테뫼식과 계곡을 포함하는 포곡식으로 크게 구분할 수 있으며, 복합식은 이 두가지를 결합한 형태라고 할 수 있다. 이러한 형태의 차이는 결국 산성의 규모를 반영한다고 할 수 있다. 테뫼식 산성은 산봉우리의 平坦面만을 주로 이용할 수 있는데 반해 包谷式산성은 계곡 및 계곡사면의 평탄면까지 활동공간으로 이용할 수 있는 것이다.

전의지역의 산성들은 대부분 테뫼식의 형태를 가지고 있으며 雲住山城만 포곡식을 기본으로 한 내성까지 갖춘 복합구조를 가지고 있다. 이러한 형태적인 차이점은 성의 可用面積의 차이를 가져오기 때문에 각 산성의 기능 및 역할에도 차이가 있었을 것이다. 雲住山城은 성의 둘레가 3,098m의 초대형 산성으로 縣級의 일반적인 산성들보다 훨씬 큰 대규모의 복합식 산성으로서 이 지역을 중심으로 벌어졌던 某種의 군사작전 진행시 병력의 집결지 역할을 하였을 것으로 판단되며, 집결한 병력을 지휘하는 지휘부가 위치한 곳에는 보다 견고한 수비를 위해 內城까지 쌓았을 가능성이 있다.

全義地域의 다른 산성들은 산봉우리를 감싸는 石築을 한 테뫼식의 산성으로 산성의 내부 공간을 고려해 볼 때 비교적 中, 小 규모의 부대들이 편재되었을 것으로 판단되는데, 각 산성의 형태적 차이가 가져오는 규모의 차이에 따라 각 산성들을 근거지로 하는 군사작전 및 부대배치 등에 관해서는 현재까지의 자료로서는 제시하기가 매우 어렵지만 향후 이런 관점에 관한 연구들도 진행되어야 할 것이다.

3) 門址

城門址의 형태는 門址의 보존상태가 좋지 못하여 추정하기 힘들다. 다만 금이성의 경우 현문구조가 뚜렷하게 보이고 있으며, 雲住山城의 동문지는 발굴조사에서 어긋문 형태인 것이 조사되었다.[19] 하지만 主門址의 방향은 산성 內部에 도달하기에 지형적으로 가장 유리한 지점이었다는 것에는 일치하며 이것은 오늘날의 등산로에 해당된다고 할 수 있다. 邑內里山城의 경우에도 主門址의 방향이 이런 맥락에서 정해졌던 것으로 판단된다. 한편 그 외의 산성들에서는 그 규모를 고려해 볼 때 여러 개의 門址들이 있었던 것으로는 보이지 않으며 출입을 위한 시설정도만이 있었던 것으로 판단된다.

4) 水源

山城內部의 水源은 성 내부에 사람이 기거할 수 있는 기간과 규모를 결정해주는 중요한 요소이다. 일반적으로 판단할 때 산꼭대기의 산성에 우물이 존재하지 않는다면 일상적인 거주와 장기적인 군사작전은 사실상 불가능하다. 全義地域 山城들의 경우에 각종 文獻에는 우물이 있다고 기록되어 있으나 현존하는 우물은 雲住山城내 2곳뿐이다. 이는 설사 우물이 있었다고 하더라도 풍부한 수원을 가지고 있지는 못했다는 것을 보여준다고 하겠다. 雲住山城을 제외한 다른 산성에서 우물지가 확인되지 않고 있다는 사실은 성의 용도에 관한 많은 시사점을 주고 있다. 즉 평화시에는 우물이 없는 산성에는 군대가 주둔하지 않았을 것이며, 비상시에 이곳을 근거로 단기간에 걸친 군사작전들이 이

---

19) 공주대학교박물관, 1998, 『연기운주산성』, pp.123.

루어졌을 것이라는 점이다. 雲住山城에는 水源이 풍부한 우물을 이용한 저수지가 있었을 가능성이 높으며, 이를 이용하여 入保籠城에 최적의 조건을 가지고 있었던 것으로 판단된다. 최근의 아차산성의 발굴조사에 따르면 전략적으로 중요한 堡壘城같은 곳에는 우물이 없을 경우 集水施設을 따로 만들어 상시 주둔을 하였던 증거들도 있는데, 전의지역의 산성들에도 이러한 시설들이 있었을 가능성이 있지만, 이는 어디까지나 한시적인 이용이었을 가능성이 높다. 더욱이 이 지역의 山城들은 삼국시대의 지역적 세력구도에서는 그 효용가치가 높았겠지만, 통일기로 접어들면서는 장기적인 군대의 주둔과 같은 군사작전이 필요한 경우는 매우 드물었을 것이기 때문에 水源이 약한 우물들은 남아있지 않은 것으로 판단된다.

IV. 맺는말

全義地域은 百濟 웅진시대의 국경수비 거점으로 이 地域의 중요성에 따라 山城들이 전략적으로 배치된 것으로 판단된다. 全義地域 山城에 대한 현재까지의 調査結果 高麗山城, 甑山城, 邑內里山城, 雲住山城, 李城, 鵲城, 金伊城, 松城 8개 유적이 확인되었다. 이 중 文獻記錄을 통해 金城山城은 오늘날의 金伊城이고 雲住山城의 옛 명칭은 高山山城이며, 雲住山은 오늘날의 鵲城山을 지칭한 것임을 알 수 있었다.

8개 山城 가운데 鵲城과 松城은 조사결과 독립된 城으로 보기에 문제가 있다. 이는 鵲城山의 祈雨祭壇이 있었다는 文獻記錄과 두 城에서 확인된 遺構의 規模와 構造를 감안한 결과이다. 松城은 주변에 분포하는 金伊城의 기능을 보완하는 望樓 혹은 通信施設로 보아야 할 것으로 판단된다. 한편 靑藍里의 國

師峰에는 鵲城과 유사한 형태의 석축구조물이 있다. 이 석축구조물은 城과 城 사이의 통신을 위한 연락시설로 보았을 때, 그 구조가 조선 서종 이후의 봉수대들과는 확연히 달라 통일신라 이전의 산성 간 연락시설에 대한 자료를 제공해 주고 있다고 할 수 있다. 이들 두 개의 유적을 제외한다면 나머지 6개 山城은 山城으로의 성격이 비교적 명확하다.

6개 城 중 邑內里 山城은 土城으로 보이며, 金伊城, 李城, 雲住山城, 甑山城, 高麗山城은 石城을 기본으로 하고 있다. 이러한 축성방식의 차이는 산성의 입지조건을 반영한다고 할 수 있다.

전의지역 각 山城들의 築造年代는 城마다 다소 차이를 보이는 것으로 판단된다. 收拾遺物과 城의 구조적 특징에 의거해 판단해 볼 때 먼저 金伊城은 高麗時代에 築造된 城으로 추정된다. 성벽의 축조방식이 일반적인 고려시대 산성들의 특징을 보여주는 판석형 성돌을 사용하였고 城郭形態도 협축의 石城이고, 門址가 현문식인 점과 大平이라는 명문와가 出土된 점 등을 볼 때 高麗時代의 城으로 보고 있다.[20]

그러나 주위에 있는 이성과 작성, 송성, 국사봉유적 등과 비암사 출토 불비상을 볼 때 금이성은 백제시대에도 사용했을 가능성이 있다. 정밀한 발굴 조사가 실행되어야 더욱 자세한 결과를 알 수 있다고 생각한다. 금이성의 다른 명칭으로 철옹성으로도 불린다. 이는 공격하기 힘든 성으로 해석할 수 있다.

雲住山城은 發掘調査 결과 初築연대를 百濟時代까지 올려볼 수 있는 적극적인 증거들을 확보하지는 못했지만 여전히 百濟時代에 築造되었을 가능성이 있는 城으로 推定된다. 기존의 地表調査에서 城내에서 收拾된 遺物 중 百濟土器片과 기와片이라고 보고된 遺物들이 다수 존재하고 있을 뿐만 아니라 城의 築

---

20) 안승주·이남석, 윗글.

造에 사용한 석재도 가공의 痕迹이 보이기 때문이다. 더불어 이 雲住山城에서 出土된 기와片 중에는 模骨痕이 뚜렷한 것도 있어 城의 築造는 百濟의 南遷後 北方의 방어를 위해 이루어졌을 가능성이 있는 것이다. 雲住山城은 그 規模와 二重城의 구조적 특징은 물론 周留城의 位置比定과 관련하여 매우 중요한 古代山城임에 틀림없기 때문에 향후 보다 다양한 가능성을 가지고 研究에 임하여야 할 것으로 판단된다.

읍내리山城은 初築이 百濟時代에 이루어진 것으로 보이나 이후 高麗, 朝鮮時代에 이르면서 城內에 많은 건물이 있었던 것으로 보인다. 이러한 연유 때문에 城內에서는 高麗, 朝鮮時代의 瓦片이 다량 收拾된다. 李城 역시 百濟時代에 初築된 것으로 판단되는데, 三國史記의 文獻記錄과 관계된 정확한 築造時期에 대한 研究가 이루어져야 할 것이다.

한편 高麗山城은 城內에서 出土된 遺物이 모두 高麗時代의 것이긴 하지만 城이 土·石混築의 形態를 보이고 있어 이 城의 구체적인 築造時期는 좀 더 고찰이 요구된다.

그동안 고등리의 뒷산으로 추정되던 甁山城의 위치는 새로이 발견된 고고학적 증거를 토대로 볼 때 全義 읍내리 북서쪽의 시루성이 발견됨에 따라 전의 산연수원이 들어선 비룡대와 비교 정밀 조사가 필요하다.

全義 地域의 山城들이 거의 일직선상으로 분포하고 있는 점은 百濟 熊津時代 이후 高句麗의 지속적인 南進政策의 과정에서 北方에 대한 守備를 보다 견고히 하고, 동시에 동쪽에 위치하는 신라의 위협도 방어하기 위한 종합적인 의도에서 全義 地域 山城들이 築造되었을 가능성이 높다는 것을 보여준다고 하겠다.

향후의 研究에서는 全義 地域의 諸 山城들의 築造方式과 遺物分析을 통해 時代編年과 아울러 이러한 山城들이 가지는 空間的 意味에 대한 考察이 필요할 것으로 판단된다.

| 참고문헌 |

〈史料〉

『三國史記』.

『高麗史』.

『新增東國輿地勝覽』.

『輿地圖書』.

『大東地志』.

〈論著〉

경기도 안성군·단국대학교 중앙박물관

　　1996 『망이산성 발굴 보고서(1)』.

公州大學校 博物館·論山郡

　　1995 『魯城山城』.

公州大學校博物館·忠淸南道 燕岐郡

　　1996 『雲住山城』(地表調査報告書).

　　1998 『燕岐 雲住山城』.

金起燮

　　1987 「百濟前期都城에 關한 一考察」, 韓國精神文化研究院.

金秉模·金娥官

　　1998 『唐城』(1次發掘調査報告書), 漢陽大學校博物館.

　　1995 『守安山城』(地表調査報告書), 漢陽大學校博物館.

金秉模·沈光注

　　1987 『二聖山城』(發掘調査中間報告書), 漢陽大學校博物館總書第六輯.

　　1988 『二聖山城』(二次發掘調査中間報告書).

1990 『安山邑城』(地表調査報告書), 漢陽大學校博物館 叢書九輯.

金秉模·沈光注·許美京

1986 『京畿道 百濟文化遺蹟』, 漢陽大學校 博物館總書第三輯.

金秉模·申英浩

1996 『文殊山城』(發掘調査 報告書), 漢陽大學校博物館.

金秉模·崔虛林·吳相秀

1986 『南漢山城』, 漢陽大學校博物館.

金在鵬

1995 『百濟周留城의 研究』, 燕岐郡.

夢村土城發掘調査團

1985 『夢村土城發掘調査報考』.

朴方龍

1985 「都城, 城址」 3, 新羅, 『韓國史論』15, 國史編纂委員會.

朴性興

1994 『洪州周留城考 −百濟復興戰의 歷史地理的 考察−』, 洪州鄕土文化研
究會.

반영환

1978 『韓國의 城郭』(교양국사총서30), 세종대왕기념사업회.

百濟文化開發研究院

1997 『서울 風納土城(百濟 王城) 實測調査研究』.

扶餘文化財研究所

1989 『扶蘇山城』(發掘調査中間報告), 扶餘文化財研究所.

상명여자대학교 박물관·홍성군청

1995 『洪城郡 長谷面一帶 山城』.

成周鐸

1983 「漢江流域 百濟初期城址研究」, 『百濟研究所』 14.

1985 『百濟城址研究』. 東國大學校大學院 博士學位論文.

1985 「百濟城址 研究 －都城址를 中心으로－」, 『千寬宇先生 還曆紀念 韓國史學論叢』.

孫永植

1984 「城郭의 位置 해석에 관한 고찰」, 『文化財』 17.

1987 『韓國 城郭의 硏究』, 文化財管理局.

申瑩勳

1976 「韓國의 城郭」 『新東亞』(1976년 2월호).

申虎澈

1993 『後百濟 甄萱政權硏究』, 一潮閣.

沈正輔·孔錫龜

1994 『鷄足山城 西門址 調査槪報』, 大田産業大學校·鄕土文化硏究所.

安承周

1978 「公山城內의 遺蹟」, 『百濟文化』 11.

1990 『公山城 城址發掘調査報告書』, 公州大學博物館.

安承周·李南奭

1987, 『公山城 百濟推定王宮址發掘調査報告書』.

1992 「全義地域 古代山城 考察」, 『百濟文化』第十七～十九輯, 公州大學校附設 百濟文化硏究所.

燕岐郡誌編纂委員會

1988, 『燕岐郡誌』.

俞元載

1997 『熊津百濟史硏究』, 주류성.

李基東

1996 『百濟史研究』, 一潮閣.

李元根,

1983 『三國時代의 城郭研究』, 檀國大學院博士學位論文.

張慶浩·崔孟植

1986 「彌勒寺址出土 기와등 文樣에 對한 調査研究」.

全榮來

1985 『益山 吾金山城 發掘調査報告』.

1996 『白村江에서 大野城까지』, 新亞出版社.

전의향토지발간추진위원회

1997 『全義鄉土誌』, 조치원 문화원.

車勇杰

1975 「韓國 城郭의 史的 考察」, 『大學院論文集』 제5집.

1983 『三年山城』(추정연못 및 수구지 발굴조사 보고서), 보은군·충북대학

　　　박물관.

車勇杰·朴泰祐

1989 『溫達山城』(地表調査報告書), 忠北大學校·湖西文化研究所.

車勇杰·趙詳紀

1991 『丹陽 赤城』(地表調査報告書), 忠北大學校博物館 調査報告 第30冊.

清原郡

1994 『清原郡 文化遺蹟』.

崔孟植

1987 『百濟 및 統一新羅時代 기와文樣과 制作技法에 關한 調査研究-(彌勒
　　　寺址出土기와를 中心으로)』.

崔夢龍·沈正輔

1991 『百濟史의 理解』, 學研文化社.

崔夢龍·權五榮

1985 「考古學的 資料를 通해 본 百濟初期의 領域考察」.

忠淸南道

1991 『文化遺蹟總覽』(城郭 宮衙 篇).

포천군·단국대학교 문과대학 사학과

1996 『포천 반월산성1차 발굴조사 보고서』, 단국대학교 문과대학 사학과 고
      적조사보고 제3책.

1997 『포천 반월산성2차 발굴조사 보고서』, 단국대학교 문과대학 사학과 고
      적조사보고 제4책.

洪再善

1981 「百濟 泗沘城 硏究 −遺物, 遺蹟을 中心으로−」, 東國大學校 大學院.

화성지역 중세 건축유적의 검토

양정석*

I. 들어가며
II. 최근 조사된 화성지역의 중세 건축유적
III. 앞으로의 과제

⟨Abstract⟩

Recently, the investigations of the Middle Age remains, especially constructed ones, increase abruptly in Hwaseong region. So, the more pieces of information on constructed remains are gained. But, as shown from the cases discussed before on some remains, similar contents are explained differently, depending on the reports which bring about confusion in part. In some cases, contents are different in reports and theses and opinions are in conflict with respective report contents, which means that the recognitions, on the building sites and residence sites in the period, are not formed clearly.

* 수원대학교 교수

Though the materials on Chosun dynasty residences increase abruptly, remains have the common several forms fundamentally, and general concepts must be arranged in this point of time.

One of the subjects is a matter on a vertical residence. All of the residences with heating systems are understood to be vertical residences. But,as shown from that of vertical residences in Shilla dynasty, it is correct in the residences of which insides are 10~20cm high. But, as shown from before, the heating systems of the first half of Chosun Dynasty have a difference in a level, compared with the kitchen and main room heating systems used in the recent times. In addition it is assumed that short wallswere constructed. So, In Chosun dynasty, considered on the residences divided into vertical residences and heating system residences, the latter was already constructed on the ground.

Through literatures, a large residence site which appeared in block3, Taean, was confirmed to be a room-remain division(재실유구), related to Chosun Dynasty king tombs. It makes us aware that, as shown from Donghwa-ri remains, the Middle Age archaeology must be made up for through literatures and excavated materials each other.

Many remains are scattered in hwaseong, wider than any other si, gun areas, but a general investigation was not performed on building sites, temple sites, castle sites, ceramic ware sites, and tomb sites respectively, yet. As shown from other area cases, it is difficult to grasp an accurate cultural trait of Hwaseong region by an existing wide-area ground surface investigation performed in a macro point of view. The researchers, concerned on the matters, must investigate in a micro point of view respective remains and access the subject in a macro point of view to find additional remains. So, another discussion is necessary for this matter. Only this access will recover the recognition limitation on the remains, brought about from the courses centered on old-style investigations(구제조사).

I. 들어가며

1980년대 후반 통일신라 이후의 고고학에 대한 논의가[1] 본격적으로 이루어진 시기를 전후로 하여 중세고고학에 대한 연구자들의 관심은 점차 증가되었다. 특히 경기지역은 1986년 이래로 10차례의 발굴조사가 이루어진 하남 이성산성과 1984년 이후 3차례 발굴조사가 이루어진 용인 서리고려백자요지를 필두로 경기지역의 통일신라시대 이후 유적에 대한 조사가 증가하면서, 중세고고학의 제분야에 대한 논의가 다양한 각도에서 이루어지기 시작하였다. 그리고 1990년대 후반 이러한 논의를 지역별로 하나의 틀로 정리하고자 한 노력도 나오게 된다. 1998년 용인지역의 고려시대 유적에 대한 종합적 검토를 위해 그 대상을 성터, 절터, 도요지, 그리고 고분으로 4거의 분야로 나누고 그 대표적인 유적인 처인성지, 서리 고려백자요지, 좌항리 고려고분군, 서봉사지에 대한 학술대회가 1998년에 개최하였다. 그 결과를 12월 『고려시대의 용인』이라는 제목의 단행본으로 출간하였는데,[2] 이는 경기지역에서 증세고고학에 대한 논의가 본격적으로 이루어지게 된 하나의 사례라고 할 수 있다.[3]

---

1) 李熙濬, 1988, 「統一新羅以後의 考古學」, 『韓國考古學報』 21.

2) 용인시·용인문화원, 1998, 『고려시대의 용인』, 학연문화사.

이렇게 지역에 따라 계획적으로 이루어진 중세시대에 대한 학술조사와는 별도로 경기지역은 90년대 들어 분당지역을 필두로 하여 지속적으로 이루어진 대규모의 신도시개발과 관련된 구제발굴조사를 통해 중세시기에 대한 새로운 고고학적 자료가 급격하게 늘어났다. 대규모의 개발이 아이러니하게도 이전에는 관심의 대상에서 멀리 떨어져 있었던 중세유적에 대한 다양한 정보를 제공하게 된 것이다. 이에 따라 중세고고학 전반에 대한 논의가 1990년대 후반 이후로 발표되기 시작하였고,[4] 이러한 논의는 寺址,[5] 建物址,[6] 陶窯址,[7] 住居址,[8] 古墳[9] 등 세부분야별로 다양화되었으며, 도기나[10] 기와[11] 등 출토유물에 대한 논의로까지 확대되고 있다. 최근에는 이러한 성과를 바탕으로 개별 지역의 지역사를 복원하고자 하는 시도가 나오기도 하였다.[12]

---

3) 이후 용인지역의 경우 이러한 성과를 확대 재생산하기 위해 『용인의 옛성터』(충북대), 『용인의 도요지』(한신대), 『용인의 옛절터』(중앙승가대), 『용인의 불교유적』(조계종불적조사단), 『용인의 분묘문화』(용인대) 등이 시리즈로 발간되었다. 이를 바탕으로 처인성에 대한 발굴조사(충북대), 할미산성에 대한 발굴조사(경기도박물관), 그리고 서리 상반 고려백자요지의 발굴조사(기전문화재연구원), 그리고 서봉사지에 대한 사역확인조사(수원대) 등이 연차적으로 이루어진 바 있다.

4) 西谷正, 1999, 「高麗考古學の諸問題」, 『史淵』 136.
   안병우, 2003, 「중세고고학의 발전과 고려사 연구」, 『역사비평』 64 ; 2007, 「고려시대의 고고학 연구와 역사학」, 『고고학』 6-1.

5) 양정석, 1998, 「寺址考古學序說」, 『보조사상연구원 16차 월례발표자료집』 ; 2003, 『佛敎史硏究』 4·5.

6) 류형균, 2002, 「서울경기지역 건물지 조사현황과 과제」, 『고고학』 1-1.
   이남규, 2005, 「한국 중세고고학의 현황과 과제-경기도의 고려시대 건물지를 중심으로-」, 『한국매장문화재 조사연구방법론』 1.

7) 이종민, 2003, 「청자요지 발굴조사의 성과와 검토」, 『제29회 한국상고사학회 학술발표대회자료집』.

8) 李尙馥, 2008, 「統一新羅時代 竪穴住居址 硏究-京畿南部地域을 中心으로-」, 『硏究論文集』 4, 중앙문화재연구원.

9) 李義仁, 2007, 「京畿地域 高麗古墳의 構造와 特徵」, 『고고학』 6-1.

10) 한예선, 2003, 「경기지역 출토 고려시대 저장·운반용 질그릇 연구」, 『상고사학보』 40.

11) 최태선, 2004, 「고려시대 기와연구의 성과와 과제」, 『제1회 한국기와학회학술대회발표문집』.

12) 양정석, 2011, 「지역사 복원을 위한 발굴조사성과의 검토-용인지역을 중심으로-」, 『백산학보』 90.

화성지역의 중세유적과 관련하여 전반적인 매장문화재 조사는 한신대학교에 의해 1994년부터 95년까지 이루어진 광역지표조사가 처음이라고 할 수 있다.[13] 당시는 화성지역에서 아직 대규모의 개발사업이 이루어지기 이전으로 서해고속도로와 고속전철노선의 건설을 위한 발굴조사가 가장 큰 조사였다. 따라서 그 내용은 지금과 비교할 때 매우 소략할 수밖에 없었다. 그러나 그 후로 화성지역에서도 대규모의 개발사업과 이에 따른 발굴조사가 실시되면서 중세유적에 대한 이해수준은 급격하게 높아지고 있다. 이러한 성과는 화성지역에 대한 광역조사가 본격적으로 이루어진 도서해안지역에 대한 조사,[14] 그리고 2003년 말부터 조사되어 2006년에 간행된 화성시에 대한 광역지표조사를[15] 통해서 일단 정리된 바 있다. 토지박물관의 광역지표조사를 통해서는 통일신라와 고려시대의 유물이 산포되어 있는 지역이 97개소나 확인되었던 것이다.

본고에서는 이러한 성과를 바탕으로 하여 최근에 여러 조사기관에 의해 새롭게 조사된 많은 화성지역의 중세유적 중 비교적 새롭게 조사되고 이에 대한 검토가 다양한 방향에서 진행되고 있는 건축유적을 중심으로 정리하고자 한다. 이를 통해 향후 화성지역의 중세유적에 대한 연구가 어떠한 방향으로 이루어져야 할 것인가에 대한 제안도 해 보고자 한다.[16]

---

13) 한신대학교박물관, 2005, 『華城郡 埋藏文化財 地表調查 報告書』.

14) 경기도박물관, 2000, 『도서해안지역 종합학술조사』 1.

15) 토지박물관, 2006, 『화성시의 역사와 문화유적』.

16) 이 글은 2009년 화성시·화성문화원이 주최한 『화성지역 발굴문화재의 성과와 전당』이라는 학술대회에서 발표한 내용을 일부 보완한 글이다.

Ⅱ. 최근 조사된 화성지역의 중세 건축유적

1. 건물지유적

건물지에 대한 정의는 다양하게 내려질 수 있겠지만 본고에서는 일단 초석 건축물을 중심으로 논의하고자 한다.

화성지역에서 확인된 건물지 유구는 동학산유적의[17] 고려~조선시대의 건물지, 송산동유적의[18] 고려시대 건물지 온돌시설, 남양동유적의 통일신라시대 건물지 1기와 조선시대 건물지 1기,[19] 반송리 중세유적의[20] 조선시대 건물지 3기, 탄도−송산 간 도로 확,포장공사로 인한 구제발굴조사에서[21] 확인된 통일신라 건물지, 조선시대 건물지와 도로유구 등이 있다. 또한 비록 건물지는 확인되지 않았지만 동탄 반송리유적에서 지표채집된 통일신라 말기로 이해되는 와당과 토제벼루, 그리고 상당량의 통일신라 토기류를 바탕으로 이 지역에 통일신라시대 지방지배거점이 있지 않을까 하는 추론이 나온 바 있다.[22]

일반적으로 이와 같이 건물지 유구는 해당 유적에서 조금씩 확인되지만, 수원 고읍성과[23] 태안(3)지구의[24] 경우 그 양상이 전혀 달라 주목되었다.

---

17) 畿甸文化財研究院, 2004, 『華城地方産業敷地内 東鶴山遺蹟 4次 指導委員會 資料』.

18) 한지선, 2007, 「화성 松山洞 중세유적」, 『2006년도 서울경기지역의 중요유적 발굴성과』, 2007년도 제 1회 서울경기고고학회 정기발표회.

19) 경기문화재연구원, 2009, 『화성 남양동 유적』 −화성 남양 도시개발사업지구내 유적 시·발굴조사 보고서−.

20) 畿甸文化財研究院, 2006, 『華城 盤松里 中世遺蹟』東灘 宅地開發事業地區内 15地點 發掘調査報告書.

21) 한국문화재보호재단 문화재조사연구단, 2007, 『화성 상안리유적 1·2』.

22) 권오영, 2007, 「동탄일대유적의 분포양상과 토지이용방식」, 『華城 盤松里 青銅器時代 聚落』.

23) 한신대학교박물관·화성군, 2000, 『水原古邑城』.

24) 경기문화재연구원, 2010, 『華城 花山里 遺蹟』 −화성 태안(3)지구 택지개발사업부지내 문화유적 시·발굴조사 보고서−.

1999년 5월부터 7월까지 융건릉 내부 여러 지역에 대한 발굴조사가 이루어
졌는데, 그 결과 융건릉 구역 내에서 관아터가 확인되고 통일신라시대~조선
후기에 이르는 시기의 유물이 대량으로 확인되었다. 이를 통해 기존의 경기도
기념물 제93호로 지정된 수원 고읍성이 규모에 있어서 문헌과 부합하지 않고
성곽 주변에서도 고려~조선시대에 이르는 유적 및 유물이 전혀 발견되지 않
음을 밝혀 문헌상의 고읍성이 아닐 것이라는 가능성이 제기되었다. 한편 관아
터로 추정되는 지점의 층위는 탐색트렌치를 넣은 결과, 하부로부터 고토양층
-통일신라시대층-고려진기층-고려후기층-조선흐기층 등이 중첩되어 있는
것을 확인하여 현 유구 이전시기부터의 거점지역음을 밝혔다. 여기에서 출토
된 유물은 자기류와 도기류, 와전류, 청동제류 등이 출토되었는데 그 가운데
도기류는 구연의 형태가 매우 다양하게 출토되었다. 출토자기를 통한 유적의
연대는 고려시대 전기인 10세기말~14세기, 15세기~16세기, 17세기~18세기
로 파악되며 도기류 또한 이와 동시기일 것으로 추정하였다.

이러한 성과는 태안(3)지구에 대한 발굴조사가 시작되면서 재확인되었다.
우선 태안(3)지구의 1·2지점에서는 조선시대 건물지 11동, 5기의 담장지, 답
도시설 1기와 하층의 선대유구가 확인되었다. 조사단에서는 이들 유구를 수원
고읍성 내부의 건물지로 이해하였다. 한편 3지점에서도 고려시대 건물지 3동,
조선 후기 단일 건물지 1동이 확인되었다. 고려시대 건물지는 중복, 확장된 상
태가 확인되었으며, 조선 후기 건물지의 경우 동서길이가 51m, 남북길이 30m
에 이르는 규모로 내부구조가 행랑을 포함하여 5개 구역으로 구분된다.

특히 이 조선 후기의 건물지는 문헌조사를 통해 1800년에 측조된 健陵齋室
로 확인되었다. 1800년 정조의 서거로 현륭원 동쪽 제2강에 측조되었던 건릉
은 1821년 孝懿王后의 서거로 말미암아 현재 위치로 遷葬하여 合葬하였다. 당
시 건릉의 모든시설이 이전함에 따라, 건릉 재실도 현재 융·건릉 관리사무소
자리로 이전하였다. 그런데 다행히 『正祖健陵山陵都監儀軌』어 건릉재실에 대

그림 1. 태안(3)지구 3지점 재실 전경

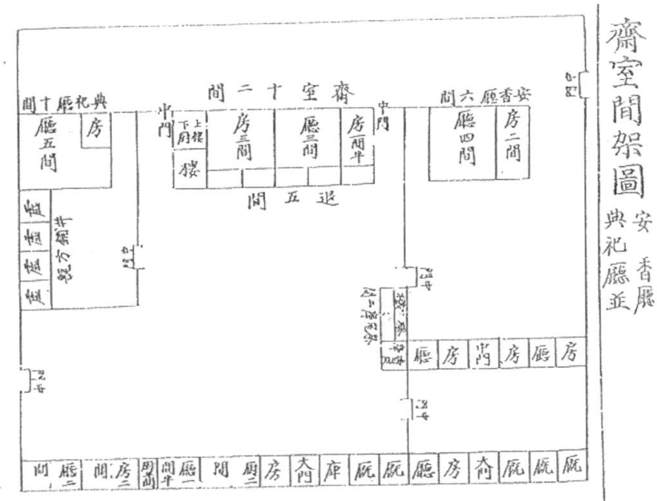

그림 2. 齋室間架圖

한 「齋室間架圖」가 남아 있어 그 건물의 배치를 알 수 있다. 추가발굴지역에서도 고려시대 건물지 4동이 조사되었다. 건물지 주위로 주거지, 수혈, 주공이 분포하고 있다. 1호 건물지와 4호 건물지가 'ㄱ'자형으로 배치되어 마당을 둘러싸고 있다. 1호 건물지는 토층 및 유구 양상을 통해 볼 때, 크게 한차례의 중수가 이루어진 것으로 추정되며, 고려시대부터 조선전기까지 존속했던 것으로 보았다. 이와 같이 융건릉지역과 태안(3)지구에 대한 조사를 통해 이곳이 고려시대부터 융건릉이 축조되기 전까지 화성지역의 중심지였음이 확인되었다.

2. 주거지유적

1) 통일신라시대의 주거지

화성지역은 해양교류의 중심지였던 당성이 위치하고 있던 곳임에도 불구하고 통일신라시대 사람들의 삶을 보여주는 주거지 유적이 많이 확인되지는 않았다. 다행히 최근 들어 장안리유적에 이어, 봉담읍 수영리유적에서 10기의 통일신라 주거지가 조사되면서 화성지역도 통일신라시기에 다양한 삶이 영위되고 있었음을 증명해 주었다.

수영리유적에서[25] 확인된 주거지는 해발 23m 내외의 나지막한 구릉의 남서사면에서 확인되었다. 이 중 통일신라시대 수혈주거지는 10기가 조사되었다.[26] 주거지 내부에서는 연질완, 시루, 파수편 등이 출토되었다. 이러한 화성 수영리유적은 생활유적과 와요지, 즉 생산유적이 동시에 존재하여 다른 지역과 차별된다.

---

25) 중앙문화재연구원, 2007, 『봉담 수영리유적』.

26) 보고서에서는 나말여초에서 조선시대까지의 주거지 14기로 기술되어 있다.

이상복은 경기지역에서 조사된 통일신라시대 수혈주거지의 난방시설은 3가지 형식으로 나누었다.[27] 우선 A형식은 시기성을 반영하지 않는 생활공간 내부의 노지만 존재하는 시설, B형식은 연도부나 다른 시설물이 존재하는 화덕시설, C형식은 주거지의 경사면 상단부에 해당되는 벽체에 일정공간을 분할하여 아궁이, 고래부, 연도부 등을 모두 설치한 구들시설이다. 이 중 통일신라시대 수혈주거지의 가장 특징적인 요소를 구들시설이 있는 C형식으로 보았다. 이 C형식은 다시 연도부를 제외한 평면형태에 따라 'ㄱ'자형인 것과 'T'자형으로 구분하였다.

이에 따르면 화성 봉담 수영리유적에서 조사된 2기의 수혈주거지는 방형에 ㄱ자형 구들시설이 조성되었으며, 장방형의 T자형 구들시설은 출토되지 않았다. 그리고 주거지는 구릉의 남사면에 집중적으로 분포되며, 같은 구들상의 정상부에는 와요지가 위치하고 있다.

이상복은 10호 주거지의 대부완과 와요지에서 출토된 대부완의 기형이 유사한 것으로 보아 동시기에 조성된 것으로 추정하고, 와요지의 고고지자기 연대측정값 중 A.D. 580~740을 채택하고 주거지 내부에서 출토된 기와외면의

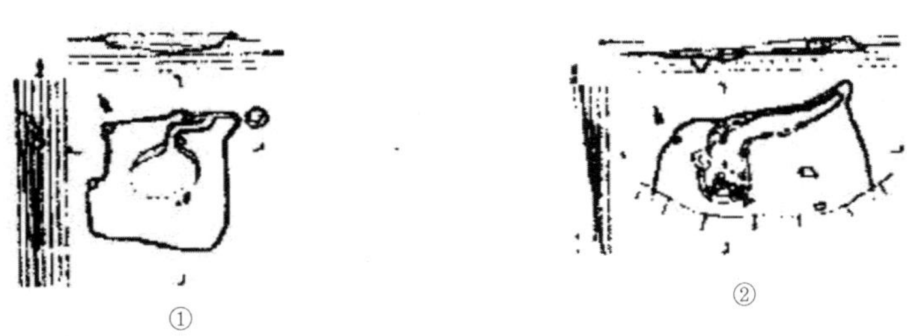

그림 3. 화성 수영리유적 7호·12호 주거지

---

27) 李尙馥, 2008, 앞의 글.

문양이 중판 타날판으로 그 중심시기를 679년 전후~847년 이전으로 보아 주거지의 중심연대는 8세기초에서 9세기초로 편년하였다. 더불어 경기지역 수혈주거지의 흐름 속에서 수영리유적 수혈주거지가 방형에 ㄱ자형 구들시설을 갖춘 수혈주거지만이 출토되고 있는 점을 들어 중심연대를 8세기 중반경으로 보았다.

그는 통일신라시대 수혈주거지의 평면형태에 따른 구들시설의 채택은 방형주거지의 경우 벽면 일부나 전체에 ㄱ자형의 구들시설을 설치하고, 장방형의 경우 T자형을 설치하며, ㄱ자형의 구들시설을 설치할 경우 출입시설이나 저장공간(혹은 수납공간)을 배치하는 특징을 지닌다고 보았다. 나아가 이천 갈산동유적에서 확인된 방형+ㄱ자형 구들시설→장방형+ㄱ자형 구들시설과 T자형 구들시설→장방형+T자형 구들시설로의 변화를 바탕으로 수영리유적은 이러한 변화가 일어나는 8세기 중반 이전에 조영된 것으로 파악하였다.

이러한 변화원인으로 이상복은 삼국통일 시점에 고구려 유민들의 유입에 의해 ㄱ자형 구들시설에 변화를 가져왔고, 이후 경제적 기반의 확충과 지방제도의 완비가 이루어지면서 주거지의 대형화에 수반된 장방형주거지에서의 T자형 구들시설이 출현하였다고 보았다.

이 부분은 새롭게 청계지구유적의 조사성과가 드러나면서 향후 더 많은 논의가 필요할 것으로 생각한다. 청계지구는 동탄면 청계리 일원으로, 이 지역은 2004년 기전문화재연구원에서 실시한 지표조사를 바탕으로 2007년부터 시굴과 6차에 걸친 발굴조사가 최근까지 이루어진 대규모의 유적이다.[28] 여기에서는 통일신라에서 조선시대에 이르는 주거지, 가마, 그리고 분묘 등 다양한 유구가 확인되었다. 화성지역에서 통일신라시대의 주거지가 이와 같이 대규

---

28) 한백문화재연구원, 2007, 「화성 청계지구 시굴조사보고서」; 2009, 「화성 청계 택지개발지구 내 문화재 발굴조사 6차 지도위원 회의자료」.

모로 확인되는 경우 드물다고 할 수 있다. 통일신라의 주거지는 2차 조사부터 본격적으로 확인되는데, 모두 6기가 조사되었다. 이 중 아궁이와 고래부가 확인된 것이 2기 있다. 이들 모두 석재를 이용하여 축조한 연도부와 고래부 등이 확인되었다. 아궁이에서 고래가 한쪽방향으로 꺽여 조성된 'ㄱ'자형이다. 여기에서는 편병, 연질완 등 통일신라토기와 기와편이 확인되었는데, 그 시기는 9세기에서 10세기에 이르는 것으로 보인다. 4차 조사에서도 총 4기의 통일신라 주거지가 확인되었다.

5차 조사에서도 통일신라 주거지 13기가 확인되었다. 그런데 이 중 구들이 확인된 8기는 대부분 말각방형이나 장방형의 형태의 평면으로 추정되며, 구들시설의 평면은 'T'자형으로 아궁이는 고래부 중앙에서 고래열과 직교하게 조성하였다. 이러한 평면구조의 확인은 화성지역도 다른 지역과 마찬가지로 'ㄱ'자형과 아울러 'T'자형 구들을 설치하였음을 보여준다. 그리고 이들 고래는 주로 2열이 확인되며, 주거지의 생활공간은 구들시설보다 약 10㎝~20㎝ 정도 낮은 곳에 생활면을 두고 바닥은 점토다짐하여 사용하였다.

6차 조사를 통해 확인된 30기의 신라주거지는 이전에 조사된 유구와 함께 이 지역에 상당한 수준의 통일신라 취락이 있었다고 이해할 수 있다. 주거지의 형태는 방형과 장방형이며, 20기에서 구들시설이 확인되었다. 한편 구들시설이 있는 주거지 중 새롭게 고래의 평면형태가 '―'자형이면서 아궁이가 고래의 한쪽 끝에 위치하는 것이 확인되어 이를 Ⅰ형식으로 하고, 기존의 아궁이가 고래의 중앙에 위치하는 'T'자형 구들을 Ⅱ형식으로 하였으며, 고래의 평면형태가 'ㄱ'자형인 것을 Ⅲ형식으로 분류하였다. 이를 바탕으로 Ⅰ형은 모두 10기의 주거지에서 확인하였다. 그 평면형태는 장방형이거나 말각장방형에 가까운 타원형이며, 구들의 규모는 대부분 주거지 한쪽 벽의 길이에 맞추어 조성되었다. Ⅱ형의 주거지는 9기에서 확인되었는데, 고래 열이 1열인가 2열인가에 따라 세부분류가 된다. Ⅲ형식으로 분류된 9호 주거지는 전체 평면 형태

그림 4. 화성 청계지구 6차 25호 주거지(Ⅰ식)

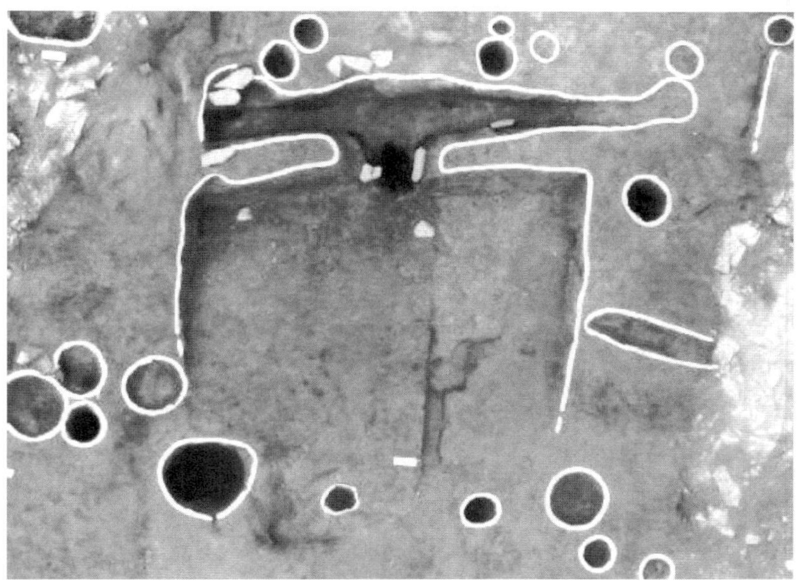

그림 5. 화성 청계지구 6차 21호 주거지(Ⅱ식)

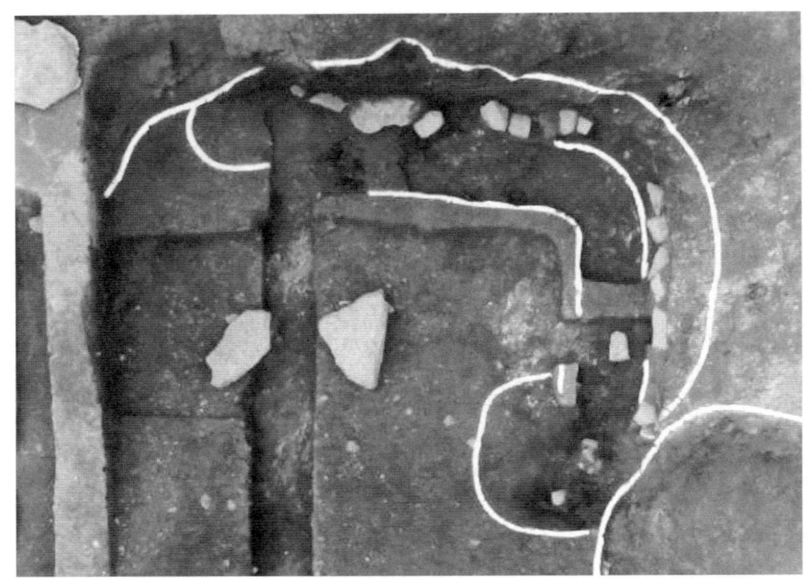

그림 6. 화성 청계지구 6차 9호 주거지(Ⅲ식)

가 말각 방형의 형태를 하고 있는데 구들시설이 아궁이가 위치하는 동벽에서 시작하여 북벽 전면에 이러지는 형태를 하고 있다. 주거지간의 중복상태로 보아 주거지의 규모나 형태가 다양하지만 각 구들형식별로 시기적인 선후관계는 보이지 않아 혼용하여 사용된 것으로 보았다. 주거지간의 중복상황으로 볼 때 동시기에 사용될 수 있는 주거지의 최대 기수는 15기 내외로 보았다. 출토유물은 완, 대부완, 동이류와 시루류, 인화문 토기들이 확인되었다. 그 중심연대는 8세기로 추정된다.

그런데 위에서 정리한 내용을 그대로 받아들인다면 청계지구 통일신라 주거지는 8세기대에 Ⅰ식, Ⅱ식, Ⅲ식이 함께 존재하다가, 9세기에서 10세기에 Ⅰ식이 Ⅱ식에 흡수되어 Ⅱ식과 Ⅲ식 만이 남는 것으로 이해하게 된다. 이는 수영리유적에서 도출된 편년인식과는 전혀 다른 방향이라고 할 수 있다. 따라서 이 문제는 차후 정식보고서가 나오면 다시 논의가 될 것으로 생각한다.

이외에도 태안(3)지구에 대한 조사를 통해서도 통일신라 주거지와 함께 고려시대 주거지가 확인되었으나 명확하지 않다. 그러나 이와는 별도로 최근 조선시대 주거지에 대한 다양한 조사성과가 화성지역에서 나오고 있다.

2) 조선시대의 주거지

우선 천천리유적에서는[29] 조선 전기로 추정되는 말각방형의 주거지 1기가 조사되었다. 내부시설로는 아궁이와 주공으로 추정되는 소형 수혈이 확인되었다. 송산동유적에서도[30] 조선시대 주거지 3기가 조사되었다. 반송리 중세유적은[31] 조선시대 수혈주거지 38기가 건물지, 수혈유구 그리고 구상유구와 동반하여 확인되었으며, 구문천리유적의 경우[32] 조선시대 후기의 숯가마 운영집단의 가옥으로 추정되는 주거지 19기 및 구상유구, 석렬유구 등이 확인되었다. 이외에도 마하리유적에서[33] 조선시대 주거지 1기, 반송리 행장골유적에서[34] 조선시대 주거지 2기, 동화리유적에서 2기, 반월리 속반달이유적에서 14기의 주거지가 조사되었다.

이 중 화성지역의 조선시대 주거지와 관련하여 가장 먼저 논란을 가져온 것은 구문천리유적이다. 이는 위에서 언급한 바와는 달리 현재 서로운 각도로 이해되고 있기 때문이다. 이를 바탕으로 화성지역의 유사한 다른 유적들을 살펴보면 다음과 같다.

---

29) 한신大學校博物館, 2006, 「華城 泉川里 靑銅器時代 聚落」 한신대학교박물관 총서 제22책.

30) 한지선, 2007, 앞의 글.

31) 畿甸文化財研究院, 2006, 앞의 책.

32) 中央文化財研究院, 2004, 「華城 求文川里 遺蹟」.

33) 崇實大學校博物館·서울大學校博物館, 2004, 「馬霞里 古墳群」.

34) 畿甸文化財研究院, 2006, 「華城 盤松里 행장골遺蹟」 東灘 宅地開發事業地區內 20地點 發掘調査報告書.

우선 동화리유적에서는 2기의 주거지가 조사되었는데,[35] 1호 주거지는 3줄의 고래 바닥만 남은 상태로 북쪽에 연도부를 시설하였던 것으로 보인다. 이 주거지는 주변이 모두 파괴되어 평면상으로도 반파된 상태를 보이고 있으나 세장방형이었을 것으로 추정하였다. 주의에서 건물의 기단으로 축조되었을 것으로 판단되는 파괴된 석렬과 적심석으로 추정되는 집석유구가 확인되었다. 보고서에서는 이 주거지의 위치가 완만한 구릉 정상부 능선에 시설되었던 것으로 보아 사료에서 확인되는 수원읍치가 이전되기 전까지 있었던 同化驛과 관련이 있었을 것으로 추정하였다.

한편 2호 주거지는 평면이 방형계통이다. 동일시기 주변 유적의 방형계통 주거지와 함께 확인되는 원형계통의 주거지는 확인되지 않았다. 주거지는 풍화암반토를 'ㄴ'형으로 경사지게 굴광하여 축조하였으며 바닥은 암반층에 홈을 내어 5줄의 고래를 만들고 그 위에 구들을 얹는 방식으로 축조되었는데 생활면적의 3/4정도가 온돌시설을 갖춘 셈이다. 동측으로 낸 아궁이에서 지핀 불길은 5줄의 고래를 거쳐 굴뚝으로 빠져나가게 시설하였는데, 가장 서측의 고래는 서측 벽까지 이어졌다. 굴뚝은 북측 가운데를 비스듬히 홈을 파서 별도의 시설을 이어 붙였던 것으로 판단된다. 주거지 옆으로 주공 13개가 확인되었다. 이 주공은 거의 진원에 가깝게 파여졌고, 기울여진 흔적이 없어 기둥을 곧추 세웠던 것으로 보인다. 주거지 내에서는 백자와 분청이 섞여서 출토된 것을 바탕으로 조선시대 전기에 사용되었던 주거지로 추정하였다.

위와 같이 분명한 구조를 가지고 있는 유구가 있는 반면 2004년부터 2005년 초까지 신영통지역의 半月里 속반달이遺蹟에서[36] 조사된 조선시대 주거지 14기는 또 다른 특징을 가지고 있다. 조선시대 주거지연구의 문제는 조영시기에

---

35) 기전문화재연구원, 2007, 『華城 峰潭 桐化里遺蹟』.

36) 기전문화재연구원, 2007, 『華城 半月里 속반달이遺蹟』.

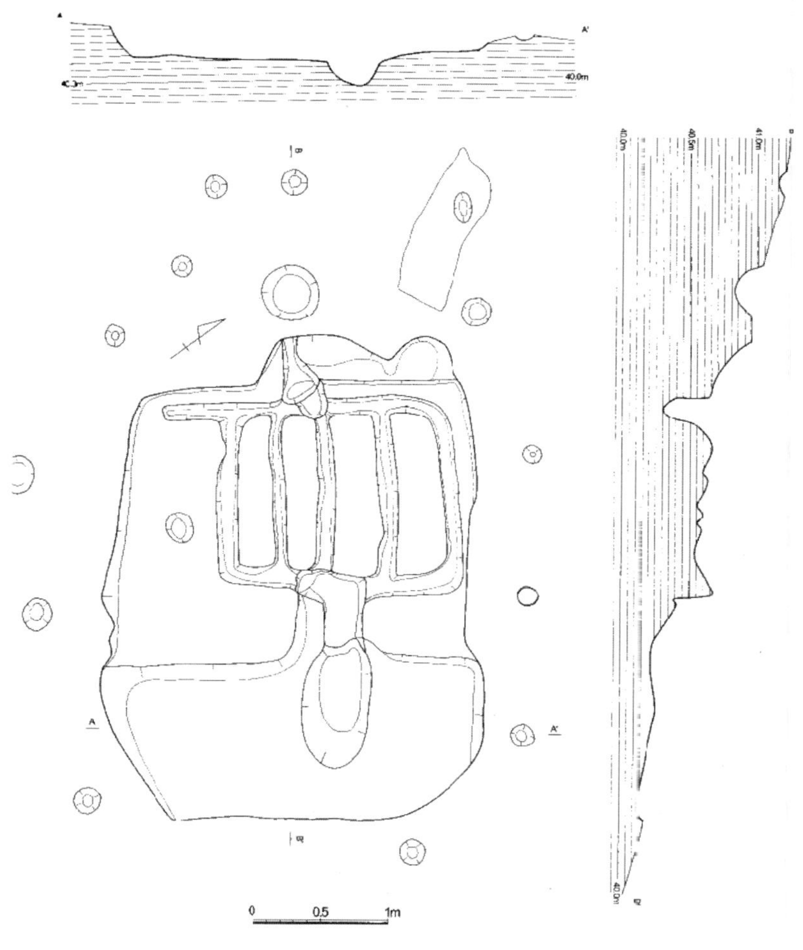

그림 7. 화성 동화리유적 2호 주거지

따른 공간구조의 변화를 확인하기 어렵다는 것을 잘 보여주는 유적이라는 점
이다.

　보고서에서는 일단 출토된 유물이나 전체적인 정황상 모두 조선시대의 수혈
주거지로 보았다. 그리고 각각의 주거지에서는 분청사기부터 시작하여 17세

기 백자, 그리고 19세기 백자까지 출토되어 정확한 시기를 확정하기 어려운 점이 있는데, 보고서에서는 중심시기를 17세기로 이해하였다. 이들 주거지 유구의 평면은 타원형이 주를 이루며, 일부 말각장방형으로 비교적 평평하게 정지되어 있는데, 상당수에서는 벽의 일부를 파고 아궁이시설을 조성한 것으로 확인되었다. 그런데 이 중 2구역 4호 주거지는 3줄 고래가 있는 구들시설을 가지고 있어 주거지를 제외하면 출토유물상으로 15~16세기가 분명한 유구들도 상당수 있기 때문에, 조선 초기부터 중기에 이르기 까지 주거지가 단속적으로 조영된 것으로 보는 것이 옳을 것으로 생각된다.

천천리유적에서도 조선시대 수혈주거지 1기가 확인되었다.[37] 수혈주거지는 평면형태는 말각방형이며, 내부시설로는 중심수혈로 추정되는 소형 수혈과 부뚜막 1개소가 확인되었다. 부뚜막은 북쪽 벽면에 밀착하여 설치되었는데, 연소부는 주거지 어깨선을 돌출시켜 조성하였다. 분청사기 등 출토유물로 볼 때 15세기 전후의 유구로 생각된다.

이를 검토하는 과정에서 김여진은 조선시대 수혈주거지의 평면형태는 크게 원형을 Ⅰ유형, 방형을 Ⅱ유형, 그리고 呂자형(또는 日자형)을 Ⅲ유형으로 구분하고, 이러한 평면형태는 같은 유적 내에서 동시에 확인되고 있고, 내부에서 출토되는 유물상에서도 차이가 확인되지 않으므로 시기적인 차이나 지역적인 차이를 반영하는 것 같지는 않다고 보았다. 따라서 천천리유적 수혈주거지의 경우는 방형에 연도부를 수혈 어깨선 밖으로 돌출시켜 조성한 것에 해당되며, 평면형태가 원형으로 다르지만 화성 구문천리유적 7호주거지, 반송리유적 1호 주거지의 내부시설과 유사한 것으로 이해하였다.

한편 이와는 별도로 呂자형(또는 日자형)주거지는 평면형태 자체가 온돌시

---

37) 한신대학교 박물관, 2006, 앞의 책.

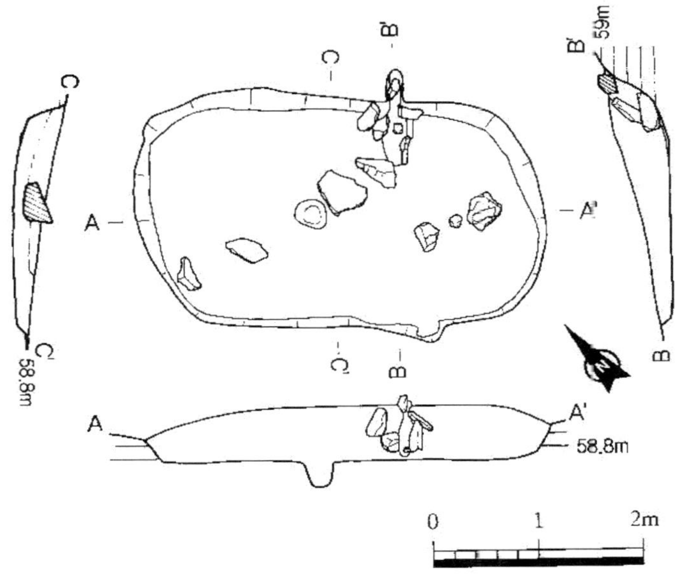

그림 8. 화성 천천리 청동기시대 취락 조선시대 주거지

설과 연관된 것으로서 상단부에는 온돌시설이 설치되고 하단투는 빈 공간으로 되어 있으며, 하단부에서 상단부로 올라가는 부분이 부뚜막 시설(불길)로 이루어져 있는 것이 특징이다.

이렇게 볼 때 여기에서 Ⅲ유형으로 분류한 呂자형 또는 目자형의 평면형태로 이해한 수혈주거지는 사실상 수혈주거지가 아니다. 비록 공간이 좁기는 하지만 더 이상 수혈주거지가 아닌 수혈주거지에서 부엌과 안방이 분리되었거나 분리되기 시작하는 것을 보여주는 것이다. 이는 온돌시설이 있는 상단과 부뚜막이 있는 하단의 레벨차를 통해서도 쉽게 알 수 있다.

따라서 수혈주거지와 온돌로 완전하게 분리된 주거지는 분리하여 이해하는 것이 필요할 것으로 생각된다. 또한 Ⅱb형으로 분루한 천천리의 방형주거지는 기본적으로 기존에 ∩자형 주거지로 분류된 것의 다형이라고 할 수 있다.

한편 박중국은 「반송리유적 중세취락의 변천양상」이라는 글에서 이전의 논의와는 다른 방향으로 논지를 전개시켰다.[38] 즉 최근 발표된 조선시대 수혈주거지의 연구에서 밝힌[39] 노지가 주거지 판정의 필수요소가 아니라는 점, 1인만 거주했던 주거형태가 문헌상으로 확인된 점을 전제로 하여 주거지는 구조적으로 볼 때 크게 노지가 없는 것과 노지만 있는 것, 노지와 온돌시설을 함께 가진 것으로 분류할 수 있다고 하였다.

여기서 주목한 것은 앞에서 Ⅲ유형으로 본 구문천리유적에서 조사된 바 있던 둑을 경계로 온돌시설이 있는 상단부와 부엌 등의 용도로 사용되었을 하단부가 연결된 소위 呂자형주거지인 7호 주거지가 확인되었다는 점이다. 이와 유사한 구조의 주거지는 반송리 중세유적에서도 확인되었다.

문제는 이러한 구조를 가지고 있는 주거지를 비록 온돌시설이 마련되어 있지만, 온돌 위에서 사람이 기거했다고는 생각하지 않는다는 점이다. 나아가 이러한 구조의 주거지를 김성태·이병훈의 연구를 참고하여 빈민이 거주한 주거지이거나 공방일 가능성이 높다고 보았다. 이 중 빈민의 주거는 온돌은 매우 고비용을 요하는 난방시설이라는 측면에서 호응되지 않는다고 하고, 최근 동일한 구조의 유구가 백자공방지로 조사되는 예가 증가하고 있다는 점과 구조가 2부분으로 명확하게 구분되어 있으며, 어느 쪽도 주거와 관련된 공간을 제공하고 있지 않다는 점 등에서 백자생산은 아닐지라도 다른 무엇을 생산한 공방이나 취사만을 위한 부엌일 가능성이 있다고 보았다.

한편으로 4호 주거지에서 출토된 백자접시는 회백색의 도립삼각형의 갑번 백자로서 매우 고급품이다. 이러한 고급 백자접시가 수혈주거지에서 출토되는 배경은 알기 어려우나, 부유한 집안의 묘막시설이 아닐까 추정하기도 하였

---

38) 한신대학교 박물관, 2007, 『華城 盤松里 靑銅器時代 聚落』.

39) 김성태·이병훈, 2004, 「史料를 통한 朝鮮時代 竪穴住居址의 檢討」, 『고고학』 3-2.

다. 이를 바탕으로 주거지로서 공간구성이 비효율적인 점과 고급자기의 존재가 설명될 수 있다고 보았다. 그리고 출토된 갑번 접시는 기형, 유색, 태토받침 등으로 볼 때 16세기로 편년된다.

그러나 동화리유적의 사례를 통해서도 알 수 있듯이 당시 주거지의 규모는 발굴조사를 통해 정리된 유구의 크기와 동일한 것은 아니다. 즈위에서 확인되는 주혈을 통해 볼 때 구들이 있는 상부를 넘어 더 넓은 범위가 당시 방의 역할을 하였던 것으로 이해할 수 있기 때문이다. 하단의 경우 단순히 아궁이 역할만 한 것이 아니라 일종의 부엌 역할을 하였던 것으로볼 수 있는 것이다. 이는 이러한 유형의 주거지가 단순히 수혈주거지로만 이해될 수 없는 까닭이기도 하다.

그리고 위에서 살펴 본 구들이 있는 주거지와는 별도로 아궁이가 설치된 수혈주거지는 최근 조사된 청계지구에서[40] 다시 한 번 확인되었다.

우선 1차 조사에서 19기의 조선시대 주거지가 확인되었는데 크게 수혈주거지, 구들이 만들어진 주거지, 그리고 굴립주주거지로 나누어진다. 2차 조사에서 조선시대 주거지는 모두 21기가 확인되었는데 아궁이 시설만한 수혈주거지와 구들시설이 있는 주거지로 구분된다. 이 중 구들시설이 잘 남아 있는 주거지는 3기가 있는데, 모두 장방형의 형태이다. 이 중 11호 즈거지는 규모가 가장 큰 형태로 3개의 연통부와 2개의 아궁이(본래 3개로 추정)가 확인되었다. 조사자는 이들 유구에서 출토된 유물은 도기편과 분청사기편인데, 이를 통해 14~15세기로 사용시기를 추정하였다.

5차 조사에서도 조선시대 주거지가 6기가 확인되었는데, 크게 수혈주거지와 구들시설이 있는 주거지로 구분된다. 수혈주거지는 말각방형의 평면형태

---

40) 한백문화재연구원, 2007, 앞의 책 ; 2009, 앞의 글.

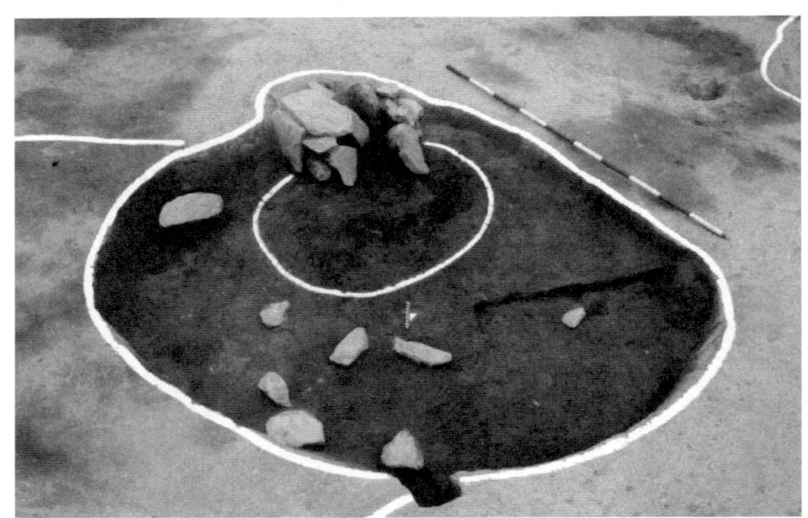

그림 9. 화성 청계 2차 조선시대 7호 주거지

그림 10. 화성 청계 2차 조선시대 12호 주거지

그림 11. 화성 청계 1차 B지점 5호 주거지

로 내부시설로 아궁이와 주공이 확인된다. 아궁이는 경사면 위쪽이나 주거지 측면에 설치되었으며, 얕은 홈을 파서 봇돌을 세우거나 돌의 편평한 면을 바닥에 세운 후 덮개돌을 얹어놓아 'ㅠ'자형으로 축조한 것으로 추정된다. 연도부는 주거지 벽면을 원형 또는 타원형으로 도출시켜 조성하였다.

이러한 방형의 수혈주거지는 정문리유적에서도[41] 확인된다. 조사지역은 화성시 양감면 정문리 일대로 왼쪽으로 황구지천이 흐르고 오른 쪽으로는 낮은 구릉성 산지로 연결되어 있다.

조선시대 유적인 2호 주거지는 구릉 남사면부 하단 해발 14.4m에서 조사되었다.

주거지 서쪽으로 21m 가량 떨어진 곳에 3호 주거지가 위치한다. 주거지는

---

41) 高麗文化財硏究院, 2009, 『華城 旌門里 遺蹟』.

기반토인 풍화암반층을 굴착하여 조성되었는데 내부는 입자가 매우 고운 명암 갈색 사질점토가 퇴적되어 있다. 보고서에서는 이 주거지의 평면형태를 전체적으로 모서리가 말각된 장방형으로 북벽에 '∩'자로 돌출된 아궁이 시설이 확인된다고 표현하였다. 주거지의 규모는 동-서 장축 410㎝, 남-북 단축 290㎝ 잔존 최대 깊이는 약 80㎝, 장축방향은 동남향이다. 아궁이는 북벽을 약 20㎝ 정도 비스듬히 굴착하여 배연부를 만들고 하단부는 이보다 넓게 굴착하여 약 40㎝의 너비로 양측면에 석재를 가로로 세웠다. 바닥면은 생토를 정지하여 사용하였고, 유물은 철도자, 분청사기 편등이 출토되었다.

3호주거지도 기반토인 풍화암반층을 굴착하여 조성되었다. 주거지의 평면형태는 전체적으로 모서리가 말각된 방형으로 서쪽으로 치우친 북벽에 '∩'자로 돌출된 아궁이 시설이 확인되었다. 주거지의 규모는 동-서 장축 310㎝, 남-북 단축 210㎝ 이고 잔존 최대 깊이는 45㎝, 장축 방향은 동남향이다. 아궁이는 서쪽에 치우친 북벽을 약 10㎝ 정도 비스듬히 굴착하여 배연부를 만들고 벽체의 하단부는 약 35㎝ 정도 굴착하여 양측면에 석재를 가로로 세운 뒤 상면은 석재와 기와를 이용하였다. 바닥면은 점토로 정지하여 사용하였던 것으로 생각되고, 출토된 유물은 서쪽측벽에 도기편이 출토되었다.

정리하면 이들 2기의 조선시대 주거지는 평면형태가 말각방형으로 내부 북벽에 치우쳐 아궁이를 조성하고 벽체의 풍화암반층을 '∩'로 돌출시켜 배연부를 만들었다. 주거지의 생활면은 2기 모두 수혈형태를 가지며, 내부주공은 확인되지 않았다. 이를 바탕으로 보고서에서는 주거지의 기본적인 가구구조는 보에 서까래를 연결하고 서까래와 교차되는 방향으로 도리를 엮은 후, 빽빽하게 산자를 걸치고 갈대나 짚 등을 얹어 축조하였던 것으로 보았다. 더불어 유구의 조성시기는 내부 출토유물의 편년으로 추정할 수 있는데, 2호 주거지에서 출토된 유물들은 분청사기편이 주종을 이루고 있어 유구의 존속시기는 15~16세기인 것으로 추정하였다.

III. 앞으로의 과제

최근 화성지역에서는 중세유적, 그 중에서도 건축유적의 조사가 급격하게 증가되고 있다. 그에 따라 건축유적에 대한 많은 정보를 획득할 수 있게 되었다. 그러나 앞에서 몇몇 유적의 사례를 통해서도 알 수 있듯이 유사한 내용에 대하여 보고서마다 다른 방향으로 설명하고 있어 일부 혼란을 가져오기도 한다. 더불어 보고서의 내용과 연구논문의 내용이 다른 경우, 보고서 내부에서 의견이 상충하는 경우 등을 통해서 볼 때 이 시기 건물지와 주거지에 대한 인식이 아직도 명확하게 정립되어 있지 않음을 알 수 있다.

따라서 비록 조선시대 주거지에 대한 자료는 급격히 증가하고 있기는 하지만 개별 유적마다 기본적으로 몇 가지 형식이 공통적으로 나타나고 있기 때문에 이에 대한 전반적인 개념정리가 필요한 시점에 이르렀다고 할 수 있다.

그 가운데 하나가 수혈주거지에 대한 인식문제이다. 현재 구들시설이 있는 주거지를 모두 수혈주거지로 이해하는 경향이 있지만, 이는 통일신라시기에 보이는 구들과 같이 수혈내부에서 약 10~20㎝ 정드 높이에 둘과할 때에 해당하는 것이다. 이에 반해 앞에서 본 바와 같이 조선 전기에 확인되는 구들시설은 근대까지 사용되었던 부엌과 안방 수준의 레벨차이가 존재하며, 일종의 단벽도 있었던 것으로 추정된다. 따라서 조선시대의 경우 수혈주거지와 구들이 있는 주거지를 나누어 구들이 있는 주거지는 이미 지상화된 주거지로 보아야 한다.

더불어 태안(3)지구에서 확인된 대형건물지는 문헌자료를 통해 조선시대 왕릉과 관련된 재실유구임을 확인할 수 있었다. 이는 동화리유적의 경우도 마찬가지로 향후 중세고고학의 경우 문헌자료와 발굴자료의 상호보완이 필요함을 잘 보여주는 것이다.

화성지역은 다른 시군에 비해 면적이 넓고 그에 따라 많은 유적이 산재해 있

는데 비해 아직 건물지, 사지, 성지, 도요지, 분묘 등 개별 유적별의 종합조사
가 시행되지 않았다. 다른 지역의 사례에서도 알 수 있듯이 거시적 시각에서
이루어진 기존의 광역지표조사만으로는 화성지역의 정확한 문화적 특징을 파
악하기 어렵다. 거시적 접근과 동시에 개별 유적별로 해당 연구자들에 의해 미
시적인 조사가 이루어질 경우 추가적인 유적이 확인될 가능성이 충분한 만큼
이에 대한 논의가 진행될 필요가 있다.

　이러한 접근을 통해서만이 구제조사 중심으로 이루어지는 과정에서 벌어지
는 유적에 대한 인식의 한계를 극복할 수 있을 것이다.

| 참고문헌 |

경기도박물관

2000 『도서해안지역 종합학술조사』 1.

경기문화재연구원

2009 『화성 남양동 유적』 -화성 남양 도시개발사업지구내 유적 시·발굴조
사 보고서-.

2010 『華城 花山里 遺蹟』 -화성 태안(3)지구 택지개발사업부재내 문화유적
시·발굴조사 보고서-.

高麗文化財研究院

2009 『華城 旌門里 遺蹟』.

권오영

2007 「동탄일대유적의 분포양상과 토지이용방식」, 『華城 盤松里 靑銅器時代 聚落』.

畿甸文化財研究院

2004 『華城地方産業敷地內 東鶴山遺蹟 4次 指導委員會 資料』.

2006 『華城 盤松里 中世遺蹟』 -東灘 宅地開發事業地區內 15地點 發掘調査
報告書-.

2006 『華城 盤松里 행장골遺蹟』 -東灘 宅地開發事業地區內 20地點 發掘調
査報告書-.

2007 『華城 半月里 속반달이遺蹟』.

2007 『華城 峰潭 桐化里遺蹟』.

김성태·이병훈

2004 「史料를 통한 朝鮮時代 竪穴住居址의 檢討」, 『고고학』 3-2.

류형균

2002 「서울경기지역 건물지 조사현황과 과제」, 『고고학』 1-1.

西谷正

  1999 「高麗考古學の諸問題」, 『史淵』 136.

崇實大學校博物館·서울大學校博物館

  2004 『馬霞里 古墳群』.

안병우

  2003 「중세고고학의 발전과 고려사 연구」, 『역사비평』 64.

  2007 「고려시대의 고고학 연구와 역사학」, 『고고학』 6-1.

양정석

  1998 「寺址考古學序說」, 『보조사상연구원 16차 월례발표자료집』; 2003, 『佛
     敎史研究』 4·5.

  2011 「지역사 복원을 위한 발굴조사성과의 검토 −용인지역을 중심으로−」
     『백산학보』 90.

용인시·용인문화원

  1998 『고려시대의 용인』, 학연문화사.

이남규

  2005 「한국 중세고고학의 현황과 과제 −경기도의 고려시대 건물지를 중심
     으로−」, 『한국매장문화재조사연구방법론』 1.

李尙馥

  2008 「統一新羅時代 竪穴住居址 硏究 −京畿 南部地域을 中心으로−」, 『硏
     究論文集』 4, 中央文化財硏究院.

이종민

  2003 「청자요지 발굴조사의 성과와 검토」, 『제29회 한국상고사학회 학술발
     표대회자료집』.

李義仁

  2007 「京畿地域 高麗古墳의 構造와 特徵」, 『고고학』 6-1.

李熙濬

1988 「統一新羅以後의 考古學」, 『韓國考古學報』 21.

中央文化財研究院

2004 『華城 求文川里 遺蹟』.

2007 『봉담 수영리유적』.

2004 「고려시대 기와연구의 성과와 과제」, 『제1호 한국기와학회학술대회발표문집』.

토지박물관

2006 『화성시의 역사와 문화유적』.

한국문화재보호재단 문화재조사연구단

2007 『화성 상안리유적 1·2』.

한백문화재연구원

2007 『화성 청계지구 시굴조사보고서』; 2009, 「화성 청계 택지개발지구 내 문화재 발굴조사 6차 지도위원 회의자료」.

한신대학교 박물관

2007 『華城 盤松里 靑銅器時代 聚落』.

2005 『華城郡 埋藏文化財 地表調査 報告書』.

2006 『華城 泉川里 靑銅器時代 聚落』, 한신대학교박물관 총서 제22책.

한신대학교박물관·화성군

2000 『水原古邑城.』

한예선

2003 「경기지역 출토 고려시대 저장·운반용 질그릇 연구」, 『상고사학보』 40.

한지선

2007 「화성 松山洞 중세유적」, 『2006년도 서울경기지역의 중요유적 발굴성과』, 2007년도 제1회 서울경기고고학회 정기발표회.

신창동유적의 식물이용 양식 *

안승모·조현종**

〈Abstract〉

This paper aims to review the plant exploitation pattern during the protohistoric period in South Korea. This period (1ˢᵗ c. BC to 3ʳᵈ c. AD) was a transitional stage between prehistoric tribes and historic states. Authors select the Sinchangdong site as a case study for this topic because this site yielded the most abundant plant remains among prehistoric and historic sites in Korea. Plant remains from the Sinchangdong site were charred and

* 이 글은 우리들의 「Plant Exploitation in Protohistoric South Korea— a case study of the Sinchangdong site—」(『極東先史時代の穀物』 3, 熊本大學, 2008)를 수정, 보완한 것이다.

** 원광대학교 고고·미술사학과 교수
    국립광주박물관 관장

waterlogged seeds including cultigens (rice, foxtail millet, naked wheat, green perilla, melon and hemp), wet and dry field weeds, fresh fruits (*Physalis sp. Rubus sp. Rosaceae, Actinidia* sp., *Vitis* sp.) and nuts (acorns and wild walnuts), wooden artifacts and lacquer wares such as string instruments (lute), weaving instruments (loom), carts, containers (vessels, baskets, covers), weapons (daggers, sheaths, bows), wedges, sticks, combs, agricultural tools (spade, hoes, sickle handle, pestles), building materials, igniting tools, shoe-molds, fans, besoms, clubs, handles for axe/adze, chisels, scoops, ritual implements and fish traps as well as grass products of mats, baskets and strings. Most of wooden artifacts were made using *Quercus* sp. (usually for tools and weapons) and *Prunus* sp. (usually for containers), and some *by Kalopanx, Salix, Betula, Alnus, Castanea* and *Symplocos*. Plant remains reserved in waterlogged conditions can provide diverse information about plant exploitation, but not all of plant resources are represented as waterlogged remains. Hence we need other sources such as historical records and ethnographic information.

I. 머리말

어떠한 시대 명칭으로 불리던지 기원전 1세기에서 기원후 3세기 사이에 걸친 원삼국시대는 청동기·초기철기시대의 부족·족장사회에서 역사시대의 국가사회로 넘어가는 전환기에 해당한다. 삼국지 등 중국의 고문헌에는 이 시기에 낙랑군과 삼한(마한·진한·변한)의 존재를 기록하고 있는 반면 삼국유사 등 우리의 고문헌에는 고구려, 백제, 신라를 포함하는 삼국의 개국과 성립과정을 기록하고 있다. 이 시기는 고고학적으로는 철제 농기구, 토제 시루 등 새로운 문물이 한반도로 도입되는 단계이기도 하다. 이 글에서는 광즈 신창동유적을 사례로 원삼국시대 주민의 식물이용 양식을 살펴보고자 한다. 신창동유적은 기원전 2세기 후반경부터 조성되기 시작하였으며, 우리나라의 선사·고대 유적 중에서 가장 다양하고 풍부한 식물유체가 산출되었기 때믄이다(국립광주박물관 1997, 2001, 2002, 2009).

Ⅱ. 신창동유적 출토 식물유체

신창동유적은 영산강 지류인 극락강 서안의 낮은 구릉과 곡간대지 그리고 강변 충적대지에 형성되어 있다. 국립광주박물관은 1992년부터 이곳을 발굴하기 시작하여 구릉에서는 분묘, 주거지, 환호, 그리고 환호를 이용한 토기가마 등을, 곡간대지와 충적대지에서는 저습지, 공방지, 논 등을 확인하였다. 저습지는 상부에 철분과 망간 등이 다량 함유된 단단한 홍수 모래층으로 덮여 있어서 공기와 누수의 침투를 차단함으로써 기원전후한 시기로 추정되는 하부의 유기물층이 양호하게 보존될 수 있었다. 저습지에서는 흑도·고배·시루 등의 점토대토기단계의 각종 토기류, 농구를 비롯한 생활용기와 으기 등이 망라된 목기와 칠기, 그리고 어패류 및 포유류를 포함한 동물유체와 더불어 볍씨를 비롯한 종자 등의 다양한 식물유체가 검출되었다.

저습지 최하층의 뻘층에서 시작된 흑갈색의 유기물부식토층은 최대 두께 155㎝에 달하는 압착된 벼껍질(왕겨)이 중심이며 그 사이에 나무와 나뭇잎, 초본과 식물 등과 함께 각종 씨앗이 섞여 있다. 1992년도 저습지 1차조사의 대형

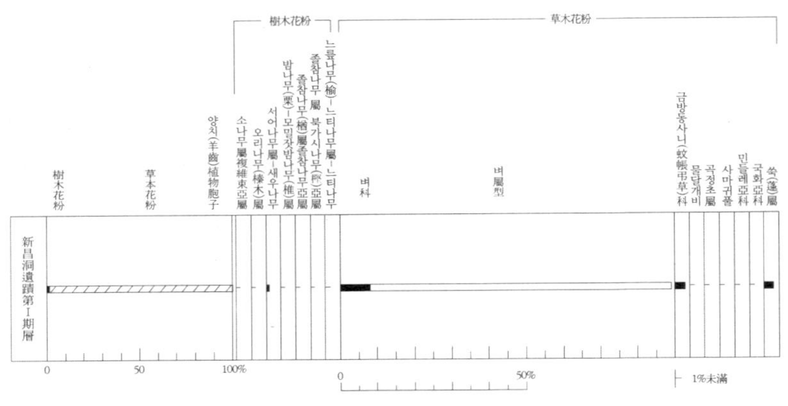

그림 1. 신창동저습지의 화분 다이아그램
(金原正子·金原正明, 1997)

식물유체는 질 톰슨(Gill Thompson)[1]이 1993년 한국에 3개월간 머물면서 분석하였다. 그는 국립광주박물관의 도움을 받아 물체질로 건져낸 0.7리터 정도의 시료를 분석하여 식물종자 753립을 골라내었다. 종자는 대부분 외(瓜)이고 벼, 맥류, 두류, 견과류(도토리, 가래), 육과류(복숭아, 머루)도 존재하였다. 식물유체에는 습지성 식물의 종자도 포함되어 있었다. 톰슨의 보고는 미공개를 전제로 한 예비분석에 그치고 만 아쉬움이 있었다. 신창동유적 조사는 국립광주박물관에 의해 1995년부터 본격적으로 실시되었으며 병행하여 자연유물에 대한 분석도 이루어졌다(국립광주박물관 1997). 특히 저습지유적에 대한 최초보고서에는 토양분석에서 검출된 벼의 plant-opal과 화분자료(그림 1) 및 기생충란과 탄화미에 대한 DNA 분석결과가 수록되어 유적의 생태환경 및 경관복원의 근거가 되었다(국립광주박물관 1997). 이어 1997년 4차 조사시에도

---

1) 식물고고학 전공. 당시 뉴질랜드 오타고(Otago) 대학교 인류학부 강사, 현재 영국 브래드포드(Bradford) 대학교 고고과학과 교수.

<table>
<tr><th rowspan="2">층위(cm)</th><th colspan="6">경 작 물</th><th colspan="10">잡 초 류</th><th colspan="6">육 질 과 과 실 류</th></tr>
<tr><th>벼</th><th>조</th><th>밀</th><th>들깨/소엽</th><th>삼</th><th>오이</th><th>돌피</th><th>강아자풀</th><th>명아주속</th><th>마디풀속</th><th>수영</th><th>민들레</th><th>사초속</th><th>너도방동산이</th><th>올챙이고랭이</th><th>매자기</th><th>다래나무속</th><th>꽈리속</th><th>산딸기나무속</th><th>포도속</th><th>장미과</th><th>미확안종</th></tr>
<tr><td>60–70</td><td>2</td><td>1</td><td></td><td></td><td></td><td>1</td><td></td><td>1</td><td></td><td></td><td>1</td><td></td><td></td><td></td><td>1</td><td></td><td></td><td></td><td></td><td></td><td></td><td></td></tr>
<tr><td>80–90</td><td></td><td></td><td></td><td></td><td></td><td>16</td><td></td><td></td><td>7</td><td></td><td></td><td></td><td></td><td></td><td>19</td><td></td><td>2</td><td>14</td><td>21</td><td>1</td><td></td><td>5</td></tr>
<tr><td>90–100</td><td>1</td><td></td><td></td><td></td><td></td><td>5</td><td>4</td><td></td><td>12</td><td>4</td><td></td><td></td><td></td><td>12</td><td>142</td><td>32</td><td></td><td></td><td>32</td><td></td><td></td><td>6</td></tr>
<tr><td>100–110</td><td></td><td></td><td></td><td></td><td></td><td>2</td><td></td><td>2</td><td>1</td><td></td><td></td><td>1</td><td></td><td>3</td><td>14</td><td>7</td><td></td><td>1</td><td></td><td></td><td></td><td>4</td></tr>
<tr><td>110–120</td><td></td><td></td><td></td><td></td><td></td><td></td><td></td><td></td><td>7</td><td>1</td><td></td><td></td><td></td><td></td><td>45</td><td>10</td><td></td><td></td><td>26</td><td></td><td></td><td></td></tr>
<tr><td>120–130</td><td>1</td><td></td><td>1</td><td>1</td><td>5</td><td>1</td><td></td><td></td><td>10</td><td></td><td></td><td></td><td>12</td><td>20</td><td>189</td><td>16</td><td></td><td>2</td><td></td><td></td><td>3</td><td>15</td></tr>
<tr><td>130–140</td><td></td><td></td><td></td><td></td><td>2</td><td></td><td></td><td></td><td>13</td><td></td><td></td><td>1</td><td></td><td>25</td><td>71</td><td>6</td><td></td><td></td><td></td><td></td><td></td><td>6</td></tr>
<tr><td>140–150</td><td>1</td><td>2</td><td></td><td>1</td><td>1</td><td>1</td><td></td><td>1</td><td>84</td><td>7</td><td>2</td><td></td><td></td><td>9</td><td>14</td><td>5</td><td></td><td>12</td><td>6</td><td></td><td></td><td>9</td></tr>
<tr><td>150–160</td><td>2</td><td></td><td></td><td></td><td></td><td></td><td></td><td></td><td>78</td><td></td><td>2</td><td></td><td></td><td>3</td><td></td><td></td><td></td><td>13</td><td></td><td></td><td></td><td>7</td></tr>
<tr><td></td><td>7</td><td>3</td><td>1</td><td>2</td><td>8</td><td>26</td><td>4</td><td>4</td><td>212</td><td>12</td><td>5</td><td>2</td><td>12</td><td>72</td><td>475</td><td>76</td><td>2</td><td>42</td><td>85</td><td>1</td><td>3</td><td>52</td></tr>
</table>

표 1. 신창동유적에서 검출된 식물유체의 종류와 수량
(이경아 2002)

15리터의 시료를 채취하여 당시 캐나다에 유학중인 이경아에게 보내 분석을 시행하였다. 그는 이 가운데 흑갈색 유기물부식토층을 중심으로 한 2리터 정도의 시료를 분석하고 검출된 식물종자 1351립에 대해 보고하였다(이경아 2002). 종자는 벼, 조, 밀, 들깨, 대마, 오이 등의 작물과 각종 논밭 잡초류(돌피, 명아주류, 수영, 너도방동산이, 올챙이고랭이, 매자기, ㅁ-디풀속 등), 육과류(다래속, 꽈리속, 야생딸기, 머루속, 장미과), 그리고 견과류로서 도토리가 있다(표 1).

저습지에서 출토된 칠기와 목기로는 검·검초·활 등 무기류, 괭이·따비·낫자루·절구공이·도끼자루·나무망치 등 농공구류, 대접·국자형목기·통형칠기·사각용기 등 용기류, 새모양 목제품 등 제의구류, 문짝 등 건축부재, 바디·실감개 등의 직조구, 현악기를 비롯하여 발화구, 수레바퀴, 신발골, 부채자루, 빗, 국자, 쐐기 등 각종 생활용구류가 있다. 이들 목기 외에도 삿자리, 빗자루, 통발, 새끼 등 풀과 나뭇가지로 만든 제품도 출토되었다.

저습지에서는 식물유체뿐 아니라 동물유체도 많이 검출되었다. 동물유체에

는 굴과 재첩, 잉어·가물치·넙치·참돔·가오리·숭어 등의 어패류, 소·사슴·멧
돼지·수달 등의 포유류, 꿩·닭·오리·까마귀·기러기 등의 조류, 그리고 자라,
거북 등이 있다.

한편, 그동안 신창동유적에서 출토되거나 분석결과 검출된 자연유물 자료
는 별책으로 역어 학계에 제공된 바 있다(조현종·박영만 2009).

III. 신창동유적에서의 식물이용

1. 식량

신창동유적의 작물유체는 벼, 맥류(밀), 잡곡(조), 두류, 과수(복숭아), 채소
(외, 박)의 혼합 경작을 보여주는데 이는 기존 청동기시대 작물조성(안승모
2008)을 그대로 계승하고 있다.[2] 두류는 종 단위까지 동정이 이루어지 않았으
나 동시대 유적의 작물유체로 보아 콩이나 팥에 해당할 것이다.

작물 외에 야생딸기와 머루 같은 육질 과실류(육질과)와 도토리·가래 등의
견과류를 포함하는 야생 식량의 채집도 지속되었다. 신창동에서는 야생딸기
(*Rubus* sp.)가 가장 많이 검출되었는데 현재 한반도에는 멍석딸기, 산딸기,
복분자딸기, 덩굴딸기 등 16종이 서식하고 있다. 아직 직접적인 증거는 확보

---

2) 오이 종자에 대해 이경아(2002)는 오이(*Cucumis sativus*)로 동정하였으나 안승모(2009, p.273)는 동시대 한
   반도와 일본열도의 외속 동정 예, 그리고 종자 크기를 감안하여 참외(*Cucumis makuwa*) 계통일 가능성이 더
   높다고 보고 있다. 따라서 이 글에서는 양자들 아우른 외(*Cucumis* sp.)로 표기한다. 만약 오이 동정이 옳다면
   오이는 한나라 이후 서역에서 전래된 작물이고 신창동에서 鐵莖付銅鏃 등 일부 낙랑계 유물이 보이는 점에
   서 새로운 한식 문물과 함께 도입되었을 가능성을 생각해 볼 수 있다.

하지 못하였으나 일본 繩文文化의 예(辻圭子 외, 2006)를 참조하면 육질 과실류가 당시에 과실주 재료로 이용되었을 가능성도 있다. 도토리는 참나무 열매를 총칭하는 이름인데, 그 종류로는 상수리나무, 굴참나무, 떡갈나무, 갈참나무, 졸참나무, 물참나무 등이 있다. 이 가운데 상수리나무의 상수리와 신갈나무의 도토리가 전통사회에서 가장 고급으로 취급되었다. 도토리가 주식의 하나였던 신석기시대에 비해 중요성은 크게 감소하였겠지만 원삼국시대에서도 도토리는 오늘날과 마찬가지로 여전히 중요한 식료품(구황식품)으로 이용되었다. 실제 신창동에서 그리 멀지 않은 함평 해보면의 용산리유적(목포대학박물관, 2000)에서는 수로와 안접하여 도토리 저장구덩이가 발견되기도 하였다

한편, 신창동유적에서는 검출되지 않았지만 원삼국시대부터는 도토리보다 밤의 중요성이 높아지고 있다. 후한서 동이전 등 고문헌에 마한의 매우 큰 밤('大栗如梨')에 대한 언급이 있으며 청동기시대에는 보이지 않던 밤 유체가 창원 다호리 분묘(이건무 외 1989), 광주 쌍촌동주거지(임영진·서현주 1999), 담양 대치리주거지(호남문화재연구원 2004) 등과 같이 원삼국시대 유적에서는 출토되고 있다. 이와 함께 무안 양장리(김윤수 1997), 완주 용흥리(김요정 외 2008) 등 3~4세기 유적의 수종분석에서도 밤나무의 비중이 참나무보다 높아지고 있다. 따라서 원삼국시대 후기(3세기 이후)부터 밤나무를 적극적으로 보호하고 육성하였을 가능성이 높다(Kim 2011).

2. 향신료, 기름

들깨와 차조기(*Perilla frutescene*의 두 아종)의 잎은 나물로 먹을 수 있으며 종자 역시 다른 식재료와 섞어서 먹거나 들기름을 만들 수 있다. 들기름은 또한 칠(漆)독의 제거나 칠기의 광택내기에도 쓰인다. 따라서 신창동에서는

식용뿐 아니라 칠기제작에 직접 이용되었을 가능성이 높다. 실제 신창동유적에서는 칠액의 고형분이 남아 있는 칠용기와 함께 각종 칠도구와 칠기가 출토되어 이를 뒷받침한다.

우리나라에서 들깨 재배에 대한 최초의 역사 기록은 농상집요(農桑輯要, 1273년)이나, 들깨 종자는 청동기시대부터 지속적으로 출토되고 있어 다른 작물과 같이 재배되었거나 야생으로 채취되었을 가능성 모두가 남아 있다. 차조기는 고려 말의 향약구급방, 들깨는 조선시대 세종대의 향약집성방에 약용식물로 언급되고 있지만(이성우 1992), 선사시대부터 이미 약용으로 이용되었을 가능성도 검토할 필요가 있다.

3. 섬유의 재료

신창동유적에서는 바디 등 베틀부속구와 실감개, 마직물 조각이 대마 종자와 함께 출토되어 삼베옷을 만들어 입었다는 확실한 증거를 제시하고 있다. 고대 중국에서는 대마 종자가 식량으로도 이용되었고 오곡의 하나로 해석되기도 하지만 우리나라에서는 대마 식용의 구체적 증거는 아직 없다. 삼국지 위지동이전은 삼한 주민들이 누에를 기르고 비단을 만드는 방법을 알고 있었다고 기록하고 있다(이건무 1998). 신라에서는 주민들로 하여금 뽕나무를 기르게 하였고 백제에서는 벼 외에 대마, 삼베, 비단을 조세로 거두었다고 한다. 비단과 관련하여 신창동에서 출토된 실물 자료는 없다. 그러나 유적에서 출토된 현악기로 보아 당시 명주실(絹絲)의 존재를 유추할 수 있다. 중국 한대의 長沙 馬王堆 1호무덤 출토 현악기(瑟)에는 명주실이 꿰어진 채 출토되었는데(李純一 1996) 이는 일찍이 견사가 악기의 현으로 사용되었음을 의미한다. 따라서 아직 구체적인 증거는 없지만 10현으로 복원되는 신창동유적의 현악기에도 견

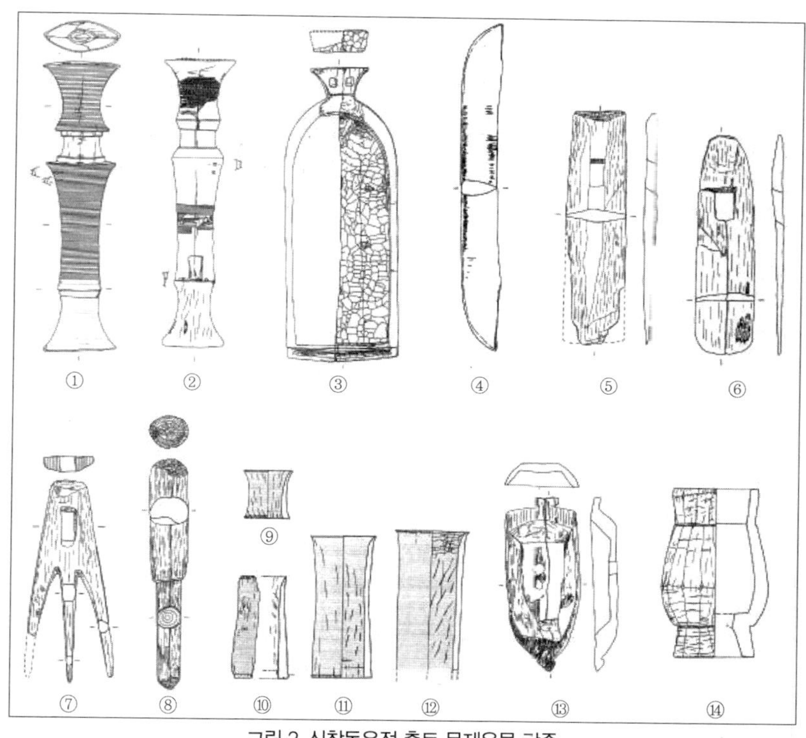

그림 2. 신창동유적 출토 목제유물 각종
(칠기검초①②, 현악기③, 바디④, 괭이⑤⑥⑦, 박자⑧, 칠기용기⑨~⑫, 목제용기⑬⑭)

사가 사용되었을 가능성이 크다고 하겠다.

전통적으로 짚신은 볏짚이나 삼으로 만드는데 관련된 식물유체가 모두 신창동유적에서 검출되었을 뿐 아니라 제작공구인 목제 신발골도 출토되었다. 출토된 신발골은 가죽신의 제작에 사용된 것이 분명하지만(이건무 1998), 당시에도 가죽신과 함께 짚신을 신었을 가능성이 높다. 그런데 실제 군산 내흥동, 아산 갈매리, 부여 궁남지 등지의 마한·백제 유적에서 출토된 짚신을 동정한 결과 재료가 모두 부들로 밝혀졌다(김경희·박원규 2006). 부들은 저습지나 연못에서 생육하는 다년생의 초본과 식물로 자연에서 쉽게 수집할 수 있는 재료이다.

4. 목재, 용기 외

목재는 다양한 목제품과 건축 재료로 이용되어 왔다. 가장 널리 이용되고 중요한 수종은 한반도 온대성 낙엽활엽수림의 우점종인 참나무이다. 선사·고대 주거지에서 검출된, 건축 재료나 연료에서 유래한 목탄 역시 대부분 참나무이다. 신창동 저습지에서 발굴된 목제 유물 119점을 분석할 결과 수종 식별이 가능한 61점 중 상수리나무류(상수리나무·굴참나무)와 벚나무류가 각기 25점과 20점으로 가장 많았다(김윤수 외, 2002). 방망이, 목검, 낫자루, 도끼자류 등 대부분 강도를 요하는 목제품은 상수리나무류가 사용되었다. 벚나무는 현악기, 검초, 4절판, 5절판 등 악기 및 용기류 제작에 이용되었다. 가공이 용이한 옴나무도 7점으로 용기류 및 쐐기, 검파, 낫자루에 이용하였다. 다른 수종은 1~2점에 불과하다. 신창동 Ⅱ지점에서 출토된 가공목 6점과 자연목 16점에 대한 수종분석도 이루어졌는데 역시 상수리나무류(9점), 졸참나무류(6점) 등 참나무가 압도적이다(박영만 2007). 목재 수종분석에서는 나타나지 않았으나 신창동유적에서 출토된 다량의 칠기와 칠용기로 보아 주변 지역에 옻나무가 서식하는데 용이한 생태환경이 조성되었을 가능성이 높다. 이와 관련하여 신증동국여지승람은 신창동유적의 북동부를 蛇行하는 영산강(지금의 극락강)을 칠내(漆川)로 표기하고 무등산 서록에서 발원하며 지금의 신창동유적을 지나 나주에 이른 것으로 기록하고 있다(新增東國輿地勝覽 1530, 光山縣條). 대체로 칠산지와 관련된 지역의 지명에 「칠」字가 보이듯이 칠내란 이름 역시 신창동 주변지역이 칠산지로서 옻나무가 분포하였음을 보여주는 증거이며, 실제 현재도 영산강변에 연면한 유적의 동쪽 삼림의 林相은 옻나무의 밀집도가 비교적 높은 편이다.

덜 익은 박(호리병박 포함)이나 박속은 나물 등으로 식용하기도 하지만 박은 바가지로서의 기능이 더 중요하였을 것이다. 이 밖에 신창동유적에서는 출토되지 않았지만 강진 虎山(전남문화재연구원 2006) 등 다른 원삼국시대 유적에서는 다량의 때죽나무 열매가 종종 보고되고 있다. 때죽나무 열매는 독성이 강해 물고기를 마취시켜 잡는데 이용된다. 원삼국시대부터는 개 외에도 돼지, 닭 등 가축을 기르기 시작하기 때문에 가축 사료도 필요하다. 일부 원삼국시대 유적에서 출토된 돼지 뼈의 동위원소 분석 결과 돼지는 C4식물과 C3식물 모두 섭취하였음을 보여준다(南川雅男·松井章 2002; 이준정 2011).

5. 여름작물의 중요성

식물성 식량은 가을(작물, 야생과실)과 봄(근경류, 어린 잎 등)에 수확하거나 채집할 수 있지만 여름과 겨울에는 확보가 어렵다. 겨울에는 가을 수확물을 저장하여 이용할 수 있으나 무더운 여름은 그러하지 못하다. 여름 동안 가축과 물고기로 단백질은 보충할 수 있으나 탄수화물은 여전히 부족하다. 늦가을에 수확한 벼, 두류, 잡곡과 견과류도 여름이 되기 전에 대부분 소진된다. 따라서 6월에 수확할 수 있는 밀과 보리, 8월에 수확할 수 있는 콩의 역할이 중요하며 노동력도 분산할 수 있기에 신창동유적 당시에도 그리하였을 것이다(안승모 2006).

Ⅳ. 고찰

선사·원사시대의 식물 자원에 대한 정보는 주로 탄화유체와 수침(water-logged)유체에서 얻어진다. 탄화유체는 식물성 자료가 상대적으로 낮은 온도에서 장기간 불에 노출된 후 식물체의 바깥 조직(charred) 또는 전체(carbonized)가 탄소화물에서 탄소로 전환되면서 보존되는 형태로 발견된다. 탄화된 식물유체는 대부분 단단한 종자와 견과류이며 잎, 줄기 같은 연약한 조직은 잘 보존되지 않는다. 가장 흔한 탄화유체는 연료나 건축재 기원의 목탄과 식물성 식량의 저장과 가공에서 유래하는 탄화종실류이다(윌킨스·스티븐스 2007, pp.207~211). 탄화 자체가 우연의 산물이며 식물성 식량의 종류에 따라 탄화, 그리고 후퇴적과정에서의 잔존 가능성이 크게 달라지는 것이다. 잎, 꽃, 근경 같은 식물부위는 식량으로 이용되어도 탄화로 남는 경우가 드물어 식량으로서의 가치가 과소평가될 위험이 높다. 또한 탄화과정에서 표면구조가 많이 파괴되고 색상이 없어지기 때문에 동정 오류도 종종 발생하기도 한다. 또한 종자는 크기가 작기 때문에 교란과 위치 이동에 취약하다는 단점도 있다(안승모 2009, pp.278~279).

식물유체는 습지 환경에서 가장 잘 보존된다. 수침은 탄화보다 훨씬 다양한 범위의 식물자료를 보존할 수 있어 식물 이용에 관한 많은 정보를 제공한다. 그러나 신창동유적처럼 취락 내부나 주변에서 식물유체가 보존될 수 있는 습지 조건이 갖추어진 곳은 드물며, 설령 그렇다고 하더라도 식물 자원 모두가 수침유체로 보존될 수 있는 것도 아니다(윌킨스·스티븐스 위 책, pp.223~225). 신창동 저습지에서도 뿌리나 잎을 이용하는 식물자원은 잘 남아 있기 어렵고, 설령 잔존하여도 검출이나 동정의 어려움 때문에 과소평가될 가능성이 매우 높다. 따라서 과거 식물자원 이용을 복원하는데 있어서 탄화·수침유체의 취약점을 보완하기 위해 역사기록과 민족지 자료같은 추가적 정보가 필요하다.

조선시대의 각종 고문헌들은 식물 자원의 종류, 가공과 이용에 대한 다양하고 상세한 정보를 제공하고 있다(윤서석 등 1997; 甲元眞之 2004). 그러나 고려 이전의 관련 기록은 드물다. 한반도에는 중국이나 일본을 거쳐 유입된 많은 외래식물, 귀화식물들이 존재하나 시대가 거슬러 올라갈수록 각 식물 종들이 한반도로 유입된 시기를 추정하기가 쉽지 않다. 고문헌에 기록된 한자에서 정확한 식물 명칭을 파악하기 어려운 경우도 많다. 백제, 신라와 삼한에 관해 언급한 중국과 한국의 옛 기록들을 보면, 백제와 신라의 채소와 과실이 중국과 유사하며, 삼한·백제·신라인은 곡물로 조·기장·벼·보리·밀·콩·팥을 재배하였으며, 섬유용 작물로 대마와 뽕나무를, 채소로 박·참외·오이·가지·마를, 견과류와 과실로 밤, 잣, 개암, 살구, 복숭아, 자두, 매실, 배, 밤, 대추를 이용하였다(이성우 1992).

신창동유적을 포함하여 원삼국·삼국시대 유적에서 출토된 식물유체는 역사기록과 많이 유사하나 가지, 마, 잣, 매실, 자두, 배는 아직 보고되지 않았다. 출토된 육과류는 대부분 복숭아이며 살구는 매우 희귀하여 4세기 이후 유적에서 간헐적으로 소량 검출될 뿐이다. 견과류의 경우 신창동에서는 여전히 도토리가 우세하나 3세기부터 밤이 적극적으로 이용된다. 전체적으로 야생식물 자원에 대한 정보는 역사기록에도, 고고학적 자료에도 여전히 불충분하며, 약용과 염료 식물 등 특용 자원에 대한 정보는 더욱 희귀하다.

고대 문헌들은 농경 사회에서도 기아가 자주 발생하였다고 기록하고 있다. 농업의 집약화가 진행될수록 생업의 불안정성도 높아지게 된다. 농민들은 심지어 1960년대까지도 여름에 秋麥을 수확하기 전에 춘궁기를 자주 겪었다. 조선시대 문헌과 20세기의 민족지 자료에서는 구황식물로 이용되는 야생식용식물에 대한 정보를 확보할 수 있다. 20세기 전반에 보고된 구황식물 자료에 따르면 전남에서는 150종, 전북에서는 135종의 야생식용식물을 상용하였다(안승모 2002). 식용식물에는 국화과가 가장 많으며 이어서 백합과, 십자화과, 콩과, 찔레과, 미나리과 순이다. 새싹이나 어린 줄기는 봄에 채취되어 주로 나물류로 먹는다. 과육 및 종실은 주로 가을에, 뿌리나 덩이줄기 등은 늦가을에서 이른 봄에 걸쳐 채취된다. 봄나물로 이용되는 야생식용식물은 칼로리는 적지만 대신 비타민과 미네랄이 풍부하다. 칼로리와 전분을 많이 제공하면서 주식 대용으로도 이용될 수 있는 야생식용식물로는 각종 도토리와, 참나리·얼레지·큰원추리·둥굴레 등의 백합과 비늘줄기, 참마·칡·올방개·천남성·하늘타리·층층잔대·고사리·고비·도라지·더덕·달래 등의 근경류가 있다(안승모 2002).

견과류와 딱딱한 씨앗을 갖고 있는 종실류를 제외하면 뿌리, 줄기, 잎의 연약한 조직은 고고학적 맥락에서 거의 보존되지 않는다. 근현대 사회에서 가장 귀중한 식량인 버섯도 고고학 유적에서 보고된 예가 전혀 없다. 신창동유적도 같은 한계를 갖고 있을 것이다. 한반도의 다른 유적에 비해 매우 풍부한 식물유체가 신창동 저습지에서 찾아졌지만 그럼에도 많은 식물자원들이 보존되지 않고 사라졌음에 틀림없다. 신창동유적은 두터운 벼껍질층과 다양한 작물유체와 목제 농경도구에서 본격적인 농경사회에 돌입한 것으로 보이지만 대부분의 벼껍질은 미성숙한 쭉정이며, 開花後 수정되지 않았거나 미성숙한 쭉정이의 화분이 집괴상태로 검출되고 있는 점은 당시의 기후조건이나 재배기술이 좋지 않아 벼 생산에 차질이 있었음을 보여준다(조현종 2009).

한편, 신창동유적의 거주민을 포함한 원삼국시대 주민들은 이러한 불규칙한 작물 수확을 극복하고 아울러 약용, 염료용 등 다른 용도를 위해서도 주변에서 구할 수 있는 다양한 종류의 야생식물을 이용하였을 것이다.

V. 결론

이상은 신창동유적에서 보고된 식물유체를 이용하여 당시 주민의 식물이용 상황을 살펴본 것이다. 그러나 유적에서는 당시 주민들이 이용하였던 식물자원의 극히 한정된 부분만 식물유체로 잔존하기 때문에 역사기록과 민족지자료로 보완할 필요가 있다. 선사시대와 달리 계층화와 중앙집권화가 진행되는 원사·역사시대에는 부, 사회적 신분, 거주 지역(소비중심지와 생산중심지, 도시와 농촌 등)에 따라 식물이용 상황이 달라질 수 있다. 식물유체는 이러한 문제점을 포함하여 고대사회에 대한 다양한 경제적, 사회적, 이념적 정보를 제공해주는 중요한 고고학적 자료이다. 이렇게 귀중한 자료를 보관하고 있는 습지 발굴이 신창동유적 조사를 계기로 증가하고는 있지만 여전히 많은 습지 유적이 제대로 조사되지 않은 채 파괴되고 있는 현실이 안타깝다.

| 참고문헌 |

『新增東國輿地勝覽』

국립광주박물관

1997 『광주 신창동 저습지 유적 Ⅰ』.

2001 『광주 신창동 저습지 유적 Ⅱ-목제유물을 중심으로-』.

2002 『광주 신창동 저습지 유적 Ⅳ-목제유물을 중심으로-』.

2009 『광주 신창동 저습지유적 출토 식물과 동물-분석과 해석-』.

2010 『신창동유적의 의의와 보존』.

김경희·박원규

2006 「우리나라 고대 짚신의 재료」, 『한국고고학보』 59.

김수철·이광희

2004 「광주 신창동 유적 출토 목제품의 수종 및 칠 분석」, 『박물관보존과학』 9.

김요정·오정애·박원규

2008 「완주 용흥리유적 출토 탄화목의 수종 및 연륜연대분석」, 『완주 용흥리유적』, 전북문화재연구원.

김윤수

1997 「수종분석」, 『무안 양장리 유적 종합연구』, 목포대학교박물관.

김윤수·위승곤·박영만

2002 「신창동 저습지유적 목제유물의 수종식별」, 『광주 신창동 저습지 유적 Ⅳ』, 국립광주박물관.

목포대학교 박물관

2000 『영광 학정리·함평 용산리 유적』.

박영만

2007 「신창동 저습지 유적 출토 목재의 수종식별」, 『광주 신창동 저습지 유
     적』, 국립광주박물관.

윤서석 등

1997 『한국음식의 개관』, 한국음식대관 제1권, 한국문화재코호재단.

안승모

2002 「신석기시대의 식물성식료(1)−야생식용식물 자료−」, 『한국 신석기시
     대의 환경과 생업』, 동국대학교 매장문화재연구소.

2006 「장흥 상방촌 탄화곡물의 경제적 해석」, 『한국상고사학보』 54.

2008a 「한반도 청동기시대의 작물조성」, 『호남고고학보』 28

2008b 「韓半島 先史·古代 遺蹟 出土 作物資料 解題」, 『極東先史古代の穀物』
      3, 熊本大學.

이건무

1998 「유적·유물에 나타난 삼한사회의 생활상」, 『고고유물르 본 한국고대국
     가의 형성』, 국립중앙박물관.

李健茂 外

1989 「義昌茶戶里遺蹟 發掘進展報告 I」, 『考古學誌』 I, 韓國考古美術研究所.

이경아

2002 「신창동 저습지유적 식물유체 분석」, 『광주 신창동 저습지 유적 Ⅳ』,
     국립광주박물관.

이성우

1992 『동아시아 속의 고대한국식생활사연구』, 향문사.

李純一

1996 『中國上古出土樂器綜論』, 文物出版社.

이준정

2011 「사육종 돼지의 한반도 출현 시점 및 그 사회경제적·상징적 의미」, 『한

국고고학보』79.

전남대학교 박물관

  1999 『光州 雙村洞 住居址』.

전남문화재연구원

  2006 『강진 호산유적』.

조현종

  2008 「광주 신창동 출토 탄화미의 계측」,『호남고고학보』30.

  2000 「신창동출토 벼에 대하여」,『光州 新昌洞 低濕地遺蹟 出土 植物과 動物』, 국립광주박물관.

조현종·장제근

  1992 「광주 신창동유적-제1차조사개보-」,『고고학지』4.

키스 윌킨스·크리스 스티븐스(안승모·안덕임 역)

  2007 『환경고고학』, 학연문화사.

호남문화재연구원

  2004 『담양 대치리유적』.

金原正子·金原正明

  1997 「新昌洞 低濕地遺蹟의 花粉分析 및 寄生蟲卵의 分析」,『광주 신창동 저습지 유적』I , 국립광주박물관.

南川雅男·松井 章

  2002 「炭素·窒素同位体分析으로 推定한 김해 회현리패총 출토 멧돼지屬의 食性特徵」,『金海 會峴里貝塚-轉寫를 위한 試堀調査 報告書-』, 부산대학교박물관.

甲元眞之

  2004 「朝鮮の傳統的堅果類と果實」,『先史·古代アジアの植物有存體』, 甲元

眞之 編, 熊本大學文學部.

辻圭子·辻誠一郎·南木睦彦

2006 「靑森縣三內丸山遺跡の繩文時代前期から中期の種實遺體群と植物利用」, 『植生史硏究』特別第2號.

Kim, Minkoo

2011 Woodland management in the ancient Mahan statelets of Korea: an examination of carbonized and waterlogged wood. *Journal of Archaeological Science* 38:1967~1976.

백제 와전문화의 형성과 전개과정 *

윤용희**

Ⅰ. 머리말
Ⅱ. 백제 와전문화의 태동: 한성시기
Ⅲ. 백제 와전문화의 전환: 웅진시기
Ⅳ. 백제 와전문화의 완성: 사비시기
Ⅴ. 맺음말

⟨Abstract⟩

This paper aims to investigate the introduction and development of the Baekjae's roof tile making technology based on the pattern and technique of roof-end tiles from the Hanseong Phase to the Sabi Phase.

The utilisation of roof tiles was confined to a few particular buildings including royal palaces, government offices and Buddhist temples where were resided by special status groups. Therefore, the adoption of roof tiles should be recognised contextually by the capital city planning and the construction of political and religious symbols in terms of the formation of

---

* 이 글은 2010년 국립부여박물관 특별전 "백제와전" 도록에 게재된 필자의 논문을 일부 수정 보완하였음.

** 국립중앙박물관 학예연구사

Korean ancient state, the establishment of state power.

Roof tiles of Baekjae began to be produced in the Hanseong Phase when Baekjae could produce roof tiles that were based on the pottery making technology to handle water, clay and fire that had been progressed since the prehistoric era and develop her architect engineering that she adopted roof tiles as the material of roof. The development of political power and economic productivity enabled Baekjae to adopt roof tiles. The Baekjae's roof tile technology was firmly established in the Woongjin Phase and the Sabi Phase based on the internal technological innovation and the introduction and advanced external technology.

The excavation to the Pungnap Earthen Wall site indicates that the Baekjae's roof tile making technology was firstly appeared in the Hanseong Phase. Various types of roof-end tiles including coin-shaped, lotus flower-shaped and mask of devil-shaped patterns identified in the Pungnap Earthen Wall reveal that Baekjae was closely interchanged with China, such as, *Xijin, Dongjin* and several states of the Period of North and South Dynasties in China. It has been indicated that plain roof tiles consisting of convex and concave roof tiles appeared in earlier phase than roof-end tiles. In the case of Goguryeo, roof tiles were firstly used in Guknae Fortress, thus building covered with roof tiles might be constructed in between the 1st and 2nd century AD in Baekjae based on the construction date of the Pungnap Earthen Wall site. In specific, this evidence suggests that the distrust of the early record of Samguksagi (the History of Three Kingdoms) that is the general propensity of Korean ancient historians will be modified by the research of roof tiles.

In the Woongjin Phase, Brick tombs distributed in the Songsanri Area in Kongju represented by the tomb of King Muryong demonstrate that Baekjae introduced the Buddhist culture of the Southern Dynasties of China via the *Liang* Dynasty. The pattern of roof-end tiles produced in the Woongjin Phase that the design of these were described in three-dimensional and realistic patterns are distinguishable from those of the Hanseong Phase that these were manufactured in the two-dimensional lotus flower-shaped pattern. Nevertheless, it is unclear that this new type of roof-end tiles was diffused from the Southern Dynasty of China based on the excavated data of China.

In the Sabi Phase, the production and utilisation of roof tiles made in roof tile kilns located in within and without the capital was flourished because of the planned transfer of the capital and the increase of the construction of Buddhist temples. Hundreds patterns of roof-end tiles shows the trends of the roof tile culture of Baekjae that maintained during 123 years. The Temple site in Nungsan-ri and the Jeongnimsa Temple site dated in the 6th century AD in Buyeo, the Geumgangsa Temple site in Buyeo and the Jeseoksa Temple site and the Mireuksa Temple site in Iksan cated in the 7th century AD are the standard point of the change of the pattern of roof-end tiles. The roof tile culture established in the Sabi Phase diffused to Silla and Japan and played crucial role to the construction of the Hwangnyongsa Temple in Silla and the development of the *Asuka* Culture in Japan.

Ⅰ. 머리말

기와는 점토를 빚어 형태를 만들고 그늘에 잘 말렸다가 가마에 넣고 구워 생산하는 점토소성품으로 특화된 장인집단만이 제조할 수 있는 기술집약적 공정의 산물이다. 그렇기 때문에 기와를 사용할 수 있는 계층은 왕실이나 귀족층, 승려 같은 특수한 신분집단에 한정되었으며, 그들이 거주하거나 업무를 보는 궁궐, 관청, 사찰 등 정치적이거나 종교적인 성격을 가지는 특수한 건물에만 제한적으로 사용되었을 것으로 생각된다. 그리고 건물에 사용되지 않았다 하더라도 무덤의 쌓는다거나 시신을 놓을 자리를 마련하는 등의 특수한 계층을 위한 특수한 용도에 사용되었다는 사실에는 변함이 없다. 그러하기에 적어도 우리 역사에서 기와가 가지는 의미는 고대국가의 형성과 국가권력의 탄생, 그에 따르는 도성 건설 및 정치적, 종교적 상징물 조형이라는 맥락을 빼놓고는 이야기 될 수 없다.

백제 기와의 탄생도 하남위례성에 도읍을 정하던 건국초기부터의 맥락이 중요한 것은 바로 이러한 이유이다. 물론 현재까지 백제 건국기의 기와를 증명할 수 있는 실물자료가 확보되어 있지는 않지만 한성시기 도성으로 유력한 풍납토성 성벽에서 기원전후 무렵의 토기가 확인되어 앞으로의 조사 여하에 따라 새로운 자료가 발굴될 가능성은 항상 열려있다고 보아야 할 것이다. 지금까지 발견된 한성시기 기와가 가지는 물리적, 기술적 특성은 당대의 타날문토기의 제작기법과 연결되어 있으므로 현재까지의 자료보다 이른 시기의 기와가 새로 발견된 기술적 충분조건은 갖춰진 셈인 것이다. 다만 기와를 직접 생산할 수 있는 기술의 축적에는 일정한 시간이 소요되었을 것이고, 외부로부터의 자극은 백제기와 생산을 위한 필요조건이 되었을 것으로 생각된다. 즉, 백제의 기와는 선사시대 이래의 토기제작과정에서 습득한 흙, 물, 불의 상호작용에 대한 이해력과 기와를 지붕의 재료로 사용하기에 충분할 만큼의 건축기술,

이를 필요로 하는 정치권력 및 경제적 기반을 갖추어 나가던 한성시기의 어느 시점에서인가 탄생한 것이다. 그 후 내부적으로 끊임없는 기술적 혁신과 외부 선진문물의 적극적인 수용을 통해 웅진시기를 거쳐 사비시기에 이르면서 동아시아 문화사에 큰 획을 긋는 수준 높은 백제의 와전문화가 완성되었다.

이 글에서는 풍납토성 등 최신 발굴자료 및 백제 기와 관련 연구 성과를 토대로 700년의 장구한 역사적 흐름 속에서 형성된 백제 와전문화의 전개과정을 간략히 살펴보고자 한다.

Ⅱ. 백제 와전문화의 태동: 한성시기

백제는 하남위례성(河南慰禮城)에 도읍을 정한[1] 이후 제1대 온조왕(溫祚王) 재위연간(BC 18 ~ AD 28)에만도 총 12회에 걸쳐 궁궐을 새로 짓고, 사당을 세우고, 성을 쌓기를 반복하였음이 기록에 나타난다. 그렇지만 백제에서 실제로 기와건물을 언제 세웠는지는 확실히 알 수 없다. 기록상으로는 비유왕(毗有王) 2년(428) 11월에 "지진이 있었고, 큰 바람이 불어 기와를 날렸다(地震, 大風飛瓦)."는 『삼국사기』의 기사[2]가 직접적으로 기와를 언급한 첫 사례인데, 백제에서 문헌에 기록된 5세기 전반보다 훨씬 이른 시기에 기와를 사용했음은 최근의 고고학 자료들을 놓고 볼 때 분명하다. 사실 최근 몇 년간 풍납토성(風納土城)에 대한 발굴조사에서 다량의 백제기와가 출토되기 전까지만 해도 한성시기의 기와에 대해서는 서울 광장동, 삼성동 등지에서 간헐적으로 발견되

---

1) 『三國史記』卷第二十三 百濟本紀 第一 溫祚王 '一年 …溫祚都河南慰禮城…'.

2) 『三國史記』卷第二十五 百濟本紀 第三 毗有王 '二年 冬 十一月地震大風飛瓦'.

었던 몇 점뿐이었고, 이 시기의 기와에 대해서는 이러한 소수의 기와들을 통해 대략적인 특징을 파악할 수 있을 뿐이었다. 그렇지만 최근 몇 년 사이에 풍납토성에서 쏟아져 나오는 최신의 발굴성과[3]로 인해 한성시기 기와에 대한 관심은 그 어느 때보다도 높아졌으며, 그에 걸맞은 연구 성과들도 지속적으로 제출되고 있다.

최근 발견된 한성시기의 기와 가운데 가장 눈에 띄는 것은 수막새이다. 무엇보다도 풍납동 경당지구와 197번지에서 출토된 여러 점의 수막새는 한성시기에 제작된 수막새의 다양함을 보여주었다. 지금까지의 자료에 의하면 한성시기에 가장 유행하였던 수막새의 문양은 전문(錢文)이다.(도 1) 전문은 중국 서진시대(西晉時代: 265~317)의 도기 표면에 새겨진 동전무늬를 말하는데, 부귀와 번영에 대한 염원 혹은 벽사(辟邪)의 의미를 담고 있는 것으로 해석된다.[4] 도안(圖案)으로서의 전문은 매우 다양한 형태로 전개되는데, 4개의 동전이 1조가 되는 동전틀[錢范]의 형태를 기본으로 동전 주변에 잔가지가 달린 요전수(搖錢樹) 형태, 그 자체로 동전 형태인 경우 등이 있다. 백제의 수막새에 표현된 전문 또한 이러한 3가지 종류로 크게 구분할 수 있으며, 세부적인 차이에 따라 많게는 최대 11가지 정도로 나눌 수 있다. 그 가운데 가장 많은 개체수를 차지하는 것은 요전수, 즉 돈이 열리는 나무 형태의 문양이다.

다음으로 연화문이 있다.(도 2) 연화문이 문양으로 채택되는 것은 불교의 영향으로 볼 수 있는데, 백제에 불교가 도입된 것은 백제 제15대 침류왕(枕流王) 원년(384)[5]의 일이므로 한성시기의 수막새에 연꽃무늬가 사용되는 것은 결코

---

3) 국립문화재연구소, 1997~2009, 『풍납토성』 I · II · V · Ⅷ · Ⅺ.

　한신대학교박물관, 1997~1999, 『풍납토성』 Ⅲ · Ⅳ · Ⅵ · Ⅶ · Ⅸ · Ⅹ.

4) 門田誠一, 2002, 「百濟前期における錢文瓦當の背景: 石村洞出土資料の再檢討」, 『청계사학』 16 · 17집.

5) 『三國史記』 卷第二十四 百濟本紀 第二 枕流王 '九月胡僧摩羅難陁自晉至王迎之致宮內禮敬焉佛法始於此'.

이상한 일이 아니라고 하겠다. 하지만 아직까지 한성시기의 불교유적이 발견된 적이 없고, 한성시기 불교에 관한 문헌자료 또한 지극히 영세하기 때문에, 그동안 서울지역에서 몇 점의 연화문수막새가 출토되었음에도 불구하고 한성시기 연화문수막새의 출현을 쉽게 인정하지 않는 경향이 없지 않았다. 그런데 최근 풍납토성 경당지구에서 출토된 연화문수막새편은 그동안의 이러한 의구심을 종식시키기에 충분하다고 생각되며, 오히려 한성시기 연화문수막새의 존재를 인정함으로써 이 시기 불교유적의 새로운 발견이 기대되는 측면이 있다. 현재까지의 자료에 의하면 적어도 3종의 연화문수막새가 확인되는데, 웅진시기 이후에 크게 유행하는 문양과는 거리가 있다. 먼저 몽촌토성에서 2종의 연화문수막새가 출토되었는데, 그 하나는 다소 고구려적인 느낌이 나는 능형(菱形)의 연화문수막새인데, 모두 2점이 출토되었는데, 암갈색 터토에 주연이 좁고 매우 높게 마련된 것이 인상적이다. 다른 하나는 2중원권의 자방 주위에 양각선으로 복판의 연꽃을 표현한 것이다. 풍납토성에서도 2중원권의 자방 주위를 양각선으로 표현한 수막새가 출토되었는데, 연판의 형태가 5각형으로 몽촌토성 출토품과 차이가 있다. 이 풍납토성 출토 연화문수막새와 유사한 예가 중국 북조(北朝)시기의 와당에서 확인되는데, 북위(北魏)의 옛 도읍이었던 평성(平城)과 낙양(洛陽)지역에서 출토되어 한성시기 수막새 문양에 끼친 북조문화의 영향을 보여준다. 그렇지만 한성백제와 북조와의 교류가 공식적으로 확인된 바 없고, 문헌기록을 통해 보아도 한성백제의 왕실에서는 지속적으로 남조에 사신을 파견한 것으로 기록되어 있기 때문에 북조의 영향을 직접 받았는지에 대해서는 신중할 필요가 있다. 그래서 최근에는 풍납토성 출토 연화문수막새의 두께, 주연 높이, 연판을 양각선으로 표현하는 수법 등에서 남조(南朝) 수막새의 특징이 다분하므로 북조의 문양과 남조의 제작기법이 융합되어 나타나는 것으로 보아야 한다는 견해가 제출되기도 하였다.[6] 한성시기 연화문수막새의 상한연대(上限年代)는 중국 동진(東晋: 317~419)으로부터 불교를 받아들이는 384년으로 설정할 수 있고, 하한(下限)은 당연히 한성시기가 끝나는 475년이다. 결국 한성시기 연화문수막새의 출현은 4세기 말에서 5세기 말의 채 100년이 되지 않는 기간의 어느 시기엔가 이루어졌다고 보아야 할 것이다. 이 기간 중에 중국의 북방에서는 5호16국의 혼란이 수습되면서 398년 북위(北魏)가 건국하고, 남방에서는 420년에 송(宋)이 건국함으로써 남북조시대가 시작되는 커다란 변화가 있었다는 점도 한성시기 연화문수막새의 계통을 파악하는데 있어 고려해야할 부분이다.

이외에도 방사선문, 기하문, 우점문(雨點文), 무문 등이 확인되어 이 시기 수막새 문양의 다양함을 더해주는데, 최근 경당지구에서 수면문(獸面文)수막새가 출토되어 큰 주목을 받고 있다.(도 3) 이 막새에는 치켜뜬 눈과 미간의 주름, 크게 벌린 입과 송곳니, 정수리에 난 뿔, 위로 솟은 갈기로 구성되어 무시무시한 형상이 잘 표현되어 있다. 그럼에도 불구하고 이런 표현 모두를 막새 평면 위에 양각의 선으로 처리하였기 때문에 입체적이지 못하고, 사실감도 떨어지는 편이다. 중국의 경우에도 수면문의 표현에 있어 사실적이고 입체적인 북조에 비해 남조는 그렇지 못한 특징이 있는데, 그런 의미에서 본다면 풍납토성에서 출토된 수면문수막새는 북조보다는 남조 쪽에서 그 계통을 찾아야 하지 않을까 생각된다.[7]

한성시기의 수막새는 막새의 형태 면에서도 후대의 것과 많은 차이가 있는데, 주연부가 수직으로 직립하지 않고 옆으로 펼쳐지거나 사선으로 비스듬히 벌어지는 등 다양한 형태가 있다. 수키와와의 접합기법 또한 막새 뒷면에 원통형의 수키와를 붙이고 반으로 잘라내는 방식 등 후대에는 사용되지 않는 방식이 주로 사용되었다. 좀 더 구체적으로 살펴보면, 막새 뒷면에 수키와를 직

---

6) 정치영, 2009, 「백제 한성기 와당의 형성과 계통」, 『한국상고사학보』 제64호.

7) 심광주, 2009, 「북조의 기와」, 『제6회 한국기와학회 학술대회 자료집』.

접 붙이는 방식과 원통수키와에 막새를 끼워 넣어 막새 단면이 수키와 내면에 부착되도록 하는 방식을 상정할 수 있으며, 원통암키와를 잘라낼 때도 막새 뒷면까지 깨끗하게 잘라내는 방법과 접합수키와를 일부 남기고 잘라내는 방식이 공존한다.

한성시기의 평기와는 대개 두께가 얇고, 회백색 연질이 많으며, 마치 토기 문양을 연상시키는 격자문이 촘촘히 시문되어 외형상으로도 후대의 기와와 확연히 구분되는 특징을 지닌다. 좀더 구체적으로 살펴보면, 우선 기와를 성형하는 방법에 있어서 통쪽와통에 점토판을 붙이고 방망이로 두들겨 원통형의 날기와를 만드는 방식이 보편화되는 웅진~사비기와는 달리 한성시기 평기와의 성형방법은 보다 다양했던 것으로 보인다.(도 4) 먼저 기와를 성형(成形)하는 방법에 있어 와통(瓦桶)이 사용되기도 하지만 와통을 사용하지 않고 토기를 성형하듯이 내박자(內拍子)를 사용하거나 물손질하는 방식으로 제작하기도 하였다. 이 경우 내면에 통쪽흔이나 포목흔이 없고, 둥근 내박자 흔적이 남거나 가로방향의 물손질 흔적으로 울퉁불퉁하거나 굴곡지게 된다. 와통을 사용하는 경우에는 당시 통쪽와통의 사용이 일반적이었으므로 기와 내면에서 세로방향의 통쪽흔적이 관찰되기도 한다. 또한 와통에 점토를 부착하기에 앞서 마포(麻布)를 씌우게 되는데, 이때 기와 내면에 포목흔(布目痕)이 남게 된다. 한성시기 기와에도 이처럼 내면에 남아 있는 포목흔이 자주 관찰되지만 서울 석촌동 고분군 출토품 중 일부는 내면에서 승석문(繩蓆文)이 관찰되기도 한다. 기와의 태토는 점토판 형태와 점토띠 형태가 모두 사용되었는데, 점토띠를 쌓아올리는 방법[輪積法]이 보다 많이 사용되었다. 점토띠를 쌓아올리는 방법은 성형 후에도 기와 내면과 외면에 가로로 점토띠 흔적이 남아 있는 경우가 많다. 웅진~사비시기에도 일부 이런 방식의 성형기법이 관찰되기도 하는데, 한성시기에 보다 뚜렷하게 관찰되는 것은 앞에 설명된 와통을 사용하지 않는 제작법과 관련이 있는 것으로 생각된다. 이상의 한성시기 평기와의 제작기법을 정리해보면 같은 시기의 타날문토기(打捺文土器)와 최종결과물만 다를 뿐 제작기법이 동일하다는 것을 알 수 있다. 이것은 한성시기 기와제작기술이 토기제작기술에 근간을 두고 있으며, 외부로부터의 자극에 의해 혹은 자체적으로 개발된 새로운 기와제작기술이 채택되어 나가면서 점차 와통성형이라는 보다 진일보된 방식으로 자리 잡아 가는 과도적 상태를 보여주는 것으로 생각된다.

마지막으로 한성시기 기와에 있어 주목해야 할 또 하나의 자료는 최근 발굴조사 된 인천의 불로동유적이다.[8] 조사된 14기의 유적 가운데 소성유구로 알려진 1기의 유구는 길이 9m, 너비 1.8m 가량 되는 가마터로 평면형태는 배모양[舟形]이고 소성실 경사가 17°인 오름가마[登窯]이다. 내부에서 대형 옹(甕)이 출토되어 토기를 생산하는 가마로 추정되지만 기와편도 함께 출토되고 있어서 토기와 기와를 함께 생산하던 와도겸업요(瓦陶兼業窯)일 가능성이 있다. 이곳에서 출토되는 기와들은 외면에 사격자문이 시문되었고, 내면에 포목흔과 점토띠를 사용한 성형흔적이 뚜렷하며, 두께가 매우 얇아서 한성시기 기와의 제작기법과 일치한다. 아직까지 한성시기 기와가마가 발견된 예가 없음을 감안할 때 이 유적은 비록 도성에서 멀리 떨어진 지역이긴 하지만 도성 내에서도 기와가마터가 발견될 가능성을 높여주었다. 또한 앞으로 한성시기 기와가마의 구조 및 기와의 생산과 소비과정을 밝히는 중요한 단서가 될 것으로 평가된다.

---

8) 한국문화재보호재단, 2007, 『인천 불로동유적: 인천 불로토지구획정리사업지구 문화유적 시·발굴조사 보고서』

Ⅲ. 백제 와전문화의 전환: 웅진시기

　백제는 475년 9월 고구려의 공격으로 개로왕(蓋鹵王)이 피살되고, 500년간 도읍이었던 한성(漢城)이 함락되는 망국의 위기를 겪었다. 뒤이어 등극한 제22대 문주왕(文周王)은 동년 10월 도읍을 웅진(熊津)으로 옮겨 국난을 수습하는 한편, 이듬해 2월 대두산성(大豆山城)을 수축하고 민가를 이주시키는 등 내치(內治)의 안정에 힘썼다.[9] 동년 2월 문주왕은 외치(外治)의 일환으로 남조의 유송(劉宋)에 예방(禮訪)함으로써 대외적 활로를 모색하고자 하였으나 고구려의 방해로 뜻을 이루지 못하였다.[10] 5세기 후반 중국의 패권은 북위(北魏)와 남제(南齊)에게 있었으며, 백제 제24대 동성왕(東城王)은 남제와의 통교(通交)를 수차례 시도한 끝에 486년(동성왕 8) 남제에 사신을 보낸다.[11] 6세기를 전후해서 중국 남방은 남제(南齊)에서 양(梁)으로 왕조가 교체되었으며, 고구려도 장수왕(長壽王)의 치세가 끝나고 문자왕(文咨王)이 보위에 올랐다. 제25대 무령왕(武寧王)은 이처럼 변화된 국제정세 속에 남방의 새로은 패자(覇者)로 등장한 양과의 외교에 힘을 기울였다. 무령왕 12년(512)과 21년(521) 2번이나 조공을 보낸 끝에 동년 12월 비로소 양과의 공식적인 관계를 성립시키니 475년 전쟁 이후 46년만의 일이었다.[12] 뒤를 이은 제26대 성왕(聖王) 또한 전대(前代)와 마찬가지로 양과의 관계를 계속 이어나갔다.

　이러한 상황에서 웅진시기 백제문화에 남조문화의 색채가 입혀지는 것은 당연한 일이었다. 실제로 웅진시기의 도읍이었던 공주지역의 백제유적에서는 남

---

9) 『三國史記』卷第二十六 百濟本紀 第4 文周王 一年 '冬十月 移都於熊津'.

　『三國史記』卷第二十六 百濟本紀 第4 文周王 二年 '春二月 修葺大豆山城 移漢北民戶'.

10) 『三國史記』卷第二十六 百濟本紀 第4 文周王 二年 '春三月 遣使朝宋 高句麗塞路 不達而還'.

11) 『三國史記』卷第二十六 百濟本紀 第4 '三月 遣使南齊朝貢'.

12) 『三國史記』卷第二十六 百濟本紀 第四 武寧王 十二年 '夏四月 遣使入梁朝貢'.

조문화의 흔적을 곳곳에서 발견할 수 있다. 가장 대표적인 것은 바로 웅진시기 백제왕들의 묘제 중 하나로 채택되었던 벽돌무덤이다. 공주 송산리에는 웅진시기에 조성된 백제무덤이 모여 있는데, 대부분 횡혈식석실분이지만 6호 무덤과 무령왕릉은 벽돌로 지은 전축분(塼築墳)이다. 2기 모두 아치형 천정을 가진 널방 앞쪽에 짧은 터널형 널길을 갖춘 구조인데, 이러한 형식은 중국의 남조에서 유행하던 무덤양식으로 웅진백제 문화에 끼친 남조의 영향을 잘 보여준다.

무령왕릉에 사용된 벽돌은 크게 문양전, 무문전, 명문전의 3가지로 나눌 수 있으며, 세분하면 28종 이상으로 분류된다.(도 5) 문양전은 주로 연꽃무늬가 시문되어 있는데, 6엽의 소형 연꽃무늬, 8엽의 연꽃무늬 등 몇 개의 유형으로 구별된다. 무문전은 감실용(龕室用)과 살창용[箭窓用]이 있는데, 감실용은 무령왕릉의 감실을 조성하기 위해 제작된 특수전이다. 2매를 1조로 대립시켜 하나의 보주형 등감(燈龕)을 만들어 등잔을 올려놓은 시설인데, 북벽에 1개, 동·서벽에 각각 2개씩 마련하였으며, 평면은 승석문으로 장식하였다.

명문전은 여러 종류가 확인되었는데, '중방(中方)', '대방(大方)', '급사(急使)' 등의 문자를 양각한 것과 '…사 임진년작(士 壬辰年作)'이란 명문을 음각한 것이 있다. 이들 명문은 모두 벽돌 측면의 장·단변인 이른바 길이모와 작은모의 무문 면에 각인(刻印) 또는 각서(刻書)하고 있다. '중방' 명문전은 감실 하단부 구축의 장변에 세로로 쌓기 위해 사용된 특수전이고, 또 단변에 '중방' 명문을 한 것은 수직벽과 아치형벽에 사용되는 등 다양하게 쓰였다. 그에 비하여, '대방' 명문전은 상면의 관대(棺臺)조성용 부전으로 전용되었고, '급사' 명문전은 거의가 아치형을 조성하는 전으로 사용되었다. 따라서 이들 명문전은 왕릉의 전축분을 구축하는데 있어 그것들이 사용되는 부면(部面)을 밝히는 일종의 설계文周王 二年상의 부호였음을 알 수 있다. '…사 임진년작(士 壬辰年作)'의 명문전은 송산리 6호 전축분에서 수습된 '양관와위사의(梁官瓦爲師矣)'명전과 동일한 구조적 특징을 갖추고 있다. 특히, '…사 임진년작(士 壬辰年作)'은 무령왕릉 축조용전의 제작시기를 나타내는 것으로 해석되어 주목된다.

　웅진시기의 기와는 벽돌무덤 이외에도 성곽, 사찰, 건물터 등에서 출토되는데, 현재로서는 기와의 문양이나 제작기술 측면에서 한성시기 기와들과의 직접적인 관련성을 찾아내기가 어렵기 때문에 어느 정도는 문화적 단절이 있는것으로 생각된다. 수막새의 경우 한성시기에는 동전무늬[錢文]를 주 문양으로하여 연화문, 방사선문, 기하문, 우점문, 수면문 등 다양한 두늬가 사용된 데반해 웅진시기에는 오직 연화문만이 사용되었다. 이러한 변화는 중국 육조(六朝)시대 수막새의 주문양이 동오(東吳)시기에는 구름무늬[雲文], 인물무늬[人面文]이고, 동진(東晋)시기에는 도깨비무늬[獸面文], 남조시기에는 연꽃무늬로 각각 변화[13]하는 현상과 무관하지 않다. 즉, 남조문화가 불교를 중심으로정립되면서 불교문양의 가장 큰 모티브인 연꽃무늬가 중심이 되듯이 남조문화를 수용한 웅진시기의 백제문화에서도 이러한 현상이 나타나는 것이다. 북조에서도 493년 이후의 낙양(洛陽)도읍기에는 수막새의 문양이 연화문을 중심으로 전개되고 있다는 점도 이러한 현상과 일맥상통한다고 할 수 있다. 그런 의미에서 한성시기 풍납토성과 몽촌토성에서 각각 발견된 3종의 연화문수막새는 웅진시기 연화문수막새와의 연결고리라는 측면에서 그 계통과 연대를 밝히는 것이 중요한 과제가 될 것으로 생각된다. 한성시기 연화문수막새의 계통은대체로 실물자료로는 북위에 가깝고, 당시의 정치적 상황을 고려하면 남조에무게가 실리는 것이 사실이지만 여전히 풀기 어려운 난제임은 분명하다. 어쨌든 웅진시기에 새로 나타나기 시작하는 연화문수막새는 한성시기와는 크게 다른 문양과 제작기법으로 생산되었는데, 이러한 전통은 커다란 변화 없이 사비

---

13) 신창수, 2009, 「남조의 연화문와당」, 『제6회 한국기와학회 학술대회 자료집』.

시기까지 계속 이어지므로 백제 후기 수막새의 기본형은 웅진시기에 정립되었다고 볼 수 있다.

웅진시기의 수막새의 주요 출토지로는 공주 공산성을 들 수 있다. 공산성에서는 추정왕궁지 건물지와 연못, 목곽고 등에서 다수의 수막새가 출토되었는데, 연화문의 형식은 자방의 직경이나 연판의 형태 등을 기준으로 할 때 크게 다섯 가지로 나눌 수 있다. 공산성 수막새의 가장 큰 특징은 꽃잎 끝부분이 둥글고 볼륨이 있으며, 완만한 반전이 있는 형식이 주를 이룬다는 점이며, 연판과 자방의 비율에 따라 세부형식으로 나눌 수 있다.(도 6) 연판 끝부분이 높이 융기하고 연판에서 차지하는 자방의 비율이 높을수록 시기가 올라가고, 점차 연판이 평면화되고 자방이 작아지면서 접합기법 등에서도 변화가 나타난다. 대체로 초기 형식을 웅진천도 직후인 5세기 말로 설정한다면, 무령왕릉이 축조되는 6세기 초~중반을 거치면서 자방이 축소되고, 연판이 평면적으로 변화되다가 웅진말기인 6세기 초반에는 접합기법 등 제작기술적인 면에서 변화가 나타나는 것으로 볼 수 있다.[14] 공산성 출토 수막새는 웅진시기 들어 새롭게 등장하는 백제 수막새 중 가장 고식(古式)으로 웅진천도 이후 사비시기말까지 약 200년간 제작되는 백제후기 수막새의 기본적인 특징을 미리 보여준다고 할 수 있다. 즉, 양감이 풍부한 연판이 지닌 부드러운 곡선과 입체감을 주기 위해 꽃잎 끝부분을 반전시켜 사실적으로 표현하는 백제 수막새 특유의 미감(美感)은 웅진시기, 그 중에서도 공산성 수막새에서 이미 충분히 발휘되고 있는 것이다.

공산성 양식이 웅진시기 수막새, 그중에서도 웅진초기양식의 대표적인 특징을 보여준다면, 대통사지(大通寺址) 출토 수막새는 6세기 초중반 이후의 양

---

14) 이남석, 1988, 「백제 연화문와당의 일연구: 공산성 왕궁지출토품을 중심으로」, 「고문화」 32.

식을 보여준다. 대통사지 수막새는 연판 끝부분에 원형돌기가 있는 것이 특징인데, 이러한 형식을 이른바 '대통사식'이라 하여 웅진시기뿐만 아니라 사비시기에도 계속 이어지며, 일본 고대사원에도 나타나는 것으로 알려지고 있다.(도 7) 주지하다시피 대통사(大通寺)는 양(梁) 대통(大通) 원년인 527년(성왕 5), 양(梁)의 무제(武帝)를 위해 웅천주(熊川州: 지금의 공주)에 창건된 사찰이라고 『삼국유사』에 기록되어 있다.[15] 이 기록에 따르면 대통사는 6세기 전반 공주지역 어딘가에 세워진 사찰인 셈인데, 제15대 침류왕(枕流王) 2년(385) 봄 2월 한산(漢山)에 세웠다는 절의 이름이 밝혀지지 않은 점을 고려한다면, 문헌을 통해 그 이름이 알려진 백제 최초의 사찰이라는 점에서 중요하다. 이 대통사의 위치가 처음 알려지게 된 것은 공주시 반죽동(班竹洞)에서 '대통(大通)' 글씨가 새겨진 기와가 발견되면서부터이다. 당시 공주지역의 불교유적을 조사하던 가루베 지온(輕部慈恩)은 '대통'명 기와가 나온 반죽동 주변에 분포하던 당간지주(幢竿支柱)와 석조(石槽)를 포함하는 일대를 문헌에 등장하는 대통사로 비정하기도 하였다.[16] 그렇지만 대통사지의 정확한 위치가 어디인지는 아직 확실치 않다. 1999년 공주대학교박물관에서 실시한 당간지주 동쪽구간의 시굴조사는 대통사지에 대한 최초의 고고학적 조사였지만 당시 조사에서는 대통사지임을 입증할 단서는 확인되지 못하였다. 또한 당간지주마저도 후대에 옮겨진 것으로 밝혀짐에 따라 백제 때 세워졌다는 대통사지의 위치를 새로 찾아야 한다는 과제가 생기게 되었다.[17] 그렇지만 1999년 조사지역이 사역 중심부가 아닐 수도 있다고 가정한다면 조사지역 인근의 어느 지점엔가 대통사지가 존재할 가능성은 여전히 부정하기 어렵다.

---

15) 『三國遺事』卷 第三 興法第三 原宗興法 厭髑滅身 '…大通元年丁未爲梁帝創寺於熊ノ州名大通寺…'.

16) 輕部慈恩, 1946, 『百濟美術』, 寶雲舍.

17) 공주대학교박물관, 2000, 『대통사지』.

대통사식 수막새는 문양구성 이외에도 제작기법 측면에서 막새 뒷면을 회전 물손질로 정면하고, 막새 뒷면을 비스듬히 잘라 수키와와 접합한 것을 가장 오래된 형식으로 보며, 이후 문양구성과 제작기법 면에서 다양한 이형식(異形式)이 출현하면서 널리 확산되는데, 이를 통틀어 대통사계(大通寺系)로 부르기도 한다. 대통사계 수막새의 시공간적 범위는 사비시기 초기의 구아리사지, 동남리사지와 6세기 중반의 능산리사지, 용정리사지, 관북리유적, 그리고 뒤이은 6세기 말경의 군수리사지, 정림사지, 동남리 전천왕사지 등 웅진시기 말부터 7세기 초까지의 사비시기 주요 유적을 포괄한다. 이러한 형식은 사비시기를 거쳐 일본의 고대사원에서도 널리 채택되는데, 특히 일본 최초의 가람인 아스카데라[飛鳥寺]의 이른바 '성조(星組)' 수막새에서 잘 나타나고 있다.[18]

IV. 백제 와전문화의 완성: 사비시기

사비시기(538~660)는 불교와 도교를 정신적 지주로 하여 문화적, 예술적으로 가장 성숙한 백제문화가 완성된 시기였다. 백제중흥의 꿈을 안고 사비천도 이전부터 계획된 도성 건설과 사찰의 건립은 백제의 와전문화를 비약적으로 발전시키는 원동력이 되었다. 대외적으로도 백제는 중국과의 교류를 더욱 심화시켜 백제문화의 자양분으로 삼았다. 즉위 2년 만에 양(梁)과의 공식적 관계를 맺은 제26대 성왕(聖王)은 534년(성왕 12) 양에 사절을 보냈으며, 541년(성왕 19) 양으로부터 모시박사(毛詩博士)와 열반(涅槃)등의 경의(經義), 공장(工

---

18) 淸水昭朴, 2003, 「백제 대통사지 수막새의 성립과 전개: 중국 남조계 조와기술의 전파」, 『백제연구』 제38집.

匠), 화사(畫師)를 받아들이는 등 선진문물 수용에 적극적이었다.[19] 뒤를 이은 제27대 위덕왕(威德王)도 선친의 유업을 이어받아 567년 능산리사원, 577년 왕흥사 건립 등 국가적인 사찰조영사업을 의욕적으로 전개하였다. 제30대 무왕(武王)도 마찬가지로 634년 왕흥사를 완공하고, 익산지역에 미륵사를 창건하는 등 대규모 불사(佛事)에 힘을 기울였다. 이처럼 사비시기에 왕도를 중심으로 진행된 국가적인 건설사업의 흔적은 부여지역에서 발견될 23개소의 절터와 14개소의 가마터를 통해 확인할 수 있다. 또한 이들 유적에서 출토된 막대한 수량의 기와는 사비시기 와전문화의 특징과 변천과정을 이해하는 중요한 자료가 되고 있다.

사비시기의 기와는 기술적인 면에서 기본적으로 웅진시기의 기와와 맥을 같이한다. 즉, 통쪽와통에 점토판을 붙여 성형하는 평기와 제작법이나 막새 뒷면에 완성된 수키와를 직접 붙이는 방식 등 웅진시기에 성립된 기와제작방식은 사비시기에도 계속 이어진다. 또한 기와에 도장글씨를 새긴다거나 웅진시기에는 볼 수 없었던 다양한 문양과 형태의 벽돌이나 특수한 용도의 기와를 생산함으로써 와전문화의 내용은 더욱 풍부하게 발전하였다.

사비시기의 수막새는 부소산성이나 관북리유적 등 왕궁이나 관청과 관련이 있는 유적과 그 주변에서 7세기 무렵 파문(巴文)이나 소문(素文)수막새가 집중적으로 출토되는 예를 제외하면 대부분 연꽃무늬가 주를 이룬다.(도 8) 사비시기의 수막새를 장식하는 연꽃무늬는 풍부한 양감과 부드러운 곡선의 아름다움을 최대한 살리면서 입체감을 극대화하기 위해 꽃잎 끝부분을 들어올리거나 반전시키는 수법을 가장 큰 특징으로 한다. 이러한 표현법은 이미 웅진시기에

---

19) 『三國史記』 卷第二十六 百濟本紀 第四 聖王 二年 '梁高祖詔册王 爲持節都督 百濟諸軍事綏東將軍百濟王', 同王 '十二年 春三月 遣使入梁朝貢', 同王 十二年 '春三月 遣使入梁朝貢', 同王 十九年 '王遣使入梁朝貢 兼表請毛詩博士·涅槃等經義并工匠·畫師等 從之'.

고안된 바 있으나 사비시기에는 연판 끝부분의 변화를 중심으로 보다 다양한 모습의 문양이 디자인 된다. 사비시기에 유행한 연화문수막새의 유형은 꽃잎의 개수가 8개이면서 연판이 하나의 꽃잎으로 이루어진 8엽 단판(單瓣)양식이 대부분이다. 단판 가운데 연판 내부에 아무런 장식이 없는 것을 따로 소판(素瓣)이라고 구분하기도 하는데, 백제의 연화문수막새는 단판 중에서도 소판연화문이 중심을 이룬다. 사비시기 연화문수막새를 연판의 형태와 꽃잎 끝부분의 변화에 따라, 융기형(隆起形)·첨형(尖形)·원형(圓形)·원형돌기형(圓形突起形)·삼각반전형(三角反轉形)·곡절형(曲折形)·능각형(稜角形)·능선형(稜線形)·장식형(裝飾形)·복엽형(複葉形)의 10가지 유형으로 분류되며, 자방의 형태, 연자의 배열, 제작기법 등 세부적인 요소와 결합되어 수많은 형식을 만들어낸다.

　융기형은 꽃잎 끝의 변화 없이 연판 자체가 점차 솟아오르는 형식으로 이미 웅진시기 공산성에서 백제후기 연화문수막새의 가장 이른 형식으로 등장하였다.(도 9) 융기형은 사비시기의 사찰유적 가운데 비교적 창건연대가 빠른 것으로 알려진 동남리사지와 능산리사지 등지에서 출토되며, 그 외에도 동남리 전 천왕사지, 부소산사지에서도 확인된다. 능산리사지에서 출토된 융기형은 자방이 평면적이고, 연판이 높게 융기된 형식과 둥근 연판 끝이 밋밋하게 올라가는 형식, 돌출된 자방 아래쪽으로부터 자연스럽게 올라가는 보다 정제된 형태의 3종으로 나눌 수 있다. 이 가운데 외형상으로 공산성 출토품과 가장 유사한 것은 첫 번째 형식인데, 공산성식이 대체로 자방이 크고, 돌출된 형태임에 비해 능산리사지의 것은 상대적으로 자방이 작고, 평면적이어서 후대의 양식을 반영하는 것으로 생각된다. 이 형식이 공산성식을 직접 계승하여 능산리사지 창건 이전인 6세기 전반에 나타나는 형식인지 아니면 6세기 후반 이후에 공산성식의 모방으로 재출현한 것인지는 좀 더 면밀한 검토를 요한다. 두 번째 형식은 막새 표면이 의도적으로 정면(整面)되어 마모가 심한데, 연판 끝부분에 삼각반전형의 돌기가 관찰되기도 한다. 따라서 이 형식은 능산리사원 창건 수막새인 삼각반전형이 나타난 이후에 퇴화형식으로 보는 것이 합리적이다. 이와 유사한 느낌을 주는 것이 동남리 전천왕사지 출토품이다. 세 번째 형식은 자방과 연판의 비율이나 부드럽고 자연스럽게 처리된 연판이 생동감을 주어서 타 형식에 비해 훨씬 세련되고 정제된 면모를 보이는데, 다소 투박한 느낌의 공산성식 막새형에서 벗어나 사비시기에 새로 창안된 융기형 연화문수막새라고 볼 수 있다. 창왕명사리감(국보 제288호)을 통해 밝혀진 능산리사원의 창건연대인 567년 이후, 즉 6세기 후반에 출현한 양식이라고 볼 수 있다.[20] 동남리사지 출토품은 전체적으로 연판이 융기하는 모습을 보이고 있긴 하지만 볼륨감이 적고, 꽃잎 끝부분이 봉긋하게 솟아오르는 느낌을 주므로 원형돌기식이 마모된 상태일 가능성도 배제할 수 없다. 부소산사지 출토품은 연판 끝이 둥글고 뭉툭하게 솟아있어 융기형의 모습을 보여주는데, 연판 내부에 자방에서 시작되는 방사상(放射狀)의 침선형 장식이 보이므로 융기형의 가장 마지막 단계로 생각된다.

첨형은 꽃잎 자체가 끝이 뾰족하거나 끝부분에 뾰족한 돌기 혹은 침선이 있는 형식으로 웅진시기에는 없던 새로운 형식으로 사비시기에 출현하여 크게 유행하였다.(도 10) 첨형에는 매우 다양한 종류가 있는데, 둥글고 볼록한 반구형 연판 끝에 삼각형의 돌기가 있는 형태, 뾰족한 연판 끝부분에 침선 혹은 양각선이 튀어나와 있는 형태, 둥글고 부드러운 연판 끝부분에 침선이 달린 형태, 연판 자체가 첨형인 것 등으로 분류할 수 있다. 첫 번째 형식은 용정리사지에서 출토되었는데, 둥글고 볼륨 있는 연판과 첨형장식, 마름모꼴 간엽(間葉) 등 무령왕릉 출토 연화문전의 연꽃무늬와 많은 공통점을 갖추고 있어서 제

---

20) 이병호, 2008, 「부여 능산리사지 출토 와당의 재검토」, 『한국고대사연구』 51.

작연대는 웅진시기까지 올라갈 가능성이 있다.[21] 그렇지만 아직 웅진시기 막새 중에는 첨형양식이 발견되지 않아 직접 연관시키기에는 다소 무리가 있어 보인다. 두 번째 형식으로 대표적인 것은 구아리사지, 정림사지 출토품이 대표적인데, 뾰족한 연판 끝에 날카로운 침선이 장식된 것이다. 이른바 '대통사식' 수막새의 꽃잎 끝부분 장식이 원형에서 침선형으로 변화한 것으로 생각되며, 그 연대는 사비천도 이후인 6세기 후반으로 추정된다. 이러한 형식은 6세기 말경 침선장식이 보다 길고 굵은 양각선으로 대체되어 뾰족한 형태가 보다 강조되는 방향으로 변화하는데, 구교리사지, 동남리사지, 동남리 전천왕사지, 정림사지에서 이 같은 형식이 확인된다. 세 번째 형식으로는 능산리사지 출토품이 대표적인데, 안정된 구도와 부드러운 곡면처리 등에서 정제된 제작수법을 느낄 수 있다. 앞의 융기형에서와 같은 맥락에서 능산리사원이 창건되던 567년 이후에 나타나는 안정된 제작수법을 잘 보여주는 것으로 생각된다. 능산리사지 출토품 이외에 둥근 연판 끝에 침선이 달린 형식은 금강사지, 쌍북리사지 Ⅰ에서 확인된다. 네 번째 형식은 연판 자체를 첨형으로 만든 것인데, 가탑리사지나 동남리 전천왕사지와 같이 연판의 볼륨을 높게 마련한 것과 금강사지 출토품처럼 연판이 깊게 시문되어 음각으로 표현된 두 가지 형식이 보인다.

원형은 꽃잎 끝이 둥근 형태인데, 연판의 볼륨이 강하여 단면이 반구형인 것과 전체적으로 연판이 평면적이고 밋밋한 느낌을 주는 두 가지 형식이 있다.(도 11) 앞의 형식은 정림사지 출토품이 대표적인데, 둥근 반구형의 연판은 마치 용정리사지 첨형 수막새를 연상시키며, 연판 사이에 'T'자형의 간판이 뚜렷하다. 이와 같은 형식의 수막새는 구교리사지에서도 발견되었다. 도안의 구

---

21) 김성구, 1991, 「백제의 와전」, 「백제의 조각과 미술」.

성이나 부드러운 곡면처리에서 세련된 솜씨를 느낄 수 있으며, 웅진시기의 막
새유형에서 벗어나 새로운 사비시기 와당이 본격 출현하는 6세기 후반의 흐름
을 보여주는 것으로 생각된다. 두 번째 형식은 주로 금강사지에서 발견되며,
학리사지에서 확인되었다. 금강사지 출토품 1점은 판간(瓣間)이 쐐기형으로
두텁게 발달하여 연판이 행인형(杏仁形)이 되었다. 나머지는 연판의 표현이
유약하고, 주연부(周緣部)가 좁은 것이 공통점인데, 주연부에 연주문(連珠文)
이 있거나 판간 하단의 자방 근처에 주문이 박혀 있기도 하다 이러한 후대에
유행하는 표현기법으로 이 막새형의 연대는 백제 최말기형이거나 660년에서
700년 사이의 통일기 양식을 보여주는 것으로 짐작된다.

원형돌기형은 꽃잎 끝부분에 원형돌기가 솟아있는 형식으로 웅진시기인 6세
기 초반에 출현하였던 이른바 '대통사식'의 전통을 따르고 있다.(도 12) 대통사
식 수막새는 8엽 소판의 작고 낮은 자방에 1+6, 1+7, 1+8의 연자를 가졌으
며, 연판 끝에 둥근 구슬모양의 돌기가 솟아있는 것을 특징으로 한다.[22] 이 형
식은 사비시기 초기 막새형의 성립에 커다란 영향을 끼쳤으며 꽃잎 끝부분을
입체적으로 표현하는 백제 특유의 반전기법도 이 형식에서 비롯되었다. 부여
지역에서 이와 같은 형식의 수막새가 발견된 유적은 가탑리사지, 구아리사지,
군수리사지, 금강사지, 능산리사지, 동남리사지, 동남리 전천왕사지, 왕흥사
지, 용정리사지, 정림사지 등으로 사비도성 내부는 물론 도성의곽지역까지 널
리 분포되어 매우 널리 유행하였음을 알 수 있다. 이 형식이 부여 지역에 들어
온 것은 6세기 전반의 사비천도 무렵으로 보이는데, 대통사지 출토품과 동범
관계(同范關係)에 있는 구아리사지와 동남리사지가 그 출발점으로 여겨진다.
6세기 중반을 넘어서면 이 형식의 수막새는 능산리사지, 청양 본의리요지에서

---

22) 淸水昭朴, 앞의 글.

보이는 것처럼 연자의 배열에서 변화가 생긴다. 6세기 후반이 되면 자방의 크기가 작아지면서 연판의 형태도 아래가 좁고 판단부가 넓은 형태를 띠거나 자방 주위에 원권이 생기면서 연자의 수와 배열이 바뀌게 된다. 원형형돌기식은 7세기에도 나타나는데, 연자의 수가 훨씬 많아지면서 배열도 복잡해진다. 꽃잎 끝에 원형돌기가 달린 이 형식은 백제뿐 아니라 일본에서도 받아들여지는데, 일본 최초의 가람인 아스카데라[飛鳥寺]의 창건와인 이른바 '성조(星組)' 수막새가 그것이다.

삼각반전형은 꽃잎 끝이 반대방향으로 꺾여 역삼각형을 이루는 형식으로 사비시기에 가장 유행한 양식이다.(도 13) 웅진시기 대통사지 수막새에서 기인하는 연판 끝부분을 장식하는 수법은 사비시기에 창안된 삼각반전형이 보편화되면서 백제 연화문수막새의 기본형이 된다. 6세기 중반 경부터 제작된 이 형식은 연판 길이, 반전된 삼각돌기의 크기, 자방 형태와 크기, 연자배열 등에 수많은 변이에 따라 다양한 모습으로 전개되며, 6세기 후반 능산리사원의 창건과 함께 전성기를 맞는다. 7세기에 이르러서는 가증리사지에서 보이는 것처럼 삼각반전이 도식화되면서 판단부에서의 반전 없이 하트형으로 마무리되거나 부소산성의 경우와 같이 연자의 배열이 복잡해지고, 자방 주위에 꽃술이 배치되는 등의 변화가 나타난다. 꽃잎 끝이 삼각형으로 반전되는 이와 같은 형식은 6세기 말 일본에 전해져 '화조(花組)'수막새라 부르는 형식으로 나타나며, 위의 '성조(星組)'와 더불어 아스카데라[飛鳥寺] 창건기의 주요 형식이 된다.

곡절형은 꽃잎 후반부가 아래로 내려갔다 다시 위로 올라오는 형식으로 꽃잎 끝부분의 변화에 치중했던 앞의 양식들과는 달리 연판의 굴곡에 따른 부드러운 선의 흐름을 강조함으로써 보다 생동감 있는 새로운 양식으로 완성되었다.(도 14) 이 형식은 익산의 제석사지나 왕궁리사지를 중심으로 7세기에 유행하였는데, 부여지역에서는 금강사지 출토품이 가장 많으며, 쌍북리사지Ⅱ에서도 확인된다. 그런데 이와 같은 형식의 수막새가 공주 중동, 대통사지 부근에서 1점 확인되어 주목된다. 공주 중동 출토품은 금강사지나 익산지역에서 확인되는 대부분의 곡절형과 달리 연판 끝부분에서 손톱모양으로 살짝 꺾여 올라가는 것으로 표현되어 상대적으로 단순한 형태를 보여주기 때문에 곡절형의 가장 초기 형식인 것으로 생각되며, 그 연대는 사비천도 무렵인 6세기 중엽으로 추정된다. 금강사지 출토품 중에도 이와 같은 형식이 확인되어 공주지역에서 창안된 새로운 형식이 부여지역으로 이입되는 과정을 보여주며, 이러한 형식은 금강사지에서 보다 완성된 형태로 전개되어 하나의 서로운 양식으로 정착된다. 금강사지의 곡절형은 연판의 변화가 앞부분에 국한되는 공주 중동의 방식에 비해 연판 주위를 'C'자형으로 감싸는 형태로 확대도 면서 중앙의 연판이 둥근 모습을 띠게 되어 구도가 안정되고, 훨씬 부드러운 느낌을 살려냄으로써 금강사지의 방식으로 완성된다. 이렇게 금강사지를 거쳐 하나의 막새형으로 완성된 이 형식은 7세기 익산지역에서는 훨씬 굴곡이 심하고 선의 흐름이 복잡해지면서 보다 다양하고 화려한 의장의 막새형으로 재탄생된다. 익산지역에 나타난 변화의 내용은 연판의 굴곡이 시작되는 시점이 거의 중간지점으로 당겨지고, 연판 끝부분이 공주 중동에서 손톱모양의 'C'자형을 고수하였던 금강사지 방식과는 달리 자방 쪽으로 갈라져 들어오는 반전형으로 바뀌고 있다는 점을 언급할 수 있다. 또한 연판 내부에 인동무늬 등 화려한 장식이 더해짐으로써 7세기 들어 점차 화려한 장식성을 띠게 되는 익산지역의 문화적 분위기를 잘 보여주고 있다.

능각형은 꽃잎 중심부에 세로로 각이 형성되어 있는 형식으로 금강사지와 능산리사지에서 일부 확인되는데, 금강사지 출토품은 자방 주위에 꽃술이 표현되어 있어 능산리사지 출토품에 비해 연대는 떨어진다.(도 15) 능각형은 백제시대 연화문수막새 분류의 가장 큰 기준이 되는 꽃잎 끝부분의 변화가 아니라 연판의 단면에서 관찰되는 특징을 하나의 형식으로 구분한 것이다. 그런 의미에서 능각형은 앞서 살펴본 융기형의 한 범주로도 생각되는데, 자방 아랫부분에서 바깥쪽으로 상승하듯 올라가는 연판이 세로방향의 능각으로 인해 보다 직선적인 힘을 나타낼 수 있다는 점에서 융기형의 새로운 변형으로 이해된다. 그렇지만 사비시기의 새로운 막새형으로 완성되지 못하고 6세기 후반 경 능산리사지에서 나타났다가 7세기 초 금강사지에서 사라지는 것으로 보인다.

능선형은 꽃잎 중간을 세로방향의 양각선으로 구획한 형식으로 금강사지, 동남리사지, 왕흥사지, 쌍북리사지Ⅱ에서 출토되었다.(도 16) 금강사지와 왕흥사지 출토품은 연판의 볼륨이 낮고, 꽃잎 끝부분이 둥글며 안쪽으로 살짝 잡아당겨진 느낌으로 반전되었는데, 왕흥사지의 것에는 자방에 꽃술이 표현되어 상대적으로 연대가 늦다. 동남리사지 출토품은 앞의 두 유적 출토품에 비해 연판이 세장하며, 끝부분이 뾰족한 첨형이다. 그런데 백제의 연화문수막새에 나타나는 능선형은 연판을 가르는 양각선이 뚜렷하지 못하며, 동남리 출토품은 선이 끊어지는 경우도 확인된다. 따라서 굵고 뚜렷한 능선이 하나의 막새형으로 자리 잡는 신라와는 달리 7세기를 전후한 시기에 잠깐 나타났다가 일찍 소멸하는 형식으로 생각된다. 한편 능선형의 범주에는 고구려 계통의 수막새가 있어 주목된다. 쌍북리사지Ⅱ에서 출토된 이 형식은 중앙의 원권형(圓圈形) 자방 주위를 4등분으로 구획하고, 각각의 공간에 능선이 있는 꽃봉오리형 연판을 배치하였다. 부여 용정리에서도 이와 같은 형식의 수막새가 확인되는데, 고구려 계통의 수막새가 어떤 경로를 거쳐 유입 혹은 제작되었는지는 아직 명확하지 않다.

장식형은 꽃잎 내부가 꽃술이나 인동무늬로 장식되어 있는 형식으로 7세기 익산지역을 중심으로 크게 성행하면서 부여지역과는 판이하게 다른 화려하고 장식적인 모습으로 전개된다.(도 17) 부여지역의 장식형 수막새는 정림사지 출토품과 부소산성 출토품이 대표적이다. 정림사지 출토품은 중앙의 커다란 자방 가운데 1+8과의 굵은 연자가 배치되고, 테두리는 주문(珠文)이 촘촘히 장식되었다. 연판은 굵은 돌선이 날카롭게 반전되어 하트형을 이루는데, 연판 내부에 꽃술이 들어 있다. 다른 하나는 부소산성 출토품으로 자방 위에 1+8과의 굵은 연자가 배치되는데, 자방 단면에는 톱니형의 꽃술이 돌아간다. 연판 내부에는 굵은 꽃술이 자리 잡고 있다. 익산지역에서 전개되는 장식형은 훨씬 다채로운데, 크게 꽃술자엽형과 인동자엽형의 두 가지가 있다.

복엽형은 연판 안에 2개의 자엽이 들어있는 형식으로 통일신라시대의 복판 연화문과 연결되는 이 형식은 백제 수막새 중에는 드문 편이다.(도 18) 이 형식의 수막새는 중심연대가 7세기 이후가 되는 미륵사지, 왕궁리사지, 부소산사지에서 주로 출토되었으며, 지름 8.5~11.5㎝ 내외의 소형수막새에서만 확인된다.

이상 살펴본 바와 같이 사비시기의 수막새는 8엽 단판, 그중에서도 소판연화문을 기본형으로 하면서 연판 끝의 변화를 중심으로 크게는 10가지 형식이 생성과 소멸을 거듭하면서 전개되었다. 초기에는 웅진시기의 공산성이나 대통사지 수막새의 영향을 받은 융기형과 원형돌기형의 수막새가 제작되었으나 웅진시기에는 없는 새로운 형식이 개발됨으로써 사비시기 수막새의 기본형이 완성되는데는 그리 오랜 시간이 걸리지 않았다. 538년 사비천도와 567년 능산리사지의 창건은 원형돌기형과 삼각반전형을 중심으로 사비시기 초기 와당의 기본형이 성립되는 중요한 계기가 되었던 것으로 보인다. 538년 전후한 시기에 공주 대통사지 수막새와 동범품이 구아리사지, 동남리사지에 도입됨으로써 사비시기 수막새가 원형돌기형을 중심으로 시작되었다면, 567년 능산리사지의 창건은 삼각반전형의 수막새가 창건기와로 채택됨으로써 사비시기 수막새의 새로운 전형이 되었다. 이후 첨형, 원형 연판을 가진 수막새가 사비시기 와공의 정제된 솜씨에 의해 하나의 유형으로 6세기 후반 양식의 전형으로 자리잡게 된다. 7세기는 백제 수막새에 있어 또 하나의 일대 전기라 부를 만한데, 대외적으로 남북조시대가 끝나고 수(隋)·당(唐)이라는 통일왕조가 등장하며, 내부적으로도 무왕의 집권과 익산경영이라는 새로운 변화가 나타나는 시기이다. 이러한 변화는 문화적으로 새로운 요소가 나타나는 배경이 되는데, 곡절형, 장식형 등 보다 화려하고, 장식성이 두드러지는 수막새의 새로운 형식이 창안된다. 부여지역에서는 정림사지, 금강사지, 부소산사지가 그 역할을 하였으며, 7세기 수막새의 새로운 전형이 폭발적으로 전개되는 주무대는 역시 익산이었다.

기와의 생산과 유통이라는 측면에서 보면 부여와 그 일원은 웅진시기 이래로 백제기와 생산의 중심지였던 것으로 보이며, 부여지역에서 집중적으로 확인되는 14기의 가마터는 이를 뒷받침한다. 부여 정동리 가마터는 일찍이 송산리고분군에 사용된 벽돌과 동일한 제품이 출토되어 웅진시기의 왕릉급 무덤을 축조하는데 쓰일 벽돌의 공급처임을 알려주었다.(도 19) 부여 정암리 가마터에서 생산된 연화문수막새는 8엽 소판의 자방에 1+4과의 높은 연자가 시문되어 특징적인데, 부여 일원의 군수리사지, 동남리사지, 구아리사지, 능산리사지, 임강사지 등 여러 유적에서 동일한 수막새가 출토되어 광범위한 수요처에 기와를 납품하기 위해 살설적으로 운영되던 가마임을 보여주었다.(도 20) 청양 왕진리 가마터에서는 약 20종의 인각와가 발견되었는데, 여기에서 생산된 기와들이 부소산성, 금성산, 쌍북리, 관북리, 가탑리사지, 구아리사지 등 부여 일원의 여러 유적은 물론 멀리 익산 미륵사지에서까지 확인되므로 백제 기와의 생산-유통-소비시스템이 대단히 광범한 지역에 걸쳐 형성되어 있음을 알려주고 있다.(도 21) 또한 왕흥사지 기와가마터에서 보는 것처럼 대규모 불사(佛事)가 있는 경우에 이를 수행하기 위한 사찰전용 가마터를 사찰 인근에 마련하는 것도 이 시기 가마 운영의 한 특징이 되고 있다. 이러한 사례는 능산리사지, 정림사지, 임강사지에서도 인접지역에 가마터의 존재가 확인되고 있어서 사비시기 기와공방 운영의 일반적인 형태였던 것으로 추정된다.

V. 맺음말

이상 한성에서 사비시기에 이르는 백제 기와의 형성과 전개과정을 간략히 살펴보았다. 이 글에서 700년 백제역사의 전 기간에 걸친 백제 와전문화의 흐름을 살펴볼 수 있었던 것은 최근의 발굴자료 및 연구 성과에 힘입은 바 크다. 특히 그동안 미지의 세계에 묻혀 있던 한성시기 기와가 발굴을 통해 햇빛을 보게 됨으로써 백제기와 제작의 연대를 적어도 2~300년 정도 자신 있게 끌어올릴 수 있게 된 것은 대단히 고무적인 일이라 할 수 있다. 또한 최근 중국 남경 지역의 유적 발굴이 진행되면서 웅진시기 백제 와전문화의 전환에 지대한 영향을 끼친 것으로 짐작되는 중국 남조의 기와를 연구할 수 있는 기반이 마련된 것도 중요한 성과라고 할 수 있다.

이처럼 계속 축적되고 있는 자료를 바탕으로 이를 연구할 새롭고 참신한 연구방법론이 절실함을 느낀다. 기존의 수막새 중심의 연구, 그 중에서도 막새의 문양을 통한 연구는 기와 연구에 있어 여전히 선결적이고, 기초적인 연구임에는 분명하지만 이를 뛰어 넘어 기와의 제작기법, 더 나아가 자연과학적 방법론을 활용한 미시적 분석에 이르기까지 백제기와 연구에서 해결해 나가야 할 과제는 분명하고도 산적해 있다. 이러한 과제는 개별 연구자의 노력이 전제가 되어야 하겠지만 연구자 상호 간의 자료 교환 및 정보 공유와 같은 상호 협력이 뒷받침 되었을 때 더욱 큰 효과를 발휘할 것으로 생각된다. 백제기와 관련 연구자들의 분발을 기대하며, 미흡한 글을 마친다.

전문수막새
(서울 석촌동고분)

전문수막새
(서울 풍납토성)

〈도 1〉

연화문수막새
(서울 몽촌토성)

연화문수막새
(서울 풍납토성)

〈도 2〉

귀면문수막새
(서울 풍납토성)

귀면문수막새
(중국 南朝)

귀면문수막새
(중국 北朝)

〈도 3〉

점토띠성형암키와
(서울 풍납토성)

내면승석문암키와
(화성 당하리)

〈도 4〉

'..士 壬辰年作'명 벽돌
(공주 무령왕릉)

'中方', '大方'명 벽돌
(공주 무령왕릉)

연화문벽돌
(공주 무령왕릉)

각종 연화문벽돌
(공주 무령왕릉)

〈도 5〉

연화문수막새
(공주 공산성)

〈도 6〉

'大通'명 암키와
(공주 대통사지)

연화문수막새
(공주 대통사지)

〈도 7〉

소문수막새
(부여 부소산성)

파문수막새
(부여 구아리사지)

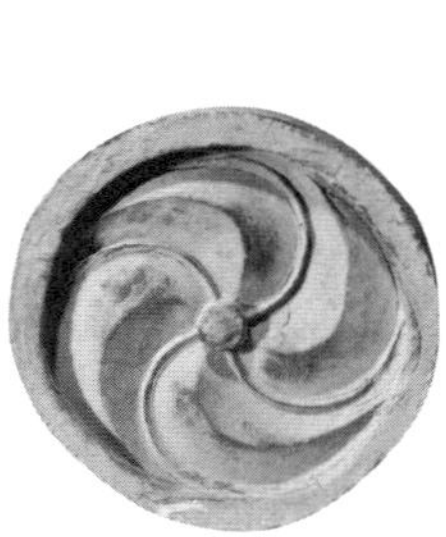

파문수막새
(부여 부소산성)

파문수막새
(익산 왕궁리)

〈도 8〉

연화문수막새
(부여 능산리사지)

연화문수막새
(부여 능산리사지)

연화문수막새
(부여 동남리 전천왕사지)

연화문수막새
(부여 부소산사지)

〈도 9〉

연화문수막새
(부여 용정리사지)

연화문수막새
(부여 정림사지)

연화문수막새
(부여 능산리사지)

연화문수막새
(부여 동남리 전천왕사지)

〈도 10〉

연화문수막새
(부여 정림사지)

연화문수막새
(부여 금강사지)

〈도 11〉

연화문수막새
(부여 능산리사지)

연화문수막새
(부여 구아리사지)

연화문수막새
(부여 군수리사지)

연화문수막새
(일본 今井天神山瓦窯)

〈도 12〉

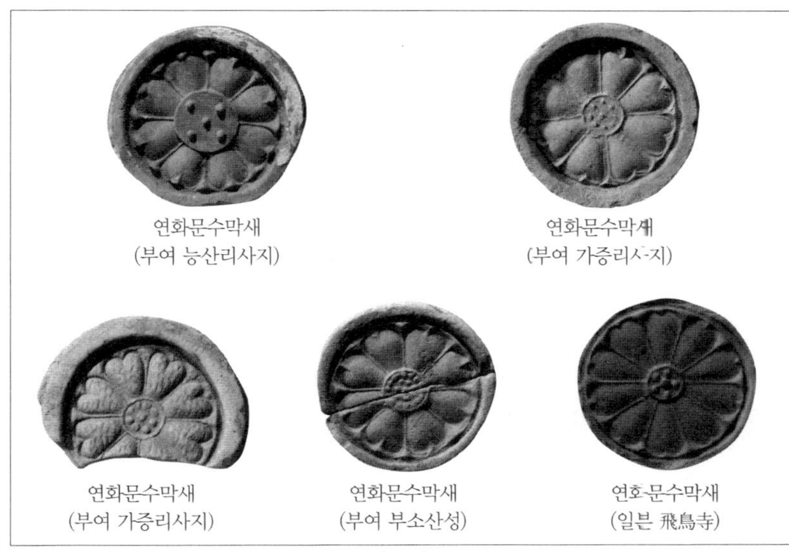

연화문수막새
(부여 능산리사지)

연화문수막새
(부여 가증리사-지)

연화문수막새
(부여 가증리사지)

연화문수막새
(부여 부소산성)

연호문수막새
(일본 飛鳥寺)

연화문수막새
(공주 중동)

연화문수막새
(부여 금강사지)

연화문수막새
(익산 왕궁리사지)

연화문수막새
(익산 제석사지)

〈도 13〉

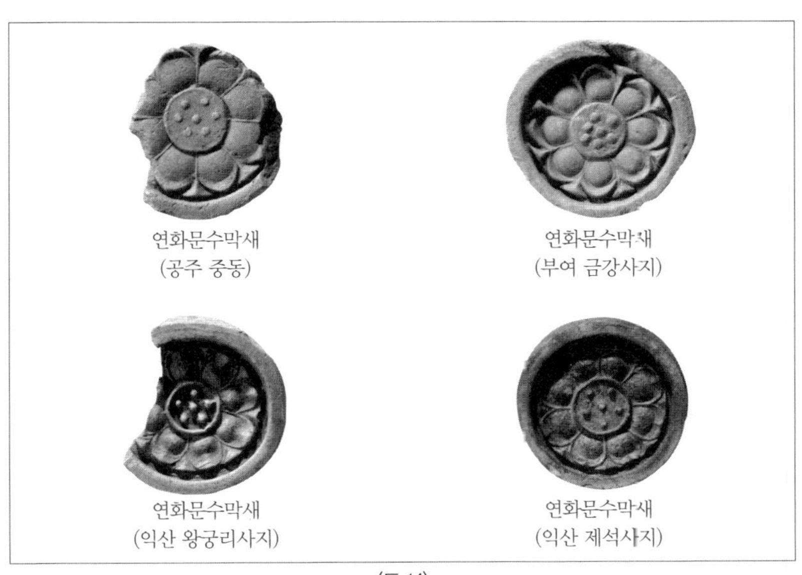

〈도 14〉

연화문수막새
(부여 능산리사지)

연화문수막새
(부여 금강사지)

〈도 15〉

연화문수막새
(부여 금강사지)

연화문수막새
(부여 동남리사지)

연화문수막새
(부여 쌍북리사지2)

〈도 16〉

연화문수막새
(부여 정림사지)

연화문수막새
(부여 부소산성)

연화문수막새
(익산 미륵사지)

연화문수막새
(익산 미륵사지)

〈도 17〉

연화문수막새　　　　　　　　　　연화문수막새
(부여 부소산사지)　　　　　　　　(익산 미륵사지)

〈도 18〉

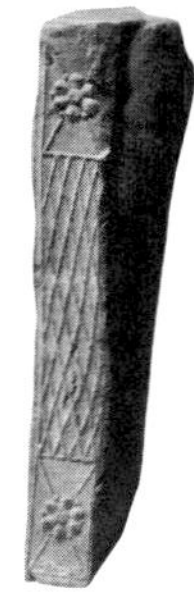

연화문벽돌　　　　　　　‘大方’명벽돌　　　　　　연화문벽돌
(부여 정동리요지)　　　　(부여 정동리요지)　　　　(부여 정동리요지)

〈도 19〉

연화문수막새　　　　　　　　　　　상자형벽돌
(부여 정암리요지)　　　　　　　　　(부여 정암리요지)

〈도 20〉

'申斯'명 암키와
(청양 왕진리요지)

〈도 21〉

| 참고문헌 |

『三國史記』

輕部慈恩

1946 『百濟美術』, 寶雲舍.

김성구

1991 「백제의 와전」, 『백제의 조각과 미술』.

신창수

2009 「남조의 연화문와당」, 『제6회 한국기와학회 학술대회 자료집』.

신희권

2002 「풍납토성 발굴조사를 통한 하남위례성 고찰」, 『향토서울』 제62호.

심광주

2009 「북조의 기와」, 『제6회 한국기와학회 학술대회 자료집』.

이남석

1988 「백제 연화문와당의 일연구: 공산성 왕궁지출토품을 증심으로」, 『고문
     화』 32.

이병호

2008 「부여 능산리사지 출토와당의 재검토」, 『한국고대사연구』 51.

정치영

2009 「백제 한성기 와당의 형성과 계통」, 『한국상고사학보』 제64호.

최맹식

2007 「풍납토성 평기와에 관한 일고 : 미래마을 1호 수혈유적 출토기와를
     중심으로」, 『문화사학』 제27호.

최몽룡

2005 「한성시대 백제와 풍납토성」, 『한성시대 백제와 마한』, 주류성.

門田誠一

2002 「百濟前期のおける錢文瓦當の背景: 石村洞 出土資料の再檢討」, 『청계
사학』 16·17집.

淸水昭朴

2003 「백제 대통사지 수막새의 성립과 전개: 중국 남조계 조와기술의 전파」,
『백제연구』 제38집.

공주대학교박물관

2000 『대통사지』.

국립문화재연구소

2001 『풍납토성Ⅰ : 현대연합주택 및 1지구 재건축부지』.

2002 『풍납토성Ⅱ : 동벽 발굴조사보고서』.

2005 『풍납토성Ⅴ : 삼표산업 사옥 신축예정부지 발굴조사보고서』.

2005 『풍납토성Ⅷ : 외환은행직원 합숙소부지, 소규모주택 신축부지, 강동
빌라부지, 대진·동산연립주택부지』.

2009 『풍납토성Ⅺ : 풍납동 197번지(구 미래마을) 시굴 및 발굴조사 보고서 1』.

국립문화재연구소·한신대학교박물관

2005 『풍납토성Ⅵ : 경당지구 중층 101호 유구에 대한 보고』.

2008 『풍납토성Ⅸ : 경당지구 출토 와전류에 대한 보고』.

2009 『풍납토성Ⅹ : 경당지구 유물포함층 출토유물에 대한 보고』.

서울대학교박물관 고고인류학과

1964 『풍납리 포함층 조사 보고』.

한국문화재보호재단

2007 『인천 불로동유적: 인천불로토지구획정리사업지구 문화유적 시·발굴
조사보고서』.

한신대학교박물관

2003 『풍납토성Ⅲ : 삼화연립 재건축 사업부지에 대한 조사보고』.

한신대학교박물관

2004 『풍납토성Ⅳ : 경당지구 9호 유구에 대한 발굴보고』.

한신대학교박물관

2005 『풍납토성Ⅶ : 경당지구 상층 폐기장 유구에 대한 보고』.

한양대학교박물관

1996 『풍납토성 인접지역 시굴조사보고서』.

백제 출토 중국 도자기[*]
- 무령왕릉 출토품을 중심으로 -

김영원[**]

〈Abstract〉

Cultural exchange between China and Korea flourished during the Three-Kingdoms Period with the import of Chinese porcelains to Korea. As evidence of this exchange, Chinese ceramics have been identified in various sites from the Three-Kingdoms Period to the Joseon Dynasty in the Korean Peninsula. Various types of Chinese ceramics including green-glazed potteries and celadon of Chinese Han Dynasty were uncovered from the Goguryo sites; celadons, white porcelains and black-glazed potteries of Chinese Three Kingdoms (220–280 AD), Jin Dynasty (265–420), and

---

* 이 글은 필자의 기 발표 논문을 근간으로 정리한 것임을 밝힌다.

** 국립문화재연구소 소장

Southern and Northern Dynasties (420–589) were discovered in the Baekje sites; and black brownish-glazed potteries were unearthed from the Silla sites. These ceramics attest to the active cultural exchange between China and the Three Kingdoms of Korea.

Among the Three Kingdoms, Chinese ceramics are mainly concentrated in the Baekje sites, which indicate the active exchange between China and Baekje based on the advanced nautical technology of Baekje bordering on the western coast of Korea. Glazed potteries imported from China accelerated the development of green-and brown-glazed potteries, celadon, white porcelain and blue and white porcelain in the Korean peninsula.

In the Baekje area, Chinese ceramics are found mostly in settlement, burial, temple and ritual sites, including the Pungnap earthen wall site, Mongchon earthen wall site, Buso mountain fortress site, Ipjeom-ri burial site, Wanggung-ri site and Jukmak-dong ritual site. Judging from this information it can be conjectured that Chinese porcelains were imported for everyday life, ritual ceremonies and burial goods of the high ruling group including royal families and local leaders.

This paper aims to examine Chinese ceramics excavated from the Baekje area in chronological order, the Hanseong, Ungjin and Sabi Phase. In particular, the Tomb of King Muryeong, the 25th king of Baekje, contains several Chinese porcelains as burial goods; thus this paper first focuses on ceramics unearthed from this royal tomb and then examines the Chinese porcelains excavated from other earlier and later sites.

Detailed examinations were conducted on the individual ceramics unearthed from the Tomb of King Muryeong. In addition, similar examples excavated from sites in China are discussed for comparison, analyzing the meaning and value of Chinese ceramics in Korean art history of porcelain. Chinese ceramics excavated in the Tomb of King Muryeong show the scope and importance of the political and cultural exchange between King Muryeong and the royal court of China during the Ungjin Phase, because these corroborate the fact that the royal family of Baekje maintained a close relationship with that of the Chinese Southern Dynasties.

The development of glazing techniques during the Sabi Phase was based on the active import of Chinese porcelains from the Ungjin Phase. Green-glazed pottery stands from the Neungsan-ri Site and green-glazed roof tiles from the Mireuksa Temple Site in Iksan, North Jeolla Province, are the representative examples.

In this context, it is possible to argue that imported Chinese porcelains partly influenced the development of ceramic technology in Korea. Undeniably, Chinese ceramics was the catalyst for the development of glazing technique and high-fired porcelain in ancient Korea.

Ⅰ. 머리말

구석기시대부터 시작된 중국과 한국의 문물교류는 삼국시대에는 중국 도자기의 수입으로 더욱 활성화되었다.[1] 따라서 삼국시대부터 조선시대까지 각종 중국 도자기가 출토되고 있다. 고구려 지역의 漢대 綠釉와 靑磁, 백제 지역의 육조시대 청자·白磁·黑釉, 신라 지역의 黑褐釉 등은 일찍이 삼국과 중국 간의 교섭을 단적으로 드러내 준다. 삼국 가운데에선 특히 백제 지역에서 중국 도자기가 집중적으로 발견되어 백제와 중국의 활발했던 교섭을 파악할 수 있다.[2]

무엇보다 한반도에 수입된 중국의 시유 도자기는, 한국도자사에서 녹유, 황유, 청자, 백자, 靑畵白磁의 발생에 촉매가 되었다.[3] 삼국시대 이전에 주로 백

---

1) 崔夢龍, 1988. 12, 「考古學的 資料를 통해 본 黃海交涉史研究 序說」, 『震檀學報』 66, 震檀學會, pp.175–180 ; 權五榮, 1988. 12, 「考古資料를 중심으로 본 百濟와 中國의 文物交流」, 『震檀學報』 66, 震檀學會, pp.181–188 ; 李基東, 1996, 『百濟史研究』, 서울: 一潮閣, pp.64–69.

2) 金庠基, 1948, 『東方文化交流史論攷』; 1979, 「中世貿易形態 小考」, 『韓國과 中國 −東亞史論集−』, 知識産業社 ; 三上次男, 1976, 「漢江地域發見の四世紀越州窯靑磁と初期百濟文化」, 『朝鮮學報』 81, 朝鮮學會, pp. 357–380 ; 小田富士雄, 1982, 「越州窯靑磁를 伴出한 忠南의 百濟土器」, 『百濟研究』, 忠南大學校 百濟研究所編, 知識産業社, pp.285–298 ; 申澄植, 1989, 「韓國古代의 西海交涉史」, 『國史館論叢』 2, 國史編纂委員會, pp.1–40 ; 林士民, 1992, 「唐代 東方海事活動과 明州港」, 『淸海鎭 張保皐大使 海洋經營史研究』, 中央大學校 東北亞研究所·全羅南道, pp.285–298 ; 李基東, 1996, 「馬韓史 序章」, 『百濟史研究』, 一潮閣, pp.64–72 ; 權悳永, 1997, 『古代韓中外交史』, 一潮閣 ; 이종민, 1997, 「백제시대 수입도자의 영향과 도자사적 의의」, 『百濟研究』 27, 忠南大學校百濟研究所, pp.165–193 ; 김영원, 1998, 「百濟時代 中國陶磁의 輸入과 倣製」, 『百濟文化』 27, 公州大學校 百濟文化研究所 ; 1998, 「統一新羅時代 韓中交易과 磁器의 出現」, 『장보고와 21세기』, 도서출판 혜안 ; 이난영, 1998, 「百濟地域 출토 中國陶瓷 研究 − 古代의 交易陶瓷를 중심으로」, 『百濟研究』 27, 忠南大學校百濟研究所, pp.213–244 ; 김영원, 1999, 「統一新羅時代 鉛釉의 發達과 磁器의 出現」, 『美術資料』 62, 국립중앙박물관 ; 李廷仁, 2001, 「中國 東晋 靑瓷 研究 − 4世紀 百濟 지역 出土品과 관련하여」, 이화여자대학교 대학원 석사학위 청구논문 ; 김영원, 2001. 8, 「한국유적 출토의 중국 도자기」, 『東北亞陶磁交流展』, 세계도자엑스포2001경기도 ; 2003, 「해저에서 인양된 고려·조선시대 무역자기」, 『항해와 표류의 역사』, 솔 ; 成正鏞, 2003, 「百濟와 中國의 貿易陶磁」, 『百濟研究』 38.

제지역에서 출토된 중국 도자기는 대부분 생활 유적과 古墳, 寺址, 제사유적 등지에서 출토되었다. 대표적인 곳은 夢村土城, 風納土城, 武寧王陵, 扶蘇山城, 입점리고분, 왕궁리유적, 죽막동제사유적 등지다. 이런 점으로 미루어 중국 도자기는 왕실을 비롯한 그 지역의 수장과 같은 특수한 사회계층이 일상생활, 제례, 부장 등에 사용한 것으로 확인된다.

그 가운데 무령왕릉 출토 중국 도자기는 왕릉 부장품으로서의 성격이 분명하다. 이 글에서는 백제 25대 무령왕릉 출토 도자기에 초점을 맞추면서 전후 중국 도자기의 출토 사례에 관해 살펴보기로 하겠다.

Ⅱ. 한성시기의 중국 도자기

백제 지역에서는 다양한 중국 도자기가 출토되었다. 백제의 세 수도를 중심으로 한 한성시기(B.C. 18-475), 웅진시기(475-538), 사비시기(538-660)의 유적이 밀집된 서울, 공주, 부여 일대는 물론 백제에 속했던 다른 여러 지역에서도 당시의 대표적인 중국 도자기가 출토되고 있다.

한성시기의 대표 유적인 풍납토성과 몽촌토성 등지에서는 중국 삼국시대 말, 東吳(221-280), 西晋(265-316)시기의 활발한 문물교류를 증명하는 자기편들이 상당량 발견되었다. 풍납토성에서는 주로 3-4세기의 중국 흑갈유 도기, 청자와 흑유 등이 출토되었다.[4] 몽촌토성에서의 중국 자기 출토 양상도 풍

---

3) 김영원, 1998, 앞의 논문 ; 1999, 앞의 논문 ; 2000, 「韓國 陶磁의 發生과 中國 陶磁의 影響」, 『中國歷代陶磁展』, 京畿道博物館.

4) 국립문화재연구소, 2001, 『風納土城』 ; 서울역사박물관, 2002, 『풍납토성』.

납토성과 유사하다. 두 지역에서 나온 서진의「五銖錢文」이 찍혀 있는 파편은 유명하다(도 1). 특히 몽촌토성의 월주청자와 흑갈유 전문도기 등은 동오(221-280) 말 서진(265-316) 초로 추정되며,[5] 청자벼루는 태토와 유색, 그리고 형태에 있어 3-4세기 월주청자의 특징을 보인다.[6] 청자벼

도 1. 흑갈유전문도기편
(몽촌토성 출토)

루는 이후 부여 사비시기에 여러 유적에서 더 빈번하게 발견되었다.[7] 이런 출토 양상으로 미루어 마한이나 백제와 중국 사이의 교역은 삼국사기에 기록된 近肖古王 27년(372)보다 더 일찍 이루어졌음을 알 수 있다.[8]

초기의 중국 월주요 청자는 서울 石村洞 고분군에서도 출토되었다(도 2).[9] 또 같은 시기의 청자반구병이 충남 天原郡 花城里 고분에서 출토되었다.[10] 이 반구병은 구연부의 鐵斑点이 독특하다. 동진시대 4세기 중엽 이후부터 월주청자에 나타난 철반문은 800년 가까이 사라졌다가 元대에 다시 등장하여 유행했다. 이와 유사한 예가 南京 象山 고분군 출토 동진의 청자사이호이다.[11] 이 곳

---

5) 夢村土城發掘調査團, 1985, 『夢村土城發掘調査報告』; 서울대학교박물관, 1989, 『夢村土城』 서남지구발굴
   보고; 서울대학교박물관, 1997, 『서울대학교박물관 발굴유물도록』.

6) 朱伯謙, 1981, 「原始磁の發展」, 『越窯』中國陶瓷全集 4, 上海人民美術出版社, 京都: 美乃美; 關口廣次,
   1985, 「いわゆる「原始青瓷」の發生おめぐって」, 『三上次男博士喜壽記念論文集』陶磁編, 三上次男博士喜壽
   記念論文集編集委員會, 東京: 平凡社.

7) 김영원, 1989, 12, 「새로 들어 온 유물 - 青磁벼루」, 『박물관신문』 220.

8) 『三國史記』 권 24-28, 百濟本紀 2-6 : 近肖古王-義慈王.

9) 石村洞 遺蹟發掘調査團, 1984, 『石村洞3號墳(積石塚) 復元을 爲한 發掘報告書』; 金元龍·林永珍, 1986, 『石
   村洞 3號墳 東쪽 古墳群 整理調査報告』, 서울大學校 考古人類學叢刊 12; 서울特別市·石村洞發掘調査團,
   1987, 『石村洞古墳群發掘調査報告』.

10) 三上次男, 1976, 앞의 논문; 小田富士雄, 1982, 앞의 논문.

에서 升平 2년(358), 咸興 7년(341), 永和 4년(348)
의 묘지가 출토되었으므로 연대 추정에 도움이 된
다. 이렇듯 중국 동진 청자를 근거로 하면, 화성리
출토 청자철반문반구병의 연대는 동진시대 4세기
중반으로 추정된다.

江原道 原城郡 富論面 法泉里 고분에서 출토된

도 2 청자사이호
(ㅅ촌동 출토)

청자양형기는 한국에서 유사한 예가 발견되지 않
았으므로 학계의 주목을 받았다.[12] 이와 유사한 예는 중국 여러 유적에서도 보
이는데, 특히 南京市文物管理委員會 소장의 남경 상산 7호분 출토품이 두드러
진다.[13] 법천리와 상산 출토 양형청자는 형태에 양감이 충만하여 비교적 세련
된 예에 속한다. 4세기 중엽의 동진 청자를 부장한 법천리 고분의 피장자는 신
분상 중앙 세력과 밀접한 인물이었다고 판단된다.

중국 서진과 동진시대의 월주청자는 여러 형태의 인물, 인물누각, 악기, 공
연 장면, 동물, 가옥 등 다양한 형태로 제작되었다. 청주 출토품으로 전해오는
전북 원광대박물관 소장 青磁天鷄注子 역시 독특한 형태의 주자이다. 주구가
닭 머리 형태로 중국과 일본 학계에서는 天鷄壺 또는 鷄頭壺라고 불린다. 앞
에 소개한 남경 상산 고분군에서 발견된 동진의 월즈청자 가운데 王閩之묘 출
토 청자천계주자와 매우 유사하다.[14] 이를 통해 전 청주 출토 청자천계주자는

---

11) 南京市文物保管委員會, 1965, 「南京人台山東晋興之夫婦墓發掘報告」, 『文物』 1965-6, pp.26-33 ; 1965,
「南京象山東晋王丹虎墓和二·四號墓發掘簡報」, 『文物』 1965-10, pp.29-45 ; 南京市博物館, 1972, 「南京象
山五號, 六號, 七號墓淸理簡報」, 『文物』 1972-11, pp.23-41 ; 東京國立博物館, 1973, 『中國人民共和國出土
文物展』 ; 三上次男, 1978, 「朝鮮半島出土の中國唐代陶磁とその史的意義」, 『朝鮮學報』 87, 朝鮮學會 ; 小田
富士雄, 1982, 앞의 논문.

12) 金元龍, 1973, 「原城郡 法泉里 石槨墓와 出土遺物」, 『考古美術』 120, pp.4-5.

13) 南京市博物館, 1972, 앞의 보고서, 『文物』 1972-11.

14) 南京市博物館, 1972, 앞의 보고서, 『文物』 1972-11 ; 三上次男, 1976, 앞의 논문.

4세기 중엽의 동진 청자로 추정된다.

흑유 주자가 출토된 공주 용원리 석실분에서는 청자들도 발견되었는데, 품질은 그다지 좋지 않으나 외면의 연판문과 유약의 특징 등에서 동진시대 초기 월주청자의 특징이 잘 드러난다. 흑유천계주자는 공주 수촌리 석실분에서도 출토되었다. 수촌리 흑유 주자는 용원리 출토품

도 3. 흑유천계주자
(공주 수촌리 출토)

에 비해 더 크고 당당하며 세련된 양식을 보인다(도 3). 시유수법도 용원리 흑유에 비해 한층 발전되었다. 이런 특징으로 보아 수촌리에서는 어느 정도 기술이 축적된 4세기 후반–5세기 초인 동진 후기의 청자와 흑유가 수입, 사용되었다고 판단된다.

Ⅲ. 웅진시기의 무령왕릉 출토 도자기

백제 웅진시기를 대표하는 무령왕릉(재위 501–523)에서는 南朝 梁(502–556)의 靑磁蓮瓣文六耳壺 2점, 黑釉盤口四耳瓶 1점, 白磁盞 6점으로 총 9점이 거의 완형으로 발굴되었다.[15] 무령왕은 523년에 돌아가셨고 525년 능에 安葬되었기 때문에 당시의 중국 도자기 연구에도 매우 중요하다. 이 도자기들은 양

---

15) 文化公報部·文化財管理局, 1973, 『武寧王陵』, 武寧王陵 發掘調査 報告書, 서울: 三和出版社 ; 金元龍, 1973, 『武寧王陵』, 武寧王陵 發掘 調査 報告書, 文化公報部·文化財管理局, 서울: 三和出版社 ; 金元龍, 1979, 『武寧王陵』, 東京: 近藤出版社 ; 岡内三眞, 1980, 「百濟武寧王陵と南朝墓の比較硏究」, 『百濟硏究』11, 忠南大學校 百濟硏究所, pp.223–277 ; 三上次男, 1978, 「百濟武寧王陵出土の中國陶磁とその歷史的意義」, 『古代東アジア史論集』下, 末松保和古稀記念會編, 東京: 吉川弘文館, pp.155–191 ; 忠淸南道·公州大學校 百濟文化硏究所, 1991, 『百濟武寧王陵』.

도 4. 청자사이호
(무령왕릉 출토)

도 5. 청자유개사이호
(무령왕릉 출토)

도 6. 청자연판문육이호
(동경국립박물관)

나라에서 유행하던 것들로서 중국에서 4세기경부터 나타난 연판문 장식, 중국 최초의 고화도 경질 백자, 그리고 당당하고 양감 있는 형태의 흑유반구병 등 학술적으로 비중이 높은 예들이다.

청자연판문육이호는 뚜껑이 있는 유개사이호(호 고 21.7㎝)와 뚜껑이 없는 무개호(고 18㎝)가 각 1점씩 나왔다(도 4·5). 이런 호의 형태는 중국에서 당시 유행하던 것으로 배가 불룩하여 동체 단면은 타원형이다. 목은 짧게 직립했고, 굽은 낮고 바닥이 편편하다. 어깨에 가로로 부착된 각진 귀는 어깨에 서로 마주 보는 곳에 각각 1쌍을 배치했고, 그 사이의 마주보는 2곳에 또 1개씩 배치했다. 그러니까 2개, 1개씩 엇갈려 부착되었다. 태토는 良質의 회백색이며, 유는 변색되어 유색이 일정치 않고 부분적으로 담황색이나 담청색을 띤다. 청자유가 동체 저부까지만 시유되어 굽과 그 언저리는 露胎되었다. 태토는 양질이고 청자유는 뿌옇게 변색되었다. 다만 뚜껑 윗면에서 청자유의 투명도와 질감이 잘 남아있을 뿐이다.

이 청자호와 유사한 예들은 중국의 여러 유적에서 발견된다. 江蘇省 南京市 秦淮河와 趙子崗에서도 각각 靑磁短頸六耳壺가 출토되어 소개된 바 있다.[16] 납작한 귀가 달린 청자육이호와 비슷한 가장 오랜 예는 동진 興寧 2년(364)묘 출토품이다. 이후 이런 유형은 점차 증가한다.[17] 또 가장 오라된 연판문은 육

조시대 초인 남경 상산 2호 묘 출토품에서 발견된다.[18] 청자호의 전체적인 양
식이 잘 남아 있는 南朝의 예로는 동경국립박물관의 청자연판문육이호를 소개
할 수 있다(도 6).

중국 유적 출토품과 비교해 볼 때, 무령왕릉 출토 청자육이호는 무령왕의 치
세연간인 6세기 1/4분기에 무령왕과 가장 친밀했던 梁朝(502–556) 越지방의
어떤 窯에서 제작된 것임을 알 수 있다.[19] 더 구체적으로 본다면, 양나라가 있
던 浙江省 월주의 永嘉窯, 德淸窯 등지가 제작지일 것이다.[20]

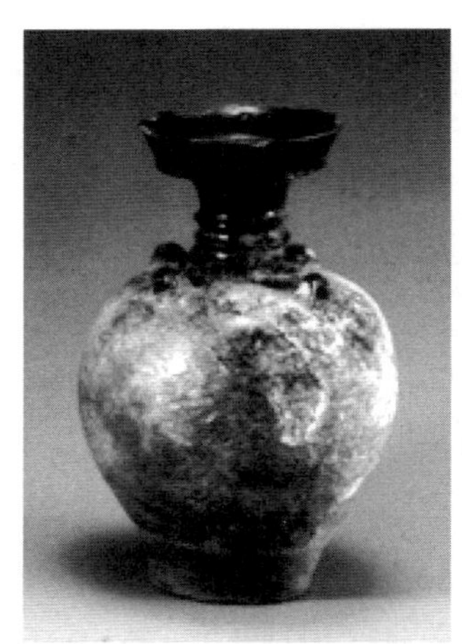

도 7. 흑유반구병
(무령왕릉 출토)

흑유반구병은 납작하고 도톰한 구부에 목
이 길고 목 중간에 두 줄의 돌기선이 장식되
었다(고 27.5cm, 도 7). 동체는 길다란 球形
이다. 어깨에는 거의 등간격으로 각진 납작
한 귀가 가로로 부착되었고 바닥이 편편하
여 6세기 초의 특색을 잘 드러낸다. 또한 전
체적으로 유약이 산화되어 뿌옇게 변색된 상
태이지만, 기형과 어깨의 납작하고 각진 귀
는 6세기 초의 전형이다.

남조시대는 절강성 덕청요에서 흑유를 제
작했고,[21] 또 무령왕릉의 흑유반구병은 덕

---

16) 全國基本建設工程中出土文物展覽會工作委員會編, 1955, 「全國基本建設工程中出土文物展覽會圖錄」, 北
　　京: 文物出版社 ; 三上次男, 1978, 앞의 논문; 岡內三眞, 1980, 앞의 논문; 南京市博物館, 1980, 「江蘇六朝青
　　磁」, 文物出版社.

17) 浙江省文物管理委員會(梅福根), 1961, 「杭州晋興寧二年墓發掘簡報」, 「考古」1961–7.

18) 南京市文物保管委員會, 1965, 앞의 보고서, 「文物」1965–10.

19) 三上次男, 1978, 앞의 논문. 여기서 三上次男은 당시 월주지방에서 운영되었던 永嘉窯, 德淸窯 등지를 유력
　　한 제작요로 꼽고 있다.

20) 三上次男, 1978, 앞의 논문, 吉川弘文館.

청요에서 수습한 上海博物館 소장 흑유사이반구병[또는 흑유사이반구호]와 유사하다. 따라서 무령왕릉 흑유반구병은 절강성 덕청요 제품으로 추측된다.[22] 그런데 덕청요에서는 흑유보다는 주로 청자반구병이나 청자반구호를 제작했다. 이런 점에서 보면, 상해박물관 소장 흑유와 무령왕릉 출토 흑유반구병은 청자를 흑유로 대체한 희귀한 예로서 주목된다.

무령왕릉에서는 현재 알려진 중국 백자 가운데 가장 오래된 백자잔이 출토되어 학계의 연구 대상이 되고 있다(고 4.1-5.4cm). 그런데 이 백자잔들을 일인학자 三上次男은 청자잔이라고 소개하는 등 결정적인 오류를 범하였다.[23] 백자잔 6점 가운데 5점은 등잔으로 사용되었으므로 지금까지도 심지가 그대로 남아 있다. 나머지 1점은 왕의 머리 근처에서 발견되었다.

이 백자잔들은 태토가 곱고 밝은 상아색을 띤다. 유백색을 띠는 백자유는 굽언저리까지 시유되었고 가는 빙렬이 나 있다. 굽은 낮은 다리굽인데, 당시에 간혹 보이는 형식이며 청자육이호의 굽과도 유사하다. 또 모두 포개 구웠던 흔적으로 내저면에 태토비짐눈 자국이 있고, 굽바닥어는 삼각형의 작은 태토비짐눈이 세 군데 있다. 이 백자잔들은 무령왕 생존시에 사용되었던 것일 수도 있고, 또 부장품으로만 매장되었을 수도 있다.

이상 소개한 무령왕릉 출토품의 하한 연대는 523년 타계한 왕의 시신이 묘에 안치된 525년, 그리고 526년 사망한 왕비가 안치된 529년 등을 생각해 볼

---

21) 浙江省文物管理委員會(王士倫), 1959, 「德淸窯磁器」, 『文物』 1959-12, pp.51-52. 중국, 일본에서는 盤口壺라고 한다.

22) 三上次男, 1978, 앞의 논문, 吉川弘文館 ; 岡內三眞, 1980, 앞의 논문.

23) 金元龍, 1973, 『武寧王陵』, 武寧王陵 發掘 調査 報告書, 文化公報部·文化財管理局, 서울: 三和出版社 ; 金元龍, 1979, 『武寧王陵』, 東京: 近藤出版社 ; 三上次男, 1987, 「百濟武寧王陵出土の中國陶磁とその歷史的意義」, 『古代東アジア史論集』 下, 末松保和古稀記念會編, 東京: 吉川弘文館, pp.155-191 ; 김홍남, 1991, 「武寧王陵 出土 盞의 중국도자사적 의의 -年代 추정이 가능한 중국 最古의 白磁로서」, 『百濟文化』 21, 武寧王陵發掘20周年紀念學術會議特輯, 公州大學校附設百濟文化硏究所, pp.153-174.

수 있다. 그러므로 연대를 추정함에 있어, 부장품으로 제작되었다고 가정한다면 525년과 529년의 두 연대를 제시할 수 있다. 또한 왕의 생존 시 사용했을 가능성을 염두에 둔다면, 6세기 초에서 529년경까지로 넓게 잡을 수 있겠다.

이런 점에서 백자잔은 北齊 武平 6년(575)에 죽은 河南省 安陽縣 洪河屯의 范粹묘 출토 白釉陶俑보다도 50년 정도 이르다.[24] 더욱이 범수묘 출토 백유도용은 회백색 태토에 백토를 입히고 연유계통의 백유를 입힌 도기이다. 그러나 무령왕릉 출토 백자잔들은 백토에 직접 백유를 입힌 발전된 양식을 보인다. 이처럼 무령왕릉 백자잔들은 현존하는 중국 백자 중 가장 오래된 예이다.

Ⅳ. 사비시기의 중국 도자기

백제 사비시기(538-660)의 중국 도자기로는 부여 扶蘇山城에서 발견된 청자와 흑갈유 등을 들 수 있다. 종류는 항아리, 완, 벼루 등 다양한데,[25] 청자벼루의 경우 백토가 정선되었고 유약이 비교적 고르게 시유되어 隋-初唐시기의 양식을 보인다. 부여 東南里寺址에서도 6세기 중후반경의 중국 靑磁耳壺 구부편과 청자잔편들이 출토되었다.[26] 또 금동제 冠帽와 신발 등이 출토된 전북 益山 笠店里古墳郡에서도 5-6세기 남조의 청자사이호가 발견되었다.[27] 입점

---

24) 馮先銘, 1972, 「河南安陽北齊范粹墓發掘簡報」, 『文物』 1972-1 ; 1982, 『中國古代』 世界陶磁全集 10, 東京: 小學館.

25) 扶餘文化財研究所, 1995, 『扶蘇山城』 發掘調查中間報告書 ; 國立扶餘文化財研究所, 1996·1997, 『扶蘇山城發掘調查報告書』.

26) 충남대학교 박물관·扶餘郡, 1993, 「東南里遺蹟 發掘調查 略報告書」.

27) 문화재연구소, 1989, 『익산입점리고분』 ; 矢部良明, 1994, 「中國陶瓷史の梗槪」, 『中國の陶磁』, 東京國立博

리 출토 청자사이호는 상태가 양호하며, 함께 출토된 유물로 보아 입점리 고분군은 백제 왕족의 무덤으로 추측된다.

특별히 주목되는 중국 청자로는 陵山里寺址 沼澤地 출토 청자첩화인물문병편이 있다.[28] 이 청자첩화인물문병편은 尊形廣口瓶의 어깨에 해당하는 부분인데, 각종 인물, 동식물, 누각 등으로 장식한 神亭, 虎子 등과 함께 중국에서 육조시대에 유행한 기종이다. 이 청자인물문편은 문양 요소와 시문 수법에서 서역미술의 영향이 뚜렷하다. 이 청자편의 수입 시기는 절의 フ 초공사를 한 소택지 출토품이므로 창건연대인 567년(백제 제 27대 昌王[威德王] 13년) 이전으로 간주되고 있다.

능산리사지 출토 청자편은 중국 湖北省 武昌縣의 南齊묘 출토 청자첩화연판문육이병과 河北省 景縣의 北魏 귀족 封子會묘 출토 청자첩화문육이병을 통해 완형을 파악할 수 있다(도 8). 전자는 永明 3년(485)명 묘지와 동반하였으므로 5세기 중후반,[29] 후자는 봉자회가 北齊 河淸 2년(563)에 죽어 河淸 4년(565)에 매장되었으므로 6세기 중엽의 연대를 갖는다. 이처럼 5-6세기 중국에서는 화려한 첩화문 장식의 부장용 明器가 유행했다.

도 8. 청자육이병
(河北省 景縣 封子會묘 출토)

능산리사지에서 출토한 청자첩화문병과 같은 계통의 청자가 益山 王宮里寺址에서도 출토되었다. 왕궁리사지에서는 7세기경

物館, pp.239–263.

28) 金英媛, 2000.3, 「扶餘 陵山里寺址出土 中國製 靑磁貼花人物文瓶片」 『丹雪李蘭英博士停年紀念論叢』, 동아대학교박물관.

29) 1982, 『中國古代』 世界陶磁全集 10, p.242, 長谷部樂爾의 도판해설.

의 「官宮寺」명 기와가 출토되었을 뿐 아니라, 문헌
상 왕궁리 사찰은 무왕의 遷都說과 관련된 중요한
곳이다.[30] 여러 점의 백자편과 청자편이 출토되었
는데, 그 가운데 청자첩화문병편은 5층 석탑에서 동
쪽으로 약 70m 되는 건물지에서 출토되었고 화려
한 貼花花文으로 장식되었다(도 9). 이렇게 화려한
첩화문 장식은 앞서 언급한 바와 같이 서역 영향으
로 대부분 北朝 청자에서 나타난다. 이 청자편 역시

도 9. 청자첩화편
(익산 왕궁리 유적 출토)

앞에 소개한 하북성 경현의 북위 封子繪묘 출토 청자첩화문육이병을 통해 완
형을 짐작해 볼 수 있다. 이러한 상황에서 보듯이, 백제는 위덕왕연간(554-
597) 이후 중국 북방과 긴밀한 외교관계를 펼쳤던 것으로 믿어진다.

이 외에 한반도에서 유일한 해양 제사유적으로 서해안에 위치한 扶安 竹幕
洞祭祀遺蹟에서도 4-6세기경의 중국제 청자이호편과 흑갈유 肩部편 등이 출
토되었다.[31] 이들 자기는 호족세력 등 특수한 신분계층이 해상활동과 관련된
제사를 지내는 데 사용된 것이다. 흑갈유호는 구경이 39.5㎝나 되는 대형 항아
리로 한국에서 이 시기에 속하는 이런 대형 중국제 흑유 항아리는 찾아보기 힘
들다. 청자호편은 어깨에 각진 한 쌍의 귀가 세로로 붙어 있는 육조시대 자기
의 조형적 특징을 보인다.

---

30) 扶餘文化財研究所, 1992, 『王宮里遺蹟發掘中間報告』.

31) 國立全州博物館, 1994, 『扶安 竹幕洞 祭祀遺蹟』; 1995, 『바다와 祭祀』 - 扶安 竹幕洞 祭祀遺蹟 -.

V. 맺음말

백제지역에서는 고구려, 신라지역에 비해 중국 도자기의 출토 사례가 많다. 따라서 한반도에 유입된 중국 도자기의 역사를 다를 때는 백저지역의 중국 도자기에 대해 가장 많은 지면을 할애하게 된다. 백제가 서해안을 끼고 발달한 항해술을 토대로 적극적인 대중 교섭을 했기 때문이다.

이 글에서는 중국 도자기가 처음 수입된 백제 한성, 웅진, 사비시기를 다루었는데, 웅진시기의 무령왕릉 출토품의 경우 한 점씩 비교적 상세하게 살폈다. 아울러 중국 유적에서 출토된 유사한 예들을 소개하고 비고함으로써 도자사적인 의의와 가치를 확인할 수 있었다. 그리고 무령왕릉 출토 중국 자기들은 웅진시기의 백제와 중국 남조 양과의 왕실 간 교류의 일면을 보여 주는 증거이다. 따라서 이를 통해 무령왕의 대중교류 범위와 위상을 짐작할 수 있다.

무령왕릉 출토 도자기에서 보듯이 웅진시기의 활발한 도자기 유입으로 사비시기에는 본격적인 시유기술을 개발할 수 있었다고 본다. 그 예로서 부여 능산리 출토 綠釉器臺와 전북 익산 미륵사지 출토 녹유와당 등을 들 수 있다.

이처럼 한반도에 유입된 중국 도자기는 한국 도자기의 역사에 일정 부분 영향을 끼쳤던 것 같다. 백제에서 녹유 기술의 개발을 비롯해서 한국에서 고화 도자기의 출현에도 자극제가 되었음은 부인할 수 없다.

| 참고문헌 |

『三國史記』

국립문화재연구소

　2001 『風納土城』.

國立扶餘文化財研究所

　1996~1997 　『扶蘇山城發掘調査報告書』.

國立全州博物館

　1994 『扶安 竹幕洞 祭祀遺蹟』.

　1995 『바다와 祭祀』-扶安 竹幕洞 祭祀遺蹟-.

權悳永

　1997 『古代韓中外交史』, 一潮閣.

權五榮

　1988 「考古資料를 중심으로 본 百濟와 中國의 文物交流」, 『震檀學報』 66, 震
　　　檀學會.

金庠基

　1948 『東方文化交流史論攷』.

　1979 「中世貿易形態 小考」, 『韓國과 中國 -東亞史論集-』, 知識産業社.

金英媛

　1989 「새로 들어 온 유물 - 靑磁벼루」, 『박물관신문』 220.

　1998 「百濟時代 中國陶磁의 輸入과 倣製」, 『百濟文化』 27, 公州大學校 百濟
　　　文化研究所.

　1998 「統一新羅時代 韓中交易과 磁器의 出現」, 『장보고와 21세기』, 도서출
　　　판 혜안.

1999 「統一新羅時代 鉛釉의 發達과 磁器의 出現」, 『美術資料』 62, 국립중앙
　　　박물관.
2000 「扶餘 陵山里寺址出土 中國製 靑磁貼花人物文瓶片」, 『丹雪李蘭英博士
　　　停年紀念論叢』.
2000 「韓國 陶磁의 發生과 中國 陶磁의 影響」, 『中國歷代陶磁展』, 京畿道博
　　　物館.
2001 「한국유적 출토의 중국 도자기」, 『東北亞陶磁交流展』, 세계도자엑스포
　　　2001경기도.
2003 「해저에서 인양된 고려·조선시대 무역자기」, 『항해와 표류의 역사』,
　　　솔.

金元龍
1973 「原城郡 法泉里 石槨墓와 出土遺物」, 『考古美術』 120.
1973 『武寧王陵』, 武寧王陵 發掘 調査 報告書, 文化公報部·文化財管理局,
　　　서울: 三和出版社.
1979 『武寧王陵』, 東京: 近藤出版社.

金元龍·林永珍
1986 『石村洞 3號墳 東쪽 古墳群 整理調査報告』, 서울大學校 考古人類學叢
　　　刊 12.

김홍남
1991 「武寧王陵 出土 盞의 중국도자사적 의의 −年代 추정이 가능한 중국
　　　最古의 白磁로서」, 『百濟文化』 21, 武寧王陵發掘20周年紀念學術會議
　　　特輯, 公州大學校附設百濟文化研究所.

夢村土城發掘調査團
1985 『夢村土城發掘調査報告』.

文化公報部·文化財管理局

1973 『武寧王陵』, 武寧王陵 發掘調査 報告書, 서울: 三和出版社.

문화재연구소

1989 『익산입점리고분』.

扶餘文化財研究所

1992 『王宮里遺蹟發掘中間報告』.

1995 『扶蘇山城』發掘調査中間報告書.

서울대학교박물관

1989 『夢村土城』 서남지구발굴보고.

1997 『서울대학교박물관 발굴유물도록』.

서울역사박물관

2002 『풍납토성』.

서울特別市·石村洞發掘調査團

1987 『石村洞古墳群發掘調査報告』.

石村洞 遺蹟發掘調査團

1984 『石村洞3號墳(積石塚) 復元을 爲한 發掘報告書』.

成正鏞

2003 「百濟와 中國의 貿易陶磁」, 『百濟研究』 38.

申瀅植

1989 「韓國古代의 西海交涉史」, 『國史館論叢』 2, 國史編纂委員會.

李基東

1996 「馬韓史 序章」, 『百濟史研究』, 一潮閣.

1996 『百濟史研究』, 서울: 一潮閣.

이난영

1998 「百濟地域 출토 中國陶瓷 研究 −古代의 交易陶瓷를 중심으로」, 『百濟
研究』 27, 忠南大學校百濟研究所.

李廷仁

2001 「中國 東晋 靑瓷 硏究 −4世紀 百濟 지역 出土品과 관련하여」, 이화여
자대학교 대학원 석사학위 청구논문.

이종민

1997 「백제시대 수입도자의 영향과 도자사적 의의」, 『百濟硏究』 27, 忠南大
學校百濟硏究所.

林士民

1992 「唐代 東方海事活動과 明州港」, 『淸海鎭 張保皐大使 海洋經營史硏究』,
中央大學校 東北亞硏究所·全羅南道.

崔夢龍

1988 「考古學的 資料를 통해 본 黃海交涉史硏究 予說」, 『震檀學報』 66, 震檀
學會.

충남대학교 박물관·扶餘郡

1993 「東南里遺蹟 發掘調査 略報告書」 (보고서 未刊).

忠淸南道·公州大學校 百濟文化硏究所

1991 『百濟武寧王陵』.

南京市文物保管委員會

1965 「南京象山東晋王丹虎墓和二·四號墓發掘簡報」, 『文物』 1965−10.

1965 「南京人台山東晋興之夫婦墓發掘報告」, 『文物』 1965−6.

南京市博物館

1972 「南京象山五號, 六號, 七號墓淸理簡報」, 『文物』 1972−11.

1980 『江蘇六朝靑磁』, 文物出版社.

全國基本建設工程中出土文物展覽會工作委員會編

1955 『全國基本建設工程中出土文物展覽會圖錄』, 北京: 文物出版社.

浙江省文物管理委員會(梅福根)

1961 「杭州晋興寧二年墓發掘簡報」, 『考古』 1961-7.

浙江省文物管理委員會(王士倫)

1959 「德淸窯磁器」, 『文物』 1959-12.

朱伯謙

1981 「原始磁の發展」, 『越窯』 中國陶瓷全集 4, 上海人民美術出版社, 京都: 美乃美.

馮先銘

1972 「河南安陽北齊范粹墓發掘簡報」, 『文物』 1972-1.

1982 『中國古代』 世界陶磁全集 10, 東京: 小學館.

東京國立博物館

1973 『中國人民共和國出土文物展』.

三上次男

1976 「漢江地域發見の四世紀越州窯靑磁と初期百濟文化」, 『朝鮮學報』 81, 朝鮮學會.

1978 「百濟武寧王陵出土の中國陶磁とその歷史的意義」, 『古代東アジア史論集』 下, 末松保和古稀記念會編, 東京: 吉川弘文館.

1978 「朝鮮半島出土の中國唐代陶磁とその史的意義」, 『朝鮮學報』 87, 朝鮮學會.

1987 「百濟武寧王陵出土の中國陶磁とその歷史的意義」, 『古代東アジア史論集』 下, 末松保和古稀記念會編, 東京: 吉川弘文館.

小田富士雄

1982 「越州窯靑磁를 伴出한 忠南의 百濟土器」, 『百濟硏究』, 忠南大學校 百濟硏究所編, 知識産業社.

矢部良明

1994 「中國陶瓷史の梗概」,『中國の陶磁』, 東京國立博物館.

岡内三眞

1980 「百濟武寧王陵と南朝墓の比較研究」,『百濟研究』11, 忠南大學校 百濟研究所.

關口廣次

1985 「いわゆる「原始靑瓷」の發生おめぐって」,『三上次男博士喜壽記念論文集』陶磁編, 三上次男博士喜壽記念論文集編集委員會, 東京: 平凡社.

小黑石溝 유적과 夏家店 상층문화의 새로운 이해

박양진*

〈Abstract〉

This paper reviews a recently published archaeological report of the Xiaoheishigou site in Ningcheng, Inner Mongolia, and presents a new perspective on the Upper Xiajiadian culture on the basis of a new body of archaeological data from this site. At the Xiaoheishigou sites were excavated more than 200 ash pits and in some of them were found human remains. The context in which these human remains were discovered and the artifacts from these pits indicate the practice of human sacrifice in the Upper Xiajiadian culture. The concentration of these pits in Xiaoheishigou suggests the central

* 충남대학교 고고학과 교수

role of this area in the political, social, and religious activities of the Upper Xiajiadian culture. In addition, the discovery of a number of stone moulds for bronze tools and weapons as well as a clay bellows pipe demonstrate that this area was a center of local bronze production. The large quantity of bronze artifacts, especially bronze vessels of the indigenous style, discovered from a few tombs in Xiaoheishigou and nearby Nanshangen, further supports this interpretation. The discovery of a large number of pedestal pottery vessels from mostly ash pits indicates that this new type of vessels was used as serving vessels during ritual ceremonies. It is clear that the Xiaoheishigou site was a major political, social, economic, and religious center of the Upper Xiajiadian culture.

Ⅰ. 머리말

중국 동북지방의 청동기시대에 대한 연구는 20세기 초반 일본 학자들에 의하여 시작되었다. 1935년 濱田耕作와 水野淸一 등이 赤峰 紅山後 유적을 발굴한 후 "赤峰第二期文化"를 설정하면서 청동기시대가 아닌 金石竝用期의 존재를 주장하였다(濱田耕作 水野淸一 1938). 이후 1959년 赤峰 藥王廟와 夏家店 유적의 조사를 통해 遼寧 서부 지역 및 內蒙古 동남부 지역에서의 청동기시대의 분명한 존재를 확인하였을 뿐만 아니라, 시기적으로 서로 다른 夏家店 하층문화와 夏家店 상층문화를 구분할 수 있게 되었다(中國科學院考古研究所內蒙古工作隊 1961, 1974).

그 가운데 夏家店 상층문화에 대한 연구는 內蒙古 寧城 南山根 101호 석곽묘(遼寧省昭烏達盟文物工作站 中國科學院考古研究所東北工作隊 1973)와 小

黑石溝 8501호묘(項春松 李義 1995)의 발굴 조사를 통해 그 물질문화의 풍부함과 다양함을 알 수 있게 되었다. 1980년대 이후 발표된 夏家店 상층문화에 대한 여러 편의 연구 논문에서는 이 문화의 공간적 분포, 시간적 범위, 다른 문화와의 관계, 문화적 특징과 내용, 족속 등의 주제를 다루고 있다(郭大順 1983, 靳楓毅 1987, 朱永剛 1987, 田廣金 1997, 劉國祥 2000, 烏恩 2002). 우리나라에서도 최근 夏家店 상층문화의 묘제, 청동기, 토기 문화에 대한 전문적인 연구들이 발표되면서(이청규 외, 2010; 孫璐 2012), 夏家店 상층문화에 대한 우리의 이해는 한층 심화되었다고 할 수 있다.

지난 2009년 內蒙古自治區 文物考古研究所와 寧城縣 遼中京博物館은 夏家店 상층문화의 주요 유적 가운데 하나인 小黑石溝에서 조사된 여러 유구에 대한 종합 발굴보고서를 科學出版社에서 출간하였다(內蒙古自治區文物考古研究所 寧城縣遼中京博物館, 2009). 이 보고서에서는 이제까지 알려지지 않았던 夏家店 상층문화에 대한 중요한 새로운 정보를 포함하고 있다. 이 글에서는 먼저 이 보고서에서 구체적으로 공개된 小黑石溝 유적에 대한 새로운 고고학 자료를 간략하게 살펴보고, 이어 이를 통해 夏家店 상층문화에 대하여 새롭게 인식하게 된 내용을 제사 유구, 청동야금술, 두형토기 등을 중심으로 논의해 보도록 하겠다.[1]

---

1) 이 보고서의 내용에 대한 전반적인 소개와 유적의 편년에 대한 간략한 논의는 강인욱(2009)에 의하여 이미 이루어진 바 있다.

Ⅱ. 小黑石溝 유적

　　小黑石溝 유적은 內蒙古 赤峰市 寧城縣 甸子鄉 동남 3㎞에 위치한 小黑石溝 마을의 동남쪽 대지 위에 자리잡고 있으며 老哈河로부터 약 1㎞ 떨어져 있다. 小黑石溝 유적은 夏家店 상층문화의 또다른 중요한 유적인 南山根으로부터 동남쪽으로 약 20㎞ 떨어져 있다. 小黑石溝 유적은 여러 차례 수습 및 발굴 조사가 이루어졌는데 이를 표로 정리하면 아래와 같다.

표 1. 小黑石溝 유적 조사 유구 및 주요 출토유물 일람표

연도	조사 유구	출토 유물	참고문헌
1975	석판묘	청동 단검 4, 투구 2, 손칼, 거울, 도끼, 鼎, 豆, 勺, 雙聯罐 2, 把杯 2, 숫돌, 말재갈 2, 재갈멈추개 2, 동물형 장식 20여점	項春松 1984
1980	8061호묘	청동 단검, 살촉, 투구, 鑾鈴 2, 재갈멈추개 2, 단추 27, 연주형고리 8; 금팔찌; 녹송석구슬 3, 돌구슬 1꾸러미	寧城縣文化館 외 1985
1985	8501호묘	청동 의례용 그릇 20점; 도끼, 자귀, 망치, 끌, 송곳, 손칼, 칼집 등 54점; 말머리장식, 재갈, 멍에, 대롱 등 마구 70여점; 단검, 칼집, 투구, 꺽창, 살촉 등 28점; 고리장식, 동물문장식패, 방울장식 등 200여점	項春松 李義 1995
	무덤 11기, 灰坑 9기	토기, 석기, 골기	內蒙古自治區文物考古研究所 외 2009
1992-1993	주거지 10기, 灰坑 172기, 무덤 48기	토기, 석기, 골기, 청동기	內蒙古自治區文物考古研究所 외 2009
1996	9601호묘	簋, 盤 등 청동 의례용 그릇; 罐, 鼎, 勺, 匙 등 청동 그릇; 말머리장식, 재갈, 고삐고리 등 거마구; 투구, 단검, 꺽창 등 무기; 도끼, 손칼 등 도구; 장식패, 단추장식, 연주장식 등 장신구; 돌국자	內蒙古自治區文物考古研究所 외 2009
1998	灰坑 63기, 무덤 17기	토기, 석기, 골기	內蒙古自治區文物考古研究所 외 2009

이렇게 小黑石溝 유적에서는 모두 여섯 차례에 걸쳐 발굴조사 또는 수습조사가 이루어졌으며, 생활 유적으로서 주거지 10기와 灰坑 240여기가 확인되었고, 무덤 유적으로는 중원식의 청동 의례용 그릇이 출토된 대형묘 2기를 포함한 80여기의 무덤이 조사되었다. 이를 통해 小黑石溝 유적이 夏家店 상층문화의 유적 가운데 가장 중요한 유적의 하나임을 알 수 있다. 이 유적에서 발견된 유구를 종류별로 살펴보도록 하겠다.

1. 주거지

小黑石溝 유적에서는 이제까지 총 10기의 주거지가 확인되었는데, 이들은 모두 1992–1993년에 조사된 AⅡ구의 1300㎡ 범위의 시굴구덩이에서 확인되었다. 무덤이나 灰坑에 의해 파괴된 경우가 많지만 장방형 또는 말각장방형의 반지하식 주거지이며 출입구는 대부분 파괴되어 방향이 확실하지 않다. 일부 주거지에서 원형 또는 표주방형의 토광식 화덕자리, 기둥구덩, 거주면 등이 확인되었다.

주거지에서 출토된 유물로는 鬲, 罐, 鉢, 가락바퀴 등의 토제품, 그물추 등의 석기, 송곳 등의 골기, 이빨장식 등이 있지만 출토유물의 수량이 워낙 작아 그 특징을 파악하기 어렵다. 하지만 이제까지 조사된 주거 유적에서 상위 계층의 거주지로 추정되는 유구나 높은 신분을 시사하는 위세품과 같은 유물은 아직까지 출토된 바 없다.

2. 회갱

    회갱은 小黑石溝유적에서 모두 240여기가 확인되었는데, 인골이 출토된 무덤 또는 제사구덩이, 저장구덩이, 쓰레기구덩이 등으로 구분할 수 있다. 평면 원형의 주머니형 구덩이가 가장 많으며, 평면 원형의 원통형, 평면 타원형의 주머니형 또는 원통형, 그리고 평면 방형 및 장방형과 단면 깔대기형 등이 있다.

    小黑石溝 유적에서 조사된 회갱에서는 鬲, 豆, 罐, 盆, 鉢, 鼎, 甗, 壺, 鼓形器, 가락바퀴 등 토제품, 도끼, 숫돌, 가락바퀴, 끌, 칼, 보습, 환상석기 등 석기, 송곳, 살촉, 바늘, 鏟, 卜骨 등 골기 등의 일상생활과 관련된 유물과 사슴뿔, 이빨장식, 조개칼 등이 주로 출토되었다. 또한 92A Ⅱ11호 회갱에서는 청동 단추장식이 출토되었고, 92A Ⅱ62호 및 98A Ⅲ51호 회갱에서는 청동 손칼이 출토되어 이러한 청동제 유물이 평시에도 자주 사용되었던 것임을 알 수 있다. 한편 85A Ⅰ8호 회갱에서는 토제 고풍관이 1점 출토되어 청동야금술의 존재를 알려주고 있다.

    小黑石溝 유적의 회갱 유적에서 가장 주목되는 것은 일부 유구에서 인골이 출토된다는 점이다. 인골이 출토된 회갱을 표로 정리하면 아래와 같다.

표 2. 小黑石溝 유적 인골 출토 회갱 일람표

유구	크기(cm)	인골	출토 유물
92A Ⅱ H4	지름 200−230, 깊이 30	발가락뼈	罐, 鬲, 鉢 토기편; 조개편, 개머리
92A Ⅱ H6	지름 160−180, 깊이 80	2구	罐 토기편, 사슴뿔
92A Ⅱ H8	지름 250−270, 깊이 140	1구	豆, 鬲, 鉢, 鼎4.45, 罐, 盆 등 토기; 송곳, 살촉 등 골기; 석도
92A Ⅱ H9	지름 314−340, 깊이 220	5구	豆, 鬲, 罐 등 토기; 송곳, 살촉, 대롱, 복골 등 골기; 석도, 숫돌
92A Ⅱ H43	지름 380, 깊이 190	1구	토기편, 골기편
93A Ⅱ H82	지름 156−166, 깊이 60	1구	토기편

유구	크기(cm)	인골	출토 유물
93AⅡH108	지름 255–305, 깊이 240	1구	罐, 盆, 가락바퀴; 뼈살촉; 환상석기
93AⅡH122	지름 234–272, 깊이 180	3구	豆, 鉢, 가락바퀴; 들가락바퀴
93AⅡH143	지름 302–316, 깊이 252	1구	鬲片
93AⅡH161	지름 220–280, 깊이 230–254	1구	豆, 鬲, 鼎, 盆, 罐; 뼈송곳, 뼈망치, 복골
98AⅢH9	지름 240–268, 깊이 315	3구	豆, 鬲, 鼎, 鉢, 罐, 壺, 甌, 盆; 뼈송곳, 살촉, 대롱; 돌칼, 도끼
98AⅢH21	지름 226–236, 깊이 175	5구	罐, 鉢, 豆; 뼈망치
98AⅢH61	지름 190, 깊이 90	1구	토기편

이렇게 인골이 출토되는 灰坑은 무덤 또는 제사구덩이일 가능성이 있는데 그 구체적인 성격에 대한 논의는 小黑石溝 유적과 다른 유적의 사례를 함께 검토하여 다음 장에서 진행하도록 하겠다.

3. 무덤

小黑石溝 유적에서는 수많은 무덤이 여러 차례 도굴 또는 파괴된 바 있고 그 부장품 일부가 산발적으로 수집되었다. 정식 발굴을 통해 조사된 무덤은 1985년 AⅠ구의 11기, 1992년 BⅠ구 11기, BⅡ구 12기, AⅡ구 13기, 1993년 AⅡ구의 9기, 1998년 AⅢ구의 21기 등 총 77기인데, 그 가운데 戰國時代의 무덤 8기를 제외하면 69기이다. 여기에 개별적으로 따로 발견 조사된 8061호묘, 8501호묘, 9601호묘를 더하면 夏家店 상층 문화 시기의 무덤은 72기이다.

小黑石溝 유적에서 조사된 夏家店 상층 문화의 무덤은 토광스혈석곽묘가 주류로서 보존 상황에 차이가 있지만 대부분 목관이 원래 있었던 것으로 보인다. 그 가운데 가장 큰 대형석곽묘로는 8501호묘와 9601호묘가 있고, 돌을 쌓아 무덤칸을 만든 것이 49기, 토광묘가 21기 등이다. 인골이 확인된 무덤의 사례

를 보면 측신직지장이 비교적 많고 앙신직지장이 다음이며 부신장은 많지 않
다. 합장묘는 없으며 모두 단인장이다. 무덤의 방향은 북향(23기) 또는 남향
(18기)이 많고 동향(8기)이나 서향(3기)은 적은 편이다.

小黑石溝 유적의 무덤에서는 청동기, 석기, 골기, 조개장식 등의 유물이 출
토되며 토기는 거의 보이지 않는다. 중원식의 청동 의례용 그릇이나 재지 양
식의 청동 그릇이 출토된 최상급의 무덤은 8501호묘과 9601호묘 등 2기가 있
다. 청동 무기와 거마구, 도구 등이 부장된 무덤은 5기(8061호묘, 85AⅠ2호
묘, 85AⅠ3호묘, 92AⅡ11호묘, 93AⅡ17호묘, 98AⅢ5호)이며, 소량의 청동
도구 또는 장신구가 부장된 무덤은 21기, 석기와 골기, 장신구 등이 부장된 무
덤은 5기이며 나머지는 전혀 유물이 출토되지 않았다. 小黑石溝 유적에서 조
사된 무덤의 크기와 구조적 특징, 부장품의 종류와 수량 등은 피장자의 사회
적 신분을 반영하고 있어 당시 夏家店 상층 문화 사회 구성원의 사회적 지위
를 복원하는데 유용한 정보로 사용될 수 있다.

Ⅲ. 夏家店 상층 문화의 제사구덩이

小黑石溝 유적 조사와 보고서 발간을 통해서 새롭게 인식하게 된 夏家店 상
층문화의 중요한 양상은 인골이 발견된 제사구덩이라고 할 수 있다. 앞에서 언
급한 것처럼 小黑石溝 유적에서 조사된 회갱 가운데 모두 13기의 유구에서 총
26구의 인골이 출토된 바 있다. 이들 구덩이에 묻힌 사람들의 숫자는 1–5명으
로 일정하지 않고, 인골의 출토 위치와 깊이도 유구마다 서로 다르며, 그 상태
도 제대로 안치된 것과 함부로 버린 것 등으로 똑같지 않다. 이러한 구덩이에
서는 또한 무덤의 부장품으로 잘 보이지 않는 두형토기 등이 출토되고 있어서

제사 행위와 관련되었을 가능성이 높다. 인골이 출토되어 제사 유구로 추정되는 사례는 夏家店 상층문화의 다른 유적에서도 확인되고 있다.

內蒙古 克什克騰旗 龍頭山 유적에서는 주거지, 무덤, 회갱 등이 조사되었는데 돌담에 둘러싸인 대형 제사 유적과 함께 인간 제사구덩이 7기가 확인되었다(內蒙古自治區文物考古研究所 克什克騰旗博物館 1991, 齊曉光 1991). 이 제사구덩이는 평면 원형, 단면 주머니형의 구조로서 각각 1명에서 6명까지의 인골이 조사되었는데, 시신의 자세는 일정하지 않고, 사용후 폐기된 토기편이 출토되었다. 그 가운데 조사 내용이 알려진 제갱(祭坑) 6호의 경우 입지름이

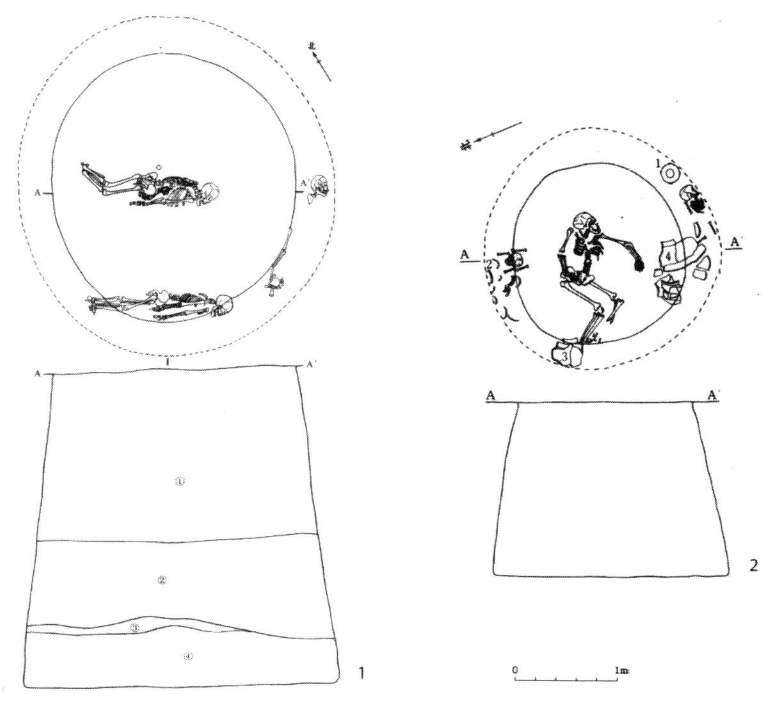

그림 1. 夏家店 상층문화 인간 제사구덩이
(1: 小黑石溝 98A Ⅲ H9, 2: 龍頭山 Ⅱ 제사갱6)

182㎝, 바닥지름이 232㎝, 깊이 291㎝이며, 성인 인골 1구와 어린아이 인골 2구가 관형 토기 및 발형 토기 각 2점과 함께 출토되었다(그림 1-2). 조사자는 이 구덩이를 祭祀坑으로 보고하였다(齊曉光 1991: 58-60).

이와 같이 인골이 함께 출토되는 구덩이가 비교적 많이 발견되어 상세하게 보고된 곳은 小黑石溝 유적이다(표 2 참조). 이러한 유구의 성격에 대해서는 무덤일 가능성도 있지만 관련 고고학 자료를 종합할 때 제사 활동과 관련된 인간의 희생과 시신의 유기일 가능성이 매우 높다. 먼저 출토되는 인골의 위치를 살펴보면 구덩이의 바닥이 아니라 중간 충전토층에서 주로 인골이 발견되고 있고, 인골의 위치도 구덩이의 중앙이 아니라 벽쪽에 바짝 붙어서 확인되고 있다.

인골 출토 상황을 구체적으로 검토하면, 92AⅡ8호 구덩이는 전체 깊이 140㎝ 구덩이인데, 입구로부터 깊이 80-110㎝의 중간층에서 인골이 출토되었다. 92AⅡ9호 구덩이는 전체 깊이 220㎝ 구덩이인데, 입구로부터 깊이 56㎝ 지점에서 성인과 어린아이 인골이 각각 1구씩 출토되었고, 깊이 80㎝의 지점에서 벽쪽으로 붙어 인골 1구가 출토되었으며, 깊이 130-134㎝ 지점에서 벽쪽으로 붙어 2구의 인골이 출토되었다. 93AⅡ82호 구덩이 역시 바닥층이 아닌 윗층에서 인골 1구가 출토되었다. 93AⅡ122호 구덩이도 벽쪽에 붙어 비교적 완전한 인골 2구와 함께 두개골 1개가 따로 출토되었다. 93AⅡ143호 구덩이에서도 벽쪽에 붙어 인골 1구가 발견되었다. 93AⅡ161호 구덩이는 전체 깊이 230-254㎝ 구덩이인데, 입구로부터 50㎝ 깊이 지점에서 벽쪽으로 붙어 인골 1구가 발견되었다. 98AⅢ9호 구덩이는 전체 깊이가 315㎝로서 4개의 층으로 충전토층의 구분이 가능한데, 170㎝ 깊이에서 2구, 185㎝ 깊이에서 1구 등 인골 3구가 출토되었으며, 사슴뿔, 말이빨, 소, 개, 양, 물고기뼈 등이 함께 발견되었다. 특히 중앙에서 발견된 성인 여성의 경우 왼쪽 견갑골을 깨뜨리고 그 안쪽에서 뼈살촉이 1점 발견되었는데, 생전에 화살을 맞은 것으로 생각된다(그림

1-1).

98A Ⅲ21호 구덩이에서는 모두 5구의 인골이 출토되었는데, 구덩이의 전체 깊이는 175㎝이고, 입구로부터 깊이 30㎝ 지점에서 양다리가 없는 성인 남성 인골이 1구, 60㎝ 길이에서 성인 발뼈, 90㎝ 깊이에서 성인 남성 인골 1구, 120㎝ 깊이에서 어린아이 인골 1구, 130㎝ 깊이에서 성인 두개골 등이 발견되었다. 98A Ⅲ61호 구덩이의 경우 아래턱뼈를 제외한 두개골이 결실되고 대부분의 뼈가 어지럽게 널려진 인골이 동물뼈와 함께 발견되었다.

이처럼 구덩이의 중간 충전토층에서 때때로 깊이와 위치를 달리하며 여러 구의 인골이 출토되고 있는 것은 의도적인 매장 의례의 결과라그 보기 어렵다. 또한 출토된 인골 가운데 팔다리 등 신체 일부분이 결실된 사례가 많고 또한 두개골이 부서진 경우도 많은 점은 이들이 인간 제사 행위의 피해자였을 가능성을 시사해준다.

인골과 함께 출토된 부장유물에서도 제사 행위를 알려주는 증거가 있다. 92A Ⅱ9호 구덩이에서는 복골이 2점 출토되었는데, 모두 동물의 어깨뼈를 이용하였고 홈이나 구멍 등의 점을 친 흔적이 확인된다. 93A Ⅱ161호 구덩이에서도 복골이 1점 출토되었는데 일렬로 만들어진 8거의 홈이 표면에서 발견되어 점복 행위가 이루어졌음을 알 수 있다. 또한 이들 구덩이에서는 제사 과정에서 사용된 토기, 특히 두형토기가 다수 발견된다. 92A Ⅱ8호 구덩이에서는 형태를 복원할 수 있는 두형토기가 모두 14점이나 출토되었고 다른 유구에서도 두형토기가 빈번하게 발견된다. 이러한 두형토기는 제사의 봉헌물을 바치는 용도로 사용되었을 것으로 추정되며, 이러한 토기는 夏家店 상층문화 무덤 유적의 부장품으로 출토된 사례는 거의 없다.

夏家店 상층문화에서 인간을 제물로 희생하여 제사를 지내는 행위는 龍頭山 유적에 이어 이번에 小黑石溝 유적의 보고서 발간을 통해 본격적으로 알려졌지만, 중국의 다른 선사시대 및 역사시대 사회에서 드물지 않게 발견된다(黃

展岳 2011). 유력자의 무덤에 순장으로 포함되는 경우뿐만 아니라 제사 활동의 일부로서 인간이 희생된 것으로 추정되는 사례는 龍山文化에서 확인된다(王磊 1999, 黃展岳 2011). 건물의 토대를 만드는 단계에서 제사 의식의 일부로서 인간을 희생한 증거는 룽산 문화에서 적지 않게 발견되는데, 주로 주거지 토대 또는 거주면의 아래에서 인골이 출토되고 있다. 제사 활동의 일부로서 인간을 제물로 희생하는 경우는 대부분 이른바 灰坑으로 불리는 구덩이 안에서 인골, 동물뼈 및 제사 관련 유물이 함께 출토되어, 앞에서 살펴본 夏家店 상층 문화의 고고학 자료와 유사하다. 남중국의 良渚文化에서도 인간을 제물로 바치는 제사 활동의 증거가 확인되고 있다(趙曄 2001). 무덤의 순장과 관련된 경우도 있지만, 제단 또는 묘지를 축조하고 사용할 때 이러한 제사 활동이 이루어진 것으로 추정된다.

인간을 제물로 바치는 제사 활동의 고고학적 증거가 가장 잘 알려진 것은 商 시기이다. 商 중기에 해당하는 河南 鄭州 小雙橋 유적에서는 건물 토대의 제사구덩이와 2기의 대규모 집단 "人祭" 구덩이에서 160여명의 인골이 출토되었다(馬季凡 2004). 또한 商 후기의 유적인 安陽 殷墟 유적에서도 인간제사와 관련된 수많은 유적이 宗廟區와 王陵區에서 조사되었고, 이와 관련된 甲骨 卜辭의 기록도 확인되고 있다. 인간을 제물로 바치는 商 나라의 제사에 관한 기록을 검토하면, 희생자를 제사지낼 때 머리를 베거나, 팔다리를 자르거나, 무기로 타격하거나, 불에 태우거나, 물에 넣거나, 땅에 묻는 방식 등이 사용되는데(윗 글, 孟鷗 2000), 夏家店 상층문화의 제사구덩이에서 출토된 인골들을 검토할 때 참고가 된다.

夏家店 상층문화의 인간제사구덩이에서는 두개골이 심하게 깨지거나 아래턱뼈만 발견된 경우가 있고, 양다리가 없이 상반신만 발견되거나 두개골 또는 발뼈만 단독으로 발견되는 경우가 있다. 하지만 현재의 불충분한 고고학 자료만 가지고 夏家店 상층문화의 인간 제사 행위의 구체적 내용을 파악하기는 어

렸다. 그러나 중요한 점은 夏家店 상층문화의 사회 종교적 수준이 이러한 종
교 의례 행위를 시행할 정도로 상당히 발전하였다는 점이다. 또한 夏家店 상
층문화의 여러 유적 가운데 小黑石溝 유적에서 인간 제사구덩이가 가장 많이
집중적으로 발견되고 있다는 사실은 이 유적이 夏家店 상층문화 가운데 사회
정치 종교적으로 가장 중요한 지역 가운데 하나였음을 알려주고 있다. 또한 夏
家店 상층문화의 이른 시기에 속하는 克什克騰旗 龍頭山 유적에서 이러한 제
사구덩이가 조사된 것은 이와 같은 종교 의례 행위가 夏家店 상층문화의 중심
지에만 제한된 것이 아니었고 그 실행 시기 역시 상당 기간 지속되었음을 시
사해준다.

夏家店 상층문화의 인간 제사 의례에서 희생된 사람들의 성격에 관해서 구
체적으로 논의할 만한 고고학적 또는 문헌적 증거는 전혀 없다. 당대의 기록
인 甲骨文을 통해 살펴 본 商나라의 인간 제사의 경우, 전쟁 포로가 절대다수
를 차지하였을 것으로 추정한다(黃展岳 2011: 168). 小黑石溝 유적의 경우도
전쟁포로일 가능성을 보고자는 제시하고 있지만(內蒙古自治區文物考古硏究
所 寧城縣遼中京博物館, 2009: 462), 실질적인 근거가 있다기보다는 개연성을
지적한 것에 불과하다.

IV. 夏家店 상층 문화의 청동야금술

小黑石溝 유적 발굴보고서를 통해서 또다시 확인하게 된 夏家店 상층문화의
중요한 문화적 특징은 고도로 발달한 청동야금술이라고 할 수 있다. 夏家店 상
층문화에서는 수많은 청동제 무기, 투구, 도구, 장신구, 거마구, 거울, 그릇 등
을 제작하여 사용하였다. 林西 大井 유적은 夏家店 상층문화의 오랜 기간 동

안 採鑛, 冶煉, 鑄造 등의 일련의 생산 공정이 이루어졌던 대표적인 생산 유적
이다(遼寧省博物館文物工作隊, 1983).

이러한 청동기의 제작과 관련된 유물이 小黑石溝 유적에서도 발견되었다.[2]
먼저 토제 鼓風管이 85AⅠ8호 구덩이에서 토제 가락바퀴, 숫돌, 뼈송곳, 뼈살
촉, 뼈바늘, 조개칼, 이빨장식 등과 함께 출토되었다. 고풍관은 전체 길이 17.9
cm, 지름 3~5.3cm, 벽두께 0.6cm인데 한쪽 끝이 구부러지고 표면에 10개의 V
자형 무늬를 새기고 귀를 만들어 말머리 형상을 하고 있다. 이 유물은 小黑石
溝에서 청동 제련 또는 주조의 생산 활동이 직접 이루어졌음을 시사해준다.

小黑石溝 유적에서는 또한 청동기의 주조에 사용된 총 10점의 석제거푸집
이 2003년 조사에서 수집되었다(그림 2). 이러한 거푸집은 단추, 손칼과 끌,
손잡이, 삼익살촉, 도끼, 방울, 끌 등을 주조하는데 사용되었다. 삼익살촉을
주조하는데 사용된 거푸집이 세조각인 것을 제외하면 모두 두조각의 合范이
다. 청동 주물의 주입구와 합범 표시 등이 표면에서 확인되는 거푸집은 회색
또는 회갈색의 泥岩을 마연하여 만들었다. 이러한 석제 거푸집은 夏家店 상층
문화에서 사용하였던 이러한 도구와 무기가 일반적으로 석제 거푸집을 사용하
여 주조되었음을 알려준다.

한편 小黑石溝를 비롯한 內蒙古 寧城 지역에서는 청동제 그릇이 다수 발견
된 바 있다. 이 가운데 중원 양식의 청동 의례용 그릇은 주로 寧城 南山根과 小
黑石溝의 무덤에서 다수 출토된 바 있는데, 小黑石溝 8501호묘에서 方鼎, 簋,
盂, 罍, 壺, 盉, 尊, 匜, 盨蓋, 鋪 등이 출토되었고, 小黑石溝 9601호묘에서는
簋, 盤이 출토되었으며, 南山根 101호묘에서는 鼎, 簠, 簋 등이 출토되었으며,
汐子北山嘴 7501호묘에서는 簋가 출토되었다. 寧城을 벗어난 곳으로는 유일

---

2) 강인욱(2009: 89)은 92AⅡH36과 92AⅡH69에서 출토된 토제 국자를 주물용으로 보았으나, 보고서에서 그
러한 서술 내용은 찾지 못하였다.

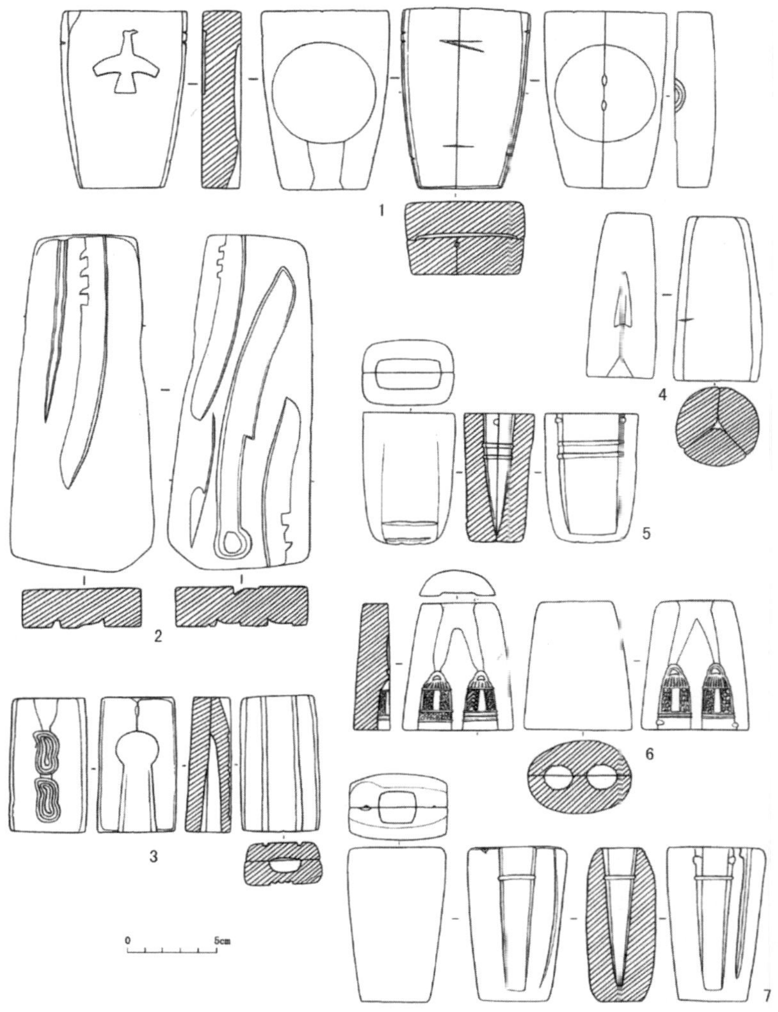

그림 2. 小黑石溝 유적 2003년 지표채집 석제거푸집
(1: 단추, 2: 손칼과 끌, 3: 손잡이, 4: 삼익살촉, 5: 도끼, 6: 방울, 7: 끌)

하게 通遼市 扎魯特旗 巴雅尒圖胡碩 霍林河鑛區 부근에서 簋와 簠가 저장구
덩이에서 출토된 바 있다(夏家店 상층 문화 유적에서 출토된 중원 양식 청동
의례용 그릇의 연대와 성격에 대한 구체적인 서술과 가장 설득력있는 토론으
로는 김정열 2011의 논문을 참조하시오).

이처럼 중원 양식의 청동 의례용 그릇이 출토된 무덤이 寧城 지역에 한정되
는 것과 마찬가지로 夏家店 상층문화만의 독특한 재지 양식의 청동 투구와 그
릇도 寧城 지역에 주로 한정되어 출토되고 있다. 이러한 청동기로는 청동 투
구와 함께 鼎, 鬲, 豆, 罐, 杯, 壺, 鼓形器, 국자 등이 있다. 南山根 101호묘에
서는 청동 투구, 鼎, 鬲, 杯, 豆罐, 雙聯罐, 국자 2점 등이 출토되었다. 小黑石
溝 8501호묘에서는 鬲, 豆 3점, 六聯豆罐, 圓底器, 平底罐 2점, 圓底罐 2점, 瓜
稜罐, 雙聯罐, 四聯罐, 국자 4점 등이 출토되었다. 小黑石溝 9601호묘에서는
청동 투구와 함께 鼎, 豆 4점, 四聯罐, 六聯罐, 橫耳罐, 橫耳杯, 四足盤 2점, 국
자 3점, 鼓形器 3점 등이 출토되었다. 小黑石溝 98AⅢ5호묘에서도 재지 양식
의 청동 鼎이 1점 출토되었으며 그밖에 1975년 小黑石溝에서 수집된 청동 豆
와 雙聯罐 1점 등이 있다. 그밖에 寧城 小黑石溝 8061호묘, 汐子北山嘴 7501
호묘와 瓦房中 791호묘에서 각각 1점의 청동 투구가 출토된 바 있다(寧城縣文
化館 中國社會科學院硏究生院東北考古專業, 1985). 이러한 청동 그릇은 대부
분 夏家店 상층문화의 토기의 형태와 유사하지만 청동으로 주조하였다는 점이
특징이며, 夏家店 상층문화의 최고위 계층의 무덤에서 출토되며, 일부 대형
무덤에서는 중원 양식의 청동 의례용 그릇과 함께 출토되고 있다.

이러한 재지 양식의 청동 그릇과 청동 투구는 앞에서 살펴본 것과 같은 석
제 거푸집으로 제작하기는 상당히 어려운 복잡한 형태와 구조를 가지고 있는
것이 많다. 아직까지 이러한 청동 그릇과 투구를 제작하는데 사용되었던 거푸
집이 발견되지 않아서 정확한 양상을 파악하기는 어렵지만, 중원 지역의 경우
처럼 토제 거푸집, 이른바 陶范을 사용하였거나, 失蠟法을 이용하여 이러한

청동기를 제작하였을 가
능성이 높다. 특히 小黑石
溝 8501호묘에서 출토된
六聯豆罐의 경우(사진 1)
중앙의 罐의 구연부 주위
에 총 6개의 豆를 연결하
여 만든 독특한 기형임을
감안하면 몇 단계로 나누
어 주조를 실시하는 分鑄
法을 사용하였을 가능성
도 있다고 생각된다.

사진 1. 小黑石溝 8501호묘 출토 靑銅 六聯豆罐
(內蒙古自治區文物考古硏究所 寧城縣遼中京博物館 2009)

夏家店 상층문화의 청동야금술을 종합적으로 고찰하면 대량의 청동기를 제
작하는 생산 능력 뿐만 아니라 복잡한 기형의 그릇을 자체적으로 제작하는 발
달된 주조 기술도 보유하고 있었고, 이러한 청동 제작 공정의 중심 지역은 생
산 및 소비의 분포에 관한 고고학 자료를 고려할 떠 역시 內蒙古 寧城의 小黑
石溝 및 南山根을 중심으로 하는 지역이었음을 알 수 있다.

V. 夏家店 상층문화의 두형 토기

小黑石溝 유적 발굴보고서를 통해서 새롭게 확인한 또다른 고고학적 자료는
夏家店 상층문화의 豆形土器의 사용이다. 기왕에 알려진 양상은 夏家店 상층
문화의 무덤에서는 토기가 부장되는 경우가 거의 없고 소량의 小鉢, 小杯 등
이 紡輪과 함께 부장되며 豆는 앞에서 지적한 것처럼 일부 상위 계층의 무덤

표 3. 小黑石溝 豆形土器 출토 灰坑 일람표

灰坑	豆形土器	공반 토제품	기타 유물	人骨
92AⅡH1	豆片 3	鬲, 鉢, 罐, 盆, 紡輪	骨錐, 鏃, 鏟	
92AⅡH5	豆 4	鬲, 盆	骨錐, 鹿角	
92AⅡH7	豆片 1	杯, 盆		
92AⅡH8	豆 14	鬲, 鉢, 鼎, 罐, 鼓, 盆	骨錐, 鏃; 石刀	1具
92AⅡH9	豆 3	鬲, 杯, 罐, 盆	骨錐, 鏃, 卜骨, 板, 管, 穿孔器; 石刀, 礪石	5具
92AⅡH10	豆片 1	鬲, 罐, 蓋	骨錐, 板; 石槽	
92AⅡH12	豆片 1	盆, 鉢, 紡輪	骨錐, 鏃, 刀, 鏟; 石刀, 紡輪, 鏟, 杵	
92AⅡH16	豆片 2	鬲, 杯, 鉢, 罐, 盆, 紡輪	骨錐, 針, 板; 石刀, 礪石, 紡輪	
92AⅡH18	豆片 2	鬲, 鼎, 罐, 盆, 鼓, 甑, 紡輪	骨錐, 鏃, 鏟	
92AⅡH19	豆 1	鉢	石杵	
92AⅡH23	豆 3	鬲, 罐, 盆	骨錐, 針, 板, 卜骨; 石紡輪	
92AⅡH24	豆 4	鬲, 盆, 罐, 鼓	蚌刀	
92AⅡH28	豆片 1	鬲, 盆, 罐	骨鏃	
92AⅡH31	豆 5	鬲, 鼎, 盆, 罐, 鉢, 壺, 蓋, 甑, 紡輪, 簞	骨錐, 鏃, 鏟, 管; 石紡輪, 方形鑽孔器	
92AⅡH35	豆片 1	罐, 盆, 紡輪	骨錐, 鏃; 環狀石器	
92AⅡH40	豆片 1	壺	骨針	
92AⅡH42	豆片 1	鬲		
92AⅡH44	豆片 1	鬲	骨錐; 銅扣飾, 半圓筒器	
92AⅡH46	豆片 1			
92AⅡH62	豆片 2		骨錐, 鏟; 石斧; 銅刀	
92AⅡH67	豆片 1	鬲, 罐, 盆	骨錐, 鏃, 鏟, 板, 刀; 石紡輪	
92AⅡH68	豆 1	鼓		
92AⅡH69	豆片 1	鬲, 杯, 鉢, 罐, 勺, 紡輪	骨錐, 角鑽孔器; 石斧	
93AⅡH76	豆片 2	鬲		
93AⅡH84	豆 2	鬲, 罐		
93AⅡH87	豆片 1			
93AⅡH94	豆 6	鬲, 鼎, 罐, 盆	骨鏃; 螺	
93AⅡH98	豆片 1	盆, 罐	骨鏃, 管, 角; 石鏟	
93AⅡH101	豆片 1	罐		
93AⅡH114	豆片 1	鬲, 罐, 盆, 紡輪	骨管	

灰坑	豆形土器	공반 토제품	기타 유물	人骨
93AⅡH116	豆片 1	鬲, 紡輪	骨錐, 針, 鏃; 環狀石器, 石斧	
93AⅡH122	豆片 2	鉢, 紡輪	石紡輪	3具
93AⅡH134	豆 8	鬲		
93AⅡH135	豆片 1	鬲, 罐, 盆		
93AⅡH153	豆片 1	鬲, 鼎, 盆	石紡輪, 鑿	
93AⅡH159	豆片 1	鬲, 鉢, 罐		
93AⅡH160	豆片 2	鬲, 盆	骨錐; 石紡輪, 環狀石器	
93AⅡH161	豆片 1	鬲, 鼎, 盆, 罐	骨錐; 卜骨	1具
98AⅢH9	豆 6	鬲, 鼎, 鉢, 罐, 壺, 甗, 盆,	骨錐, 鏃, 管; 石刀, 斧	3具
98AⅢH10	豆 4	罐		
98AⅢH13	豆片 1	罐, 盆		
98AⅢH16	豆片 2	鬲, 罐, 盆		
98AⅢH21	豆 3	罐, 鉢	骨錐	5具
98AⅢH28	豆 2	鬲	石鏟	
98AⅢH33	豆片 1	鬲, 鉢, 盆	石斧	
98AⅢH34	豆片 1			
98AⅢH35	豆片 1	鬲	石斧	
98AⅢH40	豆片 2	鬲, 盆, 鼎		
98AⅢH43	豆片 2	鬲, 鉢, 盆		
98AⅢH59	豆片 1	鬲, 盆		

에서 오히려 靑銅豆의 형태로 부장되었다. 하지만 이번에 小黑石溝의 생활 유적에서 출토된 夏家店 상층 문화의 토기를 보면 鼎, 鬲, 甗 등의 삼족토기 및 罐, 盆, 鉢, 壺 등의 평저토기와 함께 豆形土器가 상당히 높은 비중을 차지하고 있다. 小黑石溝 유적에서는 여러 차례의 발굴을 통해 240기의 灰坑을 정리 발굴하였는데, 두형토기는 주로 이 灰坑내에서 출토되고 있다(표 3). 특히 일부 灰坑에서는 豆가 人骨과 함께 출토되고 있어서 위에서 논의한 것처럼 제사 및 순장 행위와 밀접한 관련이 있음을 확인할 수 있다. 이와 함께 豆形土器가 다수 출토된 灰坑으로는 92AⅡH5호 灰坑에서 4존, 92AⅡH24호 灰坑에서 4

점, 92AIIH31호 灰坑에서 5점, 93AIIH94호 灰坑에서 6점, 93AIIH134호 灰坑에서 8점 등의 豆 또는 豆片이 출토되었다. 이를 통해 夏家店 상층 문화에서는 일상생활에서 빈번하게 豆形土器를 사용하였으며 특히 殉葬과 같은 제사 활동과 이들 토기가 관련이 깊었음을 짐작할 수 있다. 이들 灰坑에서는 또한 卜骨도 함께 출토되고 있어서 당시의 종교 의례 활동의 일면을 짐작할 수 있다.

夏家店 상층문화의 두형토기는 赤峰 夏家店 유적(中國科學院考古硏究所內蒙古工作隊, 1974), 寧城 坤頭營子 및 天巨泉 유적(寧城縣文化館 中國社會科學院硏究生院東北考古專業 1985) 등지에서 수집된 사례가 오래 전에 보고되었지만, 별로 주목을 받지 못하였다. 하지만 이번 小黑石溝 유적 발굴 보고서를 통해 두형토기가 夏家店 상층문화의 일상 생활, 특히 제사 활동에서 중요한 위치를 차지하고 있었음을 확인할 수 있게 되었다. 굽다리가 달린 전형적인 두형토기는 중국 동북지방에서 신석기시대에 처음으로 遼東半島 남단과 遼寧 서부 일부 지역에서 출현한 이후, 청동기시대가 되면서 그 수량이 증가하게 된다(박양진 2012). 하지만 두형토기가 본격적으로 유행하게 된 것은 夏家店 상층문화 시기이며 이는 小黑石溝 유적에서 확인된 것처럼 제사 활동과 관련된 제사구덩이에서 가장 빈번하게 발견되고 있다.

夏家店 상층문화의 두형토기는 형식학적으로는 그 종류가 비교적 단순하여 접시의 깊이가 비교적 얕고 나팔형의 높은 굽다리가 달린 형식(그림 3-1~8, 13~19)과 접시의 깊이가 비교적 깊고 기벽이 곡선형이며 굽다리가 낮은 형식(그림 3-9~12), 접시의 깊이는 얕고 아가리가 넓지만 굽다리가 낮은 형식(그림 3-20~22) 등으로 구분할 수 있다.

夏家店 상층문화의 이와 같은 특징적인 기형의 두형토기는 이 지역의 청동기시대 문화가 끝나고 戰國時代 燕의 세력과 함께 철기 및 토기 문화가 유입되면서 점차 사라지고, 뚜껑이 있는 圓球形의 전형적인 戰國 燕式 有蓋豆가 유행하게 된다. 이러한 戰國時代 양식의 豆는 小黑石溝의 戰國時代 무덤 유적에

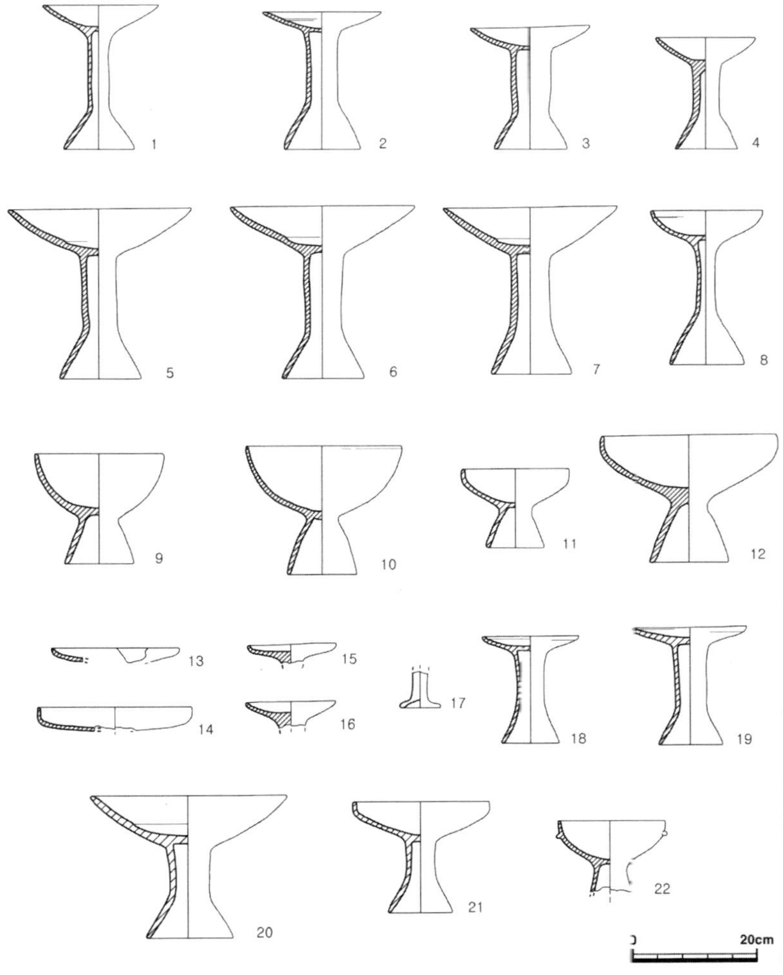

그림 3. 小黑石溝 유적 회갱 출토 두형토기

(1: 92AⅡH8, 2: 92AⅡH5, 3: 92AⅡH9, 4: 98AⅢH9, 5~7: 93AⅡH134, 8: 92AⅡH8, 9: 93AⅡH68, 10: 98AⅢH9, 11: 92AⅡH24, 12: 93AⅡH134, 13: 92AⅡH23, 14: 93AⅡH62, 15~16: 92AⅡH18, 17: 93AⅡH76, 18~19: 92AⅡH24, 2C: 92AⅡH8, 21: 92AⅡH8, 22: 92AⅡH5)

서 쉽게 확인할 수 있다.

VI. 맺음말

최근 內蒙古 寧城 小黑石溝 유적의 발굴보고서 발간을 통해 夏家店 상층문화에 대한 우리의 이해는 새로운 지평을 열게 되었다. 이 글에서는 이 보고서의 내용을 간략하게 요약하고 그 가운데 특히 인간 제사 의례, 청동야금술의 발전, 두형토기의 유행 등을 중심으로 夏家店 상층문화를 새롭게 조명해 보았다.

이러한 분석을 통해서 알 수 있는 것은 夏家店 상층문화의 사회발전 단계가 상당한 수준에 도달하였다는 점이다. 그 구체적 양상을 알기 어렵지만 인간을 희생하는 제사 의례를 빈번하게 실시하고, 복잡한 형태의 청동그릇을 비롯한 대량의 청동기를 자체 제작하여 사용하고 있었음은 夏家店 상층문화가 중국 동북지방의 청동기문화 가운데 가장 높은 사회경제적 발전과 종교 의례적 복합성을 이루었음을 알려준다.

夏家店 상층문화의 여러 유적 가운데 이번에 조사된 小黑石溝와 이와 인접한 南山根 유적에서 夏家店 상층문화의 가장 다양하고 복잡하며 대량의 청동기가 출토되고 있는 점도 주목된다. 청동야금술의 직접적 증거인 석제 거푸집과 토제 고풍관의 발견을 통해서 이 지역이 청동수공업 생산의 중심지였음을 알 수 있다. 夏家店 상층문화의 분포 지역이 정치적으로 하나로 통합되었다고 볼 수 있는 객관적이고 적극적인 증거는 없지만, 內蒙古 寧城 지역이 이 문화의 중심지의 하나였음은 분명하다.

小黑石溝 유적에서 조사된 무덤의 부장품, 특히 청동기의 종류와 수량을 근거로 보고자는 사회적 신분의 차이를 세 등급으로 구분하고, 각각 首領, 武士,

平民 계층으로 상정한 바 있다(內蒙古自治區文物考古研究所 寧城縣遼中京博物館, 2009: 458-460).[3] 小黑石溝 유적에서 각 유구의 분포, 특히 8501호묘 및 9601호묘와 다른 무덤들의 공간적 분포에 관한 정보가 전혀 없는 상태에서 섣불리 추론하기는 어렵지만, 수장급의 무덤이 집중적으로 분포하는 지배계층의 묘역은 아직 형성되지 않은 것으로 보인다. 小黑石溝에 위치한 夏家店 상층문화의 최상위 계층의 성격을 단정적으로 규정하기는 어렵지만 세습적 지위를 통한 불평등의 제도화가 이미 출현하였는지는 의문이다.

小黑石溝 지역만을 살펴볼 때 이 지역의 문화 양상에서 커다란 변화가 일어난 것은 戰國時代 후기라고 할 수 있다. 中原 지역 燕나라의 영향을 받아 청동예기를 모방한 鼎, 豆, 壺, 匜 등의 토기가 부장된 수혈 목관 또는 목곽묘가 이러한 고고학 자료에 해당한다. 중국 동북지방에서 가장 발달하였던 청동기 문명이라고 할 수 있는 夏家店 상층문화는 燕 문화의 확산과 함께 마침내 종말을 고하게 된다.

---

3) 제사 의례에서 희생된 사람들을 최하위 계층으로 분류하여 추가한다면, 네 등급으로 나눌 수 있을 것이다.

| 참고문헌 |

강인욱

2009 「小黑石溝로 본 하가점상층문화의 새로운 인식」, 『韓國靑銅器學報』 第
4號.

김정열

2011 「하가점상층문화에 보이는 중원식 청동예기의 연대와 유입 경위」, 『韓
國上古史學報』 第72號.

박양진

2012 「동북아시아 豆形土器의 출현과 발전」 근간.

孫璐

2012 「中國 東北地域 先秦時代 車馬具의 登場과 變遷」, 『한국고고학보』 81.

이청규 외

2011 『요하문명의 확산과 중국 동북지역의 청동기문화』, 동북아역사재단
기획연구 42.

한국동북아역사재단·중국내몽고문물고고연구소

2007 『하가점상층문화의 청동기』.

黃展岳 지음, 김용성 옮김

2011 『중국의 사람을 죽여 바친 제사와 순장』, 학연문화사.

郭大順

1983 「西遼河流域靑銅文化硏究的新進展」, 『中國考古學會第四次年會論文
集』, 文物出版社.

靳楓毅

1987 「夏家店上層文化及其族屬問題」, 『考古學報』 1987年第2期.

內蒙古自治區文物考古研究所·克什克騰旗博物館

1991 「內蒙古克什克騰旗龍頭山遺址第一,二次發掘簡報」,『考古』1991年第8
旗.

內蒙古自治區文物考古研究所·寧城縣遼中京博物館

2009 『小黑石溝-夏家店上層文化遺址發掘報告』, 科學出版社.

寧城縣文化館·中國社會科學院研究生院東北考古專業

1985 「寧城縣新發現的夏家店上層文化墓葬及其柤關遺物的研究」,『文物資料
叢刊』9.

馬季凡

2004 「商代中期的人祭制度研究」,『中原文物』2004年第3期.

孟鷗

2000 「從卜辭看商代的人祭之法」,『靑島大學師範學院學報』第17卷第4期.

濱田耕作·水野淸一

1938 『赤峰紅山後』, 東方考古學叢刊 甲種第六册.

烏恩

2002 「論夏家店上層文化在歐亞大陸草原古代文化中的重要地位」,『邊疆考古
研究』第1輯, 科學出版社.

王磊

1999 「試論龍山文化時代的人殉和人祭」,『東南文化』1999年第4期.

遼寧省博物館文物工作隊

1983 「遼寧林西縣大井古銅鑛1976年試掘簡報」,『文物資料叢刊』第7輯.

遼寧省昭烏達盟文物工作站·中國科學院考古研究所東北工作隊

1973 「寧城縣南山根的石槨墓」,『考古學報』1973年第2期.

劉國祥

2000 「夏家店上層文化靑銅器研究」,『考古學報』2000年第4期.

田廣金

1997 「中國北方系靑銅器文化和類型的初步硏究」, 『考古學文化論集』四, 文
物出版社.

齊曉光

1991 「內蒙古克什克騰旗龍頭山遺址發掘的主要收穫」, 「內蒙古東部區考古學
文化硏究文集」, 海洋出版社.

趙曄

2001 「良渚文化人殉人祭現象試析」, 『南方文物』2001年第1期.

朱永剛

1987 「夏家店上層文化的初步硏究」, 『考古學報』1987年第2期.

中國科學院考古硏究所內蒙古工作隊

1961 「內蒙古赤峰藥王廟, 夏家店遺址試掘簡報」, 「考古」1961年第2期.

1974 「赤峰藥王廟, 夏家店遺址試掘報告」, 『考古學報』1974年第1期.

1975 「寧城南山根遺蹟發掘報告」, 『考古學報』1975年第1期.

項春松·李義

1995 「寧城小黑石溝石槨墓調查淸理報告」, 『文物』1995年第5期.

遼寧地域의 靑銅器文化와 北方 靑銅器文化 間의 相互 作用과 交流 樣相[*]

吳江原[**]

⟨Abstract⟩

The Bronze age culture of the Liaoning region during the mandolin shaped bronze dagger phase can be broadly divided into the Liaoxi sphere and the Liaodong sphere, but on the basis of regional combinations of artifacts and relics, the Liaoxi sphere can be characterized as the Shiertaiyingzi culture, and the Liaoxi sphere further divided into the Erdaohezi type of northern Liaodong, the Shuangfang type of southern Liaodong, the Gangshang type of the southern end of Liaodong and the Dalishugou type of eastern Liaodong. Initially, the Liaodong and Liaoxi spheres were com-

---

* 이 논문은 2007년 5월 한국고대학회 국제 학술 발표 대회(「오르도스 청동기문화와 한국의 청동기문화」)에서 발표한 발표문을 일부 수정 보완한 것임을 밝혀둔다.

** 韓國學中央研究院 助教授

posed of differing cultures, but around the 6-5 century B.C. as the Shiertaiyingzi culture evolved into the Nandongou type centered in Kazuo and the Zhengjiawazi type centered in Shenyang, the similarites between the two areas gradually increased, and by the 4th century B.C. the two spheres formed a homogeneous cultural unit.

The Liaoning region Bronze culture which had complex interaction even within the Liaoning area itself as seen above, with Liaoning as the basis, had long term interaction with the Northern Bronze cultures located to the west, the Jilin Bronze cultures located to the north, the Bronze cultures of the Korean peninsula located to the east, during this mutual interaction process the Liaoning culture not only heavily influenced the surrounding Bronze cultures, but the Liaoning Bronze culture itself was also considerably influenced by the surrounding cultures. These mutual interactions of the Liaoning region Bronze cultures during the first half consisted of the Shiertaiyingzi culture's exchanges with the Northern Bronze cultures and in the latter half with exchanges with the Korean peninsula.

Among the Bronze age cultures of the Liaoning region the culture which had continuous exchange with the Northern Bronze cultures was the Shiertaiyingzi culture, the relationship between the Shiertaiyingzi culture and the Northern Bronze cultures is clearly seen through the fact that this culture emerged through the variation and accumulation of artifact elements of Siberian lineage, which had reached the western Liaoning region by way of the Upper Xiaziadian cultural sphere. Subsequently, the Shiertaiyingzi culture had intimate exchanges with the Upper Xiaziadian culture of southeastern Inner Mongolia and the Dongnangou culture of northern Hebei province, forming a triangular interaction sphere, the central role during these exchanges was carried on by the Upper Xiaziadian culture until the 7th century B.C. and by the Dongangou culture in the 6-5th century B.C.

The interaction between the Liaoning region Bronze cultures and the Northern Bronze cultures has significance in many respects, but the fact most worthy of notice is that during the 6-5th century B.C., as a consequence of interaction with the Dongnangou culture, the Shie-taiyingzi culture evolved into the Nandongou type centered in Kazuo and the Zhengjiawazi type centered in Shenyang, and as a result the Liaodong and Liaoxi regions gradually formed a homogeneous cultural unit centered on the Zhengjiawazi type. However, this system of mutual exchange between Liaoning and the Northern Bronze cultures collapsed with the expansion of Warring States Yan in the 4-3rd century B.C., and Warring States Yan emerged as a new center of mutual exchange.

keywords : mandolin shaped bronze dagger phase, Liaoning region bronze culture, northern bronze culture, mutual interaction, exchange

I. 머리말

　遼寧 지역의 청동기문화는 동검을 기준으로 할 때 無銅劍 段階(前期)와 有銅劍 段階로, 有銅劍 段階는 다시 손잡이의 형태와 장착 방식을 기준으로 할 때 曲柄銅劍 段階(中期)와 直柄銅劍 段階(後期)로 대분된다. 이 가운데 直柄銅劍 段階는 사실상 비파형동검만이 유행하였다는 점에서 琵琶形銅劍 段階라고 할 수 있다. 또한 曲柄銅劍과 琵琶形銅劍 段階는 유물 복합 전반에서 현격한 차이를 보이는데, 曲柄銅劍 段階는 內蒙古 중부~河北省 북부와 동질적인 문화성을 보이고 있는 반면, 琵琶形銅劍 段階는 일부 개별 유물을 제외한 대다수가 遼寧 지역의 지역성을 강하게 나타낸다.

　그런데 遼寧 지역의 독특한 지역성은 어디까지나 동북아시아 전반을 놓고 상대적으로 비교했을 때일 뿐, 실제로는 遼寧 지역 내에서도 요서와 요동 간에, 그리고 같은 요동 지역이라 할지라도 요동의 각 지역 간에 많은 문화적 변이와 함께 상호 작용의 흔적이 발견된다. 이러한 양상은 遼寧 지역을 하나의 단위로 놓고 주변 지역의 청동기문화를 비교할 때에도 어렵지 않게 발견할 수 있는데, 朝陽 十二臺營子 유적에 內蒙古 동남부 夏家店上層文化의 유물이, 喀左 三官甸 유적에 河北省 북부 東南溝文化의 유물이 들어가 있는 것을 단적인 예로 들 수 있다.

　이러한 점을 고려할 때, 당연한 말이겠지만, 遼寧 지역의 여러 청동기문화가 형성되고 발전하는 과정 중에 주변 지역의 청동기문화와 끊임없는 상호 작용을 하였음을 짐작할 수 있다. 여기에서는 요령 지역 청동기문화를 새롭게 이해하는 방편의 하나로 遼寧 지역 청동기문화와 북방 청동기문화의 상호 작용에 대해서 살펴 보고자 한다. 여기에서 말하는 북방 청동기문화란 상대적으로 요령 지역의 북쪽에 위치하고 있되 요령과는 다른 류의 청동기가 유행한 시베리아-몽골의 여러 청동기문화와 內蒙古 동남부의 夏家店上層文化 및 河北省

북부의 東南溝文化 등을 말한다.

Ⅱ. 遼寧 地域 靑銅器文化의 地域群과 劃期

琵琶形銅劍 段階 遼寧 지역에는 구조, 형태, 기술성, 시공간성, 문화성을 달리하는 다양한 유물 요소들이 분포되어 있었다. 여를 들어, 多人 火葬과 地上 積石部와 群集 墓室로 상징되는 積石塚은 單人葬과 單獨 墓室로 상징되는 石槨墓와, 多人 火葬과 上石으로 상징되는 支石墓는 單人葬과 소형 지하 묘실로 상징되는 石棺墓와, 短斜線文이 장식되어 있는 二重 口緣과 夏胴形으로 상징되는 雙房型 二重 口緣 深鉢形土器는 鉢形 口頸으로 상징되는 美松里型壺와, 흑색 마광과 물레 수정으로 상징되는 鄭家窪子型壺는 일반즈인 요동 지역의 적갈색 무문토기와 전혀 다른 지역성을 보인다.

이와 같은 유물 양상은 琵琶形銅劍 段階 遼寧 지역에 여러 개의 지역적 유물 유적 공반 단위, 즉 地域群(類型)이 존재하고 있었음을 시사한다. 이들 지역군은 이른 시기부터 다양한 형태의 상호 작용을 한 것으로 파악되는데,[1] 이러한 점은 요서 지역의 十二臺營子型 琵琶形銅劍과 幾何文 扇形銅斧에 대비하여 요동 지역에 二道河子型 琵琶形銅劍과 無文型 扇形銅斧가 분포하고 있는 것을 통해서 짐작할 수 있고, 두 지역 간의 교류 양상은 鄭家窪子型壺와 石槨墓, 土壙墓 등에서 알 수 있는 바와 같이, 前期의 模寫·模倣 段階부터 後期의

---

1) 한반도로까지 넓혀 볼 경우 그 양상은 더욱 다양하고 복잡해진다. 한반도에서는 청동기시대 비파형동검 보다 석기가 더욱 두드러지고 토착 집단에서 재해석된 비파형동검문화 관련 청동기가 성행하였지만(李榮文 1998), 오히려 이러한 점으로 인해 요령 등지 보다 상호 작용의 관계를 파악하기가 보다 쉽다

직접적인 交易 段階로 발전된다.

아무튼 遼寧 지역은, 유물 유적의 지역적 조합 관계를 고려할 때, 기왕에 밝힌 바와 같이(吳江原 2004a: 148-149) 아래의 다섯 개 지역군으로 나누어진다.

우선 遼西地域群(十二臺營子文化)을 들 수 있는데, 이 지역군에서는 대체로 石槨墓가 중심 묘제를 이루고 있으면서 때에 따라서는 지역 별로 土壙墓가 축조되었고, 이른 시기에는 회갈색의 바루와 대접이 제작되다가 중간 시기에 마광 흑색 기법이 적용된 바루가 제작되었으며 늦은 시기에 이르러서는 회색 또는 회갈색의 牛角形 把手 달린 罐, 단면 원형 粘土帶土器, 肩雙耳壺 등이 유행하였다. 遼西地域群은 비파형동검, 검병두식, T자형 청동제 검손잡이, 비파형동모, 다뉴기하문경, 선형동부, 기하문 장식물 등의 청동기가 전형성을 띠며 유행하였다는 점에서도 특징적이다.

다음으로는 遼東 北部地域群(二道河子類型)을 들 수 있는데, 이 지역군에서는 石棺墓, 美松里型壺, 老城型壺, 大伙房型罐이 중심 유물을 이루고 있다. 이 중 석관묘는 요동 남부, 길림 남부, 길림 중부에도 분포하고 있으나, 길림 중부는 석관묘가 절대적으로 유행하기는 하였으나 공반 유물을 달리한다는 점에서, 다른 지역은 석관묘가 절대적인 위치를 차지하고 있지 못하였을 뿐만 아니라 공반 유물 또한 달리한다는 점에서, 각각 요동 북부 지역과 차별성을 보인다. 따라서 이들 유물이 지역색을 보이며 공반하는 요동 북부 지역을 하나의 단위 지역군으로 묶을 수 있다.

다음으로는 遼東 南部 地域群(雙房類型)을 들 수 있는데, 支石墓와 雙房型土器가 중심 유물을 이루고 있다. 이 중 지석묘는 길림 남부, 요동 동부, 한반도, 구주 지역 등에도 분포하고 있어 광역성을 띠고 있다. 그러나 다른 지역의 지석묘들은 거시적인 면에서 지석묘라는 묘제가 채용되었을 뿐이지, 세세한 면에서 구조 형식을 달리하고 있고(吳江原 2002a), 또 공반 유물 및 시간성 또한 다르다. 雙房型土器 또한 遼東 南端과 韓半島의 鴨綠江 연안 지역에도 몇 예 분포되어 있기는 하나 전형적이지 못하다.[2] 따라서 두 유물 요소가 전형성을 보이고 있는 요동 남부 지역을 동일 지역군으로 묶을 수 있다.

다음으로는 遼東 南端 地域群(崗上類型)을 들 수 있는데, 積石塚과 崗上型 土器가 중심 유물을 이루고 있다. 이들 유물의 배타성은 이러한 유물 요소가 요동 남단과 접해 있는 요동 남부의 일부 지점을 빼고는 다른 지역에서는 전혀 발견되지 않는다는 점을 통해서 단적으로 드러난다. 이외 요동 남단 지역군은 요동 북부 지역군과 함께, 요동 지역의 여러 지역군 가운데 유일하게 琵琶形銅劍 段階 비파형동검을 비롯한 관련 청동기 유물군이 일정한 비중을 차지하고 있었다는 점에서도 특징적인데, 二道河子型(B형) 비파형동검을 대표적인 예로 들 수 있다.

끝으로 遼東 東部 地域群(大梨樹溝類型)을 들 수 있는데, 이 지역군은 조사의 미비로 아직 유물 유적의 전모가 분명치 않다. 대체로 요동 북부 지역과 요동 남부 지역 및 길림 남부 지역 모두에 연결됨과 동시에 이들 지역 어느 곳과도 일치되지 않는 양상을 보인다. 지금까지 조사된 결과를 토대로 할 때, 무덤은 초기 철기시대 직전에는 石棺墓와 大石蓋墓가 축조되다가 초기 철기시대에는 積石塚이, 토기는 전기에는 桓仁 大梨樹溝門의 예에서 짐작할 수 있는 바와 같이 요동 북부 지역군의 영향을 보다 강하게 받다가 초기 철기시대 전후부터는 길림 남부의 영향을 보다 많이 받은 듯 하다.

위의 琵琶形銅劍(中細形銅劍 포함) 段階 遼寧 지역 청동기문화를 획기하는 데에 기준으로 삼을 수 있는 유물로는 철기를 비롯한 戰國燕系의 유물 요소(桃

---

2) 遼東 南部 雙房類型은 토기 조합의 차이에 따라 크게 雙房型 二重口緣 深鉢形土器와 美松里型壺가 조합하는 遼東 南西部圈과 雙房型 二重口緣 深鉢形土器와 東山型壺가 조합하는 南東部圈으로 나누어 볼 수 있는데(吳江原 2006), 최근 俞泰勇(2010)은 雙房類型 南東部圈의 공간과 조합 토기를 브다 확대하여 지역적으로 變形된 公貴里型 土器가 조합하고 있다고 보면서 이를 근거로 鴨綠江 하류역 또한 雙房類型 南東部圈에 포괄될 수 있다는 새로운 견해를 제기한 바 있다.

氏劍, 扁莖劍, 盤首柄劍, 鐵钁, 철자귀, 철낫, 高柄豆…), 後期 北方系 유물군 (動物樣式, 三翼·三稜有銎式鏃, 環首刀, 두쪽 말재갈, 曲棒形帶鉤, 水禽形帶鉤, 오목 밑 방울, 꺽창, 肩雙耳壺…), T자형 청동제 검손잡이 등을 들 수 있다. 이 가운데 T자형 청동제 검손잡이는 琵琶形銅劍 段階 내의 기술적인 혁신을(秋山進午 1968; 林 澐 1980; 박진욱 1987), 後期 北方系 遺物群과 戰國燕系 遺物은 이러한 유물 조합의 유행 시기가 한정되어 있다는 점에서 각각 획기의 근거로 삼을 수 있다.

위의 기준 유물을 중심으로 遼寧 지역 청동기문화를 十二臺營子文化를 중심으로 획기하면 아래의 다섯 단계로 나누어진다.

즉, T자형 청동제 검손잡이가 결여된 상태에서 비파형동검과 소형 공구류(선형동부, 청동끌…)가 공반하는 제 I 단계(王八盖子 段階), 위의 유물 외에 다뉴기하문경과 고급 장식물 및 마구류가 공반하는 제 II 단계(十二臺營子 段階), 위의 유물 외에 비파형동모와 T자형 청동제 검손잡이가 공반하는 제 III단계(東嶺崗 段階), 요령 지역의 토착적인 유물 외에 후기 북방계 유물군이 공반하는 제 IV단계(南洞溝−鄭家窪子 段階), 중세형동검을 비롯한 토착적인 청동기 유물 외에 戰國燕系 유물 요소가 공반하는 제 V 단계(東大杖子 段階[3])이다.

이 가운데 V단계는 戰國燕系 유물의 공반 수위를 기준으로 할 때, 戰國燕系 유물이 적극 공반하고 있는 것과 그렇지 않은 것 두 개의 유적 집단으로 세분되는데, 이를 기준으로 V단계를 다시 V−1기(尹家村類)와 V−2기(霍家村類)로 나누어 볼 수 있다. 그런데 V−1기의 유적은 遼寧~吉林 지역에 모두 분포하고 있는 반면, V−2기의 유적은 요동의 산간 지역과 길림 지역에서만 확인된다. 이 가운데 V−2기의 현상은 여러 정황으로 보아 戰國燕의 직접적인

---

3) 東大杖子 段階와 유적의 획기 상의 의의에 대해서는 吳江原의 2006a와 2006b(477−481)를 참고하기 바란다.

遼寧 진출 외에는 달리 생각할 수 없을 것 같다(剛內三眞 1982: 824; 尹武炳 1972: 131). 아무튼 이러한 점을 고려할 때, V단계 전체를 기원전 4~3세기로 볼 수 있다.

다음 IV단계의 시간 범위는 後期 北方系 遺物群의 시간성을 통해서 짐작할 수 있는데, 이 단계에 복합하는 後期 北方系 遺物群, 즉 水禽形帶鉤, 曲棒形帶鉤(王仁湘 1985: 279-284), 두쪽 말재갈(吳江原 2003), 有銎式銅鏃(吳江原 2002b: 18-19), 動物樣式(鄭紹宗 1991) 등의 시간성은 모두 기원전 6~5세기이다. 또한 南洞溝와 老爺廟의 청동 꺽창은 전형적인 春秋 시대 꺽창과 전형적인 戰國 시대 꺽창의 중간적인 형태적 속성을 보인다. 여기서는 이러한 점과 함께 비파형동검 등과 함께 三翼有銎式 동촉이 공반하고 있는 鄭家窪子 M6512가 기원전 6세기 중반~후반으로 편년된다는 점을 고려하여(吳江原 2002b), IV단계의 시간 범위를 기원전 6세기 중반~5세기로 보고자 한다.

II단계의 시간 범위는 單鈕無文鏡(大拉罕溝M851), 單鈕鏡形飾(大拉罕溝 M851), 長型 청동 방울(欒家營子M901) 등과 같은 夏家店上層文化 유물의 공반을 통해 유추할 수 있는데, 이들 유물은 夏家店上層文化 南山根 段階에 특징적으로 유행한 전형 유물들이다. 따라서 II단계가 시간적인 면에서 南山根類와 병열적인 관계에 있음을 알 수 있는데, 南山根M101,M102는 그 하한이 기원전 8세기 중반을 넘지 않는다(靳楓毅 1982; 吳江原 2001). 여기서는 이러한 점과 함께 일부 유적의 연대가 十二臺營子M1~M3보다 상회할 가능성이 있다는 점을 고려하여, II단계의 시간 범위를 기원전 9세기 중반~8세기 중반으로 잡고자 한다.

II단계와 IV단계의 시간 범위가 위와 같이 밝혀졌으므로, III단계는 자연 중간 시기에 위치지워지게 된다. 아쉬운 것은 III단계의 공반 유물만으로는 시간적 위치를 분명하게 밝히기 어렵다는 점이다. 그러나 建平 炮手營子M881이 비파형동모가 공반하고 있다는 점을 제외하고는 기종 구성과 형식에서 十二臺

營子類와 시간적으로 근접한 양상을 보이고 있다는 점을 통해, Ⅲ단계의 상한이 Ⅱ단계의 하한과 근사함을 유추하여 볼 수 있다. 이외 阜新 胡頭溝는 청동 칼집이 조합한다는 점에서 鄭家窪子M6512와 유사한 시간성을 보인다. 따라서 Ⅲ단계의 시간 범위를 기원전 8세기 중후반~6세기 전반으로 잡을 수 있다.

제Ⅰ단계는 공반 유물이 분명치 않은 까닭에 구체적인 시간 범위를 확정짓기 곤란하다. 그러나 Ⅱ단계(十二臺營子類)의 청동기 유물 조합상이 발생기로 보기에는 너무 완비되어 있다든지, 凌源 王八盖子 출토의 것을 표지로 하는 王八盖子類의 劍柄頭飾이 十二臺營子類 枕形 劍柄頭飾의 직접적인 선행 형식을 이루고 있다든지(吳江原 2004b: 32-33) 하는 점을 고려할 때, Ⅱ단계보다 한 시기 가량 앞서 있음을 짐작할 수 있다. 단, 두 단계 간의 시간적 차이는 그리 크지 않을 것으로 여겨진다. 여기서는 이러한 점을 감안하여, Ⅰ단계의 시간 범위를 기원전 10세기 후반~9세기 중반으로 보고자 한다.

Ⅲ. 劃期 別 北方 靑銅器文化와의 相互 作用과 交流 樣相

1. 제Ⅰ단계(전10후~9중)

제Ⅰ단계는 요서의 十二臺營子文化로서는 관련 유물 복합이 처음으로 생성되는 발생기, 요동 북부의 二道河子類型과 요동 남부의 雙房類型 및 요동 남단의 崗上類型으로서는 형성기에 해당한다. 이들 유형 가운데 북방 청동기문화와 주목할 만한 교류가 이루어진 것은 요서의 十二臺營子文化가 유일한데, 이 시기 직접적인 교류 대상으로는 夏家店上層文化가 있다. 그런데 이와 관련하여 요서 十二臺營子文化의 기원에 대해 특별히 다룰 필요가 있다. 그 이유는 이 시기가 十二臺營子文化의 발생기에 해당하므로, 교류의 의미가 기원 문제와도 일정한 연관성을 가질 수 있기 때문이다.

먼저 기원부터 살펴 보면, 十二臺營子文化는 遼寧의 선행 문화와 별다른 연관성을 보이지 않는다. 따라서 다른 지역의 유물 복합에서 기원하였을 가능성이 높다. 이와 관련하여 일차적으로 고려되는 것이 內蒙古 중부~河北省 북부의 청동기문화이다. 그런데 이들 지역의 청동기문화는 魏營子式 遺蹟群 하고만 직접적인 관련이 있을 뿐, 十二臺營子文化와는 무덤·토기·청동기 등에서 성격을 달리한다. 아울러 동검만을 기준으로 할 경우, 위의 지역들에서는 특정 시기를 제외하고는 시종 일관 有柄式銅劍 類가 유행하였다. 따라서 琵琶形銅劍文化의 기원으로 삼을 수 없다(吳江原 1997: 36-49).

이와 관련하여 주목되는 것이 시베리아의 청동기문화인데(金貞培 1973: 170-209), 두 지역 사이의 관계에서 우선적으로 고려되는 것이 무덤이다. 西遼河와 大凌河 및 柳河 유역에서 十二臺營子文化에 선행하여 유행한 문화(夏家店下層文化, 高臺山文化, 順山屯類型, 魏營子式 遺蹟群)는 기본적으로 土壙墓文化에 속한다. 이러한 문화적 전통 속에서 이들 문화의 변연 지대에 石槨墓가 十二臺營子文化와 함께 출현하였다는 것은 이질적인 감마저 든다. 아울러 깊은 지하에 덩이돌로 곽을 짜고 그 안에 목판 또는 목관 등을 배치하는 형식의 무덤 구조가 시베리아의 쿠르간 등과 유사한 모티프를 갖고 있다는 점에서, 두 지역 청동기문화 사이에 친연성이 적지 않음을 유추하여 볼 수 있다.

두 문화의 계통적인 연관성은 朝陽 十二臺營子M1과 沈陽 鄭家窪子M6512의 三穿式의 청동 및 뼈로 만든 말 재갈멈치가 볼가강 유역의 스루브문화(기원전 13~9세기)(鄭燦培 譯 1994: 그림 36-16)와 남시베리아 뚜바 지역의 쿠르간 아르잔(기원전 8세기대)(鄭燦培 譯 1994: 그림 64-10, 11)의 재갈멈치와 같다든지, 十二臺營子文化 특유의 기하문 장식이 시베리아에서 보편적으로 확인된다든지(金廷鶴 1978: 3-4; 李康承 1979: 56; 李健茂 1992: 186-199), 선형동부가 안드로노보문화의 청동도끼와(鄭焴培 譯 1994: 그림 40-8, 9) 연결 된다든지, 十二臺營子의 W자형 말멍에 장식이 시베리아~몽골의 동종 기물과 동일한 형식에 속한다든지(林 澐 1997: 11-14, 19-20) 하는 점을 통해서도 짐작할 수 있다.

따라서 十二臺營子文化가 시베리아 청동기문화를 기원으로 하고 있음을 알 수 있다(金廷鶴 1966; 金貞培 1973; 金元龍 1976; 金貞培 2007). 그런데 주목 되는 것은 十二臺營子文化가 시베리아의 어느 청동기문화와도 완전한 연결 관 계를 보이지 않고 있다는 점이다. 시베리아~중앙아시아 지역의 청동기문화 가운데 十二臺營子文化와 비교되는 것으로는 안드로노보문화, 카라수크문화, 타가르문화가 있다. 이들 세 문화는 시공간성을 조금씩 달리한다. 그러나 세 문화 모두 중남부 시베리아의 예니세이강 유역을 공통된 공간으로 하고 있다 는 점에서 유사하다(崔夢龍·李憲宗 編著 1994: 60-80; 崔夢龍 1995). 이하 이 들 문화와 十二臺營子文化와의 관계에 대해 살펴 보기로 하겠다.

안드로노보문화(Andronovo)는 기원전 2000년기 전, 중반부터 기원전 9세 기까지 볼가강 유역으로부터 미누신스크 분지에 이르는 지역에서 존속하였다 (Chernykh E. N. 1992: 335). 이 문화는 시베리아 청동기문화 가운데 十二臺 營子文化와 연결 가능한 유물 요소가 처음으로 확인되는 문화라는 점에서 주 목된다. 즉, 토기가 鉢形罐 위주라든지, 토기와 청동기에 장식된 기하문이 十 二臺營子文化와 유사하다든지, 등대 양측에 피홈이 파여져 있는 동모가 발견 된다든지, 선형동부와 유사한 형태의 청동 도끼가 유행하였다든지, 검신에 비 해 손잡이가 약한 동검 류가 유행하였다든지 하는 점에서 十二臺營子文化와 유사성을 보인다.

그런데 두 문화는 차별성 또한 적지 않다. 예를 들어, 안드로노보문화에서 는 圍墻石棺墓, 墳丘墓, 屈葬, 火葬이 유행한 반면, 十二臺營子文化에서는 石 槨墓, 土壙墓, 仰身直肢葬, 直葬이 유행하였다. 또한 전자에서는 有文土器가

시종 일관 유행한 반면, 후자에서는 無文土器만이 유행하였다. 둘의 차별성은 청동기에서도 확인된다. 즉, 전자에서는 柳葉形銅劍, 柳葉形銅矛, 管銎斧, 鍛造 스타일의 자루 맞추개를 가진 각종 공구류가 유행한 반면. 후자에서는 이러한 유물 조합이 전혀 발견되지 않는다. 따라서 현재로서는 두 문화 사이의 직접적인 관계를 설정할 수 없다.

카라수크문화(Karasuk)는 기원전 13, 12세기부터 기원전 8세기까지 예니세이강 상류역에서 유행하였다(Jettmar, K. 1969: 14). 카라수크문화는 그간 일부 연구자들이 한국 청동기문화의 기원으로 꼽았던 문화이다(金貞培 1973: 130-131). 실제 이 문화는 시간적인 면에서 十二臺營子文化의 직전 단계에 위치하고 있음은 물론 유사성 또한 보이고 있다. 일부의 토기와 청동기에 十二臺營子文化의 기하문 류가 장식되어 있다든지, 비록 전체 동검 가운데 차지하는 비중이 극소하기는 하나 손잡이를 따로 조립하게 되어 있는 납작한 슴베가 달려 있는 동검이 존재한다든지 하는 점을 그러한 예로 들 수 있다.

그러나 카라수크문화와 十二臺營子文化는 차별성 또한 적지 않다. 두 문화는 우선 무덤과 관련된 문화 현상에서 큰 차이를 보인다. 즉, 카라수크문화에서는 圍墻石棺墓와 屈葬이 성행한 반면, 十二臺營子文化에서는 石槨墓와 仰身直肢葬이 유행하였다. 둘 사이의 차이는 청동기에서도 확인된다. 예를 들어, 전자에서는 鈴首·獸首 銅刀·銅劍, 柳葉形銅劍, 管銎斧, 곡괭이 꼴 도끼, 梯形銅斧, 弓形銅器 등이 긴밀한 조합상을 이루고 있는 반면, 후자에서는 이러한 유물들이 유행하지 않았다. 따라서 카라수크문화 역시 十二臺營子文化의 직접적인 관계를 설정하기 어렵다.

타가르문화(Tagar)는 기원전 8, 7세기로부터 기원전 3세기에 이르기까지 예니세이강 상류역에서 유행한 문화이다(鄭燦培 2000: 47쪽). 이 문화 역시 그간 한국 청동기문화와 관련하여 검토되어 왔는데(도유호 1959: 17), 시간적인 면에서 十二臺營子文化와 병행하는 문화라는 점에서 주목된다. 두 문화가 시간적으로 병행하는 만큼, 둘 모두에서 시대성을 반영하는 유물들, 즉 바깥 고리 바깥 측에 장방형 고리가 덧대어져 있는 두 쪽 말 재갈, 三翼有莖式鏃, 三翼有銎式鏃 등이 공통적으로 확인된다. 아울러 흑색 마광 발과 三穿式 말 재갈멈치가 주요한 유물을 이루고 있다는 점에서도 유사성을 보인다.

그러나 타가르문화와 十二臺營子文化는 두 문화가 병행적이라는 점에서, 어느 하나가 다른 하나의 기원을 이룰 수 없다. 더구나 둘은 일부 유물 요소를 제외한 유물 복합 전반에서 커다란 차이를 보인다. 즉, 타가르문화에서는 圍墻石棺墓, 有墳丘의 圍墻木槨墓, 多人葬, 有柄式銅劍, 곡괭이 꼴 청동도끼, 細長型 內灣刀, 動物 樣式, 單鈕銅鏡 등의 유물 요소가 유행한 반면, 十二臺營子文化에서는 이와 차별적인 유물 요소가 유행하였다. 三穿式 말 재갈멈치는 북아시아의 모든 지역에 분포되어 있다는 점에서, 두 문화 사이의 연관성을 강조할만한 자료가 되지 못한다.

위에서 검토한 바와 같이, 十二臺營子文化는 시베리아-중앙아시아 청동기문화와 유사한 특징을 보이면서, 역설적이게도 시베리아-중앙아시아의 어느 문화와도 직접적인 관계를 보이지 않는다. 즉, 十二臺營子文化의 유물을 시베리아 전체의 청동기문화와 낱개로 비교할 경우에는 두 문화 사이의 계통성이 드러나나, 문화 전반을 비교할 때에는 직접적인 관계성이 찾아지지 않는다. 이러한 점을 고려하여 볼 때, 十二臺營子文化와 시베리아-중앙아시아 지역의 청동기문화 사이에 시공간적인 면에서 중간 단계의 변천 과정과 독특한 형성 과정이 개재되어 있었던 것으로 판단된다.

이와 관련하여 이 시기 十二臺營子文化의 공간성이 주목된다. 이 시기의 청동기는 大凌河 최상류역으로부터 老哈河 유역에까지 분포하고 있다. 즉, 이 시기 十二臺營子文化의 공반 유물로는 十二臺營子式(AⅠ) 琵琶形銅劍, 王八盖子式(A, BⅠ)·東嶺崗式(C) 劍柄頭飾, 목제 검손잡이 등이 있는데, 老哈河 유역 또한 관련 유물의 주요한 분포 구역을 이루고 있다는 점이 특징적이다. 따라서 十二臺營子文化가 夏家店上層文化에서 파생된 것으로 생각할 수도 있는데, 이러한 견해는 夏家店上層文化 역시 시베리아 지역과 일정 부분 연관성이 있다는 점을 감안할 때 그럴 듯 하다.

그러나 문제는 十二臺營子文化가 夏家店上層文化와는 사실상 차별적인 별개의 문화라는데에 있다(李康承 1979; 林澐 1980; 姜仁求 1987; 吳江原 1997; 金貞培 2000; 金貞培 2004). 즉, 十二臺營子文化와 夏家店上層文化는 전파성이 강한 청동기는 물론 토착적인 성격이 강한 토기 문화에서도 큰 차별성을 보인다. 더욱이 夏家店上層文化는 시베리아뿐만 아니라 주변 지역의 여러 유물 요소(夏家店下層文化, 魏營子式 遺蹟群, 高臺山文化, 冀北 지역 청동기문화)가 복합하고 있다는 점에서(郭大順 1987: 91-92; 朱永剛 1987: 115-124) 十二臺營子文化와 차별적임과 동시에 두 문화 모두 시베리아 청동기문화와 연관성을 보이고 있다는 점에서는 공통적이다. 이러한 점 비파형동검문화의 형성

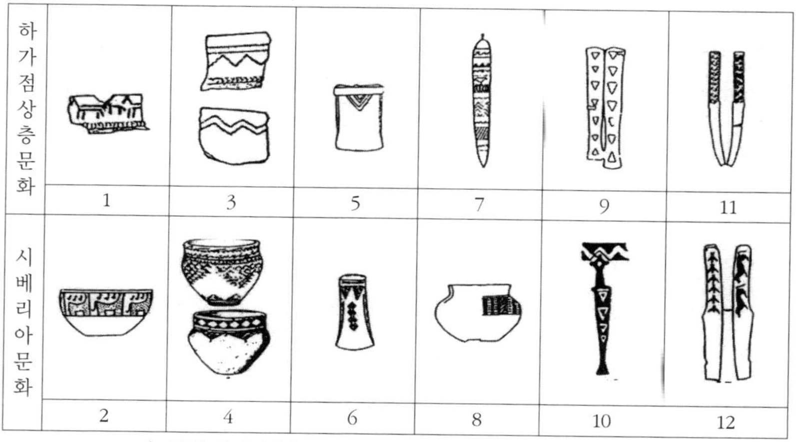

하가점상층문화					
1	3	5	7	9	11
시베리아문화					
2	4	6	8	10	12

〈그림 1〉 하가점상층문화와 시베리아—몽고 지역 장식 문양 비교

*1. 용두산Ⅱ T0203②:6, 2. 나마즈가Ⅲ기, 3. 용두산Ⅱ H1:1, Ⅱ H2:7, 4. 안드로노보·카라수크문화, 5. 용두산M1, 6. 안드로노보문화, 7. 소흑석구, 8. 북카프카즈문화, 9. 소흑석구, 10. 몽골, 11. 남산근, 12. 몽골

과정 및 배경과 관련하여 중요한 시사점을 준다.

기왕에 살펴 본 바와 같이(吳江原 2002c: 243-258), 기원전 15세기를 기점으로 內蒙古 중부~遼西 지역에서는 전기 청동기문화가 대거 쇠퇴함과 동시에 기원전 12세기부터 內蒙古 중부~河北省 북부 지역에 시베리아-중앙아시아의 청동기에 토착의 토기가 복합된 독특한 성격의 북방계 문화가 광범위하게 형성된다. 아울러 河北省 북부 지역으로까지 파급된 북방계 문화의 동진에 의해 遼西 서북부 지역에 魏營子式 遺蹟群이 출현하게 되는데, 魏營子式 遺蹟群은 이 일대의 전기 청동기문화인 夏家店下層文化는 물론 후행하는 夏家店上層文化나 十二臺營子文化와도 차별적인 문화상을 보인다.

이러한 점들을 종합할 때, 夏家店上層文化와 十二臺營子文化에 영향을 끼친 시베리아 지역의 유물 요소가 기원전 13~12세기 장성 지대 북방계 문화 형성에 큰 역할을 한 시베리아-중앙아시아의 유물 요소와는 시간성과 형성 요인을 달리한다는 것을 알 수 있다. 또 夏家店上層文化와 十二臺營子文化가, 형성 맥락이 다소 다르기는 하나, 각각 시베리아 지역 가운데 다른 시간대의 유물 요소로부터 영향 받았음을 짐작할 수 있다. 이러한 점은 夏家店上層文化와 琵琶形銅劍文化의 형성 시점이 다를 뿐만 아니라 두 문화가 전혀 다른 유물 체계를 갖추고 있었다는 점을 통해서 알 수 있다.

이와 관련하여 주목되는 것이 시베리아 지역의 組立式銅劍이다. 비파형동검은 검신 형태가 시베리아의 柳葉形銅劍과 유사하다. 그러나 전자는 組立式인 반면, 후자는 完成式이라는 점에서 큰 차이를 보인다. 두 동검은 돌기의 유무에서도 차별적이다. 그런데 시베리아 지역의 여러 청동기문화에는 柳葉形銅劍, 有柄式銅劍, 鈴首·獸首 銅劍 외에, 검 손잡이를 따로 결합하게 되어 있는 별종의 청동단검 또한 분포되어 있다. 비록 다른 동검들에 비해서는 중심적인 위치를 차지하고 있지는 못하였으나, 이 동검 또한 시베리아 지역에서 기원전 2000년기부터 존속하였다.

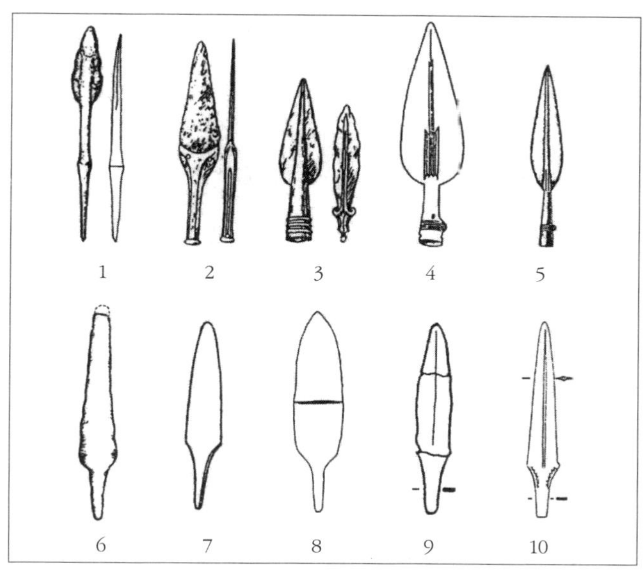

〈그림 2〉 유라시아 지역의 유엽형동검·동모와 조립식동검

*1. 마이코프문화(기원전 3000년기 후반), 2. 고대 얌문화·역사공동체(기원전 3000년기 중반
~2000년기 초반), 3. 스루브문화(기원전 2000년기 후반~1000년기 초반), 4. 안드로노보문화(기
원전 2000년기 중반~1000년기 초반), 5. 쎄이마·투르빈문화(기원전 15~16세기), 6. 마이코프문
화, 7. 아파나씨예보문화(기원전 3000년기~2000년기 초), 8. 오쿠네보문화(기원전 1800~1300
년), 9. 안드로노보문화, 10. 카라수크문화(기원전 13, 12~8세기)
**1~5: 유엽형동검·동모, 6~10: 조립식동검

이러한 동검은 예니세이강 상류역에서 기원전 3000년기 후반~2000년기 전
반부터 기원전 9~8세기에 이르기까지 지속되었다. 즉, 아파나씨예보문화
(Afanasevo, 기원전 3천년기~2천년기 초)(지병목 1999: 그림 11-②), 오쿠
네보문화(Okunevo, 기원전 1800~1300)(Chernykh E. N. 1992: 335), 안드
로노보문화(Chernykh E. N. 1992: 335), 카라수크문화(지병목 1999: 그림
1-14·15)에서 단면 세장방형 또는 원추형의 슴베가 있는 組立式銅劍이 확인
된다. 이 가운데 안드로노보문화의 것은 검신 하단부가 굴곡하고 있어 비파형
동검과 가장 유사하다.[4] 이러한 점을 고려할 때, 비파형동검이 시베리아 지역

의 組立式銅劍 제작 전통의 연장선 상에서 출현하였을 가능성이 높다.

그런데 두 지역의 동검은 組立式이라는 점과 검신이 流線型을 이루고 있다는 점에서만 공통적일 뿐, 검신과 슴베의 구체적인 형태에서 차이를 보인다. 따라서 비파형동검이 시베리아의 組立式銅劍에서 기원하였으되, 요서 지역에서 독특하게 변형되어 완성된 것으로 파악된다.[5] 기타 유물 또한 마찬가지이다. 이렇게 볼 때, 기원전 10세기 후반~9세기 夏家店上層文化에 강한 영향을 미친 시베리아 유물 요소와는 또 다른 갈래의 시베리아계 유물 요소가 내몽골 동남부~요서 서북부 지역으로 파급되었고, 이러한 과정 중 요서 서북부에서 十二臺營子文化가 형성된 것으로 여겨진다.

그러면 이제 발생기 十二臺營子文化의 북방식 청동기문화와의 직접적인 상호 작용 관계[6]에 대해서 간단하게 살펴 보기로 하겠는데, 十二臺營子文化 주변의 북방식 청동기문화로는 內蒙古 동남부의 夏家店上層文化와 河北省 북부의 東南溝文化가 있다.

이 시기 十二臺營子文化와 위의 두 문화 간의 상호 작용은 夏家店上層文化를 꼭지점으로 하여 東南溝文化와 十二臺營子文化가 內蒙古 동남부하고만 연결되는 양상을 보인다. 예를 들어, 夏家店上層文化에서는 같은 시기 東南溝文化에서 유행한 細長型銅刀와 鴨形銅飾 類의 北方系 靑銅器와 함께 東南溝文化

---

4) 최근 金貞培(2010: 303–308)는 안드로노보문화의 소지역 유형인 훼도롭(Fedorov) 유형의 카자흐스탄 동부 조바키노 석관묘 출토 조립식동검과 에르미따쥬 박물관의 조립식동검 거푸집 등을 들어 비파형동검의 조형이 구체적으로 훼도롭 유형을 포함한 미누신스크와 중앙아시아 지역의 조립식동검이라는 새로운 견해를 제기하였다.

5) 이러한 점은 요서와 시베리아의 청동기 구성 성분이 차이를 보이고 있다는 점을 통해서도 드러난다. 즉, 요서 청동기는 3원 청동(구리–주석–납)인 반면, 시베리아 청동기는 비소 청동(구리–비소)이어서(文在範 2001) 차별적이다.

6) 한국학계에서 한국 청동기문화를 포함한 동북아시아 청동기문화의 교류를 '相互 作用'이라는 학술적 개념으로 재구성한 연구는 李盛周(1996)에 의해 처음으로 시도되었다.

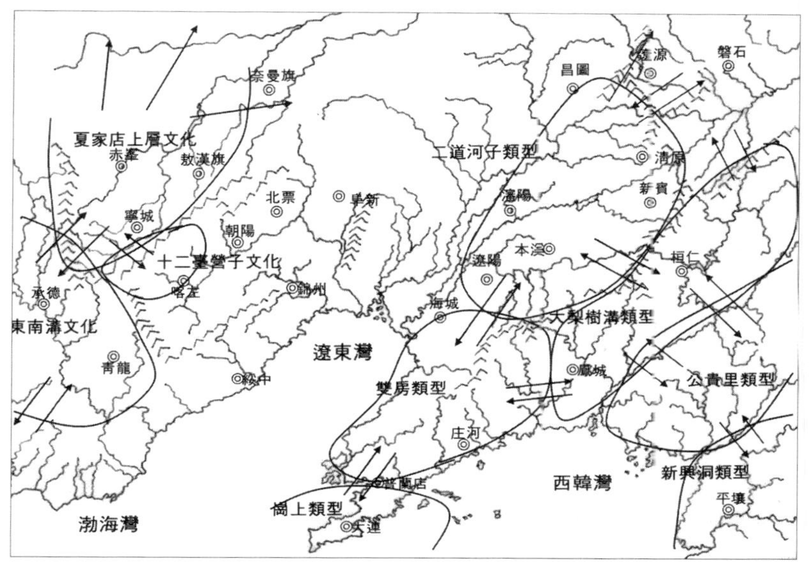

〈그림 3〉 제1단계 遼寧 地域 靑銅器文化와 北方 靑銅器文化와의 상호 작용 관계

를 경유하여 교역되었을 것으로 여겨지는 山西~陝西 북부지역의 靑銅禮器(奴隷守門方鼎, 方座簋, 匜), 그리고 十二臺營子文化와의 교역을 통해 유입되었을 것으로 여겨지는 비파형동검이 확인되는 반면, 다른 두 문화 간에는 서로 간의 유물 요소가 전혀 발견되고 있지 않다.

이러한 유물양상을 고려하여 볼 때, 제1단계 夏家店上層文化가 세 문화의 상호 작용에서 일종의 중심적인 위치에 놓여져 있었던 것으로 판단된다. 이러한 점은 夏家店上層文化의 경우 청동제의 무기류·공구류·장식류·거마구류·고급 장식류·위세류·예기류가 모두 갖추어져 있는 반면, 東南溝文化와 十二臺營子文化는 무기류와 공구류 및 장식류만이 공반하고 있다든지, 夏家店上層文化에는 銎柄式銅劍을 중심으로 하여 有柄式銅劍과 琵琶形銅劍이 공반하고 있는 반면, 東南溝文化에는 有柄式銅劍만이, 十二臺營子文化에는 琵琶形銅劍만이 공반하고 있다든지 하는데에서도 드러난다.

이외 같은 시기 十二臺營子文化가 夏家店上層文化圈의 외곽에 위치하고 있으면서 그에 부속되어 있는 듯한 인상을 주는데, 이러한 점은 十二臺營子文化 주요 유적이 夏家店上層文化의 중심 지역으로 통하는 길목에 위치하고 있다는 점을 통해서 짐작할 수 있다. 이러한 현상이 빚어지게 된 원인으로는 十二臺營子文化가 아직 자신만의 鑛産 資源을 개발하지 못하였다는데에서 찾을 수 있다. 즉, 여러 맥락을 고려하여 볼 때, 이 시기 十二臺營子文化는 청동기 제작 원료를 夏家店上層文化로부터 수입하였고 대신 現物(成製品)을 그 대가로 지불하는 교역 관계를 유지하였던 것으로 여겨진다.

2. 제2단계(전9중~8중)

제2단계는 東南溝文化로는 東南溝 段階, 夏家店上層文化로는 南山根 段階, 十二臺營子文化로는 十二臺營子 段階, 二道河子類型으로는 接官廳 段階에 속하는 시기이다. 이 단계 역시 遼寧 지역에서 북방 청동기문화와 가시적인 상호 작용을 한 문화는 十二臺營子文化 뿐이다. 이 시기 十二臺營子文化는 十二臺營子文化 전형의 유물 복합이 완전하게 형성되었을 뿐만 아니라 十二臺營子文化의 공간 범위가 종래 喀左와 凌源 일대의 협소한 지역에서 遼西의 거의 전 지역으로 확산되었다. 따라서 이 시기가 十二臺營子文化로서는 문화 자체로도 매우 중요한 시기임을 알 수 있다.

제2단계 十二臺營子文化가 이와 같이 성장하게 된데에는 內蒙古 동남부를 정점으로 河北省 북부와 遼西 세 지역 간에 형성된 긴밀한 상호 작용 관계가 적지 않은 영향을 미쳤던 것으로 여겨진다. 이러한 점은 세 지역 모두에서 상대 지역의 전형적인 청동단검과 混合式銅劍이 발견된다든지, 이 단계에 들어와 세 지역 모두에서 청동거울이 공반하기 시작함과 동시에(寧城 南山根M102

와 豊寧 東溝道下 석관묘의 單鈕無文鏡(河北省文物研究所 1998), 朝陽 十二臺營子의 多鈕幾何文鏡) 대표적인 위세류로 채용된다든지 하는 점에서 유추하여 볼 수 있는데, 위세류를 기준으로 할 때 이 단계를 '청동거울의 시대'라고 별칭할 수도 있다(吳江原 2004c: 83).

그러나 이보다는 독자적인 광산 자원의 개발과 교역망 형성이 보다 직접적인 원인으로 작용하였던 것으로 생각된다. 이러한 점은 朝陽 일대에 구리·아연·황금 등의 광산 자원이 十二臺營子를 중심으로 풍부하게 분포하고 있다는 점, 凌源의 燒鍋地와 楊杖子(遼寧省地質局凌源地質隊 1959) 및 建平의 馬架子(遼寧省冶金地質勘探公司105隊 1958) 銅鑛이 빠를 경우 이 단계로부터 채광되기 시작하였을 가능성이 높다는 점, 朝陽 일대에서 거푸집이 적지 않게 발견되고 있다는 점, 朝陽 일대에서 제작된 十二臺營子文化 전형의 청동기가 이 단계에 들어와 喀左·建平·錦州 등지로 급속하게 확산되었다는 점 등에서 짐작할 수 있다.

제2단계 十二臺營子文化와 北方靑銅器文化와의 상호 작용은 제1단계의 양상과 유사한데, 다른 것이 있다면 예외적이기는 하나 東南溝文化와의 명확한 상호 작용 예가 찾아진다는 점이다.

夏家店上層文化와의 관계로부터 살펴보면, 十二臺營子文化는 이 시기 제1단계와 마찬가지로 夏家店上層文化와 밀접한 교류 관계를 유지하였다. 이러한 사실은 제2단계 十二臺營子文化에 夏家店上層文化의 유물이 적지 않게 공반하고 있는 것을 통해서 짐작할 수 있다. 朝陽 十二臺營子와 喀左 和尙溝M7에 夏家店上層文化 전형의 청동손칼이 공반하고 있다든지, 建平 大拉罕溝 M851에 夏家店上層文化 특유의 單鈕無文鏡(李殿福 1991: 圖2-6·7)이 공반하고 있다든지, 建平 欒家營子M901에 역시 夏家店上層文化의 특징적인 장식물인 새 꼴 청동 장식(李殿福 1991: 圖6-5)이 공반하고 있다든지 하는 점이 그러한 예에 해당한다.

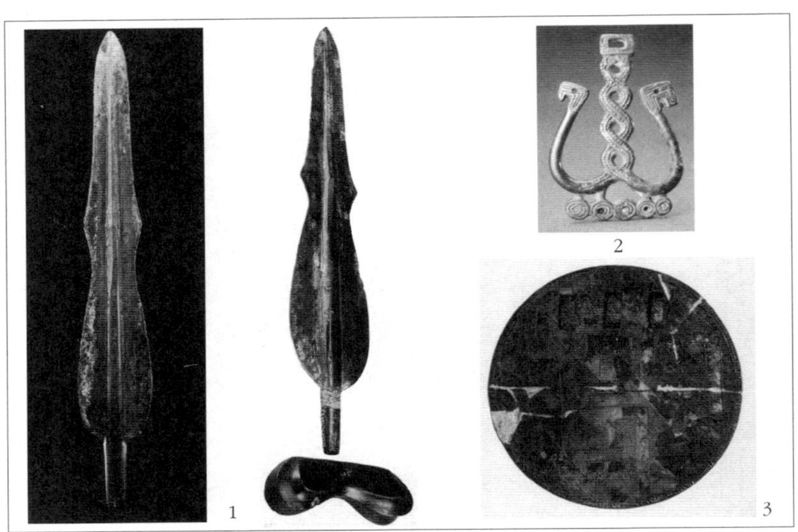

〈그림 4〉 朝陽 十二臺營子 出土 主要 靑銅器
*1. 琵琶形銅劍, 2. 雙虺文銅器, 3. 多鈕幾何文鏡

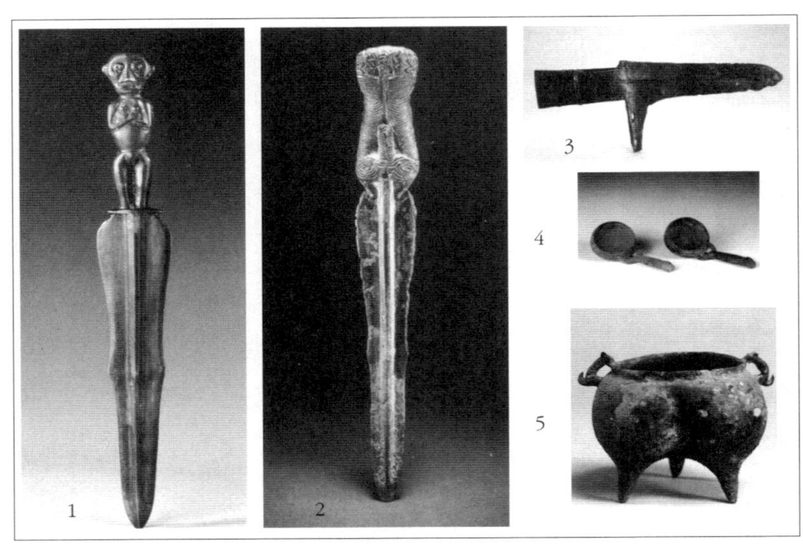

〈그림 5〉 寧城 南山根 출토 主要 靑銅器
*1. '陰陽劍', 2. 混合式銅劍, 3. 꺽창, 4. 祖柄勺, 5. 竪環耳鬲

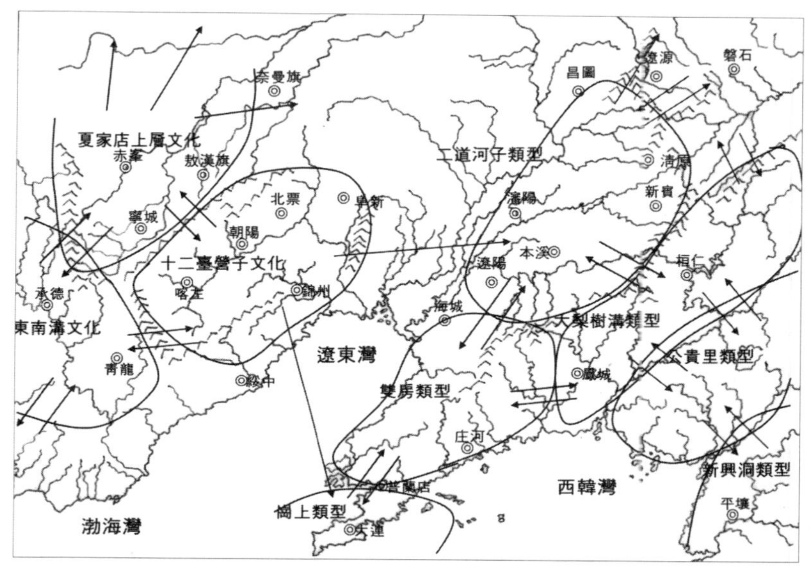

〈그림 6〉 제2단계 遼寧 地域 靑銅器文化와 北方 靑銅器文化와의 상호 작용 관계

당연히 같은 시기 夏家店上層文化에도 十二臺營子文化의 유물이 수용되었
는데, 이러한 사실은 琵琶形銅劍文化와 연접되어 있는 努魯兒虎山 이북의 老
哈河 유역에서 琵琶形銅劍과 劍柄頭飾이 적지 않게 발견된다든지,[7] 南山根 石
槨墓에 十二臺營子式(AⅠ) 琵琶形銅劍과 함께 "琵琶形銅劍 劍身+有柄式劍·
銎柄式劍 劍柄"의 혼합 형식의 동검들이 공반하고 있다든지 하는 점을 통해서
짐작할 수 있다. 두 문화 사이의 교류 강도가 어떠하였는지는 夏家店上層文化
전형의 銎柄直刃劍이 銎柄波刃劍으로 전환하는데에 琵琶形銅劍의 영향이 컸
다는 것을 통해서도 짐작할 수 있다(吳江原 1997: 396).

---

7) 寧城의 四道營子·甸子·王營子·孫家溝·大名城·天義·汐子 北山嘴M7501, 建平의 老官地·九間房·門前·石
臺溝·老建平·新窩堡·喀喇沁, 敖漢旗의 白斯郎營子·東井·山灣子·金場溝梁 등지의 발견물(靳楓毅 1982:
附圖2)을 그러한 예로 들 수 있다.

이 시기의 상호 작용에서 가장 특징적인 점은 夏家店上層文化에는 十二臺營子文化의 요소가 적지 않게 수용되어 있는 반면, 十二臺營子文化는 그렇지 않다는 것이다. 아울러 夏家店上層文化는 十二臺營子文化의 유물 요소와 적극적으로 결합하고 있는 반면, 十二臺營子文化는 成製品만을 수용하였을 뿐 양자의 유물 요소가 적극 결합하고 있지 않다는 점 또한 주목된다. 아무튼 제2단계는 두 문화 사이의 관계가 최고조에 달한 시기라고 볼 수 있는데, 이후 제3단계부터는 두 문화 사이의 상호 작용이 급속하게 쇠퇴한다는 점 또한 특징적인 사항으로 들 수 있다.

夏家店上層文化와는 달리 河北省 북부의 東南溝文化와는 실질적인 교류가 거의 없었다. 그러나 灤河 상류역의 산악 지대와 綏中~秦皇島의 遼東灣 연안 지대를 과도 지역으로 하여, 두 문화 사이에 간헐적인 접촉이 있었던 것만은 분명하다. 이러한 점은 錦西 烏金塘에서 청동 꺽창이 출토되었다는 점에서 단적으로 드러난다. 그러나 위의 출토 예가 극히 예외적이라는 점과 함께, 제2단계 河北省 북부에서는 十二臺營子文化의 유물 요소가, 遼西에서는 東南溝文化의 유물 요소가 거의 발견되지 않는다는 점을 고려할 때, 두 문화 사이의 상호 작용이 거의 없었다고 해도 과언이 아닐 듯 하다.

3. 제3단계(전8중후~6전)

제3단계는 東南溝文化(駱駝梁 段階)로서는 문화 능력이 크게 높아지는 시기이고, 十二臺營子文化(炮手營子−東嶺崗 段階)로서는 청동제 검손잡이가 완전히 청동기화하고 비파형동모와 같은 신기종이 공반하는 시기이며, 夏家店上層文化(南山 段階)로서는 南山根 段階에 극성하던 문화 능력이 점차 저하되는 시기이고, 요동의 여러 유형들로서는 十二臺營子文化의 琵琶形銅劍을 비롯한 일부 청동기가 모방되는 시기이다. 이 가운데 주목되는 것은 요서와 요동 간에 가시적인 상호 작용이 발생하였다는 점인데,[8] 북방 청동기문화와 직접적인 관계를 맺고 있었던 것은 역시 十二臺營子文化뿐이다.

제3단계 十二臺營子文化와 북방 청동기문화의 상호 작용은 夏家店上層文化의 위상 저하를 가장 두드러진 특징으로 거론할 수 있다. 夏家店上層文化의 위상 저하 원인에 대해서는 齊桓公의 山戎 공벌을 꼽기도 하나(劉觀民·徐光冀 1981: 12-14; 盧泰敦 1990: 43-44), 같은 시기 春秋燕과 가장 깊은 접촉과 갈등을 벌였던 東南溝文化의 문화 능력이 현저하게 떨어지지 않은 상황에서 유독 夏家店上層文化만이 심각한 타격을 받았겠는가 하는 점, 夏家店上層文化를 山戎 집단에 대비할 수 없다는 점(吳江原 1997: 404-414쪽) 등을 고려할 때, 다른 원인이 작용하였던 것으로 여겨진다. 분명치는 않으나, 東南溝文化가 이 단계부터 中國 內地 靑銅器文化와 기타 지역 간의 교역 거점으로서 적극적인 역할을 수행하였기 때문이 아닌가 한다.

이 단계의 상호 작용은 東南溝文化를 꼭지점으로 하여 夏家店上層文化와 十二臺營子文化가 서로 연결되는 양상을 보인다. 이러한 점은 같은 시기 세 문화에 공반하는 외래 유물 요소에 의해 측정된다. 즉, 東南溝文化에서는 토착적인 유물 외에 주변 문화의 유물이 모두 발견되는 반면,[9] 夏家店上層文化에서는 출토 맥락이 불분명한 有柄式銅劍과 琵琶形銅劍 약간만이, 十二臺營子文化에서는 東南溝文化를 매개로 하여 이차 교역되었을 것으로 여겨지는 中國

---

8) 遼西와 遼東 간의 상호 작용에 대해서는 吳江原 2006(448-473)을 참고하기 바란다. 아울러 이 단계 요동 지역의 여러 유형이 요서 지역과 相互作用圈을 형성하게 됨으로써 그에 따라, 극소하기는 하나, 북방 청동기문화의 일부 유물 또한 요동에 들어가게 되었는데, 대표적인 예가 大連 崗上 積石塚의 청동 비녀이다.

9) 대표적인 예로 隆化 駱駝梁의 銎柄式銅劍類(鄭紹宗 1984 : 圖1-6)와, 제3단계 최말기에 걸치는 유적이기는 하나 宣化 小白陽 출토의 扇形銅斧(張家口市文物事業管理所 等 1987 : 圖13-22) 등을 들 수 있다.

式 靑銅 製品이[10] 공반하고 있다. 이러한 구도는 東南溝文化가 전 단계까지 夏家店上層文化가 차지하고 있던 자리를 대체하였다고 볼 수 있다.

그러나 東南溝文化는 문화 자체의 수준만을 놓고 볼 때, 같은 시기 夏家店上層文化나 十二臺營子文化에 비해 상대적으로 낮은 수준에 머물러 있었던 것으로 여겨지는데, 이러한 점은 駱駝梁 段階 東南溝文化의 무덤이 모두 소형의 단순토광묘나 목관묘로 구성되어 있다는 점, 무덤떼의 입지와 배치가 소형 무덤의 집단적인 횡열 배치를 이루고 있다는 점, 南山根類와는 달리 靑銅禮器(容器類)가 공반하지 않는다는 점 등을 통해서 짐작할 수 있다. 이렇게 볼 때, 제3단계 東南溝文化의 교역 상의 위치는 南山根類의 쇠퇴로 인한 상대적인 것에 지나지 않았다고 볼 수 있다.

4. 제4단계(전6중~5세기)

제4단계는 東南溝文化는 玉皇廟 段階, 十二臺營子文化는 南洞溝－鄭家窪子 段階, 夏家店上層文化는 孫家溝 段階, 二道河子類型은 祝家溝 段階, 崗上類型은 臥龍泉 段階에 해당한다. 이 단계는 河北省 북부와 遼西 지역의 상호 작용이 가장 두드러지는데, 遼西 지역만을 놓고 볼 때 이러한 상호 작용은 河北省 북부의 後期 北方系 遺物群과 기술의 주도적인 영향으로 요약되고, 그 결과 十二臺營子文化가 喀左 중심의 南洞溝類型과 沈陽 중심의 鄭家窪子類型으로 분화된다. 또한 鄭家窪子類型의 출현은 요동의 각 유형에도 커다란 영향을 미치게 되어, 이들 유형에 일대 변동이 발생하게 된다.

---

10) 대표적인 예로 建平 炮手營子M881의 兩翼有莖式銅鏃, 馬面, 鑾鈴, 銅勺(李殿福 1991 : 圖4·5)을 들 수 있다.

제4단계 十二臺營子文化의 유형 분화는 十二臺營子文化의 공간 범위가 요동 지역으로 확대됨과 동시에 교역 중심과 대상이 다양화된데에서 필연적으로 야기되었다. 十二臺營子文化는 전 단계부터 요동 지역과 간헐적인 상호 작용 관계를 형성하게 되었는데, 꾸준한 상호 작용 결과 제4단계에는 十二臺營子文化의 지역 중심이 아예 요동 북부의 東北大平原 지대, 즉 瀋陽에 들어서게 된다. 瀋陽 중심의 十二臺營子文化(鄭家窪子類型)는 지형 조건이 요서와 일차적으로는 醫巫閭山, 이차적으로는 遼河에 의해 격리되어 있었던 까닭에 자연스럽게 보수적인 성격을 띠게 되었다.

이에 반해 喀左 중심의 十二臺營子文化(南洞溝類型)는 제4단계에 이르러 河北省 북부의 東南溝文化가 十二臺營子文化의 주요한 교역 대상으로 부상하게 됨에 따라 형성되었다. 즉, 喀左는 凌源과 함께 河北省 북부에서 靑龍河 상류역을 타고 요서 지역으로 나아갈 때 가장 먼저 도달하게 되는 지역이다. 따라서 제4단계 東南溝文化가 十二臺營子文化의 주요한 교역 대상으로 부상하면서 그와 함께 이 일대에 물류와 기술적인 정보가 집적될 수 밖에 없었고, 그 결과 喀左에 자연스럽게 개방적인 성격의 十二臺營子文化 南洞溝類型의 중심이 들어서게 되었던 것이다.

遼寧 지역에서 南洞溝類型은 교역의 관장과 중개를 통해서 급성장하였는데, 이러한 점은 단적으로 凌源 三官甸의 外來系 유물이 遼寧의 여러 지역의 것과 대응 관계에 있는 것을 통해서 알 수 있다. 三官甸의 누워 있는 호랑이 꼴 청동 장식이 錦州 田九溝 등의 것과, 三官甸의 두 쪽 재갈이 鄭家窪子-M6512의 것과 각각 대응되는 것을 단적인 예로 들 수 있다. 따라서 기원전 6~5세기 遼西 서부 지역이 河北省 북부의 東南溝文化와 직접적으로 교역하여 신 기종을 받아 들였을 뿐만 아니라 이러한 제품의 遼寧 지역 안에서의 교역에서 주도적인 역할을 하였음을 알 수 있다.

이 시기 요서 서부 지역에 수입된 東南溝文化의 청동제품으로는 環首銅刀,

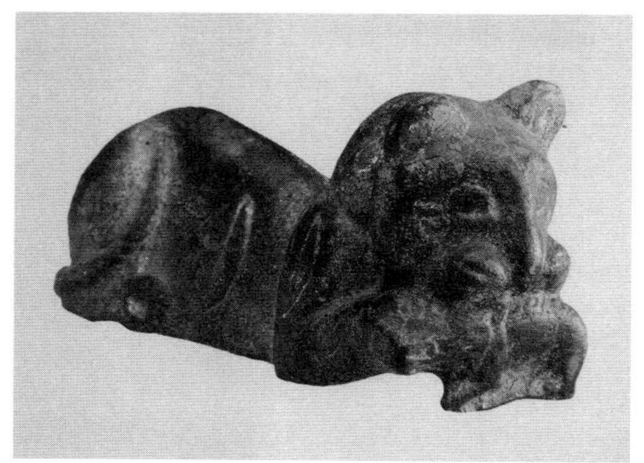

〈사진 1〉 凌源 三官甸 石槨墓 출토 호랑이가 토끼를 물고 있는 꼴 동물 양식

〈사진 2〉 河北 承德市 土山鄕 채집 變型 琵琶形銅劍

청동 꺽창, 두 쪽 말 재갈, 細長型 청동도끼, 有銎式銅鏃, 오목 밑 청동방울, 각종 動物 樣式 등이 있는데, 이들 가운데 제작이 간편한 일부는 현지에서 직접 제작되었다.[11] 또한 요서 서부 지역에서는 새로운 청동제품을 적극 제작하기도 하였다. 凌源 三官甸 石槨墓의 變型 扇形銅斧(遼寧省博物館 1985: 圖2-左)와 凌源 河湯溝M7401의 短鋒銅矛(靳楓毅 1983: 圖7-3)가 단적인 예에 해당하는데, 變型 扇形銅斧는 河北省 북부로부터 수입된 細長型 청동도끼와 토착의 선형동부가, 河湯溝M7401의 短鋒銅矛는 琵琶形동모와 中國式 銅矛가 결합되어 탄생한 신제품이다.

기원전 6~5세기의 상호 작용은 河北省 북부에도 영향을 끼쳤는데, 河北省

---

11) 이러한 점은 凌源 三官甸 石槨墓에서 冶煉 도구인 송풍관과 세장형 청동도끼 거푸집이 부장되어 있는 것을 통해서 짐작할 수 있다.

북부 지역의 경우에는 成製品을 직접 수입하기 보다는 잦은 교역 관계를 통해 十二臺營子文化의 일부 유물 요소가 자연스럽게 수용되는 양상을 보인다. 이러한 점은 河北省 북부 지역에서 요서 지역에서 제작된 유물이 거의 발견되지 않는다는 것을 통해서 짐작할 수 있는데, 대체로는 河北省 북부에서 琵琶形銅劍(劍身)과 有柄式銅劍(柄部)의 속성을 결합하여 새로운 형태의 混合式銅劍을 제작하였고, 관련 표본으로는 隆化 下甸子와 駱駝梁 토광묘군, 豊寧縣 수집품(鄭紹宗 1984) 등이 있다.

南洞溝類型이 주로 교섭한 東南溝文化 지역은 燕山 산지의 동부 지대, 즉 潮白河와 灤河 상류역인데, 이 지역은 비록 七老圖山脈 남단(해발 900~1700m)으로부터 大靑山(해발 1224m)에 이르는 산줄기에 의해 大凌河 상류역의 요서 지역과 지형적으로 구분되지만, 靑龍河 상류역과 二 지류에 발달하여 있는 구조곡과 灤河의 지류인 瀑河 상류역의 平泉으로부터 喀左에 이르기까지의 저산 구릉을 통해 지리적인 접근성을 보이고 있기도 하다. 따라서 지금까지도 활용되고 있는 隆化-承德-平泉-喀左·凌源의 구 도로를 통해 다양한 형태의 상호 작용이 이루어졌을 것으로 여겨진다(吳江原 2004: 80).

기원전 6~5세기에 형성된 요서 서부를 중심으로 한 南洞溝類型과 河北省 북부의 東南溝文化와의 상호 작용은 十二臺營子文化에 큰 변동을 불러 일으켰는데, 그 결과 石槨墓制와 琵琶形銅劍을 제외한 대부분의 유물 요소가 東南溝文化 양식의 유물 및 十二臺營子文化와 東南溝文化 양식이 결합된 혼합식 유물 요소로 대체되기에 이른다. 결국 기원전 6~5세기 요서 지역은 기원전 8~7세기와 상당히 다른 유물 복합으로 변형되었다고 할 수 있는데, 이것이 바로 앞서 말한 十二臺營子文化 南洞溝類型이고, 이러한 변동 속에 十二臺營子文化가 南洞溝類型과 鄭家窪子類型으로 나누어지게 되었다.

十二臺營子文化 南洞溝類型의 전면적인 문화 변등은 이러한 변동이 토착성이 강한 토기 류에서 조차 획기적으로 발생하였다는 데에서도 잘 드러난다. 토

기를 기준으로 할 때, 요서 지역의 十二臺營子文化는 적갈색과 회갈색 토기 시대[罐·甕形土器·鉢形土器, 대접(기원전 9~8세기)][12]와 흑색 마광 토기 시대[罐·甕形土器·鉢形土器, 대접(기원전 7~6세기 전반)][13]로 나누어지는데, 이 두 시기의 토기는 흑색 마광질의 존재에서만 차이가 있을 뿐 기종과 기형에서는 동질적이다. 그런데 기원전 6~5세기에 이르면 회색 토기 시대가 열리게 되는데, 이 시기에는 이전에는 뚜렷하지 않던 長頸壺 類가 유행한다.

기원전 6~5세기 요서 지역에서 유행한 長頸壺는 회색 토기라는 점 외에 慢輪 기법의 채용과 기표면의 정면 수법 등에서 이전 시기 요서 지역의 토기에 비해 혁신적인데, 같은 시기 內蒙古 중부~陝西·山西 북부를 중심으로 한 長城 지대에서 회갈색과 회색계의 長頸壺가 유행하였다는 점을 고려할 때(許永杰 1992: 5), 河北省 북부 東南溝文化와의 상호 작용 과정에서 발생하게 된 것으로 파악된다. 단, 長城 지대 長頸壺에서 흔하게 발견되는 어깨 부 竪環耳 속성이 요서 지역에서는 탈락되어 있는데, 이를 통해서 같은 기종이라 할지라도 요서 지역에서는 다른 방식으로 사용되었음을 알 수 있다.

한편 제4단계 북방 청동기문화와 十二臺營子文化와의 상호 작용, 그리고 그로 인해 발생한 十二臺營子文化의 유형 분화는 요동 지역에도 결과적으로 커다란 영향을 미쳤다. 즉, 기원전 8~7세기 十二臺營子文化와 요동 지역 간에는 遼河 양안의 완충 지대를 사이로 간접적인 접촉만이 이루어졌고, 그 결과 비록 같은 시기 요동 지역에 琵琶形銅劍 模寫品·模倣品이 유포되었다고 할지라도 요서 지역과는 상당히 이질적인 유물 복합을 유지하고 있었다. 그러나 기원전 6~5세기에는 鄭家窪子類型의 출현으로 상황이 급변하여 이제는 鄭家窪子類型의 생산품과 제작 기술이 요동 지역에 급속하게 유통되었다.

---

12) 필자가 袁臺子式 土器로 유형 분류한 토기를 말한다.

13) 필자가 東嶺崗式 土器로 유형 분류한 토기를 말한다.

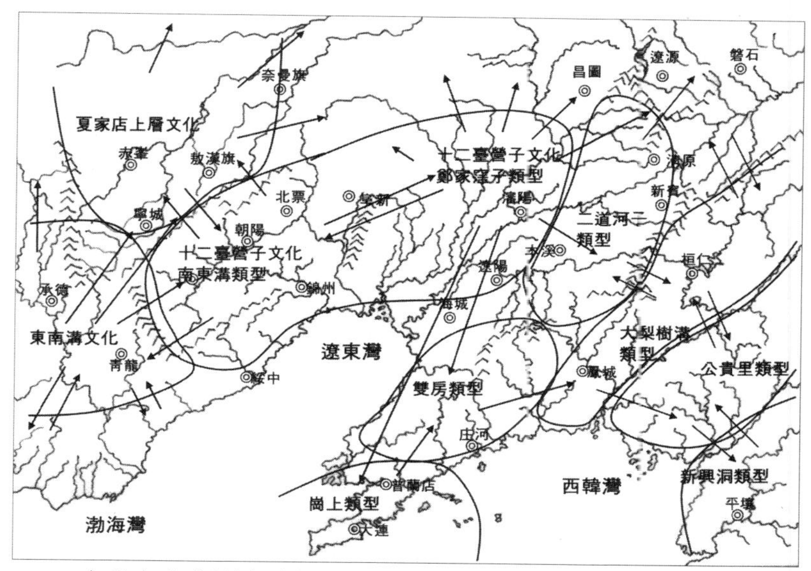

〈그림 7〉 제4단계 遼寧 地域 靑銅器文化와 北方 靑銅器文化와의 상호 작용 관계

그 결과 요동 동부를 제외한 遼寧 전역이 청동기에서는 동질적인 단위로 묶어지게 되었다. 단, 무덤과 토기, 그리고 석기에서는 여전히 十二臺營子文化와 遼東의 土着 地域群이 이질성을 강하게 띄고 있었다. 예를 들어, 鄭家窪子類型의 출현으로 타격을 가장 심하게 받은 二道河子類型의 경으에도 전파성이 강한 청동기를 제외한 절대 다수의 유물 요소[14]가 여전히 토착적인 모습을 유지하고 있었다. 이러한 양상은 崗上類型 또한 마찬가지여서, 이 시기에도 積石墓, 崗上型土器, 돌가락바퀴, 돌대롱구슬, 三角凹底 석촉, 環狀石器 등의 유물 요소가 강한 지역성을 보이며 유행하였다.

따라서 제4단계에는 아직 遼寧 지역의 청동기문화가 동질적인 문화 단위를

---

14) 石棺墓, 大伙房型罐, 變型 老城型壺, 돌도끼, 돌자귀, 석도 등을 들 수 있다.

형성하지 못하였다고 할 수 있다. 그럼에도 불구하고 요동의 각 지역군은 문화적으로 큰 폭의 변동을 겪게 되는데, 요동 북부에서는 石棺墓制가 쇠퇴 변형됨과 동시에 十二臺營子文化의 위세 류가 보급되었고,[15] 요동 남부에서는 支石墓制가 쇠퇴함과 동시에 土壙墓制·鄭家窪子式 琵琶形銅劍·鄭家窪子型壺 등이 확산되었으며,[16] 요동 남단에서는 積石墓制가 유지되었을지라도 鄭家窪子類型의 유물이 상당 정도 복합하게 되었다. 중요한 것은 이러한 과정을 거쳐 결국 다음 단계 요령 지역에 단일한 청동기문화가 형성된다는 점이다.

5. 제5단계(전4세기)

제5단계는 중국 동북 지역에서 북방 청동기문화가 일제히 쇠퇴·소멸·전환되는 시기이다. 따라서 전 단계와는 달리 후기 북방계 유물군이 대대적으로 감소되는 반면 戰國燕文化의 유물 요소가 河北省 북부와 遼西 지역 모두에 공반하기 시작한다. 이 중 특히 河北省 북부의 경우 토착적인 구조 형식의 土壙墓·動物 殉牲·약간의 小型 裝飾物을 제외한 모든 유물 요소 심지어 동검마저 완전히 戰國燕文化 일색으로 전환된다. 이외 內蒙古 동남부에서는 조사의 미비인지, 아니면 다른 어떤 원인이 있는 것인지는 분명치 않으나, 夏家店上層文化의 유물 현상이 확인되지 않는다.

같은 시기 요서 지역은 河北省 북부와는 다소 다른 양상을 보인다. 즉, 대형

---

15) 本溪 梁家 埋納 遺構(魏海波 1984)를 대표적인 예로 들 수 있다. 梁家 매납 유구에서는 東嶺崗式(AII) 琵琶形銅劍, 十二臺營子式(BIIa) 劍柄頭飾, 變型 十二臺營子型(A) 多鈕幾何文鏡이 출토되었다. 한편 遼西型 청동기가 매납되어 있는 梁家 埋納 遺構의 성격과 시간적 위치에 대해서는 약간의 이견(李清圭 1999; 吳江原 2006; 趙鎮先 2008)들이 있다.

16) 長海 上馬石M3(旅順博物館·遼寧省博物館 1982)을 대표적인 예로 들 수 있다.

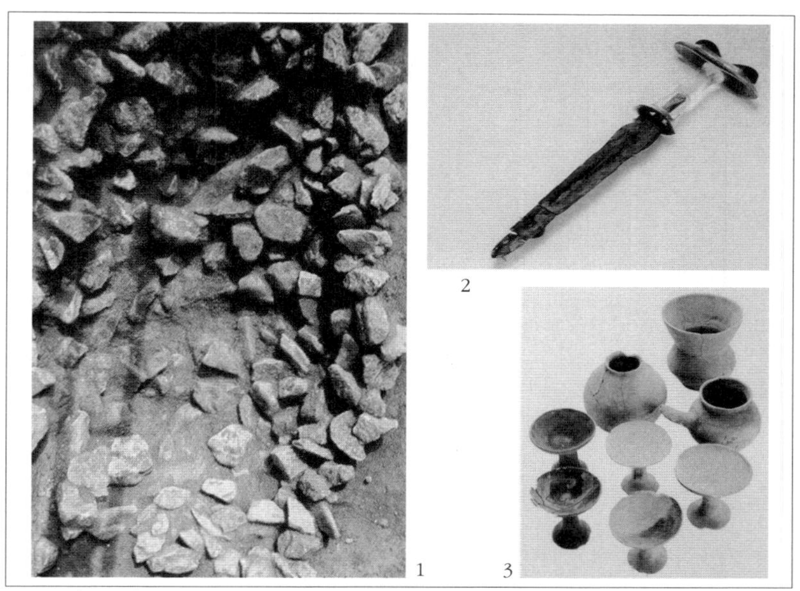

〈그림 8〉 기원전 4세기 建昌 東大杖子 積石木棺·木槨墓 출토 琵琶形銅劍과 土器
*1. 6호 積石木棺墓 木棺 上部 積石部, 2. 6號 積石木棺墓, 3. 14호 積石木槨墓

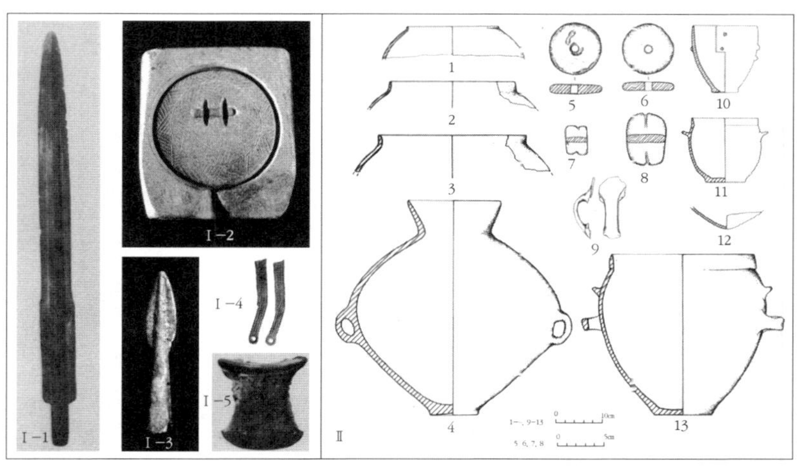

〈그림 9〉 기원전 3세기 遼東 東部 지역의 土着 類型 六甸子類型의 주요 유물
*Ⅰ-1, Ⅰ-5. 集安 五道嶺溝門, Ⅰ-2. 通化 小都嶺, Ⅰ-3. 通化 萬發撥子, Ⅰ-4. 桓仁 大甸子, Ⅱ. 桓仁 五女山Ⅲ期層

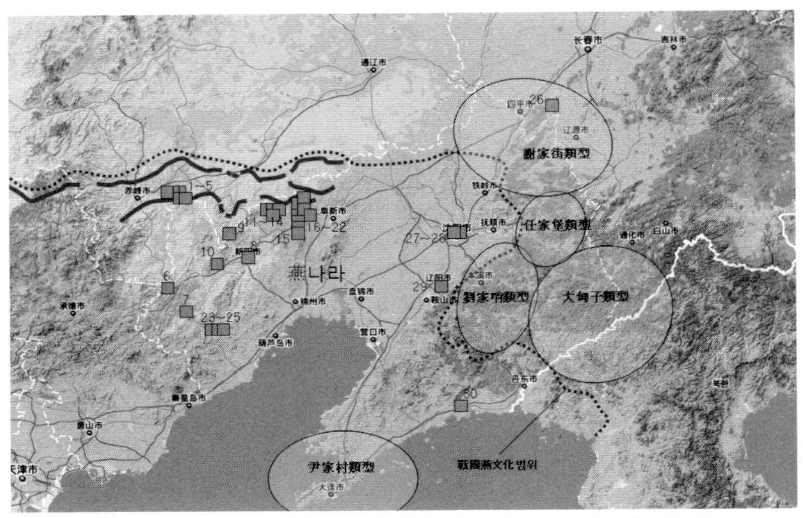

<〈그림 10〉 기원전 3세기 遼寧 지역의 燕文化와 土着 類型(바탕: 구글 지형도)
*굵은실선: 燕北長城, 점선: 기원전 3세기 燕文化 범위, 원: 기원전 3세기 토착 유형
**遼寧 지역 내 燕나라 주요 성지(障址, 烽燧臺 제외): 1. 建平 巴達營子, 2. 建平 達拉甲, 3. 建平 燒鍋營 下火家地, 4. 建平 小五家, 5. 建平 下霍家地, 6. 凌源 安杖子, 7. 喀左 黃家店 土城子, 8. 朝陽 袁臺子 '酉城都', 9. 朝陽 松樹嘴子, 10. 朝陽 土城子, 11. 北票 廣富營子, 12. 北票 霍家營子, 13. 北票 干溝子, 14. 北票 六合成, 15. 北票 陳家窩堡, 16. 阜新 上新邱, 17. 阜新 北溝 西, 18. 阜新 後窩堡 南, 19. 阜新 西營子, 20. 阜新 章吉營子, 21. 阜新 北溝屯 西, 22. 阜新 虎掌溝, 23. 建昌 土城子, 24. 建昌 后城子, 25. 建昌 安杖子, 26. 梨樹 二龍湖, 27. 沈陽故宮 北墻後, 28. 沈陽 沈陽路, 29. 遼陽 舊城, 30. 東港 城山溝 城山

무덤이 발견되지 않고 유물의 부장 수준이 빈약한 등 전 단계에 비해 요서 지역 전반의 문화 능력이 저하되는 것만은 분명하나, 토착적인 유물(中細形銅劍, 粘土帶土器, 牛角形把手附罐…)이 여전히 중심을 이루고 있으면서 여기에 後期 北方系 遺物(曲棒形 帶鉤, 肩雙耳壺)과 戰國燕의 유물(土鼎, 土盆)이 공반하고 있다. 또한 十二臺營子文化 鄭家窪子類型과 요동의 기타 토착 지역군의 경우, 요서 지역에 비해 토착적인 유물 요소의 비중이 상당히 높으면서 예외적으로 戰國燕의 유물이 간혹 확인되고 있다.[17]

이러한 점을 고려할 때, 제5단계에는 遼寧 지역 청동기문화의 주변 문화와

의 상호 작용이 戰國燕의 동북 지역으로의 확산과 문화적 영향에 의해 사실상 이전 단계와는 다른 상황으로 전환되었다고 할 수 있고(李盛周 1996: 35-36), 이러한 전환은 東南溝文化의 소멸과 戰國燕文化化, 그로 인해 초래된 중국 동북 지역 북방 청동기문화 간의 교류망 쇠퇴, 교류망의 쇠퇴와 장애로 인한 북방 청동기문화의 전반적인 하락 등의 연쇄 효과를 만들어 냈다. 아울러 기원전 4~3세기 戰國燕의 대대적인 북진과 동진에 의해 遼寧 지역의 주요한 상호 작용 대상이 북방 청동기문화에서 戰國燕文化로 바뀌게 된다.[13]

IV. 맺음말

비파형동검단계 요령 지역의 청동기문화는 크게 요서권과 요동권으로 나누어 볼 수 있는데, 이는 다시 유물 유적의 지역적 공반 관계를 기준으로 할 때 요서권은 십이대영자문화, 요동권은 요동 북부의 이도하자유형과 요동 남부의 쌍방유형 및 요동 남단의 강상유형과 요동 동부의 대이수구유형으로 나누어진다. 요동과 요서는 처음에는 이질적인 문화 단위를 이루고 있다가, 기원전 6~5세기 十二臺營子文化가 喀左 중심의 南洞溝類型과 沈陽 중심의 鄭家窪子類型으로 분화된 후 점차 유사성이 제고되었고, 기원전 4세기에는 동질적인

---

17) 대표적으로 들 수 있는 것이 大連 尹家村 12號 퇴화 석곽묘의 灰色高柄豆(조중 공동 고고학 발굴대 1966: 그림 91-3)를 들 수 있다.

18) 鄭家窪子類型 또한 南洞溝類型과 함께 기원전 3세기 초 戰國燕文化의 강제를 받게 된다. 그러나 요동 지역의 경우 기원전 3세기 千山 산지를 중심으로 琵琶形銅劍文化의 후계 문화 요소와 戰國燕의 철기 문화 요소가 공반하는 독특한 형태의 유물 복합(劉家哨類型, 大甸子類型…)이 지역 별로 지속되었고(吳江原 2010), 이러한 문화적 바탕이 결국 高句麗 등으로 발전한다는 점에서 요서 지역과는 차이를 코인다.

문화 단위를 이루게 된다.

遼寧 지역 내에서도 위와 같은 간단치 않은 상호 작용 현상을 보이고 있는 遼寧 지역의 청동기문화는 遼寧을 기준으로 서쪽으로는 北方 청동기문화, 북쪽으로는 吉林 지역의 청동기문화와, 동쪽으로는 韓半島의 청동기문화와 오랜 기간 복잡한 상호 작용을 하였고, 이러한 상호 작용 과정 중에 주변 지역의 청동기문화에 커다란 영향을 끼침과 동시에 遼寧 지역 자체도 주변 청동기문화로부터 적지 않은 영향을 받았다. 이러한 遼寧 지역 청동기문화의 상호 작용은 전반에는 十二臺營子文化를 중심으로 한 북방 청동기문화와의 관계가, 말기에는 韓半島 등과의 관계가 중심적이었다.

遼寧 지역의 청동기문화 가운데 북방 청동기문화와 지속적인 상호 작용을 한 것은 十二臺營子文化인데, 十二臺營子文化와 北方 靑銅器文化와의 관계는 이 문화가 夏家店上層文化圈을 거쳐 요서 서부 지역으로 유입된 시베리아 계통의 유물 요소의 변이와 집적에 의해 출현하게 되었다는 것을 통해서 단적으로 드러난다. 十二臺營子文化는 이후 內蒙古 동남부의 夏家店上層文化, 河北省 북부의 東南溝文化와 삼각 꼴의 상호 작용 관계를 형성한 가운데 밀접한 교류를 행하였는데, 이러한 상호 작용은 기원전 7세기까지는 夏家店上層文化가, 기원전 6~5세기에는 東南溝文化가 중심적인 역할을 하였다.

遼寧 지역 청동기문화와 北方 청동기문화와의 상호 작용은 여러 면에서 많은 의미를 갖고 있는데, 이 가운데서도 기원전 6~5세기 東南溝文化와의 상호 작용과 그 여파로 十二臺營子文化가 喀左 중심의 南洞溝類型과 沈陽 중심의 鄭家窪子類型으로 분화되었고, 그 결과 遼寧 지역이 鄭家窪子類型을 중심으로 요동과 요서가 아닌 점차 동질적인 문화 단위를 이루게 되었다는 것을 가장 주목할 만한 것으로 들 수 있다. 그러나 遼寧과 北方 靑銅器文化와의 상호 작용은 기원전 4~3세기 戰國燕 세력의 확산으로 붕괴되고 이제는 戰國燕이 새로운 상호 작용의 핵심으로 자리잡게 된다. (草稿 2007.4.)

| 참고문헌 |

1. 한국어

金廷鶴

1966 「考古學上으로 본 韓國民族」, 『白山學報』 1.

1978 「韓國 靑銅器文化의 編年」, 『韓國考古學報』 5.

조중 공동 고고학 발굴대

1966 『중국 동북 지방의 유적 발굴 보고』, 사회과학원출판사.

尹武炳

1972 「韓國 靑銅遺物의 硏究」, 『白山學報』 12.

金貞培

1973 『韓國民族文化의 起源』, 高麗大出版部.

2000, 「東北亞의 琵琶形銅劍文化에 대한 綜合的 硏究」, 『國史館論叢』 88.

2004 「琵琶形銅劍과 南山根 刻紋骨板의 問題」, 『韓國史學報』 17.

2007 「北方 靑銅器文化와 韓國 古代文化의 關係」, 『오르도스 청동기문화와 한국의 청동기문화』, 한국고대학회 춘계국제학술대회발표문집.

2010 「북방 청동기문화와 한국 고대문화의 관계」, 『고조선에 대한 새로운 해석』, 高麗大學校 民族文化硏究院.

金元龍

1976 「沈陽 鄭家窪子 靑銅時代墓와 副葬品－濊貊퉁구스의 靑銅前期文化－」, 『東洋學』 6, 檀國大學校 附設 東洋學硏究所.

도유호

1959 「조선 거석 문화 연구」, 『문화유산』 1959년 2호.

文在範

2001 『成分分析을 통하여 본 琵琶形銅劍의 特性에 대한 一考察』, 成均館大

學校 碩士學位論文.

李康承

1979 「遼寧地方의 靑銅器文化」,『韓國考古學報』6.

姜仁求

1987 「中國東北地方의 古墳」,『韓國上古史의 諸問題』, 韓國精神文化研究院.

박진욱

1987 「비파형단검문화의 발원지와 창조자에 대하여」,『비파형단검문화에
관한 연구』, 과학, 백과사전출판사.

盧泰敦

1990 「古朝鮮 중심지의 변천에 대한 연구」,『韓國史論』23, 서울대학교 國史
學科.

데.아.아브두신 著, 鄭焌培 譯

1994 『蘇聯 考古學 槪說』, 學研文化社.

吳江原

1997 「西遼河上流域 靑銅短劍과 그 文化에 관한 研究」,『韓國古代史研究』
12.

2001, 「夏家店上層文化 主要遺蹟의 年代編年」,『淸溪史學』15.

2002a 「遼東~韓半島地域 支石墓의 型式變遷과 分布樣相」,『先史와 古代』
17.

2002b 「鄭家窪子型壺의 型式變遷과 地域的 分布樣相」,『科技考古研究』8,
亞洲大學校 博物館.

2002c 『琵琶形銅劍文化의 成立과 展開過程 研究』, 韓國精神文化研究院 博
士學位論文.

2003 「遼寧~吉林地域 靑銅刀子의 型式과 時空間的 樣相」,『古文化』61.

2004a 「遼寧地域의 靑銅器文化와 地域間 交涉關係」,『동북아시아 선사 및

고대사 연구의 방향』, 학연문화사.

2004b 「遼寧~韓半島地域 琵琶形銅劍과 細形銅劍의 劍柄頭飾 硏究」,『北方史論叢』2.

2004c 「中國 東北地域 세 靑銅短劍文化의 文化地形과 交涉關係」,『先史와 古代』23.

2006a 「遼寧省 建昌 東大杖子 積石木棺槨墓 出土 琵琶形銅劍과 土器」,『科技考古硏究』12, 亞洲大學校 博物館.

2006b 『비파형동검문화와 요령 지역의 청동기문화』, 청계.

2010 「기원전 3세기 遼寧 地域의 燕나라 遺物 共伴 遺蹟의 諸 類型과 燕文化와의 關係」,『韓國上古史學報』71號.

俞泰勇

2010 「遼東地方 支石墓의 性格 檢討」,『希正 崔夢龍 敎授 停年退任論叢(Ⅲ): 21세기의 한국고고학』Ⅲ, 주류성.

李健茂

1992 「韓國 靑銅儀器의 硏究-異形銅器를 中心으로-」,『韓國考古學報』28.

李盛周

1996 「靑銅器時代 東아시아 世界體系와 韓半島의 文化變動」,『韓國上古史學報』23.

林 澐

1997 「중국 동북지역과 북아시아 초원지대의 초기 문화교류에 관한 시론」,『博物館紀要』12, 檀國大學校 中央博物館.

李榮文

1998 「韓國 琵琶形銅劍 文化에 대한 考察 -琵琶形銅劍을 中心으로-」,『韓國考古學報』38.

李淸圭

1999 「東北亞地域의 多鈕鏡과 그 副葬墓에 대하여」,『韓國考古學報』40.

정석배

2000 「'先흉노-스키타이 世界' 小考」,『韓國上古史學報』32.

趙鎭先

2008 「多鈕粗文鏡의 形式變遷과 地域的 發展過程」,『韓國上古史學報』62.

지병목

1999 「시베리아 바이칼호 연안지역의 청동기문화」,『國史館論叢』85.

崔夢龍

1995 「한국문화와 관련된 시베리아와 극동지역의 지역문화에 대한 試考」,
『石溪 黃龍渾 敎授 定年紀念論叢 亞細亞 古文化』, 學研文化社.

崔夢龍·李憲宗 編著

1994 『러시아의 考古學-研究現況과 課題: 시베리아와 극동지역-』, 學研文
化社, 60-80.

2. 중국어

郭大順

1987 「豊下遺址陶器分期再認識」,『文物考古論集(文物出版社成立30周年紀
念)』, 文物出版社.

靳楓毅

1982 「論中國東北地區含曲刃青銅短劍的文化遺存(上)」,『考古學報』1982年
4期.

劉觀民·徐光冀

1981 「內蒙古東部地區靑銅時代兩種文化」,『內蒙古文物考古』創刊號.

旅順博物館·遼寧省博物館

1982 「遼寧長海縣上馬石靑銅時代墓葬」,『考古』1982年 6期.

王仁湘

1985 「帶鉤槪論」, 『考古學報』 1985年 3期.

遼寧省博物館

1985 「遼寧凌源縣三官甸靑銅短劍墓」, 『考古』 1985年 2期.

遼寧省地質局凌源地質隊

1959 『遼寧省凌源縣楊杖子銅礦區詳細調査報告』, 遼寧省地質局.

遼寧省冶金地質勘探公司105隊

1958 『1958年冬地質勘探工作報告書』(下卷·遼寧省), 遼寧省地質局.

魏海波

1984 「本溪梁家出土靑銅短劍和雙鈕銅鏡」, 『遼寧文物』 6期.

李殿福

1991 「建平孤山子, 楡樹林子靑銅時代墓葬」, 『遼海文物學刊』 1991年 2期.

林 澐

1980 「中國東北系銅劍初論」, 『考古學報』 1980年 2期.

張家口市文物事業管理所 等

1987 「河北宣化縣小白陽墓地發掘報告」, 『文物』 1987年 5期.

鄭紹宗

1984 「中國北方靑銅短劍的分期及刑制硏究」, 『文物』 1984年 2期.

1991 「略論中國北部長城地帶發現的動物紋靑銅飾牌」, 『文物春秋』 1991年 4期.

朱永剛

1987 「夏家店上層文化初步硏究」, 『考古學文化論集』 1, 文物出版社.

河北省文物硏究所

1998 「河北豊寧土城鎭石棺墓調査」, 『河北省考古文集』, 東方出版社.

許永杰

1992 「長城沿線周秦時期雙耳陶器的初步考察」, 『北方文物』 1992年 2期.

3. 일본어

剛内三眞

    1982「朝鮮における銅劍の始源と終焉」, 『考古學論考(小林行雄博士 古稀記念論文集)』.

秋山進午

    1968「中國東北地方の初期金屬器文化の樣相」(上), 『考古學雜誌』53-4.

‘『삼국사기』 온조왕본기’의 主體에 대한 再解釋

李道學 *

〈Abstract〉

Cognition of the founder is the evidence to show the root of the Baekje founding power. There are, however, five kinds of narrative story about the founder of Baekje. All of them but the narrative story about King Onjo is related to Buyeo. They clearly indicate that the Baekje founding power is rooted from Buyeo as consistently argued by the Baekje kings' family. There is, however, yet a problem about this issue: It is the matter of taking or neglecting the narrative story of King Biryu, which has gotten more reasonable. At this point, therefore, I yet looked into the matter: who is the

* 한국전통문화대학교 문화유적학과 교수

main character of 'the Chronicle of King Onjo', Samguksagi - the Chronicles of the Three Kingdoms, which did not show me any evidence that King Onjo is the main character of it. As a result, I have rather come to newly revealed that 'the Chronicle of King Onjo', Samguksagi - the Chronicles of the Three Kingdoms is the chronicle of King Biryu. That is, I have clearly found the fact that the narrative story of King Biryu meets 'the Chronicle of King Onjo'.

Ⅰ. 머리말

　백제의 시조에 대해서는 많은 전승이 남아 있다. 이 점은 확실히 주목되는 현상이 아닐 수 없다. 한국 고대사, 특히 백제사 분야의 경우는 사료 부족에 허덕이고 있다는 말을 많이들 한다. 그런데 이해할 수 없는 것은 백제 시조에 대한 전승이 도합 5 종류나 남아 있다는 것이다. 백제 시조에 더해서만 이례적으로 너무 많은 기록 풍년으로 인해 헷갈리게 하고 있다. 본고에서는 지금까지의 연구 성과를 토대로 백제 왕실의 계통을 摘出하고자 한다. 문제는 백제 건국 세력의 계통이 고구려계가 아니라 부여계로 밝혀졌다는 것이다.[1] 물론 『삼국사기』만 하더라도 백제 시조를 비류왕으로 하는 전승과 온조왕을 시조로 하는 전승을 함께 수록하였다.

　주지하듯이 비류왕은 부여계인 것이고, 온조왕은 고구려계인 것이다. 여기서 비류왕 전승이 타당한 것으로 밝혀졌다고 하자. 그렇다면 고구려계로 적혀 있는 온조왕을 주체로 서술된 『삼국사기』 온조왕본기의 주체가 누구인가 하는 문제에 봉착하게 된다. 본고에서는 『삼국사기』 온조왕본기가 기 실은 비류왕본기임을 구명함으로써 백제 시조에 대한 인식의 일대 전환점으로 삼고자 한다. 동시에 『삼국사기』 온조왕본기의 底本인 『구삼국사』의 백제 시조에 대한 서술을 엿볼 수 있는 단서가 될 것 같다. 그런데 이러한 결론을 導出하기 위한 일종의 導論으로써 필자 논고의 상당 부분을 불가피하게 재수록하였음을 밝혀둔다. 그럼으로써 필자가 제기했던 일련의 관련 작업에 대한 畵龍點睛을 하고자 한다.

---

1) 李道學, 2010, 「百濟 始祖 溫祚說話에 대한 檢證」, 『한국사상사학』 36, pp.111~142.

II. 백제 시조 전승에 대한 기본 분석

　　문헌에 전하고 있는 백제 시조에 대한 전승을 모두 소개한 후 그 건국 세력의 계통을 구명해 보고자 한다. 그런 후에『삼국사기』온조왕본기에 잘못된 전승이 수록된 배경을 論及하겠다. 이와 관련해 기왕에 발표한 필자의 논지를 활용해서 궁극적인 결론을 導出하는 수단으로 삼고자 한다. 이와 관련해『삼국사기』백제본기에 게재된 온조 전승은 곧 백제 개국전승으로서 의심 없이 수용되는 경향이 있었다. 온조 전승은 백제 때부터의 所傳이 아니겠냐는 믿음을 가져 왔다. 그렇지만 이에 대한 근본적인 의문 제기나 치밀한 검증이 없었다. 더욱이 온조 전승은 당시에 흔히 확인되듯이 시조의 출생과 관련한 신화적인 요소가 전혀 없다. 게다가 온조 전승은 동일한『삼국사기』에 게재된 비류 전승과 충돌하고 있다. 그럼에도 온조와 비류 전승에 대한 상호 비교·검토가 제대로 이행되지 못했다. 이러한 점을 염두에 두면서 백제 시조 전승에 대한 전면적인 검증에 들어가 보겠다. 다음은 백제 시조 전승에 대한 기록들이다.

A. 백제 시조 온조왕은 그의 아버지가 鄒牟인데 혹은 朱蒙이라고도 한다. 북부여로부터 난을 피하여 졸본부여에 이르렀더니 부여왕이 아들은 없고 딸만 셋이 있었다. 주몽을 보자 보통 사람이 아님을 알고(見朱蒙 知非常人) 둘째 딸로써 아내를 삼게 하였다. 그 후 얼마되지 않아서 부여왕이 죽자 주몽이 그 자리를 이었다. 주몽이 두 아들을 낳았는데 맏아들은 沸流요 둘째 아들은 溫祚라고 한다[혹은 주몽이 졸본에 이르러 越郡 여자에게 장가 들어 두 아들을 낳았다고 한다]. 주몽이 북부여에 있을 때 낳은 아들이 와서 태자가 되었다. 비류와 온조는 태자에게 용납되지 못할까 염려하여 드디어 오간·마려 등 열 명의 신하와 함께 남쪽 으로 떠나니 백성들 중에서 따르는 자가 많았다. … 그의 世系는 고구려와 함께 부여에서 나온 까닭에 '扶餘'로써 氏를 삼았다(『삼국사기』시조 온조왕본기 즉위년 조).

B. 일설에는 "시조 비류왕은 그 아버지가 優台이니 북부여왕 解扶婁의 庶孫이요 어머니
는 召西奴이니 졸본 사람 延陁勃의 딸이다. 처음 우태에게로 시집을 와서 두 아들을
낳았는데 맏이는 비류요 둘째는 온조였다. 우태가 죽자 졸본에 홀로 살았다. 뒤에
주몽이 부여에서 용납되지 못하여 前漢 建昭 2년 봄 2월에 남쪽으로 도망하여 졸본
에 이르러 도읍을 정하고 고구려라고 하였다. 소서노에게 장가 들어 왕비를 삼았
다. 그가 창업하여 기반을 개척하는데 자못 내조가 있었으므로 주몽이 그녀를 특별
히 사랑하여 후하게 대하였고 비류 등을 자기 아들처럼 여겼었다. 주몽이 부여에서
낳았던 禮氏의 아들 孺留가 찾아 오자 그를 세워 태자를 삼았고 왕위를 잇게 하였
다. 이에 비류가 아우인 온조에게 이르기를 '처음 대왕이 부여에서의 난을 피하여
도망하여 이곳에 왔을 때에 우리 어머니가 가산을 털어서 邦業을 이루는 것을 도왔
으니 그 공로가 컸었다. 대왕이 세상을 뜨신 후 나라가 유류에게 귀속되니 우리들
이 공연히 이곳에 있으면서 몸에 군더더기 살처럼 울을하게 지내기보다는 차라리
어머니를 모시고 남쪽으로 가서 땅을 선택하여 따로 國都를 세우는 것만 같지 못하
다'하였다. 드디어 아우와 함께 무리를 데리고 浿水와 帶水를 건너 미추홀에 이르러
서 거주했다"고 한다(『삼국사기』 시조 온조왕본기 즉위년 조).

C-1. 백제는 그 선대가 대개 마한의 屬國이었는데, 부여의 別種이다. 仇台라는 사람이
   있어 처음 帶方의 옛 땅에서 나라를 세웠다. … 또 해다다 네 번 그 시조인 仇台의
   廟에 제사를 지낸다(『周書』 권 49, 백제 조).

C-2. 東明의 후손으로 구태라는 사람이 있었는데, 어질고 신망이 돈독하여 처음으로
   대방의 옛 땅에서 나라를 세웠다. … 그 시조인 구태의 사당을 國城에 세웠는데
   해마다 네 차례 그곳에 제사한다(『隋書』 권 81, 백제 조).

C-3. 구태의 제사를 받드는데, 부여의 후예임을 계승하였다[…『括地志』에서 말하기를
   百濟城에는 그 祖인 仇台廟를 세우고 해마다 네 차례 그 곳에 제사한다](『翰苑』 권
   30, 백제 조).

C-4. 백제는 곧 후한 말 부여왕 尉仇台의 후예이다. 처음에 百家가 바다를 건너왔다고 하여 백제라고 칭하였다. … 또 해마다 네 번씩 그 시조 구태의 사당에 제사지낸다(『通典』권 185, 百濟條).

D-1. 海東古記를 살펴 보니까 혹은 始祖를 東明이라고 한다(『삼국사기』권 32, 雜志, 祭祀, 백제 조).
D-2. 始祖 東明王의 廟에 拜謁하였다(『삼국사기』권 23, 다루왕 2년 조).

E. 대저 백제 태조 都慕大王은 日神이 降靈하여 부여 땅을 모두 차지하고 開國하였다. 天帝로부터 籙을 받아 諸韓을 통솔하고 王을 일컫게 되었다(『續日本紀』권 40, 延曆 9년 7월 조).

위의 기록을 놓고 볼 때 백제 시조는 溫祚나 沸流 외에 仇台·東明·都慕大王 등이 있다. 여기서 C의 구태는 부여계로 보인다. 그리고 D의 동명은 주지하듯 이 부여 시조를 가리키지만, 연개소문의 아들인 천남산의 묘지명에서도 "옛날 에 東明이 氣를 느끼고 瀝川을 넘어 開國하였고, 朱蒙은 日을 품고 浿水에 임 해 開都하였다"[2]고 했다. 즉 고구려 당시에 東明과 朱蒙을 동일 인물로 인식 하지 않았음을 알 수 있다. 그런 만큼 『삼국사기』의 底本을 인용한 구절에서 "해동고기를 살펴보니까 혹은 始祖를 東明이라고 한다"[3]·"始祖인 東明王廟에 拜謁하였다"[4]라고 한 기록의 동명은 주몽이 아닌 부여 시조를 가리킬 수 있 다. 물론 소위 『해동고기』라는 『삼국사기』底本의 편찬 시점은 알 수 없는데다

---

2) 韓國古代社會研究所, 1992, 『譯註 韓國古代金石文』I, p.529.

3) 『三國史記』권32, 祭祀志, 백제 조.

4) 『三國史記』권23, 다루왕 2년 조.

가『해동고기』에서도 동명을 주몽과 일치시켜 인식했을 수도 있다. 이와 관련해 E에 보이는 도모대왕의 존재를『신찬성씨록』에서 “菅野朝臣, 同國(百濟: 필자) 都慕王十世孫貴首王之後也”·“和朝臣, 百濟國都慕王十八世孫武寧王之後也”라고 한 기사를 주목해 본다. 즉 都慕大王(都慕王)을 起點으로 한 백제왕들의 혈연 의식이 나타나고 있다. 여기서 도모왕과 주몽왕을 동일 인물로 간주하는 견해가 많다. 그러나『신찬성씨록』을 보면 “長背連, 高麗國王鄒牟[一名朱蒙]之後也”·“高井造, 高麗國主鄒牟王二十世孫汝安祁王之後也”라고 했다. 즉 鄒牟와 朱蒙을 同名異記로 간주하면서 高麗 즉 고구려 ‘國三’ 혹은 ‘國主’라고 하였다. 그렇지만 ‘高麗國王 鄒牟(朱蒙)’는 동일한『신찬성씨록』에 적힌 ‘百濟 都慕王’과는 서로 다른 별개의 인물로 엄연히 구분되어 있다. 따라서 ‘백제 태조 도모대왕’은 고구려 시조인 鄒牟와는 명백히 다른 인물임을 알게 된다.[5]

앞에서 언급한 815년에 편찬된『신찬성씨록』은 일본열도 내 고구려 유민들의 계보 의식을 반영한다. 그러한 계보 의식은 國亡 후 고구려 유민들이 일본열도로 망명한 이후가 아니라 고구려 당대에 생성된 것임은 분명하다. 그렇다고 할 때 고구려 말기까지도 주몽을 동명과 일치시킨 인식은 생성되지 않았을 수 있다.『신찬성씨록』에서 주몽과 추모는 일치시켰지만 東明에 대한 어떠한 언급도 없기 때문이다. 이러한 맥락에서 본다면 앞에서 언급한 소위『해동고기』에 수록된 동명왕은 부여 시조를 가리킬 공산이 크다. 그렇다면『삼국사기』所引『해동고기』에서도 백제 시조를 부여 시조와 동일 인물로 인식한 것이다.

기왕에 분석된 백제 시조에 대한 검토에 따른다면 백제 건국 세력은 고구려

---

5) 이상의 서술은 李道學, 2005,「高句麗와 百濟의 出系 認識 檢討」『高句麗硏究』20 ; 2006,『고구려 광개토왕릉비문 연구』, 서경문화사, pp.73~76에 의하였다.

6) 이에 대해서는 李道學, 1995,『백제 고대국가 연구』, 일지사, pp.55~72을 참조하기 바란다.

7) 金杜珍, 1999,『建國神話와 祭儀』, 일조각, p.175.

계인 온조 전승만 제외하고 그 나머지는 죄다 부여계임을 알려준다.[6] 더구나 『삼국사기』 자체의 전승만 하더라도 원초적인 요소가 더 많이 포함된 부여계 비류 전승이 時點上 온조 전승보다 앞선 것이다.[7] 이 뿐 아니라 주지하듯이 온조 전승에는 천손 설화 요소가 없다. 천손 전승은 국가적 자부심과 왕실의 존엄성을 과시하기 위한 차원에서라도 응당 포함했어야 할 요소였다. 그러므로 천손 설화가 없는 온조 설화는 2차 자료임을 헤아릴 수 있다. 일단 제시된 기록 가운데 천손 설화적인 요소는 E의 도모대왕 전승에 보인다. 즉 "日神 降靈" 云云이라는 구절은 비록 8세기말에 편찬된 『속일본기』에 수록된 내용이지만 他者의 이야기가 아니라 백제 왕실의 고유 전승을 반영한 것이다. 온조 설화나 비류 설화 모두 건국설화의 도입부, 즉 건국자의 출생과 관련해 日光感應出誕說話的 요소가 없다. 이 점에서 볼 때 온조·비류 설화는 시기적으로 도모대왕 전승 보다도 후대에 생성되었거나 본래의 설화소가 사라진 후대적인 면면만 남아 있음을 뜻한다.

도모대왕 출생 설화에 보이는 日光感應出誕的 요소가 백제 건국설화에 담긴 원형 설화소임을 알 수 있다. 또 그러한 요소가 백제 멸망 이후에도 전승되어 일본측 사서에 수록된 것이다. 주지하듯이 백제 멸망 후 그 유민들이 대거 이주한 곳이 일본열도였다. 또 그곳의 역사서인 『속일본기』에 日光感應出誕的 설화소가 남아 있는 것이다. 이러한 사실은 백제 때 國祖 전승은 온조 설화와 相異했을 가능성을 암시한다. 나아가 이는 온조 전승뿐 아니라 비류 전승도 백제 때의 원형에서 많이 벗어나 있을 가능성을 제기해 준다.

백제 왕실의 전승에 따르면 도모대왕 전승에 보이는 日神感應出誕說이 건국 시조전승의 원형이 된다. 이 전승은 백제 말기까지 존속한 관계로 일본측 史書인 『續日本紀』에 수록될 수 있었다. 그런데 온조 전승이 개국 이후나 7세기대에 생성되거나 채택되었다는 견해가 있다. 그러나 이 견해는 우선 도모대왕 전승과 배치되기 때문에 설득력이 떨어진다. 도모대왕은 동명왕과 동일한 神

格으로서, 성왕대에 국호를 '南扶餘'로 고치는 등 부여로의 정통성을 천명하는 상황에서 격상된 신격으로 보인다. 이와는 별도로 廟祠를 갖추고 있었던 仇台는 온조 전승과는 전혀 연결되지 않는 神格이었다. 그 반면 구태는 어느 정도 비류 전승과의 연결점이 보이고 있다. 게다가 백제 왕실은 全時期에 걸쳐 부여로부터의 전통을 일관되게 강조하였다. 가령 북부여 왕실의 성씨이기도 했던 부여씨라는 백제 王姓의 존재, '부여별종'이라는 종족 계통어 관한 기록, 國書에서 자신들의 부여 기원에 대한 언급, '남부여'로의 改號를 통해 볼 때 백제는 일관되게 부여 기원설을 천명했다. 이러한 정서에서는 고구려 출원의 온조 전승이 비집고 설 틈이 없었다고 보는 게 정직한 해석이 아닐까. 온조 전승대로 한다면 형식상 백제 왕실은 高氏를 칭했어야 마땅하다. 백제 말기에 와서 설령 온조 전승이 국가 시조전승으로 채택되었다고 하더라도 왕실의 성씨인 부여씨와 연결되지 않는다. 그럼에도 어떻게 주몽의 아들 云云하는 전승이 생성될 수 있을까? 이 부분은 지극히 상식에 관한 사안이지만, 간과한 것인지 외면한 것인지 모를 정도로 度外視하였다.

　이러한 맥락에서 볼 때 온조 전승은 백제 멸망 이후 어느 때 생성되었다고 보는 게 순리적인 해석이다. 이와 관련해 주목되는 사안이 고려시대의 역사 인식이었다. 즉 주몽을 단군의 아들로 설정했을 뿐 아니라, 동·북부여와 삼국을 비롯한 諸政治勢力을 단군의 후예로 설정한 것이다. 이는 단군을 정점으로 하는 단일한 역사체계 확립을 통한 대통합과 융합을 이루려는 정치적 의도에서 생겨난 '만들어진 역사'의 전형이었다. '만들어진 역사'가 필요한 시점은 고려시대 때 몇 번 있었다. 그 첫 번째는 高麗가 후삼국을 힘겹게 통일한 직후였을 것이다. 고려 초에 편찬된 『구삼국사』를 통해 백제의 시조 전승에서 비류의 弟로 적혀 있는 온조를 뽑아와서 주몽과 연결시키는 '역사 만들기'가 단행된 것으로 보인다. 그럼에 따라 고구려를 계승한 고려 왕조의 정치적 優位는 보장되었다. 게다가 이는 백제를 계승한 후백제와 고구려의 後身인 그려와의 동질성을 운위할 수 있는 好材이기도 했다. 고려 왕조는 대통합을 위한 명제로서 백제 시조를 온조로 설정하여 고구려 시조인 주몽의 아들로 접속시킨 것으로 본다. 백제 당시에 존재할 수 없었던 고구려계의 온조 전승이 생성된 배경은 이같은 정치적 배경에서 출현한 것으로 해석되었다.

백제와 고구려의 시조들은 궁극적으로 단군으로 귀결되고 있다. 즉 1287년에 편찬된『제왕운기』에서 "부여·沸流·尸羅(신라)·高禮(고구려), 남·북옥저·예맥·백제[膺]는 모두 단군의 후예이다"라고 노래하였다. 이때 단군은 한국 역사 전체의 시조로 그 격이 올라가 있다. 물론 이는 역사적 사실과는 무관한 일정한 정치적 의도에서 나온 '역사 만들기'의 산물에 불과하였다. 정치적 산물로서 '역사 만들기'는 이 경우만 아니었을 것이다. 고려는 물리적으로 후삼국을 통일한 직후에 정치적 대통합을 위한 방편으로 또 하나의 '역사 만들기'를 시도했을 가능성이 있다. 고구려를 계승한 고려가 백제를 승계한 후백제를 제압한 직후인 고려 초에 편찬한 역사서가『구삼국사』였다.[8] 이때 고려는 소위 삼한 통합의 도덕적 당위성을 확보하기 위한 목적에서 백제 왕실의 뿌리를 고구려에 접속시켰던 게 아닐까. 그러한 혐의로서『삼국사기』백제본기와는 달리 고구려본기에는 온조 건국전승이 없다는 점을 지목할 수 있다. 쉽게 말해 양쪽 전승이 서로 아귀가 맞지 않다. 백제 건국세력이 고구려 왕실에서 分派되었다면 고구려본기에 그러한 사건이 언급되었어야 마땅하다. 왜냐하면 이 사건은 당초 고구려 땅에서 발생한 일인 만큼 외면할 수 없는 기록이기 때문이다. 더구나 온조왕 전승은 백제 왕실에 대한 고구려 왕실의 우월성을 과시할 수 있는 소재로서 適格이었다. 그러나 고구려측 당초의 所傳에는 일체 기록이 없다. 이러한 것만 보더라도 온조 전승의 생성 시점에 의문이 제기되지

---

8) 末松保和, 1966,「舊三國史と三國史記」,『朝鮮學報』39·40合輯, p.9.

않을 수 없다.

이와 관련해 "혹은 주몽이 졸본에 와서 越郡의 여자를 娶하여 두 아들을 낳았다고도 한다(A)"는 고구려측 전승이 비류와 온조 전승의 모태가 된 듯한 인상을 주지만, 현 상황에서는 더 이상의 추론을 전가할 만한 動力은 없다. 다만 비류 전승에서 우태의 次子로 적힌 온조를 따로 떼어 그를 시조로 하는 독립된 건국전승을 만들었다. 그럼에 따라 백제 시조 온조는 주몽의 아들로 설정되어 백제와 고구려는 기실 同源의 나라가 되었다. 요컨대 온조 전승은 후삼국 통일 이후 대통합을 위한 '역사 만들기'의 소산이었다.[9]

III. 『삼국사기』 온조왕본기의 검증

김부식이 『삼국사기』를 편찬할 때 백제 시조 전승은 온조 전승과 비류 전승이 함께 전해왔음을 알려준다. 김부식은 "어느 것이 옳은지 모르겠다"[10]고 실토했을 정도로 是非를 가리지 못하였다. 그러나 온조를 고구려 시조와 연결시킨 전승은 고려 초기에 편찬된 『구삼국사』에서부터 비롯되었음을 살핀 바 있었다. 『삼국사기』의 底本이 『구삼국사』임은 밝혀진 바 있다. 그렇다고 할 때 김부식이 접한 『구삼국사』에는 온조왕 전승이 수록되어 있었다. 온조왕 전승은 고려가 분열을 극복하고 대통합을 이루기 위한 大家族主義的인 입장에서 '역사 만들기'의 산물로 드러난 바 있다. 그럼에도 김부식이 비류왕 전승을 소개하였다. 통일신라를 거치면서 내려온 백제 이래의 전승적 요소가 많았다던 비

---

9) 지금까지의 서술은 李道學, 「百濟 始祖 溫祚說話에 대한 檢證」에 근거하였다.

10) 『三國史記』 권 23, 온조왕본기 즉위년 조.

류왕 전승은 『삼국사기』 편찬 때는 아직 掃去되지 않았다. 그랬기에 김부식이
비류왕 전승을 인용한 것으로 보인다.

그러면 『삼국사기』 온조왕본기의 주체는 과연 온조왕인가? 이 점을 검증하
지 않고서는 단언하기 어려운 구석이 있다. 즉 『삼국사기』 온조왕본기의 주체
는 온조왕이나 비류왕에게 모두 해당될 수 있어 보인다. 그런데 그 내용이 온
조왕의 事迹이라면 비류왕 시조설은 타당성이 옅어질 수밖에 없다. 그러면 번
잡하기는 하지만, 보다 완전한 분석을 위해 『삼국사기』 온조왕본기의 연대기
를 다음과 같이 모두 인용해 본다.

* 원년 여름 5월에 東明王廟를 세웠다.

* 2년 봄 정월에 왕이 여러 신하에게 말하였다. "靺鞨은 우리 북쪽 경계에 연접하여 있
  고, 그 사람들은 용감하고 속임수가 많으니 마땅히 병장기를 수선하고 양곡을 저축
  하여 막아 지킬 계획을 세워야 할 것이다." 3월에 왕은 族父 乙音이 지식과 담력이 있
  으므로 右輔로 삼고 군사 업무를 맡겼다.

* 3년 가을 9월에 말갈이 북쪽 경계를 쳐들어 왔다. 왕은 굳센 군사를 거느리고 이를
  급히 쳐서 크게 이겼다. 적으로서 살아 돌아간 자가 열에 한둘이었다. 겨울 10월에
  우뢰가 쳤고 복숭아꽃과 오얏꽃이 피었다.

* 4년 봄과 여름에 가물어 기근이 들고 전염병이 돌았다. 가을 8월에 사신을 樂浪에 보
  내 우호를 닦았다.

* 5년 겨울 10월에 북쪽 변방을 순행하고 위무하며 사냥하였는데 神鹿을 잡았다.

* 6년 가을 7월 그믐 신미에 日食이 있었다.

* 8년 봄 2월에 말갈 적병 3천 명이 와서 慰禮城을 포위하자 왕은 성문을 닫고 나가 싸

우지 않았다. 열흘이 지나 적이 양식이 다 떨어져 돌아가자, 왕은 날랜 군사를 뽑아

大斧峴까지 쫓아가 한번 싸워 이겼으며, 500여 명을 죽이거나 사로잡았다. 가을 7월

에 馬首城을 쌓고 瓶山柵을 세웠다. 樂浪太守의 사자가 그하여 말하였다. "근래에 서

로 예방하고 우호를 맺어 뜻이 한 집안과 같았는데 지금 우리 영토에 접근하여 성과

목책을 만들고 세우는 것은 혹시 야금야금 먹어 들어올 계책이 있어서인가? 만일 옛

우호를 저버리지 않고 성을 허물고 목책을 깨뜨려 버린다면 시기하고 의심할 바가

없겠지만, 혹시 그렇지 않다면 청하건대 한번 싸워서 승부를 결정하자." 왕이 회답하

였다. "요새를 설치하여 나라를 지키는 것은 예나 지금이나 떳떳한 길인데 어찌 감히

이로써 화친과 우호를 저버림이 있을 것인가. 의당히 執事가 의심할 바가 아닌 것 같

다. 만일 집사가 강함을 믿고 군사를 낸다면 小國도 또한 이에 대응할 뿐이다." 이로

말미암아 낙랑과 우호를 잃게 되었다.

* 10년 가을 9월에 왕이 사냥을 나가서 神鹿을 잡아 馬韓에 보냈다. 겨울 10월에 靺鞨

이 북쪽 경계를 노략질하였다. 왕은 군사 200명을 보내서 昆彌川 가에서 막아 싸우

게 하였다. 우리 군사가 패배하여 靑木山을 의지하고 스스로 지켰다. 왕이 친히 정예

기병 100명을 거느리고 烽峴으로 나아가 구원하니 적이 보고는 곧 물러갔다.

* 11년 여름 4월에 낙랑이 말갈을 시켜 瓶山柵을 습격하여 깨뜨리고는 100여 명을 죽이

거나 사로잡았다. 가을 7월에 禿山柵과 狗川柵의 두 목책을 세워 낙랑과의 통로를 막

았다.

* 13년 봄 2월에 王都에서 늙은 할멈이 남자로 변하였고, 다섯 마리의 범이 성 안으로

들어왔다. 왕의 어머니가 죽었는데 나이가 61세였다. 여름 5월에 왕이 신하에게 말하였다. "우리 나라의 동쪽에는 낙랑이 있고 북쪽에는 말갈이 있어 영토를 침략하므로 편안한 날이 적다. 하물며 이즈음 요망한 징조가 자주 나타나고 國母가 돌아가시니 형세가 스스로 편안할 수 없도다. 장차 꼭 도읍을 옮겨야 하겠다. 내가 어제 순행을 나가 漢水 남쪽을 보니 땅이 기름지므로 마땅히 그 곳에 도읍을 정하여 길이 편안할 수 있는 계책을 도모하여야 하겠다." 가을 7월에 漢山 아래로 나아가 목책을 세우고 위례성의 민가들을 옮겼다. 8월에 사신을 마한에 보내 도읍을 옮긴 것을 알리고 마침내 강역을 구획하여 정하였는데 북쪽으로는 浿河에 이르렀고, 남쪽으로는 熊川을 경계로 하였고, 서쪽으로는 큰 바다에 막혔고, 동쪽으로는 走壤에 이르렀다. 9월에 궁성과 대궐을 세웠다.

* 14년 봄 정월에 도읍을 옮겼다. 2월에 왕은 부락을 순행하며 위무하고 농사를 힘써 장려하였다. 가을 7월에 한강 서북쪽에 성을 쌓고 漢城의 백성을 나누어 살게 하였다.

* 15년 봄 정월에 새 궁실을 지었는데 검소하되 누추하지 아니하고 화려하되 사치스럽지 않았다.

* 17년 봄에 낙랑이 쳐들어 와서 위례성을 불질렀다. 여름 4월에 廟를 세우고 國母에게 제사지냈다.

* 18년 겨울 10월에 말갈이 갑작스레 습격하여 왔다. 왕은 군사를 거느리고 七重河에서 맞아 싸워 추장 素牟를 사로잡아 마한에 보내고 그 나머지 적들은 모두 구덩이에 묻어 버렸다. 11월에 왕이 낙랑의 牛頭山城을 습격하려고 臼谷에 이르렀으나 큰 눈을 만나 곧 돌아왔다.

* 20년 봄 2월에 왕이 大壇을 설치하고 친히 天地에 제사지냈는데 이상한 새 다섯 마리
  가 와서 날았다.

* 22년 가을 8월에 石頭城과 高木城의 두 성을 쌓았다. 9월에 왕이 기병 1천 명을 거느
  리고 斧峴 동쪽에서 사냥하다가 靺鞨賊을 만났다. 한번 싸워 격파하고, 生口를 사로
  잡아 장수와 군사들에게 나누어주었다.

* 24년 가을 7월에 왕이 熊川柵을 세우자 마한 왕이 사신을 보내 나무라며 말하였다.
  "왕이 처음 강을 건너 왔을 때 발디딜 만한 곳도 없었으므로 내가 동북쪽의 100리의
  땅을 떼어 주어 편히 살게 하였으니 왕을 대우함이 후하지 않았다고 할 수 없다. 마
  땅히 이에 보답할 생각을 하여야 할 터인데, 이제 나라가 완성되고 백성들이 모여들
  자 나와 대적할 자가 없다고 하면서 성과 못을 크게 설치하여 우리의 영역을 침범하
  니 그것이 의리에 합당한가?" 왕은 부끄러워서 드디어 목책을 헐어버렸다.

* 25년 봄 2월에 왕궁의 우물물이 갑자기 넘쳤고, 漢城의 人家에서 말이 소를 낳았는
  데 머리 하나에 몸은 둘이었다. 日官이 말하였다. "우물물이 갑자기 넘친 것은 대왕
  이 우뚝 일어날 징조요, 소가 머리 하나에 몸이 둘인 것은 대왕이 이웃 나라를 병합
  할 징조입니다." 왕이 듣고 기뻐하여 드디어 辰韓과 마한을 병탄할 생각을 가지게 되
  었다.

* 26년 가을 7월에 왕이 말하였다. "마한은 점점 쇠약해지고 윗 사람과 아랫 사람의 마
  음이 갈리어 그 형세가 오래 갈 수 없을 것 같다. 만일 남에게 병합된다면 입술이 없
  으면 이가 시리는 격이 될 것이니 후회하더라도 이미 늦을 것이다. 차라리 남보다 먼
  저 [마한을] 손에 넣어 훗날의 어려움을 면함만 같지 못할 것이다." 겨울 10월에 왕이
  군사를 내어 겉으로는 사냥한다고 하면서 몰래 마한을 습격하여 드디어 그 國邑을 병

합하였다. 다만 圓山城과 錦峴城의 두 성만은 굳게 지켜 항복하지 않았다.

* 27년 여름 4월에 두 성이 항복하자 그 백성들을 漢山 북쪽으로 옮기니, 마한은 드디어 멸망하였다. 가을 7월에 大豆山城을 쌓았다.

* 28년 봄 2월에 맏아들 多婁를 태자로 삼고 內外의 군사 업무를 맡겼다. 여름 4월에 서리가 내려 보리를 해쳤다.

* 31년 봄 정월에 나라 안의 민가들을 나누어서 南部와 北部로 삼았다. 여름 4월에 우박이 내렸다. 5월에 지진이 일어났다. 6월에 또 지진이 일어났다.

* 33년 봄과 여름에 크게 가물었다. 백성이 굶주려 서로 잡아먹고 도적이 크게 일어났다. 왕이 이를 위무하고 안정시켰다. 가을 8월에 東部와 西部의 2部를 더 설치하였다.

* 34년 겨울 10월에 마한의 옛 장수 周勤이 牛谷城에 웅거하여 반란을 일으켰다. 왕은 친히 군사 5천 명을 거느리고 이를 토벌하였다. 주근이 스스로 목매어 죽자 그 시체의 허리를 베고 그의 처자도 아울러 죽였다.

* 36년 가을 7월에 湯井城을 쌓고 大豆城의 민가들을 나누어 살게 하였다. 8월에 圓山城과 錦峴城의 두 성을 수리하고, 古沙夫里城을 쌓았다.

* 37년 봄 3월에 우박이 내렸다. 크기가 달걀만 하여 鳥雀이 맞으면 죽었다. 여름 4월에 가물었는데 6월에 이르러서야 비가 왔다. 漢水의 동북쪽 부락에 기근이 들어 고구려로 도망해 간 자가 1천여 戸나 되니, 浿水와 帶水 사이가 텅비어 사는 사람이 없었다.

* 38년 봄 2월에 왕이 순행하고 위무하여 동쪽으로는 走壤에 이르렀고, 북쪽으로는 浿
  河에 이르렀다가 50일만에 돌아왔다. 3월에 사신을 보내 농사짓기와 누에치기를 권
  장하고 급하지 않은 일로 백성을 괴롭히는 일은 모두 없애도록 하였다. 겨울 10월에
  왕이 大壇을 쌓고 천지에 제사지냈다.

* 40년 가을 9월에 말갈이 述川城을 침공해 왔다. 겨울 11월에 또 斧峴城을 습격하여
  100여 명을 죽이고 약탈하였다. 왕이 날쌘 기병 200명에게 명하여 이를 막아 치게
  하였다.

* 41년 봄 정월에 右輔 乙音이 죽자 북부의 解婁를 우보로 삼았다. 해루는 본래 부여 사
  람으로 식견이 깊었고, 나이가 70세를 넘었으나 기력이 쇠하지 않았으므로 등용한
  것이었다. 2월에 한수 동북쪽의 여러 부락 사람으로 나이 15세 이상을 징발하여 慰禮
  城을 수리하고 조영하였다.

* 43년 가을 8월에 왕이 牙山 벌판에서 5일 동안 사냥하였다. 9월에 鴻雁 100여 마리
  가 왕궁에 모였다. 日官이 말하였다. "기러기는 백성의 상징입니다. 장차 먼 데 있는
  사람이 투항해 오는 자가 있을 것입니다." 겨울 10월에 南沃沮의 仇頗解 등 20여 家가
  斧壤에 귀순하니 왕이 이들을 받아들여 漢山 서쪽에 안치하였다.

* 45년 봄과 여름에 크게 가물어 풀과 나무가 타고 말랐다. 겨울 10월에 지진이 일어
  나 백성들의 집을 넘어뜨렸다.

* 46년 봄 2월에 왕이 죽었다.

『삼국사기』 온조왕본기 冒頭에 적힌 건국설화는 앞에서 이미 인용하였다. 그
런 관계로 연대기만 모두 기재해서 살펴보고자 한다.

Ⅳ. 『삼국사기』 온조왕본기가 비류왕본기인 근거

『삼국사기』 온조왕본기는 본기의 주체를 '王'으로만 표기했을 뿐 온조왕이라는 구체적인 인물을 지칭한 바는 없다. 그런 만큼 이 상황에서는 온조왕본기의 주체를 섣불리 예단할 수 없다. 그런데 이와 관련해 온조왕본기의 주체가 온조왕이 될 수 없는 몇 가지 片鱗을 묶어 볼 수 있다. 바꿔 말해 『삼국사기』 온조왕본기는 기실 비류왕본기임을 입증할 수 있는 근거를 다음과 같이 제시해 본다.

첫째, 『삼국사기』 온조왕 13년 조의 기사에 보이는 王母의 존재이다. 즉 "… 국모가 세상을 떠나고"라는 기사에서 王母의 존재가 확인된다. 백제 시조왕의 王母는 A의 온조왕 전승에서는 졸본부여왕의 둘째 딸 혹은 越郡의 여자로 서로 다르게 적혀 있을 뿐이다. 그런데 B의 비류왕 전승에서는 그 이름이 소서노로 밝혀져 있을 뿐 아니라 두 아들과 함께 남하한 것으로 전해졌다. 온조왕 전승에서는 王母가 함께 남하한 기록이 없다. 따라서 온조왕본기의 王母는 소서노를 가리킨다고 보아야 한다. 나아가 온조왕본기의 내용은 기실 비류왕본기임을 알려준다.

둘째, 백제 시조왕의 왕모 즉 國母는 BC 6년에 61세로 사망했다. 이것을 역산하면 국모는 BC 66년 生임을 알 수 있다. 반면 주몽은 BC 19년에 40세로 사망했다고 한다. 주몽은 BC 58년 生인 것이다. 兩者를 비교해 봤을 때 국모가 주몽보다 무려 8세나 年上인 것이다. 주몽이 온조왕 전승처럼 부여왕의 '둘째 딸'과 결혼했다면 부여왕의 여러 딸 가운데 연령대를 서로 맞췄음을 뜻한다. 그러나 소서노가 주몽보다 훨씬 연상으로 드러나고 있다. 이러한 경우라면 주몽이 寡婦였던 소서노와 혼인했다는 비류왕 전승의 타당성이 한층 높아진다.

셋째, 『삼국사기』는 王母의 사망 때 연령을 구체적으로 摘示하였다. 이는 지극히 이례적인 기록인 것이다. 더불어 온조왕 전승과는 달리 비류왕 전승에서 이례적으로 왕모의 이름을 소서노로 명기한 사실과 잘 연결되고 있다.

넷째, 『삼국사기』고구려본기에서는 온조와 비류 형제 전승이 수록되지 않았다. 이들이 당초 왕위를 계승할 수 있는 위치였다면 유리 왕자의 등장과 더불어 남하했다는 기록이 비치지 않을 리 없다. 이렇듯 백제본기의 비류와 온조 형제가 주몽의 아들이라는 전승은 고구려본기의 주몽 전승과 연결되지 않는다. 이 사실은 주몽왕의 아들이라는 온조왕 전승의 신빙성을 떨어뜨린다.

다섯째, 시조에 대한 인식이『삼국사기』고구려본기와 百濟本紀間에 相異하다는 것이다. 고구려본기에서는 '시조 동명성왕'이라고 한 반면, 백제본기에서는 '시조 동명왕묘(다루왕 2년 조)'라고 했다. 여기서 동명성왕과 동명왕은 동일 인물처럼 간주될 수 있다. 그러나 兩者는 별개의 인물로 구분해야 될 것 같다. 비류왕 전승에서 '시조 비류왕'이라고 했듯이 백제는 엄연히 자국의 시조가 존재했다. 더욱이 백제본기 첫장에서 '시조 온조왕'이라고 하였다. 그럼에도 '시조 동명성왕'이 백제 시조를 가리키는 '동명왕'과 동일시 될 수 없다. 前者의 동명성왕은 어디까지나 고구려 시조인 주몽을 가리킬 뿐이었다. 반면 後者는 부여 시조를 가리킨다고 보아야 할 것 같다. 백제 건국 세력의 淵源과 관련해 부여 시조를 자국 시조로 간주했을 가능성이다. 그리고 비류왕 전승에 따르면 '북부여왕 해부루'가 등장한다. 해부루는 연원이 부여 시조 동명왕과 결부되어 있다. 그러니 동명왕은 부여계 비류왕 전승과도 연계된 요소이다.

여섯째, 온조왕본기의 인물 중 비류왕 전승과 연결될 수 있는 요소가 보인다. 즉 "봄 정월에 右輔 을음이 죽으므로 북부의 解婁를 임명하여 우보로 삼았다. 해루는 본래 부여인인데, 지식이 깊었으며 나이 70을 넘겼지만 팔 힘이 줄지 않았으므로 이를 채용하였다(41년 조)"는 기사이다. 해루의 해씨는 백제 8大姓의 기원과 관련 있는 흥미 있는 근거를 제시해 주었다. 백제 한성 도읍기 진씨와 더불어 유력한 귀족 가문이었던 해씨의 출원지가 부여라는 것이다. 더욱이 해씨는 비류왕 시조전승에서 그 族祖로 언급된 해부루왕과도 연결되고 있다. 온조왕 전승에서는 온조가 고구려에서 10臣과 함께 남하했다고 했을 뿐 해씨와 관련된 어떠한 문자도 남기지 않았다. 이 역시 온조왕본기의 실체가 비류왕 전승에 기반을 두었음을 시사한다.

일곱째, 마한왕이 백제 시조를 힐난하면서 "왕이 처음 강을 건너와서 발붙일 곳이 없기에(24년 조)"라고 한 구절이다. 이 구절은 비류왕 전승에서 패수와 대수를 건너왔다는 기록과 부합한다. 온조왕 전승에는 南下한 기록만 있을 뿐 渡江 기사는 없다. 게다가 온조왕본기에는 "漢水의 동북쪽 부락에 기근이 들어 고구려로 도망해 간 자가 1천여 戶나 되니, 浿水와 帶水 사이가 텅비어 사는 사람이 없었다(37년 조)"라고 하여 패수와 대수의 존재가 확인된다. 이 역시 온조왕본기가 기실 비류왕본기임을 가리키는 방증이 된다.

지금까지의 검토를 통해 『삼국사기』 온조왕본기의 '왕'은 온조왕이기보다는 비류왕 전승의 비류왕으로 드러났다. 백제 다른 왕들의 본기에서도 그렇지만, 『삼국사기』 온조왕본기의 年代記 역시 始祖 이름 대신 '王'으로만 기재되었다. 즉 始祖本紀의 주인공이 '온조왕'이라는 어떠한 단서도 제공해 주지 않았다. 이 점 환기시키고자 한다. 물론 제2대 다루왕의 계보를 "온조왕의 元子"라고 한 기술은 시조를 온조로 前提한데서 연계된 표현에 불과하였다.

V. 맺음말

백제 건국 세력의 계통을 알려주는 단초가 시조 인식이었다. 그런데 백제 시조에 대해서는 무려 5종류의 所傳이 등장하고 있다. 이 가운데 온조왕 전승만 제외하고는 죄다 부여와의 연관성을 지니고 있었다. 결국 백제 건국 세력의 기원에 대해서는 백제 왕실의 일관된 주장처럼 부여 계통이었음이 자명해졌다.

문제는『삼국사기』에 함께 게재된 온조왕 전승과 비류왕 전승의 取捨에 관한 사안이었다. 그런데 비류왕 전승의 타당성이 높아졌다. 그렇다고 할 때『삼국사기』온조왕본기의 주인공에 대한 문제가 가로막고 있다. 그러나 면밀히 검토해 본 결과『삼국사기』온조왕본기는 온조왕이 주인공이라는 하등의 근거를 제시할 수 없었다. 오히려『삼국사기』온조왕본기는 기실 비류왕본기임을 새롭게 구명하게 되었다. 이 점은 비류왕 전승과 온조왕본기가 서로 부합한다는 사실을 구체적으로 찾아내었기 때문이었다. 단언하건대『구삼국사』이전의 백제 시조는 비류왕이었다. 그렇지만 그 이후부터는 온조왕으로 바꿔어졌을 것이다. 그렇지만 비류왕 전승 자체는『삼국사기』편찬할 때 잔존한 관계로 이제는 逆으로 原象을 復元하는 기제로 활용할 수 있었다. 본고가 지닌 최대 意味를 이 점에서 찾고자 한다.

| 참고문헌 |

『三國史記』

金杜珍

1999 『建國神話와 祭儀』, 일조각.

李道學

1995 『백제 고대국가 연구』, 일지사.

2005 「高句麗와 百濟의 出系 認識 檢討」, 『高句麗研究』20.

2006 『고구려 광개토왕릉비문 연구』, 서경문화사.

2010 「百濟 始祖 溫祚說話에 대한 檢證」, 『한국사상사학』36.

韓國古代社會研究所

1992 『譯註 韓國古代金石文』Ⅰ.

末松保和

1966 「舊三國史と三國史記」, 『朝鮮學報』39·40合輯.

Микропластинчатые индустрии в Северной Азии и Китае

А.П. Деревянко[*]

〈국문초록〉

　중국 후기구석기시대는 오래전부터 사용되었던 격지석기전통을 기반으로 한 기술-형태적 특징을 갖고 있다. 이러한 특징은 증국뿐 아니라 동아시아와 동남아시아에서 나타나고 있다. 아직까지 후기구석기시대의 시작 단계를 정확히 구분하지는 못하고 있지만 이에 대한 다양한 가설이 제시되고 있다.

　중국에서는 약 3만년 전 북중국에서 돌날석기문화가 나타나기 시작한다. 이러한 현상은 당시 몽고, 남부시베리아의 돌날석기문화를 가진 인류가 이주하여 나타난 것과 연관이 있다. 하지만 이 석기문화가 기존의 격지석기문화를 사

---

* 데레비안코(Anatoly P. Derevyanko): 러시아 과학원 노보시비르스크 분소 고고·민족학 연구소 소장

라지게 하지는 못했다. 그래서 후기구석기시대는 격지석기전통과 돌날제작기술이 함께 오랫동안 공존한 것이 특징이다. 이러한 격지석기전통은 중국의 생태적 환경과 그에 대한 적응이 용이한 방향으로 전 석기시대 동안 오랫동안 유지된 것으로 판단된다.

2만년 전 이후 중국에는 세형돌날기술이 나타난다. 이 기술의 등장은 40~50ka에 남부시베리아 북부지역의 문화와 연관이 있는데, 더 구체적으로 보자면 아무르강 중상류 유역의 셀렘자문화와 깊은 연관이 있다. 하지만 중국의 세형돌날문화가 등장한 이후에도 이 격지석기전통은 그대로 유지되었다. 북중국의 구석기시대 말기(20~10ka)에 격지석기와 세형돌날문화가 공존하였다면 남중국의 세형돌날문화는 구석기시대 최말기와 신석기시대에 나타나게 된다.

한국과 일본의 경우에도 이에 대한 논의가 있어 왔는데, 특히 한국은 중국과 같이 격지석기전통이 전 석기시대동안 유지되었다고 할 수 있다.

중기-후기 갱신세의 한반도의 전 구석기시대 유적에서는 주먹도끼, 찍개, 피크, 대형긁개, 격지석기들과 함께 자갈돌석기기술이 특징이다. 르발루아기술은 한반도를 비롯하여 중국과 일본에 나타나지 않는다. 한반도를 비롯하여 중국-말레이지아 지대의 여러 지역에 살던 구석기시대 사람들은 돌날석기문화가 등장하기 전 격지석기전통을 유지하며 매우 느린 진화를 거듭하여 왔었다. 즉 이 지역에서는 아프리카-유럽 지대에서의 문화적 특징이 나타나지 않는다.

한반도에는 아직 중기-후기구석기시대를 구분하는 정확한 기준은 마련되고 있지 않다. 하지만 한반도의 돌날석기문화는 남부시베리아에 그 뿌리를 두고 북-동 중국과 남부러시아 극동지역으로부터 이주한 산물이라고 주장한 바 있다. 한국의 학자들 중 이 돌날석기문화가 후기구석기시대 시작 단계에 다양한 형태로 적응하여 나타나고 있다는 견해가 있었다. 또한 최근 35000년 전에 현생인류가 남중국에서 한국으로 격지석기문화를 가지고 이주하고 또한 시베리아에서 돌날석기문화를 가지고 이주했다는 두 지역 이주설이 소개되었다.

결론적으로 중국, 한반도, 일본의 후기구석기문화는 기존에 남아있던 석기문화가 지역의 특성에 맞게 오랫동안 유지되었다. 돌날석기문화는 남부시베리아와 몽고에서 시작되어 먼저 북중국으로, 그리그 동아시아 전체로 확산되었다. 세형돌날문화 역시 남부시베리아와 러시아 극동 특히 셀렘자문화로부터 이주된 산물이다. 이 셀렘자문화는 북중국뿐 아니라 한반도와 일본에 잘 나타나고 있으며, 사할린지역에서도 그 증거를 확인할 수 있다. 대표적인 유적은 다층위유적인 오곤끼-5유적, 소꼴, 올림피아-5유적 등이 있다. 최근 절대연대와 층위 연구 결과 사할린의 세형돌날문화의 연대는 약 25,000년 전까지 올라간다. 일본에는 사할린을 거쳐 호카이도로 확산되어 이 세형돌날문화가 확산되었다. 그러므로 돌날과 세형돌날문화는 남부시베리아와 중앙아시아에서 시작되어 동아시아의 대부분의 지역으로 확산되었던 것이다.

I. Введение

Пластинчатые технологии сыграли важную роль в развитии палеолитических каменных индустрий и в совершенствовании приемов первичной обработки камня. В отдельных регионах Африки и Евразии пластинчатая индустрия имела большое значение для формирования культур верхнего палеолита, модернизации и совершенствования способов охоты, обработки различных органических и неорганических материалов, появлении новых, более эффективных видов орудий и т.д. Многие авторы связывают пластинчатые технологии с современным анатомическим типом людей и соответственно с современной моделью поведения. Но предположение о том, что пластинчатые индустрии являлись передовыми инновациями во всех частях Старого Света, не соответствует действительности. На протяжении палеолита наблюдается большая вариабильность индустрий, что связано с различными экологическими условиями обитания и, следовательно, различными адаптационными стратегиями. Пластинчатая технология имела как свои преимущества, так и определенные недостатки [Bar-Yosef, Kuhn, 1999].

Результаты изучения характера распространения пластинчатых индустрий свидетельствуют о том, что на одних и тех же территориях в среднем и позднем плейстоцене пластинчатые технологии могли неоднократно появляться и исчезать, играть доминирующую роль при оформлении орудийного набора, сосуществовать с отщепными индустриями, использоваться наряду с другими технологиями или не играть в производстве орудий заметной роли.

На финальном этапе плейстоцена в отдельных регионах Евразии на
основе пластинчатых технологий возникают микропластинчатые
индустрии, которые могли развиваться независимо на конвергентной
основе и иметь существенные отличия друг от друга. Так, в западных
районах Евразии широкое распространение получила микроиндустрия
с геометрическими формами орудийного набора. На востоке Евразии –
в Северной, Центральной Азии, Китае, Корее, Японии, а также в Северной
Америке развиваются микролитические индустрии, имеющие много
общих элементов в первичной и вторичной обработке камня, а также в
формах и типах каменных орудий, имеющих принципиальное отличие
от технико-типологических комплексов Европы.

II. Зарождение пластинчатой индустрии в Африке и Евразии

Микропластинчатая индустрия возникает на основе пластинчатой.
Очень важно рассмотреть вопрос о том, где зарождаются пластинчатые
технологии, каким образом они распространяются на другие территории
или появляются конвергентно, существует ли преемственность в
пластинчатых индустриях Африки и Евразии.

Наиболее раннее проявление пластинчатой технологии выявлено в
Восточной Африке. Первые признаки пластинчатой индустрии
зафиксированы в формации Каптурин (поздний ашель) на трех

местонахождениях GnJh-03, -15, -17 в Кении. На этих стоянках обнаружены пластины правильной формы, сколотые с нуклеусов в одностороннем и встречном направлении [McBrearty, 1999; McBrearty, Brooks, 2000; Deino, McBrearty, 2002]. Датировки этих местонахождений в интервале 509–285 тыс. лет. Наиболее вероятная дата – ок. 300 тыс. лет.

Новые местонахождения в этом районе исследовались в 2004 и 2005 гг. на стоянках GnJh-42 и -50. Формация Каптурин мощностью примерно в 125 м, залегающая на площади ок. 150 м2 к западу от оз. Боринго, состоит из речных, озерных, вулканических отложений среднего плейстоцена. Вся толща разделена на пять секций К 1–5. В речных отложениях секции 5 обнаружены остатки гоминидов, относящиеся к *Homo erectus* или *Homo rhodesiensis* [McBrearty, Brooks, 2000; Johnson, McBrearty, 2010].

Местонахождения GnJh-42 и -50 находятся в отложениях секции К-31, состоящих в основном из черной и красной цеолитизированной глины с прослойками галечного песчаника и известкового туфа. Стоянки хронологически датируются по 40Ar /39Ar 545 ± 3 тыс. лет и 509 ± 9 тыс. л.н. Каменные изделия обнаружены на поверхности и в слое. Всего на стоянках найдено 555 изделий в слое и 317 – на поверхности. Более 95 % от общего числа артефактов на обеих стоянках относились к отщепам, фрагментам отщепов и угловатым сколам. Пластины и фрагменты пластин составляли 2,7 %.

На стоянке GnJh -42 найдено 10 нуклеусов: три на поверхности и семь в слое. Из них два пластинчатых нуклеуса, поднятых с поверхности. На стоянке GnJh-50 обнаружено семь нуклеусов: три на поверхности и четыре в слое. Среди нуклеусов два пластинчатых, извлеченных из слоя. Нуклеусы разделены на пластинчатые (4 экз.), радиальные и подрадиальные (13 экз.). Пластинчатые нуклеусы различных размеров – от 4,2 до 11,4 см. Изготавливались из отщепов или расщепленных галек. Одним или несколькими сколами подготавливалась ударная площадка, которая образовывала острый угол с одной из прилегающих сторон. Эта сторона и превращалась в рабочую: вначале с нее снималась естественная корка, если нуклеус изготавливался на гальке, а затем скалывались пластины. В качестве рабочей площадки, как правило, использовалась одна выпуклая сторона нуклеуса. Данный метод подготовки и расщепления нуклеуса Э. Боэда [Boёda, 1995] отнес к хуммалийскому объемному методу, который отличался от леваллуазского и верхнепалеолитического. Судя по количеству пластинчатых нуклеусов, пластин и фрагментов пластин, этот инновационный метод первичной обработки камня для получения заготовок в виде пластин не получил сколько-нибудь значительного распространения. Придавать появлению новой стратегии в обработке камня исключительное значение для дальнейшего развития индустрии и самого физического типа человека нет никаких оснований. По технической сложности и эффективности он имел некоторое преимущество перед отщеповым (в частности, был более экономичным), но, в то же время, ограничивал возможность использования многих видов каменного сырья.

Остается нерешенным важный вопрос о технологической преемственности между местонахождениями GnJh-42 и -50 и вышележащими культуросодержащими горизонтами местонахождений GnJh-03, -15, -17 формации Каптурин, которые содержат малочисленные пластинчатые нуклеусы, а также с ранним этапом среднего каменного века Южной и Восточной Африки. По нашему мнению, наиболее приемлема точка зрения О. Бар-Йозефа и С. Куна [Bar-Yosef, Kuhn, 1999]: пластинчатая технология в Африке появлялась и исчезала в зависимости от изменения экологических условий и возникновения новых адаптационных стратегий. Об этом свидетельствуют и индустрии среднекаменного века Южной и Восточной Африки. Среднепалеолитические индустрии на юге Африки в хронологическом интервале 250–40 тыс. лет подразделяются на несколько стадий: MSA I, II, ховисонс порт, MSA III и IV [Singer, Wymer, 1982]. Для раннего этапа MSA I характерно пластинчатое расщепление. В качестве заготовок больше всего использовались пластины, часто без дополнительной ретуши. Они снимались преимущественно с дисковидных и пирамидальных нуклеусов верхнепалеолитического типа. Ранний этап MSA II по основным технико-типологическим показателям существенно отличается от предшествующего и последующего. Для этого этапа наиболее типично леваллуазское расщепление и почти полное отсутствие пластинчатых нуклеусов. На следующей стадии, в ховисонс порт, вновь появляются пирамидальные нуклеусы, пластины, и что наиболее характерно – геометрической формы изделия с притупленной спинкой, изготовленные из пластин. На следующем этапе MSA III исчезают орудия геометрической формы, индустрия в целом характеризуется многими исследователями как более архаичная. Пластинчатое расщепление верхнепалеолитического типа вновь появляется на юге Африки ок. 30-ти тыс. л.н. Таким образом, в развитии индустрий на юге Африки не прослеживается определенной преемственности: пластинчатая технология появляется в ашеле (связь ее с раннесреднепалеолитической пока не прослеживается), затем она исчезает и появляется вновь. Объяснить это явление только сменой населения невозможно: в Восточной и Северной Африке также не наблюдается синхронной смены индустрий. Видимо, в появлении и исчезновении пластинчатых технологий решающее значение имела смена адаптационных стратегий (что приводило к появлению других приемов первичной и вторичной обработки камня) или передача инноваций в обработке камня по эстафетному принципу. Это свидетельствует о том, что, во-первых, пластинчатые технологии нельзя считать инновацией человека современного анатомического типа. Во-вторых, в других экологических условиях отщепные или другие технологии обработки камня были более эффективны, чем пластинчатые [Деревянко, 2011а].

На Ближнем Востоке пластинчатые технологии появляются во второй половине среднего плейстоцена. В позднеашельской (раннемустьерской) – ябрудской индустрии на местонахождениях Ябруд-1, Табун, Абри Зумоффен и др. появляется пластинчатая технология [Meignen, 1994; 2000]. В последние два десятилетия значительно удревнены хронологические рамки мугаранской индустрии: слои Ed–Ea пещеры Табун отнесены к интервалу 385–240 тыс. л.н. [Jelinek, 1992; Bar-Yosef, 1995; Schwarcz, Rink, 1998], а леваллуа- мустьерская индустрия слоя D – к интервалу 263–244 тыс. л.н. [Mercier, Valladas H., Valladas G., 1995]. В лаборатории дозиметрии, радиоактивности окружающей среды и радиотермолюминисцентного анализа МГУ для слоя Е пещеры Табун получены даты 260 ± 60, 270 ± 60, 340 ± 80, 410 ± 110, 480 ± 120 тыс.

л.н. [Лаухин и др., 2000], что в целом согласуется с ранее полученными данными.

Л. Мегнин [Meignen, 2000], используя реконструкции операционной цепочки Э. Боэды [Boёda, 1995] и собственные [Meignen, 1994], разделяет среднепалеолитические нуклеусы для получения пластин и острий леваллуа и пластин на две группы. К первой группе относятся леваллуазские нуклеусы для производства широких коротких пластин, тонких пластин, часто треугольной формы, леваллуазских остроконечников. Наиболее типичная технология прослеживается в Табун IX, согласно стратиграфии А. Елинека (или горизонт D по терминологии Д. Гаррод), датированному термолюминисцентным методом 263 ± 27 тыс. л.н.

Пластинчатый метод зафиксирован на местонахождении Хайоним в культуросодержащих горизонтах E и F. Слой E датирован временем 200–150 тыс. л.н. [Meignen, 2000, p. 173]. С полупирамидальных и подпризматических нуклеусов снимались пластины в однонаправленном и встречном направлении. При оформлении нуклеусов использовались реберчатые пластины. Такого типа нуклеусы близки к верхнепалеолитическим формам.

Оба этих метода в большей или меньшей степени применялись на Ближнем Востоке на протяжении всего среднего палеолита. Самые ранние мустьерские местонахождения отличаются большей «пластинчатостью», чем амудские [Bar-Yosef, Kuhn, 1999]. Для позднего мустье (типа Табун B) более характерны леваллуазские нуклеусы для снятия отщепов и острий при преобладании пластинчатых и узких форм [Мегнин, Бар-Йозеф, 2002, с. 14].

На Ближнем Востоке, в отличие от Африки, прослеживается последовательное эволюционное развитие индустрии на протяжении всего среднего палеолита и переход его в верхний [Деревянко, 2011а].

Таким образом, рассмотренные нами примеры появления и дальнейшего развития техники пластинчатого расщепления в Восточной Африке и на Ближнем Востоке свидетельствуют о том, что раннее возникновение стратегий пластинчатой технологии верхнепалеолитического типа не получило дальнейшего развития в среднепалеолитических индустриях. На смену вновь приходит леваллуазский метод первичного расщепления. Такое прерывистое развитие технико-типологических комплексов говорит о том, что для древних популяций было не свойственно представление о передовых и архаичных индустриях, которое бытует у некоторых современных палеолитоведов. Смена пластинчатой технологии на отщепную или иную являлась не архаизацией индустрии (если это не было связано с миграционными процессами и сменой автохтонного населения или диффузией культур в связи с приходом на эту территорию другого населения), а следствием выработки новых адаптационных стратегий в связи со сменой экологических условий, в которых казалось бы более «примитивные» по сравнению с предшествующими технологии оказывались наиболее эффективными.

Можно приводить примеры и с других территорий Евразии, где происходили подобные процессы. В Узбекистане в течение длительного времени сосуществовали пластинчатые индустрии, которые были представлены культуросодержащими слоями древностью 90–30 тыс. лет в гроте Оби-Рахмат, и мустьероидные технико-типологические комплексы, обнаруженные на многих среднепалеолитических местонахождениях, например в Тешик-Таше. Этот феномен, возможно, был связан с сосуществованием двух разных популяций: неандертальской и сапиентоидной.

Пожалуй, одним из наиболее ярких примеров коренных отличий в развитии индустрий в среднем и верхнем палеолите являются местонахождения Восточной и Юго-Восточной Азии, с одной стороны, и юга Сибири и Монголии – с другой. На этих территориях прослеживается не только большое отличие в формировании адаптационных стратегий, роли пластинчатой технологии, на них происходило формирование разных популяций человека: в Восточной и Юго-Восточной Азии – *Homo sapiens orientalensis*, а в Центральной Азии и Южной Сибири – *Homo sapiens altaiensis* [Деревянко, 2011а].

III. Возникновение пластинчатой технологии и микроиндустрии в Северной Азии

На территории Северной Азии наиболее изученным районом является Южная Сибирь, и особенно Алтай, где открыты десятки местонахождений среднего палеолита, переходного этапа и раннего верхнего палеолита. В течение почти 30 лет на Алтае ежегодно работают несколько экспедиций, исследующих палеолитические стоянки в пещерах Денисовой, Страшной, Окладникова, Усть-Канской, Каминной, Чагырской, Бийке, Малояломанской,

Искринской, а также памятники открытого типа Усть-Каракол, Ануй-1–3, Кара-Бом, Кара-Тенеш, Тюмечин-1–4, Ушлеп-6 и др. [Деревянко, Шуньков, Агаджанян и др., 2003; Деревянко, 2009, 2010а, 2011а; Деревянко, Шуньков, 2004] (рис. 1). Местонахождения располагаются в основном в низко- и среднегорье на высоте от 500 до 1100 м над ур. м. Все они многослойные и хорошо стратифицированы. Максимальная толща рыхлых отложений в Денисовой пещере 14 м. на стоянках открытого типа – до 8 м. В процессе раскопок на отдельных местонахождениях, например, в Денисовой пещере, на стоянке Усть-Каракол и др., зафиксировано до 20 культуросодержащих горизонтов.

В результате полевых исследований на Алтае на девяти пещерных стоянках и более десяти стоянках открытого типа выделено ок. 60 культуросодержащих горизонтов, относящихся к хронологическому диапазону 100–30 тыс. л.н. Они в разной степени насыщены археологическим и палеонтологическим материалом. Исследование хорошо стратифицированных многослойных пещерных и открытого типа стоянок, расположенных на сравнительно небольшом расстоянии друг от друга, а следовательно и в одних природно-климатических условиях, позволяет максимально восполнить имеющиеся на отдельных местонахождениях перерывы в осадконакоплении и проследить динамику технико-типологических изменений каменного инвентаря на протяжении последних 70 тыс. лет. Пожалуй, в Евразии трудно найти другие примеры такого мультидисциплинарного исследования культуры человека и среды его обитания, какое осуществляется на территории Горного Алтая. На археологических объектах работают геологи, геоморфологи, палеонтологи, геохронологи, палеоботаники и другие специалисты из академических институтов РАН и университетов России, а также зарубежные ученые. На основании обширных материалов, полученных в результате полевых и лабораторных исследований, можно с полным основанием утверждать, что развитие культуры человека на территории Горного Алтая происходило в результате эволюционного развития среднепалеолитической индустрии без каких-либо заметных влияний, связанных с инфильтрацией сюда популяций с другой культурой из соседних регионов.

Рассмотрим более подробно динамику индустрии на местонахождениях Горного Алтая в хронологическом интервале 100–30 тыс. л.н. Первичное расщепление в наиболее полном объеме представлено в Денисовой пещере и на стоянках открытого типа Усть-Каракол-1, Кара-Бом [Деревянко, Петрин, Чевалков, 1998; Деревянко, Волков, Петрин, 2002; Деревянко, Рыбин, 2003].

В Центральном зале Денисовой пещеры самые древние находки, относящиеся, видимо, к позднеашельскому раннесреднепалеолитическому времени, зафиксированы в 22-м слое, возраст которого 282 ± 56 тыс. лет (РТЛ-548); культуросодержащие горизонты 20–12 – среднепалеолитические; 11-й и 9-й – верхнепалеолитические (рис. 2).

На предвходовой площадке пещеры культуросодержащие слои 9–10 – среднепалеолитические. Слой 8 содержит переходную индустрию от среднего к верхнему палеолиту. Слой 7 относится к начальной стадии верхнего палеолита, слои 5 и 6 – к среднему этапу верхнего палеолита.

Для всех среднепалеолитических местонахождений Горного Алтая характерна леваллуазская система первичного расщепления. На ее основе в интервале 60–50 тыс. л.н. появилась отжимная техника, и все больше становилось нуклеусов для снятия пластин, а затем и микропластин. Но при этом, несмотря на единую леваллуазскую основу, ок. 80 тыс. л.н. или чуть позже сформировались две несколько различающиеся системы первичного расщепления: каракольская и карабомовская.

Изучение эволюции технологического процесса подготовки и расщепления нуклеусов позволило выделить в каракольской системе две линии развития [Деревянко, Волков, Петрин, 2002; Деревянко, Волков, 2004]. Первая прослеживается на местонахождении Усть-Каракол-1, расположенном в 3 км от Денисовой пещеры. В развитии технологического процесса от слоя 18а до слоя 9в можно наблюдать переход леваллуазского принципа расщепления в пластинчатый (рис. 3). На первой и второй стадиях (рис. 3, *1*, *2*) целью является получение относительно широкого отщепа. Поддержание необходимой формы основного фронта нуклеуса осуществляется вспомогательными снятиями с латеральной и дистальной частей. На третьей стадии (рис. 3, *3*) нуклеус приобретает более вытянутые подпрямоугольные очертания. На четвертой (рис. 3, *4*) снятия производятся также со стороны его дистальной части. Специальной вспомогательной ударной площадки еще нет, но форма фронта скалывания трансформируется в подпрямоугольную. Расщепление начинает приобретать отчетливые признаки пластинчатого. На пятой стадии (рис. 3, *5*) вспомогательные снятия для поддержания формы основного фронта производятся исключительно со стороны дистальной части. Важной особенностью данной ступени наблюдаемой технологической эволюции является формирование в основании нуклеуса специально подготовленной вспомогательной площадки. Подпрямоугольный фронт становится более удлиненным. На последних двух стадиях основные снятия могут производиться многократно. Полученные сколы приобретают характеристики пластин, а нуклеусы – пластинчатых ядрищ, среди которых выделяются нуклеусы торцового типа для снятия микропластин.

Вторая эволюционная линия прослеживается на стоянке Усть-Каракол-1 в культуросодержащем горизонте 11б и сосуществует с третьей стадией первой линии (рис. 3, *3*). На начальной стадии второй линии целью первичного расщепления является получение нескольких удлиненных отщепов (рис. 4, *1*). На всех стадиях второй линии не осуществляется поддержание необходимой формы фронта нуклеуса вспомогательными снятиями. Специальные вспомогательные площадки не формируются. При основном расщеплении сила прилагается в точке на ударной площадке, которой обычно является подправленная «оживляющими» снятиями плоскость плитки заготовки. На второй стадии (рис. 4, *2*) наблюдается тенденция к смещению основного фронта к одной из латералей. Это, возможно, объясняется тем, что при истощении нуклеуса (рис. 4, *2а*) открывается перспектива его дополнительного использования. Ударная сила прилагается теперь уже в новом направлении (рис. 4, *2б*). Становится очевидной рациональность продолжения расщепления в торцовой зоне нуклеуса. Постепенное перемещение снятий «на торец» знаменует третью стадию (рис. 4, *3*). Меняется и морфология нуклеуса: сколы с торца приобретают отчетливо пластинчатые характеристики. На четвертой стадии (рис. 4, *4*) уже применяется техника отжима. Форма нуклеуса после продолжительной и логичной эволюции становится типичной для клиновидных и торцовых ядрищ.

С самых низов 11-го слоя в Усть-Караколе-1 и Денисовой пещере широко распространены торцовые, клиновидные и призматические нуклеусы, свидетельствующие о пластинчатом и микрорасщеплении, применении отжимной техники. Для 11–8-го культуросодержащих горизонтов Усть-Каракола-1 получены даты в интервале от 50 ± 12 до 29 тыс. л.н., для нижней части слоя 11 в Денисовой пещере – AMS-дата по кости 48 650 + 2 380 – 1 840 л.н. (KIA 25285 SP 553/D19), для средней части – открытая дата > 37 235 л.н. (СОАН-2504), а для кровли на контакте с 10-м слоем – 29 200 ± 360 л.н. (АА-3532). Очевидно, что в интервале 50–40 тыс. л.н. в Горном Алтае формировался каракольский верхнепалеолитический вариант первичного расщепления, который представляет собой результат эволюции этого технологического процесса в среднем палеолите на данной территории. Особенно необходимо подчеркнуть, что в каракольском первичном расщеплении важное место занимают торцовые нуклеусы, в т.ч. кареноидного типа, и клиновидные для снятия микропластин, которые появляются около 45 тыс. л.н.

Несколько иная эволюционная система прослеживается на примере первичного расщепления в финале среднего – раннем верхнем палеолите на местонахождении Кара-Бом, расположенном приблизительно в 150 км от Денисовой пещеры, в бассейне р. Урсул, в Еловской котловине. Здесь выявлено два культуросодержащих горизонта, относящиеся к финалу среднего палеолита, и шесть верхнепалеолитических (рис. 5). Для верхнего среднепалеолитического получены радиоуглеродные даты > 42 тыс. л.н. (АА-8873) и > 44 тыс. л.н. (АА-8894); для слоя, разделяющего

верхний и нижний среднепалеолитические горизонты, – ЭПР-дата 62,2
тыс. л.н.; для нижнего, 6-го верхнепалеолитического – дата 43 200 ± 1
500 л.н. (GX-17597), а для 5-го – 43 300 ± 1 600 (GX-17596).

Для горизонтов, относящихся к среднему палеолиту, наиболее типичны
ядрища параллельного принципа расщепления. Нуклеусов для снятия
леваллуазских острий сравнительно немного (13 %) [Деревянко, Волков,
Петрин, 2002]. В орудийном наборе из нижнего среднепалеолитического
горизонта орудия из пластин составляют 34 %. Наиболее распространенный
вариант последовательной утилизации леваллуазского нуклеуса заключался
в использовании сначала однополярного рекуррентного метода, затем,
после переоформления ядрища, – однополярного конвергентного и на
заключительной стадии – однополярного параллельного (рис. 6). На
начальной стадии на преформе образовывалась центральная грань, после
ее удаления производили рекуррентную серию снятий крупных пластин.
На среднем этапе расщепления ядрища конвергентными однонаправленными
и краевыми сколами достигалась необходимая фронтальная выпуклость
и производилось снятие до трех леваллуазских острий и/или сколов. На
заключительной стадии скалывание осуществлялось согласно параллельной
системе (рис. 6, 2, 3).

Для 5-го и 6-го горизонтов верхнего палеолита начальной стадии
характерны леваллуазские рекуррентные монофронтальные двуплощадочные
плоскостные нуклеусы. Эти ядрища прямоугольной в плане формы, их
ударные площадки наклонены к контрфронту, рабочая плоскость несет
на себе негативы снятия крупных удлиненных пластин правильной
формы. Система расщепления близка к среднепалеолитической. При

истощении нуклеуса и невозможности снятия пластин с широкого рабочего фронта производилось скалывание с заостренной латерали, в результате чего на торце оформлялась новая рабочая площадка. Теперь это была уже узкая удлиненная пластина. Сильно сработанные нуклеусы данной группы в ряде случаев переоформлялись в многофасеточные резцы, что является особенностью карабомовской ранневерхнепалеолитической индустрии.

При сравнении систем первичного расщепления каракольского и карабомовского типов становится очевидной общая направленность эволюции от леваллуазской традиции к верхнепалеолитической. Весь набор нуклеусов, преформ, дебитажа, демонстрирует переход от среднепалеолитической техники обработки камня к верхнепалеолитической. Здесь отчетливо прослеживается постепенное сокращение количества нуклеусов, скалывание с которых производилось с широких фронтов, и столь же стабильное возрастание числа ядрищ, свидетельствующих о пластинчатых снятиях с торца. Хорошо выделяется период, когда оба способа сосуществовали. На смену технике удара приходит отжимная: с торцовых и клиновидных ядрищ снимаются микропластины.

Каракольская и карабомовская ранневерхнепалеолитические традиции первичного расщепления камня формировались в одном и том же хронологическом интервале, но получение конечного продукта (пластин) осуществлялось разными способами. В обоих случаях в переходный от среднего к верхнему палеолиту период стала применяться отжимная техника [Там же], но карабомовский вариант технологической эволюции нашел свое развитие в получении удлиненных правильных пластин с торца (рис. 6, *3*), а каракольский – микропластин (см. рис. 3, *5*).

На примере первичного расщепления на палеолитических местонахождениях Алтая, как нигде в Северной, Центральной и Восточной Азии, можно проследить в хронологическом интервале 60–40 тыс. л.н. переход от леваллуазского расщепления к пластинчатому. Это не означает, что здесь, на территории Алтая, имел место наиболее ранний переход от леваллуазского к пластинчатому расщеплению, но и не исключает такой возможности. Дальнейшие полевые исследования, вероятно, позволят открыть новые палеолитические местонахождения в Северной и Центральной Азии, на которых также хорошо будет прослеживаться переход к пластинчатому расщеплению.

На палеолитических местонахождениях древностью 45–35 тыс. лет происходит дальнейшая эволюция пластинчатого расщепления, зарождение и развитие техники микрорасщепления. Наиболее очевиден этот процесс на местонахождении Усть-Каракол-1. В 11-м культуросодержащем горизонте в составе инвентаря появляются нуклеусы клиновидных форм типа карене, оформленные микропластинчатыми снятиями, и небольшая серия микропластин. В слоях 11–8 наблюдается зарождение техники снятия микропластин – появляются микронуклеусы, скребки-нуклеусы и микропластины, сформированные с помощью отдельных элементов микродебитажа (подготовка выпуклого фронта скалывания для серийного снятия микропластин, оформление отдельных элементов карниза и киля, а также ударной площадки). Выделяются одно- и двуплощадочные ядрища параллельного принципа расщепления с одним и двумя фронтами скалывания. Зафиксированы нуклеусы, напоминающие клиновидные, с признаками попыток создания ребра предварительной оббивкой и перенесения снятий на торцовый участок. В целом, речь может идти об одном из вариантов зарождения микропластинчатой техники [Проблемы палеоэкологии…, 1998, с. 114]. Такие нуклеусы аналогичны «протоклиновидным» ядрищам и нуклеусам с дополнительным фронтом расщепления на торце из верхнепалеолитических уровней обитания стоянки Кара-Бом.

Наиболее важным элементом микропластинчатой индустрии является использование техники отжима при получении регулярных микропластинчатых снятий с нуклеусов определенной формы. Маловероятно, что техника расщепления микропластинчатых нуклеусов могла возникнуть без предпосылок, без предварительной практики использования отжима как технологического элемента процесса расщепления камня [Деревянко, Волков, Петрин, 2002, с. 56]. Эволюцию пластинчатого расщепления, появление и распространение техники отжима хорошо иллюстрируют среднепалеолитические и ранне- верхнепалеолитические культуросодержащие горизонты местонахождения Кара-Бом.

Нижняя граница наиболее древнего среднепалеолитического горизонта на этом местонахождении датируется интервалом 72,2–62,2 тыс. л.н. В нижнем слое подавляющее число артефактов обработано ударной техникой, отжим использовался крайне редко. Вероятно, это первое, возможно еще случайное, использование новой технологии. В вышележащем среднепалеолитическом горизонте выявлено большее число артефактов со следами использования отжима. В верхнепалеолитических горизонтах древностью 42–43 тыс. лет, техника отжима, наряду с ударной, является основным приемом обработки камня.

Таким образом, на таких местонахождениях как Кара-Бом, Усть-Каракол, Денисова пещера, можно проследить зарождение и развитие техники отжима, которая являлась определяющей при формировании микролитической индустрии.

Традиции обработки камня, сформировавшиеся в каракольской и карабомовской линиях развития индустрии на переходном этапе от среднего к верхнему палеолиту и на самой ранней стадии верхнего палеолита в интервале 50–40 тыс. л.н., хорошо прослеживаются на местонахождениях раннего (50–30 тыс. л.н.), развитого (30–20 тыс. л.н.) и позднего (20–10 тыс. л.н.) верхнего палеолита. На территории Алтая выявлены и изучаются палеолитические комплексы, отражающие развитие индустрии и духовной культуры на протяжении всего верхнего палеолита [Деревянко, Шуньков, Агаджанян и др., 2003; Деревянко, 2009].

Динамика каракольской индустриальной традиции прослеживается в Денисовой пещере (слои 9 Центрального зала, 6 и 5 предвходовой площадки), на местонахождениях Ануй-1,-2, Ушлеп-6, в пещере Страшная. На всех более поздних местонахождениях отмечено наличие микролитического расщепления и микропластин с обработкой, в т.ч. с притупленной спинкой, что является свидетельством использования их в качестве вкладышей для составных орудий.

Наиболее выразительна каракольская линия развития, выявленная на местонахождении Ануй-2, расположенном в 70 м от Денисовой пещеры. Здесь выделено 15 литологических слоев и 12 культуросодержащих горизонтов, насыщенных археологическими и палеонтологическими материалами. Все уровни обитания отделены друг от друга стерильными прослойками. В некоторых горизонтах обитания обнаружены кострища различной структуры и степени сохранности. Особенно насыщенными оказались семь нижних горизонтов. Для местонахождения Ануй-2 определена следующая геохронология: литологический слой 10.1, культуросодержащий горизонт 3 – 21 280 ± 440 л.н. (СО АН-3007); слой 10.2, горизонт 4 – 21 502 ± 584 (ГИН-1431); слой 11, горизонт 6 – 23 431 ± 1547 (ГИН-1430); слой 12, горизонт 8 – 20 350 ± 290 (СО АН-2863), 22 610 ± 140 (СО АН-2862) и 24 205 ± 420 (СО АН-3006); слой 13.1, горизонт 9 – 27 125 ± 580 (СО АН-2868); слой 13.2, горизонт 12 – 26 810 ± 290 (СО АН-3005) и 27 930 ± 1594 (ИГАН-1425). Образование осадков пойменной фации аллювия (слои 13, 14) соответствовало финальной стадии каргинского (WII) потепления.

В целом, каменный инвентарь культуросодержащих горизонтов 6–12 местонахождения Ануй-2 представляет уникальную гомогенную индустрию, которая развивалась на протяжении 6–7 тыс. лет [Деревянко, Шуньков, Агаджанян и др., 2003]. Важными особенностями этой индустрии являются широкое использование торцового принципа скалывания, наличие клиновидных ядрищ для снятия микропластин, типологически выраженный микроинвентарь, который дополняют небольшие торцовые, клиновидные и призматические нуклеусы (рис. 7–10).

Многослойный характер местонахождения Ануй-2 и большое число кострищ в культуросодержащих горизонтах свидетельствуют о том, что это место часто посещалось палеолитическим человеком. Расположенная на берегу реки, у подножия горы, где находится Денисова пещера, стоянка, скорее всего, в течение 6–7 тыс. лет служила сезонным лагерем вблизи долговременного базового поселения.

Обширный археологический материал, накопленный на десятках палеолитических местонахождений Алтая и Южной Сибири, убедительно свидетельствует о зарождении на этой территории около 70–80 тыс. л.н. пластинчатой технологии первичного расщепления и ее дальнейшем развитии. На этой территории в хронологическом диапазоне 60–50 тыс. л.н. осуществляется переход к верхнему палеолиту. А 45–40 тыс. л.н. на базе автохтонной пластинчатой технологии происходит формирование двух вариантов микрорасщепления – каракольского и карабомовского.

В хронологическом интервале 35–20 тыс. л.н. на местонахождениях Южной, Центральной и Восточной Сибири, Забайкалья, Якутии, российского Дальнего Востока отмечается постепенное распространение микролитической индустрии.

Возникает вопрос: в силу каких причин микролитическая индустрия получила столь широкое распространение в Южной Сибири, Центральной и Восточной Азии, на Аляске? На эту проблему существует несколько достаточно аргументированных точек зрения. Одна из главных: микролитическая индустрия знаменует собой появление нового вида изделий – составных орудий, когда в качестве основы использовалась деревянная или костяная рукоять, а в пазы, сделанные на одном или двух ребрах плоской в плане заготовки, вставлялись микропластины. Такая техника впервые зарождается в Африке 80–70 тыс. л.н., а затем, зачастую конвергентно, спорадически возникает в разных регионах Евразии.

Главной причиной появления микролитической индустрии на востоке Евразии является изменение природных условий в конце неоплейстоцена и исчезновение мамонтовой фауны [Деревянко, 1975].

В конце верхнего палеолита наблюдается определенное единство в технике обработки камня и культуре древних племен на востоке Евразии и Америки, что было связано с адаптацией населения к меняющейся экологической ситуации. С началом финального этапа плейстоцена произошли важные изменения в природной обстановке на значительной части Земного шара. Эти изменения не могли не сказаться и на развитии культуры человека, жизнь которого тесно связана с окружающей средой. И давнее представление о том, что в северных районах Евразии не происходило в связи с этим смены техники обработки камня, изменений в хозяйственной деятельности, после раскопок последних лет в Сибири, утратило свое значение.

В Северной и Восточной Азии свидетельством этих событий является широкое распространение в конце плейстоцена особого пластинчатого комплекса, известного в настоящее время в Монголии, Восточной Сибири, Японии, Китае, Корее, на Дальнем Востоке, Камчатке и в Америке. Эти комплексы несомненно имеют единые традиции обработки камня [Там же].

Многие исследователи объясняют появление новых микропластинчатых технологий климатическими флуктуациями в период последнего сартанского похолодания [Кимура, 2003]. Но причины столь широкого распространения микропластинчатых технологий они видят по-разному. Одни считают, что во время последнего ледникового максимума происходит

резкое сокращение палеолитического населения Сибири и после 18–20
тыс. лет на эту территорию приходит новая миграционная волна охотников
на северного оленя, владеющих микропластинчатой технологией [Goebel,
2002; Graf, 2010]. Другие полагают, что с резким сокращением мамонтовой
фауны 17–18 тыс. л.н. возникает «сырьевой стресс», который вынуждает
в поисках альтернативы мамонтовой кости в изготовлении орудий
перейти к широкому использованию вкладышевой техники, появлению
микропластинчатых технологий на основе торцово-клиновидного
расщепления [Питулько, 2010]. Большая группа исследователей
поддерживает гипотезу о том, что в условиях похолодания, сокращения
возможностей фуражирования на ограниченной территории, палеолитическое
население становилось более мобильным, а составные вкладышевые
орудия более эффективным при охоте на копытных животных [Elston,
Brantingham, 2002; Keats, 2007; Питулько, 2010].

Наиболее широкое распространение микролитической технологии в
Северной и Восточной Азии начинается после 20 тыс. л.н. Несмотря на
то, что самый ранний переход к пластинчатому расщеплению прослеживается
на территории Алтая, и на его основе формируется микролитическая
технология, существуют и другие точки зрения на происхождение
микролитической индустрии.

IV. Микролитическая индустрия в бассейне Амура

Мы не будем подробно рассматривать микролитические индустрии Восточной Сибири. Отметим только, что на юге Сибири, в Прибайкалье и Забайкалье известно большое количество местонахождений с микролитической индустрией древностью 20–25 тыс. лет. Особый интерес вызывает Янская стоянка в Якутии, которая располагается севернее Полярного круга [Питулько, 2010]. В основе индустрии стоянки лежит отщепная технология, но найдено и небольшое количество микропластин. Это значит, что популяциям, продвинувшимся далеко на север, уже была известна технология микрорасщепления, но их адаптационные стратегии не требовали использования большого количества микропластин. Отличительной особенностью индустрии Янской стоянки является наличие в изобилии изделий из кости: шильев, игл, проколок и т.д. Возраст этой самой северной бесспорно палеолитической стоянки в Северной Азии 27–28 тыс. лет.

Рассмотрим местонахождения с микролитической индустрией на Амуре, поскольку они сыграли большую роль в распространении соответствующей технологии на сопредельные территории, и прежде всего в Северо-Восточный и Северный Китай. Начиная с 1982 по 1988 г. несколькими экспедициями на р. Селемдже, одном из крупных притоков Амура, исследовалось ок. 15 палеолитических местонахождений. Были изучены стоянки Айбакан, Баркасная Сопка I–IV, Ведягинская сопка, Гарская протока I, II, Змеиная сопка, Пологая сопка, Створ-53, Усть-

Ульма I–III. В результате раскопок многослойных местонахождений вскрытая площадь составила более 4 тыс. м2. Получено несколько десятков тысяч артефактов [Деревянко, Волков, Ли Хонджон, 1998; Деревянко, 2005].

Селемджинская культура, которая характеризуется четырьмя культуросодержащими горизонтами в хронологическом диапазоне 25–10 тыс. л.н., представляет уникальную возможность проследить динамику непрерывного развития каменной индустрии на протяжении 15 тыс. лет. Материалы исследованных местонахождений демонстрируют преемственность в технике первичной и вторичной обработки каменных орудий в финальном палеолите и позволяют проследить переход к неолиту ок. 11–12 тыс. л.н.

Нуклеусы для снятия пластин и микропластин найдены в каждом культурном горизонте и составляют не менее 55 % (4-й культурный горизонт – 63 %; 2-ой – 56 %; 1-й – 62 %) (рис. 11, *12*). Каменную индустрию следует в целом рассматривать как пластинчатую и микропластинчатую. Вместе с тем в каждом культурном горизонте имеются орудия, изготовленные на отщепах.

Подготовка нуклеусов и снятие пластин в 4-м, самом нижнем, культурном горизонте, производилась преимущественно на наковаленках с применением отжимной техники (рис. 12). В верхних горизонтах каменная наковаленка применялась в редких случаях. Для удержания нуклеуса использовались, предположительно, мягкие деревянные приспособления. Во всех культурных горизонтах представлена техника снятия пластин с относительно широких фронтов нуклеуса. Снятие производилось с двух, трех сторон и реже вкруговую. Во всех горизонтах имеются торцоьые нуклеусы. Наиболее характерными для 4-го культурного горизонта являются ладьевидные и клиновидные микронуклеусы из бифаса. В 3-м культурном горизонте дополнительно появляются нуклеусы со скошенной ударной площадкой и узкой латеральной плоскостью. Специфика исходного сырья и способ обработки позволяют также считать возможным расщепление камня без предварительного закрепления в зажиме. Во 2-м культурном горизонте продолжает существовать традиция изготовления микронуклеусов из бифаса, развивается техника изготовления торцовых нуклеусов на гальке. Эти нуклеусы в поперечном сечении имели треугольную форму. На ударной площадке по всей ее поверхности снималась галечная корка, а затем боковые стороны обрабатывались сколами. С плоскости, образующей основание треугольника, снимались микропластины. В 1-ом культурном горизонте применяются все технические приемы и варианты оформления торцовых – клиновидных в плане – нуклеусов.

В селемджинской культуре фиксируются шесть типов технических сколов: ладьевидные, лыжевидные, сколы подправки ударной площадки, подправки фронтальной части, реберчатые и резцовые. Лыжевидные и ладьевидные сколы являются результатом оформления микронуклеусов на бифасах.

Все четыре культуросодержащих горизонта демонстрируют неразрывную связь в развитии типов нуклеусов, приемов их оформления и способов снятия с них пластин и микропластин. Орудийный набор селемджинской культуры также свидетельствует о преемственности на всех этапах ее существования и развития (рис. 13).

Для 4-го культурного горизонта наиболее типичен следующий орудийный набор: пластинки с ретушью по краю с дорсала, с ретушью по краю с вентрала, с противолежащей ретушью, с двусторонней ретушью по краю, с ретушью поперечного края с дорсала; резцы двугранные асимметричные плоские, овальные, с обушком, нуклевидные, неопределимые; галечные орудия (чопперы с прямым рабочим краем, чопперы с выпуклым рабочим краем); орудия с двусторонней обработкой продольного края; отбойники; струги и комбинированные орудия, тесловидные орудия.

Третий культурный горизонт ярко представлен только на одной стоянке комплекса (Усть-Ульма I, литологический слой 3). В данном культурном горизонте в орудийном наборе продолжает существовать ряд орудий, характерных для 4-го культурного горизонта: пластинки с брюшковой, противолежащей и двусторонней ретушью; бифасы листовидные плоские симметричные и асимметричные; овальные, с обушком и нуклевидные; тесловидные инструменты, скребла из нуклеусов и на отщепах с боковым выпуклым краем с дорсала; выемчатые орудия, ретушированные на отщепе с вентрала; долотовидные орудия; чопперы и струги; отщепы с ретушью. В то же время зафиксирована целая серия новых типов изделий: пластины и пластинки с ретушированным краем с вентральной стороны; скребки концевые и боковые обычные и макроскребки; скребки с ретушью по всему периметру, с «носиком» и узким лезвием, угловые; резцы угловые, двойные, диагональные, нуклевидные, двугранные асимметричные с ретушированными краями; скребла на отщепах и пластинах с лицевой и обратной ретушью, двойные на отщепах с

противолежащими краями, из галек и нуклеусов, с двусторонней
обработкой рабочего края, выемчатые одинарные ретушированные на
отщепе с дорсала и пластине с вентрала, двусторонние ретушированные
на пластине; сверла на пластинках; бифасы треугольные, округлые,
листовидные асимметричные; чопперы и галечные орудия с двусторонней
обработкой поперечного края.

Второй культурный горизонт представлен очень разнообразным
набором орудий, в котором продолжает существование ряд характерных
для 4-го и 3-го культурных горизонтов видов изделий: концевые, боковые
и ногтевидные скребки; диагональные резцы с ретушью, двугранные
симметричные и асимметричные резцы; сверла; проколки; выемчатые
орудия на углу; широкие, сильно уплощенные бифасиальные ножи;
чопперы; орудия с односторонней и двусторонней обработкой; отбойники;
ретушеры; топоры; тесловидные инструменты; бифасиальные орудия;
ножи с черешком.

Во 2-ом культурном горизонте орудия на отщепах и пластинах составили
87 % от общего числа каменных орудий: 52 % от них – изделия на отщепах
и 35 % – на пластинах. Вторичной обработки на микропластинах
практически нет, отмечены лишь единичные случаи. Из всей совокупности
орудий на отщепах наибольшую часть составляют вторичные, наименьшую –
первичные отщепы. Однако различия в процентном соотношении между
данными категориями относительно невелики. Это может свидетельствовать
о том, что для последующего оформления орудий выбирались наиболее
оптимальные по размеру и исходной форме заготовки.

Аналогичная ситуация имеет место и применительно к первичному продукту расщепления (отщепам). В 48 % случаев здесь зафиксировано использование отжимной ретуши, в 46 % – ударной. Орудия с крупными фасетками составляют 41 % от общего числа; со средними и мелкими – 52 %, что может быть косвенно связано с доминированием отжимной техники обработки.

В состав инструментария 1-го культурного горизонта входят резцы диагональные с ретушью на одной боковой стороне, многофасетированные; микропластины с ретушью; скребла концевые и боковые на пластинах; скребки ногтевидные; узкие удлиненные бифасы; острия; ножи иволистных форм; ножи многофункциональные – удлиненные с обушком, с двусторонней и односторонней обработкой; топоры; отбойники и бифасиальные орудия; тесловидные инструменты.

В 1-ом культурном горизонте селемджинского комплекса орудия из отщепов и пластин составляют 91 % от общего числа каменных орудий. Из них 42 % – изделия на отщепах, на пластинах – 49 %. В единичных случаях на микропластинках отмечена вторичная обработка. Из всей совокупности орудий на отщепах наибольшая доля приходится на вторичные отщепы, далее следуют обычные, и наконец, первичные отщепы составляют наименьшую часть среди орудий.

Для 1-го и 2-го культурных горизонтов характерны изделия с чешуйчатыми фасетками. Параллельная и субпараллельная ретушь наблюдается у 10 % изделий, что может свидетельствовать о преимущественном использовании отжимной ретуши. Существование параллельной ретуши следует считать важной технической чертой. Рабочий край имел преимущественно прямую и выпуклую форму. Рабочие края выемчатой формы применялись лишь для создания определенных, относительно редких, типов инструментов.

В качестве рабочего края у большинства орудий использовались боковые части отщепов или пластинчатых изделий. Незначительный процент составляют инструменты с концевым и многолезвийным рабочим краем. В материалах данных культурных горизснтов отмечается ретушь на углах орудий (преимущественно пластин), что говорит о вероятном использовании для этих орудий различного рода рукоятей. Наиболее часто такие орудия встречаются в материалах 1-го культурного горизонта.

Ретуширование изделий производилось преимущественно с дорсала – не менее 70 %; менее 20 % изделий ретушировано с вентрала. Для материалов всех культурных горизонтов комплекса (с 1-го по 4-й) характерно применение двусторонней обработки изделий. Данный вид обработки орудий – наиболее характерный признак материалов всего селемджинского комплекса, один из важных индикаторов этой археологической культуры. Единство в первичной и вторичной обработке, типах каменных орудий во всех культуросодержащих горизонтах не могло не найти отражения в преемственности палеоэкономики племен селемджинской культуры.

Экспериментально-трасологический анализ орудийного набора всех культуросодержащих горизонтов селемджинской культуры позволяет проследить определенную закономерность в динамике палеоэкономики на протяжении длительного промежутка времени. В финальном неоплейстоцене происходит увеличение количества и улучшение качества орудий для охоты и утилизации продуктов охотничьего промысла.

Прослеживаются относительно медленные, но устойчивые темпы роста рыболовства – видимо, относительно новой для этой территории и этих племенных групп отрасли хозяйства. Появление новых орудий труда (топоров с ушками и др.), которые позволяли и в зимнее время заниматься заготовкой рыбы, постепенно превращали данный вид хозяйственной деятельности в надежный источник пропитания.

На финальном этапе развития селемджинской культуры охота и рыболовство, благодаря совершенствованию орудийного набора и повышению его эффективности, превращаются из сравнительно примитивного хозяйства в многоотраслевую экономику, стабильную, создающую возможность не только удовлетворять потребность сегодняшнего дня, но и создавать запасы пищи, что значительно улучшало быт людей, способствовало росту их численности, расширению возможностей для освоения новых территорий.

Важнейшее значение имело появление на финальном этапе развития селемджинской культуры (12–11 тыс. л.н.) керамического производства. Сосуды из глины обнаружены в верхнем горизонте стоянок Усть-Ульма I, II, Баркасная сопка. Появление керамического производства благоприятствовало освоению новых способов приготовления и хранения продуктов питания, а в дальнейшем в некоторых регионах, например, на нижнем Амуре, – переходу к оседлому образу жизни.

Местонахождения селемджинской культуры исследовались и на верхнем Амуре. В 2000–2001 гг. раскапывалась стоянка Ходулиха II, индустрия которой оказалась аналогичной индустрии местонахождений селемджинской культуры. На местонахождении Ходулиха II выделено три культуросодержащих горизонта, соответствующих культуросодержащим горизонтам 3–1 стоянок Селемджи.

V. Формирование верхнего палеолита в Китае и появление на его территории микролитической технологии

У исследователей палеолита Китая существуют разные точки зрения на хронологию и истоки верхнего палеолита Китая. Цзя Ланьпо и Хуан Вэйвэнь считали, что верхний палеолит коррелируется со средним и поздним верхним плейстоценом в пределах 40–10 тыс. л.н. и корнями связан с предшествующими культурами [Palaeoanthropology…, 1985]. Тан Чун и Гай Пэй [Tang Chung, Gai Pei, 1986] разделили верхний палеолит на три фазы. Первая фаза характеризуется наличием усеченных отщепных орудий и метательных типа бола (40–30 тыс. лет до н.э.). Наиболее известным местонахождением, иллюстрирующим эту фазу, является стоянка Салавусу. Вторая фаза – обушковые ножи и традиция микропластин (30–15 тыс. лет до н.э.). Наиболее яркие местонахождения – Шуйдунгоу и Чжиюй. Эта фаза разделена на три подфазы. Подфаза IIa – индустрия на основе пластин, с большим числом типичных обушковых ножей и отсутствием технологии микропластин. Подфаза IIb (30–25 тыс. лет до н.э.) – индустрия на основе пластин с обушковыми ножами и зарождением технологии микропластин. Наиболее характерна стоянка – Чжиюй.

Подфаза IIc (25–15 тыс. лет до н.э.) – одновременное распространение обушковых ножей и микропластинчатой технологии. Наиболее известная стоянка – Сячуань. Третья фаза – развитая микропластинчатая традиция (15–10 тыс. лет до н.э.). Наиболее известные местонахождения – Сюэгуань, Хутоулян, Шаньдиндун. На время формирования верхнего палеолита в Китае существуют и другие точки зрения.

Длительное время дискуссионной проблемой в изучении палеолита Северной, Центральной и Восточной Азии оставалось определение хронологического рубежа и географического центра появления и распространения пластинчатой и микропластинчатой индустрии.

П. Тейяр де Шарден и Пэй Вэньчжун [Teilhard de Chardin, Pei, 1944] первыми выделили микролитическую индустрию в неолите и выдвинули гипотезу о ее зарождении в районе Байкала-Енисея. В 1972 г. китайские ученые разделили индустрии Китая на микролитическую индустрию Чжоукоудяня-1 и Чжиюя и традицию крупных орудий Кэхэ-Динцунь [Цзя Ланьпо, Гай Пэй, Ю Юйчжу, 1972]. В дальнейшем, с открытием новых местонахождений, в число стоянок с традицией микролитической индустрии были включены Сюйцзяо, Шуйдунгоу, Шараоссогол, Сяонаньхай и др. Многие исследователи считали, что пластинчатая индустрия зародилась именно в Китае и оттуда распространилась по всей Азии. Совсем фантастической является гипотеза Хоу Ямэй о том, что истоки пластинчатой микролитической традиции находятся в раннепалеолитической микролитической индустрии. Такое предположение основано на сходстве нуклеусов Дунгуто с нуклеусами из местонахождения финального этапа верхнего палеолита Хутоулян в Нихэваньской котловине.

«Возможно, "нуклеусы Дунгуто" открыли новое направление в поисках источника происхождения микролитической индустрии Северного Китая и возникновения микролитической традиции» [Хоу Ямэй, 2003, 2005]. Это предположение не выдерживает никакой критики, хотя бы потому что нуклеусы Дунгуто и нуклеусы Хутоуляна отделяет хронологический разрыв более 1 млн лет, не заполненный никакими переходными индустриями. Более того, Хоу Ямэй, поверхностно ознакомившись с небольшой частью коллекции в музее Института археологии и этнографии СО РАН из раскопок на местонахождениях Усть-Каракол и Денисова пещера, утверждает, что все основные типы каменных орудий и технологии их первичной и вторичной обработки имеются в Китае, и эти инновации пришли в Южную Сибирь из Китая. Она единственная из археологов, в т.ч. и китайских, знакомых с материалами из раскопок местонахождений Алтая, кто пришел к такому нелепому выводу.

Хронологически определить начало формирования верхнего палеолита в Китае, несмотря на существование различных точек зрения на эту проблему, на основании имеющихся материалов невозможно. На всех местонахождениях с орудиями на отщепах, которые относят к раннему этапу верхнего палеолита (например, Салавусу), как в первичной, так и во вторичной обработке в значительной мере использовались приемы предшествующего этапа. Тем не менее индустрию этого местонахождения можно отнести к переходному этапу от среднего к верхнему палеолиту, потому что пластинчатая индустрия, как инновационная, ни в коей мере не вытеснила отщепную. Она в течение более 10 тыс. лет постепенно распространяется с севера на юг и использование отщепов в качестве заготовок и традиционных приемов в первичном расщеплении сохраняется в Китае вплоть до неолита. Это свидетельствует не о замещении автохтонного населения пришлым, владеющим пластинчатой технологией, а о другом сценарии событий. Наиболее вероятно, что 35–40 тыс. л.н. происходит миграция небольшой по численности популяции или нескольких популяций с пластинчатой индустрией с юга Сибири, Монголии или Синьцзяна на юг. Это и явилось толчком для ее постепенного распространения по эстафетному принципу на всю территорию Восточной и Юго-Восточной Азии. Речь идет не о процессе замещения, а о диффузии культур и аккультурации пришлого населения, в силу его малочисленности, автохтонным. «Отщеповую» индустрию ни в коей мере нельзя считать примитивной. Она была хорошо адаптирована к местным экологическим условиям и источникам сырья, и только по этой причине на многих местонахождениях в течение всего верхнего палеолита отщепы в значительной степени сохраняют важную роль в изготовлении различных изделий из камня. Таким образом, процесс перехода от нижнего или раннего палеолита к верхнему или позднему в Китае, как и во всей Восточной и Юго-Восточной Азии, имел свою специфику. И переход, возможно, начинается задолго до появления на этой территории развитой пластинчатой индустрии, которая здесь является инновационной, не имеющей корней в более древних индустриях.

Четкая грань в развитии индустрии китайского палеолита намечается с появлением на территории Китая пластинчатой техники, которая бесспорно относится уже к верхнему палеолиту. В местных технокомплексах новая индустрия, основанная на пластинчатом расщеплении и орудиях на удлиненных заготовках, появляется ок. 3С тыс. л.н. Остановимся подробнее на двух наиболее ранних верхнепалеолитических местонахождениях на территории Китая – Чжиюй и Шуйдунгоу.

Стоянка Чжиюй открыта в 1963 г. [Цзя Ланьпо, Гай Пэй, Ю Юйчжу, 1972; Ларичев, 1980; Абрамова, 1994]. Она находится в 15 км к северо-западу от г. Шосянь, в окрестностях д. Чжиюй, в западной части котловины Датун в провинции Шаньси. Местонахождение расположено у истоков р. Санганьхэ, в месте слияния двух рек – Чжиюйхэ и Сяоцанькоу. Культуросодержащий слой залегал в отложениях останца второй террасы р. Чжиюйхэ. Высота останца 25–30 м. Выявленная при раскопках стратиграфия следующая. Верх террасы сложен мощными (до 18 м толщиной) мелкозернистыми песками серовато-желтого цвета, с включениями двух-трех тонких прослоек крупнозернистого песка с включением мелких галек. Ниже залегает пачка песков серого и серовато-белого цвета до 9 м толщиной, включающая мелко- и крупнозернистые прослои, а также прослойки слабо сцементированной гальки. Пески перекрывают слоистую пачку серой, серовато-черной и коричневой известняковисто-песчанистой глины мощностью 0,9–1,5 м. В средней части пачки залегает культуросодержащий горизонт, состоящий из нескольких тонких прослоек. Ниже размещается песчанистый конгломерат, перекрывающий песчаники, сланцы и угленосный слой пермского периода.

Культуросодержащий слой был чрезвычайно насыщен находками: на площади 70 м2 выявлено ок. 15 тыс. каменных изделий и более 5 тыс. костей животных. Из 10 видов животных четыре – вымершие. Кости плейстоценовых животных из местонахождения Чжиюй сильно фрагментированы и обожжены. Из определимых видов наибольшее количество относится к лошади Пржевальского (130 экз.) и кулану (88 экз.). Очень важно отметить, что в слое найдена затылочная часть черепа, фрагменты нижних челюстей, зубы и отдельные части скелета человека.

Индустрия местонахождения Чжиюй бесспорно верхнепалеолитическая. Исходным материалом для изготовления орудий служили гальки жильного кварцита, кварца, кремнистого песчаника и небольшое количество вулканических пород. Несмотря на плохое качество сырья, древние мастера, уже в совершенстве владевшие техникой обработки камня, скалывали ножевидные пластины и микропластины даже с кварцевых и кварцитовых желваков.

Помимо обычных для палеолита Китая нуклеусов для снятия отщепов, на стоянке найдены одно- и двуплощадочные и подпризматические нуклеусы. Их ударные площадки образованы одним поперечным сколом с последующей подправкой по краю. У одноплощадочных нуклеусов конец приострялся сколами, и по типу они близки к торцовым. Среди ядрищ этого вида имеется один типичный торцовый нуклеус. Его ударная площадка подготовлена одним сколом, и с торца произведено снятие пластин неправильной формы. Все нуклеусы сильно сработаны, небольших размеров. Орудия, изготовленные из пластин и отщепов, также небольших размеров. Отсутствие реберчатых сколов и сколов, свидетельствующих об оживлении ударной площадки, исключает возможность использования на стоянке нуклеусов больших размеров. Сомнительно, что при первичной обработке применялся биполярный метод [Цзя Ланьпо, Гай Пэй, Ю

Юйчжу, 1972]. Получить ножевидные пластины, и тем более микропластины, этим способом было невозможно. Видимо, уже в это время начала применяться отжимная техника.

Среди орудий выделяются резцы, зубчатые изделия, скребла небольших размеров, долотовидное орудие, скребки, пластины и отщепы с ретушью. Из крупных орудий на стоянке Чжиюй имеются только рубящие, но и они сравнительно небольших размеров. Так, одно изделие, изготовленное из куска изверженной породы, имеет следующие размеры: длина 6,2 см, ширина – 4,2, толщина – 2,1. Оно ромбовидное в сечении, по краям обработано сколами с двух сторон. Рабочее лезвие оформлено сколами с дополнительной подправкой ретушью.

На стоянке обрабатывался не только камень, но и кость. На фрагментах костей имеются следы оббивки и насечки. Из кости изготовлено орудие типа остроконечника. Особого внимания заслуживает фрагмент округлой подвески из плитки графита.

Благодаря наличию большого количества каменных изделий, костей плейстоценовых животных со следами обработки, украшения, напоминающего подвески из Верхнего грота Чжоукоудяня, также изготовленного из плитки графита, местонахождение Чжиюй, является эталонной стоянкой раннего этапа верхнего палеолита. По костям буйвола была получена дата 28 945 ± 1370 л.н. Это одно из самых ранних местонахождений верхнего палеолита Китая, в котором прослеживаются зачатки пластинчатой индустрии.

Местонахождение Шуйдунгоу открыто в 1923 г. П. Тейяром де Шарденом и Е. Лисаном [Licent, Teilhard de Chardin, 1925; Boule et al., 1928]. Оно расположено в 5 км к востоку от с. Шуйдунгоу и в 28 км от административного центра Нинся-Хуэйского автономного округа г. Инчуань, в 18 км к западу от р. Хуанхэ, на высоте 1200 м над ур. м. В 100 м к северу от местонахождения в направлении с запада на восток тянется отрезок Великой Китайской стены, построенной при династии Мин. За Стеной начинается пустыня Маоусу. Сама стоянка находится на 15-метровой возвышенности, неподалеку пролегает овраг, в настоящее время представляющий собой сезонное речное русло, по которому вода стекает в р. Хуанхэ. Во время первых раскопок было вскрыто 980 м2 в пункте, который получил обозначение F1. Культуросодержащий горизонт имел мощность ок. 50 см и содержал зольные и очажные пятна. Напротив первой стоянки, на южном берегу оврага, обнаружен второй пункт F2. В полукилометре к югу от с. Шуйдунгоу открыто еще три пункта: F3, F4, F5. Местонахождения F3 и F4 сильно разрушены, а F5 сохранилось хорошо. Кроме того в этом районе обнаружено большое количество мезолитических и неолитических находок.

Стоянка исследовалась несколькими экспедициями и специалистами, которые по-разному определяли место этого индустриального комплекса в палеолите Китая. В ходе работ в 1957, 1960, 1963, 1980, 2001 гг. была уточнена стратиграфия стоянок и получен новый значительный материал. По мнению большинства исследователей, к палеолиту относятся стратифицированные пункты Шуйдунгоу I и II, к более позднему времени (мезолит и неолит) – три других пункта.

Местонахождение Шуйдунгоу расположено на краю пустынного плато Ордос. Хотя на памятнике неоднократно проводились полевые работы, у исследователей остаются вопросы, касающиеся стратиграфии и геохронологии культуросодержащих горизонтов [Sun et al., 1991; Zhou, Hu, 1988; Ван Юпин, 1962; Цзя Ланьпо, Гай Пэй, Ли Яньсянь, 1964].

Каменную коллекцию, собранную во время раскопок в 1923 г., изучал А. Брейль. Он разделил артефакты на три основные категории: нуклеусы, орудия (на нуклеусах, отщепах и пластинах), резцы и микролиты. А. Брейль выделил дисковидные мустьероподобные нуклеусы, с которых скалывали отщепы, и нуклеусы для снятия пластин. Орудийный набор включал скребки, шательперронские остроконечники, проколки, анкоши, резцы, микролиты, скребла. Оценивая индустрию Шуйдунгоу, А. Брейль отмечал, что западному типологу эта индустрия «представляется как нечто, находящееся на полпути между развитым мустье и зарождающимся ориньяком, или как комбинация этих двух элементов» [Boule et al., 1928, p. 121]. Сравнивая индустрию Шуйдунгоу с палеолитическими индустриями Франции и других территорий, исследователь приходит к выводу, что она могла быть распространена носителями культуры мустье из Европы, Западной Азии или Северной Африки. Некоторые каменные изделия, такие как скребки, резцы и сверла, напоминают азильские. Индустрия Шуйдунгоу, по его мнению, занимает промежуточное положение между развитым мустье и азилем, либо является результатом их смешения.

Ф. Борд, изучив коллекцию, полученную в ходе раскопок Шуйдунгоу в 1923 г., определил пластинчатый показатель индустрии (31 %), выделил скребла (27 %), зубчатые орудия (16,6 %), бифасы (1 %), чопперы (ок. 2 %), верхнепалеолитические типы – скребки, резцы, проколки, ножи со спинкой, тронкированные пластины, микролиты и т.д. (28 %) [Bordes,

1968]. В целом он оценил эту индустрию как близкую мустье леваллуазской фации. По мнению Ф. Борда, индустрия Шуйдунгоу представляет собой очень развитое мустье и не походит на индустрию верхнего палеолита Западной Европы. Кроме того она могла оказать очень сильное влияние на верхний палеолит Сибири.

П.Д. Брантингхэм и другие специалисты, детально исследовавшие индустрию Шуйдунгоу, отмечают признаки многих среднепалеолитических традиций в первичном расщеплении, вторичной обработке, типах каменных орудий, но с учетом облика индустрии в целом, которая характеризуется в основном верхнепалеолитическими элементами, а также геохронологии местонахождения, приходят к выводу о необходимости отнесения Шуйдунгоу к начальному этапу верхнего палеолита [Brantingham et al., 2004].

Наиболее полной сводкой об исследованиях местонахождений Шуйдунгоу является отчет о работах в 1980 г. [Шуйдунгоу…, 2003]. Несмотря на наличие целого ряда монографических изданий и большого количества статей, посвященных полевым и лабораторным исследованиям местонахождений Шуйдунгоу, по многим вопросам, связанными со стратиграфией, геохронологией, технико-типологическим анализом инвентаря и др., у исследователей существуют различные точки зрения.

Дискуссионность проблемы культурно-исторической принадлежности Шуйдунгоу можно объяснить тем, что исследователи по-разному подходили к рассмотрению индустрии памятника: одни обращали внимание на некоторую архаичность черт первичной и вторичной обработки и типов орудий труда, другие – на элементы, характерные для развитого верхнего палеолита. Китайские и западные палеолитоведы придерживаются разных подходов к оценке типологии каменных орудий и технологии их изготовления. Некоторые исследователи отмечают несколько больший «архаизм» стоянки Шуйдунгоу II, чем Шуйдунгоу I, что можно объяснить более ранним возрастом Шуйдунгоу II, и главное – разным количеством находок на этих стоянках.

Индустрию Шуйдунгоу в целом необходимо считать верхнепалеолитической, и оставлена она человеком современного физического типа [Деревянко, 1975]. Первичное расщепление в Шуйдунгоу связано с дисковидными, параллельными, двуплощадочными монофронтальными, торцовыми нуклеусами и микронуклеусами. Нуклеусы для снятия отщепов, напоминающие дисковидные ядрища, встречаются не только в верхнепалеолитических, но и на неолитических стоянках. Двуплощадочные монофронтальные нуклеусы из Шуйдунгоу некоторые исследователи относят к леваллуазским. Но это субъективная оценка, обусловленная слишком широким пониманием леваллуа. Необходимо иметь в виду, что в Шуйдунгоу такие нуклеусы сильно сработаны, т.е. с них многократно снимались пластины, что сопровождалось подправкой ударной площадки, и это могло создать иллюзию фасетирования ударной площадки. Торцовые нуклеусы и микронуклеусы достаточно типичны для развитого и позднего палеолита. На стоянке не найдено ни одного классического леваллуазского нуклеуса, хотя имеется несколько снятий этого типа.

Орудийный набор в Шуйдунгоу разнообразен. Типичными для стоянок являются острия. Большой удельный вес в коллекции имеют концевые скребки с прямым и скошенным рабочим лезвием. Ретушировалось не только рабочее лезвие на конце пластины, но и один-два края. Среди инвентаря имеются скребки высокой формы, напоминающие карене. На пластинах и пластинчатых сколах оформлялись скребла, ножи, зубчатые и выемчатые изделия. В небольшом количестве на стоянке представлены резцы, проколки.

В 1963 г. при раскопках обнаружены костяное изделие длиной 58,8 мм, определяемое как пробойник или лощило, и округлое украшение из скорлупы страусиного яйца, с просверленным в центре отверстием. В районе украшения был отмечен красный пигмент. Обуглившееся костяное орудие с серповидным краем было обнаружено в очаге (26 650 ± 170 л.н.). Один его конец был расщеплен. На внутренней и внешней сторонах имеются следы полировки и стертости, появившиеся, видимо, в результате эксплуатации.

Геохронология стоянок Шуйдунгоу достаточно сложная. Разными методами были получены датировки для нижних культуросодержащих горизонтов, которые имели большое расхождение между собой и не могли быть приняты за основу. В 1999–2000 гг. проводились специальные исследования с целью определения возраста местонахождения Шуйдунгоу. В пункте 2 были выявлены очаги и очажные пятна, из которых взяты образцы для радиоуглеродного датирования. Минимальная дата имела значение 23 700 ± 180, максимальная – 29 520 ± 230 л.н. [Madsen et al., 2001], но в основном они укладываются в диапазон 27–25 тыс. л.н. [Brantingham et al., 2004]. Имеются датировки по урановому методу – 38 000 ± 2000 л.н. и 34 000 ± 2000 л.н. [Шуйдунгоу…, 2003]. С нашей точки зрения, эти даты для нижнего горизонта Шуйдунгоу завышены, и индустрия этого местонахождения не древнее 30 тыс. лет.

При сравнении с алтайскими местонахождениями хронологически стоянки Чжиюй и Шуйдунгоу относятся уже к среднему этапу верхнего палеолита. Черты переходного этапа к верхнему палеолиту и раннего этапа верхнего палеолита в Китае пока еше не зафиксированы на палеолитических местонахождениях. На стоянках Шуйдунгоу и Чжиюй в первичном расщеплении, оформлении орудий и их типологии прослеживаются определенные связи со стоянками типа Динцунь, Салавасу и Дали. Модель перехода к верхнему палеолиту в Китае можно представить следующим образом: в начале – середине позднего плейстоцена на территории Китая происходило дальнейшее прогрессивное развитие более древних индустрий, формировалась та основа, на которой с приходом 30–35 тыс. л.н. популяций – носителей пластинчатой техникис территорий Монголии и Южной Сибири и складывались индустрии типа Шуйдунгоу и Чжиюй. Наиболее ранние памятники с пластинчатой индустрией древностью 35–40 тыс. лет могут быть обнаружены в Синьцзяне, Внутренней Монголии и на северо-востоке Китая, т.е. в приграничных с Алтаем, Забайкальем и Приамурьем районах.

Пластинчатая индустрия в Китае могла появиться двумя путями: прямой инфильтрацией небольшой по численности популяции из Южной Сибири и Монголии в Синьцзян и Внутреннюю Монголию и далее в Северный Китай; или передачей инноваций эстафетным путем в результате контактов древнего населения 35–40 тыс. л.н. Несколько позже пластинчатая индустрия передается в другие регионы Северо-Западного и Северного Китая. В этом отношении примечательна индустрия Шуйдунгоу, которая сохраняет некоторые леваллуазские традиции. По многим технико-типологическим показателям она близка к индустрии Орхона-1, -7, Орок-Нора-1, -2, где также на рубеже 40 тыс. л.н. еще сохраняются леваллуазские традиции в первичной обработке и в формах некоторых типов орудий [Деревянко, Кандыба, Петрин, 2010].

О том, что пластинчатая индустрия в Китае, как и во всей Восточной Азии, является пришлой, свидетельствует все дальнейшее технико-типологическое развитие, характерное для Китая в хронологическом интервале 30–20 тыс. л.н. Пластинчатая индустрия вначале появляется в Синьцзяне и Внутренней Монголии, затем распространяется на Северный Китай, Корейский п-ов, Японию. Примечательно то, что древние автохтонные приемы в первичной и вторичной обработке камня в Восточной Азии сохраняются длительное время. На протяжении почти 10-ти тыс. лет на этой территории наряду с пластинчатой индустрией продолжает существовать традиционная индустрия на отщепах. Это, во-первых, в какой-то мере может быть связано с отсутствием большого количества источников качественного сырья для производства каменных орудий. Во-вторых, адаптационные стратегии у автохтонных популяций были достаточно хорошо приспособлены к местным экологическим условиям и традиционные технические приемы в обработке камня были эффективными и вполне конкурентноспособными по сравнению с инновациями. И только появление и широкое распространение микропластинчатой техники 15–20 тыс. л.н. привело к окончательному изменению технико-типологических характеристик каменного инвентаря на территории Китая и Восточной Азии в целом.

Некоторые исследователи считают стоянку Чайсы или 7701 вблизи Динцуня местонахождением с наиболее ранней микроиндустрией в Китае, приводя даты 26 400 ± 800 л.н. [Wang Jian, 1986; Chen Chun, An Jiayuan, Hong Chen, 2010] и более 40 тыс. л.н. [Lu Lie Dan, 1998]. Эти даты справедливо вызывают большие сомнения [Ан Чжиминь, 1984; Чан, 1990]. Теоретически появление развитой микроиндустрии в Китае возможно немногим древнее или ок. 20-ти тыс. л.н.

Наибольшее количество местонахождений с микроиндустрией открыто в Северо-Восточном и Северном Китае. Цзя Ланьпо [1984] сообщает, что больше всего местонахождений с микролитическими орудиями отбнаружено в провинции Хэйлунцзян и Внутренней Монголии (по 60 стоянок), в провинции Гирин (ок. 40 стоянок), в Нинся-Хуэйском автономном р-не, в провинциях Ганьсу, Хэбэй, Шаньси, Шэньси, Синьцзян-Уйгурском автономном р-не и т.д. Стоянки с микролитами, относящиеся к позднему палеолиту, открыты в Тибете на высоте 4300 м над ур. м. Гай Пэй, очерчивая географический ареал микроиндустрии в Китае, пишет: «Зона распространения простирается почти на 3500 км с севера на юг и на 4600 км с востока на запад» [Gai Pei, 1985, p. 228]. Лу Ли Дан [Lu Lie Dan, 1998] называет в Китае свыше 200 местонахождений с микролитической техникой. Несмотря на такое широкое распространение в финальном плейстоцене микролитической техники в Китае, роль ее на отдельных местонахождениях, относящихся к одному и тому же времени, различна. На многих стоянках автохтонная отщепная технология продолжает сохранять важное значение при изготовлении орудий. Особенно это типично для местонахождений на юге Китая.

Цзя Ланьпо и Хуан Вэйвэнь [Jia Lanpo, Huang Weiwen, 1985] к раннему этапу микролитической традиции относят две стоянки – Сячуань и Сюэгуань в провинции Шаньси. Стоянка Сячуань находится в горах Чжунтяо, в восточной части долины р. Фэньхэ. В этом районе, в котловине Циньшуй обнаружено 16 стоянок с поверхностным залеганием культуросодержащего слоя. В 1973–1974 гг. произведены раскопки на стоянке с двумя культуросодержащими горизонтами. В лессовидных отложениях нижний культуросодержащий слой включал орудия, характерные для отщепной индустрии, и крупные каменные орудия [Ван Цзянь, Ван Сянцянь, Чэн Чжэин, 1978]. Его датировка – 36 200 ± 2 500 тыс. л.н. [Lu Lie Dan, 1998]. Верхний горизонт с микролитической индустрией содержал древесный уголь, золу, разбитые кости, каменные изделия. Его дата – от 23 900 ± 1000 до 13 900 ± 300 [Ibid.]. По другим данным – 16 400–13 900 л.н. на основании 14С [Чжан, Ли, 1996].

Раскопки дали несколько тысяч каменных орудий. Нуклеусы представлены различными типами: призматическими, коническими, подконическими, ладьевидными, торцовыми. У большинства из них хорошо подготовленная продольными и поперечными сколами ударная площадка. Пластины скалывали при помощи отбойника, хотя не исключается и применение отжимной техники. Нуклеусы небольших размеров. В среднем их длина составляла ок. 3–4 см. Значительное число орудий выполнено на пластинах и микропластинах. Они применялись для различных производственных целей и без дополнительной подготовки. В качестве исходного сырья использовался кремнистый сланец, кремень и значительно реже – кварц и кварцит. Эти породы камня находились неподалеку от стоянки.

Среди законченных орудий преобладают небольшие по размерам ножи с ретушированным краем, резцы угловые в виде клюва попугая, мелкие треугольные и двусторонне обработанные листовидные наконечники, проколки, концевые скребки. Некоторые скребки выполнялись не только на пластинах, но и на нуклеусах [Chen Chun, Wang Xiangqian, 1989]. Среди каменных изделий имеются усеченные с двух концов микропластины, которые могли служить вкладышами для составных орудий.

Доля микропластин и микронуклеусов составляла 22,6 % от общего числа каменных орудий. Мелкие орудия на отщепах, резцы, скребки, сверла, проколки – 72 %. Остальные 5,4 % приходятся на крупные орудия, выполненные на нуклеусах, гальках, в т.ч. топоровидные изделия, скребла, песты, отбойники, чопперы. Крупные орудия изготавливались в основном из кварца и кварцита. Среди них особый интерес представляют тесловидные инструменты. Материалы этой стоянки позволили исследователям выделить культуру сячуань.

Большое количество местонахождений с микролитической индустрией открыто в провинции Хэбэй. Часто стоянки с микролитической технологией дислоцируются на небольшом расстоянии друг от друга, образуя скопления, включающие до десятка пунктов. Такие группы выявлены в районах сел Юфан, Хутоулян, Дунхуйшань, Мэнцзяцюань, Цзицзитань, Гуаньтин, Чунсыцзянь и др. Очень важно, что на некоторых стоянках прослеживается стратиграфическая ситуация, когда внизу залегают верхнепалеолитические культуросодержащие горизонты с отщепной индустрией и орудиями небольших размеров, а над ними – горизонты с микролитической индустрией.

В провинции Хэбэй стоянки с микролитической индустрией сосредоточены в большом количестве в средней и верхней части маланского лесса или на вторых террасах. На западе и северо-западе провинции Хэбэй наибольшее сосредоточение стоянок выявлено в котловинах Нихэвань и Хуайлай, а на востоке провинции они прослеживаются западнее Бохайского залива – в холмистом районе южных подножий гор Яньшань.

К одной из наиболее ранних стоянок с микролитической технологией в котловине Нихэвань относится местонахождение Юфан, которое обнаружено в 1984 г. в уезде Янъюань, в 500 м южнее с. Юфан, в восточной части Нихэваньской котловины провинции Хэбэй [Се Фэй, 2006]. Раскопки велись в 1986 г. Вскрыта небольшая площадь – 28 м2. При раскопках найдено ок. 3 тыс. каменных изделий и небольшое количество костей животных. Основным сырьем для производства орудий служили кремень, кремнистый сланец и кварц. В слое найдено большое количество чешуек, технических сколов и других мелких отходов производства. Предполагается, что здесь была мастерская.

Каменный инвентарь включал нуклеусы нескольких типов, отщепы, микропластины, орудия труда и разного рода мелкие технические сколы. Среди нуклеусов выделяются одно-, двух- и многоплощадочные. Многоплощадочные нуклеусы служили для скалывания отщепов. У некоторых выявлены ударные площадки с подправкой. Одноплощадочные нуклеусы использовались для производства пластинчатых и простых отщепов. В число одноплощадочных входят микролитические нуклеусы. Они подразделяются на призматические и клиновидные. Клиновидные нуклеусы по размерам плоскости снятия можно разделить на широкие и узкие. У широких ударная площадка сравнительно длинная и подработана сколами. У узких нуклеусов ударные площадки эллипсоидной или круглой формы, выравнены поперечными и продольными сколами.

Пластинчатые и простые отщепы разных размеров. Микропластин найдено 92 экз. Они короткие, в сечении имеют треугольную или трапециевидную форму. Из пластин и микропластин изготавливались острия, проколки, скребки, резцы. Орудия на пластинах оформлялись крутой мелкой ретушью.

На отщепах изготовлена бо́льшая часть орудий: остроконечники, проколки, резцы, сверла, скребла, ножи. Наиболее многочисленны скребки. Они в основном небольших размеров. Крутой мелкой ретушью обрабатывалось рабочее лезвие, которое могло быть прямым, выпуклым, вогнутым. Остроконечники (7 экз.) оформлялись на пластинах и отщепах. Имеются миниатюрные остроконечники-проколки и крупные, сделанные на отщепах. У некоторых из них обработан ретушью один край. Из крупных выделяются грубо оббитые рубящие орудия. Для местонахождения Юфан не было получено абсолютных датировок. На основании геоморфологического положения и стратиграфии стоянка датируется китайскими археологами возрастом 16–20 тыс. лет.

К местонахождению Юфан близка по возрасту стоянка Эрдаолян. Она расположена неподалеку от самого раннего раннепалеолитического местонахождения Мацзюаньгоу, в уезде Янъюань, в 4 км к северу от с. Цэнцзявань. Местонахождение открыто в 2002 г. В культуросодержащем слое выявлено кострище диаметром ок. 70 см, в котором обнаружены микролитические орудия, расколотые и обожженные кости животных.

Основным сырьем для изготовления каменных орудий служили разноцветный кремень и кремнистый сланец. Среди нуклеусов представлены чоппинговые формы (скалывание крупных отщепов производилось от ребра) и ортогональные (снятие заготовок носило бессистемный характер). Среди ядрищ для снятия микропластин преобладают ладьевидные. Это единственная стоянка в Нихэваньской котловине, где в первичном расщеплении преобладают клиновидные нуклеусы. Орудия изготавливались, как правило, на отщепах, но использовались также ножевидные пластины и микропластины. Всего обнаружено 836 отщепов и 179 технических сколов. Из отщепов 58 экз. носят следы использования их для различных производственных целей. Некоторые технические сколы, по мнению исследователей, также имеют следы использования.

Наиболее распространенные орудия труда – скребки различных модификаций, резцы, ножи, комбинированные орудия. Скребки с прямым лезвием, выемчатые, выпуклые и двулезвийные. Изготавливались они на отщепах и крупных ножевидных пластинах. Рабочее лезвие оформлялось крутой регулярной ретушью. Резцы выполнялись в основном на ножевидных пластинах. Очень часто один или два края оформлялись крутой и пологой ретушью. Резцовый скол диагонального типа. Ножи изготавливались на крупных ножевидных пластинах. Среди комбинированных или многофункциональных изделий найдены скребки-резцы, ножи-резцы, долота-резцы. Местонахождение Эрдаолян, по мнению исследователей, было быстро перекрыто слабоаллювиальными отложениями, и поэтому культуросодержащий слой сохранился в непотревоженном состоянии. Радиоуглеродный анализ дал для слоя с находками дату 18 085 ± 235 л.н.

Одной из самых известных групп стоянок с микролитической индустрией являются местонахождения Хутоулян. В 1965 г. в районе с. Хутоулян Ван Цзэи было открыто два местонахождения – Юйцзягсу и Ванмигоу. Позднее, в 1972–1974 гг. Гай Пэй и Вэй Ци обнаружили в районе Хутоуляна еще семь местонахождений [Гай Пэй, Вэй Ци, 1977]. В 90-э гг. прошлого века (1993–1998 гг.) исследования в этом районе проводил Се Фэй и открыл еще более 10 стоянок [Се Фэй, 2006]. В раскопках принимали участие специалисты самых разных направлений. Работы велись комплексно как на вновь открытых местонахождениях, так и на уже известных. Был получен большой объем материала, относящегося к финалу палеолита – раннему неолиту. Местонахождения расположены по обоим берегам р. Санганьхэ, неподалку от с. Хутоулян.

На территории комплекса Хутоулян выявлено три неоднородных типа почв, в которых залегали артефакты. Первый тип представляли отложения второй террасы р. Санганьхэ. Второй находился в речных отложениях, и третий – в нихэваньской почве желтого цвета. На местонахождениях в районе Хутоуляна прослеживается последовательность культур от финала палеолита (10–13 тыс. л.н.) вплоть до неолита.

Материалы из местонахождений Хутоулян описаны в большом количестве статей [Гай Пэй, Вэй Ци, 1977; Gai Pei, 1985; 1991; Tang Chung, Gai Pei, 1986; Chen Chun, Wang Xiangqian, 1989]. Очень обстоятельный анализ сделан по результатам исследования первичного расщепления на этом местонахождении Чжу Чжиюном и Гао Сином [Чжу Чжиюн, Гао Син, 2006]. Было выделено два основных типа нуклеусов. Первый тип – ядрища с лезвиеобразной формой площадки. Они, в свою очередь, делятся на подтипы IA и IB, получившие соответственно название Сангань и Ланьюэ. Ко второму типу отнесены нуклеусы с гладкой площадкой, которые образуют три подтипа, оформленные техникой хэтао, янъюань и хутоулян.

Орудийный набор содержит скребки и скребла различных модификаций, остроконечники, резцы, ретушированные отщепы и пластины, Особенно необходимо отметить наличие тесловидных инструментов.

В котловине Нихэвань обнаружено большое количество стоянок, близких по технико-типологическим характеристикам к стоянкам типа Хутоулян. Одним из таких местонахождений является Цзицзитань, расположенное в 100 м к северу от села с одноименным названием и в 7,5 км в том же направлении от стоянки Хутоулян [Се Фэй, 2006]. Стоянка открыта в 1986 г. и раскапывалась в течение трех сезонов (1987–1989 гг.). Местонахождение располагалось на второй террасе правого берега р. Санганьхэ. Раскопано четыре участка, находящиеся на разном расстоянии друг от друга. Каменные орудия и кости животных найдены в 3-м литологическом горизонте желто-серого суглинка с включением прослоек мелкозернистого желто-красного песка и линз темного цвета.

Фауна представлена небольшим количеством видов, среди которых китайский цокор (*Myosplax fontanieri*), волк (*Canis lupus*), лошадь (*Equus przewalskyi*), ископаемая корова (*Bos primigenius*), газель (*Gazella przewalskyi*). Кости сильно фрагментированы и повреждены эрозией. По мнению исследователей, культуросодержащий слой длительное время не был перекрыт рыхлыми отложениями, и кости подверглись сильному физико-химическому воздействию. Много костей расколото и обожжено. Некоторые кости подверглись обработке.

Основным сырьем для изготовления орудий являлся разноцветный кварцит, встречаются орудия из черного роговика, редко использовались агат и кремень. Нуклеусов обнаружено 109 экз. Их можно разделить на две группы (рис. 14, *15*). К первой группе относятся одно-, двух- и многоплощадочные нуклеусы, у которых редко имелась подготовленная ударная площадка. Отщепы скалывались в основном без какой-либо системы. Ко второй группе отнесены нуклеусы для снятия микропластин (121 экз.). Они небольших размеров. Типологически их можно разделить на подпризматические и клиновидные. У них тщательно подготавливалась ударная площадка. Иногда она образовывала с рабочей острый угол. С подпризматических нуклеусов снимались микропластины с узкой и одной широкой плоскости, редко рабочими площадками были три стороны. С клиновидных нуклеусов снятие микропластин производилось с торца. Нуклеусы этого типа изготавливались на отщепах, бифасах и расколотых поперек овальных гальках. Степень обработки боковых граней киля и ударной площадки различная, но сама обработка более тщательная, чем у всех других типов нуклеусов. Количество микропластин, снятых с каждого нуклеуса, также различно, но технологические особенности этих нуклеусов позволяли после «оживления» ударной площадки продолжать снятие пластин, и этот процесс мог повторяться многократно – до полного истощения ядрища. При снятии пластин использовалась техника прямого или опосредованного отжима.

Достаточно совершенная техника, применяемая при оформлении подпризматических и клиновидных нуклеусов, не могла полностью вытеснить традиционную отщепную технологию. На местонахождении Цзицзитань обнаружено при раскопках 707 отщепов, которые использовались и в качестве скребел. Скребла различных модификаций. Среди каменного инвентаря имелись бифасы, резцы, скребки и другие изделия (рис. 16). Скребла зачастую имели выемку. Наибольший интерес для определения истоков микролитической технологии в Северном Китае, представляют тесловидные орудия (рис. 17). Заготовками для них служили отщепы крупных размеров или плоские гальки. С одной стороны они обрабатывались крупными сколами с дополнительной подправкой. Сколами этим орудиям придавалась подпрямоугольная форма. Широкий конец превращался в рубящее лезвие дополнительной подправкой ретушью. Такого типа орудия впервые обнаружены на местонахождении Сячуань. По форме и технике обработки они полностью соответствуют тесловидным орудиям селемджинской культуры.

Большая серия местонахождений с микролитической индустрией исследована на северо-востоке Китая. Самым северным на территории Китая является местонахождение Шибачжань, расположенное в уезде Тахэ провинции Хэйлунцзян, на границе с Россией [Гань Чжигэн, Вэй Чжэньи, 1989; Вэй Чжэньи, Гань Чжигэн, 1981]. Стоянка дислоцируется на восточном склоне Большого Хингана на второй террасе р. Хума. Исследовалась в 1975–1976 и в 1979 гг. На стоянке раскопано 140 м2 площади, фауны не найдено, только каменные изделия – 1 070 экз. Выделено два культуросодержащих слоя: верхний – в песчанистой глине, и нижний – в глинисто-галечном слое.

Нуклеусы представлены двумя основными категориями: для снятия отщепов, пластин и микропластин. Преобладали нуклеусы для отщепов. Они имели подготовленные ударные площадки и сохранившуюся желвачную корку. Отщепы скалывались при помощи отбойника и наковальни. Микронуклеусы были представлены коническими и клиновидными вариантами. Микропластинки снимали с них при помощи посредника. Большинство орудий изготавливалось на отщепах. Среди орудий преобладали скребки различных модификаций, также найдены остроконечники, резцы, тесловидные инструменты и др. Древность местонахождения Шибачжань – ок. 12 тыс. лет.

Одними из первых в Северо-Восточном Китае обнаружены местонахождения с микролитической индустрией в районе Ананъси, где еще в 1928 г. русским археологом А.С. Лукашкиным найдены каменные изделия, в т.ч. большое количество ножевидных пластин и микропластин. На эти находки обращали внимание многие исследователи и относили их в основном к неолиту. В 60-е годы в бассейне р. Нонни (Нэньцзян) археологи провинции Хэйлунцзян провели масштабные исследования памятников каменного века и обнаружили стоянки, которые можно отнести к финальному этапу палеолита.

Одним из значимых местонахождений является Дасинтунь, расположенное в 18 км на юго-восток от Ананъси в селе с тем же названием [Хуан Вэйвэнь и др., 1984; Гао Син, 1988]. Первая терраса Нэньцзян сильно изрезана и превратилась в холмистую равнину с болотистыми низинами и плоскими возвышенностями. Местонахождение расположено на одной из таких возвышенностей. Высота над ур. м. 157,2 м, над руслом реки – 4–6 м. В 1982 г. здесь были произведены раскопки, которые выявили материал в 4-м литологическом слое, сложенном из мелкого песка желтого цвета с прослоями серо-зеленого ила и суглинка. В верхней части этого слоя найдены кости животных, каменные изделия, пепел, обожженные кости и камни.

Кости животных представлены в основном черепами, конечностями, зубами. Все животные являются представителями плейстоценовой мамонтово-носороговой фауны. Растительный покров степей представлен полынью, маревыми, злаками, сложноцветными; много пыльцы березы.

Для изготовления орудий использовался халцедон, агат, яшма, в меньшей степени – вулканические породы и кварцит, которые находились в аллювии реки. Среди находок – нуклеусы, отщепы, микропластинки, ножевидные пластины, скребки, тесловидные инструменты. Нуклеусы для скалывания отщепов в большинстве случаев не имели подготовленной ударной площадки. Скалывание производилось на наковальне с применением жесткого отбойника. Все нуклеусы для снятия пластин и микропластин имели хорошо подготовленную ударную площадку. Типологически их можно разделить на клиновидные и конические. Для снятия микропластин и ретуши применялась отжимная техника. Скребки в большинстве случаев выполнялись на отщепах, но имеются и на пластинах. Они типологически делятся на односторонние, двусторонние, с выступом-носиком, концевые, комбинированные – скребки-ножи. Резцы на отщепах и пластинах также нескольких видов: боковые, многосторонние, с диагональным резцовым сколом. Скребла на пластинах и отщепах. Тесловидные инструменты изготавливались на гальках. Необходимо отметить, что ретушь на большинстве орудий разнообразная и сделана с большим мастерством. На стоянке найдено одно острие на микропластинке с мелкой крутой ретушью. Такие острия – достаточно большая редкость. Подобное острие найдено на местонахождении Сячуань в провинции Шаньси.

За последние годы на территории Северного Китая было открыто 14 местонахождений финального этапа верхнего палеолита с микролитической индустрией. Все стоянки стратиграфически связаны с псверхностным слоем и верхними горизонтами второй и третьей террасы рек Тумангана, Амура и их притоков. Новые местонахождения открыты в восточной части провинции Цзилинь на границе с Корейским п-овом и Приморским краем России [Wang et al., 2008].

Большой интерес на территории Северного Китая представляет стоянка Шэньцюань, расположенная к северо-востоку от г. Сюэтань Нахэ, в провинции Хэйлунцзян [Юй Хойли, Тянь Хэ, 2008]. Она находится на 25–30- метровой второй террасе р. Нэньцзян (Нонни), на высоте 224 м над ур. м. Здесь под скалой бьет родник Шэньцюань (святой источник), поэтому палеолитическая стоянка и получила такое название. Территория стоянки поделена на два участка: А – площадью 1000 м2 и З – площадью 500 м2. При раскопках выделено три литологических слоя. Верхний слой (почва мощностью 0,15–0,3 м) содержала каменные орудия и керамику. Под нею залегал глинистый горизонт толщиной 0,3–0,6 м, в котором встречались каменные орудия без керамики, и по аналогии с другими стоянками в этом районе данный культуросодержащий горизонт отнесли ко времени ок. 7500–8000 л.н. Его подстилал мощный слой мелкозернистого песка мощностью 2–3 м, в верхней части которого выявлен 3-й культуросодержащий горизонт, относящийся к финалу верхнего палеолита.

Эта многослойная стоянка имеет большое значение, поскольку позволяет проследить динамику культуры на протяжении минимум 5–6 тыс. лет. Во всех трех слоях наблюдалась большая концентрация каменных орудий: из 3029 каменных артефактов 4,19 % были с ретушью. Другая особенность этого местонахождения заключалась в том, что среди орудийного набора обнаружены крупные орудия, изготовленные из желто-коричневой лавы с применением жесткого отбойника. К такого рода изделиям относились большие по размерам скребла, чопперовидные и тесловидные инструменты, приостренные орудия типа пик. Вторая категория орудий связана с микролитизацией индустрии. Исходным материалом для производства явились халцедон, агат, кремень, хрусталь, опал. Первичная обработка основана на изготовлении нуклеусов клиновидной, ладьевидной и конической формы. Ударная площадка и все стороны подвергались тщательной обработке. С таких нуклеусов скалывались небольших размеров ножевидные пластины и микропластины. Среди орудийного набора преобладают скребки, резцы, сверла, наконечники и остроконечники, ножи с обушком и другие орудия, характерные для местонахождений с микролитической индустрией. Наиболее диагностичными являются тесловидные инструменты. Ретушь на орудия наносилась в основном с дорсальной стороны, но имеются изделия с ретушью на вентральной части. Ретушь тонкая, регулярная и выполнялась в отжимной технике.

Все рассмотренные местонахождения Северо-Восточного Китая относятся к микроиндустрии и их возраст не превышает 15–17 тыс. лет.

Для них наиболее типичны клиновидные, конические и ладьевидные нуклеусы. Тем не менее, на многих местонахождениях нуклеусы для скалывания отщепов играли большую роль, и не известны стоянки, где количество орудий на пластинах и микропластинах превышало бы количество орудий на отщепах. Наиболее распространенными орудиями на местонахождениях финального этапа верхнего палеолита являются скребки различных модификаций, но и среди них преобладают изготовленные на отщепах. Это свидетельствует о том, что более ранние традиции в изготовлении орудий, несмотря на инновации, продолжают сохранять свое значение на протяжении всего палеолита.

Дискуссионной является проблема происхождения пластинчатой и микролитической индустрии. В настоящее время многие исследователи палеолита Китая придерживаются гипотезы Цзя Ланьпо о двух линиях развития индустрии в палеолите Китая [Цзя Ланьпо, Гай Пэй, Ю Юйчжу, 1972]. Одна линия объединяет местонахождения с крупными галечными и бифасиальными изделиями (Кэхэ–Динцунь). Вторая – индустрия микролитических изделий (Чжоукоудянь–Чжиюй). Хотя эта гипотеза подвергалась обоснованной критике [Gao, Olsen, 1997; и др.], многие исследователи продолжают придерживаться этой точки зрения и полагают, что пластинчатая индустрия конвергентно появилась на территории Китая. Ли Яньсянь [1993], например, утверждает, что местонахождение Чайсы является соединительным звеном между индустриями Динцунь и Сячуань, а изделия Сюэгуань – соединительным звеном между индустрией Сячуань и Хутоулян.

Наиболее ранние местонахождения с небольшим количеством пластин и микропластин Чжиюй и Шуйдунгоу не древнее 30 тыс. лет. По всем основным технико-типологическим характеристикам индустрия Шуйдунгоу несомненно берет свои истоки в верхнем палеолите Монголии. На местонахождении Чжиюй первичное расщепление и орудийный набор своими корнями связаны с микролитической традицией Китая, а наличие небольшого количества пластинчатых нуклеусов объясняется появлением на этой территории инноваций, которые пришли с северо-запада или возникли в результате миграции на эту территорию популяций с верхнепалеолитической индустрией из Монголии или Южной Сибири, или были переданы эстафетным путем [Деревянко, 2001, 2005, 2006б].

Пластинчатая индустрия в Китае никогда не занимала доминирующего положения. В хронологическом интервале 30–20 тыс. л.н. в палеолитических местонахождениях наибольший процент орудийного набора изготавливался из отщепов. Доля орудий на пластинах была небольшой. Это свидетельство не отсталости местных популяций, а большей эффективности отщепной технологии по сравнению с пластинчатой в адаптационных стратегиях автохтонных популяций, не только на территории Китая, но и в целом в Восточной и Юго-Восточной Азии.

Остается дискуссионной и проблема появления микролитической индустрии на данной территории. Многие ученые полагают, что эта индустрия зародилась в Китае и оттуда распространилась по Восточной, Северной Азии и Америке [Gai Pei, 1985; 1991].

Известный китайский археолог Се Фэй на основании изучения нуклеусов, относящихся к микроиндустрийной технологии, выделил на территории Северного Китая пять субрайонов [Се Фэй, 2006]. Первый субрайон, включающий ареал преимущественного распространения техники ладьевидных нуклеусов, начинается от залива Бохай и заканчивается в котловине Хуайлай; во втором субрайоне, объединяющем котловину Нихэвань в провинции Хэбэй и район Яньбэй провинции Шаньси, доминирует техника клиновидных нуклеусов; третий включает обширную территорию юго-запада провинции Шаньси, где расположены известные стоянки Сячуань, Сегуань, Чайсы (Динцунь 7701) и Шицзытань и др., на которых имеются клиновидные, конусовидные, ладьевидные нуклеусы с доминированием клиновидных; четвертый субрайон расположен в долинах рек Хуанхэ и Хуайхэ, где исследовалась наиболее известная стоянка Линцзин, в которой наряду с другими нуклеусами для снятия микропластин, наиболее типичными были клиновидные ядрища; к пятому району относятся местонахождения на берегах рек Ихэ и Шухэ на севере провинции Цзянсу, в которых наряду с клиновидными, конусовидными, цилиндрическими нуклеусами центральное место занимают ладьевидные ядрища.

На основании результатов анализа первичного расщепления и распространения различных типов нуклеусов, а также хронологии местонахождений Се Фэй приходит к выводу, что третий субрайон в юго-западной части провинции Шаньси, где дислоцируются местонахождения Сячуань, Сегуань, Чайсы, являлся центральной зоной формирования и распространения микролитической индустрии в Северном Китае. В этом субрайоне на палеолитических местонахождениях прослеживается наибольшее разнообразие типов нуклеусов. Доминирование в одном регионе клиновидных или ладьевидных нуклеусов он объясняет разными экологическими условиями. Территория преимущественного распространения клиновидных нуклеусов включает в основном полузасушливые районы, расположенные на сравнительно большой высоте над ур. м., а в районах с относительно влажным климатом недалеко от моря расположены местонахождения с преобладанием в первичном расщеплении ладьевидных ядрищ.

С таким утверждением трудно согласиться. Во-первых, с клиновидных и ладьевидных нуклеусов скалывали микропластины, которые мало чем отличались друг от друга и с равной частотой использовались в качестве заготовок для изготовления орудий труда. Во-вторых, количественное превосходство одного типа нуклеусов для микрорасщепления над другими нельзя объяснить различиями в адаптационных стратегиях. Это может зависеть от степени изученности местонахождений, хронологических отличий и других факторов. Важно, что во всех выделенных Се Фэй субрайонах встречаются почти все типы нуклеусов, и разница в их количественном соотношении не должна являться основанием для вывода о разных адаптационных стратегиях. И самое главное, в чем трудно согласиться с выводами Се Фэй, касается конвергентного формирования микролитической технологии в Северном Китае.

Выше уже говорилось, что технология скалывания микропластин с торцовых типа карене и клиновидных нуклеусов появляется впервые на местонахождениях Горного Алтая древностью 40–35 тыс. лет. Эта технология проникает в Северный Китай из Южной Сибири и с российского Дальнего Востока. Наиболее вероятным районом, откуда могло начаться распространение в Северный Китай микролитической технологии, являются бассейны рек Селемджи и Амура, где в хронологическом интервале 25–12 тыс. л.н. распространяется селемджинская культура [Деревянко, Волков, Ли Хонджон, 1998; Деревянко, 2005].

В селемджинской культуре в 4-м нижнем горизонте древностью 25–22 тыс. лет преобладают узкие клиновидные нуклеусы. По технике изготовления выделяются: ядрища, изготовленные на бифасах, и нуклеусы, у которых на одном конце сколами подготавливалось узкое лезвие, боковые латерали также обрабатывались сколами, а на противоположном конце одним или несколькими снятиями образовывалась ударная площадка. Микропластины снимались с торца. Противолежащий фронту скалывания торец оформлялся в виде киля. Среди микронуклеусов имеются ядрища, с которых микропластины могли скалываться с двух противолежащих торцов. В орудийном наборе имеются листовидные асимметричные плоские бифасы, тесловидно-скребловидные орудия, различного типа скребки и резцы. В верхней части этого горизонта обнаружены нуклеусы: двуплощадочные с широким фронтом снятия пластин, дисковидные одноплощадочные монофронтальные и торцовые, многоплощадочные и призматические. Выявлены также пластинки со следами ретуши, в т.ч. с противолежащей и двусторонней, скребки на первичных сколах, скребла из нуклеусов, выемчатые, двусторонне ретушированные орудия на отщепах, бифасы нуклевидные, с обушком и листовидные симметричные плоские. Очень широко представлены галечные орудия типа чопперов и связанные с ними специфические сколы с обушком.

В 3-м, 2-м и 1-м культуросодержащих горизонтах местонахождений селемджинской культуры продолжается развитие микролитической индустрии: увеличивается процент скребков различных модификаций, в т.ч. концевых, изготовленных на пластинах, резцов (срединных, боковых, угловых), также изготовленных на ножевидных пластинах и микропластинках, комбинированных орудий (скребков-резцов, скребков-ножей).

Все типы нуклеусов селемджинской культуры представлены на местонахождениях Северного Китая. Особенно убедительным диагностическим элементом, свидетельствующим о том, что истоки микролитической индустрии Северного Китая лежат в селемджинской культуре, является наличие тесловидных инструментов на одном из ранних местонахождений Сячуань в провинции Шаньси. При сравнении каменного инвентаря местонахождений с микроиндустрией Северного Китая и селемджинской культуры, становится очевидно, что на этих стоянках не только представлены одни и те же типы нуклеусов, но и много общего в типах каменных орудий. Скребла, скребки, резцы, бифасы, тесловидные инструменты, – все одинаковы по форме и технике обработки.

В качестве примера можно сопоставить индустрии стоянки Цзицзитань и местонахождений селемджинской культуры Ульма I–III [Деревянко, Зенин, 1995]. На этих местонахождениях нуклеусы всех типов и орудийный набор очень близки по форме и технике обработки, и нет сомнений, что по основным технико-типологическим характеристикам они представляют собой одно историко-культурное целое.

Такое историко-культурное единство демонстрируют местонахождения Северо-Восточного Китая и селемджинской культуры. На Среднем Амуре у г. Благовещенска раскопана стоянка селемджинской культуры

Ходулиха, на которой выявлено три культуросодержащих горизонта древностью 12–20 тыс. лет. Горизонты содержат каменный инвентарь, обладающий несомненным сходством с материалами местонахождений Шибачжань, Дасинтунь, Ананъси, Даканьцзы, Шэньцюань, Циньтоу, Шижэньгоу и другими.

Утверждения некоторых исследователей, что микролитическая индустрия зарождается в Северном Китае и в дальнейшем распространяется на сопредельные территории, не имеют под собой никаких оснований. Так, Гань Чжигэн и Вэй Чжэнъи [1989] полагают, приводя в пример местонахождение Шибачжань, что палеолитические культуры бассейна р. Хэйлунцзян и Северного Китая связаны между собой, и что корни традиционной микролитической культуры Восточной Азии, Северной Америки и Северной Азии нужно искать в Северном Китае, откуда она через северо-восток Китая проникла в Сибирь и Северную Америку. Эта гипотеза бездоказательна. Пластинчатая индустрия и микроиндустрия не имеют корней в Китае. Здесь они являются инновационными, и истоки их лежат в южных районах Сибири и российского Дальнего Востока.

VI. Вместо заключения

Главная особенность каменной индустрии верхнего палеолита Китая состоит в том, что в основе технико-типологического комплекса лежит древняя автохтонная отщепная традиция. Нуклеусы чаще всего предназначались для скалывания отщепов, которые являлись заготовками для основных типов каменного инвентаря. В силу этого обстоятельства в Китае, как и во всей Восточной и Юго-Восточной Азии, пока не представляется возможным выделить начальный этап верхнего палеолита. На эту проблему существует много разных точек зрения, но хронологически определить начало верхнего палеолита, которое было бы бесспорно принято всеми исследователями, пока невозможно.

Изменения в эволюционном развитии каменной индустрии в Китае начинаются ок. 30-ти тыс. л.н., когда на Север Китая приходит пластинчатая индустрия. Ее появление связано с миграцией на эту территорию популяций с пластинчатой индустрией из Монголии и Южной Сибири, или передачей этой инновационной технологии по эстафетному принципу. Но появление пластинчатой индустрии не привело к исчезновению традиционной для Китая отщепной технологии. Характерной чертой верхнего палеолита является то, что на всем его протяжении в технико-типологическом комплексе каменной индустрии сочетаются традиционная отщепная и пластинчатая технологии. Это свидетельствует о том, что отщепная технология была для экологических условий и адаптационных стратегий популяций верхнего палеолита Китая достаточно эффективной, что определило ее сохранение на протяжении всего каменного века.

После 20-ти тыс. л.н. на Север Китая приходит микролитическая технология. Ее появление также связано с северными территориями Южной Сибири, где она возникает 40–35 тыс. л.н. или, более вероятно, с селемджинской культурой бассейна среднего и верхнего Амура. Однако проникновение микролитической индустрии в Китай не привело к вытеснению традиционной отщепной. И если в Северном Китае на финальном этапе палеолита (20–10 тыс. л.н.) на местонахождениях в разных масштабах используются отщеповая и микролитическая индустрия, то в Южный Китай микроиндустрия приходит в самом конце палеолита и в неолите.

Проблема времени перехода к верхнему палеолиту на территории Кореи и Японии также остается дискуссионной. Ее изучению посвящено много работ [Bae, 2003, 2010; Ли Хонджон, 2002, 2003; Ли Хонджон и др., 2005; Yi Seonbok, 2001; 2006; Деревянко, 2005, 2006]. На Корейском п-ове также как и в Китае, на протяжении всего каменного века в основе первичного расщепления лежали отщепные технологии.

Для всех палеолитических местонахождений Корейского полуострова финала среднего – начала верхнего плейстоцена характерны галечная техника, наличие бифасов, пик, чопперов, чоппингов, скребел, орудий на отщепах. Первичное расщепление на стоянках представлено дисковидными, галечными и ортогональными нуклеусами. Леваллуазская техника первичного расщепления на полуострове, как и на территории Китая и Японии, не прослеживается. На Корейском п-ове, а также в других регионах китайско-малайской зоны со времени первоначального заселения этих территорий человеком до появления пластинчатой индустрии происходило медленное эволюционное развитие индустрии, основанной на мелких и крупных отщепах. При детальном изучении палеолитических местонахождений выделяются локальные варианты культуры со своей спецификой в первичной и вторичной обработке каменных орудий. Однако еще раз подчеркну, что средний палеолит, характерный для афро-евразийской зоны, на этих территориях не прослеживается [Деревянко, 2011а]. В индустриальных комплексах на Корейском п-ове не выявлены диагностические элементы, на основе которых можно было бы построить более дробное деление палеолитической эпохи, т.е. выделить среднепалеолитическую стадию.

На местонахождениях Кореи, относящихся к середине позднего плейстоцена, наряду с галечной и дисковидной техниками первичной обработки, наличием макроорудий (чопперы, чоппинги, бифасы, скребла) выявлены многочисленные орудия труда на отщепах; происходил процесс микролитизации отщепной индустрии, и в качестве сырья использовался уже не кварцит, а в основном кремень и другие мелкокристаллические породы.

Каменная индустрия на Корейском п-ове претерпела существенные изменения с появлением нуклеусов для снятия пластин и началом изготовления орудий на пластинах. Вероятно, это произошло ок. 30 тыс. л.н. К наиболее ранним памятникам с пластинчатой технологией относится многослойное местонахождение Сокчжанри [Сон, 1972; Sohn, 1978]. Возраст культуросодержащего горизонта с пластинами 30 690 лет до н.э. Эта дата требует уточнения, потому что из этого слоя происходят торцовые нуклеусы, которые могли появиться в Корее лишь ок. 20 тыс. лет.

На формирование верхнепалеолитической индустрии на Корейском п-ове существует несколько точек зрения. До начала XXI в. преобладала гипотеза об автохтонном развитии каменной индустрии на протяжении среднего и верхнего плейстоцена. За последнее десятилетие взгляды на проблему формирования верхнего палеолита в Корее претерпели существенные изменения. Оказалось, что в Корее нет достаточно надежных критериев, чтобы провести границу между средним и верхним палеолитом. Изменились взгляды исследователей и на появление в Корее пластинчатой индустрии. Стало очевидным, что пластинчатая технология проникла сюда с материка – из Северо-Восточного Китая и юга российского Дальнего Востока, а корни этой индустрии – на юге Сибири [Деревянко, 2001, 2005, 2006]. Тем не менее некоторые исследователи и сегодня пытаются найти истоки пластинчатой индустрии в местонахождениях средней половины верхнего плейстоцена [Ли Хонджон, 2005].

Очень интересная гипотеза предложена К. Бае [Вае, 2010]. С его точки зрения, верхнепалеолитические индустрии Корейского п-ова гетерогенные. Они формировались в результате притока на полуостров древних популяций людей со своей индустрией из двух регионов: Южного Китая и Сибири. Из Южного Китая в Корею пришла миграционная волна людей современного анатомического типа с отщепной индустрией, а из Сибири ок. 35 тыс. лет до н.э. произошла миграция людей с пластинчатой индустрией.

Моя точка зрения, о чем я уже неоднократно писал, заключается в том, что развитие палеолитических индустрий в различных крупных регионах Восточной Азии – Китае, Корее, Японии имело свою специфику, но в целом шло согласно одному общему вектору. В палеолите этих территорий не было леваллуазского расщепления и первичная обработка определялась несколькими техническими системами, связанными с получением отщепов в качестве заготовок для орудийного набора. Среди крупных орудий в различные хронологические периоды достаточно широкое распространение получали галечные изделия типа чопперов, чоппингов, пик, бифасов, скребел. Отделить верхний палеолит (до появления пластинчатых технологий) от среднего, невозможно из-за отсутствия достаточно убедительных критериев. Пластинчатые технологии приходят из Южной Сибири и Монголии сначала в Северный Китай, а оттуда распространяются по всей территории Восточной Азии. Микропластинчатая индустрия продвигается в Китай и Корею также из Южной Сибири и российского Дальнего Востока. Важное значение в распространении микроиндустрии сыграла селемджинская культура. Технологии селемджинской культуры в первичном расщеплении, оформлении орудий, их типологии прослеживаются не только в Северном Китае, но и в Корее и Японии.

Верховья бассейна Селемджи находятся в непосредственной близости от верховьев рек Уда и Тугур, впадающих в Охотское море, и р. Амгунь – одного из крупных притоков Амура. Эти территории еще плохо обследованы археологами, но мы уверены, что в дальнейшем здесь будут обнаружены местонахождения с микроиндустрией древностью 20–25 тыс. лет. Именно эти районы могли быть транзитными при заселении человеком о-ва Сахалин, когда он был полуостровом Азиатского материка. Во время последнего сартанского похолодания (25–12 тыс. л.н.) не существовало Татарского пролива и пролива Лаперуза, глубина которых соответственно 16 и 55 м, о-ва Сахалин и Хоккайдо соединялись с материком. По этому мосту и проникли древние популяции с микролитической техникой на Сахалин и Хоккайдо.

Наиболее ранним местонахождением с микролитической техникой на о-ве Сахалин является хорошо стратифицированная многослойная стоянка Огоньки-5 [Василевский, 2008]. На стоянке выделено три культуросодержащих горизонта с микронуклеусами различных модификаций, микропластинами и орудиями, изготовленными на пластинах. В самом верхнем культуросодержащем горизонте зафиксирован переход от палеолита к неолиту в хронологическом интервале 13–11 тыс. л.н. Во 2-м культуросодержащем горизонте (17 850 ± 120 л.н.) найдены ладьевидные и клиновидные нуклеусы для снятия микропластин. В 3-м горизонте, наиболее насыщенном находками, обнаружены ладьевидные, торцовые, клиновидные нуклеусы и орудия на пластинах и микропластинах. Здесь же, как считает А.А. Василевский, зафиксировано два жилища. Для 3-го горизонта получено несколько некалиброванных дат: 19 400 ± 140, 19 800 ± 190, 19 320 ± 145 и 18 920 ± 150 л.н.

На Сахалине известно еще несколько местонахождений с микролитической индустрией: Сокол, Олимпия-5 и др. Пока еще не совсем ясно, когда проникли на Сахалин популяции людей с микроиндустрией. А.А. Василевский датирует 3-й горизонт интервалом 22–19 тыс. лет до н.э. в календарном летоисчислении. Вполне вероятно, что на Сахалине будут обнаружены стоянки с этой индустрией возрастом ок. 25 тыс. лет.

Первоначальное появление микроиндустрии и ее распространение на Хонсю и Кюсю связано с о-вом Хоккайдо, куда она приходит несколько ранее 20 тыс. лет до н.э. В Японии в настоящее время открыто наибольшее число стоянок с микроиндустрией в Восточной Азии. К 2003 г. на Японском архипелаге известно 1792 стоянки: на Хоккайдо – 251; Хонсю и Шикоку – 815; Кюсю – 726 [Sato, Tsutsum, 2007]. Наиболее ранние даты получены для местонахождения Касивадай-1: 19 840 ± 70 и 20 790 ± 160 лет до н.э. С о-ва Хоккайдо начинается распространение микроиндустрии по всему Японскому архипелагу. На Хоккайдо эта индустрия просуществовала ок. 10 тыс. лет, на Хонсю – 3 тыс. лет, а Кюсю – ок. 5 тыс. лет.

Таким образом, с нашей точки зрения, пластинчатая и микропластинчатая индустрии возникли в Южной Сибири и Центральной Азии и уже оттуда распространились на бóльшую часть Восточной Азии.

Абрамова З.А. Палеолит Северного Китая // Палеолит Центральной и Восточной Азии. – СПб.: Наука, 1994. – С. 63 – 165. – (Палеолит мира; т. 4).

Ань Чжиминь. Чанцзян сяю шицянь вэньхуа дуй Хайдун дэ инсян (Влияние доисторических культур нижнего течения Янцзы на Японию) // Каогу. – 1984. – Т. 5. – С. 439–448 (на кит. яз.).

Ван Цзянь, Ван Сянцянь, Чэн Чжэин. Сячуань вэньхуа. Шаньси Сячуань ичжи дяоча баогао (Культура Сячуань (доклад о раскопках памятника Сячуань в провинции Шаньси)) // Каогу сюэбао. – 1978. – № 3. – С. 259–287 (на кит. яз.).

Ван Юпин. Шуйдунгоуцунь дэ цзюшици вэньхуа ичжи (Палеолитическая стоянка Шуйдунгоу) // Каогу. – 1962. – № 11. – С. 588–589 (на кит. яз.).

Василевский А.А. Каменный век острова Сахалин. – Южно-Сахалинск: Сахалинское кн. изд-во, 2008. – 412 с.

Вэй Чжэнъи, Гань Чжигэн. Хума Шибачжань синь фасянь дэ цзюшици (Новая находка каменных изделий на стоянке Шибачжань в уезде Хума) // Цюшисюэкань. – 1981. – № 1. – С. 118–120 (на кит. яз.).

Гай Пэй, Вэй Ци. Хутоулян цзюшици шидай ваньци ичжи дэ фасянь (Открытие верхнепалеолитического памятника Хутоулян) // Жэньлэйсюэ сюэбао. – 1977. – Т. 15, № 4. – С. 287–291 (на кит. яз.).

Гань Чжигэн, Вэй Чжэнъи. Хэйлунцзяншэн цзюшици шидай каогу фасянь юй яньцзю (Обзор палеолитических культур провинции Хэйлунцзян) // Бэйфан Вэньу. – 1989. – № 1. – С. 3–14 (на кит. яз.).

Гао Син. Ананъси синь фасянь дэ цзюшици (Новая находка палеолитических орудий в Ананъси) // Жэньлэйсюэ сюэбао. – 1988. – Т. 7, № 1. – С. 84–88 (на кит. яз.).

Деревянко А.П. Каменный век Северной, Восточной и Центральной Азии: Курс лекций / Новосиб. гос.ун-т. – Новосибирск, 1975. – 232 с.

Деревянко А.П. Переход от среднего к верхнему палеолиту на Алтае // Археология, этнография и антропология Евразии.. – 2001. – № 3 (7). – С. 70–103.

Деревянко А.П. К вопросу о формировании пластинчатой индустрии и микроиндустрии на востоке Азии // Археология, этнография и антропология Евразии. – 2005. – № 4 (24). – С. 2–29.

Деревянко А.П. Палеолит Китая: итоги и некоторые проблемы в изучении. – Новосибирск: Изд-во ИАЭТ СО РАН, 2006б. – 83 с.

Деревянко А.П. Переход от среднего к верхнему палеолиту в Восточной Азии (Китай, Корейский п-ов). – Новосибирск: Изд-во ИАЭТ СО РАН, 2006. – 82 с.

Деревянко А.П. Переход от среднего к верхнему палеолиту и проблема формирования *Homo sapiens sapiens* в Восточной, Центральной и Северной Азии. – Новосибирск: Изд-во ИАЭТ СО РАН, 2009. – 326 с.

Деревянко А.П. Три сценария перехода от среднего к верхнему палеолиту. Сценарий первый: переход к верхнему палеолиту на территории Северной Азии // Археология, этнография и антропология Евразии. – 2010. – № 3. – С. 2–32.

Деревянко А.П. Формирование человека современного анатомического вида и его поведения в Африке и в Евразии // // Археология, этнография и антропология Евразии. – 2011б. – № 3.

Деревянко А.П. Три сценария перехода от среднего к верхнему палеолиту. Сценарий третий: переход от среднего к верхнему палеолиту в Африке и проблема заселения Евразии человеком современного антропологического типа // Археология, этнография и антропология Евразии. – 2011б. – № 2. – С. 2–29.

Деревянко А.П. Верхний палеолит в Африке и Евразии и формирование человека современного анатомического типа. – Новосибирск: Изд-во ИАЭТ СО РАН, 2011а. – 560 с.

Деревянко А.П., Волков П.В. Эволюция расщепления камня в переходный период от среднего к верхнему палеолиту на территории Горного Алтая // Археология, этнография и антропслогия Евразии. – 2004. – № 2. – С. 21–35.

Деревянко А.П., Волков П.В., Ли Хонджон. Селемджинская позднепалеолитическая культура. – Новосибирск: Изд-во ИАЭТ СО РАН, 1998. – 336 с.

Деревянко А.П., Волков П.В., Петрин В.Т. Зарождение микропластинчатой техники расщепления камня. – Новосибирск: Изд-во ИАЭТ СО РАН, 2002. – 169 с.

Деревянко А.П., Зенин В.Н. Палеолит Селемджи (по материалам стоянки Усть-Ульма I–III). – Новосибирск: Изд-во ИАЭТ СО РАН, 1995. – 159 с.

Деревянко А.П., Кандыба А.В., Петрин В.Т. Палеолит Орхона. – Новосибирск: Изд-во ИАЭТ СО РАН, 2010. – 384 с.

Деревянко А.П., Петрин В.Т., Чевалков Л.М. Палеолитические

комплексы стратифицированной части стоянки Кара-Бом. – Новосибирск: Изд-во ИАЭТ СО РАН, 1998. – 279 с.

Деревянко А.П., Рыбин Е.П. Древнейшее проявление символической деятельности палеолитического человека на Горном Алтае // Археология, этнография и антропология Евразии. – 2003. – № 3 (15). – С. 27–50.

Деревянко А.П., Шуньков М.В. Становление верхнепалеолитических традиций на Алтае // Археология, этнография и антропология Евразии. – 2004. – № 3. – С. 12–40.

Деревянко А.П., Шуньков М.В., Агаджанян А.К., Барышников Г.Ф., Ульянов В.А., Кулик Н.А., Постнов А.В., Анойкин А.А. Природная среда и человек в палеолите Горного Алтая. Условия обитания в окрестностях Денисовой пещеры. – Новосибирск: Изд-во ИАЭТ СО РАН, 2003. – 447 с.

Кимура Х. Индустрия пластин стоянки Мальта // Археология, этнография и антропология Евразии. – 2003. – № 1 (13). – С. 11–32.

Ларичев В.Е. Верхний палеолит лессовых районов Центральной и Восточной Азии (основные этапы эволюции и характер культуры) // Палеолит Средней и Восточной Азии. – Новосибирск: Наука, 1980. – С. 121–164.

Лаухин С.А., Ронен А., Ранов В.А., Поспелова Г.А., Бурдукевич Я.М., Шаронова З.В., Волгина В.А., Куликов О.А., Власов В.К., Цацкин А. Новые данные о геохронологии палеолита Южного Леванта (Ближний Восток) // Стратиграфия. Геологическая корреляция. – 2000. – Т. 8, № 5. – С. 82–95.

Ли Хонджон. Исследование культуры среднего палеолита на Корейском полуострове // Археология, этнография, антропология Евразии. – 2002. – № 2 (10). – С. 87–104.

Ли Хонджон. Переходный период от среднего к позднему палеолиту и традиция орудий на отщепах на Корейском полуострове // Археология, этнография и антропология Евразии. – 2003. – № 1 (13). – С. 65–79.

Ли Хонджон. Переходный период от среднего к позднему палеолиту и традиция орудий на отщепах на Корейском полуострове // Переход от среднего к позднему палеолиту в Евразии: гипотезы и факты. – Новосибирск: Изд-во ИАЭТ СО РАН, 2005. – С. 486–500.

Ли Хонджон, Ким Чонбин, Вим Хьюнсоо, Ли Хейон, Чан Тэхон. Сохранение традиции изготовления галечных орудий в верхнем палеолите Кореи // Актуальные вопросы евразийского палеолитоведения. – Новосибирск: Изд-во ИАЭт СО РАН, 2005. – С. 133–140.

Ли Яньсянь. Классификация культур верхнего палеолита в Китае // Жэньлэйсюэ сюэбао. – 1993. – № 12 (3). – С. 214–223 (на кит. яз.).

Мегнин Л., Бар-Йозеф О. Каменная индустрия среднего и верхнего палеолита Леванта: последовательная или прерванная линия развития // Археология, этнография и антропология Евразии. – 2002. – № 3 (21). – С. 12–21.

Питулько В.В. Мегафауна и микропластинки (микропластинчатые традиции позднего палеолита Сибири в контексте проблемы вымирания мамонтов) // Записки ИИМК РАН. – 2010. – Вып. 5. – С. 90–104.

Проблемы палеоэкологии, геологии и археологии палеолита Алтая / Деревянко А.П., Глинский С.В., Дергачева М.И. и др. – Новосибирск:

Изд-во ИАЭТ СО РАН, 1998. – 312 с.

Се Фэй. Нихэвань. – Пекин: Вэньу, 2006. – 330 с. (на кит. яз.).

Сон Б.К. Ранний и средний палеолит Сокчжанри // Хангуксаеонгу. – 1972. – Вып. 7. – С. 1–58 (на кор. яз.).

Хоу Ямэй. Предварительное исследование и наименование типа «нуклеусов Дунгуто» // Жэньлэйсюэ сюэбао. – 2003. – № 22 (4). – С. 279–292 (на кит. яз.).

Хоу Ямэй. Шуйдунгоу – указатель направления культурного взаимообмена между Востоком и Западом? Обсуждение гипотезы «Пути каменных орудий» и микропластинчатой культуры Северного Китая // Изучение четвертичного периода. – Пекин: Наука, 2005. – Вып. 25, № 6. – С. 750–762 (на кит. яз.).

Хуан Вэйвэнь, Чжан Чжэньхун, Ляо Чжэньди, Юй Хаймин, Чу Бэньцзюнь, Гао Чжэньцао Палеолитические орудия Ананъси провинции Хэйлунцзян // Жэньлэйсюэ сюэбао. – 1984. – Т. 3, № 3. – С. 234–243 (на кит. яз.).

Цзя Ланьпо. Особенности микролитических орудий в Китае, их традиции, происхождение и распространение // Избранные труды по палеолиту Китая. – Пекин: Вэньу, 1984. – С. 194–201 (на кит. яз.).

Цзя Ланьпо, Гай Пэй, Ли Яньсянь. Новые находки с палеолитической стоянки Шуйдунгоу // Vertebrata PalAsiatica. – 1964. – Vol. 8, N 1. – P. 81–86.

Цзя Ланьпо, Гай Пэй, Ю Юйчжу. Шаньси Шиюй цзюшици шидай ичжи фацзюэ баогао (Отчет о раскопках палеолитического памятника Чжиюй в провинции Шаньси) // Каогу сюэбао. – 1972. – № 1. – С.

39–58 (на кит. яз.).

Чжу Чжиюн, Гао Син. Изучение клиновидных микронуклеусов памятника Хутоулян // Жэньлэйсюэ сюэбао. – 2006. – Вып. 2. – С. 129–142 (на кит. яз.).

Шуйдунгоу – доклад о раскопках 1980 года. – Пекин: Кэсюэ чубаньшэ, 2003. – 233 с. (на кит. яз.).

Юй Хойли, Тянь Хэ. Предварительное изучение каменных артефактов верхнепалеолитической стоянки Шэньцюань // Изучение археологии. – 2008. – Вып. 7. – С. 167–182 (на кит. яз.).

Bae K.D. Origin and development of Upper Paleolithic industries in the Korean Peninsula // Korean J. of Quaternary Research. – 2003. – Vol. 17 (2). – P. 101–103.

Bae K.D. Origin and patterns of the Upper Paleolithic industries in the Korean Peninsula and movement of modern humans in East Asia // Quaternary Intern. – 2010. – Vol. 211. – P. 103–112.

Bar-Yosef O. The Low and Middle Paleolithic in the Mediterranean Levant: Chronology and cultural entities // Man and Environment in the Paleolithic. – Liége: Universitè de Liège, 1995. – P. 247–263. – (Études et recherches archéologiques de L'Université de Liège; N 62).

Bar-Yosef O., Kuhn S.L. The Big Deal about Blades: Laminar Technologies and Human Evolution // American Anthropologist. – 1999. – Vol. 101. – P. 322 – 338.

Boëda É. Levallois: a volumetric construction, Methods, a Technique // The Difinition and Interpretation of Levallois Technology / eds. H.L. Dibble, O. Bar-Yosef. – Madison: Prehistory Press, 1995. – P. 41–68. – (Monographs in World Archaeology; N 23).

Bordes F. Le Paléolithique dans le monde. – P.: Hachette, 1968. – 256 p.

Boule M., Breuil H., Licent E., Teilhard de Chardin P. Le Paléolithique de la Chine // Archives de l'Inst. Pal. Hum. – Paris, 1928. – Vol. 4. – P. 1–136.

Brantingham P.J., Gao X., Madsen D.B., Bettinger R.L., Elston R.G. The Initial Upper Paleolithic at Shuidonggou, Northwestern China // The Early Upper Paleolithic beyond Western Europe / eds. P. J. Brantingham, S.L. Kuhn, K. W. Kerry. – Berkeley; Los Angeles; L.: University of California Press, 2004. – P. 223–241.

Chen Chun, An Jiayuan, Hong Chen. Analysis of the Xiaonanhai lithic assemblage, excavated in 1978 // Quaternary Intern. – 2010. – Vol. 211. – P. 75–85.

Chen Chun, Wang Xiangqian. Upper Paleolithic Microblade Industries in North China and their Relationships with Northeast Asia and North America // Arctic Anthropology. – 1989. – Vol. 26, N 2. – P. 127–156.

Deino A.L., McBrearty S. 40Ar/39Ar dating of the Kapthurin Formation, Baringo, Kenya // J. of Human Evolution. – 2002. – Vol. 42, N 1/2. – P. 185–210.

Elston R.G., Brantingham P.S. Microlithic technology in Northern Asia: a risk-minimizing strategy of the Late Paleolithic and Early Holocene // Thinking Small: Global Perspectives on Microlithization. – Arlington, 2002. – P. 103–116. (Archaeological Papers of the American Anthropological Association; N 12).

Gai Pei. Microlithic Industries in China // Palaeoanthropology and Palaeolithic

Archaeology in the People`s Republic of China. – Orlando: Academic Press, 1985. – P. 225 – 241.

Gai Pei. Microblade tradition around the northern Pacific rim: a Chinese perspective // Сб. мат-лов 4-й сессии 13-й междунар. конф. с участием Научно-исслед. ин-та палеонтологии и палеоантропологии АН КНР. – Пекин: Бэйцзин кэсюэ цзишу. – 1991. – С. 21–31.

Gao X., Olsen J.W. Similarity and variability within the Lower Paleolithic: East Asia, western Europe and Africa compared // Evidence for Evolution. Essays in Honor of Prof. Chungchien Young on the Hundredth Anniversary of His Birth / eds. Y.S. Tong et al. – Beijing: China Ocean Press, 1997. – P. 63–76.

Goebel T. The "Microblade Adaptation" and Recolonization of Siberia during the Late Upper Pleistocene // Thinking Small: Global Perspectives on Microlithization. – Arlington, 2002. – P. 117–132. – (Archaeological Papers of the American Anthropological Association; N 12).

Graf K.E. Hunter-gatherer dispersals in the mammoth-steppe: technological provisioning and land-use in the Enisei River valley, south-central Siberia // J. of Archaeological Science. – 2010. – N 37 (1). – P. 210–223.

Jelinek A.J. Problems in the chronology of the Middle Paleolithic and the first appearance of early modern *Homo sapiens* in Southwest Asia // The Evolution and Dispersal of Modern Humans in Asia. – Tokyo: Hokusen-sha, 1992. – P. 253–275.

Jia Lanpo, Huang Weiwen. On the Recognition of China's Paleolithic Cultural Traditions // Palaeoanthropology and Paleolithic Archaeology in the People`s Republic of China /eds. R.K. Wu, J.W. Olsen. – Orlando;

San Diego; N. Y.; L.; Toronto; Montreal; Sydney; Tokyo: Academic Press, INC, 1985. – P. 259–265.

Johnson C.R., Brearty S.C. 500 000 year old blades from the Kapthurin Formation, Kenya // J. of Human Evolution. – 2010. – Vol. 58 (2). – P. 193–200.

Keates S.G. Microblade technology in Siberian and neighboring regions an overiew // Origin and Spread of Microblade Technology in Northern Asia and North America / eds. Y.V. Kuzmin, S.G. Keates, Shen Chen. – Burnaby: Archaeology Press; Simon Fraser University, 2007. – P. 123–146.

Licent E., Teilhard de Chardin P. Le Paléolithique de la Chine // L'Anthropologie. – 1925. – Vol. 35, N 3/4 – P. 201–235.

Lu Lie Dan. The Microblade Tradition in China: Regional Chronologies and Significance in the Transition to Neolithic Asian Perspectives. – 1998. – Vol. 37, N 1. – P. 84–112.

Madsen D.B., Li J., Brantingham P.J., Gao X., Elston R.G., Bettinger R.L. Dating Shuidonggou and the Upper Palaeolithic blade industry in North China // Antiquity. – 2001. – Vol. 75, N 290. – P. 706–716.

McBrearty S. The archaeology of the Kapthurin Formation // Late Cenozoic Environments and Hominid Evolution: a Tribute to Bill Bishop / eds. P. Andrews, P. Banham. – L.: Geological Society, 1999. – P. 143–156.

McBrearty S., Brooks A. The revolution that wasn't: a new interpretation of the origin of modern human behavior // J. of Human Evolution. – 2000. – Vol. 39. – P. 453–563.

Meignen L. Le Paléolithique moyen au Proche-Orient: le phénomène laminaire / // Les industries laminaires au Paléolithique Moyen / eds. S. Révillion,

A. Tuffreau – Paris: Editions du CNRS, 1994. – P. 125–159.

Meignen L. Early Middle Palaeolithic Blade Technology in Southwestern Asia // Acta Anthropologica Sinica (suppl.). – 2000. – Vol. 19. – P. 158–168.

Mercier N., Valladas H., Valladas G. Flint Thermoluminescence Dates from the CFR Laboratory at GIF: contributions to the study of the chronology of the Middle Palaeolithic // Quaternary Science Rev. (Quaternary Geochronology). – 1995. – Vol. 14. – P. 351–364.

Palaeoanthropology and Palaeolithic archaeology in the People's Republic of China / eds. R.K. Wu, J.W. Olsen. – L.: Academic press, 1985. – 265 p.

Sato H., Tsutsumi T. The Japanese Microblade Industries: Technology, Raw Material Procurement, and Adaptations // Origin and spread of Microblade Technology in Northern Asia and North America / eds. Y.V. Kuzmin, S.G. Keates, Ch. Shen. – Burnaby: Archaeology Press; Simon Fraser Univ., Canada, 2007. – P. 53–81.

Schwarcz H.P., Rink W.J. Progress in ESP and U-Series Chronology of the Levantine Paleolithic // Neanderthal and Modern Humans in Western Asia / eds. T. Akazawa, K. Aoki, O. Bar-Yosef. – N.Y.: Plenum Press, 1998. – P. 57–68.

Singer R., Wymer I. The Middle stone Age at Klasies River Mouth in South Africa. – Chicago: Chicago Univ. Press, 1982. – P. 194–199.

Sohn B.K. The early Paleolithic industries of Sokchangni, Korea // Early Paleolithic in South and East Asia / eds. G. Ikawa-Smith. – P.: Monton, 1978. – P. 223–245.

Sun J., Ke X., Sun X., Zhao J., Wei M., Li B. Locality III stratigraphic profile, Shuidonggou, Ningxia // Quaternary Loess Plateau. – Beijing:

Sciences, 1991. – P. 195–201.

Teilhard de Chardin P., Pei W.C. Le Néolithique de la Chine (Publications de l'Institut de Géobiologie, N 10). – Pekin, 1944. – 100 p.

Tang Chung, Gai Pei. Paleolithic Cultural Traditions in North China // Advances in World Archaeology. – 1986. – Vol. 5. – P. 354–367.

Wang Chun-xue, Gao Xing, Chen Quanjia, Zhao Hailong, Fang Q. New discoveries of the Upper Paleolithic Microblade (on-blade-based) Micro-tool Industry in Northeast China // J. of Korean Palaeolithic Society. – 2008. – N 18. – P. 79–106.

Wang Jian. On the Problems of the dates and the cultural features of the Xiachuan site and Loc. 7701 of the Dingcun site // Acta Anthropologica Sinica. – 1986. – Vol. 5 (2). – P. 172–178.

Yi Seonbok. Middle-Upper Paleolithic Transition in Korea: Brief Review // J. of the Korean Palaeolithic Society. – 2001. – N 4. – P. 17–24.

Zhou J., Hu J. Environment and stratigraphy at the Shuidonggou site // Acta Anthropologica Sinica. – 1988. – N 7 (3). – P. 263–269.

Список сокращений

ИИМК РАН – Институт истории материальной культуры РАН

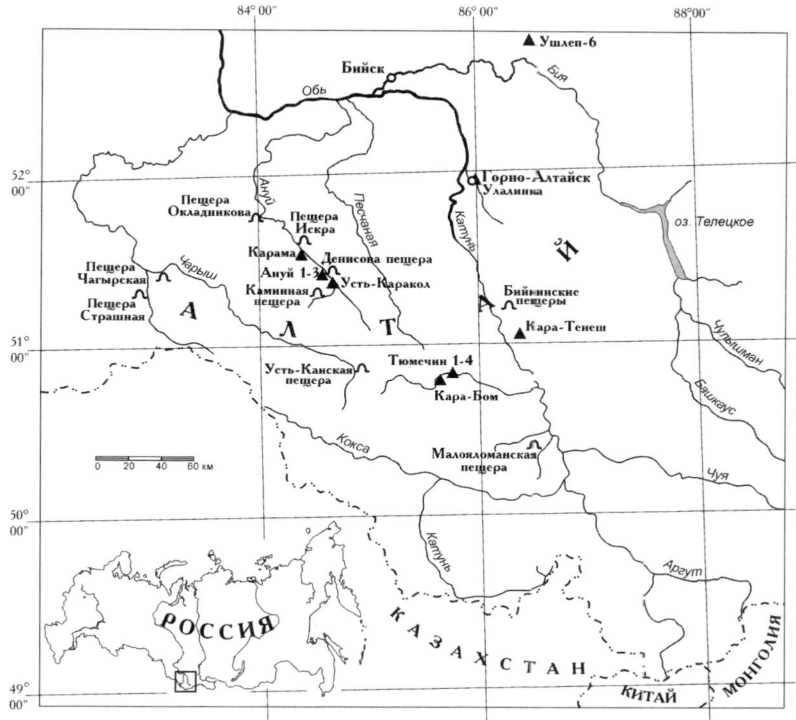

Рис. 1. Дислокация местонахождений среднего палеолита и раннего этапа верхнего на территории Горного Алтая (по: [Деревянко, 2009])

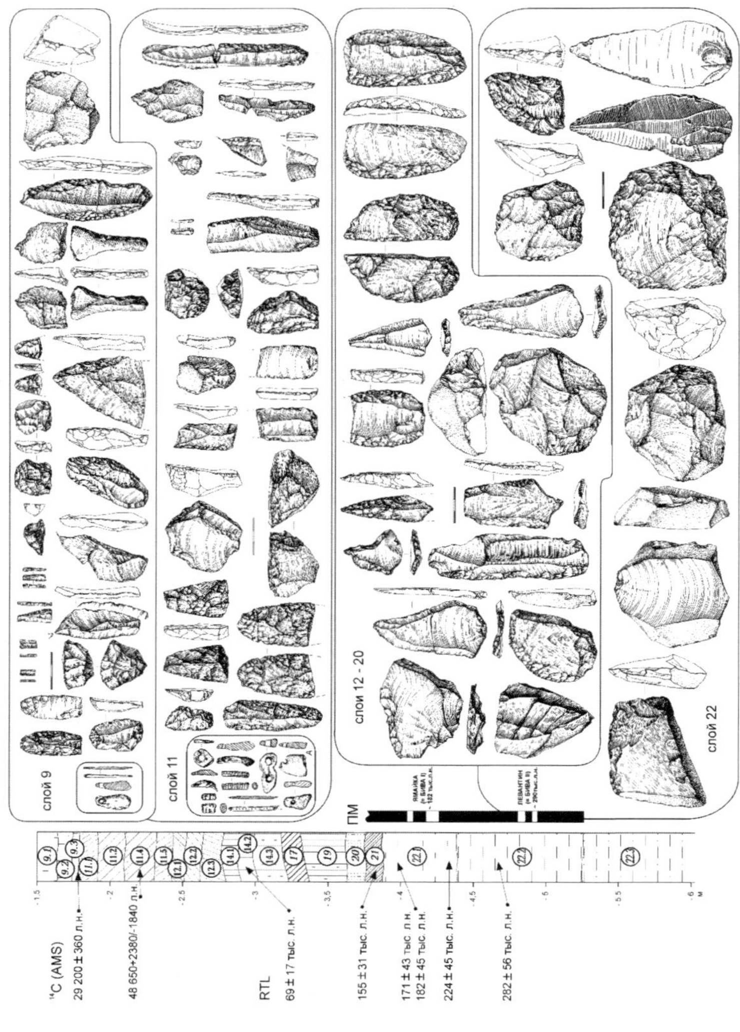

Рис. 2. Геохронология, стратиграфия и артефакты. Центральный зал Денисовой пещеры (по: [Деревянко, 2001])

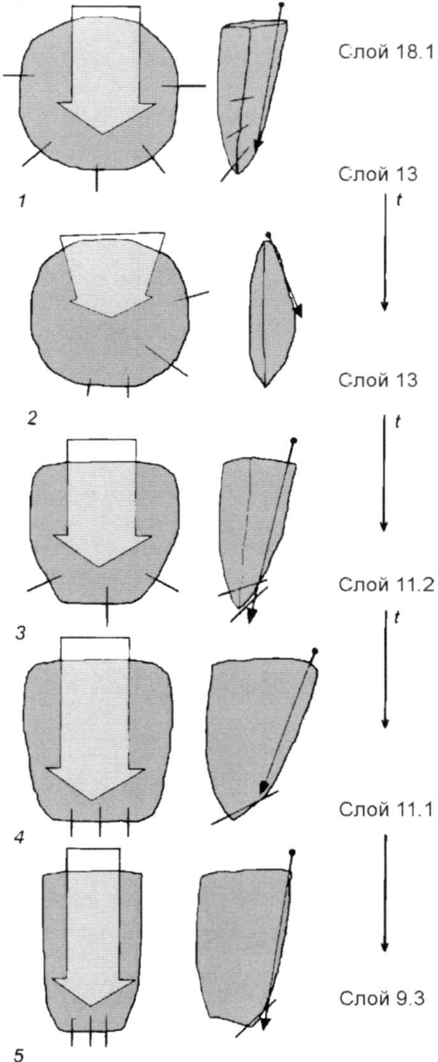

Рис. 3. Эволюция техники расщепления нуклеусов. «Линия 1». Усть-Каракол-1 (по: [Деревянко, Волков, 2004])

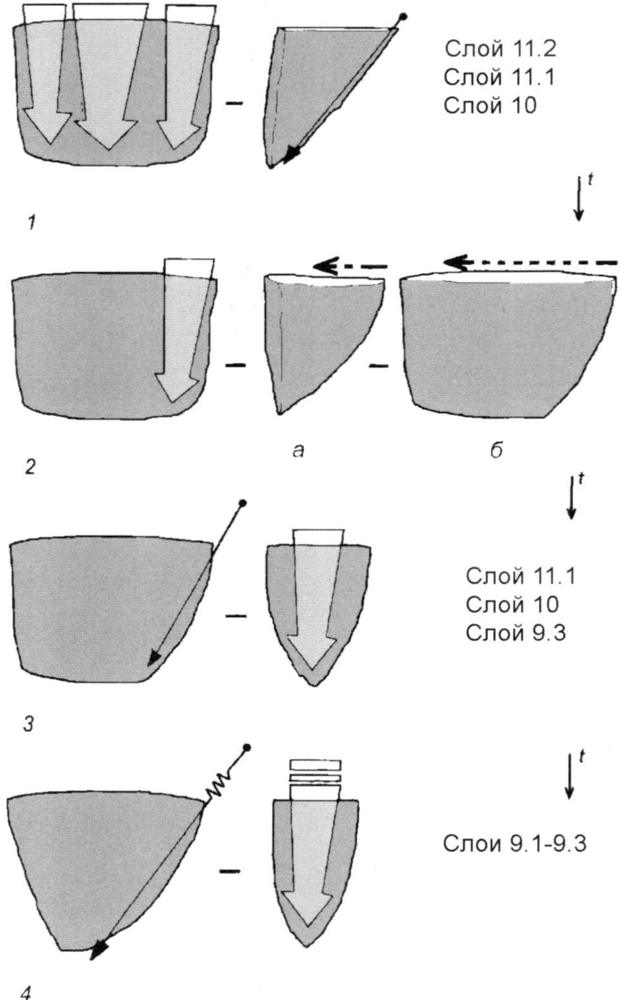

Рис. 4. Эволюция техники расщепления нуклеусов, «Линия 2». Усть-Каракол-1 (по: [Деревянко, Волков, 2004])

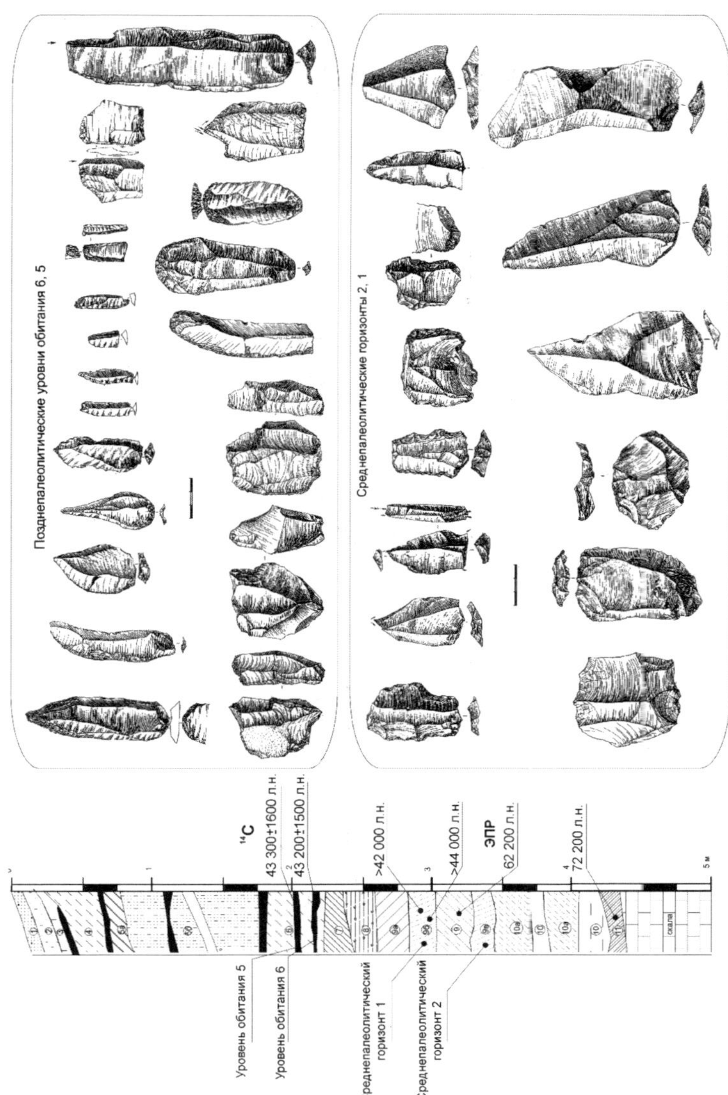

Рис. 5. Геохронология, стратиграфия и артефакты. Кара-Бом (по: [Деревянко, 2001])

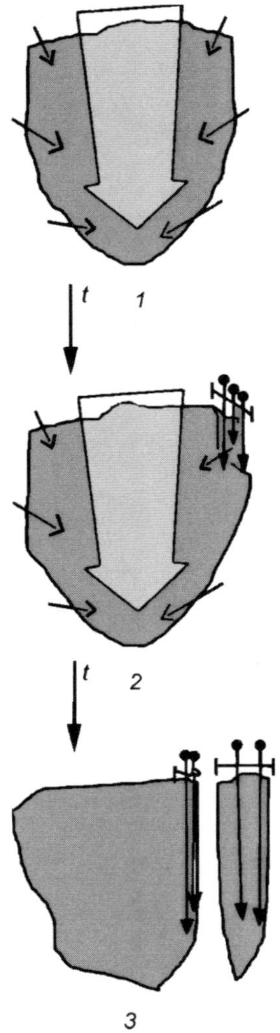

Рис. 6. Схема технологической эволюции нуклеусов. Карабомовский вариант (по: [Деревянко, Волков, 2004])

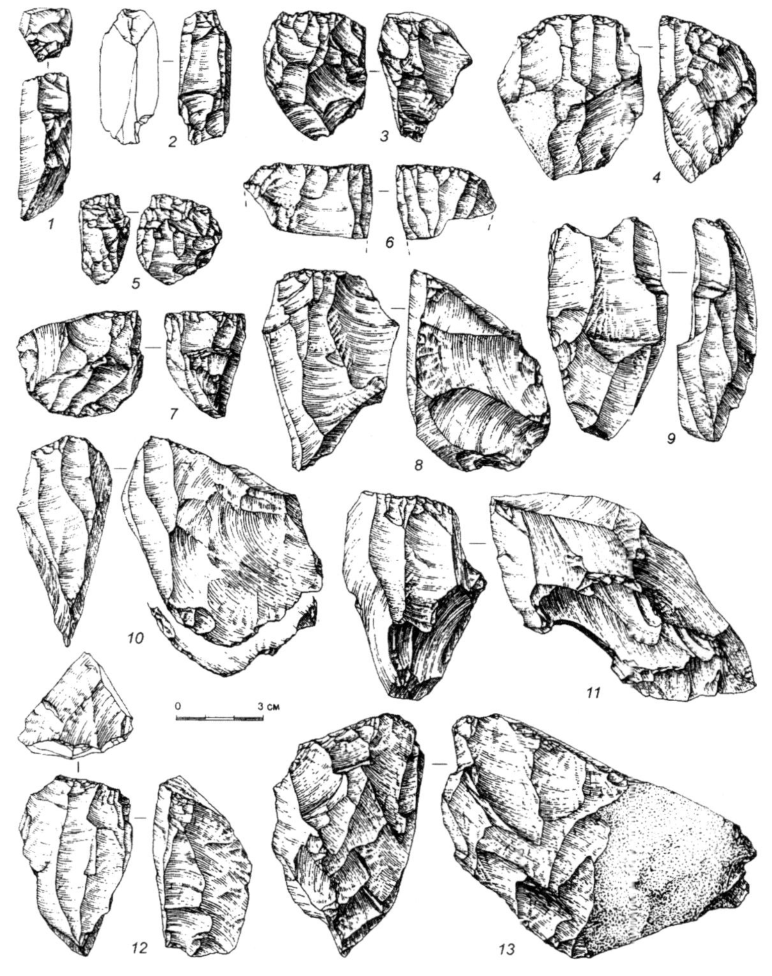

Рис. 7. Нуклеусы из археологических горизонтов 8 (3, 4, 7, 8), 9 (6, 11, 12), 10 (10), 11 (5, 9, 13), 12 (1, 2) стоянки Ануй-2 (по: [Деревянко и др., 2003])

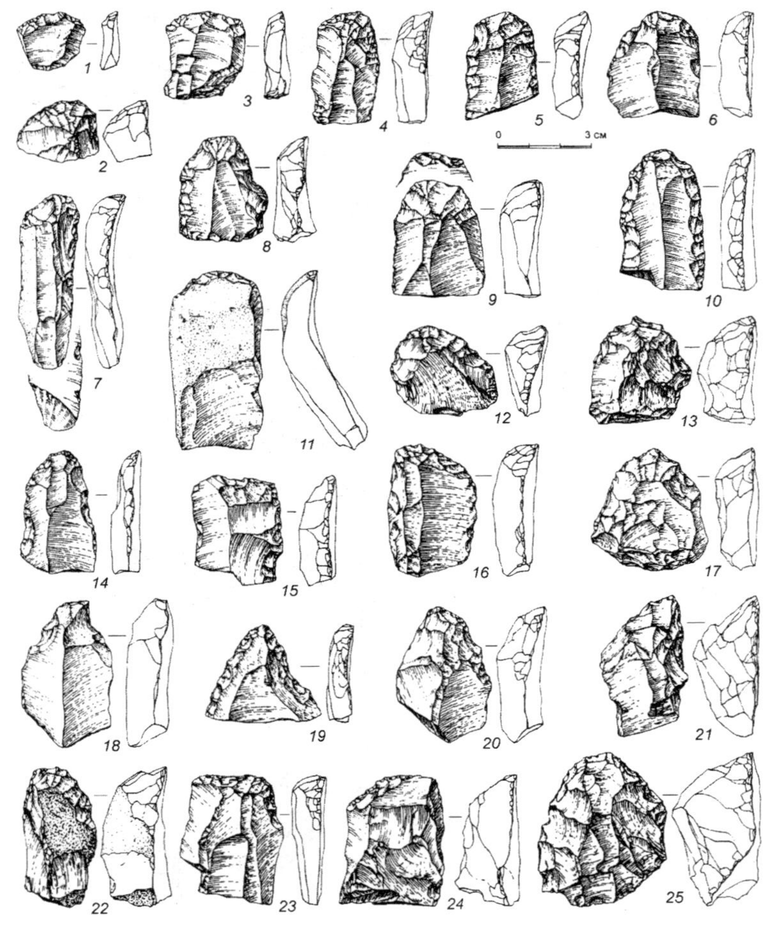

Рис. 8. Скребки из археологических горизонтов 7 (25), 9 (3, 4, 15), 10 (1, 5, 6, 9–11), 11 (2, 7, 8, 12, 13, 16–19, 21, 22, 24), 12 (14, 20, 23) стоянки Ануй-2 (по: [Деревянко и др., 2003])

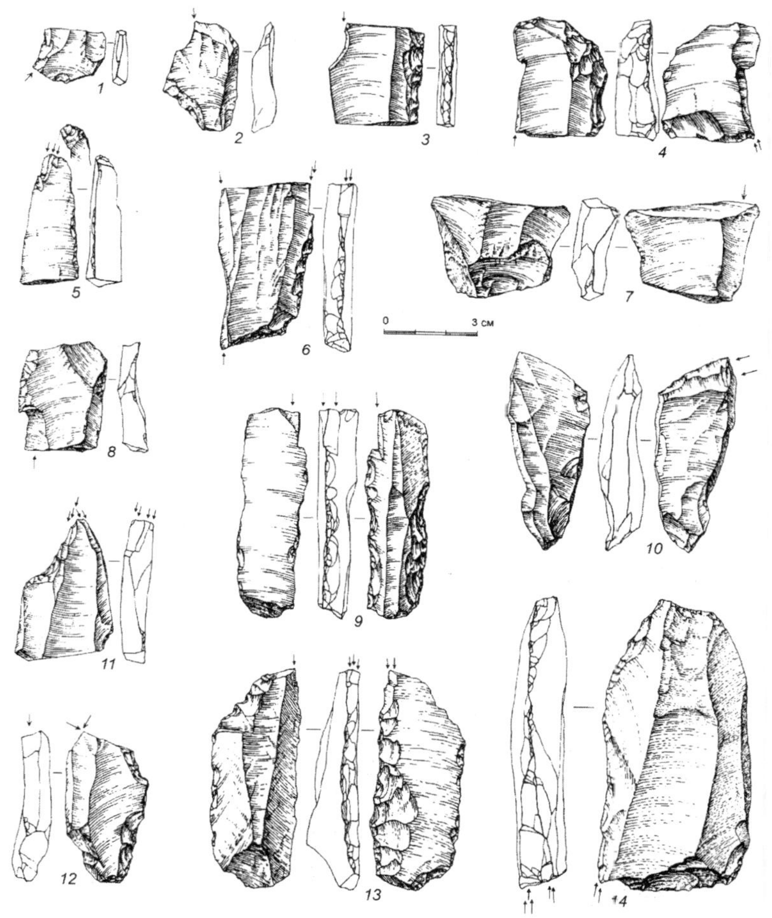

Рис. 9. Резцы из археологических горизонтов 7 (3), 8 (7), 9 (2), 10 (1, 5), 11 (8–14), 12 (6) стоянки Ануй-2 (по: [Деревянко и др., 2003])

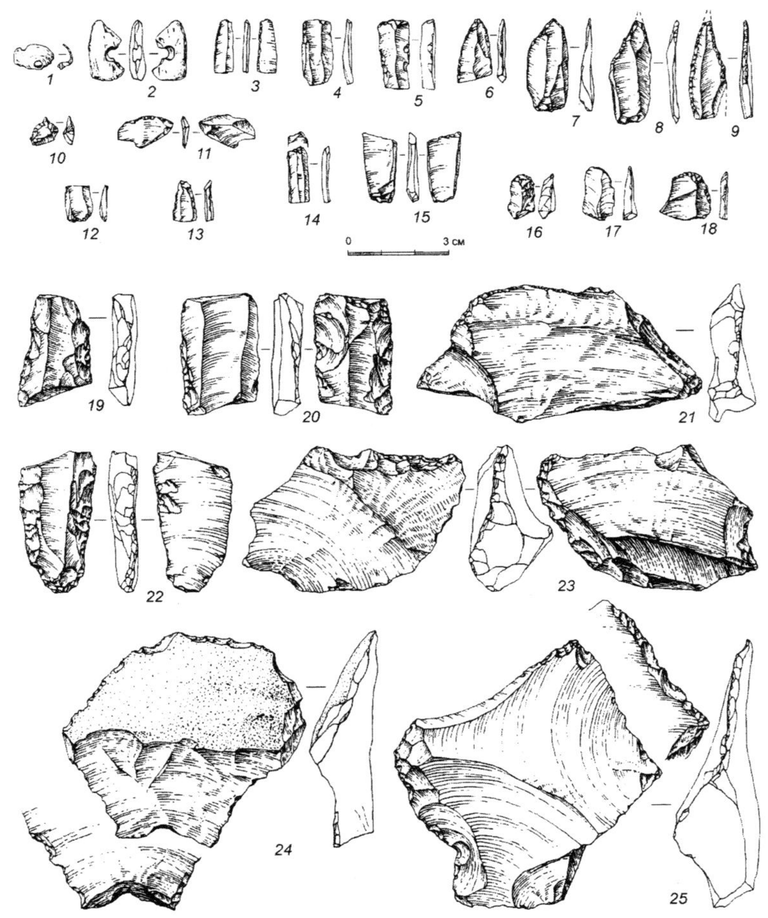

Рис. 10. Изделия с искусственным отверстием (1, 2) и каменный инвентарь (3–25) из археологических горизонтов 8 (9, 25), 9 (8, 24), 10 (3, 6, 7, 13, 16–19, 21, 23), 11 (1, 2, 5, 10, 14, 15, 20, 22), 12 (4, 11, 12) стоянки Ануй-2 (по: [Деревянко и др., 2003])

1 – раковина с искусственным отверстием; 2 – изделие из серпентина с искусственным отверстием; 3~5, 11~13 – микропластины с притупленным краем; 6~9 – микроострия; 10 – микропроколка; 14, 15 – микропластины, усеченные ретушью; 16~18 – микроскребки; 19, 20, 22 – ретушированные пластины; 21, 23~25 – комбинированные орудия

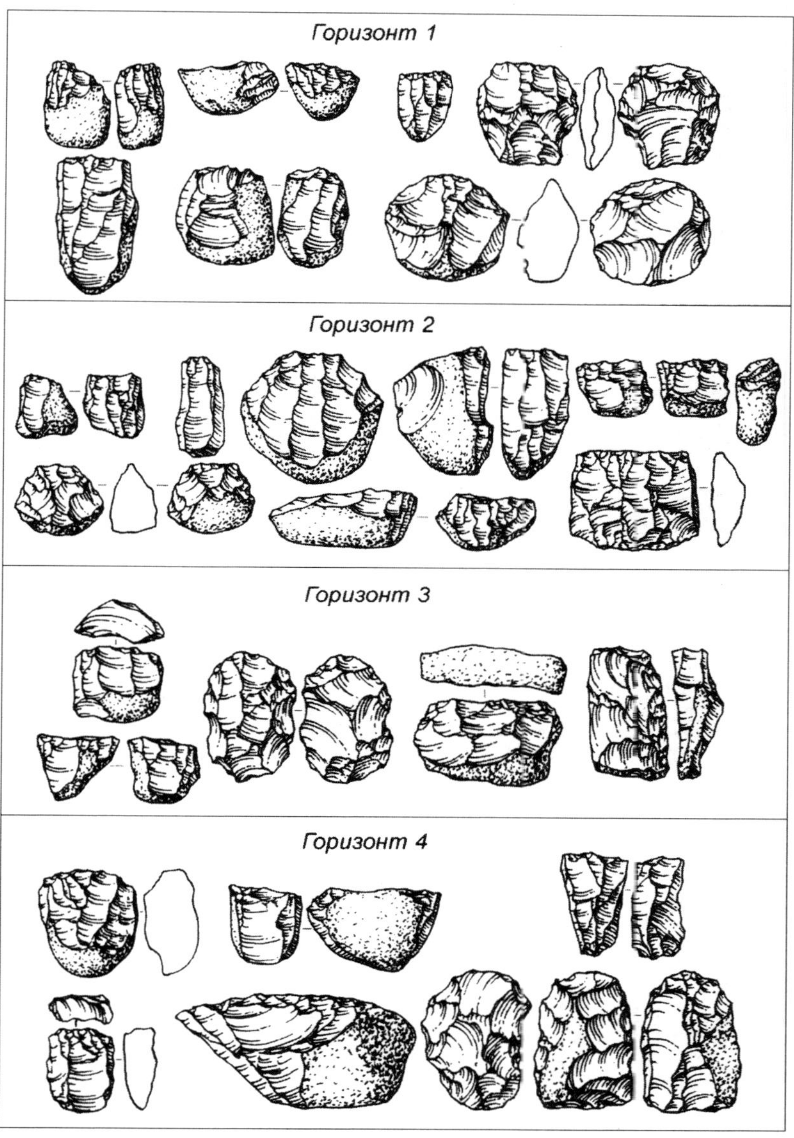

Рис. 11. Пластинчатые нуклеусы селемджинской кульуры (по: [Деревянко, 2005])

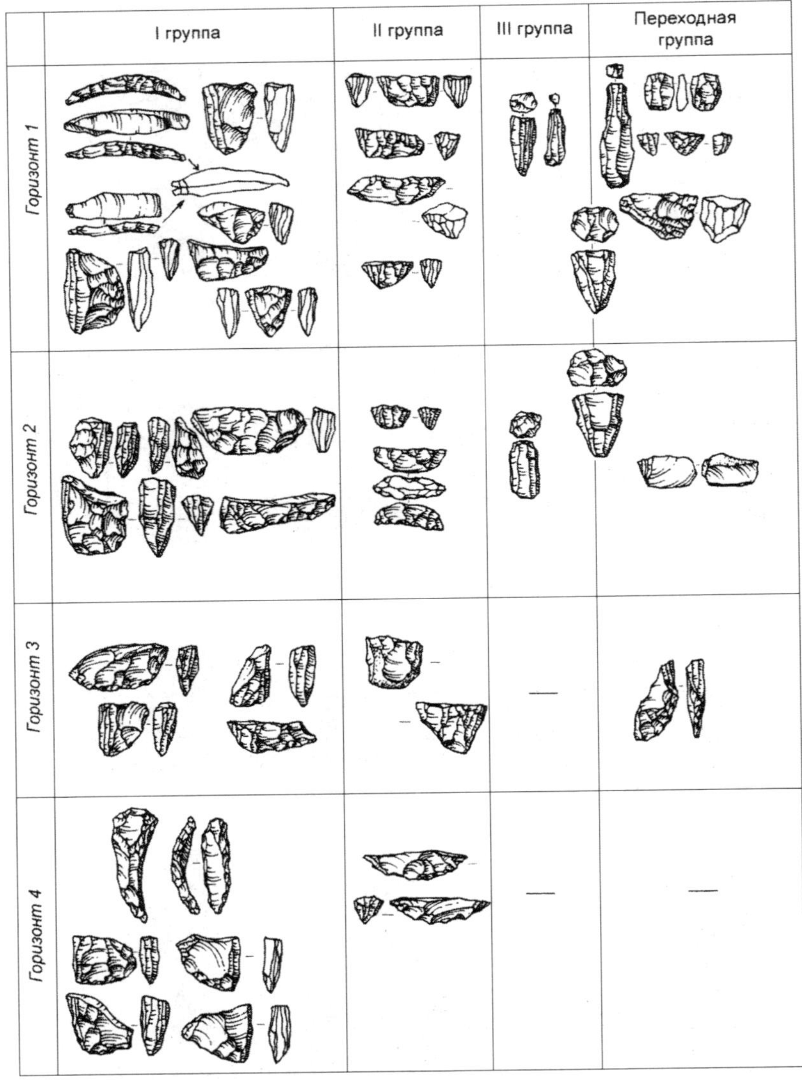

Рис. 12. Микронуклеусы селемджинской культуры (по: [Деревянко, 2005])

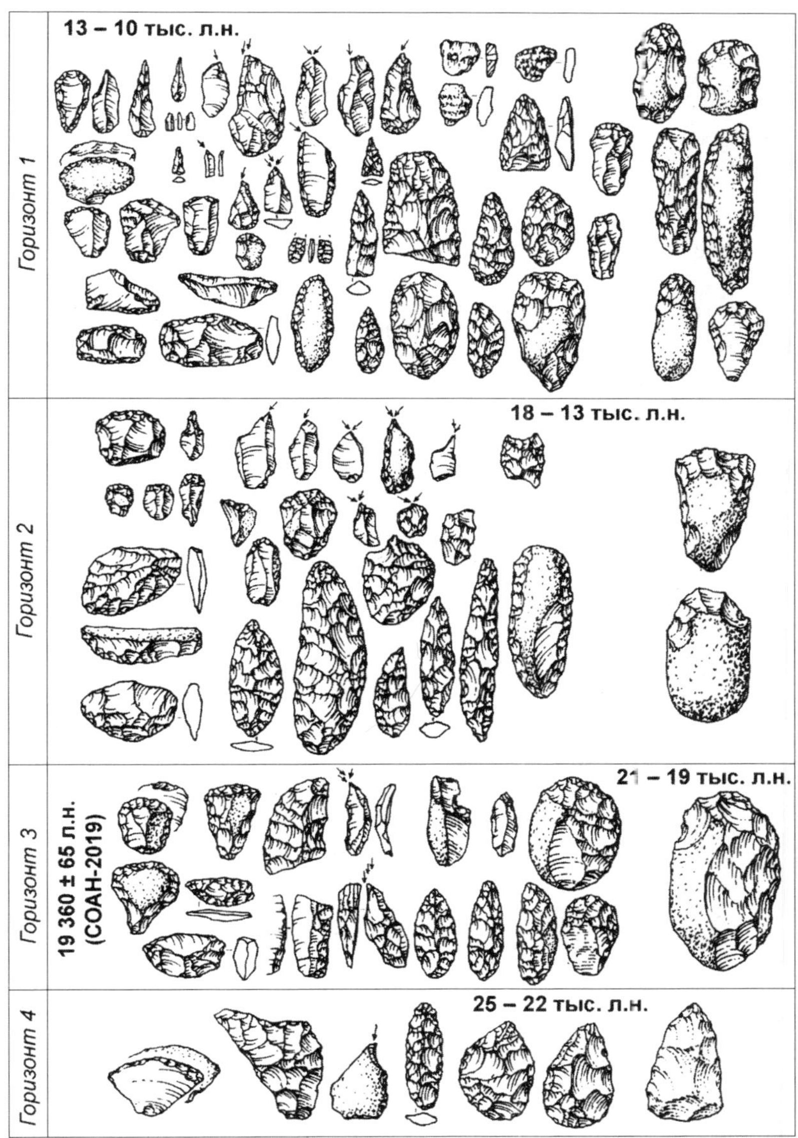

Рис. 13. Каменный инвентарь селемджинской культуры (по: [Деревянко, 2005])

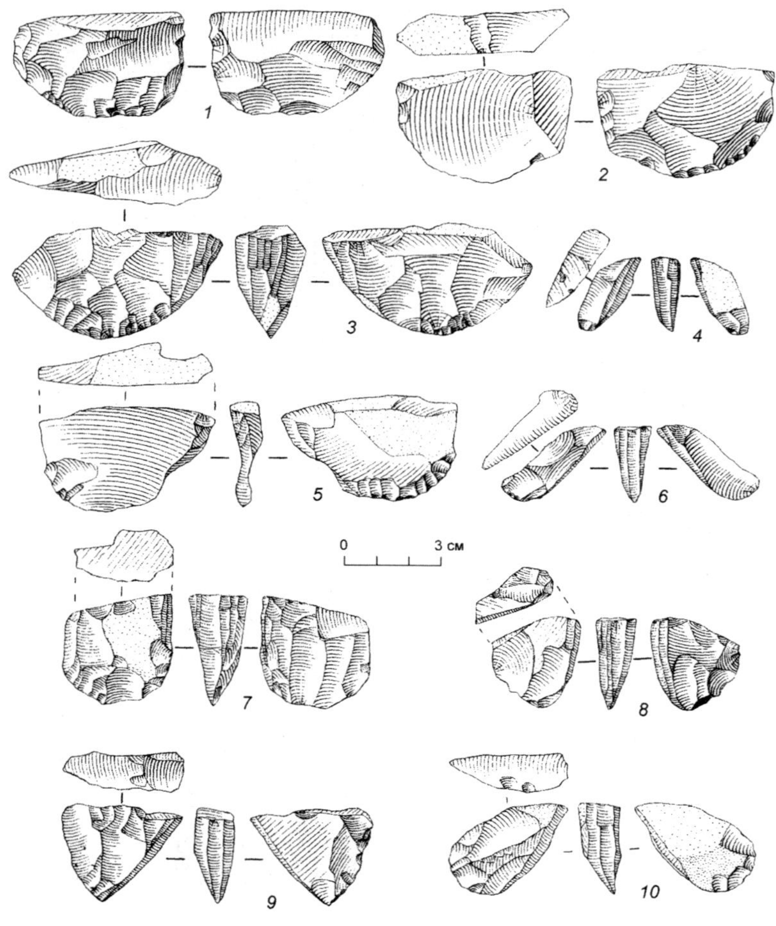

Рис. 14. Нуклеусы стоянки Цзицзитань (по: [Се Фэй, 2006])

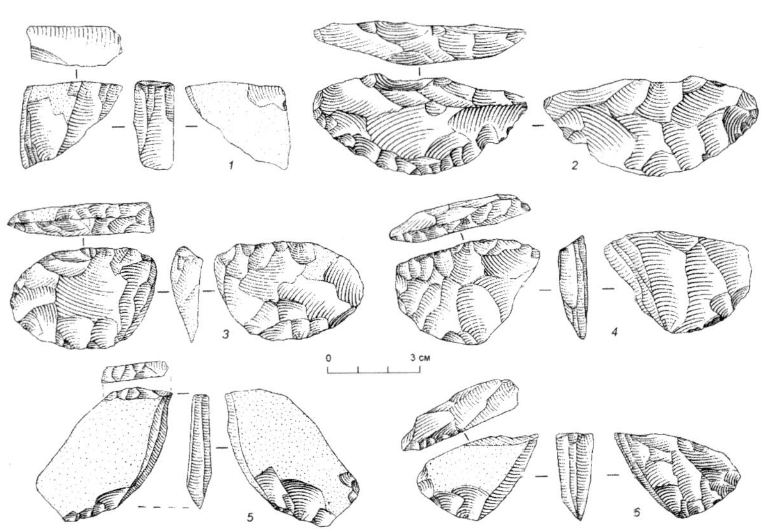

Рис. 15. Нуклеусы стоянки Цзицзитань (по: [Се Фэй, 2006])

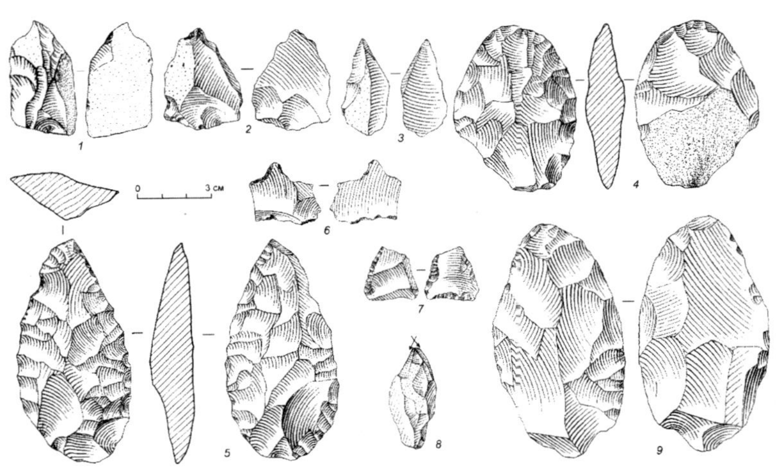

Рис. 16. Каменный инвентарь стоянки Цзицзитань (по: [Се Фэй, 2006])

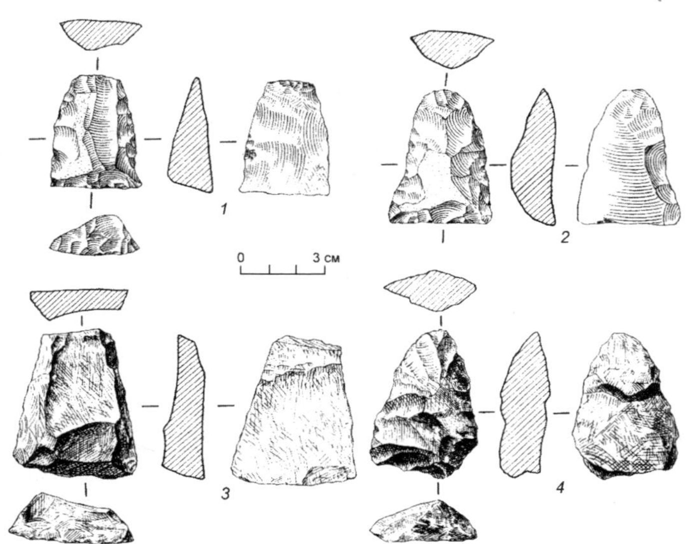

Рис. 17. Тесловидные инструменты стоянки Цзицзитань (по: [Се Фэй, 2006])

АМУРСКИЙ БАССЕЙН В ЭПОХУ НЕОЛИТА

В.Е. МЕДВЕДЕВ*

〈국문초록〉

아무르강 상류의 신석기시대의 주민은 대체로 준 유목민이었으며 반 수혈 주거지에서 거주하였다. 대표적인 유물은 긁개형 석기, 초기 형태의 문양이 장식된 토기들이다. 이 지역의 신석기시대는 근본적으로 몽고-동바이칼 전통의 특징을 갖고 있다. 아무르강 상류 지역과 가장 강한 친연성을 보이는 아무르강 중류에서는 초기 신석기시대의 그로마뚜하문화가 나타난다. 이 문화는 후기 갱신세-전기 전신세에 형성되었다. 노보뻬뜨로프까문화(기원전 6~7천년기)는 반 수혈주거지를 활용한 것이 특징이며, 뚜렷한 돌날제작기술과 고졸한 토기는 이 지역의 전기신석기시대와 연관이 있다. 후기 신석기시대는 오시노-오제리에 문화로 대표된다.

아무르강 하류에서 전기 신석기시대에는 오시뽀프까문화가 있는데, 오랫동안 중석기시대의 문화로 여겨졌다. 이 문화는 13,000~10,000년 전에 형성되었다. 이 문화에 해당하는 가샤유적, 훔미유적, 곤차르까유적 등이 가장 연구가 잘 되어 있다. 대표적인 석기는 잎형 양면찌르개, 끌형석기, 긁개형석기, 긁개, 칼형석기, 자르개 등이며, 크기가 큰 것이 특징이다. 대부분의 몸돌은

---

* 메드베데프(Vitaly Yegorovich Medvedev) : 러시아 과학원 노보시비르스크 분소 고고·민족학 연구소 연구원

쐐기형 몸돌이며, 각주형몸돌과 원판형 몸돌이 일부 포함되어 있다. 특히 중요한 것은 탄소연대가 13,000년 전을 상회하는 토기가 발견되었다는 것이다. 오시포프까문화는 극동과 러시아 전역의 신석기시대에서 가장 오래된 문화이다. 기원전 8~7천년기의 마린스크 전기 신석기문화가 최근 아무르강 하류지역에서 발견되었다. 아무르강 하류에서는 전기신석기시대, 중기신석기시대(말르쉐보, 콘돈문화), 후기신석기시대(보즈네세노프까문화)의 준수혈과 반수혈 주거지가 상당량 발굴되었다. 이곳에서는 2m 이상 되는 깊은 수혈주거지가 발견되었다. 풍부한 석기와 토기와 더불어 테라코타와 돌로 제작된 많은 예술품과 제사유물이 발견된 것이 특징이다. 또한 고대 태평양연안문화의 암화와 유사한 다양한 암각화가 발견되었다.

Бассейн р. Амур (Российское Приамурье) подразделяется по геоморфологии реки на три части: верхний (от истоков – Онон, Шилка, Аргунь – до устья Зеи), средний (от Зеи до устья Уссури) и нижний (от Уссури до устья, Татарский пролив). В бассейне Амура имеется несколько низменностей или межгорный депрессий, наиболее крупными из которых считаются Зейско-Буреинская, Среднеамурская и Удыль-Кизинская. Считается, что развитие ландшафтов равнин юга Российского Дальнего Востока, включая Приамурье, происходило унаследовано, без каких-либо катастрофических явлений, например, оледенений [Сохина, Росликова 1972: 479, 483].

Результаты археологических исследований свидетельствуют, что основными местами обитания человека, начиная с палеолита и на протяжении многих тысячелетий, в бассейне Амура служили названные равнины. На их территориях сконцентрировано подавляющее большинство разновременных памятников, включая неолитические. Изучению эпохи неолита в Приамурье с его особенностями весьма раннего начала формирования, наличием крупных долговременных поселений рыболовов и охотников, в которых уже в позднем плейстоцене зародилось гончарное производство, постоянно уделялось важное место. Целенаправленному изучению неолита этого огромного региона положил начало в 30-х гг. прошлого века А.П. Окладников. Позже на протяжении многих лет он и его экспедиции отводили значительное время поискам и раскопкам неолитических памятников, их анализу и публикациям [Деревянко 1970; Окладников 1935; 1941: 11 12; 1964; 1966; 1970;1971;1983; 1984; Окладников, Деревянко 1973; Окладников, Медведев 1983 и др.].

В последние 20 – 30 лет основной территорией, на которой ведутся изыскания комплексов различных культур эпохи неолита, является Нижнее и в какой-то степени Среднее Приамурье. Исследования осуществляет, как и прежде, главным образом Институт археологии и этнографии СО РАН (до 1990 г. Институт истории филологии и философии СО АН СССР). В 1990-х гг. на ряде неолитических памятников нижнеамурского региона начались работы Хабаровского краеведческого музея.

Предлагаемая статья построена почти полностью на материалах, полученных экспедиционными отрядами ИАЭТ СО РАН, в фондах которого они хранятся. Автор занимается исследованиями неолита Приамурья с конца 1960-гг.

Неолитическое население верхней части бассейна Амура вело преимущественно полуоседлый образ жизни, известны также углубленные в грунт жилища-полуземлянки. Для неолита этого региона характерны, в частности, крупные каменные скребловидные орудия, что роднит его с самым ранним неолитом Среднего (громатухинская культура), а также Нижнего Приамурья (осиповская культура). Материальной культуре присуща ранняя керамика со шнуровым орнаментом. В своей основе верхнеамурскому неолиту свойственны монгольско-забайкальские традиции. Прослеживаются связи с неолитом Якутии, Прибайкалья [Окладников, Ларичев 1999: 28], а также с неолитом районов Северо-Восточного Китая (Дунбэя) [Ларичев 1960].

К числу важнейших памятников в бассейне верхнего Амура относится Шилкинская пещера, находящаяся на левом берегу р. Шилки в ее нижнем течении. Памятник географически и административно можно считать пограничным, поскольку расположен в своего рода контактной зоне между Дальним Востоком (Амурская область) и Восточным Забайкальем (Забайкальский край). Жившие в пещере люди, судя по обилию орудий охоты и рыболовства, занимались в основном схотой и рыбной ловлей. Это подтверждается также фаунистическими находками в культурном слое пещеры [Окладников 1960]. Среди каменных изделий (преимущественно кремень, халцедон) выделяются почти конические по форме нуклеусы, ножевидные пластины, двусторонне-ретушированные наконечники стрел нескольких типов, вкладыши, проколки, скребки, пилка, ножи, тесло и некоторые другие орудия. Костяной инструментарий представлен крючками, гарпунами, клинками (оправами вкладышей, игловидными наконечниками стрел, ножами и другими изделиями. Керамика Шилкинской пещеры, очевидно, круглодонная грубой выделки с текстильными оттисками, а также штамповым узором. Украшения, предметы искусства изготовлялись из перламутра, морских раковин, нефрита, оленьего рога (рис. 1, 1 – 24).

Говоря в целом о неолите Верхнего Приамурья, нельзя не заметить его сравнительно слабую изученность. Необходимы исследования новых памятников, результаты которых позволили бы провести более детальную их культурную атрибуцию, относительную и абсолютную хронологию, решить другие проблемы.

В Среднем Приамурье в 1960-е гг. А.П. Окладниковым и А.П. Деревянко были выделены и исследованы три неолитические культуры – громатухинская, новопетровская и осиноозерская (войковская), которые в настоящее время вновь привлекли к себе внимание археологов, в целом подтвердивших и дополнивших сделанные ранее выводы, а также обеспечивших данные культуры сериями радиоуглеродных дат [Деревянко, Канг и др. 2004; Деревянко, Нестеров и др. 2004; Нестеров и др. 2008].

Известные сейчас около 15 памятников громатухинской культуры занимают главным образом районы бассейна нижней части Зеи и выше её устья вверх по Амуру. Отдельные ее элементы выявлены в западном направлении вплоть до Восточного Забайкалья и северо-восточных районов Монголии. Основные стоянки и поселения культуры, прежде всего наиболее ранние, определяются в горно-таёжной зоне ареала, более поздние – в южной лесостепной местности. Эпонимный памятник находится на левом берегу Зеи вблизи устья речки Громатухи [Окладников, Деревянко 1977]. Носителям громатухинской культуры свойственен в основном кочевой и полукочевой образ жизни, наземные жилища их были типа чума. Основой хозяйственной деятельности являлась охота. Установлено, что на поселении Черниговка-на-Зее доля каменных орудий, связанных с переработкой и употреблением продуктов охоты, составляет около 90 % [Нестеров 2008: 172].

Наиболее характерной чертой громатухинской культуры считается наличие в ее каменном инвентаре большого количества, как правило, с односторонне обработанных галечных тесловидно-скребловидных орудий (рис. 2, 1, 2). Основным сырьем для производства инвентаря служили алевролиты, туфы, яшма, халцедон. Среди нуклеусов выделяются клиновидные, призматические, конические (рис. 2, 3 – 5), торцевые изделия. Многочисленными сериями представлены концевые, клювовидные, круглые скребки (рис. 2, 6 – 8). Скребла изготовлялись из плоских галек (рис. 2, 9). Метательные орудия – наконечники стрел – чаще из пластин с двусторонней ретушью. Форма их в основном подтреугольная с прямым основанием и иволистная (рис. 2, 10, 11). Более крупные остроконечники – наконечники копий и дротиков – листовидные по форме с двусторонней обивкой и ретушью (рис. 2, 12 – 14). Ножи преимущественно лавролистной и асимметрично листовидной (рис. 2, 15 – 16), а также миндалевидной формы. Резцы почти все многофасеточные срединного типа, выполнены из отщепов и сколов (рис. 2, 17 – 18). В ряду громатухинских комбинированных орудий – скребки-проколки, ножи-резцы, ножи-скребки (рис. 2, 19 – 21). Грузила отмечены в поздних слоях, что считается свидетельством неразвитости рыболовства у ранних громатухинцев.

Керамика как по формальным, технологическим, так и стилистическим атрибутам весьма разнится между собой, что говорит о ее смешанности и разновременности. Ранней громатухинской следует считать плоскодонную керамику с отпечатками стеблей травы, шнура, а также в виде вертикальных штрихов или полосок и с отверстиями под нередко извилистой кромкой венчика (рис. 2, 22 – 25). Подмечено, что на формирование громатухинской культуры оказал влияние неолит Якутии (примесь шерсти в глиняном тесте), а также прибайкальский (штамповая орнаментика).

Длительное время – до появления абсолютных дат – громатухинскую культуру датировали не ранее V – IV тыс. до н.э. После радиоуглеродного датирования материалов осиповской культуры на нижнеамурском поселении Гася, а затем Хумми (X – XIII – тыс. л.н.), родственной громатухинской, выяснилось, что последняя на раннем своем этапе была

синхронна осиповской культуре [Окладников, Медведев 1983: 97;
Медведев 1995; Лапшина 1999].

Новопетровская культура более известна по исследованиям поселений
Новопетровка-II. Раскопки велись также на поселениях Новопетровка-
I, III, Константиновка. Ареал новопетровской культуры в целом южнее
громатухинской, главным образом это лесостепь Зейско-Буреинской
равнины. Новопетровская культура занимала не только левобережье
Среднего Амура, но, видимо, часть его правобережной территории
Северо-Востока КНР. Во многом близкие по своему облику культуры
новопетровская и ананси, возможно, составляли единое культурное
пространство. Новопетровская культура разительно отличается от
громатухинской. Новопетровцы жили в поселениях, состоявших порой
из значительного количества жилищ-полуземлянок. Основой их экономики
служили не только охота, но и рыболовство. Принципиальным отличием
между двумя этими культурами принято считать способы камнеобработки,
у новопетровцев – это получение подавляющего большинства орудий
из пластин и микропластин, сколотых с нуклеусов. При трасологическом
анализе орудий с памятника Новопетровка-III установлено, что 97 %
их изготовлены из пластинчатых сколов, пластин и микропластин
[Деревянко, Нестеров и др. 2004: 100–101]. Можно говорить, что
фундаментом производства инвентаря новопетровцев была пластинчатая
индустрия.

Орудия из пластин (рис. 2, 43) представлены, как правило, большими
сериями. Метательные орудия: наконечники стрел (рис. 2, 26 – 29)
оформлены ретушью полностью или частично; из крупных пластин

изготовлены узкие острия-наконечники дротиков (рис. 2, 30, 40). Скребки – концевые, боковые, клювовидные (рис. 2, 31 – 33). Резцы использовались обычно боковые (рис. 2, 34 – 36) и лишь изредка срединного типа. Проколки-перфораторы с заостренным концом и плечиками (рис.2, 38, 39). Ножи и вкладыши для ножей (рис. 2, 37) – преимущественно из массивных пластин, ретушированных с одного края по всей длине. Нуклеусы отличаются разнообразием типов, основные – призматические, клиновидные, конусовидные, торцовые (рис. 2, 41, 42, 44 – 46). Выявлены также рубящие – топоры, тесла, в т.ч. со шлифовкой (рис. 2, 47, 48), землеройные орудия, ретушёры (рис. 2, 49), отбойники и наковаленки. Из предметов рыболовства в жилищах обнаружены галечные грузила (рис. 2, 50).

Керамика в виде фрагментов серого или бурого цвета найдена на полу некоторых жилищ. Черепки рыхлые с шероховатой поверхностью без орнамента (рис. 2, 51, 52), лишь изредка со следами горизонтальных валиковых налепов.

Новопетровская и громатухинская культуры, по мнению их первооткрывателей, сосуществовали преимущественно в V – IV тыс. до н.э. При этом считалось, что громатухинская культура произошла от осиповской, носители которой, мигрировав из Нижнего Приамурья в Среднее и встретившись там с новопетровцами, ушли в северные горно-таёжные районы [Окладников, Деревянко 1977: 160-161]. Современные исследования свидетельствуют, что громатухинцы и новопетровцы действительно сосуществовали, хотя происходило это заметно раньше: абсолютный возраст керамики поселения Громатуха определен в диапазоне

10450 – 13310 л.н., а керамики поселения Новопетровка II – 9765 – 12720 л.н. [Деревянко, Нестеров 2004: 9].

Осиноозерская культура занимала, в основном, ареал новопетровской и громатухинской культур. Осиноозерцы жили оседло в жилищах типа неглубоких полуземлянок (поселения на оз. Осиновом, у с. Новопетровка, у с. Горного). Мелкий каменный инвентарь этой культуры представлен двусторонне ретушированными халцедоновыми наконечниками стрел преимущественно продтреугольной формы с выемкой в основании (рис. 2, 53, 54), вкладышами для составных орудий, скребками, проколками. Инвентарь изготовлен из отщепов и сколов, пластинчатых орудий нет. Крупные орудия – шлифованные тесла, долота. Выявлены мотыги, песты, куранты, зернотерки. Принадлежности рыболовства – грузила для сетей, костяной гарпун (рис. 2, 57). Керамика плоскодонная, ведрообразные сосуды и в виде чаш. Основной орнамент – горизонтальные и наклонные налепные валики, иногда прочерченные линии (по верху венчика нанесены вдавления) (рис. 2, 55, 56). Главными отраслями хозяйства носителей осиноозерской культуры были охота и рыболовство. Имеющиеся данные позволяют считать, что у них получило развитие земледелие.

Осиноозерская культура относится к позднему этапу неолита. Радиоуглеродные даты показывают, что ее жилища на Громатухе, Осиновом Озере, Михайловке-Ключе функционировали в пределах 3 470 – 4 300 л.н. [Нестеров и др. 2005: 169]. Высказывались мнения относительно происхождения осиноозёрской культуры и её связи в качестве восприемницы новопетровской. Однако большой хронологический разрыв между ними (не менее 4 тыс. лет) дает повод усомниться в этом. Есть основание говорить о возможном существовании в постновопетровское время в бассейне среднего Амура не выделенной пока культуры среднего неолита.

На ряде памятников Среднего Приамурья, включая Зейско-Буреинскую равнину, зафиксированы артефакты, относящиеся к нижнеамурским неолитическим культурам (вознесеновской, малышевской и, возможно, кондонской). Недостаточность информации по данной проблеме не позволяет пока судить определенно о характере проникновения или влияния названных культур на среднем Амуре. Нужны дополнительные исследования. Недавно к востоку от Малого Хингана, у пос. Амурзет исследован довольно ранний комплекс, не имеющий непосредственных связей с уже известными амуро-приморскими неолитическими культурами. В производстве изделий из камня в этом комплексе (наконечники стрел, скребки, проколки, резцы) использовалась так называемая отщеповая техника. Найдено много частично расколотых или со сколами яшмовидных, кремнистых и халцедоновых галек, сколов с них, отщепов. Фрагментированная плоскодонная керамика простых открытых форм типа горшков и банок. Основной орнамент на них – тиснение мелкозубчатой гребенкой или орнаментиром-качалкой [Медведев 2009 а]. Подобные свидетельства, не имеющие пока конкретной культурно-хронологической привязки, позволяют предполагать о функционировании в Среднем Приамурье, наряду с рассмотренными, других неолитических культур.

Бассейн нижнего Амура принято считать территорией весьма яркого и, как выясняется, удивительно раннего неолита. Характерным является наличие в нем поселений с большим культурным слоем и многочисленных жилищ, выделяющихся на поверхности земли в виде ям-западин. Обитатели долговременных поселений занимались многоотраслевым хозяйством, основу которого занимали рыболовство (прежде всего, лов проходной морской рыбы), охота, собирательство, включая морское, а также, очевидно, морской зверобойный промысел, который возник уже в раннем – среднем неолите и был связан с добычей, главным образом, ластоногих населением, освоившим преимущественно приустьевую часть Амура. Практически вся керамика неолитических нижнеамурцев плоскодонная. Орнамент на амурских сосудах характеризуется большим разнообразием и даже пышностью мотивов и композиций.

До 1980-х гг. в неолите этого региона было обосновано положение о существовании трех неолитических культур среднего голоцена (IV – середина II тыс. до н.э.): малышевская (ранняя), кондонская (средняя) и вознесеновская (поздняя). Предшествующий этим культурам этап каменного века, связанный с финалом плейстоцена-началом голоцена – осиповская культура, – считавшаяся тогда бескерамической, определялась как мезолитическая возрастом XII – VIII тыс. л.н.

По результатам раскопок памятников у с. Сакачи-Алян было установлено, что среди материалов осиповской культуры имеется керамическая посуда, а также шлифованные каменные орудия, большое количество наконечников стрел [Окладников, Медведев 1983; Деревянко, Медведев 1992; 1993]. Эти находки, а также выявление в осиповской культуре таких черт, как оседлый образ жизни, повсеместное рыболовство привели к отказу применительно к осиповской культуре от термина мезолитическая.

Было предложено отнести ее к начальному этапу неолита Нижнего Приамурья [Derevianko, Medvedev 1995; Медведев 1993: 1995]. Позже была найдена керамика в верхних слоях стоянок селемджинской позднепалеолитической культуры, с которой, как выясняется, имеет генетическую связь осиповская культура [Derevianko, Medvedev 1995; Деревянко, Волков, Ли 1998: 62, 77]. В нескольких памятниках осиповской культуры в Нижнем Приамурье (Хумми, Гончарка-1 и др.) также были обнаружены фрагменты керамики. В коллекции находок эпонимного памятника Осиповка-1 (раскопки начала 1960-х гг.) выделена керамика осиповской культуры, аналогичная той, что выявлена в поселении Гася [Медведев 2008 а]. На о. Сучу в 1999 г. определена еще одна довольно ранняя нижнеамурская культура – мариинская. Найдены многочисленные комплексы каменных изделий и керамики, возраст которых несколько моложе материалов осиповской культуры, но заметно старше трех других неолитических культур данного ареала. [Деревянко, Чо, Медведев и др. 2003, т. 1 – 3; Медведев 2001 б].

Таким образом, в настоящее время в археологии Нижнего Приамурья известны пять неолитических культур: осиповская, мариинская, малышевская, кондонская и вознесеновская.

Осиповская культура представлена десятками памятников, расположенных преимущественно в долинах рек Амура, Уссури и некоторых их притоков. Памятники вытянуты в виде прерывистой полосы длиной свыше 500 км по направлению с ЮЗ на СВ. Крайний юго-западный памятник (на территории России) – у с. Венюкова на правом берегу Уссури, крайний северо-восточный – с. Кондон Хабаровского края.

Наиболее изученный памятник осиповской культуры, поселение на утесе Гася, расположен у с. Сакачи-Алян. Характерным признаком памятника является связь его нижнего культурного слоя с плотными плейстоценовыми глинами, перекрытыми пластами суглинков и супесей, толщина которых достигает 2,5 – 3,0 м. В верхнем горизонте глины и нередко в основании суглинка залегали изделия, относящиеся к осиповской культуре. В нескольких раскопах осиповские вещи располагались на поверхности коренных рыхлых базальтов. Над осиповским слоем отмечены культурные остатки малышевской, а также вознесеновской культур, залегавшие преимущественно в основании слоя супесей и в верхнем горизонте суглинка. Еще выше располагались культурные остатки эпохи раннего металла и средневековья. Из других осиповских памятников, на которых велись раскопки, следует назвать Госян, Сакачи-Алян (нижний пункт) [Медведев 2003; 2008 б], Хумми [Лапшина 1999], Гончарка-1, Новотроицкое-3; 10, Осиновая Речка-10; 16 [Шевкомуд 1996; 2003; 2008].

Носители осиповской культуры строили наземные жилища типа чума или шалаша. Есть также сведения, что осиповцы создавали, возможно, жилища типа полуземлянок (поселение Хумми). Наиболее многочисленные материалы, получены на поселении Гася, где каменная индустрия представлена на всех раскопанных участках (851 м2 площади) устойчивым набором инвентаря. В качестве основных материалов для изготовления инструментария служили алевролиты, туфо-алевролиты, а также кремень, халцедон, реже роговики, песчаники, базальты, диориты. В технике камнеобработки просматриваются две традиции: пластинчатая и бифасиальная с преобладанием второй.

Весьма распространенные изделия – ретушированные метательные орудия – остроконечники-бифасы линзовидного сечения различных размеров. К характерным для культуры орудиям относятся также тесловидно-скребловидные инструменты, в т.ч. с желобчатым лезвием. Большие группы находок составляют тесловидные орудия и ножи, среди которых отмечены шлифованные образцы. Многочисленными сериями представлены скребки, резцы, проколки, рубящие орудия, скребла, скобели, различные комбинированные орудия, рыболовные грузила, в т.ч. очень крупные. Найдены выемчатые, зубчатые, а также землеройные орудия, струги, песты, отбойники, наковальни-подставки.

Из продуктов первичного расщепления много галек, со сколами. Значительную по количеству группу составляют нуклеусы. На поселениях Гася, Хумми и других памятниках преобладающим типом являются клиновидные и торцовые микронуклеусы. Для клиновидных нуклеусов использовались специально приготовленные листовидные бифасы, а для торцовых – небольшие уплощенно-полукруглые гальки. Найдены заготовки нуклеусов, технические лыжевидные сколы. Нуклеусов других типов (радиальных, дисковидных, призматических) обнаружено значительно меньше (рис. 3, 1 – 27; 4, 1 – 12).

При раскопках поселения Гася в «мезолитическом» слое была зафиксирована керамика – раздавленный сосуд высотой 26 см с плоским дном (рис. 5, 1) и разрозненные фрагменты глиняной утвари. Сейчас керамика известна на многих памятниках осиповской культуры. На поселении Гончарка-1 найдена часть чашевидного сосуда (рис. 5, 2).

Древнейшая осиповская керамика Гаси темного или черного цвета, рыхлая с включениями органики в тесте. Она с обеих сторон покрыта узкими желобками, на отдельных черепках – отпечатки плетеного изделия, шнура, ногтевые оттиски; проколотые трубочкой отверстия вдоль края венчика [Медведев 2008 а].

Предметы искусства и культа осиповской культуры представлены образцами мелкой пластики (каменные фигурки птиц, двуконечные фаллосы-женщины, глиняная фигурка медведя) и украшениями из камня (бусины и подвески) (рис. 4, 13 – 15).

Наиболее ранняя радиоуглеродные дата поселения Гася – 12 960±120 л.н. (ЛЕ – 1 781) (калиброванная – 16 110 – 14 480 л.н.), поздняя – 10 875±90 л.н. (АА 13 393) (калиброванная – 13 140 – 12 640 л.н.). Ранняя дата поселения Хумми – 13 260 л.н. (АА – 13 392) (калиброванная – 16 450 – 14 900 л.н.), поздняя – 10 345 ±110 л.н. (АА – 13 391) (калиброванная – 12 830 – 11 690 л.н.). Большинство дат поселения Гончарка-1 – в интервале датировок Гаси и Хумми. Ранняя дата памятника Гончарка-1 равна 12 500±60 л.н. (LLNL – 102 169) (калиброванная – 15 550 – 14 160 л.н.), поздняя – 9 890±230 (Gak – 18 981) (калиброванная – 12 330 – 10 600 л.н.). В целом осиповскую культуру можно датировать в диапазоне 9 890 – 13 260 л.н. (калиброванная – около 12 330 – 16 450 л.н.).

Мариинская культура занимает место в раннем амурском неолите. Стратиграфически ее материальные остатки отмечены на о. Сучу под погребенной почвой за пределами раскопанных жилищ вознесеновской культуры.

Долговременные жилища типа полуземлянок в ней пока не обнаружены, хотя зафиксированы обширные рабочие площадки с обилием каменных и керамических артефактов. Скорее всего, оставшиеся после мариинцев жилищные котлованы были вторично использованы в позднем неолите. Каменная индустрия мариинской культуры широко представлена пластинчатой и микропластинчатой техникой. Пластины снимались со специально подготовленных одноплощадочных, преимущественно призматических и микропризматических нуклеусов. Большая их часть – из алевролитов высокого качества. Практически все мелкие изделия (наконечники стрел, скребки, проколки, резцы, ножи и др.) изготовлены из правильных пластин, некоторые – из обсидиановых. Есть рубящие орудия (топоры, тесла, пешни) с оббивкой и пришлифовкой. Получены весьма многочисленные серии рыболовных грузил, а также песты, отбойники, наковаленки и др. изделия. Керамика мариинской культуры архаичного облика, черепок довольно рыхлый с включениями шамота и органики. Сосуды однообразны и скупы по форме и орнаменту; декорированы в виде бордюра гребенчатым штампом только в приустьевой части и по верхней плоскости чуть отогнутого наружу венчика (рис. 5, 3 – 32).

Помимо северо-восточной части Нижнего Приамурья, где расположен о. Сучу, культура могла охватывать районы выше по Амуру. Большой интерес в этой связи представляет разнокультурное и разновременное поселение Кондон-Почта. Основная часть раскопанных на памятнике жилищ относится к кондонской культуре, несколько жилищ – к вознесеновской. В переотложенных слоях есть материалы осиповской и мальшевской культур. До носителей кондонской культуры на поселении, после осиповцев, обитали создатели мариинской культуры. Об этом свидетельствует архаичная керамика, аналогичная мариинской с о. Сучу, зафиксированная, преимущественно в переотложенных слоях кондонского памятника. Наличие в разных пластах Кондонского поселения большого количества кремневых пластин и изделий из них подтверждает наше предположение о существовании в нем в раннем неолите мариинского культурного слоя и, возможно, жилищ, разрушенных позже аналогичными постройками.

Радиоуглеродным анализом угля из слоя мариинской культуры на о. Сучу определены даты: 8 585±65 л.н. (СО АН – 4869); 7 400±140 л.н. (SNU 02); 7 180±120 л.н. (SNU 02). Следовательно, возраст мариинской культуры, ставшей хронологически, прежде всего, в северо-восточных и центральных нижнеамурских районах, восприемницей осиповской культуры и имевшей определенные связи (помимо данного региона) с культурами неолита Среднего Приамурья и Приморья, в первую очередь с новопетровской и руднинской, а также, возможно, Сахалина устанавливается в основном в рамках VIII – VII тыс. до н.э.

Малышевскую культуру довольно длительное время включали, как уже выше сказано, в ранний неолит. Её принято считать местной, нижнеамурской. По хроно-географическим признакам памятники подразделены на две группы – раннюю и позднюю. К ранней, относятся поселения в юго-западных пунктах Нижнего Приамурья (Гася, Госян, Малышево, Сакачи-Алян (Нижний пункт) – слой выше осиповских артефактов, Казакевичево, Бычиха, Шереметьево, Амурский Санаторий). К поздней – в северо-восточных районах ареала (Сучу, Калиновка,

Малая Гавань (нижний слой). В пространстве между этими двумя группами памятников находятся другие малышевские поселения: Иннокентьевка, Вознесенское (нижний слой), Комсомольск-на-Амуре. Начало генезиса наиболее ранних комплексов малышевской культуры связано с позднеосиповской культурной традицией. Это надежно установлено на поселении Гася, на котором участки хорошо сохранившегося слоя малышевской культуры располагались непосредственно над осиповским в весьма близкой литологической ситуации. Котлованы малышевских жилищ были выкопаны в глинистом слое осиповской культуры. На полу жилищ-полуземлянок, вырытых в осиповском слое, найдены каменные изделия не только малышевской, но и осиповской культур [Деревянко, Медведев 1993: рис. 44 – 46].

Каменный инвентарь культуры по своим технико-типологическим признакам весьма разнообразен. Орудия обрабатывались приемами, унаследованными от предшествующих культур. Можно назвать значительные серии бифасов – остроконечников различных форм и размеров (наконечники стрел, дротиков), ножей, скребков, острий-проколок. Большую долю орудий составляют тесла, стамески, топоры, найдены также скребла, песты, землеройные орудия, навершия палиц [рис. 6, 1 – 23] и другие изделия. В поселениях Гася и Иннокентьевка выявлены призматические нуклеусы. В памятниках северо-восточной группы нуклеусы единичны.

Керамика – весьма представительный и яркий элемент культуры (рис. 7, 1 – 16). Разнообразной формы сосуды вылеплены вручную ленточно-кольцевым способом. Среди многоликих узоров особым изяществом выделяются спиральные рельефные мотивы (поздний северо-восточный вариант культуры). Поверхность некоторых изделий частично покрыта красной краской.

В жилищах, помимо сосудов, черепков, а также орнаментиров, найдены другие предметы из обожженной глины утилитарного назначения. Большие группы составляют довольно крупные дисковидные пряслица и колесики-орнаментиры, есть также штампы-качалки (рис. 7, 17 – 19). Раскопанные жилища-полуземлянки малышевцев в плане округлые, иногда округло-вытянутые или четырехугольные с закругленными углами. Глубина котлованов – до 1,5 м и более. Площадь жилищ от 30 до 150 – 180 м2. Жилища малых размеров раскопаны на поселениях Малышево (У мастерских) и Гася, наиболее крупные – на о. Сучу. В центре жилищ отмечено от 1 до 3 очагов. По своей конструкции внешне жилища представляли собой усеченный конус или усеченную пирамиду (рис. 8). Ни в одном раскопанном жилище не обнаружен вход, что позволяет предполагать: люди входили и выходили из жилищ через дымовое отверстие – это хорошо известно из дальневосточной этнографии.

Предметы искусства и культа включают в себя серию мобильных форм искусства преимущественно из терракоты (антропо-, зоо-, орнитоморфные, гибридные скульптурные изображения) и различные украшения (каменные подвески, бусины, кольца, шары и миниатюрные шарики). В малышевской культуре впервые в Приамурье появляются каменные лабретки, терракотовые чуринги, в т.ч. шаровидные, погремушка-бубенец (рис. 9, 1 – 14) [Медведев 2000 а; 2000 б; 2001 а; 2005 а; 2009 б].

Наиболее ранние радиоуглеродные даты в юго-западной группе памятников малышевской культуры, подтверждающие данные стратиграфии, получены на поселениях Гася – 7950±80 л.н. (Ле-1780) (уголь взят в основании серо-бурой супеси) и Сакачи-Алян (Нижний пункт) – 6 900±260 л.н. (МГУ – 345). Памятники северо-восточной группы культуры датируются в диапазоне 6 070±90 л.н. (СО АН – 4343) – 4 470±100 л.н. (ГИН – 8292). Этот возраст – V – середина III тыс. до н.э. – соответствует среднему неолиту региона. Отдельные памятники ранней группы малышевской культуры хронологически близки поздней фазе мариинской культуры. В целом малышевскую культуру в настоящее время можно определять поздним этапом раннего неолита и его средним периодом.

На некоторых памятниках малышевской культуры встречена инокультурная керамика, в т.ч. несколько сосудов с круглым заостренным снизу дном. Стенки сосудов и нередко венчики (обычно с налепом) украшены оттисками шнура. Подобный керамический материал стратиграфически безупречно зафиксирован при исследвании жилищ № 1 и № 3 на о. Сучу. Керамика залегала выше уровня заполнения жилищных котлованов или рядом с ними в поддерновом слое, на полу она отсутствовала. Анализ угля с пола жилища № 3 указал дату 4470±100 л.н. (ГИН – 8292). Возраст шнуровой керамики моложе жилища, существовавшего в середине III тыс. до н.э. Представители пришлой культуры сибирских (бассейн р. Лены) бродячих охотников, которым принадлежит названная керамика, судя по всему, временно использовали малышевские жилищные западины для своих наземных обиталищ. Они могли сосуществовать с малышевцами на заключительном их этапе.

Наиболее изученным эпонимным памятником кондонской культуры является поселение Кондон-Почта, расположенное в с. Кондон вблизи оз. Эворон. Поселение состояло примерно из 15 жилищ. Полностью исследованы двенадцать жилищ и пространства между ними. Девять жилищ отнесены к кондонской культуре.

На поселении у с. Вознесенское при раскопках керамика и каменный инвентарь кондонской культуры найдены во втором снизу слое – выше артефактов малышевской культуры. Открыты памятники этой культуры на р. Девятке у сёл Кондон и Харпичан, изучение их только начинается. Получена информация при обследовании поселения на р. Обор у с. Князе-Волконское-1, которое, возможно, относится к числу несмешанных ранних памятников кондонской культуры [Шевкомуд, Горшков 2007]. Есть комплексы этой культуры в других местах бассейна нижнего Амура. Кондонские жилища-полуземлянки конструктивно близки жилым комплексам других неолитических культур Приамурья. Однако в отличие от жилищ малышевской культуры, где зафиксированы жилые строения, как выше сказано, различных размеров (от малых до очень крупных), в поселении Кондон-Почта крупные жилые комплексы отсутствуют. Здесь жилища только малые и средние. Другое отличие кондонских жилых комплексов: в большинстве из них – от двух до пяти очагов, устроенных на полу.

Обитателями жилищ кондонской культуры было изготовлено огромное количество каменного инвентаря. Некоторые категории орудий включают в себя многие десятки и сотни изделий. Материалом для производства орудий служил главным образом алевролит, реже кремни, халцедон, яшма, кварцит, аргиллит. У носителей данной культуры была широко развита бифасиальная техника обработки изделий, однако не в меньшей степени они владели сохранившейся с более раннего времени пластинчатой техникой Основные типы нуклеусов призматические и карандашевидные. При большой доле орудий, сделанных с применением пластинчатой техники, все же основной техникой камнеобработки этой культуры следует считать бифасиальную. Преобладающая часть каменных орудий изготовлены не из пластин, а из отщепов и специальных заготовок. Прежде всего, это относится к позднему времени культуры: метательные орудия (наконечники стрел и дротиков), скребки, проколки ножи и др. изделия. Рубящие орудия – топоры и тесла – шлифованные или с оббивкой. Кондонцы – ихтиофаги оставили после себя много рыболовных грузил, пестов, наверший палиц, (рис.10, 1 – 24), отбойников, «камней с лунками».

Кондонская керамика плоскодонная. Наиболее распространенные формы – сосуды в виде горшков, а также ситулообразные и вазовидные. Свыше 95 % керамики поселения Кондон-Почта орнаментировано с использованием различных штампов, гребенок, лопаточек и других инструментов (рис. 10, 25 – 31).

Почти все украшения, предметы искусства и культа кондонской культуры сделаны из камня: скульптурные изображения медведя, головы птицы, фаллоса, подвески, бусины.

Основная группа кондонских жилищ датирована второй половиной IV – серединой III тыс. до н.э. Этот возраст культуры в определенной степени подтверждает самая ранняя радиоуглеродная дата поселения Кондон-Почта (4 520±25 л.н. (ГИН – 170)). С открытием мариинской культуры и выявлением ее следов на поселении Кондон-Почта, встает проблема вполне возможной связи между мариинской и кондонской культурами. Это должно выясниться после дополнительных исследований надежно стратифицированных материалов по кондонской синкретической культуре. На ее формирование оказали влияние культуры мариинская, руднинская (Приморье) и, возможно, малышевская (с последней она какое-то время сосуществовала). Кондонскую культуру следует относить к среднему неолиту, хотя первые фазы ее развития могут уходить в ранний неолит.

Вознесеновская культура позднего неолита известна практически на всей территории Нижнего Приамурья. Её памятники найдены на берегах и островах Амура, отдельных его притоках, на озерах. Общее количество зафиксированных поселений, стоянок, святилищ и культовых центров этой культуры в настоящее время исчисляется многими десятками.

Поселение у с. Малышево (Второй пункт) – одно из первых, где получены материалы вознесеновцев. Материальные остатки вознесеновской культуры в нем располагаются выше находок малышевской культуры. Поселение Гася: артефакты рассматриваемой культуры выделены типологически, культурный слой разрушен. На поселении Вознесенском, давшем название культуре, остатки святилищ с реалиями культа и инвентарем и, возможно, следы жилищ-полуземлянок в раскопах отмечены выше артефактов из слоя кондонской культуры. Среди исследованных жилищ поселения Кондон-Почта три относятся к вознесеновской культуре. На о. Сучу в различных местах сохранились остатки жилых комплексов данной культуры: полностью раскопаны шесть жилищ и одно святилище. На острове находится огромное святилище вознесеновцев с рвами и валами. На берегах оз. Удыль и протоке Ухта выявлена группа неолитических, преимущественно вознесеновских, памятников, на которых проведены раскопки жилищ. Из других памятников, где имеются жилища или ископаемые материалы этой культуры, можно назвать поселения Кондон-Школа, Калиновка, Малая Гавань, Тахта и др. В последнее десятилетие появились исследования с анализом нескольких групп вознесеновских памятников, локализованных на СВ Нижнего Приамурья [Шевкомуд 2004].

Большинство жилищ вознесеновской культуры четырехугольной в плане формы: подквадратной, прямоугольной с закругленными углами, есть округлые и округло-вытянутые. Размеры жилищ в основном небольшие. К числу подлинно уникальных относится жилище № 84 на о. Сучу с двумя уровнями обитания: на нижнем полу сохранились остатки отопительной системы-кана, сделанного из древесины, обмазанной глиной, на нижнем – спальные ямы, которые найдены также рядом в жилище № 83 (глубина его в стерильном грунте более 2 м).

Для каменной индустрии вознесеновской культуры характерна техника бифасиальной обработки. Она особенно распространяется на метательные орудия, прежде всего, наконечники стрел, тщательно оформленные отжимной ретушью, иногда шлифовкой. Пластинчатая техника использовалась очень редко. Подавляющее большинство тесел, топоров, стамесок, долот шлифованные (рис. 11, 1–21).

Керамика вознесеновской культуры богата своими формами сосудов и орнаментальных композиций, состоящих из сочетания (фона) гребенчатопунктирного зигзага, спиральных, реже геометрических фигур. Наиболее ярко представлены ритуальные сосуды (ситулы, высокие вазы, чаши, шаровидно-сферические, бомбовидные изделия). Обрядово-ритуальные сосуды обычно окрашены красной краской, имеют орнамент зоо-, антропоморфного и растительного содержания (рис. 11, 1 – 6, 10 – 12).

В период существования вознесеновской культуры неолитическое искусство Нижнего Приамурья достигло своего наивысшего расцвета (скульптурные изображения, украшения, петроглифы) [Медведев 2005 а; 2005 б]. Близость порой идентичность ряда скульптурных изображений вознесеновской и малышевской культур – одно из свидетельств их родства. Особенно отчетливо развитие малышевских изобразительных традиций просматривается в вознесеновской антропоморфной и зооморфной скульптуре. Первая представлена гинандроморфными статуэтками женщин, у которых непропорционально длинная часть головы выше лба резко отогнута назад и имеет в профиле фаллическую форму. Много образцов искусства обнаружено на о. Сучу. Изображение головы женщины (8,0×5,5×3,0) представляет собой часть изящно моделированной скульптурки (рис. 12, 7). Черты лица женщины передают состояние покоя и полны очарования: мягкий овал, узкие длинные брови, почти столь же длинные щелевидные монголоидные глаза. Нос немного выпуклый с небольшими дырочками-ноздрями внизу. Рот маленький с чуть приоткрытыми губами.

В поселении Кондон-Почта найдена скульптурка, у которой помимо фаллической головы-прически, такую же в целом форму имел торс с продольным круглым отверстием (рис. 12, 8). Отдельные статуэтки аналогичного типа обнаружены на поселениях Хумми. Кольчем-3 и некоторых других памятниках вознесеновской культуры.

Другая художественно-мировоззренческая традиция, берущая свое начало в малышевской культуре, видна в фаллической фигурке тюленя, найденной на о. Сучу (рис. 12, 9). Фигурке придана форма фаллоса. Нижняя часть изделия расширена в виде воронки с углублением (вульва). Наличие трех художественных сюжетов (фаллос, тюлень, вульва) позволяет отнести это произведение искусства к числу поли-эйконических или полиобразных. В Тахте обнаружена редкая фигурка рыбы из серого алевролита с бледно-малиновыми полосками (рис. 12, 13). Из других скульптурных изображений и украшений данной культуры следует назвать фигурки медведя, нефритовые диски и подвески с отверстием, а также лабретки из трепела.

Относительно происхождения вознесеновской культуры есть несколько версий. Наиболее аргументированная из них – возникновение ее большей частью на основе малышевской культуры. Время существования вознесеновской культуры определяется в основном серединой III – первой четвертью II тыс. до н.э. Возраст святилища в форме жилища (48) на о. Сучу равен по С14 4 200±80 л.н. (ГИН – 8291), а дата жилища № 14 поселения Кондон-Почта – 3 260±75 л.н. (СО АН – 1661). Большое количество радиоуглеродных дат получено по другим жилищам Сучу, а также поселений Кольчём-2-3, Малышево-2, и других памятников. Большинство из них укладываются в указанный абсолютный хронологический диапазон. Имеется дата 4 406±22 (NUTA 2 – 7571) жилища на поселении Старая Какорма [Шевкомуд 2004: 153], а также датировка, полученная

по углю с пола жилища № 2 на о. Сучу (5 455±155 л.н. – СО АН – 1658).
Вопрос с нижней датой вознесеновской культуры остается пока открытым.
Вознесеновская культура, возможно, на своей ранней стадии в некоторых
районах региона развивалась синхронно не только с кондонской культурой,
но и с малышевской.

Коротко о петроглифах эпохи неолита в бассейне нижнего Амура. В
настоящее время известно три местонахождения с неолитическими
петроглифами: 1) у с. Сакачи-Алян, 2) у с. Шереметьево (на правом
берегу р. Уссури) и 3) на р. Кия (Чертово Плёсо). Среди них особо
выделяется Сакачи-Алянский комплекс рисунков, выбитых на базальтовых
глыбах рядом с поселениями Гася, Госян и Сакачи-Алян (Нижний пункт).
Есть они также поблизости от малышевских поселений (У мастерских
и Второй пункт).

Древние петроглифы Сакачи-Аляна, а также Шереметьева и Кии
относятся к категории многосюжетных. На камне древние оставили
рисунки личин (рис. 12, 14), зверей, змей, антропоморфных изображений,
лодок (в том числе лося-лодку, лодки с гребцами (рис. 12, 15 – 17), птиц,
а также изображения разного рода лунок (ямок) и концентрических
кругов. Если не принимать во внимание лунки и круги, не относящиеся
к парциальным личинам, то количество рисунков в Сакачи-Аляне
достигает двухсот. Вместе с лунками и кругами неолитических изображений
насчитывается более трехсот.

Среди рисунков, входящих в число двухсот, основное место по количеству
занимают личины (в т.ч. череповидные), имеющие сходство с лицом
человека, но нередко крайне стилизованным. Таких рисунков около

55 %. За ними в количественном отношении идут изображения зверей (быки, лоси, куланы, изюбри, кабаны, медведь, тигр и др.). Остальная доля приходится на рисунки змей, антропоморфных фигур, лодок с гребцами (душами умерших) и птиц. Заметное место в исследованиях уделено проблеме датировки петроглифов (Окладников 1971: 83–89). В их эволюции существовало несколько фаз. Первая, наиболее древняя фаза, включает примитивные по технике исполнения и стилю изображения лосей, куланов, быков. В этот комплекс изображений включены некоторые личины парциального типа, а также ряд личин с внутренним контуром. Сюда же отнесены как отдельные лунки, так и сочетания их. Эту фазу следует связывать с начальным неолитом, т.е. с осиповской культурой. В этот исторический период обитатели Приамурья занимались, прежде всего, охотой и рыболовством.

Вторая фаза объединяет личины со сложным рисунком их внутреннего пространства, появляются личины, трактованные скульптурно. Сюда же можно включить рисунки водоплавающих птиц. Фаза совпадает с периодом развития культур, для которых характерна керамика со спирально-ленточным орнаментом. В рамки этого периода могут органично вписаться зрелый и поздний этап малышевской и ранний – вознесеновской культур.

Третья фаза выделена путем формально-типологического анализа. Для нее характерно разрастание орнаментальных мотивов, усиление абстрактности (и полисемантичности) рисунка [Медведев 2001 а: 84–88]. Комплекс объединяет серию личин и изображение лося с концентрическими кругами-солнцами и спиралями-змеями на туловище, а также рисунок лося-лодки с семью гребцами и концентрическими кругами-солнцами. Фаза может быть датирована II тыс. до н.э. То есть зрелым и поздним временем вознесеновской культуры и началом периода палеометалла [Окладников 1971: 88–89; Медведев 2001 а, рис. 13, 2, 3]. К этой же, третьей фазе, видимо, относятся изображения кабанов, медведя, большинства змей, тигра (?) и некоторых других животных.

В своей основе неолитическое искусство Нижнего Приамурья отличается яркостью и во многом неповторимостью. Этому искусству, как было выше фрагментарно показано, присуща богатейшая орнаментика на различных глиняных изделиях, разнообразные образцы скульптурных изображений, украшения, а также своеобразные петроглифические сюжеты, в которых сочетаются образы таежной Сибири, Севера (медведи, лоси) и тихоокеанских побережий и островов (череповидные личины, тигры). Все это вместе служит ценнейшим источником для понимания духовного мира, мировоззрения, образа жизни людей, обитавших в амурском ареале на протяжении многих тысячелетий.

Культуры эпохи неолита Амурского бассейна, как и многие другие культуры Северной Азии, представляют собой самостоятельное, оригинальное явление с его локальным своеобразием производственной деятельности, бытового уклада, обычаев, обрядов, всех сфер материальной и духовной жизни древних рыболовов, охотников, собирателей, земледельцев.

Деревянко А.П. Неолит Среднего Амура // Древняя Сибирь (макет I тома «Истории Сибири»). – Улан-Удэ: СО АН СССР, – 1964. – С. 649-657.

Деревянко А.П. Древние культуры Среднего Амура. – Автореф. канд. дисс. – Л., – 1965. – 16 с.

Деревянко А.П. Новопетровская культура среднего Амура. – Новосибирск: Наука, – 1970. – 204 с.

Деревянко А.П., Волков П.В., Ли Хонджон. Селемнджинская позднепалеолитическая культура. – Новосибирск: Изд-во ИАЭТ СО РАН, – 1998. – 336 с.

Деревянко А.П., Кан Чан Хва, Бан Мун Бэ, Ко Чжэ Вон, Нестеров С.П. и др. Полевые исследования памятника Громатуха на р. Зее в 2004 г. // Проблемы археологии, этнографии, антропологии Сибири и сопредельных территорий (Мат-лы Годовой сессии ИАЭТ СО РАН 2004 г.). – Новосибирск: Изд-во ИАЭТ СО РАН, – 2004. – Т. Х., ч. 1. – С. 82-86.

Деревянко А.П., Медведев В.Е. Исследование поселения Гася   Изд-во ИАЭТ СО РАН, – 1992. – 29 с.

Деревянко А.П., Медведев В.Е. Исследование поселения Гася   Новосибирск: Изд-во ИАЭТ СО РАН, – 1993. – 110 с.

Derevianko A.P. and Medvedev V.E. The Amur River Basin as one of the Earliest Centers of Ceramics in Far East // The Origins of Ceramics in the East Asia and Far East: Abstracts of Intern. Symp., 1995, Tohoku Fukushi Univ. – Sendai, – 1995. – P. 11–25. (на яп. и англ яз.).

Деревянко А.П., Нестеров С.П., Алкин С.В., Петров В.Г., Волков П.В. и др. Материалы археологического изучения памятника Новопетровка-III на Амуре в 2003 г. – Новосибирск, Чечжу: ИАЭТ СО РАН; Фонд культуры и искусства Чечжу, – 2004. – 116 с.

А.П. Деревянко, Чо Ю-Чжон, Медведев В.Е. Юн Кын-Ил, Хон Хён У, Чжун Сук Бэ, О.С. Медведева, В.А. Краминцев, И.В. Филатова. Исследования на острове Сучу в Нижнем Приамурье в 2001 году: Сеул: Гос. Ин-т культурного наследия Респ-ки Корея, ИАЭТ СО РАН, 2002. – Т. 1 – 419 с.; т. 2 – 439 с.; т. 3 – 221 с. (на рус. и кор. яз.).

А.П. Деревянко, Чо Ю-Чжон, Медведев В.Е., Шин Чан-Су, Хон Хён-У, В.А. Краминцев, О.С. Медведева, И.В. Филатова. Неолитические поселения в низовьях Амура (Отчет о полевых исследованиях на острове Сучу в 1999 и 2002 гг.). Сеул: Гос. Ин-т культурно го наследия Респ-ки Корея; ИАЭТ СО РАН, 2003 – Т. 1 – 443 с.; т. 2 – 463 с.; т. 3 – 208 с. (на рус. и кор. яз.).

Лапшина З.С. Древности озера Хумми. – Хабаровск: Б.и., – 1999. – 206 с.

Ларичев В.Е. Неолитические памятники бассейна верхнего Амура (Ананци, Дунбэй) // Тр. Дальневосточной археологической экспедиции. Т.1. Древние культуры Дальнего Востока. – М.; Изд-во АН СССР, – 1960. – С. 81-126. – (МИА; № 86).

Медведев В.Е. К вопросу об открытии керамики в восточных районах азиатской части России и на поселении Гася // Открытие керамики в прибрежных районах Японского моря. (Материалы конф. по японск. археологии). – Ниигата, – 1993. – С. 1-11 (на яп. яз.).

Медведев В.Е. К проблеме начального и раннего неолита на Нижнем

Амуре // Обозрение результатов полевых и лабораторных исследований археологов этнографов и антропологов Сибири и Дальнего Востока в 1993 г. – Новосибирск: Изд-во ИАЭТ СО РАН, – 1995. – С. 228-237.

Медведев В.Е. Новые сюжеты в искусстве нижнее-амурского неолита и связанные с ними представления древних // Археология, этнография и антропология Евразии. – 2000а. – №3. – С. 56-69.

Медведев В.Е. Амурские чуринги // Гуманитарные науки в Сибири. – 2000б. № 3. – С. 11-15.

Медведев В.Е. Проблема истоков некоторых скульптурных и наскальных образов в первобытном искусстве юга Дальнего Востока и находки, относящиеся к осиповской культуре на Амуре // Археология, этнография и антропология Евразии. – 2001а. – №4. – С. 77-94.

Медведев В.Е. Раскопки на Амуре // АО 1999 года. – М.: Наука, – 2001б. – С. 270-271.

Медведев В.Е. Когда и как была открыта на Дальнем Востоке древнейшая керамика // Проблемы археологии и палеоэкологии Северной, Восточной и Центральной Азии. Материалы межд. конф. «Из века в век», посвященной 95-летию со дня рождения ак. А.П. Окладникова и 50-летию Дальневосточной археологич. экспедиции РАН. – Новосибирск: Изд-во ИАЭТ СО РАН, – 2003. – С. 38-43.

Медведев В.Е. Неолитические культовые центры в долине Амура // Археология, этнография и антропология Евразии. – 2005а. №4 (24). – С. 40-69.

Медведев В.Е. Неолитические культуры Нижнего Приамурья // Российский Дальний Восток в древности и средневековье: Открытия, проблемы, гипотезы– Владивосток: Дальнаука, – 2005б. – Ч. II, гл. III. – С. 234-267.

Медведев В.Е. Из коллекций керамики осиповской культуры поселения Гася // Окно в неведомый мир: Сб-к статей к 100-летию со дня рождения ак. А.П.Окладникова. – Новосибирск, Изд-во ИАЭТ СО РАН, – 2008а. – С. 156-162.

Медведев В.Е. Многослойный памятник Сакачи-Алян (нижний пункт) // Проблемы археологии, этнографии, антропологии Сибири и сопредельных территорий: Мат-лы Год. сес. ИАЭТ СО РАН. Новосибирск, – 2008б. – Т. XIV. – С. 94-99.

Медведев В.Е. О начальном неолите Приамурья и керамике осиповской культуры // Неолит и неолитизация бассейна Японского моря: человек и исторический ландшафт: м-лы междунар. археологич. конф., посвященной 100-летию со дня рождения А.П. Окладникова. – Владивосток: изд-во Дальневост. ун-та, – 2008в. – С. 115-125.

Медведев В.Е. Неолитический комплекс памятника Амурзет (Еврейская автономная область) // Проблемы археологии, этнографии, антропологии Сибири и сопредельных территорий (Мат-лы Итоговой сессии ИАЭТ СО РАН, 2009 г.). – Новосибирск: Изд-во ИАЭТ СО РАН, – 2009а. Т. – XV. – С. 164-169.

Медведев В.Е. Глиняные шары с острова Сучу – материальные сакральные символы эпохи неолита // Археология, этнография и антропология Евразии. – 2009б. № 3 (39). – С. 41-49.

Нестеров С.П. Черниговка-на-Зее – поселение громатухинской культуры в Западном Приамурье // Неолит и неолитизация бассейна Японского моря: человек и исторический ландшафт: М-лы междунар. археологич. конф. посвященной 100-летию со дня рождения А.П. Окладникова. – Владивосток: Изд-во Дальневост. ун-та, – 2008. – С. 170-181.

Нестеров С.П., Алкин С.В., Петров В.Г., Канг Чан Хва, Орлова Л.А. и др. Результаты радиоуглеродного датирования эпонимных памятников громатухинской и новопетровской культур Западного Приамурья // Проблемы археологии, этнографии, антропологии Сибири и сопредельных территорий (Мат-лы Годовой сессии ИАЭТ СО РАН 2005 г.). – Новосибирск: Изд-во ИАЭТ СО РАН, – 2005. – Т. XI, ч. 1. – С. 168-172.

Окладников А.П. К археологическим исследованиям в 1935 г. на Амуре // СА. – 1936. – Т. 1. – С. 275-277.

Окладников А.П. Неолитические памятники как источники по этногонии Сибири и Дальнего Востока // КСИИМК, – 1941, вып. 9. – С. 5-14.

Окладников А.П. Шилкинская пещера – памятник древней культуры верховьев Амура // Тр. Дальневосточной археологической экспедиции. Т. 1. Древние культуры Дальнего Востока. – М.; Л.: Изд-во АН СССР, – 1960. – С. 9-71. – (МИА; № 86).

Окладников А.П. Неолит Нижнего Амура. – Древняя Сибирь: (Макет I тома «Истории Сибири»). – Улан-Удэ, – 1964. – С. 195-214.

Окладников А.П. Археология долины реки Зеи и Среднего Амура. – СА. – 1966. № 1. – С. 32-41.

Окладников А.П. Неолит Сибири и Дальнего Востока // Каменный век на территории СССР. – М.: Наука, – 1970. – С. 172-193. – (МИА; № 166).

Окладников А.П. Петроглифы Нижнего Амура. – Л.: Наука, – 1971. – 336 с.

Окладников А.П. Древнее поселение Кондон (Приамурье). – Новосибирск: Наука, – 1983. – 160 с.

Окладников А.П., Деревянко А.П. Далекое прошлое Приморья и Приамурья. – Владивосток: Дальневост. кн. изд-во, – 1973. – 440 с.

Окладников А.П., Деревянко А.П. Громатухинская культура. – Новосибирск: Наука, – 1977. – 286 с.

Окладников А.П. Керамика древнего поселения Кондон (Приамурье). – Новосибирск: Наука, – 1984. – 123 с.

Окладников А.П., Ларичев В.Е. Археологические исследования в бассейне Амура в 1954 году // Традиционная культура Востока Азии. Выпуск второй. – Владивосток: Изд-во АмГУ, – 1999. – С. 4-29.

Окладников А.П., Медведев В.Е. Исследование многослойного поселения Гася на Нижнем Амуре // ИСО АН СССР, Сер. общест. наук, – 1983. – № 1. С. 93-97.

Сохина Э.Н., Росликова В.И. Изучение динамики ландшафтов равнин юга советского Дальнего Востока в плейстоцене и голоцене (на примере Удыль-Кизинской и Суйфуно-Ханкайской депрессий) // Проблемы изучения четвертичного периода. – М.: Наука, – 1972. – С. 479-484.

Шевкомуд И.Я. Стоянка Гончарка-1 и некоторые проблемы мезо-неолитических комплексов на нижнем Амуре // Поздний неолит – ранний неолит Восточной Азии и Северной Америки (Мат-лы междунар. конф.). – Владивосток, – 1996. – С. 237-248.

Шевкомуд И.Я. Осиновая Речка-10 – новый памятник переходного периода от палеолита к неолиту на Нижнем Амуре // Археология и социокультурная антропология Дальнего Востока и сопредельных территорий. – Благовещенск: Изд-во БГПУ, – 2003. – С. 63-70.

Шевкомуд И.Я. Поздний неолит нижнего Амура. – Владивосток: ДВО РАН, – 2004. – 156 с.

Шевкомуд И.Я. Пластинчатые комплексы и культурные традиции в каменном веке Нижнего Приамурья (общий обзор) // Окно в неведомый мир: Сб. статей к 100-летию со дня рождения академика Алексея Павловича Окладникова. – Новосибирск: Изд-во ИАЭТ СО РАН, – 2008. – С. 174-182.

Шевкомуд И.Я., Горшков М.В. К вопросу о кондонской культуре в Нижнем Приамурье (исследования поселения Князе-Волконское-1 в 2006 г.) // Северная Евразия в антропогене: человек, палеотехнологии, геоэкология, этнология и антропология: Мат-лы всероссиск. конф…., посвященной 100-летию со дня рожд. М.М. Герасимова. – Иркутск: изд-во «Оттиск», – 2007, – Т. 2. – С. 304-310.

Список сокращений

АО – Археологические открытия

БГПУ – Благовещенский гос. педагогич. ун-т

ИАЭТ СО РАН – Институт археологии и этнографии СО РАН

КСИИМК – Кратк. сообщ. ин-та ист. материальн. культуры

МИА – Материалы и исследов. по археологии

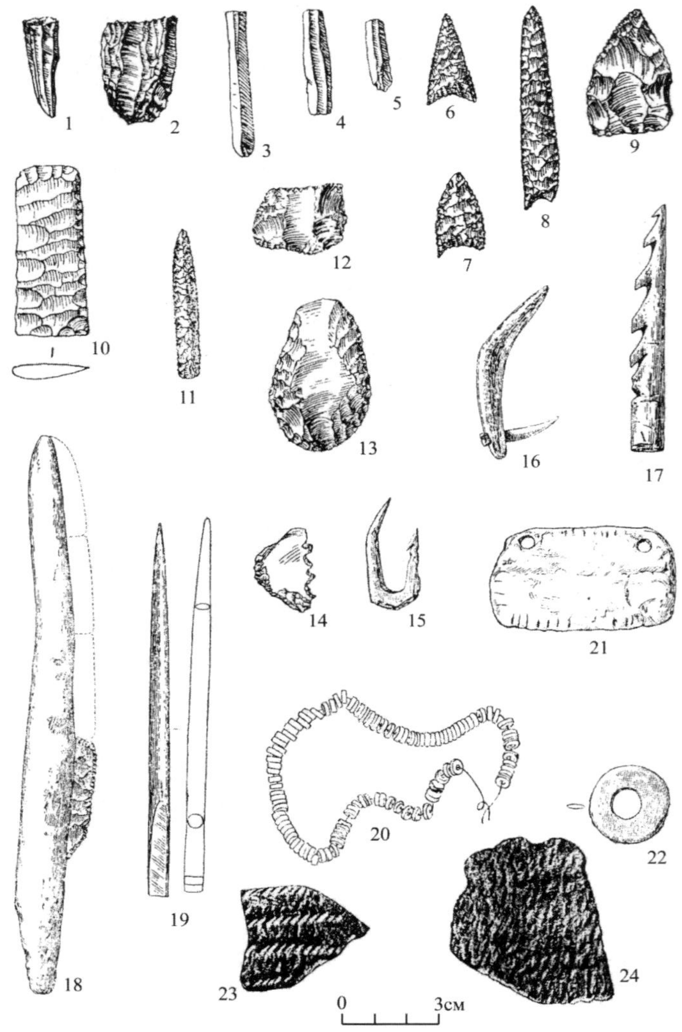

Рис. 1. Изделия из Шилкинской пещеры

1, 2 – нуклеусы; 3~5 – ножевидные пластины; 6~9 – наконечники стрел; 10 – вкладыш; 11 – проколка; 12, 13 – скребки; 14 – пилка; 15, 16 – крючки; 17 – гарпун; 18 – клинок (оправа вкладышей); 19 – наконечник стрелы; 20 – бусы; 21 – пластина; 22 – кольцо; 23, 24 – фрагменты сосудов. 1~14 – камень; 15~19 – кость; 20 – раковина, камень; 21 – перламутр; 22 – нефрит; 23, 24 – керамика.

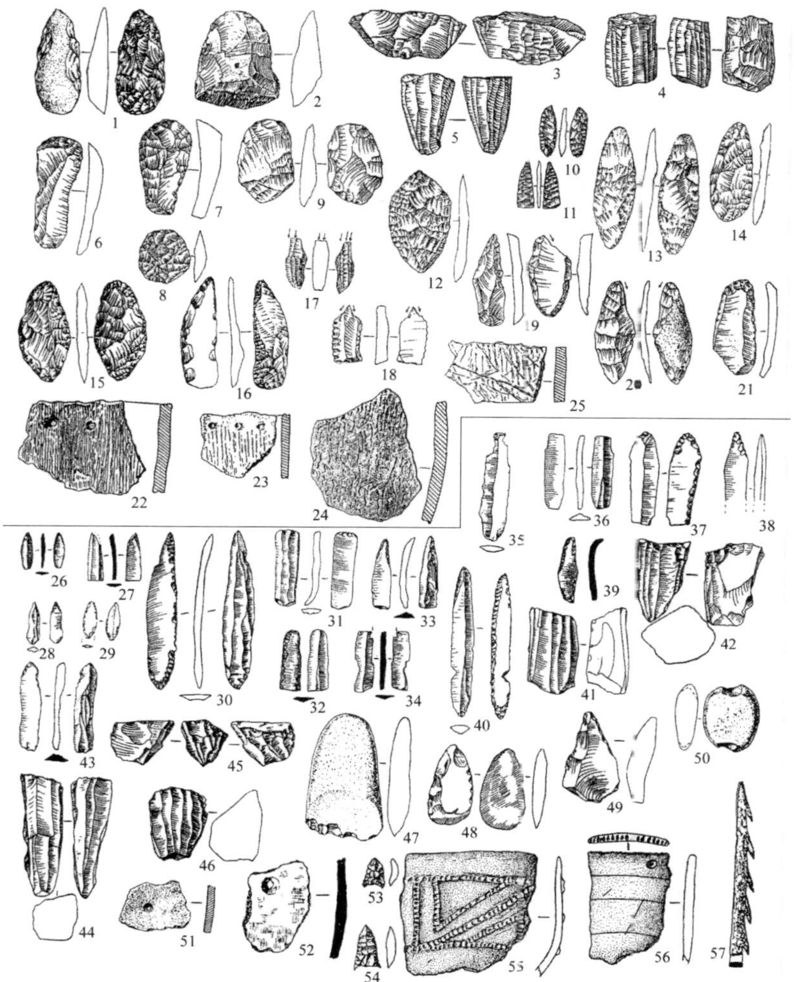

Рис. 2. Громатухинская (1~25); новопетровская (26~52) и осиновская (53~57) культуры. Изделия из камня (1~21, 26~50, 53, 54); керамика (22~25, 51, 52, 55, 56); кость (57). Масштаб различен.

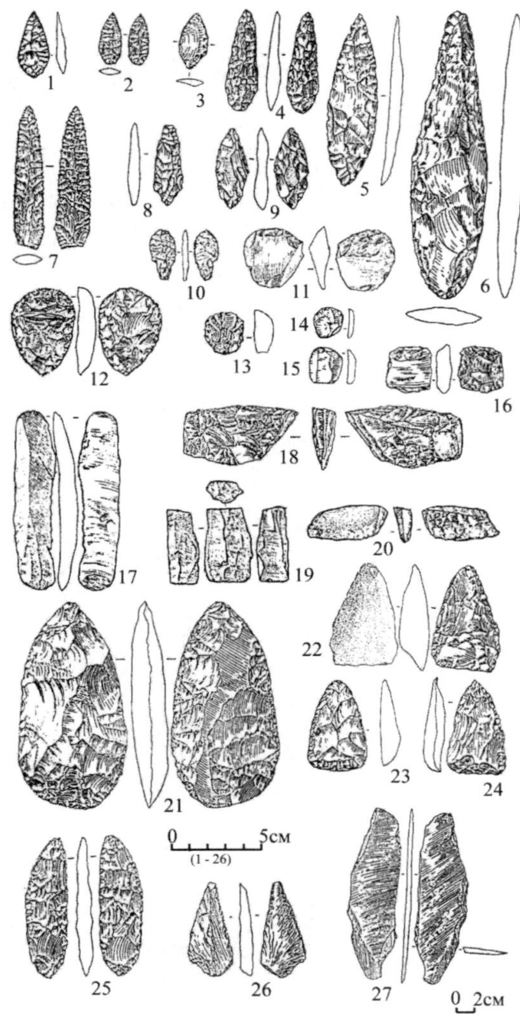

Рис. 3. Изделия из камня осиповской культуры

1~4, 8~10 – наконечники стрел; 5, 7 – наконечники дротиков; 6 – наконечники копья; 11~17 – скребки; 18~20 – нуклеусы; 21~24 – тесловидно-скребловидные орудия; 25~27 – ножи. (1~7, 10~27 – Гася; 8, 9 – Осиновая Речка).

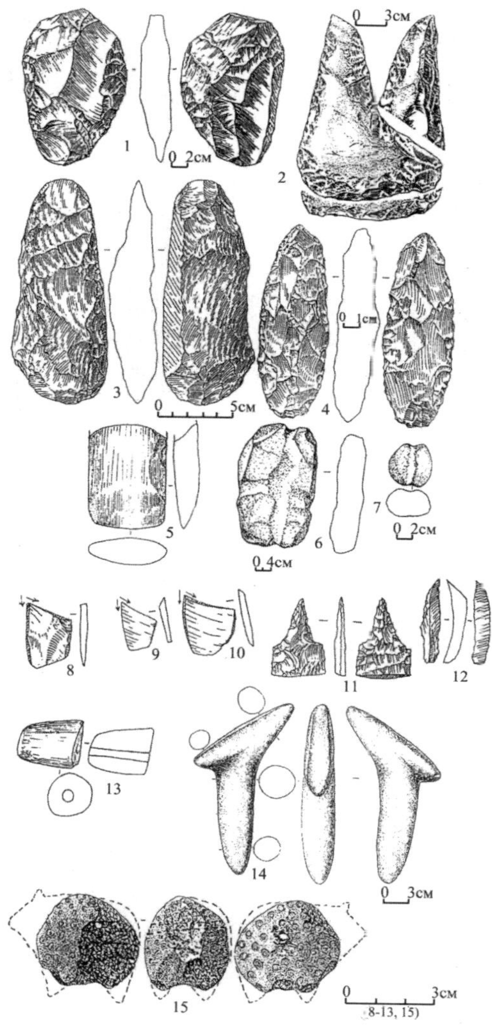

Рис. 4. Изделия из камня и глины осиповской культуры.

1 – скребловидно-нуклевидное орудие; 2 – струг; 3 – землеройное орудие; 4 – рубящее орудие; 5 – шлифованное тесло; 6, 7 – грузила; 8~10 - резцы; 11 – проколка; 12 – провертка; 13 – бусина; скульптурное изображение фаллоса-женщины; 14 – фигурка медведя. 1~14 – камень; 15 – глина. 1~12 – Гася; 13 – Госян; 14 – Сакачи-Алян (Нижний пункт).

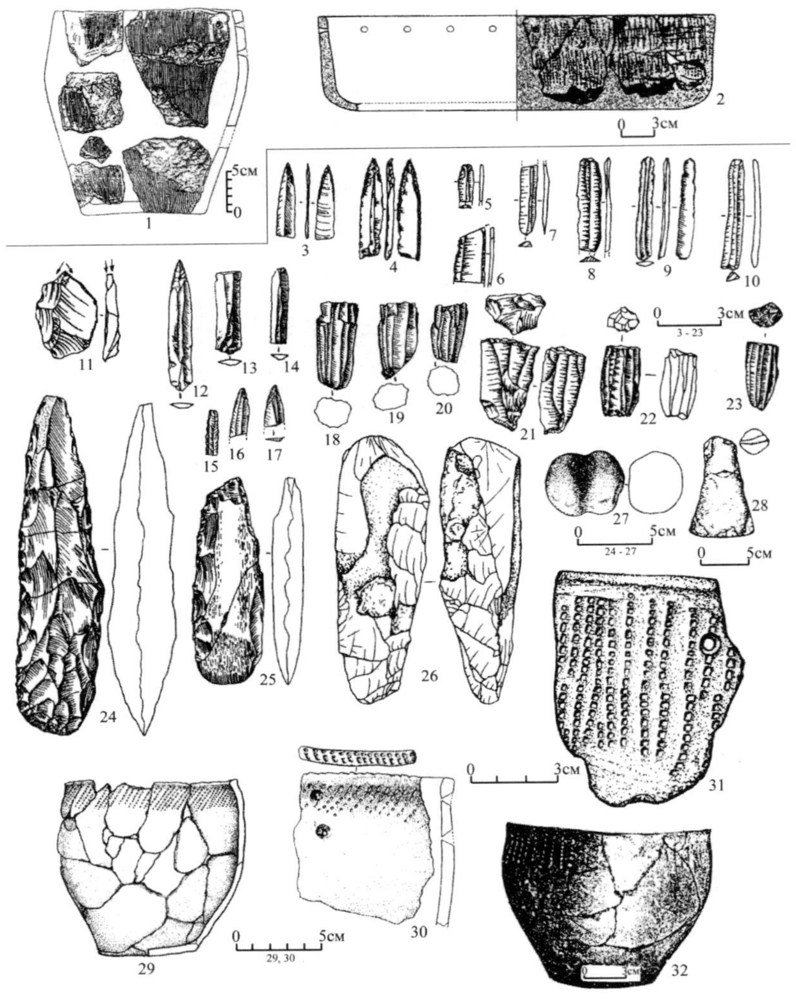

Рис. 5. Осиповская (1, 2) и мариинская (3–32) культуры. 1, 2, 29–32 – керамика; 3 – 28 – изделия из камня

1 – Гася; 2 – Гончарка-1; 3~11, 21~30 – о. Сучу; 12~20, 31, 32 – Кондон-Почта.

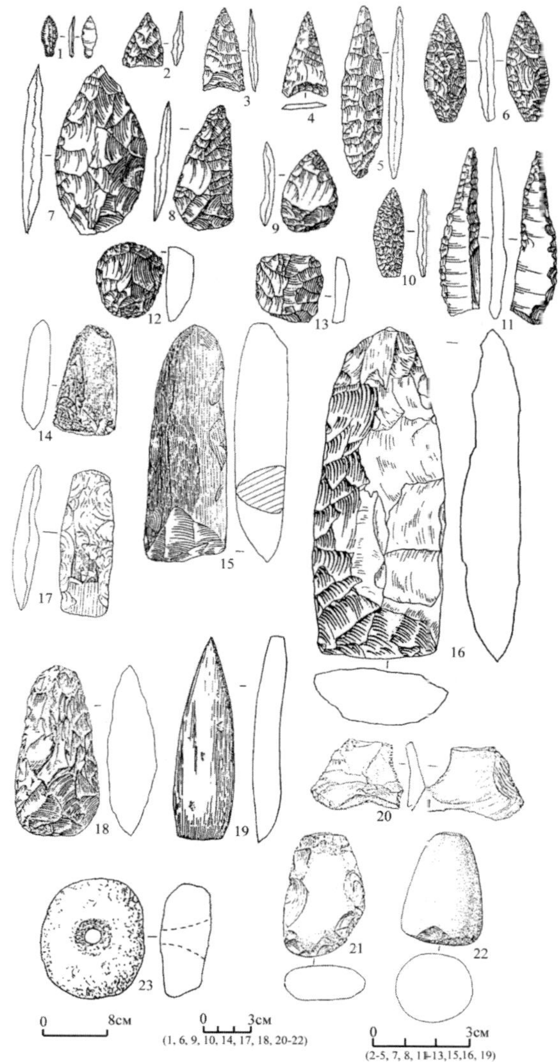

Рис. 6. Изделия из камня малышевской культуры

1~5 – наконечники стрел; 6 - наконечник дротика; 7~10 – ножи; 11 – остриё-проколка; 12, 13 – скребки; 14 – топор; 15~18 – тесла; 19 – тесло-стамеска; 20 – скобель; 21 – скребло; 22 – пест; 23 – навершие палицы. 3, 5, 9, 11, 12, 14, 15, 18, 20~22 – Гася; 2, 4, 7, 8, 13, 16, 19, 23 – Сучу; 1, 6, 10, 17 – Иннокентьевка.

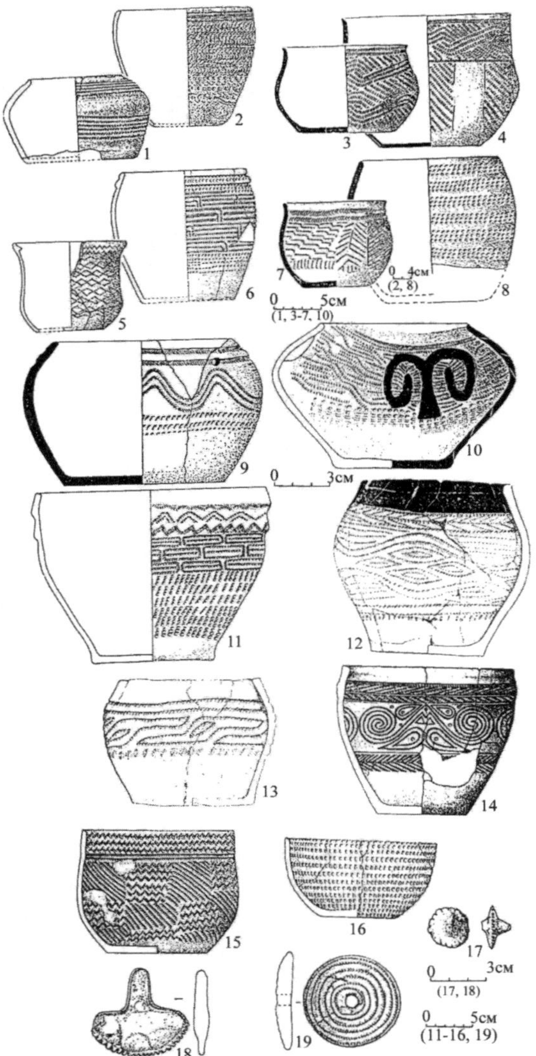

Рис. 7. Изделия из глины малышевской культуры

1~16 – сосуды; 17 - колёсико-орнаментир; 18 – штамп-качалка; 19 – пряслице. 1~9 – Гася; 10~19 – Сучу.

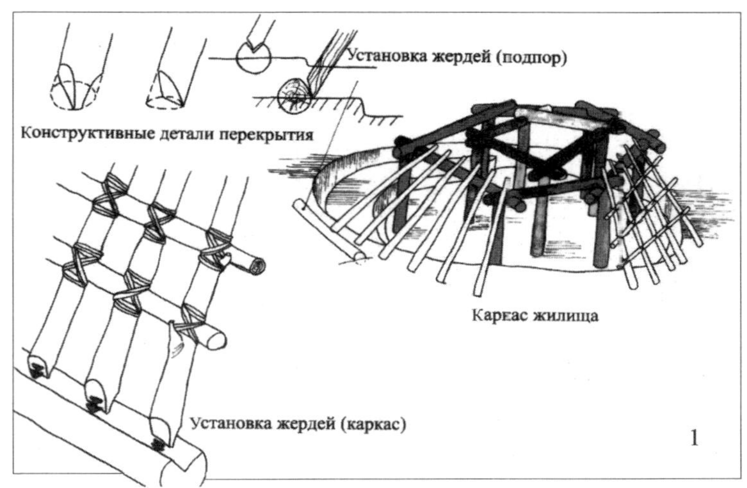

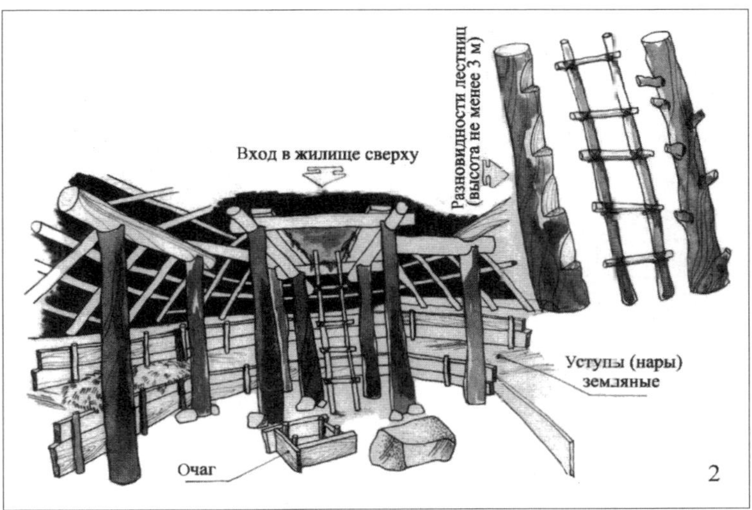

Рис. 8. Реконструкция жилища № 5 малышевской культуры (поселение Сучу)
1 – вид каркаса и его элементов; 2 – интерьер жилища.

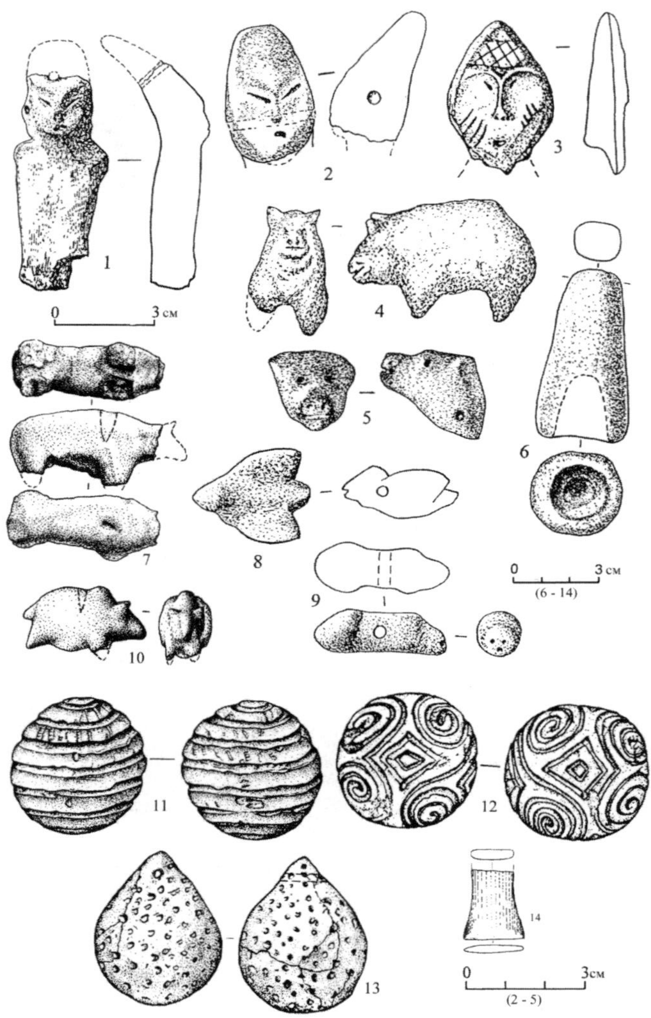

Рис. 9. Образцы искусства и культа малышевской культуры

1 – статуэтка женщины; 2 – скульптурное изображение головы женщины; 3 – скульптурное изображение головы мужчины; 4, 5, 7, 10 – фигурки медведя; 6 – скульптурное изображение фаллоса-вульвы; 8 – фигурка птицы; 9 – двуконечный фаллос с изображением головы тюленя; 11, 12 – шары-чуринги; 13 – погремушка-бубенец; 14 – лабретка. 1~5, 7~13 – глина; 6, 14 – камень. 1, 2, 5, 7~12, 14 – Сучу; 3, 4, 6 – Гася; 13 – Вознесенское.

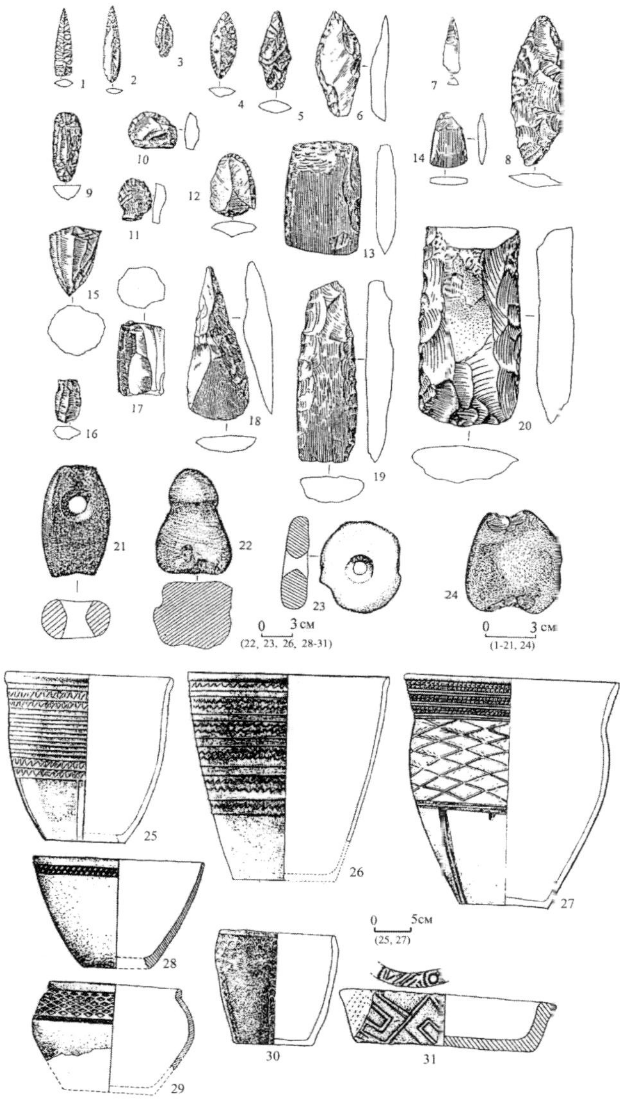

Рис. 10. Изделия из камня и керамика кондонской культуры

1~5 наконечники стрел; 6, 8 – наконечники дротиков; 7 – проколка; 9~12 – скребки; 13 – топор; 14, 18~20 – тесла; 15~17 – нуклеусы; 21, 24 – рыболовные грузила; 22 – пест; 23 – навершие палицы; 25~31 – сосуды. Поселение Кондон-Гочта.

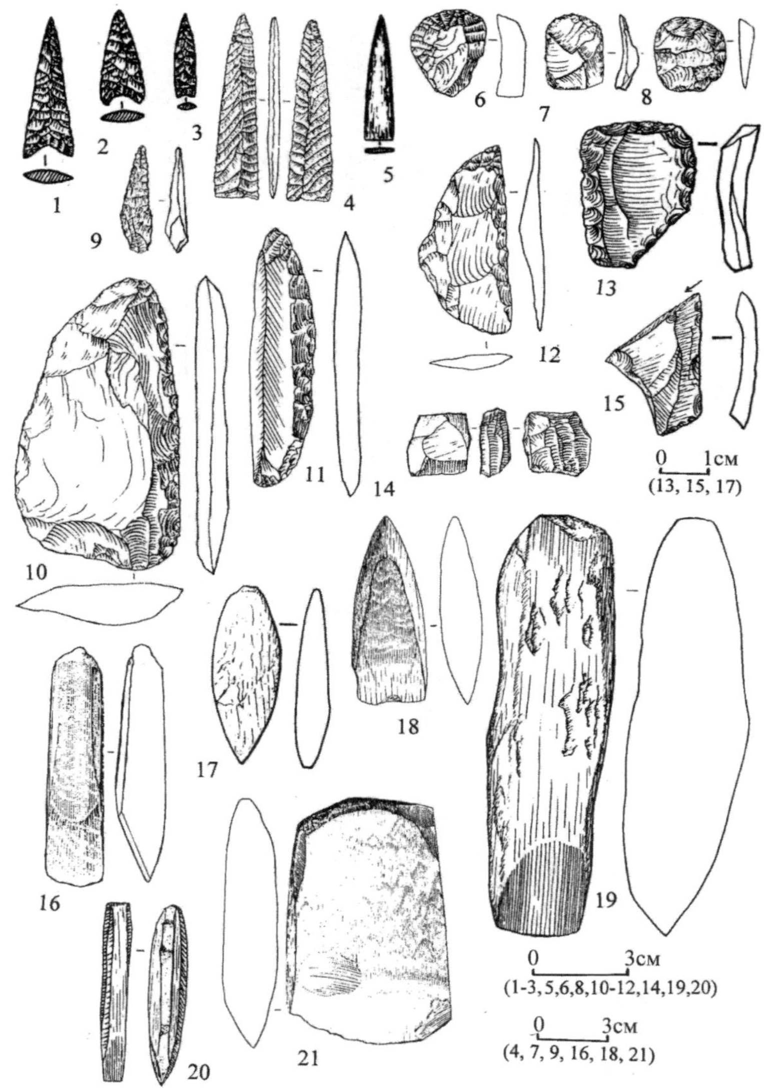

Рис. 11. Изделия из камня вознесеновской культуры
1~5 – наконечники стрел; 6~8, 13 – **скребки**; 9 – проколка; 10~12 – **ножи**; 14 – нуклеус; 15 – резец; 16, 20 – **стамески**; 17 – долото; 18~20 – тесла. (1~3, 5 – Тахта; 4, 6~17, 19, 20 – Сучу; 18, 21 – Гася).

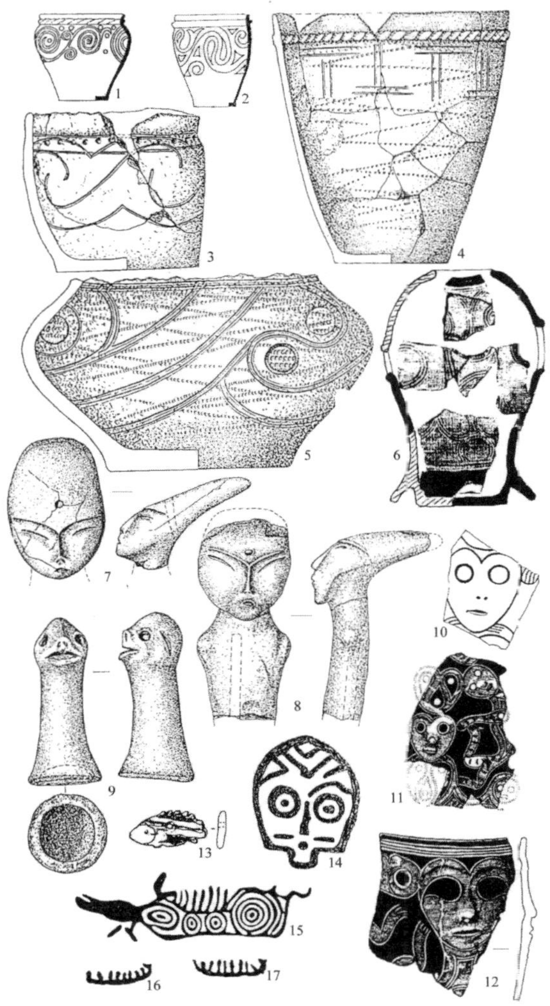

Рис. 12. Керамика и образцы искусства вознесеновской культуры

1~5 – сосуды; 6 – реконструкция сосуда; 7 – скульптурное изображение головы женщины; 8 – скульптурка женщины; 9 – фаллическая фигурка с головой тюленя и вульвой; 10 – фрагмент сосуда с изображением личины; 11, 12 – фрагменты крашеных сосудов с полисемантическими изображениями; 13 – фигурка рыбы; 14~17 – петроглифы, 1~12 – глина; 13 – камень. 1, 2, 8 – Кондон-Почта; 3~5. 7, 9~Сучу; 6, 13 – Тахта; 10~12 – Вознесенское; 14~17 – Сакачи-Алян. Масштаб различен.

К этногенезу культур эпохи бронзы на юге Западной Сибири
- по данным археологии, антропологии и генетики -

Молодин В.И. * ·Чикишева Т.А. ** ·Пилипенко А.С. ***

〈국문초록〉

이 논문은 기원전 4천년기~1천년기 초반에 걸쳐서 서부 시베리아 바라바 평원의 청동기시대 주민들의 이동과 문화변화에 대하여 인류학, 고고학, 유전학적인 자료를 이용해서 설명한 것이다. 자세한 주민집단의 관계에 대해서는 표 1에 정리되었다. 본 연구결과 두개골의 계측결과로 볼 때에 우스티—타르타스와 크로토보문화는 바라바 스텝지역의 신석기시대 주민계통이 지속적으로 거주하면서 이어진 것이다. 이들은 고 몽골인종 유형으로 삼림지역의 자우랄, 프리우랄지역, 동유럽북부의 카렐리아와 프리칼틱지역의 주민들과 유전학적으로 서로 관련이 있다.

또한 최근의 고고학적 연구는 주거지뿐 아니라 무덤자료인 타르타스—1유적을 통해서 오디노보기의 청동기시대 주민들에 대한 새로운 평가를 할 수 있었다. 그 결과 오디노보기는 시공간적으로 볼 때에 기원전 3천년 전반기에 존재한 단독적인 문화임이 주거유적, 무덤유적 등으로 종합적으로 확인되었다.

* 	몰로딘(Vyacheslav I. Molodin) : 러시아 과학원 노보시비르스크 븐소 고고·민족학 연구소 부소장, 러시아과학원 정회원

** 	치키쉐바(T. A. Chikisheva) : 러시아 과학원 노보시비르스크 분소 고고·민족학 연구소 연구원

*** 	필리펜코(A. C. Pilipenko) : 러시아 과학원 노보시비르스크 분소 고고·민족학 연구소 연구원

　한편 mt-DNA의 분석결과 바라바 스텝지역에는 동유럽계 주민의 요소가 확인되었다. 즉, 이 시기부터 몽골로이드와 유로포이드는 혼혈이 되어 왔는데, 이러한 현상은 현재의 서시베리아 원주민들에게서도 볼 수 있는 현상이다. 본고에서는 우스티-타르타스문화, 오디노보문화, 크로토보문화, 안드로노보문화 주민에 대한 mt-DNA분석 결과를 고고학적 자료와 비교 분석했다. 각 고고학적 문화가 바뀔 때마다 주민들의 DNA분석에서도 새로운 요소들이 추가되는 모습을 확인할 수 있었다. 또한 바라바 스텝지역의 토착적인 요소 역시 다양한 주민의 이주에도 불구하고 지속적으로 유지되고 있었음도 흥미롭다.

　이와 같은 학제 간 융합연구를 통하여 서부시베리아 바라바 스텝지역에서 이루어진 주민 변동의 역동적인 모습과 그 원인을 추정할 수 있었다.

Ранние этапы формирования современного этнического сообщества на территории лесостепной зоны Западной Сибири (рис. 1) происходили уже в обозримом времени, определяемом отступлением ледников между 14-13 тыс. лет до н.э.. По данным физической антропологии на этой территории, начиная с эпохи неолита, фиксируется недифференцированный протоморфный антропологический тип северо-евразийской расы, характерный для народов Восточно-Европейской равнины, Карелии, Прибалтики [Полосьмак, Чикишева, Балуева, 1989].

Настоящая работа посвящена особенностям этногенетических процессов, протекавших на территории западносибирской лесостепи в различные периоды эпохи бронзы (IV – начало I тысячелетия до н.э.). данные по относительной и абсолютной хронологии рассматриваемых нами этнокультурных групп региона приведены в Таблице 1.

Полученные данные свидетельствуют, что краниометрический комплекс, характеризующий усть-тартасское и кротовское население эпохи ранней – развитой бронзы в целом происходит от неолитического населения Барабинской лесостепи. Это протоморфный монголоидный комплекс, генетически связанный с населением лесного Зауралья Приуралья и северных лесных районов Восточно-Европейской равнины, Карелии и Прибалтики [Чикишева, 2010].

Исследования последних лет позволили получить принципиально новые источники как по поселенческим, так и, что особенно важно – по погребальным комплексам. Это позволяет, прежде всего, принципиально по-новому оценивать феномен так называемых памятников «одиновского этапа» эпохи ранней бронзы.

Прежде всего, следует указать на открытие одиновского поселения в центральной Барабе, обнаруженного при раскопках грунтового могильника Тартас-1. Среди находок обращает на себя внимание значительное количество предметов бронзолитейного производства. Они свидетельствуют о развитом бронзолитейном производстве у носителей этой культуры.

Особую значимость имеет открытие погребальных комплексов, относящихся к данному культурному образованию. Так, на разновременном могильнике Преображенка-6, расположенном на правом берегу среднего течения р. Омь, обнаружена серия захоронений, позволяющих отнести их к одиновской группе памятников. Памятник Преображенка-6 можно назвать типично одиновским. По аналогии с ним, к одиновским следует отнести значительную часть погребений памятника Сопка-2/4, расположенных в глубине возвышающегося массива, на котором расположен памятник (планиграфическая группа Сопка-2/4А). Первоначально эти погребения были отнесены к кротовской культуре, хотя специфика погребальной практики на этом участке некрополя отмечалась и ранее [Молодин, Ламина, 1989].

Таким образом, на сегодняшний день в нашем распоряжении присутствует весь необходимый набор признаков (поселенческие и погребальные комплексы, специфическая керамика и инвентарь, территориальная локализация памятников), позволяющий говорить об одиновских комплексах, как об особой археологической культуре, которую правильнее всего именовать как одиновскую. Ее следует датировать III тыс. до н.э., вероятно, первой половиной. Во всяком случае, об этом говорят 8 радиоуглеродных дат, полученных по погребениям могильника Сопка-

2/4 [Молодин, 2008].

Открытой следует пока оставить проблему сосуществования одиновской и кротовской культур.

Наиболее близкой аналогией морфологических особенностей, характерных для погребенных на могильнике одиновской культуры Преображенка-6, является коллекция черепов из энеолитических погребений могильника Сопка-2 [Чикишева, 2010].

В краниологическом отношении население одиновской культуры из могильника Сопка-2 обособляется от остальных групп могильника, включая также население эпохи неолита и усть-тартасской культуры эпохи раннего металла. Специфика присущего ему краниологического комплекса заключается в максимальной выраженности монголоидных особенностей на фоне остальных групп. Допустимо предположить, что особенности этого комплекса сформировались при инфильтрации в среду одиновского населения антропологического компонента палеосибирского расового типа (возможно, связанного с населением серовской культуры байкальского региона) [Чикишева, 2010].

На позднем этапе развития кротовской культуры наблюдается еще одна трансформация антропологического комплекса населения. В нем появляются особенности, которые обнаруживаются также в составе краниологической серии андроновского времени из могильника Еловка-2 в Томском Приобье [Чикишева, 2010].

Импульсы европеоидного влияния с юга и запада Евразийского региона на кротовское население фиксируются в основном по одонтологическим признакам. Максимальное усиление европеоидности наблюдается при появлении в погребальной обрядности традиции возведения надмогильных курганных насыпей. Обнаруженный в женской выборке этого этапа кротовской культуры редкий маркер «западного» одонтологического ствола – Y3M2 связан с южной ветвью европеоидной расы, что может свидетельствовать об инфильтрации в кротовскую среду южных европеоидов [Зубова, 2008; Чикишева, 2010].

Население, проживавшее на городище Чича-1, было поликомпонентно по составу. Не вызывают сомнения его связи с автохтонным ирменским населением Западной Сибири, проявляющиеся в одонтологическом комплексе. Краниологический облик группы достаточно своеобразен, что, в сочетании с демографическими характеристиками и особенностями палеопатологического статуса группы, позволяет говорить о вкладе мигрантов в ее происхождение [Зубова, 2008; Чикишева, 2010].

Новые возможности для изучения и проведения объективных реконструкций этногенетических процессов в рассматриваемом регионе открываются с применением методов анализа ДНК из палеоантропологического материала. Нами осуществляется сравнительное исследование генофондов митохондриальной ДНК (мтДНК) групп населения, последовательно сменявших друг друга в западносибирской лесостепи на протяжении всей эпохи бронзы.

К настоящему времени нами получены данные по структуре мтДНК представителей 7 этнокультурных групп: усть-тартасской, одиновской, кротовской, позднекротовской, андроновской (федоровской) культур, культуры эпохи поздней бронзы и населения переходного периода об эпохи бронзы к эпохе железа (городище Чича-1). Всего исследовано 85 образцов мтДНК, среди которых выявлено 42 различных гаплотипа (рис. 2) [Пилипенко, 2010].

При рассмотрении всего комплекса полученных результатов можно констатировать, что для населения Барабинской лесостепи эпохи бронзы было характерно присутствие в генофонде мтДНК как восточно-евразийских, так и западно-евразийских вариантов мтДНК (смешанная структура генофонда). Среди современных коренных популяций Евразийского материка сходная картина наблюдается для территорий, являющихся зонами контакта населения, контрастного в антропологическом и генетическом отношении, например, европеоидной и монголоидной большими расами. В частности, такая ситуация характерна и для современного коренного населения исследуемого нами Западно-Сибирского региона [Наумова и др., 2008; Пилипенко, 2010]. Вопросы о хронологии и механизмах различных этапов формирования смешанной структуры населения имеют принципиальное значение для реконструкции ранних этапов расо- и этногенетических процессов в данном регионе. В этой связи представляется информативным сравнительный анализ состава генофонда мтДНК разновременных групп населения западносибирской лесостепи.

Усть-тартасская культура эпохи ранней бронзы [Молодин, 2010](рис. 3)

К настоящему моменту получены данные о структуре 15 образцов мтДНК из останков носителей усть-тартасской культуры.

Существование преемственности между этой группой и неолитическим населением региона (по археологическим и антропологическим данным) позволяет экстраполировать, хотя и с некоторой осторожностью, полученные генетические характеристики и на более древние группы населения Барабы, пока не доступные для масштабного палеогенетического исследования.

Полученные нами данные указывают на то, что генофонд усть-тартасского населения уже был смешанным и достаточно гетерогенным. Можно предположить, что смешанная структура генофонда мтДНК была характерна и для предшествовавшего неолитического населения региона. Таким образом, наши данные свидетельствуют в пользу значительной древности начальных этапов формирования смешанной структуры населения, а не просто позднего смешения европеоидов и монголоидов [Пилипенко, 2010].

Состав серии образцов мтДНК усть-тартасской культуры согласуется с предположением о северо-западном векторе связей ее населения, выдвинутом на основании данных краниометрии и особенностей материальной культуры. Западно-евразийские гаплогруппы представлены вариантами трех подгрупп гаплогруппы U (U2e, U4, U5a1). Их доминирование в западно-евразийском компоненте генофонда мтДНК сохраняется и в последующие периоды эпохи бронзы. Такая ситуация в наибольшей степени характерно для Восточной Европы (особенно Северо-Восточной), а также Волго-Уральского региона. Высокая представленность линий гаплогрупп U2e, U4 и U5 в западно-евразийском компоненте генофонда ранних групп населения лесостепного пояса Западной Сибири сближает их с древними группами охотников-собирателей, населявших территории к западу и северо-западу от исследуемого региона (население неолита и ранней бронзы Северной, Центральной и Восточной Европы) [Bramanti et al., 2009; Malmstrom et al., 2009]. По-видимому, доминирование в западно-евразийской части генофонда мтДНК подгрупп U4, U5 (а также U2e), было распространено в лесостепной и лесной зонах Евразии от центральной Европы до Западной Сибири.

Восточно-евразийские варианты мтДНК (гаплогруппы A, C, D, Z) выявленные в усть-тартасской серии могут быть связаны с влиянием населения восточных и юго-восточных по отношению к западносибирской лесостепи территорий.

Одиновская культура(ранняя–развитая бронзы) [Молодин, 2010](рис. 4-6)

В генофонде одиновской культуры, как и в усть-тартасской группе, выявлены и западно-евразийские (U5a) и восточно-евразийские линии мтДНК (A, D, C). Однако доля образцов, относящихся к восточно-евразийскому кластеру, существенно увеличена. При этом состав гаплогрупп, составляющих восточно-евразийский компонент генофонда мтДНК, у проанализированных выборок населения усть-тартасской и одиновской культур совпадает. Более того, вариант гаплогруппы D с гаплотипом 16223-16362, с высокой частотой представленный в генофонде одиновского населения, был обнаружен и среди представителей усть-тартасской культуры. Структурный вариант восточно-евразийской гаплогруппы C из генофонда одиновцев филогенетически близок (хотя и не идентичен) усть-тартасским. Западно-евразийские компоненты этих двух групп древнего населения Барабы сближает присутствие вариантов U5a1 гаплогруппы. Все эти факты позволяют сделать вывод о наличии генетической преемственности между населением усть-тартасской и одиновской культур эпохи ранней – развитой бронзы по данным мтДНК [Пилипенко, 2010]. Этот вывод коррелирует с данными археологии и физической антропологии.

Важно отметить, что одиновские образцы, взятые из разных памятников – Сопка-2/4а, Преораженка-6 – проявляют генетическое сходство. Свидетельства генетического сходства рассматриваемых групп древнего населения Барабы с разных археологических памятников подтверждают корректность их объединения в одну культуру, проведенного по результатам анализа археологических материалов.

Кротовская культура эпохи развитой бронзы [Молодин, 2010]

Большинство изученных образцов относится к восточно-евразийскому кластеру гаплогрупп (исключение – вариант гаплогруппы U2e). Таким образом, в период существования кротовской культуры сохраняется тенденция к высокой доле этого компонента в генофонде.

Варианты гаплогрупп A, C, D, Z и U2e близкие (и, в некоторых случаях, идентичные) кротовским, были выявлены нами в предшествовавших группах. Определенно можно констатировать наличие генетической преемственности кротовцев с более ранним населением Барабинской лесостепи.

Таким образом, мы не получили достоверных свидетельств о выраженных генетических различиях между этими тремя сериями на уровне состава гаплогрупп мтДНК. Полученные данные свидетельствуют в пользу преимущественно автохтонного состава населения Барабинской лесостепи в эпоху ранней и начала развитой бронзы (последовательное автохтонное развитие в ряду: население усть-тартасской культуры— население одиновской культуры – население раннего этапа кротовской культуры). Эти данные несколько расходятся с представлениями археологов, согласно которым, в период существования раннего этапа кротовской культуры фиксируется первая волна миграции в Барабу. Однако данные физической антропологии также свидетельствуют об отсутствии значительного притока генетически контрастного населения с юга в этот период. Очевидно, южные новации, наблюдаемые на уровне материальной культуры, являются следствием культурных контактов с населением Казахстана и Средней Азии, не сопровождавшихся значительным миграционным потоком населения [Пилипенко, 2010].

Позднекротовская культура эпохи развитой бронзы [Молодин, 2010](рис. 7)
В генофонде позднекротовского населения по нашим данным фиксируется увеличение доли западно-евразийских гаплогрупп мтДНК. Кроме того, в составе генофонда появляются новые гаплогруппы. Наиболее значимо

на наш взгляд появление гаплогруппы T в западно-евразийском кластере, по-видимому, связанное с влиянием носителей андроновской (федоровской) культуры, массовая миграция которых на территорию Барабы по данным археологии происходит с начала II тыс. до н.э. [Пилипенко, 2010; Молодин, 1985].

Андроновская (федоровская) культура и «андронизация» населения Барабы [Молодин, 1985; 2010](рис. 8)

В генофонде андроновского населения выявлено примерно равное соотношение западно- и восточно-евразийских гаплогрупп. При этом, существенная часть линий мтДНК, обнаруженная в генофонде носителей андроновской культуры, характерна также для более ранних слоев населения Барабы эпохи бронзы. По-видимому, они были привнесены в генофонд андроновцев в результате генетических контактов с аборигенным позднекротовским населением. С другой стороны, среди андроновских образцов действительно присутствуют лини гаплогруппы T, впервые выявленные нами у позднекротовского населения. Следовательно, появление гаплогруппы T у древнего населения Барабы действительно может объясняться влиянием мигрировавшего в регион андроновского населения.

Таким образом, миграция андроновского населения на территорию Барабы, по-видимому, сопровождалась интенсивными взаимными генетическими контактами по женской линии с аборигенным позднекротовским населением. При этом, влияние женского генофонда аборигенов Барабы на мигрантов было более выраженным [Пилипенко, 2010].

Население культуры эпохи поздней бронзы Барабы

По археологическим данным в результате взаимодействия аборигенных культур с андроновцами в Западной Сибири формируются андроноидные культуры, которые играли значительную роль в этногенетических процессах в период поздней бронзы. На территории Барабинской лесостепи в этот период, по-видимому, существуют носители двух археологических культур – ирменской и «культуры эпохи поздней бронзы Барабы». Нами исследована небольшая серия образцов мтДНК (5 образцов) от носителей последней культуры из могильника Старый Сад. Проблема ее происхождения до конца не решена. Отмечается сходство элементов материальной культуры с бегазы-дандыбаевской культурой Центрального и Северного Казахстана. Краниометрические характеристики женской части населения культуры эпохи поздней бронзы Барабы предполагают вклад андроновского населения в структуру генофонда рассматриваемой группы.

Исследованная нами серия образцов мтДНК несет в себе несомненные признаки преемственности с аборигенными группами населения Барабы более ранних периодов эпохи бронзы (варианты гаплогрупп A, C). Выявлено также присутствие в составе данной серии линии гаплогруппы T, которая, как отмечалось выше, может рассматриваться в качестве специфического для Барабы маркера андроновского генетического влияния. Идентичная по структуре линия, была выявлена у носителя андроновской культуры Красноярского края [Keyser et al., 2009]. Таким образом, рассмотренная серия образцов мтДНК культуры эпохи поздней бронзы Барабы отражает несомненное участие в ее формировании как андроновского населения, так и автохтонных для Барабы генетических компонентов, что согласуется с данными археологии.

Генофонд населения городища Чича-1 эпохи поздней бронзы – переходного от бронзы к железу времени [Молодин, Парцингер, Кривоногов и др., 2009] (рис. 9, 10)

Для выделения ДНК мы использовали как фрагменты скелетов восьми из десяти младенцев, захоронения которых были обнаружены в жилищах городища Чича-1, так и останки взрослых представителей населения городища из некрополя (включая курган 1 памятника Здвинск-1) [Пилипенко, Ромащенко, Молодин и др., 2008].

Результаты анализа состава генофонда населения городища Чича-1 переходного периода от бронзы к железу свидетельствуют о резкой смене состава линий мтДНК, по сравнению с рассмотренными выше группами. Его основу составляют западно-евразийские линии, относящиеся к гаплогруппам U (подгруппы, не характерные для предшествующих популяций – U1a, U3, U5b), H, J, W. Выявлена только одна линия восточно-евразийского кластера, относящаяся к гаплогруппе D. Смена состава линий мтДНК, коснувшаяся западно-евразийского компонента генофонда, обусловлена миграционным потоком людей, генетически отличающихся от аборигенного населения региона.

Присутствие у населения городища Чиа-1 линий гаплогрупп U1a, U3 (а также специфических вариантов гаплогруппы H) позволяет предполагать, что источник миграционного потока людей в Барабу находился на юге или юго-западе по отношению к Барабинской лесостепи, по-видимому, на территории современного Казахстана и Средней Азии, что подтверждается пока немногочисленными и фрагментарными данными анализа структуры мтДНК древнего населения этих регионов [Lalueza-Fox et al., 2004].

Таким образом, сравнительный анализ состава линий мтДНК представителей археологических культур, проживавших на территории Барабинской лесостепи, позволил выявить существенные изменения в структуре их генофонда мтДНК. В итоге, генетическими методами, мы фиксируем изменения в генетическом составе населения. Сопоставление полученных результатов с филогеографическим распределением мтДНК в современном населении планеты позволяет с некоторой вероятностью определить возможный вектор перемещения мигрантов (продемонстрировано на примере населения Чича-1).

Кроме того, обнаружены генетические компоненты, неизменно присутствующие в составе генофондов мтДНК населения Барабы в течение длительного времени. Это гаплогруппы A и C восточно-евразийского кластера мтДНК и гаплогруппа U5a западно-евразийского кластера. Несмотря на существовавшую изменчивость состава населения (в первую очередь, за счет миграционных процессов), в регионе всегда присутствовал автохтонный пласт, маркирующий генетическую преемственность разновременных групп.

Анализ полученных данных показал эффективность мультидисциплинарного подхода с привлечением методов палеогенетики для выяснения степени генетической преемственности разновременных этнокультурных групп региона и выявления генетических последствий миграционных потоков, то есть для реконструкции основных процессов формирования древнего населения. Все эти данные служат существенным подспорьем для углубленного понимания и осмысления процессов этногенеза популяций, населявших южную часть Западносибирской равнины в эпоху бронзы.

Таблица 1. Этнокультурные группы западносибирской лесостепи эпохи бронзы

Этнокультурная группа	Хронология (тыс. лет до н.э.)	Археологические памятники	Период эпохи бронзы
Усть-тартасская культура	IV – начало III	Сопка-2/3, Сопка-2/3А	Эпоха раннего металла
Одиновская культура	Первая половина III	Сопка-2/4А Преображенка-6	Период ранней бронзы
Кротовская культура	Конец III- ачало II	Сопка-2/4Б	Период развитой бронзы
Позднекротовская культура	Первая четверть II	Сопка-2/5, Тартас-1	Период развитой бронзы
Андроновская (Федоровская) культура	Первая половина II	Тартас-1	Период развитой бронзы
Культура эпохи поздней бронзы Барабы	Конец II	Старый сад	Период поздней бронзы
Позднеирменская культура	IX-VIII вв. до н.э.	Городище и некрополь Чича-1 (включая курган Здвинск-1)	Переход от эпохи бронзы к эпохе раннего железа

Зубова А.В. Антропологический состав населения Западной Сибири в эпоху развитой и поздней бронзы. Автореф. дис. … канд. ист. наук. – Новосибирск, 2008. – 26 с.

Молодин В.И. Бараба в эпоху бронзы. – Новосибирск: Наука, 1985. – 186 с.

Молодин В.И. Одиновская культура в Восточном Зауралье и Западной Сибири. Проблема выделения // Россия между прошлым и будущим: исторический опыт национального развития: Материалы Всерос. Науч. конф. – Екатеринбург, 2008б. – С. 9-13.

Молодин В.И. Современные представления об эпохе бронзы Обь-Иртышской лесостепи (к постановке проблемы) // Археологические изыскания в Западной Сибири: прошлое, настоящее будущее (к юбилею профессора Т.Н. Троицкой). Новосибирск, 2010. – С. 61-76.

Молодин В.И., Ламина Е.В. Керамика могильника Сопка-2 // Керамика как исторический источник. Новосибирск, 1989. – С. 103-118.

Молодин В.И., Парцингер Г., Кривоногов С.К. и др. Чича – городище переходного от бронзы к железу времени в Барабинской лесостепи. Т. 3. Новосибирск, 2009. 248 с.

Наумова О.Ю., Рычков С.Ю., Морозова И.Ю., Хаят С.Ш., Семиков А.В., Жукова О.В.. Разнообразие митохондриальной ДНК у тоболо-иртышских сибирских татар. // Генетика – 2008. – Т. 44. – № 2. – С. 257-268.

Пилипенко А.С. Реконструкция процессов формирования населения

Барабы эпохи бронзы методами анализа вариабельности мтДНК. Автореф. дис. … канд. биол. наук. – Новосибирск, 2010. – 16 с.

Пилипенко А.С., Ромащенко А.Г., Молодин В.И., Куликов И.В., Кобзев В.Ф., Поздняков Д.В., Новикова О.И. Особенности захоронения младенцев в жилищах городища Чича-I Барабинской лесостепи по данным анализа структуры ДНК // Археология, этнография и антропология Евразии. – 2008. – №. 2. – С. 57-67.

Полосьмак Н.В., Чикишева Т.А., Балуева Т.С. Неолитические могильники Северной Барабы. – Новосибирск: Наука, 1989. – 102 с.

Чикишева Т.А. Динамика антропологической дифференциации населения юга Западной Сибири в эпохи неолита – раннего железного века: Автореф. дис. … докт. ист. наук. – Новосибирск, 2010. – 50 с.

Bramanti B., Thomas M.G., Haak W., Unterlaender M., Jores P., Tambets K., Antanaitis-Jacobs I., Haidle M.N., Jankauskas R., Kind C.-J., Lueth F., Terberger T., Hiller J., Matsumura S., Forster P., Burger J. Genetic discontinuity between local hunter-gatherers and central Europe's first farmers // Science. – 2009. – V. 326. – P. 137-140.

Keyser C., Bouakaze C., Crubezy E., Nikolaev V.G., Montagnon D., Reis T., Ludes B. Ancient DNA provides new insights into the history of south Siberian Kurgan people // Hum. Genet. – 2009. – V. 126. – P. 395-410.

Lalueza-Fox C., Sampietro M.L., Gilbert M.T.P. Castri L., Facchini F., Pettener D. and Bertranpetit J. Unravelling migrations in the steppe: mitochondrial DNA sequences from ancient Central Asians // Proc. Biol. Sci. – 2004. – V. 271. – P. 941-947.

Malmstrom H., Gilbert M.T.P., Thomas M.G., Brandstrom M., Stora J., Molnar P., Andersen P.K., Bendixen C., Holmlund G., Gotherstrom A., Willerslev E. Ancient DNA reveals lack of continuity between Neolithic Hunter-Gatherers and ontemporary Scandinavians // Curr. Biol. – 2009. – V. 19. – P. 1758-1762.

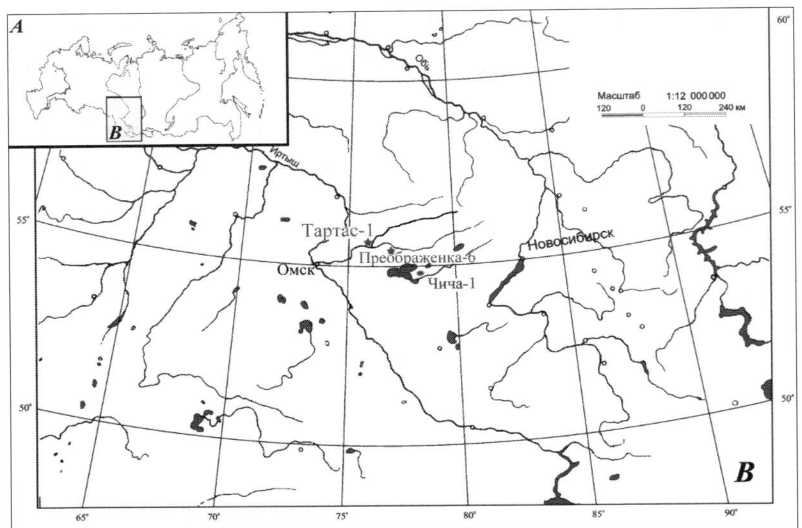

Рис. 1. Местонахождение могильников Тартас-1, Преображенка-6 и городища
Чича-1 на карте РФ

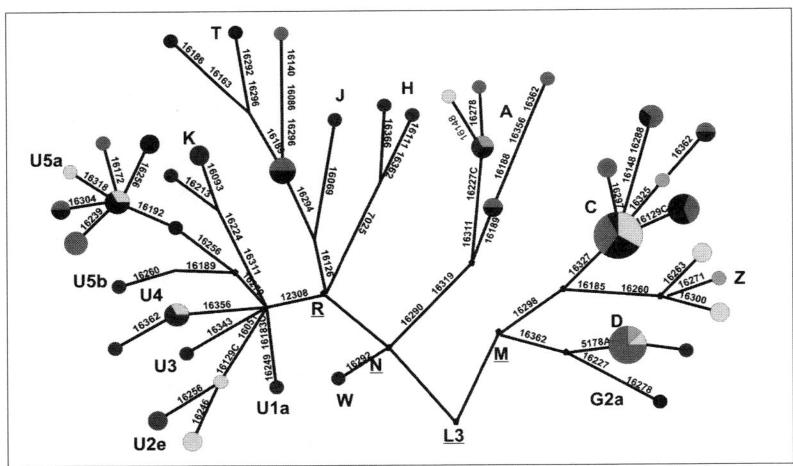

Рис. 2. Филогенетическое дерево мтДНК древних этнокультурных групп Барабы
зпохи бронзы. Цветом маркируются древние этнокультурные группы Барабы
желтый - усть-тартасская культура; розовый - одиновская, голубой - кротовская; синий
- позднекротовская; светло-зеленый - андроновская; темно-зеленый - культура зпохи
поздней бронзы; красный - население городища Чича-1

Рис. 3. Могильник Преображенка-6. Погребение усть-тартасской культуры

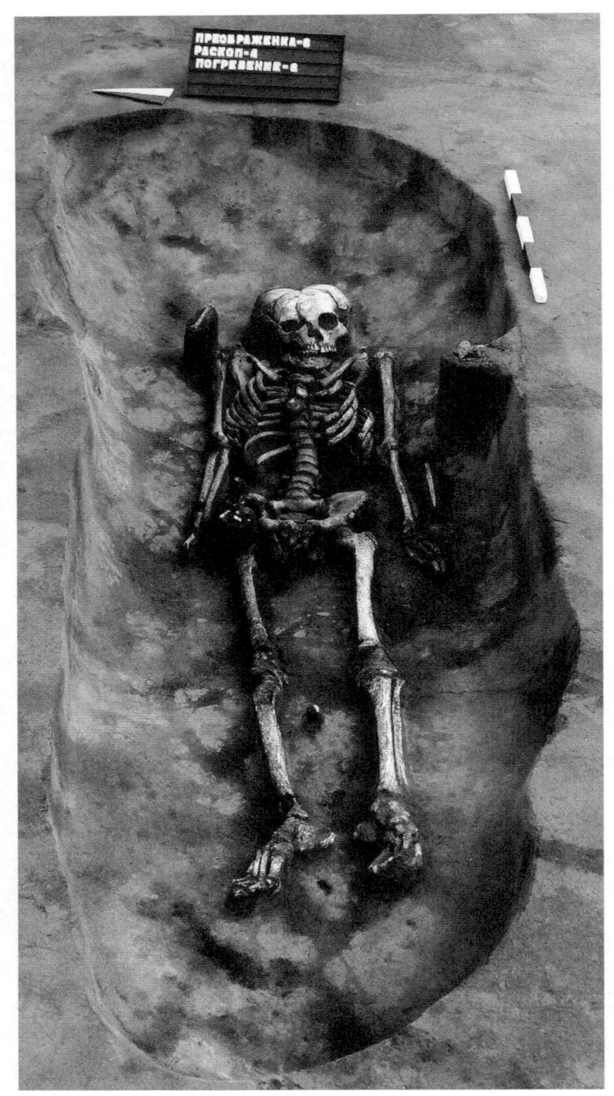

Рис. 4. Могильник Преображенка-6. Погребение одиновской культуры

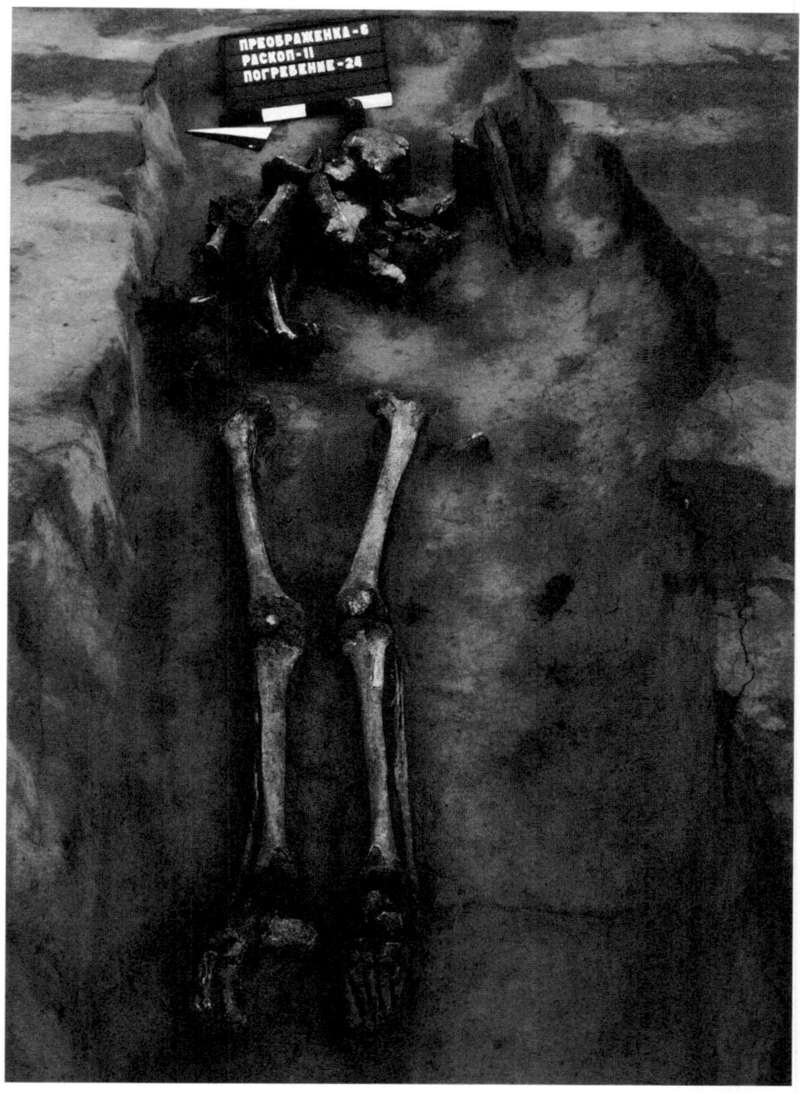

Рис. 5. Могильник Преображенка-6. Погребение одиновской культуры с бронзовым наконечником копья сейминско-турбинского типа

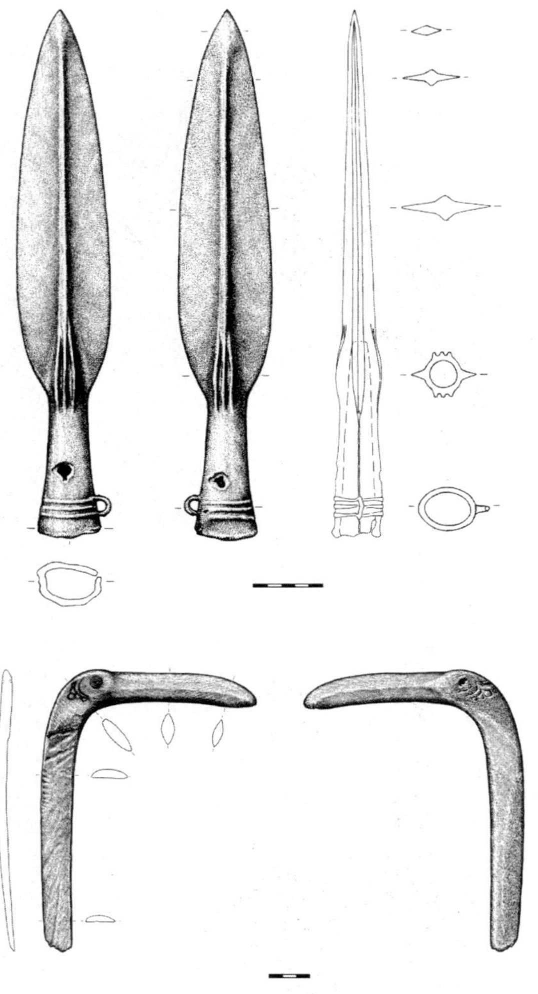

Рис. 6. Инвентарь одиновской культуры из могильника Преображенка-6

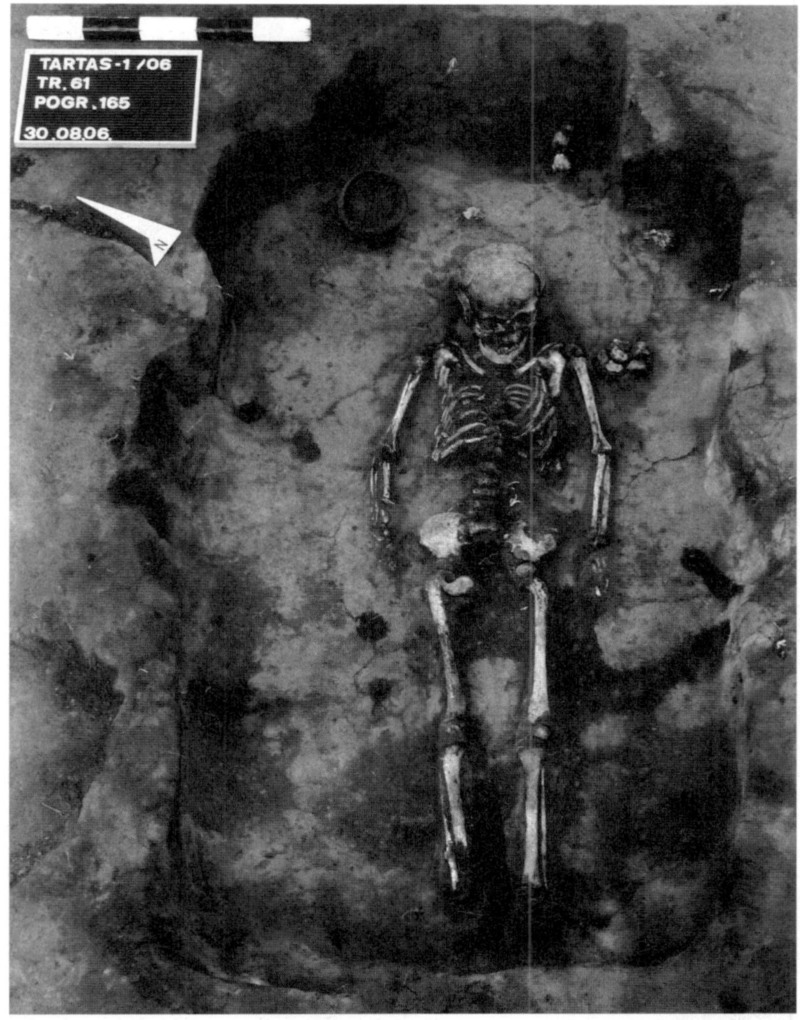

Рис. 7. Погребение № 165 позднекротовской культуры могильника Tartac-1

Рис. 8. Погребение № 121 андроновской(федоровской) культуры могильника Тар-
тас-1

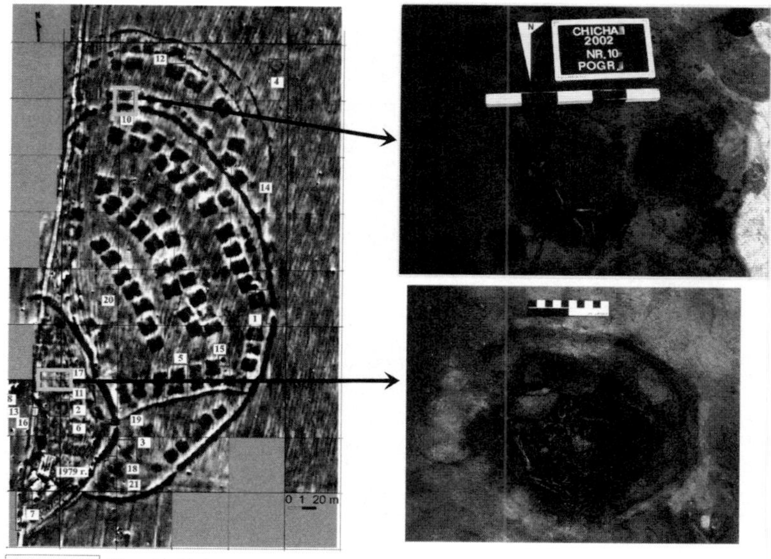

Рис. 9. Детские захоронения в жилищах на городище Чича-1

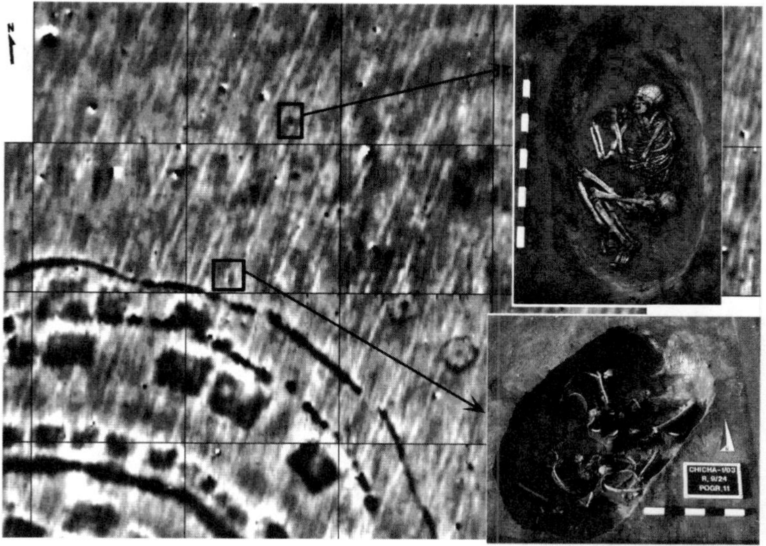

Рис. 10. Захоронение в некрополе. Памятник Чича-1

АНАЛИЗ РАННЕНЕОЛИТИЧЕСКОЙ КЕРАМИКИ ВОСТОКА АЗИИ
- РОССИЯ, РЕСПУБЛИКА КОРЕЯ -

Л.Н. Мыльникова* · С.П. Нестеров**

〈국문초록〉

　토기는 오랜 기간 동안 신석기시대의 발명품으로 여겨져왔다. 하지만 1990년대 이후 구석기나 중석기시대에 속하는 지층에서도 토기가 발견되면서 이러한 인식은 변화하게 되었다. 본 고에서는 필자들은 그로마투하, 체르니고프카-나-제예, 세르게예프카, 가샤 등의 유적이 분포한 아무르강유역, 우스티노프카 유적의 연해주, 그리고 제주도 고산리의 한반도 등을 분석했다. 아무르 지역은 방사성탄소연대를 기준으로 살펴보면 대체로 상한은 15,430년전(그로마투하 제3층), 하한은 8,640~8,980년(세르게예프카 유적)으로 원시고토기문화의 존속기간은 약 8250년이 된다. 하지만 탄소연대 측정치에서 목탄시료만을 인정한다면 그 존속기간은 3620년 정도가 된다. 오시포프카 문화의 존속연대는 15,400~11,650년이 된다. 한편 노보페트로프카문화는 시료가 적은데, 분석된 결과는 12,630~10,800년 정도이다. 제주드 고산리의 유적의 연대에 대해서는 다양한 견해가 존재하는데, 고산리 출토 토기 중에서 유기물이 혼입된 것에 대해서 물리화학적 분석을 했다. 구체적 Electron probe X-ray micro analyzer, 뢴트겐 phase 분석, 현미경을 퉁한 암석학적 분석, 그리고

＊　　므이리니코바(L.N.Mylinikova)· : 러시아 과학원 노보시비르스크 분소 고고·민족학 연구원 연구원

＊＊　세르게이(Nesterov Sergei Pavlovich) : 러시아 과학원 노보시비르스크 분소 고고·딘족학 연구소 연구원

소성온도를 알기 위한 분석을 했다.

원시고토기에 섞인 유기물질은 크게 두 종류로 나뉜다. 가샤유적 출토의 토기에는 활엽수 계통의 식물이 혼입되었고, 나머지 노보페트로프카, 그로마투하, 세르게예프카, 우스티노프카, 고산리 등에서는 자잘한 초본류가 혼입되었다. 토기 제작방법만으로 볼 때 가장 오래된 것은 가샤유적으로 추정된다. 또한 그로마투하, 고산리, 노보페트로프카, 훔미 등의 유적 출토의 토기제작방법은 이와 달라서 원시고토기 단계의 다양한 제작방법이 있었음을 알 수 있었다.

이와 같이 다양한 자연과학적 방법을 통해서 먼 옛날 토기제작이 처음 시작되던 때의 다양한 양상을 파악할 수 있었다. 향후 토기의 기원지를 밝히기 위해서는 더 많은 원시고토기 자료가 축적되어야 하며 각 지역별로 일괄된 방법으로 분석이 이루어져야 할 것이다.

Керамика долгое время рассматривалась как бесспорный критерий, маркирующие археологические комплексы и культуры начиная с эпохи неолита. Находки древнейшей керамики на памятниках, абсолютный возраст которых указывает на их принадлежность к палеолитической-мезолитической эпохе [Медведев, 1993; 2003; Aikens, 1995; Derevyanko, Medvedev, 1995; Vandiver, 1999], изменили ортодоксальность позиции, но керамические изделия по-прежнему играют в построении периодизаций не последнюю роль.

На сегодняшний день для исследователей древнейшего гончарства в мире представляют наибольший интерес два района: Восточная Европа и Восточная Азия.

Исследования 20–80-х гг. XX в. на территории Моравии на памятниках Долне Вестонице 1, Павлов, Пшедмост, Петрковице выявили самые ранние в мире керамические артефакты: фрагменты керамической пластики и фрагменты обожженной глины, датируемые от 26 до 22 тыс. лет назад, а также пиротехнические сооружения (печи), где были обожжены найденные предметы [Vandiver, Soffer, Klima, Svoboda, 1989; Ламберг-Карловский, 1991; Adovasio, Soffer, Klima, 1996].

Начиная с 1960-х годов в Восточной Азии открыты памятники с ранней керамикой возраста 16000–10000 лет назад: в Японии (центральный, юго-восточный, юго-западный районы о-ва Хонсю, Хоккайдо, Кюсю), в Китае (восточные, юго-восточные, частично северо-восточные районы), в России (Приамурье, Приморье), в Корее (Косанни) [Кузьмин, Алкин, Оно и др., 1998; Лапшина, 1999; Медведев, 1993; Шевкомуд, 1998; Кан Чанхва, 2002; Жущиховская, 2004; О Ёнсук, 2004; Кузьмин, 2005;

Кузьмин, Шевкомуд, 2009; Кузьмин, Нестеров, 2010]. Восточноазиатская керамика – не самый ранний опыт человека по получению первого искусственного материала, но она является древнейшим свидетельством гончарства, то есть деятельности по производству посуды. В других районах мира керамические сосуды появились позднее: в Малой Азии и на Ближнем Востоке – конец VII тыс. до н.э., в Северной Африке – конец VIII тыс. до н.э., на Американском континенте – VI тыс. до н.э. [сведения собраны: Жущиховская, 2004, с. 50].

Вопрос о возможном центре или центрах происхождения керамики в настоящее время остается открытым. Разрешение его возможно лишь после публикации и обобщения данных об исследованиях керамических комплексов всех известных ранненеолитических памятников.

В настоящее время, рассматривая проблему происхождения гончарства, авторы приходят к выводу о возможности ее решения посредством специальных исследований. Они направлены, во-первых, на изучение конкретных коллекций ранненеолитической керамики как можно большего числа регионов; во-вторых, на проведение сравнительного анализа древнейших материалов разных регионов, выполненных по общей методике. В-третьих, установление достоверной хронологии неолитических комплексов с ранней керамикой. Только детальное сопоставление хронологии и конкретных характеристик технологии, морфологии, декора архаичной керамики представительной серии памятников позволит принять или отвергнуть предположения о конвергенции, автохтонности, культурных контактах и влияниях в становлении древнего гончарства [Nesterov, Mylnikova, Kuzmin, 2009].

В Институте археологии и этнографии СО РАН (Новосибирск, Россия) было проведено комплексное изучение керамики с памятников Восточной Азии: Приамурья (Громатуха, Черниговка-на-Зее, Сергеевка, Гася, Новопетровка), Приморья (Устиновка), Республики Кореи (Косанни) (рис. 1) *.

Для Приамурья наиболее полно радиоуглеродными датами обеспечена громатухинская культура (17 дат). Образцы для датирования получены по углю и по органическому наполнителю в формовочных массах посуды. Последняя представлена, в основном, керамикой с травой в тесте. Наибольшее количество образцов угля и керамики для проведения радиоуглеродного анализа происходят из слоя 3 стоянки Громатуха из долины реки Зеи (табл. 1; рис. 2, 1–5). Сопоставляя даты, полученные по углю и органическому наполнителю, можно отметить несколько бо́льшую древность (примерно на одну тысячу лет), которую показали образцы керамики. В целом же, третий слой Громатухи располагается в интервале 14820–11200 календарных (калиброванных) лет назад – по углю и между 16260–8010 л.н. – по органике. По керамике с травой в тесте с памятников Новопетровка–II и Сергеевка (рис. 2, 6), которые расположены в долине Амура, также получены даты, совпадающие по времени с существованием громатухинской культуры. И, если керамика с Новопетровки демонстрирует древность до 15430 л.н., то образец из

* Работа выполнена в рамках Программы IX.81.2. «Этнокультурные процессы в Северной Азии: от древности к цивилизации», проект «Дальний Восток в древности и в средневековье:этногенез и культурогенез».

Сергеевки (8640–8980 л.н.) представляет, видимо, финальный этап существования громатухинской культуры в Западном Приамурье. С датами из слоя 3 Громатухи сопоставима дата слоя 2 поселения Черниговки-на-Зее.

В результате исследования однокультурного памятника Черниговка-на-Зее были получены материалы, комплекс которых характеризует ранненеолитическую громатухинскую культуру Западного Приамурья. Он включает тесловидно-скребловидные орудия различных форм; конические и клиновидные нуклеусы и микропластины; бифас; острия с черешком и треугольным в сечении пером; керамику с травой в формовочных массах в качестве примеси, с отпечатками на внешней поверхности сосудов колотушки, обмотанной веревкой или травой (рис. 3). Встреченный на памятнике (в слое пашни) наконечник стрелы на пластине, аналогичный наконечникам с поселения Новопетровка-III, позволяет предварительно датировать слой 1 данного памятника 8500–9350 л.н. Последний возраст близок к датам с Сергеевки и из слоя 3 Громатухи (АА–38107). Возможно, они демонстрируют верхнюю границу громатухинской культуры в данном регионе Приамурья.

Таким образом, исходя из данных радиоуглеродного анализа угля и органики из керамики, можно констатировать, что на сегодняшний день хронологические рамки громатухинской культуры определяются временем 16260–8010 л.н., то есть данная культура существовала около 8250 лет. По сути, данный период получен по органике из формовочных масс керамических изделий, т.к. данные по углю попадают в указанные хронологические рамки. Насколько реален такой хронологический

Таблица 1. Радиоуглеродные и термолюминесцентные даты некоторых ранненеолитических памятников Приамурья и Республики Корея

Памятник, слой	Материал	Дата, л.н.	Индекс и номер	Калибpованная дата л.н. (± 2 сигма)[5]
Громатухинская культура				
Громатуха, слой 3[1]	уголь	12380±70	МТС-05937	14820–14090
	уголь	12340±70	МТС-05936	14740–14030
	уголь	12340±60	AA-36079	14700–14040
	уголь	12300±70	МТС-05938	14560–13980
	уголь	12120±40	AA-60765	14090–13840
	уголь	11580±190	СОАН-5762	13810–13100
	уголь	9895±50	AA-36447	11600–11200
	наполнитель	13310±110	AA-20940	16260–15350
	наполнитель	13240±85	AA-20939	16120–15300
	наполнитель	11320±150	SNU02-002	13360–13050
	наполнитель	10450±60	AA-38108	12650–12120
	наполнитель	8660±90	AA-38102	10200–9630
	наполнитель	7310±45	AA-38107	8200–8010
Громатуха, слой 2.2[1]	уголь	10660±40	Beta-205394	12820–12650
Новопетровка–II[1]	наполнитель	12720±130	AA-38103	15430–14320
Черниговка-на-Зее[1]	уголь	9885±55	AA-78935	11600–11200
Сергеевка[1]	наполнитель	7940±45	AA-38104	8980–8640
Осиповская культура				
Гася[2]	уголь	12960±120	ЛЕ-1781	14110–12530
	уголь	11340±60	GEO-1413	13775–13036
	уголь	10875±90	AA-13393	13140–12644
Хумми[2]	уголь	12425±850	СОАН-3583	17010–12675
	уголь	12150±110	СОАН-3826	15376–13820
	уголь	13260±100	AA-13392	14550–13060
	уголь	10345±110	AA-13391	12802–11697
Гончарка-1[3]	уголь	12500±60	LLNL-102169	15464–14182
	уголь	12055±75	AA-25437	15282–13662
	уголь	11340±110	TKa-13005	13787–13017
	уголь	10590±60	LLNL-102168	12937–12177
	уголь	10550±80	TKa-13007	12920–12108
	уголь	10280±70	AA-25438	12670–11652
	уголь	9890±230	ЗаK-18981	12325–10601
Новопетровская культура				
Новопетровка–II[1]	наполнитель	10400±70	AA-20938	12630–12050
	нагар	9740±60	AA-38109	11260–10810
Новопетровка–III[1]	уголь	8040±90	МТС-05943	9240–8610
Новопетровка–IV[1]	уголь	7890±50	IAAA-32079	8980–8590
Чечжу-до, Республика Корея				
Косанни[4]	наполнитель	10180±65	AA-38105	12120–11410
	наполнитель[4]	10430±1600	–	–
	наполнитель[4]	10180±65	–	–

1. По: [Кузьмин, Нестеров, 2010].

2. По: [Кузьмин, 2005, с. 99; Шевкомуд, Кузьмин, 2009, с. 9].

3. По: [Шевкомуд, Кузьмин, 2009, с. 10; Шевкомуд, Яншина, 2010, с. 63–64].

4. Даты получены термолюминесцентным методом [Кан Чанхва, 2002, с. 24; О Ёнсук, 2004, с. 64].

5. Калибровка радиоуглеродных дат выполнена по: Radiocarbon calibration Program CALIB REV4.4.2.

диапазон бытования культуры – покажут дальнейшие исследования ее памятников. Однако этот период сокращается до 3620 лет, если исходить из дат, полученных только по углю [Кузьмин, Нестеров, 2010, с. 106–107].

Даты и археологический материал осиповской культуры Восточного Приамурья свидетельствуют о её синхронности с громатухинской культурой Западного Приамурья. Судя по радиоуглеродным датам, наиболее ранним является памятник Хумми. В целом, хронологические рамки осиповской культуры лежат в диапазоне 17000 (Хумми) – 10600 (Гончарка 1) календарных лет назад (табл. 1). Отбросив самую раннюю и самую позднюю дату предлагаемого ряда датировок осиповской культуры получаем её хронологические рамки – 15400–11650 календарных лет назад.

Хронология новопетровской культуры обеспечена радиоуглеродными датами в меньшей степени, чем громатухинская, и только из одного района – с трёх поселений на террасе р. Дунайки у с. Новопетровки (табл. 1). Более древней выглядит дата поселения Новопетровка–II – от 12630 до 10800 л.н. Хронология Новопетровки–III и –IV находится в близком временном диапазоне (9240–8590 л.н.). Исходя из этих дат, можно говорить о том, что новопетровкая культура существовала между 12630 и 8590 л.н., или около 4000 лет [Кузьмин, Нестеров, 2010, с. 107].

Хронология памятника Косанни оценивается неоднозначно, однако все исследователи отмечают его многослойность и разновременность полученных материалов. В керамической коллекции памятника Косанни выделено 4 типа керамики [Кан Чанхва, 2002, с. 15; О Ёнсук, 2004].

Среди них присутствует керамика с включениями органики в тесте «типа Косанни» (рис. 4), которая и была подвергнута физико-химическому анализу [Мыльникова, Нестеров, 2008].

Комплексное исследование ранненеолитической керамики (рис. 2–4) включало, кроме бинокулярной микроскопии, использование методов естественных наук, давших объективную информацию для сравнения изделий разных регионов.

Electron probe X-ray micro analyzer (микрозондовый) анализ позволяет получить качественные и количественные характеристики химических элементов, входящих в состав песка формовочных масс. Считается, что формовочные массы керамических изделий, обожженных в простейших устройствах, при температурах, когда еще не происходили процессы плавления составляющих веществ, наследуют ряд признаков геологической характеристики месторождений глин и добавок к ним. Прежде всего, это касается песка полевошпатового состава, который может находиться в образце в естественном состоянии, то есть как составляющая глинистых веществ и как добавка в формовочные массы.

Полевые шпаты являются важнейшими классификационными минералами: это наиболее распространенные минералы, присутствующие в огромном большинстве магматических пород, кроме этого, породы различного химического типа характеризуются наличием плагиоклазов более или менее определенного состава [Белоусова, Михина, 1972, с.

87, 119]. Это свойство полевых шпатов позволяет использовать их для характеристики формовочных масс керамических материалов.

Исследование песка в формовочных массах, выявление его природы (добавка, естественное происхождение) в образцах керамики с помощью поляризационного микроскопа требует многолетней выучки и опыта, и при этом не исключены ошибки [Бобринский, 1978; Глушков, 1996]. А электронно-микрозондовый анализ дает количественные и качественные характеристики химических элементов, получаемые путем машинной обработки.

Результаты исследования сырья приамурской керамики с помощью данного метода (табл. 2; рис. 5) позволяют заключить, что в формовочных массах в основном использовались породы или пески, образовавшиеся

Таблица 2. Результаты микрозондового анализа образцов керамики

No*	K ratio(%)	Ca ratio(%)	SiO2 ratio(%)	Na ratio(%)	K ratio(%)	Ca ratio(%)	Mg ratio(%)	Ti ratio(%)	Fe ratio(%)
17	0.40	0.24	0.36	0.34	0.41	0.25	0.02	0.30	0.68
18	0.30	0.24	0.46	0.50	0.28	0.22	0.05	0.44	0.51
19	0.35	0.29	0.36	0.21	0.43	0.36	0.13	0.42	0.46
20	0.57	0.27	0.15	0.26	0.50	0.24	0.09	0.70	0.21
21	0.56	0.29	0.15	0.28	0.48	0.25	0.11	0.58	0.30
22	0.36	0.04	0.60	0.43	0.51	0.06	0.01	0.76	0.23
23	0.54	0.26	0.20	0.24	0.51	0.25	0.04	0.29	0.67
24	0.40	0.02	0.58	0.41	0.56	0.03	0.02	0.34	0.63
25	0.01	0.88	0.11	0.46	0.01	0.53	0.36	0.42	0.23
26	0.49	0.25	0.26	0.42	0.38	0.20	0.01	0.30	0.69
27	0.52	0.09	0.38	0.25	0.64	0.12	0.06	0.59	0.35
28	0.52	0.11	0.36	0.17	0.68	0.15	0.08	0.71	0.20
29	0.41	0.14	0.45	0.17	0.61	0.21	0.12	0.73	0.15
30	0.43	0.21	0.36	0.31	0.46	0.23	0.01	0.54	0.45
31	0.56	0.15	0.29	0.15	0.67	0.18	0.07	0.76	0.17

* №№ 17–21 –Громатуха; 22 –Сергеевка; 23–26 –Новопетровка III

на основе разрушения средних и кислых пород с низким содержанием кальция (Ca). Высокое содержание в них титана (Ti) может быть связано с избирательным накоплением в породах тяжелых акцессорных титансодержащих минералов – рутила, сфена, ильменита.

Исследование этим же методом приамурской средневековой керамики (Троицкий могильник) показывает их близость с сырьем неолитических образцов. Для сахалинской керамики с большой долей вероятности отмечается использование песка размытых кислых пород, основу которого составляет кварц с примесью калиевого полевого шпата и кислого плагиоклаза. Почти на всех исследованных памятниках Японии зафиксированы по два источника для формирования сырья. Возможно, это объясняется вулканическим происхождением значительной части пород, состав которых меняется со временем даже у одного вулкана [Такеучи, Мыльникова, Нестеров и др., 2009].

В изученных образцах из Приамурья особняком стоит одно изделие из памятника Новопетровка-III (№ 25). Сырье, входящее в его состав, относится к основным породам, которые не характерны для региона расположения памятника (см. рис. 2, 9; рис. 5).

Рентгенофазовый анализ представляет сведения о минеральных примесях в составе сырья и в формовочных массах.

Результаты исследования этим методом свидетельствуют об однородном фазовом составе кристаллической составляющей образцов керамики в пределах одного памятника и региона. На дифрактограммах сосудов поселений Громатуха и Черниговка-на-Зее фиксируются полевые шпаты, относящиеся к ряду K-Na (калиевые) (рис. 6–7). В то же время некоторые отличия в дифрактограммах отмечаются для образцов керамики памятника Новопетровка, полевые шпаты которых относятся к ряду Na-Ca (плагиоклазы) (рис. 8).

Все пять образцов керамики памятника Косанни содержали одинаковый набор минеральных фаз: иллит (мусковит), кварц, полевые шпаты ряда альбит-анортит (Na-Ca ряд). Кварц представлен мелкодисперсной фракцией (рис. 9). В образцах K7 и K2 пики иллита (мусковита) на значении угла 2Θ 8.9 ° больше, чем у остальных образцов (K1, K4, K5), а на значении угла около 20° – меньше. Особенность образца K7 заключается и в исключительно малом содержании кварца: рефлексы полевых шпатов интенсивнее рефлексов кварца при $2\Theta = 26{,}6$ °.

Бинокулярная микроскопия и петрографический анализ позволяет определить качественные и количественные характеристики формовочных масс [Круг, 1965, с. 146–151; Жущиховская, Залищак, 1986, с. 55–67; Shepard, 1965].

Керамика памятника Гася (Сикачи-Алян, Восточное Приамурье) обнаружена в нижнем стратиграфическом горизонте, в слое осиповской мезолитической культуры [Деревянко, Медведев, 1992–1995]. В изломах и на обеих поверхностях немногочисленных черепков четко читаются пустоты–следы органической примеси в формовочные массы в виде стеблевых и листовых частей широколистных растений (типа осоки) [Жущиховская, 2004, с. 28]. Фрагментарность не позволяет говорить о реконструкции способа изготовления изделий. Это отразилось на интерпретации пустот на поверхностях изделий: первоисследователь памятника считает их результатом обработки поверхности сосудов прокаткой роликовым инструментом, обмотанным стеблями травы [Медведев, 2003]. И.С. Жущиховская находит их следами формовки сосудов на шаблоне [2004, с. 45]. В настоящее время Гася – единственный памятник на территории России с древнейшей керамикой, в рецепте которого зафиксировано только два компонента: глина и органика.

Первоначально было определено, что керамика поселения Хумми изготовлена из естественно запесоченной глины с добавлением травянистой органики [Жущиховская, 2002] и раковины [Лапшина, 1995]. Желобчатые следы на поверхностях фрагментов И.С. Жущиховская считает, как и в случае с керамикой памятника Гася, отпечатками плетеного шаблона, на котором происходила формовка [2004, с. 45–46]. Позднее О.В. Яншина и З.С. Лапшина опубликовали результаты петрографического исследования образцов из осиповского слоя поселения Хумми [2008, с. 157]. Выявлено несколько рецептов формовочных масс: глина + шамот; глина + шамот + растительная органика; глина + шамот + сухая глина + органика, единично отмечены рецепты: глина (без добавок); глина + минеральный наполнитель (песок?) [Яншина, Лапшина, 2008, с. 158]. А предположение о формовке осиповской керамики поселения Хумми путем набивания на плетеный шаблон считают ошибочным [Там же, с. 170].

По результатам петрографического анализа керамики поселения Новопетровка-III выявлено несколько рецептов формовочных масс: глина + породные обломки + органика растительного происхождения, глина + породные обломки + шамот; глина + породные обломки + шамот + органика (рис. 10–11).

Изделия поселения Громатуха также изготовлены на основе нескольких рецептов: глина + растительная органика; глина + песок; глина + песок + растительная органика.

Формовочная масса керамики памятника Черниговка-1 в Приморье, по сведениям И.С. Жущиховской, состоит из глины с естественными песчаными включениями и органической растительной примеси, идентифицируемую как осоковую. Фрагментарность изделий не позволяет реконструировать технологию лепки [Жущиховская, 2004, с. 36]. Исследовательница также отмечает, что «эта керамика обнаруживает параллели технологического плана с ранней керамикой памятников осиповской мезолитической культуры» [Там же, с. 37].

Своеобразие ранней керамики памятника Устиновка-3 её исследователи видят в нескольких характеристиках: формовочные массы состоят из естественно запесоченных глин без примесей; способ формовки определен как набивка глины на шаблон; обработка внутренней поверхности проводилась твердым зубчатым орудием с неровным краем или пучком травы; обжиг – низкотемпературный [см.: Жущиховская, 2004, с. 38–39]. Наша интерпретация результатов петрографического анализа керамики данного памятника не совпадает с выше обозначенными. Концентрация песка в образцах, его распределение по площади шлифа, размерность свидетельствуют о введении песка как примеси. Соответственно формовочная масса имеет рецепт глина + песок. Редко фиксируется присутствие органики. Причем следует подчеркнуть, что концентрация органики отмечается лишь по поверхностям, внутри черепка она достаточно мала.

В керамической коллекции памятника Косанни выделено 4 типа изделий, среди которых присутствует керамика с включениями органики в тесте «типа Косанни» [Кан Чанхва, 2002, с. 15; О Ёнсук, 2004] (рис. 12).

По сохранившимся фрагментам форму сосудов установить сложно. Но, судя по обломкам донышек, это были плоскодонные изделия, предположительно банки и чаши. Выделены прямые и загнутые внутрь венчики с уплощенным или заостренным краем. Предполагается, что в качестве приема обработки поверхности сосудов использовалась замывка, однако из-за большого содержания песчаной фракции и включений травы в тесте это очень трудно проследить. В изломах фрагментов прослежены следы крепления лент: то есть возможным способом формовки стенок был метод ленточно-кольцевого налепа с донным начином: сначала отдельно изготовлялась лепешка днища, на которую устанавливалась первая лента.

Все образцы керамики поселения Косанни изготовлены по одному рецепту: глина + песок + органика. Сырье – суглинки с примесью пылеватого обломочного материала полевошпатово-кварцевого состава. Основными добавками в формовочные массы служили песок и органика. Органика присутствует в каждом образце. Ее следы на поверхности фрагментов фиксируются невооруженным глазом в виде канавок с отпечатками специфического строения ствола стебля мелкой травы. Однако надо отметить своеобразную ситуацию, требующую в дальнейшем уточнения: концентрация органики отмечается лишь по поверхностям, внутри черепка ее мало.

Дериватогравиметрический метод. В качестве альтернативы общепринятому подходу, ориентированному на оценку температуры обжига, используется подход, при котором значение имеет сравнительный анализ сохранности глинистых компонентов в формовочных массах для определения качества обжига сосудов из разных памятников и даже из разных частей одного и того же сосуда. Такой подход позволяет не только решить вопрос о различиях в термической обработке между образцами древней керамики из различных памятников, но и проследить особенности технологии изготовления керамического сосуда, а в отдельных случаях решить вопрос об источнике глины для керамического производства [Drebushchak V.A, Mylnikova, Drebushchak T.N, and Boldyrev, 2005; Дребущак В.А., Мыльникова, Дребущак Т.Н. 2006; Дребущак В.А., Мыльникова, Дребущак Т.Н. и др., 2006]. . Результаты термогравиметрических измерений интерпретировались с использованием графика, по оси X которого отложена потеря массы при дегидратации (интервал температур 20–350°C) m1, а по оси Y – потеря массы за счёт разложения гидроксилов (интервал температур 350–600°C) m2. Учитывались следующие положения.

1. Соотношение потери массы при дегидратации к потере массы при разложении гидроксилов (m1/m2) для глины заданного состава - величина постоянная. 2. Добавление в формовочную массу отощителя уменьшает содержание глины, уменьшая одновременно и m1, и m2. но сохраняет отношение m1/m2. 3. Обжиг приводит к разложению гидроксилов и увеличению сорбционной ёмкости. При термогравиметрических измерениях такой керамики с улучшением качества обжига увеличивается m1 и уменьшается m2. 4. При очень высокой температуре обжига (качественный обжиг) пористость керамики уменьшается. При термогравиметрических измерениях с улучшением качества обжига уменьшается m1 при полном отсутствии потери массы за счёт разложения гидроксилов [Дребущак В.А., Мыльникова, Дребущак Т.Н. и др., 2006].

Диаграмма сохранности глинистого материала, построенная по результатам термического анализа образцов из памятников Черниговка, Новопетровка, Громатуха, Косанни свидетельствует о слабом обжиге керамики с органическим наполнителем (рис. 13–15). Это видно в сравнении с керамикой раннего средневековья (рис. 16). Расположение точек образцов в верхней части диаграммы – говорит о большом процентном содержании в образцах глинистой составляющей, что подтверждается данными петрографического анализа, а также о неотработанном (неустойчивом) рецепте формовочных масс, о различном количественном соотношении глина/примеси. По нашим наблюдениям, это характерно для керамики всех ранненеолитических памятников дальневосточного региона.

Результаты анализа керамических комплексов, полученные с помощью методов естественных наук, доказывают древность керамической посуды.

Эпохальными чертами можно назвать низкое качество обжига, неотработанность количественного соотношения между долями глины и добавки в формовочных массах.

Одним из итогов по изучению ранненеолитической посуды является вывод об использовании двух видов органики растительного происхождения при изготовлении формовочных масс. Для керамики памятника Гася в глины подмешивали широколистные растения (типа осоки). Для керамики Новопетровки, Громатухи, Сергеевки, Устиновки, Косанни формовочные массы составлялись с добавлением мелкостебельчатых растений.

Если исходить из представлений о гончарстве как технологии, имеющей свою историю, самой древней представляется технология изготовления керамики памятника Гася. Возможно, наличие на некоторых памятниках (Громатуха, Новопетровка, Хумми, Косанни) различных рецептов формовочных масс – это, может быть, фиксацией нами динамики гончарной технологии?

Очевидно, в дальнейшем придется признать одной из древнейших также технологию составления формовочных масс с использованием минеральной примеси (например, керамика Устиновки и Громатуха)

Для решения проблемы происхождения гончарства, во-первых, нужно изучение конкретных коллекций ранненеолитической керамики как можно большего числа регионов; во-вторых, проведение сравнительного анализа древнейших материалов разных регионов, выполненных по общей методике. Только детальное сопоставление конкретных характеристик технологии, морфологии и декора архаичной керамики представительной серии памятников позволит принять или отвергнуть предположения о конвергенции, автохтонности, культурных контактах и влияниях в становлении древнего гончарства.

Белоусова О.Н., Михина В.В. Общий курс петрографии. – М.: Недра, 1972. – 344 с.

Бобринский А.А. Гончарство Восточной Европы. Методы и подходы. – М.: Наука, 1978. – 272 с.

Глушков И.Г. Керамика как археологический источник. – Новосибирск: Издательство Института археологии и этнографии СО РАН, 1996. – 328 с.

Деревянко А.П., Медведев В.Е. Исследование поселения Гася (предварительные результаты. 1976 г.). – Новосибирск: Издательство Института археологии и этнографии СО РАН, 1992. – 39 с.

Деревянко А.П., Медведев В.Е. Исследование поселения Гася. – Новосибирск: Издательство Института археологии и этнографии СО РАН. – 110 с.

Деревянко А.П., Медведев В.Е. Исследование поселения Гася. – Новосибирск: Издательство Института археологии и этнографии СО РАН, 1994. – 96 с.

Деревянко А.П., Медведев В.Е. Исследование поселения Гася. – Новосибирск: Издательство Института археологии и этнографии СО РАН, 1995. – 65 с.

Дребущак В.А., Мыльникова Л.Н., Дребущак Т.Н. Комплексное исследование древней керамики: некоторые вопросы методики интерпретации результатов // Annual Review in Cultural Heritage Studies. Vol. 39. December, 2006. – P. 316–350.

Дребущак В.А., Мыльникова Л.Н., Дребущак Т.Н., Болдырев В.В., Молодин В.И., Деревянко Е.И., Мыльников В.П., Нартова А.В. Физико-химическое исследование древней керамики (на примере изделий переходного времени от бронзового к железному веку). – Новосибирск: Издздательство СО РАН, 2006.- 98 с.

Жущиховская И.С. Ранняя керамика Дальнего Востока и Восточной Азии (проблемы систематизации, технологии, генезиса) // Актуальные проблемы дальневосточной археологии. – Владивосток: ДВО РАН, 2002. – С. 109–151.

Жущиховская И.С. Очерки истории древнейшего гончарства Дальнего востока. – Владивосток: ДВО РАН, 2004.. – 312 с.

Жущиховская И.С., Залищак Б.Л. Петрографический метод в изучении древней керамики: на материале неолитических – средневековых культур Приморья // Методы естественных наук в археологическом изучении древних производств на Дальнем Востоке СССР. – Владивосток, 1986. – С. 55–67.

Кан Чанхва. Зарождение и развитие неолитической культуры в районе Чжечжудо // Археология морских контактов. Сборник трудов конференции «26-ой общекорейский археологический симпозиум». – Пусан: Музей Пусанского национального университета, 2002. – С. 9–33.

Круг О.Ю. Применение петрографии в археологии // Археология и естественные науки. – М., 1965. – С. 146–151.

Кузьмин Я.В. Геохронология и палеосреда позднего палеолита и неолита умеренного пояса Восточной Азии. – Владивосток: Тихоокеанский институт географии ДВО РАН, 2005. – 282 с.

Кузьмин Я.В., Нестеров С.П. Хронология неолитических культур Западного Приамурья // Традиционная культура востока Азии. – Благовещенск: Издательство АмГУ, 2010. – Вып. 6. – С. 103–110.

Кузьмин Я.В., Шевкомуд И.Я. Хронология каменного века нижнего Приамурья (Дальний Восток России) // Культурная хронология и другие проблемы в исследованиях древностей востока Азии. – Хабаровск, 2009. – С. 7–46.

Кузьмин Я.В., Алкин С.В., Оно А., Сато Х., Сакаки Т., Мацумото Ш., Оримо К., Ито Ш. Радиоуглеродная хронология древних культур каменного века Северо-Восточной Азии. – Владивосток: Дальнаука, 1998. – 127 с.

Лапшина З.С. Ранняя керамика поселения Хумми // Вестник ДВО РАН. – 1995. – № 6. – С. 104–106.

Лапшина З.С. Древности озера Хумми. – Хабаровск: Издательство Приамурского географического общества, 1999. – 207 с.

Медведев В.Е. Поселение Гася и проблема появления керамики на востоке российской части Азии // Проблемы происхождения керамики в районах Японского моря. – Ниигата: Университет Ниигаты, 1993. – С. 1 – 11.

Медведев В.Е. Когда и как была открыта на Дальнем Востоке древнейшая керамика? // Проблемы археологии и палеоэкологии Северной, Восточной и Центральной Азии: Материалы Международной конференции. – Новосибирск: Издательство Института археологии и этнографии СО РАН, 2003. – С. 38–43.

Мыльникова Л.Н., Нестеров С.П. Физико-химическое исследование керамики памятника Косанни: к проблеме происхождения гончарства // Неолит и неолитизация бассейна Японского моря: человек и исторический ландшафт. – Владивосток: Издательство Дальневосточного университета, 2008. – С. 161–169.

О Ёнсук. Неолит острова Чжечжудо: памятники и материалы // Материалы научного семинара «Происхождение и развитие неолитической культуры острова Чжечжудо».- Чжечжу: Фонд культуры и искусства Чжечжу, 2004. – С. 33–60.

Памятник Косанни на Чечжудо. – Чечжу: Музей университета Чечжу, 1998. – 225 с.

Такеучи Такаси, Мыльникова Л.Н., Нестеров С.П., Кулик Н.А., Деревянко Е.И., Алкин С.В., Кадзуюки Накамура Электронно-микрозондовый анализ формовочных масс керамики с памятников Дальнего Востока // Археология, этнография и антропология Евразии. – 2009. – № 1 (37). – С. 39–51.

Шевкомуд И.Я., Яншина О.В. Переход от палеолита к неолиту в Приамурье: обзор основных комплексов и некоторые проблемы //Приоткрывая завесу тысячелетий: к 80-летию Жанны васильевны Андреевой. – Владивосток: ООО «Рея», 2010. – С. 50–72.

Яншина О.В., Лапшина З.С. Керамический комплекс осиповской культуры поселения Хумми-1 в Приамурье // Проблемы биологической и культурной адаптации человеческих популяций. – СПб., Наука, 2008. – Т. 1. – 154–171.

Adovasio J., Soffer O., Klima B. Upper Paleolithic Fibre Technology:

Interlaced Woven Finds from Pavlov 1, Czech Republic, c. 26000 Years Ago // Antiquity, 1996. – 70 (269). – P. 526–534.

Aikens C.M. First in the World: The Jomon Pottery of Early Japan // The Emergence of Pottery. – Washington, D.C.: Smithsonian Institution Press, 1995. – P. 11–22.

Derevyanko A.P., Medvedev V.E. The Amur River Basin as of the Earliest Centers of Ceramics in the Far East // The Origin of Ceramics in Eastern Asia. Proceedings of the International Symposium.- Sendai: Tohoku Fukushi Univ. press, 1995. – P. 11–26.

Drebushchak V.A., Mylnikova L.N., Drebushchak T. N., and Boldyrev V.V. The Investigation of Ancient Pottery Application of thermal analysis // Journal of Thermal Analysis and Calorimetry. – Vol. 82 (2005). – P. 617–626.

Nesterov, Sergei P. and Mylnikova L., Kuzmin, Yaroslav V. Multidisciplinary Analysis of Early Pottery from East Asia // 19th congress Indo-Pacific Prehistory Association, Hanoi, 29th November – 5th December – 2009. – Hanoi: Institute of Archaeology, VASS, 2009. P. 85.

Shepard A.O. Ceramics for Archaeologist. – Washington, D.C., 1965. – 380 p.

Vandiver P.B. Paleolithic Ceramics and the Development of Pottery in East Asia, 26000 to 10000 B.P. // The Proceedings of the International Symposium on Asian Ceramics. – Shanghai, 1999. – P. 1–9.

Vandiver P., Soffer O., Klima B., Svoboda J. The Origins of Ceramic Technology at Dolni Vestonice, Czechoslovakia // Science, 1989. – 246. – P. 1002–1008.

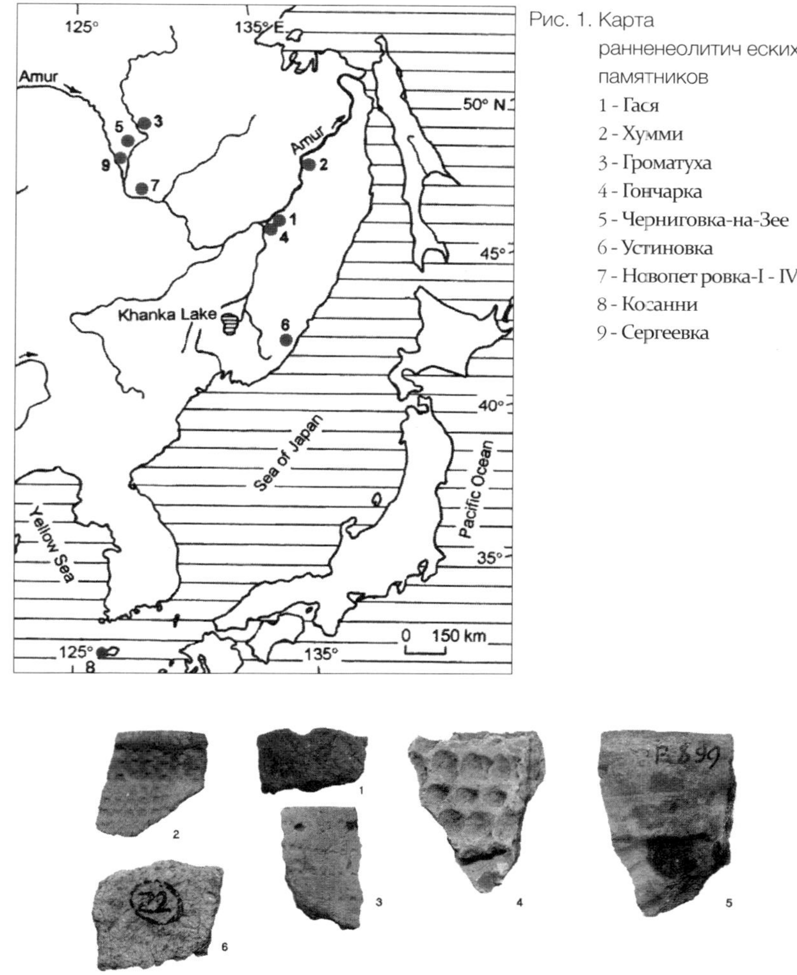

Рис. 1. Карта ранненеолитических памятников

Рис. 2. Ранненеолитическая керамика
(1~5 - Громатуха, 6 - Сергеевка, 7~10 - Новопетровка-III)

Рис. 3. Образцы керамики памятника Черниговка-на-Зее

Рис. 4. Ранненеолитическая керамика памятника Косанни
(По: Памятника Косанни..., 1998, с. 134, рис. 289)

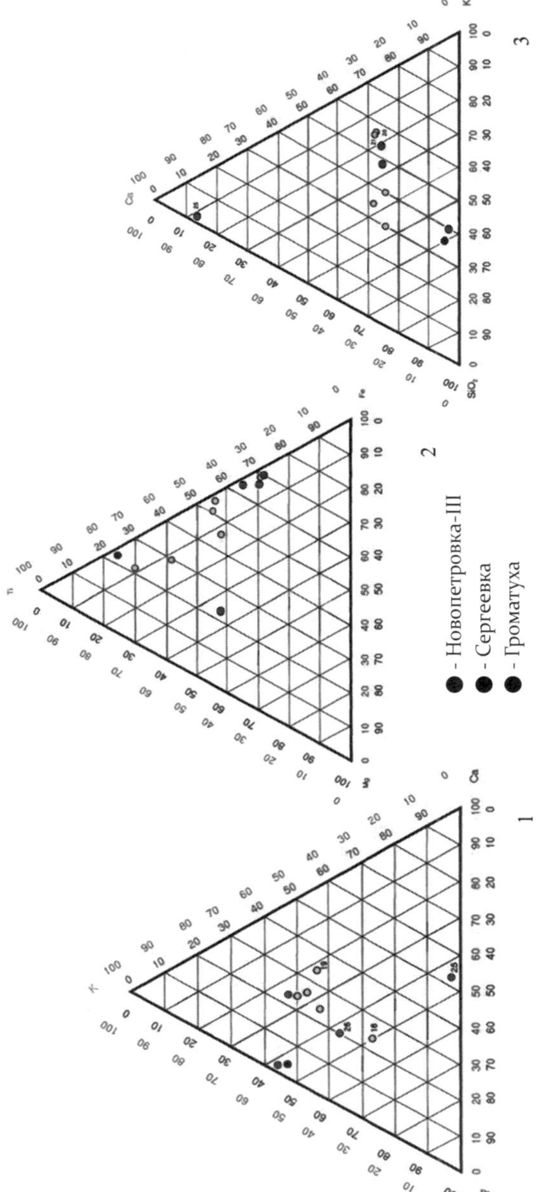

Рис. 5. Соотношение : 1 - Ca, K, Na; 2 - Fe, Mg, Ti; 3 - Ca, K, SiO2

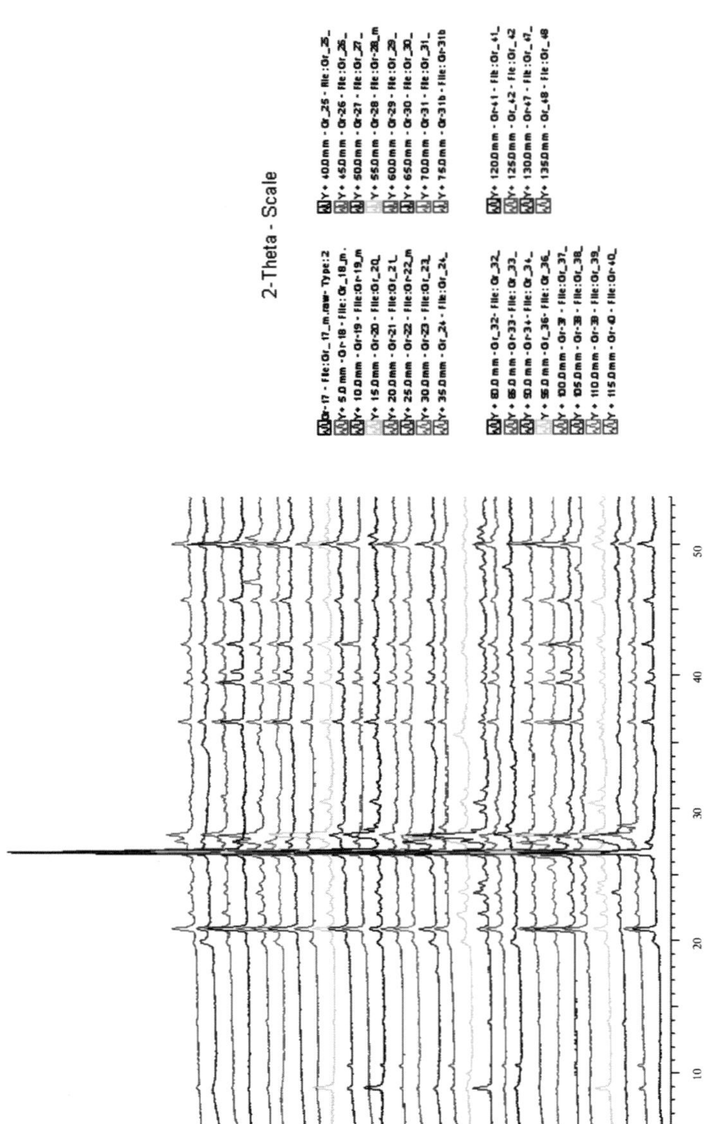

Рис. 6. Дифрактограммы образцов памятника Громатуха

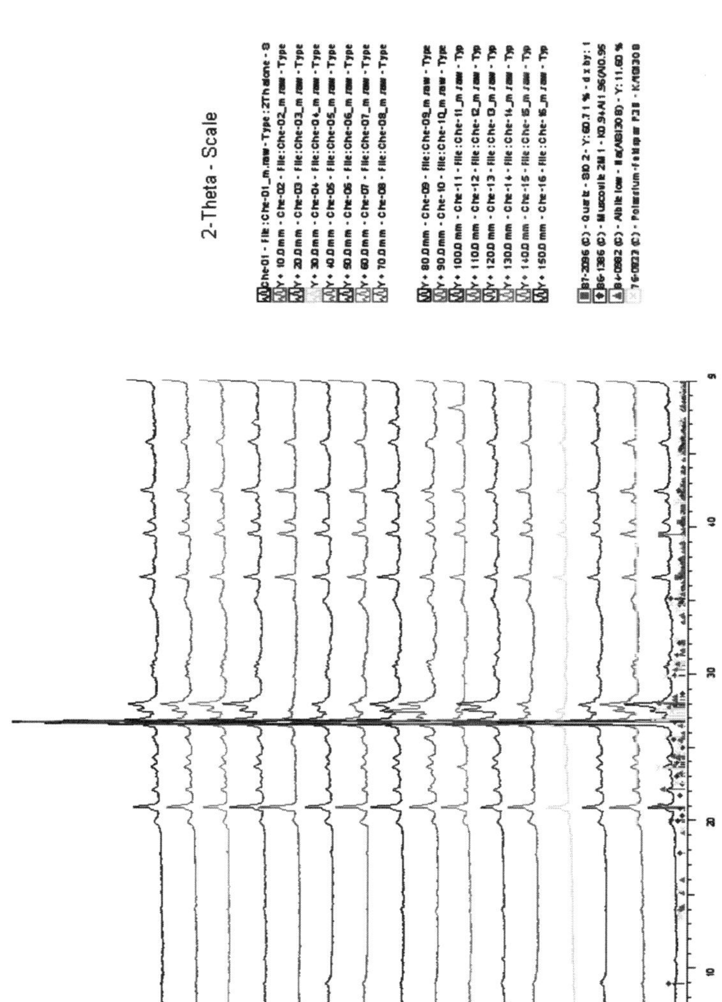

Рис. 7. Дифрактограммы образцов керамики памятника Черниговка-на-Зее

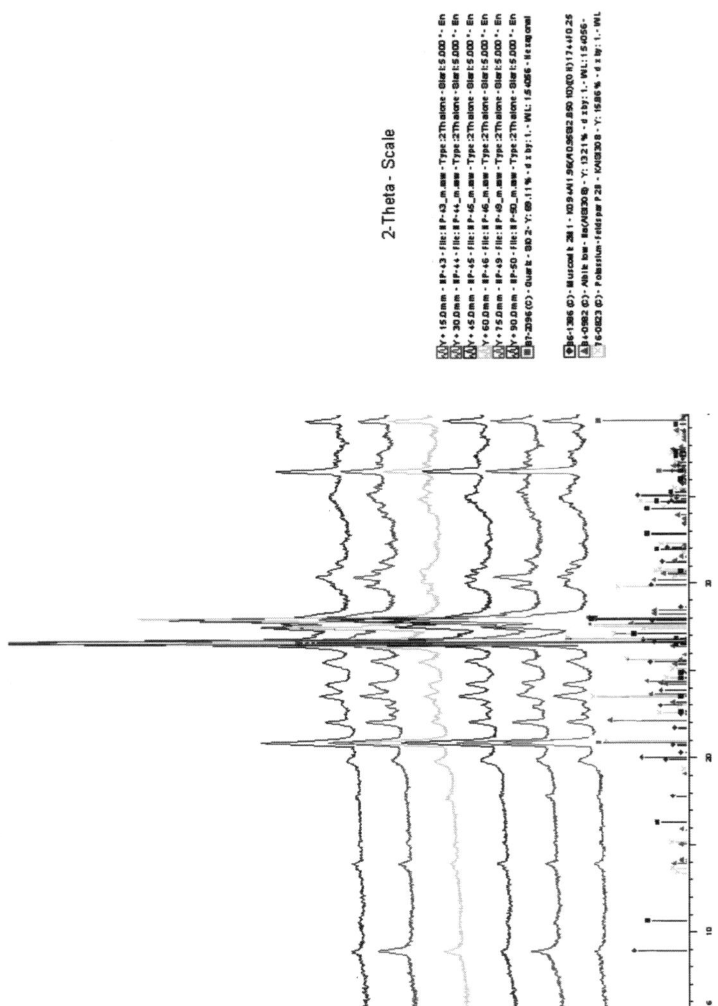

Рис. 8. Дифрактограммы образцов керамики памятника Новопетровка-III

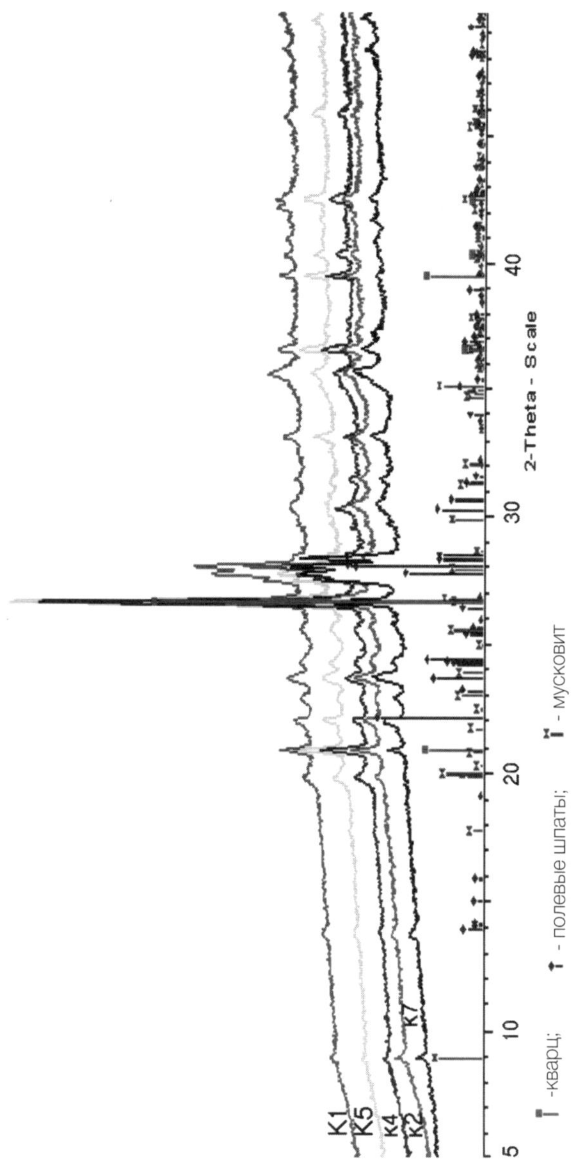

Рис. 9. Дифрактограммы образцов керамики памятника Косанни

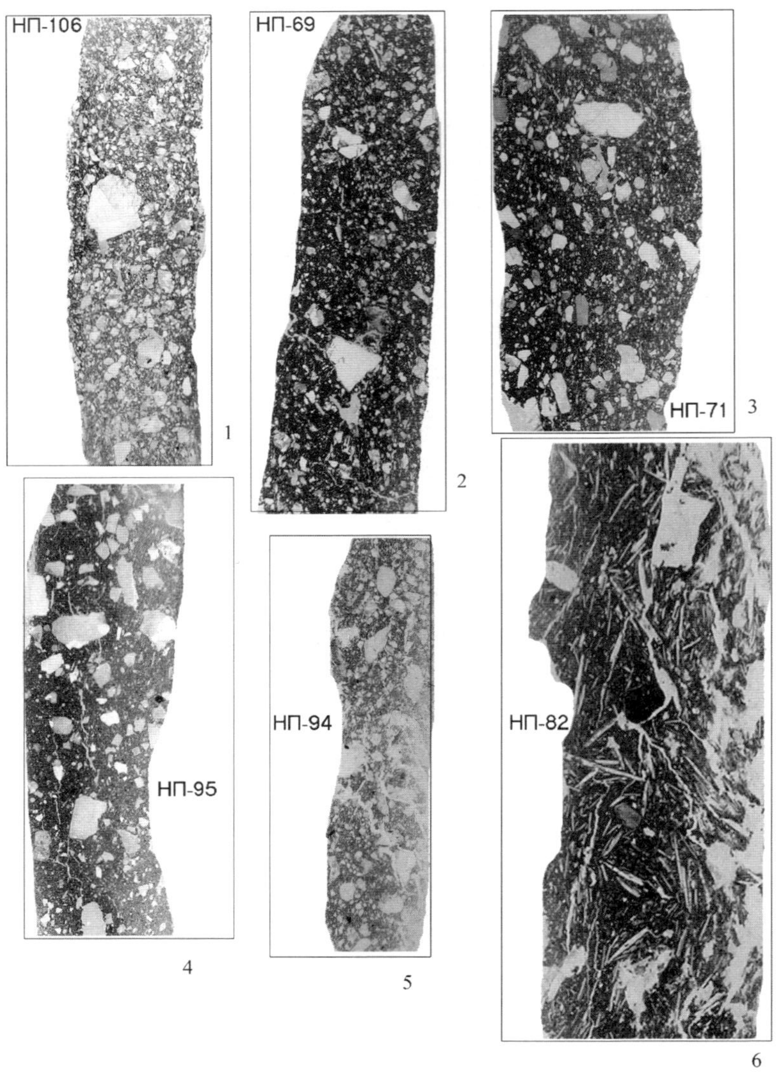

Рис. 10. Фотографии петрографических шлифов образцов керамики памятника
Новопетровка-III

894 리세기의 한국고고학 V

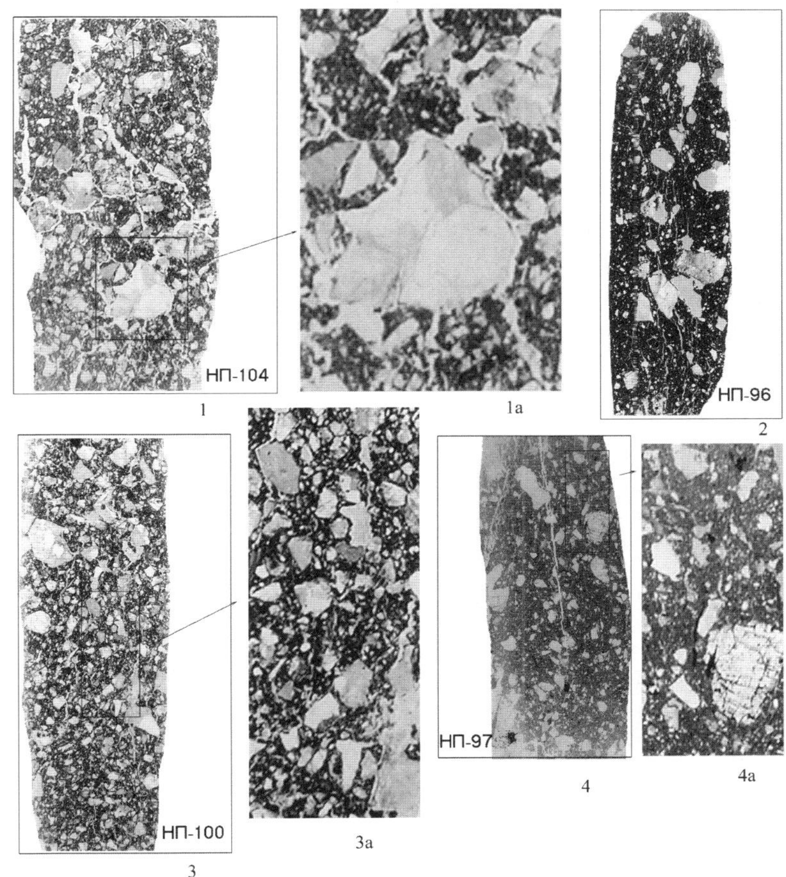

Рис. 11. Фотографии петрографических шлифов образцов керамики памятника
Новопетровка-III

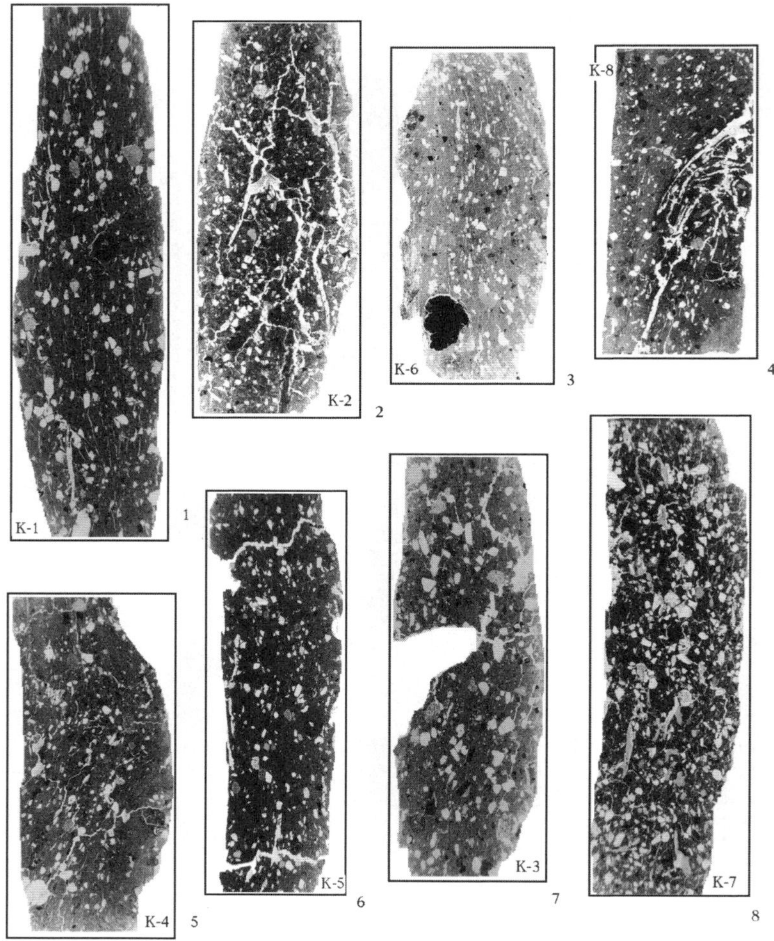

Рис. 12. Фотографии петрографических шлифов образцов керамики памятника
Косанни

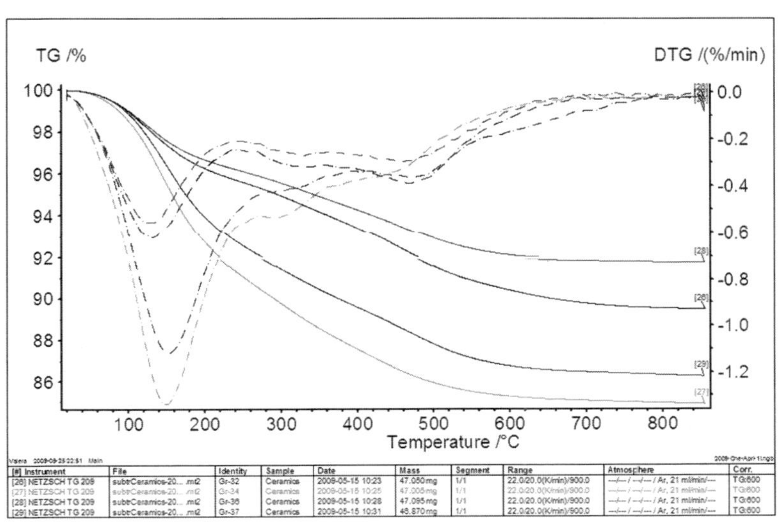

Рис. 13. Результаты темогравиметрических измерений образцов керамики
памятника Громатуха

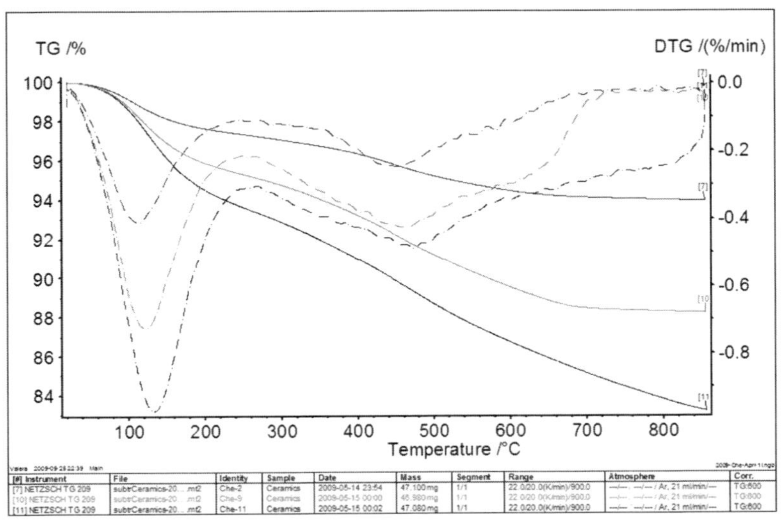

Рис. 14. Результаты темогравиметрических измерений образцов керамики
памятника Черниговка-на-Зее

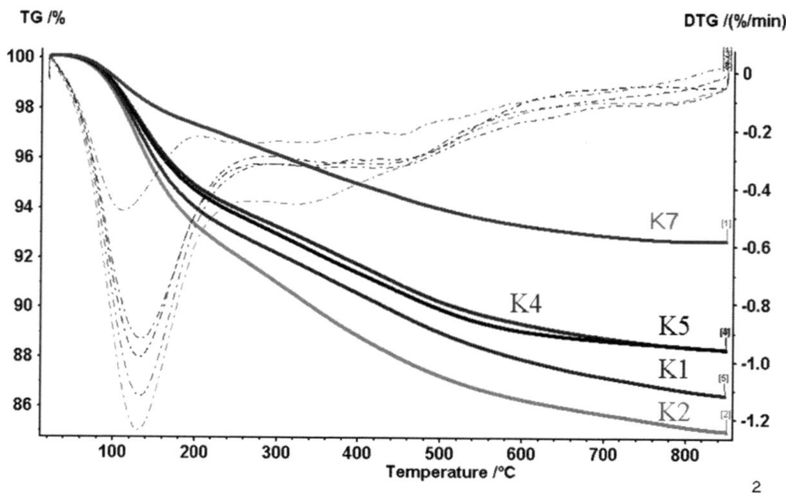

Рис. 15. Результаты темогравиметрических измерений образцов керамики памятника Косанни

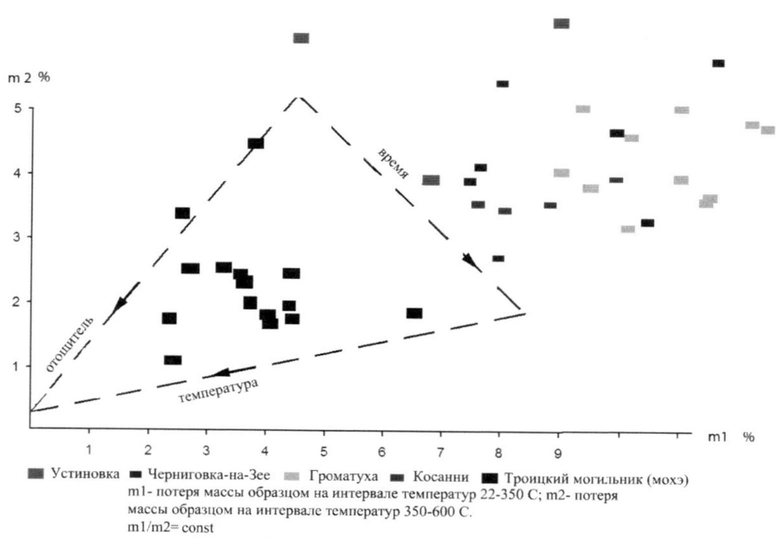

Рис. 16. Диаграмма сохранностн глинистого компонента в образцах керамики неолита и раннего средневековья памятников востока Азии

편집 후기

　希正 崔夢龍 敎授 停年退任論叢의 마지막 제5권을 선생님의 퇴임 일자(2012년 2월 29일)에 맞추어 마침내 출간할 수 있게 되었습니다. 이번 제5권의 출간은 2008년 제1권의 발간으로 시작된 선생님의 정년퇴임논총발간 사업이 무려 4년여 만에 드디어 마무리되었음을 알려주는 것입니다.

　제5권의 발간은 앞선 네 권의 정년퇴임논총과 다른 과정을 거치면서 이루어질 수 있게 되었습니다. 지난 2011년 3월 말 있었던 정년퇴임논총 제4집 출판 기념회에서 마지막으로 출간될 제5집을 잘 마무리하여 유종의 미를 거둘 수 있도록 구체적인 간행 계획을 세워 추진하자는 의견이 모아졌습니다. 이에 따라 최성락, 이청규, 박양진, 이성주, 김경택, 백종오 등으로 소규모 논총간행 준비위원회를 구성하고, 논총의 투고 의뢰, 편집, 출판 일정 조정 및 출판 기금 조성 등을 담당하기로 하였습니다. 그리고 4월 초 선생님과 인연이 있는 분들 가운데 기왕에 출간된 논총에 아직 논문을 게재하지 않은 분들에게 원고 의뢰 편지를 발송하였고, 원고 마감 기한까지 투고된 원고를 모두 수합한 후, 전체적인 논문의 체제를 통일하고 영문(또는 국문) 초록 추가, 원고 분량 조정 및 목차 편집 등을 진행하였습니다.

　希正 崔夢龍 敎授 停年退任論叢은 애초에 계획하였던 것처럼 제1권부터 제5권까지 연구논문을 주제별로 모아 각 권을 발간하지는 못하였지만, 모두 다섯 권의 기념논총을 선생님의 퇴임에 맞추어 출간할 수 있게 되었습니다. 이에 玉稿를 투고하여 주신 70여 분의 필자들과 특히 어려운 여건에도 출판을 기

꺼이 맡아주신 주류성 출판사 최병식 사장님께 진심으로 깊은 감사의 말씀을 드립니다. 또한 그동안 출판과 관련된 실무를 담당하신 주류성 출판사의 관계자 여러분에게도 감사의 말씀을 전합니다.

希正 崔夢龍 敎授님께서 정년퇴임 이후에도 활발한 교육, 연구, 학술 활동을 계속 이어나가시고 무엇보다도 오랫동안 건강하시고 행복하게 여생을 즐기시길 기원하면서, 다시 한번 선생님의 정년퇴임을 축하드리는 바입니다.

2012년 1월 31일

희정 최몽룡 교수 정년퇴임논총 간행 준비위원회
최성락 이청규 박양진 이성주 김경택 백종오

希正 崔夢龍 敎授 停年退任論叢(Ⅴ)

21세기의 한국고고학 Ⅴ

편 저 / 최몽룡
발행인 / 최병식
발행처 / 주류성 출판사
발행일 / 2012년 2월 11일
주 소 / 서울특별시 서초구 서초동 1305-5
T E L / 02-3481-1024(대표전화)
F A X / 02-3482-0656
e-mail / juluesung@yahoo.co.kr

Copyright©최몽룡 외, 2012.

값 45,000원

ISBN 978-89-6246-075-9 94910
세트 978-89-6246-002-5 94910

잘못된 책은 교환해 드립니다.